安良岡 康作

歎異抄全講読

大蔵出版

序

『歎異抄《たんにせう》』は、日本仏教の、また日本文芸の古典として、いつの時代にも、いかなる人々にも、読まれてゆくべきものと信ずるのであるが、かかる、多くの読者の中には、おのずから、いくつかの読む立場の相異が存するように考えられる。

その第一は、言うまでもなく、自己の信仰・信心のために、この古典を心読・体読する立場であって、特に、他力信心の道に徹するために、この書を終生読み続け、生涯の書として保持してゆく読者の少なくないことを、わたくしは知っている。

第二は、教養として、心の糧《かて》として読む立場であって、親鸞及び浄土教を知るための入門書として、この書は重要な意義を持っている。こうした立場の読者の中には、学者も教員も官吏も会社員も商人も学生も主婦も受刑者等々もおるのであって、あらゆる仏教書の中で、これだけの広い読者層を持つものは、外には見いだし難いように思われる。

第三は、この書を大乗仏教・日本仏教の歴史的発展の中で、いかなる意義と位置を占めるかを研究する、学問的立場であって、特に、浄土真宗内の多くの研究者・学者による著作の数多いことが注目される。今も、毎年、数冊の解説書・注釈書が刊行されており、それらのすべてを読み尽くすことは不可能に近いほどである。

この外に、第四として考えられるのは、『歎異抄』の持つ、独自な表現性に注目し、この書を、文芸研究の対象として取り上げる立場であって、読めば読むほど、鋭く、深い、その表現的構造を解釈し、批判することを目ざしている。そこには、直観的鑑賞を以てしては到達し難い、それをも否定的に克服し、発展させなくてはならない、困難な方法的課題が見いだされるのである。

わたくしは、青年時代に日本文芸研究を志してから、古希の齢《よわい》を過ぎた現在にまで達したのであるが、その間には、太平洋戦争に六年間にわたって従軍するという中断の期間があった。が、その六年間に、応召に際して、後に義兄となられた方から贈られた、一冊の『歎異抄』を反復熟読して飽きることなく、ついに、その全文章を諳誦し得るまでになった。そして、復員後、わたくしの日本文芸研究を進めてゆく過程において、NHKから『歎異抄』の全文の講読をラジオ放送したり、訳注書二冊を刊行したりして、次第に、この古典への理解を深めて行った。その立場は、第四のそれに外ならないとも言えるが、しかし、顧みると、フィリッピン・ジャワ・セレベスにおける、六年間の軍隊生活の中で、わたくしは、何よりも、心の糧として、精神の拠り所として、本書を読み続けて来たことを忘れることができない。この度のこの著作は、こうして、第二の立場から第四の立場に進んだ、わたくしの過去の経歴を示していると言えよう。

いま、その六年間を振り返って、当時、次のような歌を作ったことを思い出すのである。

いきどほろしき心静《しづ》めむこの国の明《あか》き月《つき》光《かげ》に歎異

抄読む
素《す》直《なほ》なる心返《かへ》れと読み上《あ》ぐる聖《ひじり》の言葉永《と》遠《は》に新《あら》た
なり
消《け》し難《がた》き悪《あく》の自《じ》覚《かく》に弥《み》陀《だ》にすがり直《なほ》き言葉を人の
こしたり
頼《たの》みにし己《おの》れなきまで移《うつ》りはげしき日《ひ》にこの言葉
ありき救《すく》ひの如く
ジャワよりセレベスに読《よ》み飽《あ》かざりき四《よ》年《とせ》か五《いつ》年《とせ》
かこの歎異抄

昭和六十三年三月、専修大学を定年で退職してからは、かねて出版の約束のあった大蔵出版株式会社の武本武憲氏の慫慂《しょうよう》を受けて、執筆に着手・専心して、漸《ようや》くいま稿を終えることができた。その間、親鸞関係の書物を長い間借覧させて下さった伊藤博之氏、歴史上の諸問題についてご助言を賜わり、多くの貴重な文献をも貸与された田中久夫氏、終始、励ましを続けられた武本氏に頼ることが多かったことをここに銘記し、深い感謝を捧げる次第である。

平成二年四月十六日

安良岡康作

目次

（第三部）

後記

（流罪記録）

凡　例

一　本書の構成は、「序」・「凡例」・「解題」・『歎異抄』〔本文・校異・口訳・注釈・解説（解釈を含む）〕・「『歎異抄』の文芸的意義」・「日本文芸史の展開と『歎異抄』」・「『仏説無量寿経』抄出」から成っている。

一　「解題」は、書名と著者・親鸞の略伝・唯円の小伝・『歎異抄』の構成などを述べたものであって、初めて『歎異抄』を読まれる方への入門的解説を試みたものである。

一　『歎異抄』の「本文」は、最古の、しかも拠《よ》るべき写本である「蓮如上人《れんによしやうにん》書写本」（西本願寺蔵）を底本とした。そして、これまでの研究と私見とに基づき、諸異本をも参照して、底本の問題となる箇所を校訂するとともに、底本の片仮名（本文と漢字の振仮名）をすべて平仮名に改めた。

一　「本文」の仮名遣《かなづかい》は、振仮名を含めて、すべて、歴史的仮名遣によって統一した。また、底本には、「マタク」「ナヲモテ」「モトモ」「モテノホカ」「アヤマテ」「アテ」などとあるのは、促音《そくおん》の「ツ」を略した表記と考えられるので、それぞれ、「まつたく」「なほもつて」「もつとも」「もつてのほか」「あやまつて」「あつて」のように、「つ」を加えて改めることにした。

一　底本の漢字は現行のものに改め、また、片仮名の部分には適当に漢字を宛てて、読み易いようにした。そして、「本文」は、適宜に段落を立て、底本にはない濁点を打ち、句読点を付した。さらに、読み易くするために、漢字には振り仮名を多くし、送り仮名は古典一般に通用するように改め、談話の部分は、括弧「　」で示すことにした。

一　底本の初めにある漢文体の「序」には、詳密な、片仮名による振り仮名と返り点が付けられているが、これは、漢文体の原文を示した後に、片仮名まじりの読み下し文に書き改めて、記した。この「序」の場合に限り、読み下し文の中の漢字の振り仮名は、底本のように、片仮名にした。

一　各章の本文の後には、問題となる箇所につき、諸異本との校異を記した。これは、底本と諸異本との完全な異同を示すためではなく、底本の本文を批判的に理解するために、また、諸異本によって本文がいかにこれまで理解されて来たかを知るために、試みた作業であることをここに断っておきたい。校異の挙げ方については、蓮如本を底本として、詳密な校本を作製・公刊された、姫野誠二氏著『歎異抄の語学的解釈』（昭和三十八年三月刊）に専ら依拠した。姫野氏のご業績に、心から感謝申し上げる。いま、この著書の「解説」により、諸異本の略記号と名称と、その所蔵機関・書写年代等を挙げると、次のようになる。

（底）蓮如本《れんにょぼん》。蓮如上人筆写。西本願寺蔵。文明十一年（一四七九）ごろの書写と言われる。現存最古の写本。

（端）端《はし》ノ坊本《ぼうぼん》。端ノ坊旧蔵、大谷大学図書館現蔵。永正十六年（一五一九）の書写と考えられ、永正本《えいしょうぼん》とも呼ばれる。

（光）光徳寺《こうとくじ》本《ぼん》。大阪府の光徳寺蔵。伝室町時代末期写本。

（毫）毫摂寺本《ごうしょうじぼん》。兵庫県の毫摂寺所有、龍谷大学図書館保管。伝室町時代末期写本。

（妙）妙琳坊本《みょうりんぼうぼん》。大阪市の妙琳坊蔵。伝室町時代末期写本。

（龍）龍谷大学本《りゅうこくだいがくぼん》。龍谷大学図書館蔵。伝室町時代末期写本。

（端別）端《はし》ノ坊別本《ぼうべつぼん》。端ノ坊旧蔵、大谷大学図書館現蔵。伝室町時代末期写本。

外に、（慧）真宗の学僧、川那部慧空による、江戸初期の写本（大谷大学図書館蔵）・（仮）「真宗仮名聖教本」・『首書歎異抄』（著者未詳、元禄十四年刊）・『歎異抄私記』（円智著。注釈書。寛文二年ごろ刊）等の異文をも参考に挙げ、それぞれ、（　）内の略記号、または、書名で示した。

一　終りに存する「流罪記録」については、その記録体であることを生かすために、底本通りに、片仮名まじりに記し、これに、全体にわたって漢字に片仮名の振り仮名を付した。また、底本の終りの「親鸞改僧儀」以下の文に限って、返り点を付した。

一　底本には、「一[三]善人ナヲモテ往生ヲトク」「一[十五]煩悩具足ノ身ヲモテステニサトリヲヒラクトイフコト」とあるように、各章段の初めを一《ひと》つ書《がき》にし、その「一」の横に章段の順序番号を付してあるが、それらを生かして、全体を十八章に分け、各章段の前に、「第三章」「第十五章」のように示した。さらに、全体を「第一部」(第一章から第十章まで)・「第二部」(第十一章から第十八章まで)・「第三部」(「後記」を含む)・「流罪記録」・「奥書」の五つの部分に分け、それぞれを括弧(　)で示した。また、「第一部」「第二部」については、その「序」に当たる部分を独立させることにした。

一　「校異」の次には、〔口訳〕を付したが、これは、「本文」の表現・文脈に即した、なるべく平易なものにしようとし、極端な意訳を避けることにした。

一　〔注釈〕は、必要な箇所につき、これまでの研究の成果を取り入れて、かなり詳しく書いてみた。これには、近世期以来、現代に至るまでの、数多くの注釈書の恩恵を受ける所が多かったことを、ここに感謝申し上げる。漢字の振り仮名については、『邦訳《ほうやく》 日葡辞書《にっぽじしょ》』(慶長八年(一六〇三)、長崎のゼスス会刊行の原本の飜訳。『日ポ』と略記した。」その他に拠り、なるべく、当時の読み方に近いように付した。

一　〔注釈〕の次に〔解説〕を付して、一々の章が、本書全体の中でいかなる意義と位置を持つかを説明し、次に《解釈》の項を設けて、各章の持つ意味的構造の研究を、主題・構想・叙述の順に記載した。その後には、各章の持つ、文芸としての意義がいかなるものかをも付説してみた。この《解釈》と、それに続く「文芸的意義」とは、わたくしが文芸研究者の立場からして、本書中、最も力を注いだところであるが、読者諸氏の、この希有の古典に接せられる上での一参考資料となるならば、まことに幸いである。

一　終りに、「**『歎異抄』の文芸的意義**」と「**日本文芸史の展開と『歎異抄』**」という、書き下しの二論文を付して、日本文芸としての『歎異抄』についての見解をまとめ、今後のわたくしの研究への出発点とすることにした。

一　また、付録として、『仏説無量寿経』から、法蔵菩薩が「四十八願」を説かれた部分を、参考のため、国訳・抄出して掲げた。

『日葡辞書』について

本書の注釈の中で頻用されている『日葡《にっぽ》辞書《じしょ》』は、原題をVOCABVLARIO DA LINGOA DE IAPAM com a declaração em Portugues（ポルトガル語の説明を付したる日本語辞書）といい、日本イエズス会の神父たちにより、慶長八年（一六〇三）・同九年に、長崎の地において、本編と補遺編とがそれぞれ刊行された。集められた、近畿地方を中心とする日本語彙は、約三万二千二百余語に及び、それらを一つ一つローマ字で表記し、ポルトガル語で説明を加えている。近世初期の刊行であるが、その集めた語彙は室町期・鎌倉期にまで遡り得るので、中世語研究・中世文芸研究のための一大宝庫となっている。原本は、現在、世界に、「イギリス、オックスフォード大学ボードレイ文庫蔵本」「ポルトガル、エヴォラ公共図書館蔵本」「マニラ、ドミニコ会サントドミンゴ修道院文庫蔵本」「フランス、パリ国立図書館蔵本」の四冊が残っているだけである。わたくしは、昭和五十八年八月二十六日に、オックスフォード大学のボードレイ文庫を訪ねて、そこに所蔵の原本を実見することができた。日本では、その写真複製が数種刊行されている外に、昭和五十五年に、岩波書店から、土井《どい》忠生《ただお》・森田武《もりたたけし》・長南実《ちようなんみのる》の三氏の編訳による『邦訳 日葡辞書』、平成元年に、同じく岩波書店から、森田武氏編『邦訳 日葡辞書索引』がそれぞれ刊行されて、学界に大きな貢献をなしている。

本書の中では、『日ポ』と略称して、この『邦訳 日葡辞書』を引用した。

解題

一　書名と著者

わたくしは、本書において、『歎異抄』の本文を校訂し、口訳・注釈を記し、さらに、解説・解釈を試みた。そして、この仏教上の古典の持つ、日本文芸としての特色を解明し、日本文芸史上、いかなる意義と位置を持つ作品であるかを明らかにしようとした。こうした研究上の試みは、些少ながらこれまであったのであるが、それをこの作品の全体につき行ったものは余り無いように思われるので、文芸及び文芸史研究者としての立場から、敢えて取り上げることにした次第である。

『歎異抄』という書名は、「異《コト》ナルヲ歎《ナゲ》ク抄」という意味であって、「異ナル」とは、浄土真宗の宗祖《しゅうそ》、親鸞聖人《しんらんしょうにん》の在世中に説いた教えが、その寂後《じゃくご》、次第に変化し、変遷し、無益な邪説や異義が混入して、不純となって来たことを言うのであるが、本書は、このことを慨歎して、直門《じきもん》の弟子が、直接聴聞した聖人の教えにもとづいて、それらの異義・邪説を批判した著述である。このことは、本文の初めの「序」の中に、

……先師口伝ノ真信ニ異ナルコトヲ歎キ、後学相続ノ疑惑有ルコトヲ思フ。（原漢文）

とあり、また、「後記」の末尾の所には、

一室の行者の中に、信心異なることなからんために、泣く泣く、筆を染めて、これを記《しる》す。名付けて、歎異抄と言ふべし。

とあることによって知られるところである。「抄」は、「鈔」の略字で、すぐれた人の遺《のこ》した言葉を抜き出して集めた書の意味であるが、本書中には、弟子で著者である唯円《ゆいえん》の立場から、先師親鸞の遺語《いご》を数多く収録しているので、それをも含めて『歎異抄』という書名が、著者自身によって名づけられたものと考えられる。昔から、タンイショウではなく、タンニショウと呼ばれている。

『歎異抄』の著者がいかなる人であるかは、古来、問題になって来たことであって、古写本にも、著者名を記したものはないので、各種の推定説が生じたのであるが、それは次の三つに分けられる。第一は、如信《にょしん》説であって、彼は、親鸞の長男の慈信房善鸞《じしんぼうぜんらん》の子で、親鸞の孫に当る。延応《えんのう》元年（一二三九）に生れ、祖父親鸞のもとで育てられ、後に、本願寺の第二世として、法統を継いだことになっている。正《しよう》安《あん》元年（一二九九）、常陸国金沢の地で、六十二歳で寂した。覚如《かくにょ》の著作『口伝鈔《くでんせう》』の中に、「本願寺鸞《らん》上人《しやうにん》、如信上人に対しまし〱て、をり〱の御物語の条々」二十一ヶ条が存するが、これは、後年に、覚如が編成したものである。第二は、その覚如を著者に擬する説であって、彼は、親鸞の娘である覚信《かくしん》尼《に》の孫で、親鸞の曽孫に当る。親鸞寂後九年目の文永七年（一二七〇）京都に生れ、本願寺の第三世の法主となり、観応《かんのう》二年（一三五一）、八十二歳で寂した。第三は、親鸞の直弟子《じきでし》の唯円《ゆいえん》説であって、江戸末期の真宗内の学僧、妙音院了祥《みようおんいんりようしよう》〔天保十三年（一八四二）寂、五十五歳〕が、その講義を集録した『歎異抄聞記《もんき》』の中で、本書の本文の中に著者たる徴証を求めて、それを唯円と決定するに至ったのである。いま、『歎異抄聞記』の中から、著者を唯円とする説を引用してみると、次のように説明している。（傍点はわたくしが付した。）

作者は唯円坊

さて夫《それ》を成立するに就て、私は直に此鈔の文に就て証拠を出すに、第十章に「そも〳〵かの御在生のむかし、おなじこゝろざしにして、あゆみを遼遠の洛陽にはげまし乃至同時に御意趣をうけたまはりしかども」等とある。是れなんでも、此鈔を書いた人が遙々数百里の道を越えて上京して、吾祖に御目にかゝりて承つた相なり。又第二章に「十余箇国のさかひをこえて」等とある。常陸下総より共々に上京して吾祖に呵られた、この鈔を書いた人も呵られた仲間に違ひない文体也。然るに、如信様は、『最須敬重絵詞』一（十五丁左）に「幼年の昔より長大の後にいたるまで禅牀のあたりをはなれず、学窓の中にちかづき給ければ」とありて、吾祖の御膝下で育たせられた御人なり。其の御作ならば歩を遼遠の洛陽にはげましの、十余箇国のさかひをこえてのと云ふ文のある筈はなき也。又、第九章の「念仏まうしさふらへども」等の下、その文体、唯円坊が正しく申上げて御示しにあづかつて書かれた文体で、唯円坊のきかれたを、如信様が又聞きして、御書きなされた文体ではない。又、第十三章の「またあるとき唯円坊は、わがいふことをば信ずるかとおほせのさふらひしあひだ」等、これも唯円が承つて書かれた文体也。但し一本にまふされに作りて唯円でない文体に書き直したがある。この本の不正なることは校定異本の下で弁明すべし。但しこゝに意をすえて第九章を見ると、第九章の方も一本は左もあらんかと思ふまいものでもないが、之を第二章や第十章の遙かの路を経て上京したと云ふ文と組み合せると、吾祖が唯円への御話を如信様が傍聴なされた相とは云はれぬ。是非唯円が遙かに上つて来られて、是等の御話しを直に承つて書いたに違ひない。又第十三章の文も初を見るべし、「あるとき唯円坊は」と書いた。此の初と合せると、唯円の直聞直記に違ひないことが知れる。先づ是が此鈔の文へ直に当てた時の料簡なり。

ここで「第十章」とあるのは、実は、第二部の「序」のことである。この明確なる推定によって、『歎異抄聞記』が刊行された明治四十一年以後、次第に学界に唯円説が普及し、現在では、『歎異抄』の著者たることが、ほぼ、学界の定説となっている。（第二の覚如説では、覚如が親鸞寂後の生れであるから、「直聞直記」できるはずがないのである。）

〔本願寺略系図〕　数字は、本願寺の世代を示す。

親鸞㈠─┬─善鸞───如信㈡
　　　　└─覚信尼───覚恵《かくえ》───覚如㈢

二　親鸞の略伝

『歎異抄』の全体にわたって、著者の唯円から絶えず仰慕されている、その師の親鸞の略伝を記すと、その生涯は、大体、次の三つの時期に区分される。

第一期は、彼の修学修行期《しゅがくしゅぎょうき》とも称してよい期間であって、その生誕は、高倉天皇の承安《じょうあん》三年（一一七三）のことで、藤原氏の中の一系の出身で、皇太后宮大進《こうたいごうぐうだいしん》の職にあった日野有範《ひののありのり》の子として、京都で生まれた。その母も、その幼名も全くわかっていない。この年は、平清盛が権勢をほしいままにしていて、十月には、摂津の国に兵庫島《ひょうごしま》を築き、十一月には、長男の重盛を派遣して、奈良の僧徒が蜂起して上京せんとするのを宇治で禦《ふせ》がせている。

親鸞は、治承《じしょう》五年（一一八一）の春、九歳の時に、前大僧正慈円《じえん》について出家し、範宴《はんえん》と名のり、青《しょう》蓮院《れんいん》に入っている。慈円は、摂政・関白・太政大臣となった藤原忠通《ただみち》の子で、出家してから四度、天台座主《ざす》となり、また歌人としても世に知られる存在であった。この年は、高倉上皇の崩御、平清盛の薨去《こうきょ》、諸国における源氏軍の蜂起等の、世相の騒然たる中に飢饉が始まり、翌年にかけて悲惨を極めていた。

出家後の範宴は、比叡山延暦寺《えんりゃくじ》に登って、二十年間、仏学と修行とに専念したらしい。わずかに、後に妻となった恵信尼《えしんに》が、晩年に、娘の覚信尼《かくしんに》に宛てて記した書状（『恵信尼消息』という）の中に、「殿《との》の、比叡《ひえ》の山に、堂僧《だうそう》勤《つと》めておはしけるに」とあることによって、不断念仏《ふだんねんぶつ》を修《しゅ》する、横川《よかわ》の常行三昧堂《じょうぎょうざんまいどう》の堂僧（諸雑事を勤める下級の僧）であったことが知られる。この間に、仏教を中心に、儒教や道教をも学んで、後に多くの著述を成す基礎的知識・教養を獲得し、また、不断念仏を行《ぎょう》ずることによって、浄土念仏門に帰する素地を作ったと考えられる。

ところが、建仁《けんにん》元年（一二〇一）、二十九歳の春、比叡山を下って、京都の六角堂《ろっかくどう》（中京区堂之前町にある、天台宗の寺で、正しくは、紫雲山頂法寺《ちょうぼうじ》と号する。聖徳太子の創建と伝えられており、本尊は観世音菩薩《かんぜおんぼさつ》）に百日間籠《こも》って、後世《ごせ》の往生を祈るようになったことが、『恵信尼消息』に次のように記されている。

　山を出《い》でて、六角堂に百日こもらせ給ひて、後世《ごせ》を祈らせ給ひけるに、九十五日の暁《あかつき》、聖徳太子の、文《もん》を結びて、示現《じげん》にあづからせ給ひて候ひければ、やがて、その暁、出でさせ給ひて、後世の助からんずる縁《えん》に逢ひ参《まゐ》らせんと、尋ね参らせて、法然上人《ほふねんしやうにん》に逢ひ参らせて、又、六角堂に百日こもらせ給ひけるやうに、又百ケ日、降るにも照るにも、いかなる大事《だいじ》にも参りてありしに、ただ、後世の事は、善《よ》き人にも悪《あ》しきにも、同じやうに、生死《しやうじ》出づべき道をばただ一筋《ひとすぢ》に仰《おほ》せられ候ひしを、承《うけたまは》り定めて候ひしかば、上人の渡《わた》らせ給はん処には、人はいかにも申せ、たとひ悪道《あくだう》に渡らせ給ふべしと申すとも、世《せ》々生々《せしやうじやう》にも迷ひければこそありけめとまで、思ひ参らする身なればと、やう〳〵に人の申し候ひし時も、仰せ候ひしなり。

この六角堂参籠《さんろう》が縁となって、範宴は、当時、東山吉水《ひがしやまよしみず》（大谷という地域の一部。現在の京都市円山《まるやま》公園のうち）の草庵にあって、専修念仏《せんじゆねんぶつ》による浄土往生の道を説いて、広い範囲の人々を教化《きょうけ》していた法然房《ほうねんぼう》源空《げんくう》の門下に入って、善信房《ぜんしんぼう》（房号《ぼうごう》）綽空《しやくくう》（法諱《ほうき》）と師から称せられるようになった。時に、法然は六十九歳であって、建久《けんきゆう》九年（一一九八）に主著『選択本願念仏集《せんちやくほんぐわんねんぶつしふ》』（略して『選択集』という）を著わしてから三年後のことで、多くの弟子を擁していた。

法然の専修念仏の教えは、次第に世に広まるにつれて、京や奈良の、修行を中心とする天台・真言・法相などの諸宗派を含む旧仏教を動揺させ、その結果、元久《げんきゆう》元年（一二〇四）には、比叡山延暦寺の大衆《だいしゆ》が、法然が専修念仏のみを正法として主張し、また、法然門下に放逸の行動をする者の多いのを理由に、念仏の盛んに行われるのを停止させよと、時の天台座《てんだいざ》主《す》、真性《しんしょう》に訴え出た。そこで、座主の審問を受けた法然は、弟子たちの自粛自戒を求めて、七箇条の制誡を起請文《きしようもん》として定め、終りに法然以下、合計百九十名が連署して、天台座主に差し出した。その中の第八十七番目に、「僧綽空」の署名が残っている。この制誡は、『七箇条制誡《しちかでうせいかい》』『七箇条起請文』とも呼ばれている。かくして、一応、この問題は決着を見るに至った。

そして、元久二年（一二〇五）、綽空の三十三歳の時に、師の法然の許可を受けて、『選択集』を書写し、四月十四日には、『選択集』の内題の字、及び、「南無阿弥陀仏、往生之業、念仏為本」（……往生ノ業ハ、念仏ヲ本ト為ス）の文と「釈綽空」の字とを法然の真筆を以て賜わっているし、同日、許可を得て、法然の肖像を申し預かって綽空は描き上げている。さらに、同年の閏《うるう》七月二十九日には、師の法然につき、

真影《シンエイ》ノ銘《メイ》ニ、真筆《シンピツ》ヲ以《モツ》テ、「南無阿弥陀仏」ト、「若我成仏十方衆生《ニャクガジャウブツジッパウシユジャウ》、称我名号下至十声《ショウガミャウガウゲシジフシャウ》、若不《ニャクフ》生者不取正覚《シャウシャフシユシャウガク》、彼《ヒ》仏今現在成仏《ブッコンゲンザイジャウブツ》、当知《タウチ》本誓重願不虚《ホンゼイヂユウグワンフコ》、衆生称念必得往生《シユジャウショウネンヒットクワウジャウ》」（若《モ》シ、我、仏ト成ランニ、十方ノ衆生、我ガ名号ヲ称スルコト、下、十声ニ至リテ、若シ、生レズンバ、正覚ヲ取ラジ。彼《カ》ノ仏、今、現《ゲン》ニ在《イマ》シテ、成仏シタマフ。当《マサ》ニ知ルベシ、本誓・重願、虚《ムナ》シカラズ、衆生称念スレバ、必ズ、往生ヲ得）ノ真文《シンモン》トヲ書カシメタマフ。又、夢ノ告《ツゲ》ニ依《ヨ》リテ、綽空《シャククウ》ノ字ヲ改メテ、同ジキ日、御筆《ギョヒツ》ヲ以テ、名《ミャウ》ノ字《ジ》ヲ書カシメタマヒ畢《ヲハ》ンヌ。本師聖人（注、法然）、今年ハ七旬三《シチジュンサン》（注、七十三）ノ御歳ナリ。（『教行信証』の「化身土巻《けしんどのまき》」。原漢文）

と、後年になって記している事実があったが、この中の、「綽空ノ字ヲ改メテ、同ジキ日、御筆ヲ以テ、名ノ字ヲ書カシメタマヒ畢《ヲハ》ンヌ」とは、何を意味するのであろうか。浄土真宗内では、覚如や、その子存覚《ぞんかく》（その著『六要鈔《ろくえうせう》』による）以来、これは法諱の「綽空」を「善信」と法然が改めたこととする説が、現在に至るまで行われている。しかし、法然房（房号《ぼうごう》）源空（法諱《ほうき》）の例について言えば、他人がこの僧を呼ぶのには、法諱（源空）を以てせず、房号（法然房）によるのが当時の慣習であって、房号は一種の敬称となっていたのである。そして、自身のことを述べるには、房号を以てせず、必ず法諱を用いることになっていた。『歎異抄』の「後記」の中に、法然が、門下の間に起った、信心の相論の是非を尋ねら

れて、「源空が信心も、如来より賜はりたる信心なり。善信房の信心も、如来より賜はらせ給ひたる信心なり」と答えているのが、当然の言い方であったのである。鎌倉時代の僧侶の中では、明恵房《みょうえぼう》（房号）高弁《こうべん》（法諱）・解脱房《げだつぼう》（房号）貞慶《じょうけい》（法諱）・葉上房《ようじょうぼう》（房号）栄西《えいさい》（法諱）・俊乗房《しゅんじょうぼう》（房号）重源《ちょうげん》（法諱）等の例が認められるし、法然の門下にも、勢観房《せいかんぼう》（房号）源智《げんち》（法諱）・念仏房《ねんぶつぼう》（房号）念阿《ねんな》（法諱）・善恵《ぜんね》房《ぼう》（房号）証空《しょうくう》（法諱）・安楽房《あんらくぼう》（房号）遵西《じゅんさい》（法諱）等の称呼が行われていたのである。従って、善信房（房号）綽空（法諱）と呼ばれている僧が、その法諱（綽空）を房号の善信と改めることは考えられないことではあるまいか。わたくしは、師の法然によって、この時に、法諱を綽空から親鸞へと改められたのであると思う。そして、「善信房親鸞」と称するようになったのであると考える。法然門下においては、外にも、聖光房《しょうこうぼう》（房号）辨阿《べんな》（法諱）が、法諱だけを改めて、聖光房辨長と称した例が存する。もし、通説の如く、善信と法諱を改められたとすれば、その房号はいかに呼ばれたのであろうか。〔このことによって、『歎異抄』の「後記」に、法然の在世中、「故聖人（注、親鸞）の御物語」として、「善信が信心も、聖人（注、法然）の御信心も、一つなり」と同門の人々に向って言ったとあるのは、著者唯円の聞き書きによる誤伝と思われる。〕「綽空」の二字が、道綽（どうしゃく　法然が定めた、中国の浄土五祖中の第二祖）と源空とにもとづくように、「親鸞」の二字は、世親（せしん　五世紀ごろのインドの仏教学者。浄土三国列祖の第二。天親《てんじん》とも称する）と曇鸞（どんらん　中国の浄土五祖中の初祖）とに由来しており、「夢ノ告ニ依リテ」も、法然への夢告によることを意味していると思われる。かくして、親鸞は、「名ノ字」を師から書いて頂き、『選択集』の書写を許され、描いた師の肖像画に銘文《めいもん》を書いて賜わったこと等により、師の法然に尊重され、弟子中でもかなり異彩を放っていたことが推測される。

ところが、『七箇条制誡』の提出によって一旦は収まったかに見えた、専修念仏への圧迫は、この年の十月になって、奈良の興福寺の衆徒《しゅと》が、笠置《かさぎ》の解脱房貞慶の起筆に成る『興福寺奏状《こうぶくじそうじやう》』を以て、院（後鳥羽上皇）に、念仏の停止と法然ならびに弟子等を罪科に処することとを請うて、上訴するに至った。その結果、法然は、彼等から特に処罰を要求されていた、門下の法本房行空《ほうほんぼうぎょうくう》を破門したのであるが、翌建永《けんえい》二年（一二〇七。十月に、承元《じょうげん》と改元）二月には、法然を中心とする教団への徹底的な弾圧が下され、法然以下七人は流罪《るざい》、安楽房遵西以下四人は死罪となった。これは、『歎異抄』に付載されている「流《る》罪記録《ざいきろく》」にも記されている事件であって、この弾圧の原因としては、別に、建永元年十二月の、後鳥羽上皇の熊野御幸《くまのごこう》の留守中に、御所の女房たちが法然の弟子たちとの間に風紀上の問題を起し、それが上皇の怒りを催したことが考え合わされる。親鸞が流罪に処せられた理由としては、法然の門下中でも、師の法然の許可を得て、妻帯していたと推測される事実を挙げる研究者もいる。ともかく、法然の弟子たちの中では、目立つ存在であったことは事実として認むべきであろう。

第二期は、地方教化期として考えられる時期であって、三十五歳の親鸞は、僧侶たる身分を剝奪され、房号の「善信房」によって、藤井善信《ふじいのよしざね》という俗名に改めさせられ、師の法然と別れて、越後の国の国府《こくふ》（現在の新潟県上越市）に流罪となった。かかる処罰を、当時は、「還俗遠流《げんぞくをんる》」と称した。親鸞はこの承元《じょうげん》の法難については、後年の著述、『教行信証《きやうぎやうしんしょう》』の終りに近く、

竊《ヒソ》カニ以《オモン》ミレバ、聖道《シヤウダウ》ノ諸教《ショケウ》ハ行証《ギヤウショウ》久シク廃《スタ》レ、浄土ノ真宗《シンシユウ》ハ、証道今盛《サカ》リナリ。然ルニ、諸寺ノ釈門《シヤクモン》、教《ケウ》ニ昏《クラ》クシテ、真仮《シンケ》ノ門戸《モンコ》ヲ知ラズ。洛都《ラクト》ノ儒林《ジユリン》、行《ギヤウ》ニ迷《マド》ウテ、邪正《ジヤシヤウ》ノ道路《ダウロ》ヲ弁《ワキマ》フルコト無シ。斯《ココ》ヲ以テ、興福寺《コウブクジ》ノ学徒、太上天皇《ダジヤウテンワウ》後鳥羽院ト号ス。諱ハ尊成。・今上《キンジヤウ》土御門院ト号ス。諱ハ為仁。聖暦承元丁《セイレキジョウゲンヒノト》ノ卯《ウ》ノ歳《トシ》、

俗人——（出家）
- （沙弥戒を受ける）沙弥・沙弥尼——（具足戒を受ける）比丘・比丘尼
- （沙弥戒を受ける）沙弥・沙弥尼

仲春上旬《チウシユンジヤウジユン》ノ候《コウ》ニ奏達《ソウタツ》ス。主上《シユシヤウ》・臣下《シンカ》、法《ホフ》ニ背《ソム》キ、義《ギ》ニ違《キ》シ、忿《イカ》リヲ成《ナ》シ、怨《ウラ》ミヲ結ブ。茲《コレ》ニ因《ヨ》リテ、真宗興隆《シンシユウコウリユウ》ノ大祖《タイソ》、源空法師《ゲンクウホツシ》、并《ナラ》ビニ門徒《モント》数《ス》輩《ハイ》、罪科《ザイクワ》ヲ考《カンガ》ヘズ、猥《ミダリガハ》シク死罪ニ坐《ツミ》ス。或《アルイ》ハ僧儀《ソウギ》ヲ改メ、姓名《シヤウミヤウ》ヲ賜《タマ》ウテ、遠流《ヲンル》ニ処《シヨ》ス。予《ヨ》ハ其ノ一《イツ》ナリ。爾《シカ》レバ、已《ステ》ニ、僧ニ非ズ、俗ニ非ズ。是《コ》ノ故《ユヱ》ニ、禿《トク》ノ字《ジ》ヲ以テ姓《セイ》ト為《ナ》ス。空師《クウシ》、并《ナラ》ビニ弟子《デシ》等《ラ》、諸方《シヨハウ》ノ辺州《ヘンシウ》ニ坐《ツミ》シテ、五年ノ居諸《キヨシヨ》ヲ経《ヘ》タリキ。

（原漢文）

と、烈しく当時の弾圧の不当を指摘している。そして、右の引用文中の、「非僧非俗」（「僧ニ非ズ、俗ニ非ズ」）とは、当時の用語例によれば、親鸞が在家《ざいけ》の沙弥《しゃみ》、遁世者《とんせいしゃ》となったことを意味すると思われる。

我が国では、古来、俗人《ぞくじん》が出家するのに、二つの道があった。第一は、年少にして剃髪《ていはつ》し、沙弥戒《しゃみかい》を受けて寺院生活に入り、男性ならば沙弥、女性ならば沙弥尼《しゃみに》となる。そして数年間を経て修行が熟してくると、師の許可を得て、戒壇《かいだん》に登って、その上の具足戒《ぐそくかい》を受けて、男性は比丘《びく》、女性は比丘尼《びくに》となり、正式の僧・尼として、生涯、一定の宗派に属し、その規制下に寺院生活を送るのであった。ところが、第二に、中年以後、何らかの動機によって、出家・剃髪して沙弥戒を受け、沙弥・沙弥尼となる道があった。この出家においては、一定の宗派に属してその規制を受けることもなく、寺院生活を送る必要もなく、従って、さらに具足戒を受けて比丘・比丘尼となることもなく、世を去るまで、沙弥・沙弥尼として過すのであった。これらの第二の出家者

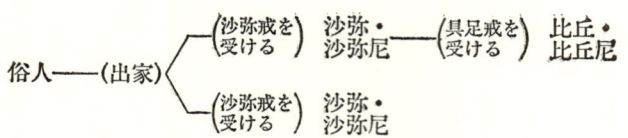

を、一般に、「遁世者」「世捨人《よすてびと》」と呼んでいた。この二つの出家の道を図で示すと、前頁のようになる。

この第二の道の出家者の中には、『方丈記』の著者、蓮胤《れんいん》（鴨長明《かものながあきら》）のように、日野《ひの》山中の草庵に閑居したり、または、公家から遁世した大原《おはら》の三寂《さんじやく》（寂念《じやくねん》・寂超《じやくちよう》・寂然《じやくぜん》）のように、寺院の傍に集団を作って修行生活を営んだりする者もいたが、大部分は、家庭にあって、出家前と同じく、妻子・従者に囲まれ、仏教の戒律からも解放された、自由な生活を送っていたのである。かかる遁世者としての沙弥を、第一の道の沙弥から区別するために、「在家《ざいけ》の沙弥《しやみ》」と呼ぶようになっていた。いま、中世の著名な遁世者の法名とその俗名とを挙げると、西行（佐藤義清《のりきよ》）・浄海《じようかい》（平清盛）・釈阿《しやくあ》（藤原俊成《しゆんぜい》）・明静《みようじよう》（藤原定家《ていか》）・文覚《もんがく》（遠藤盛遠《もりとお》）・道崇《どうすう》（北条時頼《ときより》）・真如覚《しんによかく》（建礼門院徳子《とくこ》）・兼好《けんこう》（卜部兼好《うらべのかねよし》）・宗玄《そうげん》、後には覚空《かくくう》（北畠親房《ちかふさ》）・善芳《ぜんぽう》（観世世阿弥《かんぜぜあみ》）・阿仏《あぶつ》（安嘉門院四条《あんかもんいんしじよう》）等が数えられる。

越後の国府の地に流罪になった親鸞は、『歎異抄』付載の「流罪記録」に、

> 親鸞、僧儀《ソウギ》ヲ改メ、俗名《ソクミヤウ》ヲ賜《タマ》フ。仍《ヨ》ッテ、僧ニ非ズ、俗ニ非ズ。然ル間《アヒダ》、禿《トク》ノ字《ジ》ヲ以テ姓《セイ》ト為《ナ》シ、奏聞《ソウモン》ヲ経《ヘ》ラレ了《ヲハ》ンヌ。（中略）流罪《ルザイ》以後《イゴ》、愚禿親鸞《グトクシンラン》ト書カシメ給フナリ。（原漢文）

とあるように、「非僧非俗」の遁世者、在家の沙弥となって、恵信尼と結婚して家庭生活を送り、その間に、信蓮房《しんれんぼう》と呼ばれる男子が生れている。そのほかには確かな史料はないが、妻子とともに念仏を行ずる、平穏・無事な生活を保持していたものと思われる。妻帯《さいたい》と言い、肉食《にくじき》と言い、戒律を守る必要のない在家の沙弥には、極《ご》く自然な行き方であったと推測される。

そうしているうちに、建暦《けんりやく》元年（一二一一）十一月には、師の法然と共に流罪を赦免《しやめん》されたが、三十九歳の親鸞は、なお数年間、越後に住んでいた。が、法然は、同二年正月二十五日、八十歳で、京の東山

大谷《おおたに》の房舎で入寂《にゅうじゃく》してしまった。これも、親鸞が帰京を思い留《とど》まった理由をなしたかも知れない。

そして、建保《けんぽう》二年（一二一四）に、妻子を連れて、越後を出発し、上野《こうづけ》・武蔵《むさし》を経て、常陸《ひたち》の国に移住して、笠間郡稲田郷《かさまのこおりいなだのごう》に居を構えた。そこで、周囲の人々に法を説いて教化しつつ、元仁《げんにん》元年（一二二四）ごろ、主著『顕浄土真実教行証文類《けんじやうどしんじつけうぎやうしようもんるゐ》』（略して、『教行信証』という）六巻の草稿本を書き上げるに至っている。親鸞の教化を受けた弟子たちの範囲は、常陸・下野《しもずけ》・下総《しもふさ》・武蔵・奥羽《おうう》・越後《えちご》等にわたって七十余名も居り、それぞれ、念仏のための道場を作り、多くの信者を擁し、門徒・同行《どうぎよう》と称した。その信者も、武士・名主《みようしゆ》・商人・農民などを含んでいた。

第三期は在京著述期とも言ってよい時期であって、およそ六十三歳の文暦《ぶんりやく》二年（一二三五）のころ、親鸞は、二十年も過した関東を去って、京に帰った。その目的は種々憶測されているが、『教行信証』を修訂・完成し、多くの著述をなし遂げることも計画の中に入っていたと思われる。ただ、常陸在住中におけるほど、教化活動を展開した跡はなく、関東の弟子たちの仕送りを受けたり、彼等が信心の問題を抱いて上京してくるのに接したり、多くの書簡を送って、信心に関する問題を指導したりしていたらしいことは、『歎異抄』の第二章や第二部の「序」にも窺《うかが》われる。

帰京後の親鸞の著述は、「浄土和讃」「高僧和讃」「正像末《しやうざうまつ》和讃」から成る『三帖和讃《さんでうわさん》』を初めとして、『唯信鈔文意《ゆいしんせうもんい》』『尊号真像銘文《そんがうしんざうめいもん》』『浄土文類聚鈔《じやうどもんるいじゆせう》』『浄土三経往生文類《じやうどさんぎやうわうじやうもんるい》』『愚禿鈔《ぐとくせう》』『入出二門偈頌《にふしゆつにもんげじゆ》』『一念多念文意《いちねんたねんもんい》』『皇太子聖徳奉讃《くわうたいししやうとくほうさん》』『如来二種廻向文《によらいにしゆゑかうもん》』『弥陀如来名号徳《みだによらいみやうがうとく》』等の多きに及んでいる。また、『唯信鈔《ゆいしんせう》』『自力他力事《じりきたりきのこと》』『後世物語《ごせものがたり》』『西方指南抄《さいはうしなんせう》』『三部経大意《さんぶきやうたいい》』等の聖教《しやうぎやう》類を書写しているし、信心上の問題に関して、関東の弟子たちに与えた、多くの書簡類は、大切に保存されて、後に、『末燈鈔《まつとうせう》』

『親鸞聖人御消息集《ごせうそくしふ》』『親鸞聖人血脈文集《けちみやくもんじふ》』等に編成されている。さらに、『歎異抄』『口伝鈔《くでんせう》』『執持鈔《しふぢせう》』等には、周囲の人々や関東からはるばる訪ねて来た弟子や信者たちに説き示した言説が語録として書き留められている。唯円の如く、師の膝下に侍して教えを聞いた弟子たちが幾人か居たことも推測される。

しかし、帰京後の親鸞は、経済的に恵まれた様子もなく、念仏道場も持たず、関東から一緒に京に上った妻の恵信尼は、詳しい事情はわからぬが、越後の国に下って行き、一家が離散するという不幸に陥った。その上に、親鸞の長男で、父に代って、関東地方に、異義を正すべく下って行った慈信房善鸞《ぜんらん》が、その関東にいた親鸞の直弟子《じきでし》と対立し、父の親鸞から秘密に授かった、特別の教義・法門があると言い触らして、信者たちを惑わし、その上、父をも中傷するに至ったがために、親鸞は、建長《けんちょう》八年（一二五六）、八十四歳の時に、善鸞に対し、手紙で親子の縁を切り、義絶している。手紙の中には、「いまは、親といふことあるべからず、子と思ふこと思ひ切りたり」という、悲痛な言葉が見いだされる。また、京に残っていた、末娘の覚信尼《かくしんに》が、子の覚恵《かくえ》ともうひとりの女子とを抱《かか》えて寡婦《かふ》となったので、この三人をも扶助しなくてはならなくなった。こういう、複雑で煩わしい事実に直面しながらも、晩年の親鸞は、一層、自己の信心を深めていったものと想像される。

親鸞は、正嘉《しょうか》二年（一二五八）ころから、実弟の、天台宗の僧都《そうず》、尋有《じんゆう》の、三条・富小路《とみのこうじ》の坊舎、善法《ぜんぽう》坊《ぼう》に寄寓《きぐう》していたが、弘長《こうちょう》二年（一二六二）十月下旬から健康を害し、ついに病革《あらたま》り、同年十一月二十八日、九十歳の高齢で往生を遂げた。十一月十一日に、常陸の弟子たちに書いた書状には、覚信尼親子の生活を扶持《ふぢ》してくれるように懇願しているのは、このことが世を去るに当ってただ一つの気がかりであったことを示すものであろう。遺骨は、東山の鳥辺野《とりべの》の北の大谷《おおたに》に収められた。

その生涯を顧みると、第一期は、比叡山での修行生活を経て、類稀《たぐいまれ》なる師、法然にめぐり会い、その教えに随順して、専修念仏の道に傾倒して行ったが、承元の法難により越後への流罪に処せられるまでの三十五年間であり、第二期は、越後で流罪の赦免を受けた後、妻子と常陸に移り住み、さらに京都に帰るまでの二十余年間であって、この間に、越後や関東地方の庶民に接触して、その生活を如実に知り、彼等を教化したことは、それだけ、彼の信心を純化し、また深化したに違いないと思われる。これは、第一期の、比叡山や京都における修行時代には思いも寄らなかった、新しい、そして切実な経験であったかと推測される。そして、この第二期以後は、ひとりの遁世者、即ち在家《ざいけ》の沙弥《しゃみ》という身分で世を渡っていたのであって、浄土真宗は、その出発点において、かかる在家の沙弥を宗祖とする仏教として成立したことは注目に価《あた》いすると思う。第三期は、帰京後の、晩年の二十余年間であって、不如意《ふにょい》な生活の中に、幾多の著述に専念し、また、多くの書簡を弟子たちに書き送り、それによって、ますます、信心を堅固なものとしたと思われる。そして、この三つの時期を通じて、いかなる迫害や苦悩にも屈せず、弥陀の本願を信じて、念仏を称《とな》える救いの道を説いてやまなかったところに、宗教者として徹底した、親鸞の生涯の意義が認められる。

親鸞は、弟子たちと力を合わせて、教団を形成し、それを宗派として独立させようとする意志は全くなかったもののようであるが、その寂後《じゃくご》十年を経た文永《ぶんえい》九年(一二七二)に、娘の覚信尼が、東山の鳥辺《とりべ》野《の》の北の墓地を改めて、門人たちの協力を得て、吉水《よしみず》の北の辺に、小堂を建て、親鸞の木像を安置して、大谷廟堂《おおたにびょうどう》と称した。その後、覚信尼の子、覚恵《かくえ》を経て、その子、覚如《かくにょ》に至り、著述や布教に一大活動を行い、親鸞――如信(善鸞の子)――覚如という、浄土真宗の法系を確立し、大谷廟堂の留守職《るすしき》として認められた。後に、覚如によって、この廟堂は本願寺として寺院化され、宗派としての浄土真宗の中枢としての位置を確保するに至るのである。

三　唯円の小伝

『歎異抄』の著者で、親鸞の直弟子《じきでし》である唯円の伝記は明らかでなく、わずかに、覚如の一代の伝記を絵巻《えまき》にした『慕帰絵詞《ぼきえし》』（詞書《ことばがき》のみ、覚如の次男の従覚《じゆうかく》の作。観応二年（一三五一）十月の成立）の第三巻の中に、

> 将又《はたまた》、安心《あんじん》をとり侍《はんべ》るうへにも、なほ、自他解了《じたげれう》の程を決せんがために、正応《しやうおう》元年冬のころ、常《ひた》陸国《ちのくに》河和田《かわだの》唯円房と号せし法侶、上洛しけるとき、対面して、日来不審《ひごろふしん》の法文《ほふもん》において、善《ぜん》・悪二《まくに》業《ごふ》を決し、今度、あまたの問題をあげて、自他数遍《じたすうへん》の談《だん》におよびけり。かの唯円大徳《だいとく》は、鸞《らん》聖人の面授《めんじゆ》なり。鴻才《こうさい》・弁舌《べんぜつ》の名誉ありしかば、これに対して、ますます、当流の気味《きみ》を添《そへ》けるとぞ。

とあるのが見いだされる。この絵巻十巻は、京都の西本願寺に蔵せられ、覚如が八十二歳で入寂した観《かん》応《のう》二年（一三五一）に追慕のために製作されたものである。そして、その詞書の中には、十八歳の覚如が、弘安十年（一二八七）十一月に、如信に逢って、「釈迦・弥陀の教行を面受し、他力摂生の信証を口伝」されたことが記され、翌正応元年に、さらに、親鸞の面授（直弟子）たる唯円が上洛した時、「日来不審の法文において、善・悪二業を決し、今度、あまたの問題をあげて、自他数遍の談におよ」んだということは、唯円が、この年（親鸞寂後二十六年目）になっても、上京できるだけの体力を保持していたこと、親鸞の真信を伝えた直弟子として当時重んじられていたこと、及び鴻才・弁舌の名誉があって、親鸞の

曽孫たる覚如にも信服されていたことなどがわかる。唯円の年齢は、確かな史料がなくて明らかでないが、正応二年（一二八九）に六十八歳で往生したという伝えによれば、その前年に上京して覚如と逢ったことになる。わたくしには、『歎異抄』の「後記」に、「露命《ろめい》、わづかに、枯草《こさう》の身に懸《かか》りて候ふ程にこそ」とあるのによって、恐らく、この正応元年の上洛を機として、多くの異義・邪説が、京にも、地方にも行われているのを聞いて、老年の力を振りしぼって、『歎異抄』の著作を思い立ったのではないかと想像される。（親鸞の帰京したと推測される文暦《ぶんりやく》元年（一二三四）ごろは、その六十二歳のころに当り、唯円は当時、十三歳ほどに過ぎない。従って、他の信者たちと京の親鸞を尋ねて、教えを聞き、自身はその膝下に留まり、さらに親しく教えを受けたのは、親鸞の八十歳から九十歳、唯円の三十歳から四十歳ぐらいの年ではないかと、わたくしには推測される。親鸞の教えをよく理解して聞き、正しく記録している点において。）

また、『最須敬重絵詞《さいしゆきやうぢゆうゑし》』七巻（覚如の行状をその弟子乗専《じようせん》の記したもの。文和《ぶんな》元年（一三五二）の成立。絵巻は失われ、詞書《ことばがき》のみ残っている。）の第五巻には、

大納言《だいなごん》阿闍梨《あざり》弘雅《こうが》といふ人あり。俗姓《ぞくしやう》は、小野宮少将入道具親朝臣《をののみやせうしやうにふだうともちかのあつそん》の子息《しそく》に、始は少将阿闍梨《あざり》失名と申しける人の、世を遁《のが》れて、禅念房となん号《かう》せし人の真弟《しんてい》なり。仁和寺《にんなじ》鳴滝《なるたき》相応院《さうおうゐんの》前大僧《ぜんだいそう》正坊《じやうばう》守助の弟子にて、御室《おむろ》へも参仕《さんし》の号《かう》を懸《か》けられけり。むねとは、広沢《ひろさは》の清流《せいりう》を酌《く》みて、真言《しんごん》の教門をうかがひ、兼ねては、修験《しゆげん》の一道《いちだう》に歩みて、山林の抖擻《とそう》をたしなまれけるが、後には、これも隠遁して、河和田《かわだ》の唯円大徳《だいとく》をもつて師範とし、聖人の門葉《もんえふ》と成りて、唯善房《ゆいぜんばう》とぞ号《かう》せられける。とりわき、一宗《いつしゆ》を習学《しゆがく》の事などはなかりしかども、真俗《しんぞく》に亙《わた》りてつたなからず、万事《ばんじ》につけて、才《さい》

覚《かく》をたてられける人なり。

とある。この「弘雅」は、父は小野宮《おののみや》禅念房、母は親鸞の末女、覚信尼《かくしんに》であって、隠遁後、真宗に帰して、河和田の唯円に師事し、真宗の教義を受けて、唯善房と称するようになったことが記されている。これも、唯円が、親鸞面授の直弟子として、親鸞の入寂後も、真宗の一門中で、特別に尊重されていたことを示す事実と言うことができよう。（この唯善房は、後に、親鸞の御影堂とその土地につき、横領しようとして問題を起すに至っている。）

この二つの事実は、唯円が、宗祖親鸞の真精神を伝持する、稀な人物として、敬仰《けいごう》され、信服されていたことを証しているようである。

宮崎円遵氏の「最須敬重絵詞とその指図書《さしずしょ》」（『日本絵巻物全集』20、「善信聖人絵・慕帰絵」所載）には、本派本願寺に蔵されている、「『最須敬重絵詞』を描くために、その図様を指示した指図書が伝わっている」とあり、その「指図書」が乗専《じょうせん》の手になるものと説かれている。その「指図書」の第四巻の第十六段には、次の如く記されている。

第十六段　唯円房御対面の所、冬夜の体《てい》なり。

大谷の御坊《ごばう》にて、唯円坊くびをり衣、ぬののけさ、六十ばかり。・大上《たいしやう》（注、覚如）卅ばかり御対面、法門御談話の体なり。

覚恵《かくゑ》上人も御坐《おんざ》あるべし。其《それ》は横座《よこざ》にて、唯円房・大上は両方に御対座也。

これも、唯円のこの世に残した、かすかな痕跡の一つと言うべきであろう。

現在、水戸市河和田《かわだ》町に、唯円を開山とする法喜《ほうき》山《ざん》報仏寺《ほうぶつじ》が存するが、唯円に関する史料は全くないとのことである。わずかに、本堂の前に立つ「唯円大徳之碑」が、寺の開山として、また、『歎異抄』

の著者としての彼の存在を参詣者に示しているだけである。

この外には、覚如が詞書《ことばがき》を記している『親鸞伝絵《でんね》』（『善信聖人絵《ぜんしんしやうにんゑ》』とも言われる）の中に、

> その比《ころ》、常陸の国那荷《なか》の西郡《さいのこほり》大部郷《おほぶのがう》に、平太郎《へいたらう》なにがしとかやいふ庶民《しよみん》あり。聖人に参りたるに、被《おほせられて》レ仰云《いはく》……」

とあって、その場面を絵巻の中に描いている。その場所は、帰京した親鸞のことを記して、

> 聖人、古郷《こきやう》に帰りて往事《わうじ》を思ふに、年《ねん》々歳《さい》々夢のごとし。幻《まぼろし》のごとし。長安《ちやうあん》《みやこのにし》・洛《らく》陽《やう》《みやこのひかし》の栖《すまひ》も蹤《あと》をとゞむるに嬾《ものう》しとて、扶《ふ》風馮《ふうふ》翊《よく》、ところぐ\に移住《いぢう》したまひき。五条・西洞院《にしのとうゐん》わたり、是《これ》一つの勝地《しやうち》也とて、しばらく居《きよ》を占めたまふ。今時《このとき》にあたりて、いにしへ、口決《くくゑち》を伝へ、面授《めんじゆ》をとげし門《もん》徒等《とら》、おのぐ\、好《よし》みを慕ひ、路を尋ねて参り集りたまひけり。

とあって、前引の「その比、常陸の国那荷の西郡云々」の文に続くので、五条・西洞院の辺の寓居《ぐうきよ》であったことが知られる。この平太郎については、江戸時代に成った『遺《ゐ》徳法輪集《とくほふりんしふ》』〔宝永八年（一七一〇）、宗《そう》誓《せい》著〕の第三巻には、

> 常陸国茨城郡《いばらきのこほり》河和田村、報仏寺、当寺開基唯円坊は、俗名平次郎とて、平太郎舎弟なり。聖人の御弟子となり、如信《によしん》上人の御代まで給仕《きふじ》せり。

とあるのが知られるだけである。その平太郎を『親鸞伝絵』に「庶民」と書いてあるので、その弟の平次郎を唯円と推定すれば、二人ともに庶民、あるいは、かなりの身分ある農民であったかと思われる。

なお、近世期に成った『大谷《おほたに》遺《ゐ》跡録《せきろく》』〔先啓《せんけい》著。明和八年（一七七一）刊〕巻三には、唯円について、次のような詳しい記載が見える。

法喜山報仏寺記　東派　しゝと太田町より河和田へ三里。

常陸国茨城郡河和田法喜山報仏寺は、高祖御弟子、河和田唯円法師の遺蹟也。唯円房、俗姓は小野宮少将入道具親朝臣の子息に、始は少将阿闍梨失名と申ける人の、世を遁れて禅念坊となん号せし人の真弟唯善別腹舎兄。なりと云云。高祖帰洛の後、仁治元年十九歳にして、高祖于時六十八歳の御弟子となり、真宗の奥義に達せり。大部平太郎の達請により、師命も亦重ければ、常陸国に下り、河和田に弘興の基趾をひらいて、これを泉慶寺と云。盛に専修念仏の法を弘通す。文永十一年五十三歳にて上洛し、河州安福郡安福郡安福村に高祖門弟真岡慶西居住せり。に至り慶西に謁す。慶西云、和州の群品聞法の志深く、請ずること厚し、然るに、我老朽にして其請に応ぜず、足下慈愍を以てかの国を化せよと。唯円竟に和州に移り、吉野郡下市秋野川の辺に一宇を営搆して教導す。後、関東に下り、又、正応元年上都し、覚上人に謁し奉り、同二年二月六日六十八歳にして下市に化す。今の下市立興寺は彼師弘法の古跡也。河和田泉慶寺累代恙なかりしが、承応三年の比、国主より小寺小菴を破却せられし時、当時も俗家となり、長十郎と云へり。然るに元禄二年春のころ、願入寺住持慧明院、かの長十郎所持の霊宝を拝し玉ひ、由緒を尋ねられ、則ち水戸大守へ訴へられける。或時、城主、彼長十郎家へ入り給ひ、宝物拝覧ましまして、先規の如く法師になり、寺院再興すべしとて、寺領一町七段寄附し玉へり。依レ之、願入寺より本寺へ申上られ、翌年寺号を報仏寺と免許し玉へり。高祖真書の光明本を安置す。外唯円自作の木像等を安置せり。

これでは、唯円を「小野宮少将入道具親朝臣」という公家の子にしてしまっているし、帰洛後の親鸞に十九歳で弟子となり、京から常陸国の河和田に下って、そこに泉慶寺を開いたということになっていて、

『歎異抄』に述べている所と大いに異なっていると言えよう。後半には、大和国吉野郡下市《やまとのくによしののこおりしもいち》に一字を営《えい》搆《こう》し、正応二年二月六日、六十八歳で下市において遷化《せんげ》し、その跡が後に立興寺になったこと（現在、この立興寺に唯円の墓があるという）、また、泉慶寺は承応三年（一六五四）のころ、国主により破却されたが、元禄二年（一六八九）になって、願入寺の住持が水戸の大守に訴えて再興され、寺号を報仏寺と京の本寺（東本願寺）から免許されたこと等が記されている。いまのわたくしには、これらの事実を立証することはできないが、この先啓の記述によっても、後世になればなるほど、種々の誤った言い伝えが添加されて来ていることだけは疑い得ない。従って、わたくしは、何よりも、『歎異抄』に現れている唯円を確実に把握すべきであって、他の資料は慎重に、厳密に取り扱って、みだりに、『歎異抄』の理解や評価の中に混入させるべきではないと思うのである。（河和田の泉慶寺が、現在の如く、報仏寺と寺号を改めたことは、『遺徳法輪集』巻三、『御旧跡二十四輩記』巻五等にも見えている。）

四　『歎異抄』の構成

いま、『歎異抄』の全体的組織を考えてみると、次の三つの部分に大きく分れている。

第一部は、その初めに、著者唯円の漢文体の「序」を置き、以下、第一章から第十章まで、著者の先師である親鸞の、その時々に物語った語録十章を載せている。「序」は、この語録十章を書き記すに至った、切々たる真情を吐露したものであって、また、本書全体を述作するに至った動機をも示している。

第二部は、親鸞の寂後《じゃくご》、近ごろになって、先師の仰せにない異義が多く現れて来たことを、かつて、先師から直接に説示を受けた仲間の一人として慨歎し、次々に挙げてゆくその異義の理由のないことを記した「序」を置いて、以下、第十一章から第十八章まで、それらの異義がいかに根拠のないものであるかを批判して論破したものである。著者が特に心血を注いで書いたのは、この異義批判の第二部であることが認められる。

第三部は、跋文《ばつぶん》・跋語とも、後書《あとが》きとも、後序とも、書後とも言ってよい、著者による執筆後の感想の叙述であるが、わたくしは「後記」と名づけて置くことにした。そして、この第三部の末尾に至って、本書は完結しているものと考える次第である。ここには、著者が、本書の読者に対する要望と、そのための証文となる先師の言葉を引いて、念仏者の間で、相論（論争）に勝つために、親鸞の仰せでもないことを仰せとばかり申すことへの慨歎とを述べ、末尾には、信心の相違を来《きた》さぬように、この書を泣く泣く記して、『歎異抄』と名づけた由来を認《したた》めて、結語としている。

このように概括してみると、著者唯円が最も力を傾けたのは第二部の批判・論証であることが判明してくるし、第一部の語録は、第二部の理解のための、読者に対しての前提となり、根拠となる意義と位置を占めるものと考えられるし、第三部は、第二部を著述した自己の立場を闡明《せんめい》したものとして付説され、添加されたことが理解される。結局、本書は第二部を中心として全体的統一を構成していることになる。

従って、『歎異抄』の読者は、第一部を充分に熟読し、受容した上で、第二部の、著者の批判に進んで、異義の信ずべからざるゆえんを納得し、さらに、第三部にまで至って、本書を述作した著者の立場をよく理解しなくてはならないことになる。古来、本書が一巻の短篇であることも好条件となって、幾百回か反復熟読を重ねた結果、全篇の文章を悉く暗記・諳誦する域に達した、熱心な読者・研究者が少なくない事実を知る時、この書が古典として内に含むものがいかに豊富で深遠であるかを考えさせずにはおかないものがあるのである。

付記　『最須敬重絵詞《さいしゆきやうぢゆうゑし》』巻一には、親鸞が、百日間、六角堂にこもった末に、法然の門に入った時のことを記して、

……九十五日に満《まん》ずる夜《よ》の夢に、末代出離《まつだいしゆつり》の要路《えうろ》、念仏にしかず。法然聖人、いま、苦海を度《ど》す。かの所に到《いたり》て、要津《えうしん》を問《とふ》べきよし、慥《たしか》に示現《じげん》あり。すなはち、感涙をのごひ、霊告《れいがう》に任《まかせ》て、吉水の禅室にのぞみ、事《こと》の子細《しさい》を啓《けい》し給《たまひ》ければ、発心《ほつしん》の強盛《がうじやう》なることも有《あり》がたく、聖応《しやうおう》の掲焉《けちえん》なることも佗《た》に異《こと》なりとて、聖道・浄土、難《なん》・易《い》の差別《しやべつ》、手を取《とり》てさづけ、安心《あんじん》・起行《きぎやう》、肝要の奥旨《あうし》、舌を吐《はい》て述給《のべたまひ》けるに、日来《ひごろ》の蓄懐《ちくくわい》、ここに満足し、今度の往生、忽《たちまち》に決定《けつぢやう》しぬと悦《よろこび》たまふ。于時《ときに》、建仁元年辛酉聖人二十九歳、聖道《しやうだう》を捨《すて》浄土に帰し、雑行《ざうぎやう》を閣《さしおき》て、念仏を専《もはら》にし給ける始《はじめ》なり。すなはち、所望によりて、名字《みやうじ》をあたへたまふ。その時は、綽空とつけ給けるを、後に、夢《む》想《さう》の告《つげ》ありける程に、聖人に申されて、善信とあらため、又、実名《じつみやう》を親鸞と号《かう》し給き。

とあるが、この末尾の記述は、「綽空」を「善信」と改めたとする誤伝を糊塗《こと》するために、法諱の外に実名を考え出して、それを「親鸞」と自ら号したとする苦肉の筆と評すべきであろう。（覚如の長子、存覚の『六要鈔《ろくえうせう》』第一にも、同じような事実が記されている。）

歎異抄

（第一部）

（序）

竊、廻二愚案一、粗、勘二古今一、歎レ異二先師口伝之真信一、思レ有二後学相続之疑惑一。幸、不レ依二有縁知識一者、争、得レ入二易行一門一哉。全、以二自見之覚語一、莫レ乱二他力之宗旨一。

仍、故親鸞聖人御物語之趣、所レ留二耳底一、聊、注レ之。偏、為レ散二同心行者之不審一也。

竊《ヒソ》カニ、愚案《グアン》ヲ廻《メグ》ラシテ、粗《ホボ》、古今《ココン》ヲ勘《カンガ》フルニ、先師口伝《センシクデン》ノ真信《シンシン》ニ異《コト》ナルコトヲ歎《ナゲ》キ、後学相続《コウガクサウゾク》ノ疑惑《ギワク》(1)有《ア》ルコトヲ(2)思《オモ》フ。幸《サイハ》ヒニ、有縁《ウエン》ノ知識《チシキ》ニ依《ヨ》ラズハ、争《イカデ》カ、易行《イギヤウ》ノ一門《イチモン》ニ入《イ》ルコトヲ得《エ》ンヤ。全《マツタ》ク、自見《ジケン》ノ

（3）覚語《カクゴ》ヲ以《モツ》テ、他力《タリキ》ノ宗旨《シユウシ》ヲ乱《ミダ》ルコト莫《ナカ》レ。

仍《ヨツ》テ、故親鸞聖人《コシンランシヤウニン》ノ御物語《オンモノガタリ》ノ趣《オモムキ》、耳《ミミ》ノ底《ソコ》ニ留《トド》ムル所《トコロ》、聊《イササ》カ、之《コレ》ヲ注《シル》ス。偏《ヒトヘ》ニ、同心行者《ドウシンギヤウジヤ》ノ不審《フシン》ヲ散《サン》ゼンガ為《タメ》ナリ。

（1）アルコトヲ（底）有ランコトヲ（端別）。（2）オモフニ（底）オモフ（私）。（3）覚語《カクゴ》（底・端）覚悟（龍・端別）。

〔口訳〕

心の中でそっと、愚かな考えをあれこれと働かせて、おおよそ、親鸞聖人ご在世の昔とこれを書いている今との状態とを比べて究明するにつけても、亡くなった師匠、親鸞が、直接、口伝えに教えて下さった真実なる信心と違っていることを悲しく思い、後進の者がその信心を次々とひき継いでゆく上に、疑い惑うことがあるかと思うのである。

しあわせにも、関係の深い、高徳の僧に頼らないならば、どうして、念仏という、行い易い、唯一つの道の入口に入ることができようか。決して、自分本位の考えに立つ、覚《さと》ったような言葉でもって、阿弥陀仏の力だけに頼って救われるという、浄土門の根本的教理を混乱させてはならない。

それ故に、亡き親鸞聖人がお話しになったことのご趣旨で、耳の奥底にはっきりと記憶に残していることを、わずかばかり書き記す次第である。これは、ひたすらに、信心を同じくする、念仏を行ずる人々の疑問を晴らそうがためである。

〔注釈〕　以下、漢文体で記されている「序」を、書き下し文によって注釈を記すことにする。　**○竊カニ、愚案ヲ廻ラシテ、粗、古今ヲ勘フルニ**「竊カニ」は、自分の心の中で、人知れず思い考えるさま。内々《ないない》、内密に、そっと。『論語』の「述而」に、孔子の言として、「竊《ヒソ》カニ、我《ワ》ガ老彭《ラウハウ》ニ比《ヒ》ス」とある。『太平記』の「序」には、「蒙、竊《ヒソカニ》、採《トツテ》二古今之変化《ヲ》一、察《ミルニ》二安危之来由《ライイウ》一（下略）」とある。親鸞の『教行信証』の「序」にも、「竊以」（ヒソカニオモンミレバ）、『愚禿鈔巻下』にも、「竊按観経三心往生」（ヒソカニ観経ノ三心往生ヲ按ズレバ）の如き用例がある。「愚案」は、自分のよく考えぬいたことを謙遜して言ったのであって、愚かな考え、つまらない見解の意。『日ポ』に、「Guan. グアン（愚案）Uorocanaru xian.（愚かなる思案）すなわち、私の薄弱な判断、あるいは、見解。自分のことを謙遜して言う」とある。『太平記』巻二「長崎新左衛門尉意見の事」に、「此儀《このぎ》、尤《もつと》も然《しか》るべく聞《きこ》え候へども、退いて、愚案を廻らすに」とある。「廻ラス」は、あれこれと考える、思考をいろいろと働かす。「粗」は、あらまし、おおよそ、大体、おおかた。「古今」は、昔といま。ここでは、著者唯円《ゆいえん》が師の親鸞に仕えていたころの昔と、この書を書いている現在との状態。「勘フ」は、物事をひき比べて調べる、究明する、吟味する。『日ポ』に、「Cangaye, uru, eta.（考・勘へ、ゆる、へた）思いめぐらす、または、推算する」とある。ここの「ニ」は、につけて、につけても、の意を表す接続助詞。　**○先師口伝ノ真信ニ異ナルコトヲ歎キ**「先師」は、亡くなった師匠・先生。『日ポ』に、「Xenji. l, xenxi. センジ、またはセンシ（先師）Mayeno xixŏ.（前の師匠）以前の師」とある。ここでは、著者の亡き師、親鸞を指して言っている。「口伝」は、師が弟子に、奥義や秘伝などを口づたえに教え授けること、また、その教え授けられた事柄。唯円は、親鸞から、直接、口伝を受けることが多かったことは、本書の全体で明らかである。「真信」は、真実なる信心。それがいかなるものかは、本書の全体が示す所である。親鸞は、『唯信鈔文意《ゆいしんせうもんい》』の初めに、「信はうたがふこころなきなり。すなはち、これ真実の信心なり。虚仮《こけ》はなれたるこころなり」と記している。「異ナルコト」は、親鸞寂後における、さまざまな異端・邪説の出現したことを指す。「歎ク」は、悲しく思う、悲歎する。この「異ナルコトヲ歎キ」から、書名の『歎異抄』が生れたのである。「抄」は、「鈔」の略字で、もとの文章から抜き書きを作ることであるが、親鸞の『唯信鈔文意』に、「鈔はすぐれたることをぬきいだしあつむることばなり」とあるように、弟子唯円が師親鸞のすぐれた遺語を抜き書きして編集した書という意味をこめていると思われる。後になって、浄土真宗内でも、覚如《かくにょ》の『口伝鈔《くでんせう》』『執持鈔《しふぢせう》』等に、親鸞の遺語が、「鈔」の文字を使って編成されている。〇**後学相続ノ疑惑有ルコトヲ思フ**　「後学」は、ある人によって開かれた知識・学問などを、あとから学んでゆくこと。また、その学ぶ人、即ち後進の学者。しかし、その「学」とは、「学道者《がくだうしや》」・「学道人《がくだうにん》」・「道《みち》を学《がく》する人」などの用語によって、中世では、仏道を修行する者の意に解される。「相続」は、次々とひき継ぐ。「疑惑」は、疑い惑うこと、本当であるかどうかわからずに疑うこと。『日ポ』に、「Guiuacu. ギワク（疑惑）Vtagai madô.（疑ひ惑ふ）疑って思い迷うこと。文書語」とある。そして、「後学、相続ノ疑惑有ランコトヲ思フニ」と読ム異本もあるが、「後学」は、宗祖の親鸞にとっての「後学」であって、著者の唯円にとっての「後学」ではないのであるから、唯円が『歎異抄』執筆当時の「後学」のこととして、「有ルコトヲ思フ」と読んでよいと思われる。「有ランコトヲ思フ」では、「後学」は、唯円から見て後進の念仏行者の意味になってしまう。そういう意識は、彼にはなかったのである。また、初めに、「粗、古今ヲ勘フルニ」と底本では振り仮名があったのに、ここでも、底本の振り仮名の「有ルコトヲ思フニ」では、助詞「ニ」が重複してしまっていて、この漢文体の序文の読み方としては熟していないと考えられるので、「ニ」を除き、「思フ」で一度終止するように、底本を改めた。また、底本の、「先師口《センシノク》伝之《テンノ》真信《シンシン》」と「後学相続之《コウカクサウソクノ》疑惑《ギワク》」とを比べてみると、この「相続」は、「相続するに当っての」「相続する場合の」をかく省略した意味に解されるので、動詞的意味を持つ名詞として考えられる。従って、底本の「先師口《センシノク》伝之《テンノ》真《シン》信《シン》」は、下の句と対《つい》をなしているのであるから、上の「ノ」を省いて、「先師《センシ》口《ク》伝之《テンノ》真信《シンシン》」と改め、統一することにした。そのためには、「相続す」という動詞の例が、『三帖和讃』の中の「高僧和讃」に、「三者《さんしゃ》信心相続せず」「決定の心なきゆゑに、念《ねん》相続せざるなり。念相続せざるゆゑ、決定《けっちゃう》の信《しん》をえざるなり」の三例があり、また、『日ポ』に、「Voxiyeuo sŏzocu suru.（教を相続する）ある教えを次々と続いて行くように、相伝によって遺す」とあることから、動詞としての用法が認められるように、動詞「口伝す」の用例が必要になってくる。後世の著作であるが、室町期の世阿弥《ぜあみ》の伝書中に、「能々心得分《よくよくこころえわ》けて口伝すべし」（音曲口伝《おんぎょくくでん》）「又、便音《びんおん》とも云ふ。能々《よくよく》口伝すべし」（花鏡《くわきやう》）の如き用例があるので、これは遡って、鎌倉期の『歎異抄』にも及ぼすことができると思う。

○幸ヒニ、有縁ノ知識ニ依ラズハ　「幸ヒニ」は、運よく、しあわせにも。「有縁」は、何らかの関係のあること、つながりの深いこと。「知識」は、仏語で、善知識（正法《しょうぼう》を説いて、仏道に導き入れ、解脱《げだつ》を得させる、高徳の僧・賢者）の略。『日ポ』には、「Ienchixiqi. ゼンチシキ（善知識）学問があり、非常に徳の高い僧侶」とある。「依ル」は、頼りにする、従うの意。「ズハ」は、順接の仮定条件を表す。近世以後では、「ズバ」とも言うようになった。　**○争カ、易行ノ一門ニ入ルコトヲ得ンヤ**　「争《いかで》」は、疑問・反語・願望を表す副詞。それに、反語の意の助詞「か」とセンテンスの終りの「や」とがついて、「どうして……か」の意となる。「易行」は、「易行道《いぎやうだう》」のことで、竜樹《りゅうじゅ》の『十住毘婆沙論《じふぢゅうびばしゃろん》』の第五「易行品《いぎやうぼん》」に、初めて、全仏教を難行道《なんぎょうどう》と易行道とに分け、「仏法、有無量門、如世間道有難有易、陸道歩行則苦、水道乗船則楽。菩薩道亦如是。或有勤行精進、或有以信方便易行、疾至阿惟越知地者」（仏法ニ、無量ノ門有リ。世間ノ道ニ、難有リ、易有リテ、陸道ノ歩行ハ則チ苦シク、水道ノ乗船ハ則チ楽シキガ如シ。菩薩ノ道モ、亦《マタ》、是《カク》ノ如シ。或《アルイ》ハ、勤行・精進ノモノアリ、或ハ、信方便ノ易行ヲ以テ、疾《ト》ク阿惟越知地《アユイヲッチヂ》（注、不退転の位の意）ニ至ルモノアリ）と説かれている。成仏のために、身に実行してゆく上に簡易な行のことを言うのであって、ここでは、信心による、南無阿弥陀仏という名号《みょうごう》を称《とな》えることによってのみ、浄土に往生する法門のことである。数多くの礼拝《らいはい》・持戒《じかい》・坐禅《ざぜん》・読経《どくきゃう》・善根《ぜんごん》を積むこと等によって開悟し、成仏しようとする難行道に対する。「一門」は、一つの入口、あるいは、強く言って、唯一つの道への入口。「易行ノ一門」は、易行という、唯一つの道への入口の意となる。

○全ク、自見ノ覚語ヲ以テ、他力ノ宗旨ヲ乱ルコト莫レ　「全ク」は、底本にはマタクと振り仮名があるが、『日ポ』に、「Mattacu. マッタク（全く）副詞。確かに疑いもなく、または、すべて、完全に」とあるので、ここもマッタクと読むことにする。「全ク」は、下に打消しの語、ここでは「莫レ」があるので、決して、の意となる。「自見」は、同じく『日ポ』に「Iiqen. ジケン（自見） Mizzucara miru.（自ら見る）自分自身で見ること。例、Iiqen jitocu suru.（自見自得する）自分で見て自ら了解する。Iiqen gacumon.（自見学文）師匠なしに自分で読んで学習すること」という例を挙げている。覚如の『改邪鈔《がいじやせう》』の第二章に、「それ、聖道・浄土の二門について、生死出過《しやうじしゆつくわ》の要旨《えうし》をたくはふる事、経論・章疏《しやうしよ》の明証《みやうしよう》ありといへども、自見すれば、かならずあやまるところあるによりて、師伝口業《くごふ》をもて最《さい》とす」の例がある。要するに、自己本位の立場に立つ考え・見解を言うのである。「覚語」は、底本・永正本、その他の古写本では「覚語」となっているのに、現在、多くの版本には「覚悟」と改められているのは、「覚語」という熟語の用例が見いだし難いからであろう。しかし、これを「覚った語」「覚ったような言葉」の意に解すれば、「自見ノ覚語」は、自分本位の見解による、覚ったような言葉の意味となって、ここの文脈に通ずるようになる。本書の「後記」に、「私の言葉」とあるのが、この「自見の覚語」に近い意味を持っていることが参照される。「他力」は、浄土教における、阿弥陀仏の力だけに頼って浄土に生れ、救われること。「自力」（自己の力により、善を修《しゆ》し、修行を積んで、悟りに達すること）に対する。「宗旨」は、仏教の宗派における基本的、根本的教理・教義。「他力ノ宗旨」は、浄土門における、他力という根本的教義、の意となる。「乱ル」は、他動詞で、秩序あるものを混乱させる。

○仍テ、故親鸞聖人御物語ノ趣、耳ノ底ニ留ムル所、聊カ、之ヲ注ス　「仍テ」は、底本の振り仮名にはヨテとあるが、マタクと同じく、促音のツを略した表記と認めて、ヨッテと読むことにした。「仍」は、それ故、そこで、だから。「親鸞聖人」は、浄土真宗の宗祖と仰がれる存在で、本書の著者、唯円の師であり、その晩年に唯円が身辺に侍《じ》して給仕した人である。「聖人」は、尊敬すべき、徳の高い、仏道修行に専心する人。僧（比丘）にも、遁世者《とんせいしゃ》（在家の沙弥《しゃみ》）にも、通じて呼称されている。浄土真宗では、宗祖親鸞についてのみ「聖人」の文字を用いるのは、或いは、親鸞が、承元《じょうげん》の法難以後、愚禿《ぐとく》親鸞と称する遁世者となっていたためではないかと思われる。「物語」は、『日ポ』に、「Monogatari. モノガタリ（物語）談話。Monogatariuo suru.（物語をする）談話をする」と出ているように、他人との日常の談話のこと。ここでは、『伊勢物語』『源氏物語』『平家物語』等の書名が示すような文芸形態の一種の意味ではない。また、この語を用いていることによって、この序文が、純正な漢文ではなくて、和臭を留めた、日本式漢文であることがわかる。漢文ならば、『勢語』『源語』『平語』などと用いるのが普通である。「趣」は、言おうとしている意向・趣旨・趣意。「耳ノ底ニ留ムル所」は、耳の奥底にはっきりと記憶に残していること。古くから、「耳留む」の句があって、『宇津保《うつほ》物語』『源氏物語』『狭衣《さごろも》物語』『建礼門院右京大夫集《けんれいもんゐんうきやうだいぶしふ》』等に用例がある。「留む」は、下二段活用の他動詞で、残しておく、後に残す、の意。「聊カ」は、ほんの少し、わずかばかり。「注ス」は、書きとめる、記載する。**〇偏ニ、同心行者ノ不審ヲ散ゼンガ為ナリ**「偏ニ」は、ひとすじに、いちずに、ひたすらに。「同心行者」は、信心を同じくして念仏を行う人。真宗では、かかる仲間の信者を、同行《どうぎやう》・同朋《どうぼう》とも言っている。「不審」は、疑問。『日ポ』には、「Fuxin.（フシン）不審 Tçumabiracanarazu.（審かならず）疑問・疑惑。Fuxinuo sanzuru.（不審を散ずる）ある疑問を解く、あるいは、取り除く」とある。「散ズ」は、払う、散らす、晴らす、取り除く。漢語に、散悶・散慮などの例がある。「為ナリ」に関しては、親鸞の『唯信鈔文意』に、「一念に十八十億劫のつみをけすまじきにはあらねども、五逆のつみのおもきほどを知らせんがためなり」、「十方諸仏の証誠《しようじやう》、恒沙如来《ごうしやによらい》の護念《ごねん》、ひとへに真実信心のひとのためなり」、『弥陀如来名号徳』に、「婬欲《いんよく》・財欲のつみをのぞきはらはむがためなり」とあるのが参照される。○この序の終りを、底本は、「……也《ナリト》云〻」と結んで、以下を省略する意味を示しているが、著者の言わんとする所は、「同心行者ノ不審ヲ散ゼンガ為ナリ」で完結しているものと認められるので、「ト云〻」は蛇足と言うべきであろう。よって、この部分を本文から除くことにした。

〔解説〕

「解題」に記したように、『歎異抄』全体の組織は、次のように、三つの部にはっきりと分けられている。

第一部　親鸞の語録（序・第一章――第十章）
第二部　唯円の異義批判（序・第十一章――第十八章）
第三部　唯円の後記

このうち、第一部の初めには、著者唯円の「序」が漢文体で書かれていて、語録の十ケ条をここに集め記した立場とその目的とが叙述されている。同じような「序」は、第二部の初めにも置かれ、異義八ケ条を挙げて、それらを批判するに至った立場が叙述されているが、それは和文体で書かれていて、この第一部の「序」の漢文体と著しい対照を示している。この第一部の「序」がなぜ漢文体で書かれたかという理由は明らかでないが、先師親鸞を仰慕し、尊信する余り、その遺語を十ケ条もここに引用するという改まった態度を意識し過ぎた結果、謹直な心持から、強いて漢文体の序を付したのではあるまいか。漢文体といっても、かなり和風化したそれであって、著者が、漢文を中国人のように自由に書き表す力を持っていた学者とは思われない。

《解釈》　以下、この序の言わんとする所を解釈することにする。

〔竊カニ、愚案ヲ廻ラシテ、粗、古今ヲ勘フルニ、〕――ここに、「竊カニ」といい、「愚案」といい、「粗」といっているのは、明らかに、著者が自ら謙遜して記しているのであって、著者は、世の中の上人《しょうにん》・聖人《しょうにん》・聖《ひじり》・善知識《ぜんちしき》というような、一段と高い位置に在って、この書を述作しているのではないことが知られる。著者は、自己の愚かなることを充分に意識しながら、「古今ヲ勘フルニ」といって、先師の御在生の「古」と、それから長い年数を経過した「今」とをひき比べて思量しているのである。この叙述によって、読者は、既に、老境に達している著者を想定するに違いない。

〔先師口伝ノ真信ニ異ナルコトヲ歎キ、後学相続ノ疑惑有ルコトヲ思フ。〕――この「先師口伝ノ真信」こそ「古」の事実であるが、「真信ニ異ナルコトヲ歎キ」とあれば、現在、即ち「今」の問題であることになる。また、「後学相続ノ疑惑有ルコト」も、将来を見通しての予想ではなくして、「先師口伝ノ真信ニ異ナルコト」から必然的に生じて来ている、現在・「今」の問題であることは、明らかである。著者唯円は、前の問題に関しては、「異ナルコトヲ歎キ」（原漢文は「歎異」であって、本書の書名はこの二字にもとづく。）といい、後の問題については、「有ルコトヲ思フ」といっている。この「思フ」は、「嘆キ」に匹敵する程の重さを持つ語であるべきで、心配や憂慮や苦悩などの切実な意味を持つものとして受容しなくてはならないと考えられる。そして、「先師口伝ノ真信」の句には、口伝を直接聞いた自分だけに認得された「真信」、即ち「真実なる信心」をいままで把持して来たことへの自信と、「後学相続ノ疑惑」の句には、そうした直聞《じきもん》を経験せずに、「真信」を相続しなくてはならない、現在の「後学」の中に、当然生ずべき「疑惑」への、同情に価いする憂慮とが、それぞれ示されていると解せられる。

〔**幸ヒニ、有縁ノ知識ニ依ラズハ、争カ、易行ノ一門ニ入ルコトヲ得ンヤ。**〕――これが第一の「先師口伝ノ真信ニ異ナルコトヲ歎キ」という問題への、著者の解決策であって、それは「有縁ノ知識」、即ち、自己とつながりのある高徳の僧に頼って、「易行ノ一門」即ち、先師親鸞の樹立された、易行の念仏道という、ただ一つの道の入口に入るほかはないというのであって、それを「依ラズハ」「得ンヤ」という、仮定法と反語法とを使って、自己の信念を強調しているのである。しかも、こうした信心の一門に入ることが、実際にはなかなか困難であり、機会に乏しいことを、「幸ヒニ」という副詞で効果的に強く指摘しているのである。

〔**全ク、自見ノ覚語ヲ以テ、他力ノ宗旨ヲ乱ルコト莫レ。**〕――これが、第二の、「後学相続ノ疑惑有ルコトヲ思フ」に対しての解決策であって、後学が「真信」を相続する上の戒むべき点を明らかに指示しているのである。これまで、「自見の覚悟」と誤って訂正された語を元へ返して、わたくしは「自見の覚語」と定めてみた。これは、「覚語」の用例が他に見いだされなくとも、底本の文字を尊重して理解すべき、大切な箇所と思われる。そして、「全ク」という副詞が、この一文を、強く読者に迫り、その反省を促す上の強調した叙述たらしめている。さらに、「易行ノ一門ニ入ルコトヲ得ンヤ」に対して、「他力ノ宗旨ヲ乱ルコト莫レ」といっているところに、著者の、初めて現れた、読者への積極的な説得的態度が認められる。そして、これは、「易行」や「他力」という仏教語が理解できる程度の読者の立場を想定した上での叙述であることがわかってくる。

〔仍テ、故親鸞聖人御物語ノ趣、耳ノ底ニ留ムル所、聊カ、之ヲ注ス。〕——第一段落における、念仏宗門の現状の問題点、第二段落における、その解決策の指摘を経て、この第三段落では、そのための必須の手段として、「故親鸞聖人御物語ノ趣」にそれを見いだしている。しかも、「耳ノ底ニ留ムル所」といって、直接に聖人の談話を聴聞して、はっきりと記憶の底に保持しているところを、以下書き記してゆくというのである。「聊カ」という副詞は、「竊カニ」とか、「粗」とかいう副詞とともに、著者の、謙遜・謙虚に徹した、述作の態度を示すものと言えよう。また、「之ヲ注ス」とあるので、亡き師の言葉を以下に書き連ねることによって、そこに、他力信仰に徹した、一人の宗教的人格、即ち「有縁ノ知識」が存在することを読者に確信せしめずにはおかないだけの、表現としての充実・完成が必要となってくるはずである。

〔偏ニ、同心行者ノ不審ヲ散ゼンガ為ナリ。〕——本書執筆の意図・目標が、少なくも第一部の親鸞語録に関しては、ひたすらに、念仏の道に心を同じくする行者・信者の不審、即ち疑問を解消することを目ざしているというのであるが、ここでも「偏ニ」という副詞が、有力に、著者の意志を示す力を発揮しているのが認められる。この一語にこもる、著者の純一な態度こそ、第一章から第十章までの語録を生彩あるもの、ひいては、文芸とも言える表現にまで高揚させる原動力をなしていると考えられる。

この、第一部の序文は、

（一）現在の念仏宗門に見いだされる問題的状況。

(二) その問題を解決するために、私(唯円)の見いだした方策。

(三) その方策として、先師親鸞聖人の談話の記録の一部をここに書き記すことの理由。

という、三段の構成を示していると考えられる。そして、著者が、いつも、へり下った、謙虚な姿勢で、しかも、先師口伝の「御物語」を直接に聴いたことに、大きな自信と責任を感じて、この「序」を書いたことが知られる。この日本的、和臭的漢文も、詳細な振り仮名が当初から付せられていたか、否かは別問題として、著者が読者として想定している「同心行者」や「後学」には、ともかく、一応は読まれ、理解され、受け入れられることを充分に信じて書いたものと推測されるし、その学問的教養の程度も、決して低いものであるとは言えないものが認められる。

わたくしは、『歎異抄』を日本文芸史の上に高い位置を与えるべき、重要な古典文芸と考えているのであるが、この作品の第一部を文芸たらしむべき原動力は、この漢文体の「序」にも既に現れているように考えられる。

それは、第一に、「先師」の「口伝」を「真信」と考え、先師親鸞を「有縁ノ知識」として尊び、「故親鸞聖人御物語ノ趣、耳ノ底ニ留ムル所、聊カ、之ヲ注ス」とも述べて、ひたすら、亡き師を仰慕してやまない、著者唯円の純一な態度である。著者にとっては、先師こそ、この世に生れて接した、最高の念仏行者であり、「有縁ノ知識」に外ならなかった。そして、年時を隔てれば隔てるほど、仰慕する心は純一となり、至純となって行ったことは、本書の全体にわたって見いだされるところである。

第二には、そうした先師に直接し得た「古」の経験を持つ身として、「今」の、「先師口伝ノ真信ニ異ナルコトヲ歎キ、後学相続ノ疑惑有ルコトヲ思フ」時に、心に湧いて来て止《や》まない、信心上の邪説や異義の横行に対しての悲憤・慷慨である。これが、「全ク、自見ノ覚語ヲ以テ、他力ノ宗旨ヲ乱ルコト莫レ」という、他を説得せんとする意志となって現れている。この意志こそ本書の述作を可能にした原動力であって、先師から受けた「真信」をいつまでも護持し、堅持しようとする、切実にして純粋な意欲・意志と言うことができると思う。

第三には、著者の、どこまでも謙《へりくだ》って、決して、他の信者の人々を軽視・侮蔑することのない態度である。この謙譲の態度は、「竊カニ、愚案ヲ廻ラシテ」にも、「御物語ノ趣、……聊カ、之ヲ注ス」にも、よく示されている。この態度の結果として、著者は、心を同じくする仲間の念仏信者に対して、「後学相続ノ疑惑有ルコトヲ思フ」と言い、「幸ヒニ、有縁ノ知識ニ依ラズハ、争カ、易行ノ一門ニ入ルコトヲ得ンヤ」と言い、「偏ニ、同心行者ノ不審ヲ散ゼンガ為ナリ」とも言って、同情と理解を示していることが注意されてくる。

総じて、論難・論評の書には、攻撃的、恣意的、嘲罵的に、相手の欠点・弱点を剔抉《てっけつ》して、否定し去ろうとする排斥的姿勢が強く現れているのが普通である。ところが、上に述べた、著者の態度には、先師の教えに随順して止《や》まない、純一にして謙虚な態度からすべてが発している趣であって、憎悪も悪罵も恣意も攻撃も揚げ足取りも認め難い。この態度にもとづき、『歎異抄』が、第一部において、親鸞の語録十ケ条を収載・列挙していることが、わたくしには、第二部をも、終りの「後記」をも規定して、本書の全体を、著者の厳粛にして敬虔な道理と心情の表現たらしめたものと思われる。『歎異抄』の芸術性・文芸性の根柢も、この著者の態度に見いだされるのではあるまいか。

第一章

一　弥陀《みだ》の誓願不思議《せいぐわんふしぎ》に助《たす》けられ参《まゐ》らせて、往生《わうじやう》をば遂《と》ぐるなりと信《しん》じて、念仏申《ねんぶつまう》さんと思《おも》ひ立《た》つ心《こころ》の起《おこ》る時《とき》、即《すなは》ち、摂取不捨《せつしゆふしや》の利益《りやく》に預《あづ》けしめ給《たま》ふなり。弥陀《みだ》の本願《ほんぐわん》には、老少《らうせう》・善悪《ぜんまく》(1)の人(2)を簡《えら》ばれず。ただ、信心《しんじん》を要《えう》とすと知《し》るべし。その故《ゆゑ》は、罪悪深重《ざいあくじんぢゆう》・煩悩熾盛《ぼんなうしじやう》(3)の衆生《しゆじやう》を助《たす》けんがための願《ぐわん》(4)に(5)まします。しかれば、本願《ほんぐわん》を信《しん》ぜんには、他《た》の善《ぜん》も要《えう》にあらず。念仏《ねんぶつ》にまさるべき善《ぜん》(6)なき故に。悪《あく》をも恐《おそ》るべからず。弥陀《みだ》の本願《ほんぐわん》を妨《さまた》ぐる程《ほど》の悪《あく》(7)なき故《ゆゑ》に。と云々《うんぬん》(8)。

（1）善悪《マク》（底）善悪《センマク》（妙・龍・端別）。（2）ヒトヲ（底）ヒトヲハ（妙）。（3）至常《熾盛》（底）熾盛（妙・龍・端別）。（4）願（底）願《クワン》（妙・龍・端別）。（5）ニ（底）ニテ（端・毫・光・妙・龍・端別）。（6）ナキユヘニ（底）ナキカユヘニ（端・毫・光・妙・龍・端別・私）。（7）ナキユヘニ（底）ナキカユヘニ（端・毫・龍・端別・私）。（8）云々（底）云々《ウンヌン》（端別）。

〔口訳〕

一　阿弥陀仏のお立てになった誓願の、人間の思量を超えた、絶対的な力にお助けをこうむって、「浄土に往って生れることを果たすのだ」と信じて、口に「南無阿弥陀仏」という念仏を申し上げようという思いが生ずる時、即座に、一切の衆生を受け入れて救い取り、お捨てにならないというご利益に人間を参加おさせになるのである。

　この阿弥陀仏の根本の誓願におかせられては、老人と若い者、善い人と悪い人とをおえらびにならない。人にとっては、ただ一つ、その本願への信心だけが必要なのだとよく心得なくてはならない。そのわけは、犯す罪悪が深くして重く、煩悩の勢いが非常に盛んな、一切の生き物をお助けになろうとするための願であらせられるからである。

　従って、弥陀の本願を信じようとするに当っては、ほかの善い行いも必要ではないのだ。念仏より優越する善い行いはないのであるから。また、悪い行いをも恐れてはならないのだ。阿弥陀仏の本願を妨害するほどの悪い行いはないのであるから。……

〔注釈〕 **○一**　この「一」は、ヒトツと読む。『歎異抄』の各章は、この「一」で始まっており、その右上に、さらに小さく「一」と書き加えられているのは、本書では省略したが、各章の順序数を示すものである。このように、箇条（章）を分けて書く文書で、「一《ひとつ》　何々」として書き分けてゆくものを一《ひと》つ書《がき》という。　**○弥陀の誓願不思議に助けられ参らせて**　「弥陀」は、阿弥陀の略で、仏の尊称の「如来」を付して、阿弥陀如来とも言われている。梵語からの漢訳では、無量寿、または無量光となっている。西方にある極楽浄土の教主である仏の名。

浄土教の本尊として崇敬されている。「誓願」は、仏・菩薩が衆生を救うために、必ずなし遂げようと、誓って立てた願い。ここでは、『仏説無量寿経』に説かれている、阿弥陀如来が、まだ、法蔵比丘《ほうぞうびく》として修行中の時代に立てられた、衆生を救わんがための四十八の誓願を指すのであって、それが実現しない時には、「正覚《しやうがく》を取らじ」と、各願ごとに誓いを立てられたので、この四十八の願を「誓願」という。「不思議」は、不可思議ともいい、思い測《はか》られないこと、人間の思量を超えたこと。ここでは、「弥陀の誓願」の、人間の思い測りを超越した絶対性をかく称したのである。親鸞は、外にも、仏智不思議・名号不思議・願力不思議・仏法不思議・他力不思議・選択《せんぢやく》不思議等の用例を示している。「助けられ参らせて」は、お助けをこうむって。「られ」は受身、「参らす」は、謙譲の意を表す。従って、この語句は、「助けられて」という、受身の意味でもなく、「お助け申し上げて」という、相手に対してへりくだって言う謙譲の意味でもない。また、そのまま、「助けられ申し上げて」と訳しても、かかる言い方は現代の国語には存しないから、意味をなさない。そこで、「お助けをこうむって」とでも訳す外はないことになる。『徒然草』には、「九月廿日《ながつきはつか》のころ、ある人に誘はれ奉りて」(第三十二段)、『平家物語』巻二の「大納言死去」には、「召され候ひし御声も耳にとどまり、諫められ参らせし御詞も肝に銘じて、片時も忘れ参らせ候はず」、『大鏡』巻七の「道長」に、「われは、仏にならせ給はんもうれしからず、我が身の後《のち》の助けられ奉らんもおぼえず」の如き用例が見いだされる。

○往生をば遂ぐるなりと信じて　「往生」は、現世の寿命が終った後、極楽浄土へ往って、そこに生れ、永遠の生命を獲得すること。「遂ぐ」は、果たす、やりとげる。前の「助けられ参らせて」は、「往生をば遂ぐるなり」に直接続くのではなく、それを越えて「と信じて」に係《かか》ってゆくのである。即ち、「信じて」の語にこもる信心は、人間の努力・精進によって獲得されるのではなく、どこまでも、「弥陀の誓願の絶対性のお助けをこうむることによって、『往生を遂げるのだ』と信ずるようになって」という意味になるのである。

○念仏申さんと思ひ立つ心の起る時　「念仏」は、口に南無阿弥陀仏《なむあみだぶつ》と、弥陀の名号《みようごう》をとなえること。『日ポ』に、「Nenbut. ネンブッ(念仏) Fotoqeuo nenzuru.(仏を念ずる)仏(Fotoque)の名を唱えること、すなわち、称名念仏すること」とある。南無は、帰依《きえ》(教えに従い、すがる)の意。「南無阿弥陀仏」と口にとなえることを称名《しようみよう》念仏という。「申す」は、「言ふ」の謙譲語で、申し上げる。「思ひ立つ」は、思いを起す。「心」は、心持・心構え・意志。この「念仏申さんと思ひ立つ心の起る」のも、また、「弥陀の誓願不思議に助けられ参らせて」による結果に外ならないことが注意されなくてはならない。

○即ち、摂取不捨の利益に預けしめ給ふなり　「即ち」は、即座に、すぐに、すぐさま。「摂取」は、仏語で、仏が慈悲心によって、一切の衆生を受け入れて、救済し給うの意。「不捨」は、お捨てにならない。『観無量寿経』に、「一光明、遍照十方世界、念仏衆生、摂取不捨」(一々ノ光明、遍《アマネ》ク、十方世界を照ラシ、念仏ノ衆生ヲ摂取シテ捨テタマハズ)とあるのに由る。『日ポ』に、「Xexxu. セッシュ(摂取) Vosame toru.(摂め取る) わが手に収めて付き従わせること。たとえば仏(Fotoques)が世間や人間を救済するために、そうすることについて言う。Xexxu fuxa.(摂取不捨)人間、または、世間を救うために、それを見捨てることなく、付き従わせて手元においていること」とある。「利益」は、神仏の力によって授かる利福。「預く」は、他動詞で、加わらせる、参加させる。「しめ給ふ」は、「しむ」という使役の助動詞が尊敬の意に転じ、同じく尊敬の助動詞「給ふ」と結びついて、最高の尊敬を表す。文末の「なり」は、断定・確説の意を表す助動詞で、のである、のだ、の意。

○弥陀の本願には、老少・善悪の人を簡ばれず　「本願」は、前述した弥陀の四十八の誓願の中で、根本となる誓願、即ち、第十八願をいう。『無量寿経』には、「設我得仏、十方衆生、至心信楽、欲生我国、乃至十念、若不生者、不取正覚。唯除五逆、誹謗正法」(設《タト》ヒ、我、仏ヲ得《エ》タランニ、十方ノ衆生、心ヲ至《イタ》シ信楽《シンギヤウ》シテ、我ガ国ニ生《ウ》マレント欲《オモ》ウテ、乃至《ナイシ》十念センニ、若《モ》シ生マレズハ、正覚《シヤウガク》ヲ取ラジ。唯《タダ》、五逆《ゴギヤク》ト正法《シヤウボフ》ヲ誹謗《ヒハウ》セントヲバ除《ノゾ》ク)とあって、念仏往生の願、至心信楽《ししんしんぎやう》の願とも呼ばれている。真宗高田派の専修寺《せんじゆじ》蔵、親鸞書写本の『西方指南抄《さいはうしなんせう》』

巻中末に、「抑、阿弥陀ノ本願ト云フハ、イカナル事ゾト云フニ、本願ト云フハ、総別ノ願ニ通ズトイヘドモ、言総意別ニテ、別願ヲモテ本願トナヅクル也。本願ト云フコトハ、モトノネガヒト訓ズル也。モトノネガヒト云フハ、法蔵菩薩ノ昔、常没ノ衆生ヲ一声ノ称名ノチカラヲモテ、称シテム衆生ヲ我国ニ生ゼシメムト云フコト也。カルガユエニ、本願トイフナリ」という、師の法然聖人の語を伝えているのが参考になる（多屋頼俊《たやらいしゅん》著『歎異抄新註』による）。「には」は、「に」だけでその上にある主語に対しての尊敬の意を表すのであるが、さらに、「は」を加えて、一層尊敬の意を強くする助詞。　この語法は、今も、「校長先生には、本日、ヨーロッパ旅行にご出発なさいました」の如く使われている。「老少・善悪」は、老人も若者も、善人も悪人も。すべてのあらゆる人間を網羅して含む言い方。底本には、「善悪《マク》」とあって、その当時の読み方を示している。また、底本の「エラバレス」にはいかなる漢字を宛てるかが問題になるのであるが、本書の第十五章に、「不簡善悪《ふけんぜんまく》の法なり」とあり、親鸞も、『唯信鈔文意《ゆいしんせうもんい》』に、『不簡』はえらばずといふ。きらはずといふこころなり」とあるので、ここも、「簡ばれず」と文字を宛てることにした。「れ」は、尊敬の助動詞。　**○ただ、信心を要とすと知るべし**　「ただ、信心を要とす」は、弥陀の広大無辺なる慈悲に対しての、衆生の執るべき態度としては、「ただ一つ、信心だけを必要とする」というのであるが、これは、前の「……往生をば遂ぐるなりと信じて」とあるのを受けて言っているのである。「要」は、物事の必要。「知る」は、単に、わかる、知識を得るという程度でなく、よくよく知る、心得る、自覚するというような深い意味を、ここでは持っている。「べし」は、当然。　**○その故は、罪悪深重・煩悩熾盛の衆生を助けんがための願にまします**　「その故は」は、以下、前に述べる所の理由を説明するために、本書中に多く現れる言い方である。「故」は、理由、わけ。「罪悪深重」は、人が犯すところの罪と悪の深くして重いこと。「煩悩」は、身心を煩わし、悩ます、一切の心の働き。「熾盛」は、呉音で、物事の勢いが非常に盛んなこと。漢音ではシセイと読む。「衆生」は、一切の、心のある生き物。有情《うじょう》とも言う。「願にまします」の

「**願**」は、上述の「本願」「第十八願」を指す。「まします」は、あらせられる。**○しかれば**　だから、そうであるから、従って。この接続詞は、第二段落だけでなく、第一段落をも受けるために置かれていることが注意される。**○本願を信ぜんには、他の善も要にあらず**　「信ぜんには」は、信じようとするには、信じようとするに際しては。「に」は、時・折・場合を表す助詞。「他の善」は、念仏以外の、往生のための善い行い、来世において善果をもたらす因となる行為。「も」は強意。「要にあらず」は、必要でない。**○念仏にまさるべき善なき故に**　「念仏に」の「に」は、より。「まさるべき」の「べき」は、可能の助動詞。「まさるべき」は、優越できる。この「念仏にまさるべき善なき故に」は、いわゆる倒置法による強調であって、平叙法ならば、「他の善も要にあらず」の前に置かれるべきものである。**○悪をも恐るべからず**　この「悪」は、第二段落にあった「罪悪」を受けて、その罪と悪とを代表させたものである。「べから」は、当然。**○弥陀の本願を妨ぐる程の悪なき故に**　「妨ぐ」は、（本願による救いを）邪魔する、妨害する。この句もまた、倒置法による強調である。**○と云々**　とウンヌンと読んで、引用した文章、あるいはそれに類似する一続きの言葉を記した後に、それ以下を結んだり、省略したり、ぼかしたりする時に、その末尾に添える言葉。『日ポ』には「Vn vn. ウンウン（云々）すなわち、〈……ということだ〉の意。書物とか文書とかの章節の末尾を結ぶのに用いられる語」とある。建長七年（一二五五）に、専信房専海によって筆写された、真宗高田派本山専修寺蔵の、親鸞の著『顕浄土真実信文類第三』には、「貞元《テイクエンノ》新定釈教目録《ノ》、巻第十一《ニ》云《ク》集諸経礼懺儀上下《ヘ》、大唐西崇《シュ》福寺《ノ》沙門知昇《ノ》撰《セシ》也。淮《ナスラヘテ》貞元《テイクエン》十五年十月廿三日《ニ》、勘編《カンヘンシテ》入《ル》云云《トウンウン》」とあり、数行を隔てて、「下巻者比丘善導集記云云《ウンウン》」とある。また、『顕浄土方便化身土文類第六』には、「発《ル》二意《ヲ》一衆生、欲《オモフ》レ生《ト》二阿弥陀仏国《ニ》一者、皆深《ク》著《シテ》二懈慢国土《ニ》一、不《ス》四能《ヘ》三前進《スムテコト》生《ニ》二阿弥陀仏国《ニ》一、億千万衆《ノ》、時《ニ》有《テ》二一人一能《タ》生《スト》二阿弥陀仏国《ニ》一云云《ウンウン》」（訓点等、原文のまま）とある。このウンウンが、連声《れんじょう》によって、ウンヌンと発音されたことが推定される。以上のように考えて、本書中の「云々」は、すべて、ウンヌンと読むことにする。

〔解説〕

わたくしが仮りに第一部と名づけた、親鸞の語録十章については、第一に、いずれも、（第九章を除いては）、彼の、幾人かの聞き手に対しての談話であって、普通の文芸作品中においては、括弧「　」の中に包まれるはずの表現であると言えよう。ただ、第九章だけが、初めの部分に、著者唯円の質疑の談話と、「……と申し入れて候ひしかば」という記述があって、その後に、親鸞の応答の談話が唯円に向って発せられてゆく形となっているだけである。従って、第九章における、親鸞の談話も、唯円という、一人の聞き手に対しての談話であることに変りはない。

わたくしは、かかる談話の持つ表現的特質を「口述性《こうじゅつせい》」と呼ぶことにしている。そこで、語録の本質はこの口述性にあるのであるが、それが、更に高められてくると、自己の抱く意見・道理にもとづいて、聞き手の心に迫り、相手を得心させ、納得させようとする意志的集中を示すような段階に達する。わたくしは、この段階を、単なる「口述性」から区別するために、「説得性《せっとくせい》」と呼びたいと思うのである。

以上のように概括してくると、第一部における親鸞の語録は、「口述性」を主体とし、しかも、自己の信心・信条を対者に向って説き示している点において、「説得性」の域にまで達している。そして、この「説得」の中にも、人によって各種の目標を持つものがあるが、この親鸞の語録は一貫して、彼の持つ宗教的信念を説き示すものでないものはない。わたくしは、これを、「説得性」一般から区別して、「説示《せつじ》性《せい》」と呼んで、語録研究の核心とすべきものと思うのである。

第二に問題となってくるのは、十ケ条にわたる語録が、文芸作品としての統一性を持っているか、否かという点である。わたくしが推測するのに、著者唯円は、先師親鸞の折々の説示に接して、

(一) まず、真剣にして集中的な聴聞があったと思われる。彼は、実に、「耳ノ底ニ留ムル」ほどの、精魂をこめた聞き手であったに違いない。

(二) 次に、その説示をそのまま聞き流してしまうのを惜しんで、なるべく、師の言葉通りに記録したに違いない。彼は、この点に関して、まことに忠実にして客観的な筆記者であったことが想像される。

(三) かくして累積された説示の記録は、くり返しくり返し、唯円によって反復熟読されたと考えられる。その結果、彼は諳誦できるまで精読し、達読する域に至り着いたことが推測される。

(四) そうした結果、この説示の記録は、緊密な文体をなすまでに整理され、一語一句の端まで推敲の筆が加えられて、無駄な語句が削除され、統一ある作品性を形成するに至ったものと思われるのである。

唯円が、かかる師の語録を数多く書写・収集し、所持していたことは、第一部の十章にとどまらず、第二部・第三部においても、必要に応じて、実に適切に、その語録の中から師の言葉を引用していることによって想像されるところである。また、十章のうち、八章は、「……と云々」で終っていて、まだ、親鸞の説示は続いていたのに、そこまでで思い切って終結させていると思われる跡が窺われる。

こういう統一的、完結的構造を保持する各章の語録を、その表現性に即して、全体的、総合的に理解し、解釈するための方法としては、まず第一に、その各章において、親鸞が、聞き手に向って説き示そ

うとする、具体的、現実的な意志・意欲が捉えられなくてはならぬ。これを主題と称することにすれば、その「主題の把握」がまず行われなくてはならぬ。この主題は、決して、説示者の抱く思想や教理や世界観ではない。作品の表現性に即して見いだされた、各章ごとの具体的創造力を持つものである。したがって、「読書百遍《ひやっぺん》にして、其義《そのぎ》自《おのづか》ら見《あらは》る」というほどの反復熟読によってのみ、辛うじて把握し得る厳密性・客観性を保持していなくてはならぬ。作品は、この主題の持つ、具体的な意志・意欲の展開として、はじめて文芸となり、芸術性を獲得する。

　第二に、「主題の把握」に次いでなすべきは、その主題が展開して、作品の全体性を過程的、段階的に構成してゆく跡を辿ることである。この、主題が展開して全篇を構成している過程・段階を構想と称すれば、その「構想の跡づけ」によって、作品の統一度が明らかになり、主題における、作者の表現しようとする意志・意欲の具体的な発展の様相を理解し、解明することができる。この「構想の跡づけ」は、主題の把握があり、それを前提として行われるのであるから、作品を適当に段落に切って、その段落ごとの意味を要約して行く程度では、構想の跡づけにはならない。かかる要約の程度では、全体を概観するための、仮定的、便宜的作業に過ぎない。充分に、厳密に把握され、自覚された主題を意識し、その自律的展開の跡として見いだされる過程・段階こそ、構想であると言えよう。

　第三には、上述の主題と構想とがさらに展開して、いかなる語・句・文、及び文体の上に結晶し、定着しているかの知的、反省的理解が行われなくてはならない。かかる、主題・構想の展開して行った究極の表現面を叙述と称することにすると、その叙述は、文字と句読点とさまざまな表記符号等を含む、複雑な展開であって、そこには、意味の上から見れば、強弱あり、軽重あり、緩急あり、濃淡あり、高低ありというような、複雑にして立体的な、一語・一句・一句読・一箇文、及び、絶えず変化してゆく、具体的、個性的な文体が見いだされるはずである。そこで、この叙述を、主題・構想の展開面として、いかなる言語的効果を発揮しているか、いかなる表現上の機微を包蔵しているか、また、いかに、主題の確立と構想の展開を支持しているかを具体的、反省的に分析する必要がある。われわれの、作品の理解・解釈は、この「叙述の分析」にまで徹底しなくてはならないはずである。

この解釈は、いわゆる追体験とは区別されなくてはならない。文芸的表現は、決して、作者の体験をそのままに言語化したものではない。作者は、自覚的に、言語の持つ意味の範囲内で、表現活動によって、体験を作品の意味的構造にまで構成してゆくのであって、構成された作品の意味的構造は、現実の体験に対しては、どうしても間接的であり、抽象的性質を持つものであることを免れない。多少の具象性を持つとはいえ、それも超感覚的であって、映画・演劇・彫刻・絵画・音楽のような、はっきりした感覚像を造型し得るものではないのである。それで、文芸作品研究においても、われわれに可能な理解・解釈は、与えられた作品を、その表している意味的構造に即して、再構成することに外ならない。作者の体験したことの完全な表現が作者にとっても不可能な以上、研究者の立場からしてできることは、作者の体験を追体験することではなくして、作品をその全体的、統一的、意味的構造にもとづいて、再構成し、追構成する以外にはない。それが、主題の把握、構想の跡づけ、叙述の分析という、一連の操作・方法に外ならない。これは、親鸞・唯円というような、深い宗教的体験を有する人々の体験の表現たる『歎異抄』に対して、予め反省しておくべき、研究者の立場であると考えられる。

如上のことを前提として、第一部の十章の解釈を試みようと思うのは、各章ごとに、作品としての統一的、完結的構造が認められるからである。この解釈は、決して、いわゆる注釈と混同すべきではない。

《解釈》

第一章において特に注目されるのは、仮りにわたくしの分けた三つの段落のそれぞれにおいて、弥陀の「誓願」「本願」「願」という一連の語が響き合って使われていることである。その使用されている数は、「願」の文字を含む語が、第一段落に一箇所、第二段落に二箇所、第三段落に二箇所あって、それぞれ、重大な意味を持っている。その弥陀の願に対応するものは、人間の「信心」「信」に外ならない。それが、第一段落では「と信じて」、第二段落では「信心を要とす」、第三段落では「信ぜんには」というように、各段落ごとに反復して叙述されていることも、注目されるところである。

以上のような点を基にして、この一章の主題を捉えて、わたくしの言葉で言い表すと、

人々の上に、往生への信心を起させ給ふ、弥陀の誓願の不思議さとその効験。

ということになる。この主題が展開して、一篇の構想を形成し、叙述をも定着させていると言うことができると思う。

次に、この主題の展開として、構想を跡づけてみると、

(一) 弥陀の誓願の不思議さのお助けをこうむり、往生を遂げると信じて、念仏を申そうとする時、弥陀が参加させ給う、摂取不捨の利益。

(二) あらゆる人々、特に罪悪深重・煩悩熾盛の人々を助けようとなされる弥陀の本願に対する、人々の持つべき信心の肝要さ。

（三）他の善を要せず、いかなる悪をも怖れてはならぬ、本願を信ずるに当っての心の持ち方。のように理解される。このうち、（一）は、弥陀の誓願の不思議さ（絶対性）のお助けにより、浄土に往生するという信心と念仏とがいかに成立するか、また、その結果として、弥陀の摂取不捨というご利益にいかにして加わり得るかが、意識の上のこととして、発生的、段階的に述べられている。

（二）では、それを受けて、弥陀の本願の救済の対象があらゆる人間の範囲にまで及び、特に、罪悪の深く重い、煩悩の非常に盛んな人々の上に達していることと、その救済を可能にするものが、人間の、本願への信心一つにあることが強調されている。

（三）になると、本願を信ずる上に、信者はいかなる心がまえを持つべきかが、善と悪との二つの方面につき説かれている。そこには、宗教上の信心と、道徳上の善悪との差違がはっきりと示されている。

こうした主題と構想の言語的、文字的定着を示す叙述を、表現に即して、できるだけ厳密に分析してみると、わたくしには、次のように解釈される。

〔**弥陀の誓願不思議に助けられ参らせて、往生をば遂ぐるなりと信じて、念仏申さんと思ひ立つ心の起る時、即ち、摂取不捨の利益に預けしめ給ふなり。**〕――弥陀の誓願に対する人間の信心がいかにして成立するか、また、それにもとづいて発する念仏によって、弥陀の摂取の利益に参加させ給うに至るかが、極めて緊張した、無駄のない文体で、力強く叙述されているのを見る。その人間の信心も、弥陀の誓願の不思議、即ち、人間の思慮を全く超絶している絶対性のお助けを蒙って成立するものであることが、「助けられ参らせて」という、国語の微妙な語法に示されている。それは「助けられて」でもなければ、「助け参らせて」でもない。そこには、和漢混淆文体で書かれている本書が、「弥陀の誓願不思議」という、重々しい漢語と、「助けられ参らせて」という、柔軟な和語と融け合って、説示者親鸞の内面的信仰の体験をはっきりと示していると言えよう。そして、この一文においては、『弥陀の誓願不思議に助けられ参らせて、往生をば遂ぐるなり』と信じて」と読むべきではなくして、

弥陀の誓願不思議に助けられ参らせて、
「往生をば遂ぐるなり」と信じて、

と読むべきであると思う。前者では、「弥陀の誓願不思議」によるお助けを含んで、そのお蔭による浄土への往生を信ずることになるが、後者の読み方では、「助けられ参らせて」が、直ちに、「……と信じて」に続くために、「弥陀の誓願不思議」のお助けに結びついて、「往生をば遂ぐるなり」と信ずる心が生起してくる趣がはっきりと表現されていることになるからである。次の「念仏申さんと思ひ立つ心の起る時」においては、この句は、上の「……と信じて」に直接しているのであって、「信じて、それから念仏を申そうと思い立つ時に」のように受け取ってはならない。弥陀の誓願による浄土への往生の信は、弥陀への直接な帰依、素直な帰命《きみょう》となって、現実の行《ぎょう》として、「南無阿弥陀仏」という念仏を称《とな》えることとなって現れる。この、信心から念仏への、意識の自然な流露こそ、信心の現実性、念仏の本質性を示すものである。念仏にまで至らぬ信心は、観念的、理解的段階に留まる外はなく、信心に発しない念仏は、単なる形式的、習慣的な口称《くしょう》に過ぎないと言えよう。従って、「信心」と同じく、「念仏」もまた、「弥陀の誓願不思議に助けられ参らせて」成立するのである。そして、ここで特に注目されるのは、「念仏申す時」ではなくて、「念仏申さんと思ひ立つ心の起る時」という叙述であって、これは、念仏という実践的行《ぎょう》を、その発生の本質的根源に立って把捉した言葉であるこ

とが指摘できる。浄土への往生を信ずる心に促《うなが》されて、おのずから、この「念仏申さんと思ひ立つ心」が「起る」のであって、そこには、弥陀の誓願に自己を委ねきった者だけの、自然な、意識の転換が生起したことになる。そう考えると、この「念仏申さんと思ひ立つ心の起る時」という、和文体を主とする叙述は、人間の意識の転換の確かな把捉であると思われてくる。続く「即ち」は、信心にもとづいて念仏を申そうとする、その時、直ちに、その時、即刻に、の意をよく表して、「摂取不捨の利益にあづけしめ給ふなり」という、弥陀の誓願の実現・貫徹を示す叙述に続き、人における、信心・念仏の成立と、弥陀における、救済の実現とを緊《かた》く結びつけている。

なお、この最初の叙述につき、主語が直接に示されていないという、国語の文章の特色が著しい。したがって、「……心の起る時」までは人が、「……預けしめ給ふなり」は弥陀が、それぞれ主語として補われなくてはならないことになる。また、「……往生をば遂ぐるなり」と、「……利益に預けしめ給ふなり」との、二つの「なり」に注目されるが、前の「なり」は、人における、往生への確信の表明であり、後の「なり」は、弥陀による、救済の実現への原理的確信の説示であることが、それぞれに認められる。

〔**弥陀の本願には、老少・善悪の人を簡ばれず。ただ、信心を要とすと知るべし。**〕——構想の（一）では、「弥陀の誓願不思議」とあったのに、ここでは、「弥陀の本願」と言い換えられているのは、それだけ、四十八ある弥陀の誓願を第十八願だけに限定し、強調しようとする親鸞の意志を示すものと言えよう。そして、この「弥陀の本願」を主語とすることによって、その広大無辺の慈悲心の発露が、「老少・善悪の人」という叙述によって、一切の人間を対象にすることが明確となってくる。ここでも、助詞の「には」と助動詞の「れ」とが、「弥陀の本願」に対する親鸞の絶大なる尊崇の念を示している。そして、(一)の「信じて」を受けて、「ただ、信心を要とすと知るべし」という限定を付して、あらゆる人々、一切の人間を、その老少や善悪という個人差によってお簡《えら》びにならない弥陀の本願に応じて、その「摂取不捨の利益」に預かるためには、「信心」だけが肝要であり、切要であることを、「ただ」という副詞で強調し、「知るべし」という叙述で、聞き手に迫っている趣である。この「ただ」は、「要とす」を強く限定していることが注意される。

〔その故は、罪悪深重・煩悩熾盛の衆生を助けんがための願にまします。〕――この「その故は」の語句は注目に値《あた》いする。この語句があることによって、説示者親鸞は、ただ、自己の信念や直覚を主観的に述べるのではなくして、それを一つの「理《ことわり》」として、「道理」として説き明かす話し手であることが、聞き手にも読者にもわかってくる。ここでは、何故《なにゆえ》に、「弥陀の本願には、老少・善悪の人を簡ばれず」なのか、その理由を説いて、「罪悪深重・煩悩熾盛の衆生を助けんがための願にまします」と、簡潔に述べているのである。「弥陀の本願」は、シンボルでも、イメージでも、彫像でも、音楽でも、絵画でもない。それはただ、言葉として現れる。その言葉を聞き、理解し、随順する者は、衆生(あらゆる生き物)の中の人間以外にはない。したがって、本願の言葉に応じて、それを信受し得るのは人間だけであることになる。その人間の中にも、善人もあれば悪人もあり、煩悩の強い者もあれば弱い者も存する。しかるに、真実に自己の無力なのを痛感する人間は、必ず、自己の罪悪の深重なること、煩悩の熾盛なることの自覚に至らざるを得ない。そこまでに至らないのは、自己の無力感がまだまだ安易すぎるという外はない。かくして、「罪悪深重・煩悩熾盛」は、あらゆる人間にとって、深く内観された、普遍的な事実であり、客観的体験に外ならない。「老少・善悪の人」とは、つきつめて考えれば、かかる罪悪深重・煩悩熾盛の人間と言い得る存在なのである。そこに、「弥陀の本願」の限りない慈悲心に縋《すが》る心持が生ずるのであると思われる。「念仏申さんと思ひ立つ心」がそれであって、その心は、「助けんがための願」に応じて生起したものである。かくして、親鸞の信心は、興奮せる感動ではなくして、自己の中に深く沈潜した内観・内省にもとづくものであることがわかってくる。そして、この段落の結びを、「願にまします」として、段落の初めの「弥陀の本願には」と照応させているのは、この本願の意味の尊さを明らかにすることによって、人は、「ただ、信心を要とすと知るべし」と覚悟しなくてはならないことを強く聞き手に訴えているがためである。

「しかれば、本願を信ぜんには、他の善も要にあらず。念仏にまさるべき善なき故に。」——この「しかれば」は、本章における説示が、最終段階に入ったことを意味する接続詞であって、第二段落ばかりでなく、第一段落をも受けた、発展的立場に親鸞が立っていることになると思う。第一・第二の段落は、「信じて」「信心を要とす」とあったように、「信心」が大きな重心を持っていたが、この第三段落に至って、その信心が人間に何をもたらすか、言い換えれば、本願を信ずることの、人間における意義が問題になってくる。その問題を「本願を信ぜんには」と条件的に提出した後に、「他の善も要にあらず」とはっきり断定しているが、これも、初めての聞き手にとっては、耳を驚かす立言であったに違いない。本願への信心には、いかなる善行も不要であるというのであるから。読経も讃歎も礼拝《らいはい》も供養も写経も布施《ふせ》等も、不要な雑行《ぞうぎょう》として退けられることになる。そして、この立言を、「念仏にまさるべき善なき故に」という根拠によって確かなものにしているのである。ここに、「……と信じて、念仏申さんと思ひ立つ心の起る時」と第一段落にあった、その「念仏」こそ、弥陀の本願に応ずる善行、しかも、最高・唯一のそれであることが示されている。「……善なき故に」の言い方も、前の「その故は」と同じく、理由を説き明かしているのであるが、ここでは、修辞学でいう倒置法的に述べられているがために、それだけ強い主張たり得ていると言えよう。信心の発露としての行《ぎょう》をただの「念仏」だけに単純化している所に、親鸞の抱く信心の純一さ・強固さが窺われてくるのである。

〔**悪をも恐るべからず。弥陀の本願を妨ぐる程の悪なき故に。と云々。**〕——直前の叙述中の「他の善も」の「も」が強調の助詞であったのに対比して、ここでも、同じく「悪をも」といい、「要にあらず」に対しては、「恐るべからず」という、もっと積極的、当為的に言い切っているのである。この「悪」は、本願を信ずる者にとって、自分から犯し易い罪悪であり、悪行である。そして、その理由として、第二段落に力説されている、いかなる悪人をも助けんがための弥陀の本願であることを根拠として、「弥陀の本願を妨ぐる程の悪なき故に」と説いているのである。信者の善（行）も悪（行）も、念仏と本願とによって、その意義が深く革新されているのを見るのであって、親鸞の説く所がいかに透徹しているか、いかに簡潔にして強靭《きょうじん》であるかを聞き手に感ぜしめずにはおかない趣が認められる。終りに、「と云々」とあるのは、親鸞の説示がこれだけに終らず、なお続いていたこと、それをここまでで一応打ち切ってかく採録したことを意味するのであろう。

終りに考えておきたいことは、この第一章の文体についてである。それは、和語に漢語をまじえた、いわゆる和漢混淆文体という類型的文体に分類されることは言うまでもないが、それとともに、この章だけに特に認められる、個性的、一回的なる文体の存することにも注目させられる。

第一章から第十章に至る十章は、親鸞の語録であって、ある時、ある場所において、ある限られた数の聞き手に向ってなした説示の筆録として成立している。したがって、それらは、自己表現とは言えない。自己表現とは、自己（筆者）が、自己の事を、自己に向って書くのがその本領である。ところが、対他的説示は、自己が、自己の信条・信念を聞き手の多に対して、一→多の関係で話しかけ、しかも、話し手は話し手、聞き手は聞き手として、それぞれの立場を保っている場合に成立する。その時、話し手は、面前の聞き手に対して、どのような態度を取るか。親しみのある態度もあれば、厳粛な態度もあるし、興奮した態度もあるし、沈着な態度も存する。そういう態度、言い換えれば、話し手がどのような姿勢を保ち、どのような表情を示し、どのような身ぶりを以て話しかけるかは、聞き手が、同じように、どういう態度で聞いているかに規制されている。つまり、話すということ・説示するということは、話し手から聞き手へという、一方的な伝達ではなくして、話し手は、まず、聞き手の存在を認め、次に、その聞き手がどんな態度で自分に対しているかについての知らせを目と耳で受け取り、さらに、それにもとづいて、言葉を発してゆくという関係になるのである。これが、現実に行われるコミュニケーション・通じ合いとしての談話の成立する過程であり、条件である。

ところが、その談話を文字によって文章化してしまうと、話し手の発する音声（言葉）は文字により記録されるけれども、話し手の聞き手に対する態度はどうなるであろうか。その、姿勢や身ぶりや表情などの身体的要素、即ち態度は、話し手が話すことに心身を集中させればさせるほど、記録された文章における、行文の断続や抑揚、音声の高低・強弱として、音律的に表出される。それが文体の成立を意味することになる。これは、逆に言えば、われわれは、具体的な一篇の説示的文章を解釈的に理解してゆくことによって、そこに、いかなる聞き手が存在していたか、話し手は、その聞き手に対して、いかなる態度を取っているか、その態度はいかなる強弱・緩急・抑揚・断続・起伏として叙述面に現れているかを推測し、帰納することができる。これが、一回的、個性的であって、しかも、絶えず変化し、流動してゆく文体を把捉する基本的立場であると思われる。

かかる立場に立って、第一章の親鸞の説示を文体的に考察してみると、第一に、最初のセンテンスにおいて、弥陀の誓願にもとづいて、人間の、往生への信心と弥陀に帰依する念仏とが発起し、それが弥陀の摂取不捨の利益に参加させ給う結果になるという、一連の過程が、力強く、信念をこめて、充実して語られているのを見る。そして、「即ち、摂取不捨の利益に預けしめ給ふなり」という断定的確言となって定着しているのを見る。われわれ読者は、ここに、自己の信心を力説している、ひとりの人間の、しかも、厳粛な態度を感じさせられる。そこには、一語の無駄もなく、ただ、信心・信念の真実が言葉となって迫ってくるだけである。そして、多くの人達を聞き手として、集約的に、他力信心の根本義を的確に述べ立てている話者親鸞の、揺ぎない信念に満ちた態度を想見させられる。

それが、第二段落になると、あらゆる人々への「弥陀の本願」の広大無辺さを三つのセンテンスによって説き明かす態度に移っている。特に、「老少・善悪の人を簡ばれず」といい、「その故は、罪悪深重・煩悩熾盛の衆生を助けんがための願にまします」という、二つの叙述がそれを示している。しかし、それも、聞き手に対して、「ただ、信心を要とすと知るべし」という覚悟・決意を促す叙述と結びついて現れているのであって、説明のための説明ではないのである。従って、この「知るべし」

は、第一段落の「摂取不捨の利益に預けしめ給ふなり」に通ずる、信念にもとづく説示性の、文体における現れと言えよう。

第三段落では、弥陀の本願を信ずる際に起る、人間の善行と悪行との問題を、結論を先に言った後で、その理由を述べるという倒置的叙述法を二回展開している。そして、「念仏にまさるべき善なき故に」は、第一段落の「念仏申さんと思ひ立つ心の起る時」を受け、「弥陀の本願を妨ぐる程の悪なき故に」は、第二段落の「罪悪深重・煩悩熾盛の衆生を助けんがための願にまします」を受けていることが明らかであって、それも、第一段落に高く示された信心の道理を説明してゆく過程・段階として理解されてくる。第三段落も、第二段落と同じく、第一段落の原理的説示を発展的に支持するための親鸞の談話であるとしなくてはならない。

この第一章は、恐らく、ある程度の数の信者・念仏者を前にして、自己の信心の骨格を明らかにしようとする、親鸞の厳粛な説示的態度を示すものであろう。そこには、彼の信心の道理だけを述べ尽くそうとする態度の発揮が認められると言えよう。それだけに、「ただ、信心を要とすと知るべし」だけが、聞き手に直接に迫る説示となっているのである。

この第一章が説示されたのは、いつ・どこでのことかは全くわからない。ただ、親鸞が常陸《ひたち》の国から帰京した後のことだけは確かであるし、場所も京における親鸞の寓居においてではなかったかと想像される程度である。彼は、遁世者であり、在家《ざいけ》の沙弥《しゃみ》であって、一定の宗派の寺院の住持になり得る身分ではなかったし、彼を中心として、常陸におけるような念仏道場が京にも設立されていたとも考えられない。ただ、この章を、多少の聞き手が存在し、それに対する説示として理解する時に、次のようなことが当然考察されなくてはならないと思われる。

第一に、これだけの重大な信心の問題を説くのであるから、「弥陀」も、「誓願不思議」も、「往生」も、「摂取不捨の利益」も、「本願」も、「罪悪深重・煩悩熾盛の衆生」も、直ちに、その意味が解せられる程度の知識・教養ある人たちが聞き手として、親鸞の眼前に坐していたに違いないことである。さらに言えば、その「弥陀の誓願」がいかなる経典に説かれているか、「往生」とはいかなる国土に往《い》って、いかなる生を営むことであるか、「摂取不捨」とはどのような弥陀の慈悲行であるか、「本願」とは、「誓願」の中でどのような意義を持ち、何故にかく名づけられているのか等々のことを、予備知識として聞き手が持っていたことが当然考えられる。それでなくては、この説示は、親鸞のひとりよがりとなり、聞き手に理解されざる結果となるほかはないからである。そして、『歎異抄』の著者、唯円も、かかる聞き手・理解者として、聴聞し、記録したに違いないのである。

第二には、それ程の知識・教養があり、かつ、親鸞の信心がいかなるものかについての関心と尊敬の態度とを持っていたに違いない聞き手に対して、彼は、それに応ずるだけの深い覚悟を以て、この説示を行ったものと推測される。この第一章は、まさに、彼の信心の骨髄であり、核心であると言ってもよい程の、意志的集中があり、枝葉を切り捨てた単純化が認められる。これは、本書の全体を読み進めてゆく時に、おのずから明らかとなり、実感されるところである。したがって、読者は、この説示を、まず、親鸞の語録の第一に置いて、その重要性を強調している著者唯円の見識に対して、充分に理解してかからなくてはならないと思うのである。

第三に問題となるのは、この第一章が文芸作品として認められるか、否か、即ち、いかなる芸術的価値を有しているか、否かということである。この章の表現は、和歌・俳句・詩とか、物語・小説とか、劇とか、随筆とかという、一般的に文芸として認められる文芸形態に属するものとは言えない。したがって、表現の面白さを楽しみ、その情趣を味わうというような、いわゆる鑑賞的態度を以て接することのできない、特殊な作品性を具備しているのである。それは、人間にとって厳粛な宗教の問題についての信念・信条の発現に外ならない。そこには、単なる情感や感興を越えたものの表現を認めざるを得ない。わたくしは、それを、この時代の言葉で言うと、「理《ことわり》」、もしくは「道理《だうり》」という語で表すことができると思う。「弥陀の誓願不思議に助けられ参らせて、往生をば遂ぐるなりと信じて」とあるのも、「念仏申さんと思ひ立つ心の起る時、即ち、摂取不捨の利益に預けしめ給ふなり」とあるのも、「弥陀の本願には、老少・善悪の人を簡ばれず。ただ、信心を要とす」とあるのも、話し手である親鸞の懐抱する、「理」であり、「道理」に外ならない。それを「信心を要とすと知るべし」というように、聞き手に向って説示しているのである。その後にくる、「その故は、罪悪深重・煩悩熾盛の衆生を助けんがための願にまします」という叙述も、「理」「道理」以外のものではない。そして、この「理」「道理」は、「しかれば、本願を信ぜんには」以下の、第三段落にも、明らかに発現していることが認められる。

この第一章が、いわゆる文芸作品一般に接する場合のような鑑賞的態度を以てしては、その本質に迫り得ないのは、かかる「理」「道理」を制作の理念として保有しているがためである。この「理念」という語は、人によりさまざまな意味に使用されているが、わたくしは、文芸制作における、創造的、形成的原理・軌範となるものを称することにしている。そして、この理念が著しく発展し、発揚された時代こそ、日本文芸史上の中世であって、その中でも、特に、中世文芸の全体を代表する中世的文芸としての意義と位置を示す、すぐれた作品群には、この理念が共通して核心的に存在していることが指摘できると思うのである。

中世における「理」「道理」という語を現代の言葉に置き換えれば、主体的信念・信条とか、生活の原理とか、実践の理法とか言うべきであろう。かかる制作理念が、『山家集』『方丈記』『徒然草』『平家物語』『太平記』『神皇正統記』その他の、中世の古典的文芸の上に認められるのであるが、この『歎異抄』においては、それが最も純粋な、最も鮮明な表現として形成されていると、わたくしは信ずるのである。そこには、『万葉集』や『伊勢物語』や『枕草子』や『源氏物語』や『大鏡』などの、前時代の文芸史を経過した上に発展し来《きた》った、新しい文芸活動の成果を指摘し得ると思う。したがって、感動や感興や機知や情趣などを理念とする文芸作品に対するのとは異なる態度が読者に求められるのであって、わたくしは、数十年、本書を読み来って、この第一章に改めて接する時、その、崇高にして峻厳な表現に、いつも、粛然とした態度で対せざるを得ないことを自覚させられるのである。

第四に、上に述べたように、「理」「道理」の発現は、叙述面においては、あるいは「表白性」の発展としての論証性となり、あるいは、「口述性」の発展としての説得性となるのであるが、この第一章は、正しく、説得的叙述性の展開であると考えられる。第一段落で、「弥陀の誓願不思議に助けられ参らせて、往生をば遂ぐるなりと信じて」とあるのを、さらに展開させて、「誓願不思議」と「信じて」の関係を、第二段落では、「本願」と「信心」との関係として説き、その上に、「老少・善悪の人を簡ばれず、ただ、信心を要とすと知るべし」という説示を、本願の持つ、人間の思量を絶した不思議さにより強化するために、「その故は、罪悪深重・煩悩熾盛の衆生を助けんがための願にまします」と述べて、「弥陀の本願」の意義を明らかにして、聞き手を納得させている所に、説得的叙述性の発揮が指摘できる。この第二段落は、この「本願」の絶大なる意義を明らかにした、口述的説得性であると言えよう。第三段落は、第二段落の「ただ、信心を要とすと知るべし」を受けて、「しかれば、本願を信ぜんには」という場合における、善・悪二行の問題について、「念仏にまさるべき善」と「弥陀の本願を妨ぐる程の悪」とが、それぞれ存在しないことを説示していて、ここにもまた、聞き手に対する、強くして深い説得的叙述が実現されているのを見るのである。そして、その説得の中には、親鸞の獲得した、宗教的「理」「道理」が存し、さらに、その奥底には、彼の、長い間に証得した宗教的体験が内部に秘められているが故に、知識的、学問的教説の域を脱して、聞き手の心魂に迫る力となっていると思われる。この、体験から道理へ、道理から説得へという、立体的展開過程こそ、この段の与える感銘・迫力の本質をなすものではあるまいか。

なお注意されるのは、この章は、幾つかのセンテンスから成っているが、「弥陀の本願には、老少・善悪の人を簡ばれず」以外には、主語となるべき語を欠いていることである。したがって、外のセンテンスは、すべて、主語を補って理解すべきであるが、わたくしは、「老少・善悪の人を簡ばれず」「衆生を助けんがための願にまします」とある叙述から、「人」「衆生」の如き言葉が主語に相当すると思われる。親鸞は、「衆生」、その中でも、特に、「本願」を言葉として聞き、理解し、信じ得る人・人間が弥陀の本願により往生し得る道をここに説示しているのであるから。

第二章

一　(1)各々《おのおの》、十余ケ国《じふよかこく》の境《さかひ》を越《こ》えて、身命《しんみやう》を顧《かへり》みずして、尋《たづ》ね来《きた》らしめ給ふ御志《おんこころざし》、偏《ひと》へに、往生極楽《わうじやうごくらく》の道《みち》を問《と》ひ訊《き》かんがためなり。しかるに、念仏《ねんぶつ》より外《ほか》に、往生《わうじやう》の道《みち》をも存知《ぞんぢ》し、また、法文等《ほふもんとう》をも知りたるらんと、心《こころ》にくく思《おぼ》し召《め》しておはしまして侍《はんべ》らんは、大《おほ》きなる誤《あやま》りなり。もししからば、南都《なんと》・北嶺《ほくれい》にも、ゆゆしき(2)学生《がくしやう》たち多く(3)座《ざ》せられて候《さうら》ふなれば、(4)かの人々《ひとびと》にも逢《あ》ひ奉《たてまつ》りて、往生《わうじやう》の要《えう》、よくよく訊《き》かるべきなり。親鸞《しんらん》におきては、ただ念仏して、弥陀《みだ》に助けられ参《まゐ》らすべしと、よき人の仰《おほ》せを(5)被《かぶ》りて信ずる外《ほか》に、別《べつ》の子細《しさい》なきなり。

念仏は、まことに、浄土《じやうど》に生《むま》るる種《たね》にてや(6)侍《はんべ》らん、また、地獄《ぢごく》に堕《お》つべき業《ごふ》にてや侍《はんべ》るらん、惣《そう》じて(7)以《もつ》て存知《ぞんぢ》せざるなり。たとひ、(8)法然聖人《ほふねんしやうにん》に賺《すか》され参《まゐ》らせて、念仏して地獄に堕《お》ちたりとも、さらに後悔《こうくわい》すべからず候《さうら》ふ。その故《ゆゑ》は、自余《じよ》の行《ぎやう》も励《はげ》みて(9)仏《ぶつ》に成《な》るべかりける身《み》が、念仏を申《まう》して、地獄にも堕《お》ちて候《さうら》はばこそ、賺《すか》され奉《たてまつ》りてといふ後悔《こうくわい》も候はめ、いづれの行《ぎやう》も及《およ》び難《がた》き身《み》なれば、とても、地獄は一定住処《いちぢやうすみか》ぞかし。弥陀《みだ》の本願《ほんぐわん》、実《まこと》におはしまさば、釈尊《しやくそん》の説教《せつけう》、(10)虚言《きよごん》なるべからず。仏説《ぶつせつ》、実《まこと》におはしまさば、善導《ぜんだう》の御釈《おんしやく》、虚言し給ふべからず。善導の御釈、実《まこと》ならば、法然《ほふねん》の仰《おほ》せ、虚言《そらごと》ならんや。法然の仰せ、実《まこと》ならば、親鸞《しんらん》が申す旨《むね》、またもつて空《むな》しかるべからず候ふ歟《か》。詮《せん》ずる所《ところ》、愚《ぐ》身《しん》の信心《しんじん》におきては、かくの如し。この上《うへ》は、念仏を取りて信じ奉《たてまつ》らんとも、また捨《す》てんとも、面々《めんめん》の御計《おんはから》ひなり。と云々《うんぬん》。

(1) オノ〱ノ。(底) 各ノ《ヲノ〱》(龍) 各ノ《オノ〱》(端別) ヲノ〱 (端・光・妙)。(2) 学生《カクシヤウ》(底) 学匠 (龍・端別)。(3) 座セラレテ (底) 座《サ》セラレテ (妙・龍・端別・私)。(4) ヒト (底) ひと〲 (慧・真宗法要本)。(5) カフリテ (底) カウフリテ (毫) カフフリテ (妙) カフムリテ (端別)。(6) ハンヘラン (底) ハンヘルラン (端・毫・光・妙・端別)。(7) モテ (底) モチテ (龍)。(8) 法然聖人 (底) 法然上人《ホフネンシヤウニン》(龍・端別)。(9) 仏 (底) 仏《フチ》(妙・龍・端別)。(10) 虚言 (底) 虚言《キヨコン》(妙・龍・端別)。

〔口訳〕

一 おのおの方が、十以上もの国境《くにざかい》を越えて、わが身・わが命を思い返さないで、私をお尋ねにおいでになりました、そのご意向は、いちずに、極楽に往生する手だてを問い尋ねようとするためであります。ところが、念仏より外《ほか》に、往生の手だてを心得ており、また、往生のための教えを書いた文章などを知っているであろうと、私に関心を持って知りたいとお思いになっておいでになりますならば、それは大きなまちがいです。もしもそうお思いならば、奈良の都や比叡山にも、すばらしい学僧たちが数多くおいでになりますそうですから、それらの人々にもお逢い申し上げて、極楽に往生するための大事なことを、念を入れてお尋ねになるのがよいのです。この親鸞においては、ひたすら念仏をとなえて、阿弥陀如来のお助けをこうむるのがよいという、すぐれた人のお言葉を身に受けて、それを信ずる以外には、格別の理由はないのです。

　念仏を申すことは、ほんとうに、極楽浄土に往って生れる因《もと》なのでございましょうか、あるいは、地獄に堕《お》ちるはずの行ないなのでございましょうか、全然、私は心得ておりません。私としましては、たとい、法然聖人におだましをこうむって、念仏したことで地獄に堕《お》ちてしまったとしても、決して、後悔するはずはございません。そのわけは、念仏以外の修行に精進・努力して仏に成ることができた私が、念仏を申して、そのため、地獄にも堕《お》ちますのならば、それこそ、おだましをこうむって堕ちてしまったのだという後悔もございましょうが、しかし、どのような修行にも達し難い私なのですから、結局のところ、地獄はきっと堕ちてとどまる所なのですぞ。

　弥陀の本願が真実であらせられるならば、釈尊のご説教が偽《いつわ》り言《ごと》のはずがありません。釈尊のご説教が真実であらせられますならば、善導大師の御解釈が偽り言を言われるはずはありません。善導の御解釈が真実ならば、法然聖人のお言葉が、どうして偽り言でありましょうか。その法然聖人のお言葉が真実ならば、この親鸞が申します趣旨も、同じように、根拠のないはずはございませんよ。

結局のところ、この愚かな私の信心においては、このようなものです。こう申し上げたからには、念仏を採用してお信じ致そうとも、あるいは捨てようとも、皆さん各自のお考え次第です。……

〔注釈〕 **○各々、十余ヶ国の境を越えて** 「各々」は、底本には「オノ〱ノ」とあるが、これは、元来は、「各各《オノオノ》」とあったのを「各々ノ」と書き、終りの「ノ」は、上の漢字の読みを示すために付した片仮名と考えられ、それが底本の筆者によって、そのまま、漢字を平仮名に直す時に誤って写し取られたものと認められる。かかる例は、古典の古写本には少なくない。よって、ここも、「各々」として、底本の下の「ノ」を除くことにした（多屋頼俊氏『歎異抄新註』による）。「十余ケ国」は、親鸞が長い間滞在し、弟子の数も多かった、関東の常陸《ひたち》の国から、当時在住していた京まで行くには、常陸・下総《しもふさ》・武蔵《むさし》・相模《さがみ》・伊豆《いづ》・駿河《するが》・遠江《とおとうみ》・三河《みかわ》・尾張《おわり》・伊勢《いせ》・近江《おうみ》・山城《やましろ》の十二ケ国を経なくてはならなかった。「境を越えて」は、「国境を通過して。 **○身命を顧みずして、尋ね来らしめ給ふ御志** 「身命」は、『日ポ』に、「Xinmei. I, xinmeǒ. シンメイ、またはシンミヤゥ（身命） Mi, inochi.（身、命）この身の命、または、肉体の生命」とある。この場合は仏語なので、シンミヤウと読む。「顧みる」は、『日ポ』に、「Cayerimi, ru, ita. カエリミ、ミル、ミタ（省・顧み、みる、みた）注意する、気をつける。気にかける、顧慮する、懸念する。Miuo cayerimiru.（身を顧みる）自分自身について思い返す」とある。親鸞は、『顕浄土真実信文類三《けんじやうどしんじつしんもんるい》』に、善導《ぜんどう》の『観経疏《かんぎやうしよ》』の「散善義《さんぜんぎ》」から「又深信者、仰願、一切行者等、一心唯信仏語、不顧身命、決定依行、仏遣捨者即捨、仏遣行者即行」（又、深ク信ズル者ハ、仰ギ願ハクハ、一切ノ行者等《トウ》、一心ニ、唯《タダ》、仏語ヲ信ジテ、身命ヲ顧ミズ、決定《ケツヂヤウ》シテ行《ギヤウ》ニ依《ヨ》ツテ、仏ノ捨テシメタマフヲバ即チ捨テ、仏ノ行ゼシメタマフヲバ即チ行ズ）の文を引用し、また、『顕浄土方便化身土文類六《はうべんけしんどもんるい》』に、善導の『往生礼讃偈《わうじやうらいさんげ》』から、「今生敬法、重人、不惜身命、乃至、小罪若懺、即能徹心髄云々」（今生《コンジヤウ》ニ法ヲ敬《ウヤマ》ヒ、人ヲ重クシ、身命ヲ惜シマズ、乃《ナイ》至《シ》、小罪モ若《モ》シ懺《サン》スレバ、即チ能《ヨ》ク心髄《シンズイ》ニ徹《トホ》リテ云々《ウンヌン》）の文を引用している。　「尋ね来らしめ給ふ御志」の、「しめ給ふ」は、第一章の「預けしめ給ふ」と同じく、京の親鸞を尋ねてやって来た信者たちへの尊敬を表す助動詞。「志」は、心の向う所、意向、目あて。　**○偏へに、往生極楽の道を問ひ訊かんがためなり**　「偏へに」は、第一部の「序」に既に出ていた。「往生極楽の道」は、極楽に往生するための方法・手段。「極楽」は、阿弥陀仏のいます、煩悩のない、清浄にして安楽なる国土。衆生を救いとって至上の楽を受けさせる所で、西方の十万億土の彼方に位置する。親鸞の『唯信鈔文意《もんい》』に、「『極楽』とまうすは、かの安楽浄土なり。よろづのたのしみつねにして、くるしみまじはらざるなり。かのくにを安養《あんにやう》といへり」とある。「往生」は、往《ゆ》きて生《うま》るの意で、この現世を去り、極楽浄土に往《い》って、永遠の生命を得ること。『日ポ』に、「Vŏjŏ. ワゥジャゥ（往生）Yuqi vmaru-ru.（往き生まるる）次の世に再び生まれること。また、救済されること。すなわち、ゼンチョ（gentios 異教徒）が思っているように、阿弥陀（Amida）のパライゾ（paraiso 天国）に行くこと」とある。「問ひ訊く」は、問い尋ねる、質問する。漢語で、「問訊《もんじん》」という。『日ポ』に、「Monjin. モンジン（問訊）質問すること、あるいは、疑問を提出すること」とある。　**○しかるに**　それなのに、それにもかかわらず、ところが。　**○念仏より外に、往生の道をも存知し、また、法文等をも知りたるらんと**　ここに言っていることは、当時の関東の信者たちの間に、親鸞が念仏以外の往生の手段・方法を知っているという噂が流れたので、それを顧慮して、念仏だけが「往生の道」たることを言明したのである。「道をも」「法文等をも」の「も」は、強意・強調のための助詞。「存知す」は、存在を知っている、よく知って心得ている。『平家正節《へいけまぶし》』『ぎや・ど・ぺかどる』『落葉集《らくえふしふ》』『ロドリゲス日本大文典』等により、「存知」は、ゾンヂ Zongi. と読むべきことが知られる。「法文」は仏語で、仏の教えを記した文章、仏法を説いた文章。「知りたるらん」の「たる」は、存続の助動詞。　**○心にくく思し召しておはしまして侍らんは**　「心にくく」は、「心にくしと」の意で、その「心にくし」は、相手に対して、心がひきつけられて、何か好ましい感じを持ち、その心情が知りたくなる、の意。『日ポ』には、「Cocoronicui. ココロニクイ（心憎い）ある人に対して、ある点に関して、不確かながら好ましい感じを持つ。Fitouo cocoroniců vomô.（人を心憎う思ふ）ある人に対して、何か好ましい感じを持つ、または、見かけよりも知識とか財産とかがあるのではないかと思う」とある。この場合は、東国から上洛した人々が、親鸞に対して、「法文等をも知りたるらん」と、心がひきつけられ、念仏以外の、往生の手段・方法や法文等を知っているであろうから、それを知りたいと思う、の意であろう。「思し召す」は、「思ふ」の尊敬語で、「思《おぼ》す」よりも高い敬意を表す。お思いになる。お考えになる。「おはします」は、「おはす」に「ます」を加えて、敬意を深くする語で、ここは「居《ゐ》る」の尊敬語で、おいでになる。「侍り」は、この場合は補助動詞的用法で、上の「おはしまして」の中の「おはします」という動詞と、「て」を間にして結びつき、「おはしまして侍らんは」は、「おはしまし侍らんは」とほとんど同じ意味を表し、おいでになりますならばの意。なお、『日ポ』には、「Fanberi, u. ハンベリ、ル（侍り、る）Gozaru（ござる）、sŏrŏ（候）などに同じ。……である、……〔の状態〕にある、などの意。文書語」とある。底本にも、「ハンヘランハ」とあって、「侍《はべ》り」ではなく、「侍《はんべ》り」と当時読んでいたことが知られる。「誤り」は、まちがい、誤解。　**〇もししからば**　もしそうであるなら、もしもそうお思いならば。

〇南都・北嶺にも、ゆゆしき学生たち多く座せられて候ふなれば　「南都」は、京から南の方角にある奈良の都。奈良は、南京とも言って、京都を北京といったのに対比した呼び方。ここでは、その南都の奈良にある、東大寺・興福寺等の諸大寺を、「北嶺」の延暦寺と対比して、意識して書いたと考えられる。「北嶺」は、京都の北に位置する比叡山、及びそこにある大寺、延暦寺。『平家物語』巻六「横田河原合戦《よこたがはらかっせん》」に、「南都・北嶺の大衆《だいしゅ》、熊《くま》野《の》・金峯山《きんぷせん》の僧徒、伊勢大神宮の祭主《さいしゅ》・神官《じんくわん》にいたるまで、一向《いっかう》、平家にそむいて、源氏に心を通《かよ》はしける」とあるし、親鸞の『正像末和讃』には、「末法悪世《まっぽふあくせ》のかなしみは、南都・北嶺の仏法者《ぶっぽふしゃ》の、輿《こし》かく僧達・力者法師《りきしゃほふし》、高位をもてなす名としたり」と出ている。「ゆゆし」は、並み大抵でない、一通りでない、格別な、すばらしい。「学生」は、「学匠」とも書き、高野山や比叡山や東大寺・興福寺などで、仏教中心に学問を修めた僧、学僧。『日ポ』には、「Gacuxa. ガクシャ(学者) 学者、あるいは、知者」「Gacuxŏ. ガクシャゥ (学匠) 同上」とある。現在の学生《がくせい》のことではない。「座す」は、ザスともオハスとも読まれるが、オハスは、それ自体、尊敬の意味を表す動詞であって、下の「られ」とでは尊敬の意味が重なるので、「座《ざ》セラレテ」とある古写本に従って、ここは「座《ざ》せられて」と読むことにした。その「座す」は、すわる、いる、おる、位置を占めるの意。『日ポ』には、「Zaxi, suru. ザシ、スル (坐し、する)」とあり、別項の「Guiocurô. ギョクロゥ (玉楼)」に、「例、Guiocurô qindenni zasu. (玉楼金殿に坐す) 立派な住居、または、宮殿に居る。文書語」とある。「候ふなれば」の「候ふ」は、「座せられて」の「て」を間に置いて、「座せられ」に結びついて、おいでになりますの意となる。「なれ」(終止形は「なり」)は、動詞の終止形に接続して、伝聞の意を表す助動詞。……と聞いている、という噂だ、だそうだの意。したがって、ここは、「学生たち多く座せられて候へば」という言い方とは少しく意味を異にしている。　**○かの人々にも逢ひ奉りて、往生の要、よくよく訊かるべきなり**　底本には、「カノヒト」とあるが、上に、「学生たち多く座せられて」とあるし、「ひと〴〵」と慧空本・真宗法要本等にもあるので、ここは「かの人々」と改めた。「人々にも」の「も」は、強意・強調を表す助詞。「逢ひ奉りて」は、お逢い申し上げて、お目にかかって。「往生の要」は、極楽に往生するためのかんじんかなめのところ、肝要な点、要所。「よくよく」は、念を入れて、充分に注意して、ねんごろに。「訊かるべきなり」の「る」は尊敬、「べき」は当然の意の助動詞。　**○親鸞におきては**　本書中、親鸞は自己を称する時に、このように「親鸞」と言っている例が、外にも七例ある。自己を「われ」と言っている例は、第二部を書いた唯円にはあっても、親鸞には一例(第十二章)しかない。この言い方には、彼の、自己の発言についての、明確な、責任ある態度が認められるようである。「おきては」は、「おいては」と同じ。元来、漢文の訓読により生じた語法であって、中古の中頃から「おいては」という音便の形が生じたという。ここでは、（他の者はともかく）この親鸞にとっては、あっては、関しては、の意。　**○ただ念仏して、弥陀に助けられ参らすべし**　この「ただ」は、すぐ下の「念仏して」に係る副詞。親鸞は、『唯信鈔文意』の初めに、「『唯《ゆい》』はただこのことひとつといふ。ふたつならぶことをきらふことばなり」と注している。真宗では、かかる念仏を唯称《ゆいしよう》念仏・専修《せんじゆ》念仏という。「助けられ参らす」は、既に第一章の注釈で説明した。　**○よき人の仰せを被りて信ずる外に、別の子細なきなり**　「よき人」は、すぐれた人、立派な人。ここでは、勿論、仏道における、すぐれて立派な人のことである。この語は、『仏足石歌《ぶつそくせきか》』に、「よき人の正目《まさめ》に見けむ御足跡《みあと》すらを我《われ》はえ見ずて石《いは》に彫《ゑ》りつく玉《たま》に彫りつく」と出ていて、そこでは諸々《もろもろ》の上善人《じようぜんにん》の意であり、『万葉集』巻一の天武天皇御製「よき人のよしとよく見てよしと言ひし吉野よく見よよき人よ君」（二七）のそれは、風流の士とも解されている。その外には、身分・教養ある人、高貴な人、立派な人、すぐれた人、あるいは、容貌の美しい人、裕福な人などの語義を示しているが、親鸞は、『一念多念文意《いちねんたねんもんい》』において、善導《ぜんどう》の『観念法門《くわんねんほふもん》』中の「彼《ひ》仏心光《ぶちしんくわう》、常照是人《じやうせうぜにん》、摂護《せふご》不《ふ》捨《しや》」の句につき、「是《ぜ》人《にん》といふは、是《ぜ》《ヨシトイフ》は非《ひ》《アシキナリ》に対することばなり。真実信《しん》楽《げう》のひとをば是人とまふす。虚《こ》仮《け》《ムナシクカリナリ》疑《ぎ》惑《わく》《ウタガヒマドフトイフ》のものをば非《ひ》人《にん》といふ。非人といふは、ひとにあらずときらひ、わるきものといふなり。是人はよきひととまふす」という理解を示し、『唯信鈔文意』では、『法事讃《ほふじさん》』の「不《ふ》簡《けん》貧窮将富貴《びんぐしやうふき》」の句につき、「富貴は、とめるといふ。よきひとといふ」という用例を記している。また、『末燈鈔』には、「さきにくだし参らせ候ひし『唯信鈔』『自力他力』なんどのふみにて御覧候ふべし。それこそ、この世にとりては、よきひと〴〵にておはします。すでに往生もしておはしますひと〴〵にて候へば、そのふみどもにかかれて候ふには、なにごとも〳〵すぐべくは候はず。法然聖人の御をしへをよく〳〵御心得たるひと〴〵にておはしますに候ひき。さればこそ、往生もめでたくしておはしまし候へ」とも述べている。ここでは、親鸞自身を念仏による往生の道に導き入れた人のことを言っているのであるから、そして、具体的には、先師法然上人のことであるから、善知識・知識（「序」に既出）の意味にも解されるが、それは、この語の語義としては拡張し過ぎていはしないかと思われる。「仰せ」は、言われた言葉、お言葉。「被りて」は、こうむって、受けて。『日ポ』には、「Caburi, u, utta. カブリ、ル、ッタ（被り、る、つた）ある物で自分を覆う」とあり、「Bachiuo caburu.（罰を被る）天の下す刑罰にせよ、主君などの加える刑罰にせよ、ともかくそれ相当の刑罰を受ける」の例を挙げている。「子細」は、理由。『日ポ』に、「Xisai. シサイ（子細）理由、または道理」とある。

○浄土に生るる種子にてや侍らん　「浄土」は、極楽に同じ。親鸞は、この第二章にのみ「極楽」を使い、外は、多く、浄土、もしくは安養浄土と用いている。「浄土」は、清浄な国土の意味であって、現世の穢土《えど》に対する。諸仏のまします国土の通称であって、仏界・仏国・仏土とも、浄刹《じょうせつ》・浄界・浄国ともいうが、ここでは、言うまでもなく、阿弥陀仏のおわします西方《さいほう》極楽世界をいう。「種子」（底本はタネ）は、物事の発生する原因。ここでは、浄土に往生できる因由の意。仏語では、「種子《しゅじ》」と読む。「にて」は、あり・なし・侍り《はんべ》・候《さうら》ふなどの用言を下に伴って、断定的な陳述を表し、……で（ある）、の意。「や」は疑問の助詞。**○また、地獄に堕つべき業にてや侍るらん**　「また」は、あるいは。「地獄」は、人が、現世において犯した罪悪の報いによって、死後に堕ちて、永遠の責苦《せめく》を受ける、地下にある牢獄。死後、そこに赴くことを堕地獄《だぢごく》という。「堕つべき」の「べき」は、当然。「業」は、人が身《しん》・口《く》・意《い》にわたってなす、すべての所作・しわざ、即ち、身体による行為、口から発する言語、意《こころ》に起す思考をいう。これを三業《さんごう》と総称する。念仏は、口業《くごう》に当たる。仏教では、この業が未来に善・悪の結果を招く原因となるので、業因《ごういん》という。**○惣じて以て存知せざるなり**　「惣じて」は、副詞で、すべて、みな、全くの意であるが、下に否定を表す語（ここでは「ざる」）のある時は、決して、少しも、全然、の意となる。今は「総じて」と書くが、底本には「惣シテ」とある。「以て」は、副詞（ここでは「惣じて」）の下に付いて、語調を強める語。『日ポ』に、「Minamotte. ミナモッテ（皆以て）全部、あるいは、すべて」「Nauomotte. ナヲモッテ（猶以て）」等の例があるので、「以《もっ》て」と読むことにした。古写本には、「モチテ」と記すものがあるが、これもモッテと読むべきものであろう。「存知す」は、この章に既出。　**○たとひ、法然聖人に賺され参らせて、念仏して地獄に堕ちたりとも**　「たとひ」は、下に「とも」「ども」を伴う時は、かりに、よしやの意。「法然聖人」は、法諱《ほうき》は源空《げんくう》、法然は、房号《ぼうごう》。日本における浄土宗の開祖で、親鸞の師。長承《ちようしよう》二年（一一三三）、美作《みまさか》の国の押領使《おうりようし》、漆間時国《うるまのときくに》の子として生れ、幼名を勢至丸《せいしまる》と言った。九歳の時、父が敵の夜襲に逢って命を落し、その遺言《ゆいごん》により復讐を断念して出家し、後に比叡山に登り、仏学に精進した。そして、四十三歳の時、唐の善導和尚《かしよう》の『観経疏《くわんぎやうしよ》』を読んで、浄土教に開眼《かいげん》し、比叡山を下って、京の東山《ひがしやま》の吉水《よしみず》の地に庵を作って、念仏による往生の道を説き、盛んに僧俗を教化した。しかし、旧仏教の側からの嫉視・圧迫も強くなり、建永《けんえい》二年＝承《じよう》元《げん》元年（一二〇七）に、宣旨《せんじ》によって、七十五歳の老齢で土佐の国に配流《はいる》された。建暦《けんりやく》元年（一二一一）に、七十九歳になって帰京を許され、東山大谷《おおたに》に住したが、翌年の正月、病気・老衰が加わり、八十歳で入寂した。主著に『選択本願念仏集《せんちやくほんぐわんねんぶつしふ》』がある。「聖人」は、知・徳にわたってすぐれた僧への敬称。親鸞は、建仁元年（一二〇一）、法然の門に入り、善信房綽空《ぜんしんぼうしやくくう》と称した。承元の法難に際し、越後の国へ流され、以後、一度も師に逢えずに終ったが、生涯にわたり、先師として崇敬していた。「賺す」は、言いくるめてだます、だまして誘う。「賺され参らせて」は、第一章の「助けられ参らせて」と似た語法で、おだましをこうむっての意。「念仏して地獄に堕ちたりとも」は、法然が念仏の実行・実践による往生を強調して教えたことにもとづき、ここでは、仮定的に、「地獄に堕ちたりとも」と言ったのである。「たり」は、完了を意味する。　**○さらに後悔すべからず候ふ**　「さらに」は、副詞で、下に打消の語（ここでは「ず」）が来る時には、全然、全く、決して、少しも、の意となる。「べからず」は、当然の意の打消を表し、……はずがないの意。　**○自余の行も励みて仏に成るべかりける身が、**念仏

を申して、地獄にも堕ちて候はばこそ、賺され奉りてといふ後悔も候はめ　「自余の行」は、それよりほかの修行、それ以外の、往生のために身に行う所行。法然の『選択本願念仏集《せんちやくほんぐわんねんぶつしふ》』の第二章には、「善導和尚、立正雑二行、而捨雑行帰正行文」（善導和尚《ゼンダウクワシヤウ》、正《シヤウ》・雑《ザフ》ノ二行《ギヤウ》ヲ立テテ、而《シカ》モ雑行《ザフギヤウ》ヲ捨テテ正行《シヤウギヤウ》ニ帰《キ》スルノ文）を『観経《くわんぎやう》疏《しよ》』から挙げているが、そこには、専心に念仏するを正行とし、礼誦《らいじゆ》等に依るのを助業《じよごう》としている。そして、「除此正・助二行已外、自余諸善悉名雑行」（此《コ》ノ正《シヤウ》・助《ジヨ》二行《ギヤウ》ヲ除イテ已外《イゲ》、自余《ジヨ》ノ諸善ヲ悉《コトゴト》ク雑行《ザフギヤウ》ト名ヅク）と説いているが、法然は、「私釈」として、その雑行に、読誦雑行《どくじゆぞうぎよう》・観察《かんざつ》雑行・礼拝《らいはい》雑行・称名《しようみよう》雑行・讃歎供養《さんだんくよう》雑行の五種を挙げて説明している。「も励みて」の「も」は、「をも」の「を」を省略した形で、その「も」は、ある事柄の上に、さらに別の事柄を付加する意を表す。「励む」は、あることに力を集中する。専心努力する、精進する。「仏に成る」は、成仏《じようぶつ》する、即ち、無上の悟りを開いて仏となる。「べかりける」は、……することができた。「身」は、人称代名詞で、わたし、自分。「地獄にも」の「も」は、強調の助詞。「賺され奉りて」は、すぐ前の「賺され参らせて」と同じ語法で、おだましをこうむって、の意。下に、「地獄に堕ちたり」の如き語を略した言い方である。「後悔も候はめ」は、上の「地獄にも堕ちて候はばこそ」の係結《かかりむすび》を示すばかりでなく、「自余の行も励みて……後悔も候はめ」の全体が、「こそ……め」という強調とともに、後悔もありましょうが、後悔もございましょうけれど、という逆接の意味にもなる語法。「後悔も」の「も」は、強調。「候ふ」は、あり・居《ゐ》るの丁寧語で、あります、ございます。「め」は、推量の助動詞。　**○いづれの行も及び難き身なれば、とても、地獄は一定住処ぞかし**　「いづれの行も」は、どのような修行も、すべての修行も。「も」は、「にも」の省略で、強調を表す。「及ぶ」は、ある状態に達する、あることをするようになるの意。「身」は、すぐ前に既出。「とても」は、どうしても、いかようにしても、何にしても、どっちみち、どうせ、結局、所詮《しよせん》。「一定」は、呉《ご》音《おん》読みの副詞で、確かに、疑いなく、きっと。「住処」は、住むところ、すまい、住居。「すみか」の「か」は場所・ところの意。現代のように、鬼・魔物・けもの・鳥などの住む場所の意ではない。「ぞかし」は、「ぞ」で、センテンスの全体を強調し、特に、相手に向って強く提示したり、注意を促すような時に用いられるし、「かし」は、説得のために念を押す気持を表し、相まって、なのですぞ、の意味となる。

〇弥陀の本願、実におはしまさば、釈尊の説教、虚言なるべからず 「弥陀の本願」は、第一章に既出。「実に」は、「まことにて」の意で、その「まこと」は、真実、本当。「おはします」は、動詞あり・をりと意味は同じであるが、高い尊敬を表す語。弥陀の本願に対する、親鸞の讃仰・恩謝の心持が、おのずから、かく言わしめたのであろう。次の「仏説」にも同じく使われている。「釈尊の説教」は、釈迦牟尼仏が『無量寿経』等に説かれた教え。「釈尊」は、釈迦牟尼世尊の略で、釈迦牟尼への尊称。「虚言」は、うそ・いつわりの言葉、真実でない言葉。『日ポ』に「Qeogon. ケョゴン（虚言） Soragoto（そらごと）嘘、または虚偽」「Quiogon. キョゴン（虚言）」とある。「なるべからず」は、であるはずがない。**〇仏説、実におはしまさば、善導の御釈、虚言し給ふべからず** 「仏説」は、釈尊の説法・説教。「善導」は、中国浄土教における善導流の大成者で、唐代の泗州《ししゆう》の人。隋《ずい》の大業《たいぎやう》九年（六一三）に生れ、幼くして出家し、『観無量寿経《くわんむりやうじゆきやう》』に接して、浄土への往生を願った。そして、廬山《ろざん》に行って、慧遠《えおん》の跡を尋ね、また、道綽《どうしやく》に逢って、念仏の浄業を修《しゆ》した。次いで、長安の都に至り、光明寺等において、説法・教化し、多くの人々の敬仰《けいぎやう》を受けた。称名念仏を以て往生の行とした。永隆二年（六八一）三月十四日、六十九歳で入寂《にゆうじやく》した。著書に、『観《くわん》経《ぎやう》疏《しよ》』四巻、『法事讃《ほふじさん》』二巻、『往生礼讃《わうじやうらいさん》』『観念法門《くわんねんほふもん》』『般舟讃《はんじゆさん》』各一巻等があり、真宗では、七高祖（七高僧・七祖）（竜樹《りゆうじゆ》・天親《てんじん》（以上、インド）、曇鸞《どんらん》・道綽《どうしやく》・善導《ぜんどう》（以上、中国）、源信《げんしん》・源空《げんくう》（以上、日本））の第五に列している。「御釈」は、その著書で、『観無量寿経』を解釈した『観経疏』。法然（源空）の伝記によれば、彼は、四十三歳の時、この書を読んで感銘し、特に、「一心専念弥陀名号、行住坐臥、不問時節久近、念々不捨者、是名正定之業、順彼仏願故」（一心ニ、専ラ弥陀ノ名号《ミヤウガウ》ヲ念《ネン》ジ、行《ギヤウ》・住《ヂユウ》・坐《ザ》・

臥《グワ》、時節《ジセツ》ノ久近《クゴン》ヲ問ハズ、念々ニ捨テザル、是《コレ》ヲ正定《シヤウヂヤウ》ノ業《ゴフ》ト名ヅク。彼《カ》ノ仏《ブツ》ノ願《グワン》ニ順《ジユン》ズルガ故《ユエ》ニ）とあるのに接して、往生の理《ことわり》を思い定め、回心《えしん》したという。**○法然の仰せ、虚言ならんや**「仰せ」は、この章に既出。決して、お言いつけ、ご命令の意味ではない。第十三章に、「また、或時、『唯円房は、我が言ふことをば信ずるか』と仰せの候ひし間」とあり、第十五章には、『浄土真宗には、今生に本願を信じて、彼の土にして悟りをば開くと習ひ候ふぞ』とこそ、故聖人の仰せには候ひしか」とあるのも、決して、ご命令の意味ではない。「虚言」は、底本に「ソラコト」とあって、意味は前の「虚言」と同じ。『日ポ』には、「Soragoto. ソラゴト（虚言）嘘」とある。「ならんや」の「や」は、反語。**○親鸞が申す旨、またもつて空しかるべからず候ふ歟**「申す」は、改まった時に、「言ふ」をへりくだり、あるいは丁寧に表す語で、申します、申し上げますの意。「旨」は、言おうとすることの趣旨。「またもつて」は、本章の「惣じて以て」と同じく、「また」の意味を「もつて」で強調した語法。この「また」は、同じく、ひとしく、の意。「空しかるべからず候ふ歟」は、根拠のないはずはございますまいよ。「歟（か）」は、文末に置かれる終助詞で、詠嘆を表す。本書中、以下にも数回出てくる。

○詮ずる所、愚身の信心におきては、かくの如し「詮ずる所」は、つきつめて考えた所、結局のところ、所詮《しよせん》。「愚身」は、愚才・愚考・愚見・愚息・愚論等の、自己を謙遜していう語と同じく、「身」即ち、親鸞自身を謙遜して言った語。「かくの如し」は、このようなものです、以上の通りです。この「信心」は、念仏についてのそれを意味する。**○この上は、念仏を取りて信じ奉らんとも、また捨てんとも、面々の御計ひなり**「この上は」は、このように申し上げたからには。「念仏を取りて」は、念仏を選び出して決定して、念仏を選んで採用して。「信じ奉らんとも」「捨てんとも」の「とも」は、かりに……ても、の意で、未定の事態を仮定条件として示し、その条件の下でも、以下の事態が成立することを表す。「面々」は、ひとりびとり、または、ひとりびとり別々に、各自、銘々、それぞれ。「御計ひ」は、お考え・御思慮。

〔解説〕

第一章においては、親鸞の説示を聞く人々がいかなる範囲の聞き手であったかは明らかでなかったが、この第二章では、「十余ケ国の境を越えて」、はるばる京まで、親鸞を慕って尋ねて来た、関東の人たちであることが、はっきりと、叙述の中に示されている。彼は、その人たちを眼前に置いて、彼等からインフォーメーション（知らせ）を目と耳とで受け取りつつ、諄々《じゅんじゅん》と説き進めて行ったに違いない。そこに、この章の表現の現実的具体性が存するのである。

《解釈》

この第二章には、第一章に、「念仏申さんと思ひ立つ心の起る時」「他の善も要にあらず。念仏にまさるべき善なき故に」とあった、その「念仏」を取り出して、それが唯一の「往生の道」であること、しかも、その「念仏」が先師、法然聖人の仰せにもとづくものたることへの確信が全叙述に浸潤しているのを読み取ることができるのであって、その主題をわたくしの言葉で捉えてみると、

　お尋ねの往生の道としては、法然聖人のお言葉に従って、ただ念仏する外はない、わたくしの信心。

となる。構想は、この主題の展開として、

（一）はるばるおいでになって、お尋ねになる往生極楽の道としては、すぐれた人のお言葉を受けて、念仏する外はない、わたくしの信心。

（二）いかなる行も及び難いわたくしにとり、たとい地獄に堕《お》ちても後悔しない、法然上人のお言

葉を信じての念仏の行。

(三) 弥陀・釈尊・善導・法然と伝えられて来た、真実なる往生の道を受けた、根拠ある、わたくしの申し上げる趣旨。

(四) 以上申し上げたわたくしの信心に対し、各自のお考えにより、どのように取捨しても構わない、念仏の行。

という、四段階の過程を示している。

このうち、(一)は、関東から遠来の人々の、往生の道についての疑惑に対して、親鸞は、はっきりと、念仏だけが唯一の道であることを主張し、(二)では、師の法然のお言葉に従い、その念仏に頼る外はない、自己の無力感を告白している。そして、(三)では、往生のための念仏についての自己の言説が、根拠ある、仏教の長い伝統にもとづくものであることを述べた上で、結びの(四)では、自分の信心を総括した上に、念仏を信ずるか、否かは、結局、各自の考え次第であることを述べて、遠来の人人に、それぞれの覚悟を促しているのである。

このように理解した上で、わたくしは、この章の叙述を次のように分析したいと思う。

〔**各々、十余ヶ国の境を越えて、身命を顧みずして、尋ね来らしめ給ふ御志、偏へに、往生極楽の道を問ひ訊かんがためなり。**〕——はるばると、関東から京へと尋ねて来た信者たちへの、親鸞の最初の言葉であるが、そこには、その信者たちへの心からなる思いやりの発露している趣が認められる。「十余ヶ国の境を越えて」という、彼らの旅の労苦への同情、「身命を顧みずして」という、彼らの真剣な求道心への洞察、そして、「尋ね来らしめ給ふ御志」という、「しめ給ふ」「御」に現れている、遠来の人々への尊重・敬重の心持に、彼らをねぎらい、慰める、人間親鸞の立場がよく現れていると言えよう。従って、この、関東から尋ねて来た人々の「御志」に、充分に答えてやることにこそ、親鸞の立場の真実さが存することになる。彼は、その「御志」の内容を要約して、「偏へに、往生極楽の道を問ひ訊かんがためなり」と、簡明に、また断定的に言い切っている。この「偏へに」「なり」に、彼の曖昧さを許さぬ、意志の集中が認められる。また、「極楽」の語は、本書中、この一箇所だけに現れているが、これも、遠来の人々の関心が、「浄土」という語よりも、この「極楽」の語の方に傾いていたことを察しての発言であるように思われる。そして、「往生極楽の道」がいかなるものかに、「尋ね来らしめ給ふ御志」の核心を絞り上げているのである。

「しかるに、念仏より外に、往生の道をも存知し、また、法文等をも知りたるらんと、心にくく思し召しておはしまして侍らんは、大きなる誤りなり。」——ここにも、「往生極楽の道」と前言にあったのを受けて、「往生の道」という語が反復されている。そして、遠来の人々の気持を推察して、一つには、「念仏より外に、往生の道をも存知し」、二つには、「また、法文等をも知りたるらん」というように、彼らの問い訊こうとする問題点を挙げているのは、しかも、親鸞に対して、「心にくく思し召しておはしまして侍らんは」と、尊敬・鄭重な言葉を重ねて、その心情を思いやっているのは、彼がいかに聞き手とその疑問を大切に扱っているかの証示である。「往生の道をも」「法文等をも」には、明らかに、上の語を強調している気持が出ている。また、「心にくく」の一語にも、親鸞に頼ろうとする聞き手への思いやりがあるようである。しかし、強固な、自己の信心の立場に立つ彼には、こうした聞き手の質疑に対しては、簡潔・明瞭な否定が存するのみであった。それが、「大きなる誤りなり」という、強い全面的否定の言葉となって発現しているのを見る。そうして、ここの叙述も、「なり」という、きっぱりした断定の語で結ばれているのである。

〔もししからば、南都・北嶺にも、ゆゆしき学生たち多く座せられて候ふなれば、かの人々にも逢ひ奉りて、往生の要、よくよく訊かるべきなり。〕――前のセンテンスが、「しかるに」で始められているように、ここでは、「もししからば」と前文を受けた語句で始まっている。この「もししからば」は、「念仏より外に、往生の道をも存知し、また、法文等をも知りたるらんと、心にくく思し召しておはしまして侍らん」とある推測を受けた仮定条件の提示であって、以下、「南都・北嶺にも」と強調し、「ゆゆしき学生たち多く座せられて候ふなれば」という、伝聞した事実を挙げて、「かの人々にも逢ひ奉りて」と、その「学生」たることを強調し、「往生の要、よくよく訊かるべきなり」という、念を入れた勧説となっている。そこには、「往生の道」を「往生の要」と言い直していること、「よくよく」と念を押した上に、「訊かるべきなり」という、尊敬と当然の助動詞によって、そうすることが何よりも大切であるとしていることが注意されてくる。親鸞がかく言ったのは、遠来の人々のいわゆるお門《かど》違い・見当違いを皮肉ったのでなくして、自己の信心が、知識や学問とは全く異なる立場において形成されたものであることを聞き手に訴えて、理解を求めようとする意志の発露と考えるべきであろう。ここの叙述も、第三の「なり」という語で、確信をこめて結ばれている。

〔親鸞におきては、ただ念仏して、弥陀に助けられ参らすべしと、よき人の仰せを被りて信ずる外に、別の子細なきなり。〕――この「親鸞におきては」とあるのは、前文の「ゆゆしき学生たち」に対してであって、わが名を出して言っている所に、以下の言葉が、彼の責任ある立場においての言表であることになると思う。そして、自己における「往生の道」「往生の要」は、「ただ念仏して、弥陀に助けられ参らすべし」の外にはないこと、この単純にして簡明な道理・信条が、「よき人の仰せ」にもとづく信心に外ならぬことが言明されている。が、それは、結論であり、到達点であって、この段階では、親鸞が如何にして「信ずる外に、別の子細なきなり」と断定している信心を獲得するようになったかの説得にはなっていないし、「よき人」がいかなる人物を指しているかも判明していない。そこに、この第一段落の所説が、まだ、聞き手にとり疑問点を残していると言うべきであろう。第一章に存した、「その故は」「……故に」「……故に」の如き、理由を解明するために置かれた叙述も見えない。

この第一段落は、四つのセンテンスの終りが、いずれも、「なり」という断定・指定の助動詞で結ばれている点において共通している。そこには、親鸞の強固な信念の顕現があって、四つのセンテンスの重畳を経て、終りの「……信ずる外に、別の子細なきなり」という、聞き手の心に迫り、それを驚かす言葉に到達している過程には目ざましいものがある。

ところが、第二段落に入ると、そこには、話し手の態度の著しい変化が文体の上に認められてくる。

「念仏は、まことに、浄土に生るる種子にてや侍らん、また、地獄に堕つべき業にてや侍らん、惣じて以て存知せざるなり。」――ここにも、センテンスの終りを「なり」で結んでいる、第五の例が存するのであるが、それは、「……にてや侍らん」「……にてや侍らん」とある疑問の叙述を受けて、「惣じて以て存知せざるなり」という、自己の否定に裏づけられた「なり」であることが指摘される。そして、第一段落でひどく強調されていた「念仏」に対して、それが、真実に「浄土に生るる種子」なのか、「地獄に堕つべき業」なのかを自問自答した結果を、「惣じて以て存知せざるなり」とあるように、はっきりした断定・確信に達していないことを、説得や主張ではなくして、聞き手に向って告白しているのである。それも、「惣じて以て」という、完全な否定を示す副詞によって限定しているのである。この叙述は、それまで、「念仏」を「往生の道」として主張する言葉を聞いて来た聞き手にとっては、わが耳を疑う程の、強い衝撃を受けるものがあったに違いない。そして、浄土に生れることとも、地獄に堕ちることとも判然としない「念仏」を何故信ずるのかという、新たな疑問を抱くに至ったに違いない。

〔たとひ、法然聖人に賺され参らせて、念仏して地獄に堕ちたりとも、さらに後悔すべからず候ふ。〕

――第一段落では、「よき人の仰せを被りて」とあった、その「よき人」が、親鸞の生涯の師であった法然聖人たることが、ここに明言されているのを見る。そして、「たとひ」その先師聖人の仰せに「賺され参らせて」、「念仏して地獄に堕ちたりとも」という仮定条件を挙げた後に、「惣じて以て存知せざるなり」に相応じて、「さらに後悔すべからず候ふ」と言っているのも、聞き手の耳を驚かす言表と言ってよいであろう。「侍らん」「侍るらん」と二度も動詞「侍り」を使った後に、新しく「候ふ」という語を改めて使っているのも注目される。こうして、第二段落における初めの二つのセンテンスは、「往生の道」の実現に対しての疑惑が、解決されないままに、まだ親鸞の上に残存しているのではないかという心持を聞き手一同に与えたように思われる。そして、なぜ、「惣じて以て存知せざるなり」なのか、なぜ、「さらに後悔すべからず候ふ」なのか、その説明を聞きたいと聞き手の誰しもが思ったに違いない。

〔その故は、自余の行も励みて仏に成るべかりける身が、念仏を申して、地獄にも堕ちて候はばこそ、

賺され奉りてといふ後悔も候はめ、いづれの行も及び難き身なれば、とても、地獄は一定住処ぞかし。」——親鸞は、ここで、上に述べた自説を釈明するために、初めに、「その故は」と置いているが、これは、第一章にもあった語句であって、いずれも、聞き手の誤解や曲解に備えての説明を展開するための前提としての位置にある、重要な語句であると考えられる。そして、自己に対して、「自余の行も励みて仏に成るべかりける身」と、「いづれの行も及び難き身」という二つの場合を挙げているが、前の場合は仮定され、想像された自己であり、後の場合は具体的、現実的に内省された自己そのものであることは言うまでもない。これは、念仏以外の余行に精進して、成仏の可能性を持つ自己と、いかなる修行に精進しても及び難い自己とを対立・対照させているのであって、前の自己ならば、念仏により堕地獄の運命に陥れば、法然聖人に「賺され奉りて」という後悔もあるでありましょうと仮定的に推量しているが、後の自己については、「いづれの行も及び難き」という厳酷にして痛切な反省に立脚して、「とても、地獄は一定住処ぞかし」という、自己が絶望的な諦めに陥っていることが告白されているのである。そして、そこまで自己の無力であり、不精進であることを赤裸々に告白したことによって、はじめて、「惣じて以て存知せざるなり」も、「たとひ、法然聖人に賺され参らせて、念仏して地獄に堕ちたりとも、さらに後悔すべからず候ふ」も、深く、強い信心の表明としての意味を持つことになると思う。

この第二段落は、かくして、高い立場からの説示であるよりも、自己の無才・無能を聞き手に告白する態度につらぬかれていると言うべきであろう。「いづれの行も及び難き身なれば」という、痛烈な、自己への諦視が、その告白的態度の核心をなしているのを見るのである。

〔弥陀の本願、実におはしまさば、釈尊の説教、虚言なるべからず。仏説、実におはしまさば、善導の御釈、虚言し給ふべからず。〕――これも、第一章で述べたように、聞き手における知識・教養を予想しての立言であることが推測される。『無量寿経』に説かれている弥陀の本願、それを王舎城《おうしやじよう》耆闍崛山《ぎしやくつせん》において説法された釈尊、その釈尊の説教、即ち仏説を受けて著述された、善導の御釈、即ち『観経疏《くわんぎやうしよ》』の所説の三つを、「実」と「虚言」という語を用いて、真実であるべきことを明言し、確説している趣である。しかも、その明言・確説は、話し手である親鸞の信念によって証得されたものであるが故に、単なる仏教的知識・教養をも越えた言説として、聞き手の心を撃発したに違いない。

〔善導の御釈、実ならば、法然の仰せ、虚言ならんや。法然の仰せ、実ならば、親鸞が申す旨、またもつて空しかるべからず候ふ歟。〕――この段階に至って、前に出ていた「よき人の仰せ」を受けて、それを「法然の仰せ」と言い直し、「虚言ならんや」と、その真実なることを反語的に強調するに至っている。そして、次に、直接には、第一段落の、「ただ念仏して、弥陀に助けられ参らすべしと、よき人の仰せを被りて信ずる外に、別の子細なきなり」とあった叙述の全体を「親鸞が申す旨」で代表させ、「弥陀の本願」「釈尊の説教」「善導の御釈」「法然の仰せ」が実《まこと》であるならば、それの継承として、自己の言う所を、「またもつて空しかるべからず候ふ歟」と、詠嘆の助詞を以て結び、遠く久しい仏教の伝統の上に立って、自己の信ずる念仏の正統性を聞き手に訴えているのである。それがいかに感動・感慨を以てする発言であるかは、今も引用した、「……よき人の仰せを被りて信ずる外に、別の子細なきなり」に比較しても、明らかなものがあると思われる。

〔詮ずる所、愚身の信心におきては、かくの如し。〕――この「詮ずる所」は、親鸞の説示が終りに近づいたことを暗に示している語句であろう。そして、これまで、「親鸞におきては」「いづれの行も及び難き身」「親鸞が申す旨」というように自己を言い表していたのに、ここに至っては、「愚身」と言って、はっきりと自己を謙遜している。そして、「愚身の信心におきては、かくの如し」と、自己の説示をまとめて、その終了を告げている。彼は、念仏を往生の道とする信心について、言うべきことのすべてを言い尽くした心持であったに違いない。そして、聞き手にもよくわかったことを信じて、「詮ずる所」と言い、「かくの如し」と結んでいるものと推測されるのである。

〔この上は、念仏を取りて信じ奉らんとも、また捨てんとも、面々の御計ひなり。と云々。〕――右に述べた、信念のすべてを言い尽くし得た心持が、この「この上は」以下の、聞き手への呼びかけの最終の言葉に発露したのである。そして、中心問題たる「念仏」に対して、「取りて信じ奉らんとも、また捨てんとも」という、二者択一の道を示しているが、そのいずれを選ぶかは、「面々」即ち聞き手各自の考えによるものであるとともに、真実なる信心に参入することが、実は、容易ならぬ、切実な覚悟を必要とすることをも聞き手に考えさせずには置かないものがあったに違いないことが、「面々の御計ひなり」という叙述の、最終の「なり」に結晶しているのではあるまいか。そして、そここそ、遠来の人々に対しての、これ以上はない、懇切な説示の現れが認められるのではあるまいか。

第一章が、弥陀の誓願・本願にもとづく信心の成立を主題とする説示であって、しかも、それがいかなる時・処・位においてなされた説示であるかという現実的具体性を有していないこと、また、親鸞の証得した信心の骨格だけが力強く、簡潔に、単純化して説かれていることを指摘したのであるが、この

第二章では、「十余ヶ国の境を越えて、身命を顧みずして、尋ね来らしめ給ふ」人々に対する、具体的、現実的な説示になっている。しかも、親鸞は、自己の説示を師の法然聖人を背景にして展開しているのであって、第一段落では、「よき人の仰せ」、第二段落では、「たとひ、法然聖人に賺され参らせて」、第三段落では、「法然の仰せ」を二度も繰り返して、自己の「念仏」の由来する所が師の「仰せ」にあることを明らかにしている。が、そればかりではなくして、その由来とともに、なぜ、「よき人の仰せを被りて信ずる外に、別の子細なきなり」なのかを、第二段落において、痛切に告白していると言ってよい。この告白の真実さ・厳酷さが、この第二章に、厳粛にして深刻な芸術的真実性を与えているのである。

また、この説示が、「親鸞は、弟子一人も持たず候ふ」(第六章)という彼の自覚の現れとして、遠来の人々を決してわが弟子として扱うことなく、敬語法を用いて、敬意を以て、念仏の仲間・同朋《どうぼう》として接していることは、「給ふ」が一回、「る」が一回、「侍り」が三回、「候ふ」が五回、「おはします」が一回、「御《おん》」(接頭語)が二回も使われていることによっても明らかである。

さらに、「南都・北嶺」「往生の要」「自余の行」「弥陀の本願」「釈尊の説教」「善導の御釈」「愚身」等々の語句の意味する所が、この聞き手の人々にもある程度はわかることを予想して発言しているのであるし、また、法然と親鸞との師弟関係をも熟知している聞き手の人々であったことも、おのずから推測されてくる。

結局、この第二章の中心問題は、法然上人から受けた、念仏への信心にある。この点において、第一章の、弥陀の本願から受けた信心を説く立場とは少しく異なっている。勿論、第一章にも、「念仏申さんと思ひ立つ心の起る時」や、「他の善も要にあらず。念仏にまさるべき善なき故に」とあって、「念仏」

の重大さが叙述されているのであるが、第一章の中心問題は、「念仏」よりも、「本願への信心」にあって、それが三つの段落に強く、大きく展開していることは疑い得ない。しかし、「本願への信心」は、必然的に念仏という行となって現れてくること、その念仏こそ「往生の要」たること、及び、その念仏が「法然の仰せ」にもとづくことが、この章の核心となって、四つの段落にわたって展開している趣をよくよく読み取るべきであろう。

しかも、親鸞は、第二段落において、その「念仏」が、「浄土に生るる種子」なのか、「地獄に堕つべき業」なのかを、「惣じて以て存知せざるなり」という、二者択一ではなくして、二者を超越した立場に立って告白しているのである。そして、「その故は」と前置きして、この立場が、「自余の行も励みて仏に成るべかりける身」を否定して、「いづれの行も及び難き身」という徹底した自覚に達し、「とても、地獄は一定住処ぞかし」という絶体絶命の、ぎりぎりの所まで自己を究明するに至っている。そのどん底の闇の中からわずかに取り縋ることのできた、一条の光の綱とも言うべきものが「念仏」である以上、法然に従って「念仏して地獄に堕ちたりとも、さらに後悔すべからず候ふ」という告白が千鈞の重みを以て、聞き手・読者に迫ってくる力となっているのである。

なお、この第二章について問題になるのは、親鸞の晩年に至って起った、彼の長男、善鸞《ぜんらん》のひき起した事件との関係である。

善鸞は、房号を慈信房《じしんぼう》と言った。初めのうちは、父の教えに従い、その命を奉じて関東地方にあって布教に従事し、一時は帰依する者も多かったのであるが、後には、異義・邪説に走り、その地方の、父親鸞の直弟子《じきでし》たちと対立したりした。京都にいた親鸞は度々手紙を送って教導したのであるが、一向に改まらなかったので、ついに、建長八年（一二五六）、八十四歳の親鸞は、次の如き書簡を送って、父子の義を絶つに至った。

　仰《おほ》せられたる事、くはしく聞きて候ふ。何よりは、哀愍房《あいみんばう》とかやと申すなる人の、京より文《ふみ》を得たるとかやと申され候ふなる、返々《かへすがへす》、不思議に候ふ。未だ、かたちをも見ず、文《ふみ》一度も賜《たま》はり候はず。これよりも申すこともなきに、京より文を得たると申すなる、あさましきことなり。

　又、慈信房の法文の様《やう》、名目《みやうもく》をだにも聞かず、知らぬ事を、慈信一人に、夜《よる》、親鸞が教へたるなりと、人に慈信房申されて候ふとて、これにも、常陸《ひたち》、下野《しもづけ》の人々は、皆、親鸞が虚言《そらごと》を申したる由を申し合はれて候へば、今は父子の義はあるべからず候ふ。

　又、母の尼（注、親鸞の妻、恵信尼《えしんに》）にも不思議の虚言《そらごと》を言ひ告《つ》げられたること、申す限りなき事、あさましう候ふ。壬生《みぶ》の女房《にょばう》の、これへ来りて申す事、慈信房が給《た》うたる文《ふみ》とて持ち来れる文、これに置きて候ふめり。慈信房が文とてこれにあり。その文、つや〱いろはぬこと故に、継母《ままはは》に言ひ惑《まど》はされたると書かれたる事、ことにあさましき虚言《そらごと》なり。又、この世にいかにしてありけりとも知らぬ事を、壬生の女房の許《もと》へも文のあること、心も及ばぬほどの虚言《そらごと》、心憂《う》きことなりと歎き候ふ。まことに、かかる虚言を言ひて、六波羅《ろくはら》の辺《へん》、鎌倉なんどに披露《ひろう》せられたる事、心憂き事なり。これらほどの虚言は、この世の事なれば、いかでもあるべし。それだにも、虚言を言ふ事、うたてきなり。いかにいはむや、往生極楽の大事を言ひ惑《まど》はして、常陸・下野の念仏者を惑はし、親に虚言を言ひつけたる事、心憂き事なり。第十八の本願をば、萎《しぼ》める花に譬《たと》へて、人ごとに皆捨て参らせたりと聞《きこ》ゆる事、まことに、謗法《はうぼふ》の咎《とが》、又、五逆《ごぎやく》の罪を好みて、人を損じ、惑はさるる事、悲しき事なり。ことに、破僧《はそう》の罪と申す罪は、五逆《ごぎやく》のその一なり。親鸞に虚言を申しつけたるは、父を殺すなり。五逆のその一なり。この事ども伝へ聞く事、あさましさ申す限りなければ、今は、親《おや》といふ事、あるべからず。子と思ふ事、思ひ切りたり。三宝《さんぼう》・神明に申し切り了《をは》りぬ。悲しき事なり。我が法門に似ずとて、常陸《ひだち》の念仏者、皆惑《まど》はさむと好まるると聞くこそ、心憂《う》く候へ。親鸞が教へにて、常陸の念仏申す人々を損ぜよと、慈信房に教へたると、鎌倉にて聞えむこと、あさましく。

五月廿九日（同六月廿七日到来）　在判

建長八年六月廿七日註之

慈信房御返事

（『拾遺真蹟御消息』）

この専修寺《せんじゆじ》蔵の義絶状には、「嘉元三年七月廿七日書写之」という添え書きがあって、建長八年（一二五六）から四十九年を経て、嘉元三年（一三〇五）に書き写されたものが現存しているので、果たして、親鸞の真意を伝えているものか、どうかについて疑問が残されているが、わたくしが傍点を付した箇所が、特に、父の親鸞を怒らせて、父子の義絶を一方的に通告する結果になったのであろう。その中でも、夜、善鸞一人に、特別の法文を親鸞が教えたといっていることが、関東の弟子たちを刺激し、混乱させたために、親鸞に向って、直接に、念仏以外にかかる法文があるか、ないかを聞き質《ただ》そうとして、一群の弟子たちが代表して上京した時の事情が、この第二条の背景にあると、一部の研究者は言うのである。

その外に、日蓮が、いわゆる「四《し》箇格言《かのかくげん》」を主張し、当時勢力のあった四つの宗門を択《えら》んで、「念仏無間《むけん》、禅天魔《てんま》、真言亡国《しんごんぼうこく》、律国賊《りっこくぞく》」と批判し、「念仏者《ハ》、無間地獄業ナリ」とも言っていることが、関東の念仏者たちに大きな動揺・混乱を与えて、その結果、このことをも京の親鸞に問い質《ただ》そうとしたのが、この章における、常陸の人たちが上京して来た、もう一つの背景をもなすという推測説も現れている。

この第二章には、「念仏より外に、往生の道をも存知し、また、法文等をも知りたるらんと、心にくく思し召しておはしましして侍らんは」とあるのは、一読、慈信房善鸞が父の親鸞から特別の「法文」を授けられたことと関連しているようにも考えられるのであるが、親鸞の説示の展開の重点は、「往生極楽の道」は「法文」よりも「念仏」にあること、その「念仏」が法然聖人の仰せにもとづくことをくり返し強調していることにあるのであって、特に、わが子の唱えた邪説を批判し、破斥しようとする意志をば示していないと言えよう。関東から上京した人々が、もし、善鸞の邪説に惑わされて、親鸞に問い訊《き》いたのであるならば、この説示中に、善鸞の名がどこかに現れてしかるべきではなかったか。それが全然存しないのは、あるいは、関東から来た人々が、親鸞に遠慮して、善鸞の名を出さずに、「偏へに」「往生極楽の道」だけを問い訊いたとも考えられる。もしそうならば、この上京の事情を知悉しているはずの、本書の著者であり、親鸞の弟子でもある唯円が、何らかの点で、この善鸞のことに触れないはずはないと思われるのである。第二部の「序」にも、「かの御在生の昔、同じく志をして、歩みを遼遠《れうゑん》の洛陽《らくやう》に励まし、信《しん》を一つにして、心を当来《たうらい》の報土《ほうど》に懸《か》けし輩《ともがら》は、同時に、御意趣《ごいしゆ》を承《うけたまは》りしかども」

と述べていて、少しも、善鸞のことに及んでいない。このことを重視すれば、関東の信者たちの内にどのような具体的、現実的な動機が存したかは明らかでなく、われわれは、尋ねられた「往生極楽の道」について、平常の所信を正直に、誠実に述べている親鸞の言葉だけを生かして記録している唯円の意志・態度を読み取るだけでよいのではあるまいか。

日蓮の「四箇ノ格言」や「念仏者ハ、無間地獄ノ業ナリ」の語に惑わされた人々が、それをも、この上洛の機会に親鸞に問い訊いたのではないかという推測も考えられないことはないが、この章の第二段落で言っている、「たとひ、法然聖人に賺され参らせて、念仏して地獄に堕ちたりとも、さらに後悔すべからず候ふ」「いづれの行も及び難き身なれば、とても、地獄は一定住処ぞかし」とある叙述を読めば、親鸞は、ひたすら、自己の無力なることに徹底して、その絶望的などん底から、法然聖人の仰せに必死に取り縋って、念仏の道を選んだのであって、日蓮のような、強烈な自信も勇猛さも示してはいない。親鸞の自覚は自己に徹し、念仏に徹する外にはなかったのである。この章における親鸞の言葉を、日蓮の言に対する弁明としてではなく、彼の、法然への尊信、念仏への信心の声として、また、自己の無力感・絶望感の告白として読まなくてはならないと、わたくしとしては考えるのである。

終りに付け加えたいことは、この章の全体が、法然聖人と念仏とに生命の底から依拠している意志の発現であるがために、おのずからにして、唯円が第二部で叙述しているのと同じように、学問や学者に頼ろうとする異義に対する批判になっていることである。かかる親鸞の説示をまのあたりに聞いた唯円であるからこそ、第二部の「歎異」、即ち異義批判を展開させる原動力をも獲得し得たと思われるのである。

第三章

一　善人《ぜんにん》なほもつて(1)、往生《わうじやう》を遂《と》ぐ。況《いは》んや、悪人《あくにん》をや。

しかるを、世《よ》の人《ひと》、常《つね》に言《い》はく、「悪人なほ往生す。いかに況んや、善人をや(2)」。この条《でう》、一旦《いつたん》、その言はれあるに似《に》たれども、本願《ほんぐわん》・他力《たりき》の意趣《いしゆ》に背《そむ》けり。その故《ゆゑ》は、自力作善《じりきさぜん》の人《ひと》は、偏《ひと》へに他力《たりき》を頼《たの》む心欠《か》けたる間《あひだ》、弥陀《みだ》の本願《ほんぐわん》にあらず。しかれども、自力の心をひるがへして、他力を頼み奉《たてまつ》れば、真実報土《しんじつほうど》の往生《わうじやう》を遂《と》ぐるなり。

煩悩具足《ぼんなうぐそく》のわれらは、いづれの行《ぎやう》にても、生死《しやうじ》を離《はな》るることあるべからざるを憐《あはれ》み給ひて、願《ぐわん》を起《おこ》し給ふ本意《ほんい》、悪人成仏《あくにんじやうぶつ》のためなれば、他力を頼み奉《たてまつ》る悪人、もつとも往生の正因《しやういん》なり。

よつて(3)、「善人《ぜんにん》だにこそ往生《わうじやう》すれ。まして悪人《あくにん》は」と仰《おほ》せ(4)候《さうら》ひき。

(1) モテ（底）モチテ（端別）。(2) ヲヤ（底）ヲヤト（毫）。(3) ヨテ（底）ヨリテ（龍・端別）。(4) オホセサフラヒキ（底）オホセサフフ《（ママ）》ヒキト云々（龍）。

〔口訳〕

一　善人でさえやはり、往生を果たすのだ。まして、悪人は言うまでもないのだ。

それなのに、世間の人は、いつも、「悪人でさえ往生する。まして、善人は言うまでもない」と言っている。このことは、一応は、理由があることに近いようであるが、本願と他力との趣旨に反している。その理由は、自己の力を信じて善事を実行する人は、仏の他力をひたすらに頼りに思う心が欠けているので、阿弥陀仏の本願を受けとるべき性質のものではない。そうではあるがしかし、その自力の心を根本から転換させて、仏の他力をお頼み申し上げれば、真実の浄土の往生を果たすことになるのだ。

煩悩が充分に身に備わっているわたくしたちは、どのような修行によっても、生死を続ける迷いの境地を完全に脱《ぬ》け出ることがあるはずがないということをふびんにお思いになって、救いとろうとなされる本願をお起しになった、根本の御意志は、善人よりも、悪人が仏と成るためであるから、仏の他力をお頼み申し上げる悪人こそ、ほんとうに、往生できる正しい種なのである。

それゆえに、「善人さえも往生するのだ。ましてなおさら、悪人は必ず往生できるのだ」と、親鸞聖人はおっしゃいました。

〔注釈〕　**○善人なほもつて、往生を遂ぐ。況んや、悪人をや**　「善人」は、往生のため、成仏のために、自己の力を頼りにして、善い行いを実践する人。下に、「自力作善の人」と出てくる。「なほもつて」は、底本には「ナヲモテ」とあるが、第二章の「惣じてもつて」「またもつて」の注釈に書いた通り、ここも「なほもつて」と読むべきであろう。「なほ」は、でさえやはり、ですらやはり。「遂ぐ」は、最後までやり通す、なしとげる、果たす。「況んや」は、動詞「言ふ」の未然形「言は」に、推量の助動詞「む」と反語の助動詞「や」とが付いて成った語で、センテンスの初めに置かれて、その前にあった文と比べて、下のセンテンスで叙することは、言葉で言う必要があろうか、自明のことではないか、という意を表す。ここでは、前文の善人の往生に比べて、まして悪人の往生については言うに及ばないの意。「を」「や」は、ともに間投助詞。

○しかるを、世の人、常に言はく、「悪人なほ往生す。いかに況んや、善人をや」 「しかるを」は、それなのに、ところが、しかし。「世の人、常に言はく」は、世間の人が常に言うことには、の意であるが、そういう事実はまだ見いだされていない。もし、そういう実例が数多く発見されれば、この章の冒頭の二つのセンテンスは、それに対決しての発言ということになる。「いかに況んや」は、漢文の「何況」の二字を訓読して生じた語で、どうして言おうか、もちろん、言うまでもなく、の意。 **○この条、一旦、その言はれあるに似たれども** 「この条」は、このくだり、この件、このこと。すぐ上の、「悪人なほ往生す。いかに況んや、善人をや」の文を指す。「一旦」は、副詞で、一時的に、ひとまず、一応。「言はれ」は、物事のもととなる根拠・理由。「似たれども」は、近いようであるが。 **○本願・他力の意趣に背けり** 「本願」は、第一章に既出。「他力」は、自力に対する語で、自力は仏道修行者の自己の力をいい、他力は仏の力をいう。曇鸞《どんらん》の『浄土論註《じやうどろんちゆう》』に初めて用いられた語で、法然は、『和語《わご》燈録《とうろく》』巻二の「念仏往生要義《えうぎ》抄《せう》」に、「ただひとすぢに、仏の本願を信じ、わが身の善悪をかへり見ず、決定《けつぢやう》往生せんと思ひて申すを他力の念仏といふ。……又、巨《おほ》きなる石を船に入れつれば、時のほどに向ひの岸にとづくが如し。これは全く石の力にあらず。船の力なり。それがやうに、われらが力にてはなし。阿弥陀ほとけの御力《おんちから》なり。これすなはち他力なり」と言い、親鸞は、『教行信証』の「行巻」に、「言《フハ》二他力《ト》一者、如来本願力也」と言い、『末燈鈔《まっとうせう》』第七に、「往生は、何事も〳〵、凡夫《ぼんぶ》のはからひならず、如来の御ちかひにまかせまゐらせたればこそ、他力にてはさうらへ」と言っている。また、同書の第二に、「また、他力と申すことは、弥陀如来の御誓《おんちか》ひの中に、選択《せんちゃく》・摂取し給へる、第十八の念仏往生の本願を信楽《しんげう》するを、他力と申すなり。如来の御誓ひなれば、『他力には義なきを義とす』と、聖人（注、法然）の仰《おほ》せ言《ごと》にてありき。義といふことは、はからふ言葉なり。行者のはからひは自力なれば、義といふなり。他力は、本願を信楽して、往生必定なる故に、義なしとなり」とあるのも、参考となる。そこで「本願他力」の一語か、「本願・他力」の二語に分つべきかが問題になるが、この二つの語はほとんど接近した意味を持って、下の「意趣」にかかるので、二語と考えられる。本願とその力とは、一応区別されるべきであろう。「意趣」は、心の向うところ、意向、趣旨。『日ポ』には、「Ixu. イシュ（意趣） Cocorono vomomuqi.（意の趣） 見解、または、意見」とある。「背く」は、自動詞で、反する、さからう、反対する。　**○その故は**　第一章・第二章に既出。

○自力作善の人は、偏へに他力を頼む心欠けたる間、弥陀の本願にあらず　「自力」は、親鸞の『末燈鈔』第二の「笠間《かさま》の念仏者のうたがひ、問はれたる事」に、「まづ、自力と申すことは、行者の、おの〳〵の縁にしたがひて、余《よ》の仏号《ぶつがう》を称念《しょうねん》し、余の善根《ぜんごん》を修行して、わが身をたのみ、わがはからひのこころをもて、身《しん》・口《く》・意《い》のみだれごころをつくろひ、めでたうしなして、浄土へ往生せむとおもふを、自力と申すなり」とあるように、自己の力を信じて用いる働き。「作善」は、善を作《な》すこと、善根を積み、もろもろの善事をなすこと。造仏・造寺・写経・供養から築港・架橋・道造り・井戸掘りなどにまで及ぶ。「頼む」は、頼りにする、信頼する、帰依する。「間」は、接続助詞的に用いられて、……ので、……のゆえに。「本願にあらず」は、本願ならずと同じで、本願ではない、の意となる。そうすると、「自力作善の人は……本願ではない」となって、主語と述語の関係が不整一になるので、「本願にあらず」は、「本願の正機（正しく、その教法を受けるべき性質）ならず」即ち、正機ではない、の意に解するほかはない。親鸞は、『唯信鈔文意』に、「誓願真実の信心をえたるひとは、摂取不捨《せつしゆふしや》の御《おん》ちかひにをさめとりてまもらせたまふによりて、行人《ぎやうにん》のはからひにあらず、金剛の信心となるゆゑに、正定聚《しやうぢやうじゆ》のくらゐに住《ぢゆ》すといふ」、「非権非実《ひごんひじつ》といふは、法華宗《ほつけしゆう》のをしへなり。浄土真宗《しんしゆ》のこころにあらず、聖道家《しやうだうけ》のこころなり。易行道のこころにあらず」、『末燈鈔』の「自然法爾事《じねんほふにのこと》」に、「自然《じねん》といふは、自《じ》はおのづからといふ。行者のはからひにあらず。然《ねん》といふは、しからしむといふことばなり。しからしむといふは、行者のはからひにあらず、如来のちかひにてあるがゆゑに、法爾《ほふに》といふ」、「弥陀仏の御《おん》ちかひの、もとより行者のはからひにあらずして、南无阿弥陀仏とたのませたまひて、むかへんとはからはせたまひたるにて……」、「如来の誓願は、不可思議にましますゆゑに、仏《ぶつ》と仏との御はからひなり。凡夫のはからひにあらず」、『血脈文集《けちみやくもんじふ》』四に、「かやうに義の候ふらんかぎりは、他力にはあらず、自力なりときこえて候ふ」等の用例を示している。『唯信鈔』にも、「ただ、これ（注、諸行往生）は、みづから、行《ぎやう》をはげみて、往生をねがふがゆゑに、自力の往生となづく。行業《ぎやうごふ》もしおろそかならば、往生とげがたし。かの阿弥陀仏の本願にあらず」という用例がある。『徒然草』の第七十四段に、「身を養ひて何事をか待つ。期《ご》する処、ただ老《おい》と死とにあり」とあるのは、「老と死となり」の意であり、第百八十七段に、「芸能・所作《しよさ》のみにあらず」とあるのは、「芸能・所作のみならず」の意であることが参照される。

○しかれども　そうではあるがしかし。　**○自力の心をひるがへして、他力を頼み奉れば、真実報土の往生を遂ぐるなり**　「心をひるがへす」は、心を転換させる、心を根本から改める。これを回心《えしん》・廻心《えしん》という。親鸞は、『唯信鈔文意』に、「廻心といふは、自力の心《しむ》をひるがへし、すつるをいふなり」と述べている。「真実報土」は、阿弥陀仏が、誓願の通りに修行を完全に成就したため、その功徳《くどく》に報いて顕われた、真実の国土、即ち、極楽浄土のこと。自力によって往生する人のために、阿弥陀仏が造られた、仮りの浄土である方便化身土《けしんど》に対する。

○煩悩具足のわれらは、いづれの行にても、生死を離るることあるべからざるを憐み給ひて　「煩悩」は、第一章に既出。「具足」は、自身に充分に備《そな》わっていること。『日ポ』に、「Gusocuxi, suru. グソクシ、スル（具足し、する）自身に具え持っている、または、自分と一緒に連れて行く」とある。「いづれの行」は、第二章に既出。「生死」は、仏語で、人を含めて、あらゆる生き物が、生れては死し、死しては生れて、業《ごう》の支配下に、六《ろく》道《どう》（地獄・餓鬼《がき》・畜生《ちくしょう》・修羅《しゅら》・人間《にんげん》・天上《てんじょう》）の範囲内を次々に輪廻《りんね》してやまない、迷いの状態。「離る」は、それから完全に脱け出る。仏語では、このことを出離《しゅつり》という。『日ポ』に、「Xutri. シュッリ（出離）Ide fanaruru.（出で離るる）出て行って離れ遠ざかること。Xutri guedat.（出離解脱）すなわち、あやまちや罪悪などから解放されること」とあるのが参考になる。「あるべからざるを」は、あるはずがないことを。「憐む」は、慈悲の心をかける、ふびんに思う。『無量寿経上』には、法蔵比丘《ほうぞうびく》が四十八願を説くに先立って、「令我於世、速成正覚、抜諸生死、勤苦之本」（我、世ニ於イテ、速ヤカニ正覚《シャウガク》ヲ成ラシメテ、諸《モロモロ》ノ生死・勤苦《ゴンク》ノ本ヲ抜カシメン）と、仏に白《もう》す所がある。

○願を起し給ふ本意、悪人成仏のためなれば　「願」は、誓願・本願。「本意」は、本来の願い、根本の志、本懐。『日ポ』には、「Fon-i. ホンイ（本意）Fonno cocoro.（本の意）本来の意味、または、本来の道理」とある。『無量寿経上』には、法蔵比丘が世自在王如来《せじざいおうにょらい》の所《みもと》に詣《もう》でて、合掌して讃えた偈《げ》の中に、「願我作仏、斉聖法王、過度生死、靡不解脱、布施調意、戒忍精進、如是三昧、智慧為上、吾誓得仏、普行此願、一切恐懼、為作大安」（願ハクハ、我、作仏《サブツ》シテ、聖法《シャウホフ》ノ王ト斉《ヒト》シカラン。生死ヲ過度《クワド》シ、解脱《ゲダツ》セザルコト靡《ナ》カラシム。布施《フセ》・調意《デウイ》・戒《カイ》・忍《ニン》・精進《シャウジン》、是《カク》ノ如キノ三昧《サンマイ》・智慧上《スグ》レタリトセン。吾《ワレ》、誓フ、仏ヲ得ンニ、普ク此ノ願ヲ行ジテ、一切ノ恐懼《クク》ニ、為ニ大安《ダイアン》ヲ作《ナ》サン）とあり、また、「令我作仏、国土第一、其衆奇妙、道場超絶、国如泥洹、而無等雙、我当哀愍、度脱一切、十方来生、心悦清浄、已到我国、快楽安穏」（我が作仏《サブツ》ノ国土ヲシテ、第一ナラシメン。其ノ衆《シュ》、奇妙ニシテ、道場超絶《テウゼツ》ナラン。国、泥洹《ナイオン》ノ如クシテ、而モ等雙無《トウサウナ》ケン。我、当《マサ》ニ哀愍《アイミン》シテ、一切ヲ度脱《ドダツ》スベシ。

十方ヨリ来生《ライシヤウ》センモノ、心悦《シンエツ》清浄《シヤウジヤウ》ニシテ、已《スデ》ニ我ガ国ニ到リテ、快楽《ケラク》・安穏《アンノン》ナラン）とある。「悪人成仏のためなれば」は、悪人が仏と成るためであるから。前に、「自力作善の人は、偏へに他力を頼む心欠けたる間、弥陀の本願にあらず」とあったが、その立場から見れば、自力作善の人、即ち、善人よりも、自己の力によって善をなし得ないが故に、ひたすら、仏の他力・慈悲力に取りすがろうとする悪人を、特に、仏の慈悲は救済して、成仏させようとなされるのである。

○他力を頼み奉る悪人、もつとも往生の正因なり　前には、「自力作善の人」が、「自力の心をひるがへして、他力を頼み奉れば、真実報土の往生を遂ぐるなり」とあったが、ここでいう「他力を頼み奉る悪人」とは、ひたすら、自力を捨てて、他力を頼み奉る、しかも、自己の煩悩を自覚し、いかなる行《ぎよう》によっても、迷いを脱することのできぬことに覚醒した「悪人」に外ならない。それが弥陀の本願の正因となるのである。「もつとも」は、同感・肯定できる気持を表し、ほんとうに、正《まさ》しく、いかにも。『日ポ』には、「Mottomo. モットモ（尤も）副詞。至極当然に、すこぶる道理にかなって」とある。「正因」は、正しい種《たね》、本願に正《まさ》しく相応して、往生できる原因。親鸞の『尊号真像銘文《そんがうしんざうめいもん》』（広本）に、「正因といふは、浄土にむまれて、仏《ぶつ》にかならずなるたねなり」とある。「他力を頼み奉る悪人」を主語とし、「往生の正因なり」を述語とすることが問題になるのであるが、多屋氏の『歎異抄新註』には、「思ふに、種子が発芽し成長して、花を開き実を結ぶ場合、その花、実の『果』に対して、種子を『因』といふ。いま『往生』と云ふのは、勿論成仏の意であるが、仏に成るものは正《まさ》しく他力をたのみ奉る悪人である。此の意味に於いて、『果』としての『仏』に対して、他力をたのみ奉る『悪人』を『正《まさ》しき因』と言はれたのである」と説明されている。これに従いたいと思う。

○よつて、「善人だにこそ往生すれ。まして悪人は」　底本には「ヨテ」とあるのは、「ヨツテ」の促音を略して記したものと認めて、「よって」と改めた。それゆえ、ゆえに、だから、の意。「善人だにこそ」の「だに」は、さえ、さえも。「まして」は、先行する事態からして、それよりも度の進んだ、次のような事態があるのは当然のことだという気持を表し、なおさら、もっと、の意。意味は、「況んや」に近い。「悪人は」は、悪人は必ず往生できる、の意を略した形である。

○と仰せ候ひき　と、先師、親鸞聖人はおっしゃいました。第一部十章の中で、この第三章と終りの第十章だけが、かく「と仰せ候ひき」で結ばれているのはなぜかが問題となるのであるが、これについては、〔解説〕で述べることにする。この末尾のセンテンスにおいては、「よつて」と「と仰せ候ひき」は、唯円の立場で書かれ、「善人だにこそ往生すれ。まして悪人は」だけが、親鸞の言葉を記録した部分であると考えられる。

〔解説〕

この第三章は、第一章が最初に置かれている重要性を考慮すれば、その中の、「罪悪深重・煩悩熾盛の衆生を助けんがための願にまします」、及び、「悪をも恐るべからず。弥陀の本願を妨ぐる程の悪なきが故に」の二つの叙述を発展させて、革新的な道理ともいうべき、悪人往生の考えに立っての説示を述べたものと考えられる。

この章は、第一章と同じく、いかなる時、いかなる場合に、どのような聞き手に対してなされた説示であるかは、知ることができない。しかし、その場の聞き手の心に強い衝撃を与える程の、力ある教えの提示であったことと推測される。

《解釈》

この章の主題は、冒頭の一文に顕現している。そして、その重大性を末尾において、再び強調しているのであって、それをわたくしの言葉で捉えれば、善人の往生よりまさる、悪人の往生の必然性。

となると思われる。

構想は、この主題の展開として、

（一）善人の往生よりまさる、悪人の往生の必然性。

（二）世人の常に言う、「悪人の往生よりまさる、善人の往生の必然性」が、他力にそむき、本願に適《てき》しない理由。

（三）煩悩具足のわれらを憐み給う弥陀の本意に適《かな》う、他力を頼み奉る悪人が往生の正因たる理由。

（四）再び確認される、善人よりまさる、悪人の往生の必然性。

という四段の展開が辿られる。このうち、（一）は、親鸞の、悪人の往生の必然性についての確信を道理として直接に道破したものであって、（二）は、それに反する、世人の俗見たる、「善人の往生の必然性」を、弥陀の本願にもとづいて批判し、否定したものである。（三）は、それを越えて、（一）の道理がなぜ真実であるかを、本願を根拠として改めて確言し、その理由を述べたものである。終りの（四）は、以上の（二）（三）によって、（一）の立言の正当性を結論・結語として再び聞き手・読者に訴えている趣である。

かくの如き主題・構想の展開として、叙述を分析してみると、次のようになる。

〔善人なほもつて、往生を遂ぐ。況んや、悪人をや。〕――この叙述においては、「善人」と「悪人」とを対置し、その「善人」が往生を遂げることを一応認めながら、「悪人」の往生を、それよりはるかに確実な、必然性あるものとして定位しているのであって、次に出てくる、「世の人」の「常に言」

う所を根柢から覆《くつがえ》す底《てい》の、驚くべき立言であったに違いない。「なほもつて」と「況んや」との二つの副詞が、世間の常識見を破砕する上の有力な強調となっていることも認められる。そして、この語の道破によって、聞き手の心は直ちに親鸞の説示に異常な集中を示したに違いないことが、推察される。

〔しかるを、世の人、常に言はく、「悪人なほ往生す。いかに況んや、善人をや」〕——冒頭の、聞き手の耳を疑わせるような立言の後で、世人がふだん言っている、「悪人の往生」にまさる「善人の往生」の必然性を挙げているが、前の「況んや悪人をや」に対して、「いかに況んや、善人をや」という、一段と強調した言い方には、「悪人の往生」の必然性に対する、常識的立場からの強い反撥が示されているようである。この、親鸞の独自な立言と世人の常識見との対立・対照によって、一層、この説示は聞き手の心と耳をひきつけたに相違ない。

〔この条、一旦、その言はれあるに似たれども、本願・他力の意趣に背けり。〕——「この条」とは、「悪人なほ往生す。いかに況んや、善人をや」を指していることは、言うまでもない。そして、それが、世間の人の常に言っている常識的な考え方であって、そう考えることも一応は道理でないことはないという理解を示している立場が、「一旦、その言はれあるに似たれども」に示されているが、親鸞は、それを全面的に否定して、一挙に、「本願・他力の意趣に背けり」と言い切って、結論を先に断言してしまっている。そこには、世人の常識見・通俗見への烈しい反撥・反抗の態度が出ている。そして、その反撥・反抗も、決して、私意的なものではないことを、「本願・他力の意趣に背けり」という、重々しい言葉で以て示しているのである。

〔その故は、自力作善の人は、偏へに他力を頼む心欠けたる間、弥陀の本願にあらず。〕――主張・立言を先に言って、後からその理由を述べてゆく親鸞の説示的態度が、この「その故は」にも現れている。そして「いかに況んや、善人をや」の「善人」の意味をはっきりさせるために、それを「自力作善の人」と言い直し、自己の力に頼って善事を作《な》す事を積み重ねている人の立場を思いやって、「偏へに他力を頼む心欠けたる間」と言っているのは、かかる「自力作善の人」に、弥陀の力、即ち「他力」を頼む心が全くないのではなくて、彼等には、「偏へに頼む心」が欠けているという指摘なのである。言い換えれば、「他力だけにひたすら頼り縋る心がない」と言うのである。「偏へに」は「頼む」を限定する副詞であって、下の「欠けたる」に係《かか》らぬことを注意すべきであろう。そして、そこから、「弥陀の本願にあらず」という否定的批判が加えられるのであるが、それも、同じく、結論を先に言った形であって、必ず、その理由を述べなくてはならない余地を次に残すことになるのである。

〔しかれども、自力の心をひるがへして、他力を頼み奉れば、真実報土の往生を遂ぐるなり。〕――こういう「自力作善の人」は、いかにして往生を遂げ得るかの道がここに示されている。それは、「自力」から「他力」への心の一大転換、後に第十六章に出てくる「廻心《えしん》」を実現する以外にはないのであるが、それを、「ひるがへして」「頼み奉れば」という国語によって、鮮やかに、また親しみ深く表現し得ていることが注目される。そして、前に、「往生を遂ぐ」「往生す」とあったのを、ここでは、「真実報土の往生を遂ぐるなり」と改めて言い直しているのは、自力に頼って念仏する人が「方便化《ほうべんけ》土《ど》」に往生してしまうことを慮《おもんばか》って、特に「真実」報土を強調するためであったかと思われる。このセンテンスの結びの「なり」は、力強い確信にもとづく断言である。

〔煩悩具足のわれらは、いづれの行にても、生死を離るることあるべからざるを憐み給ひて、願を起し給ふ本意、悪人成仏のためなれば、〕——ここでは、まず、「煩悩具足のわれら」と言っていることに注目させられる。親鸞は、自分だけではなく、聞き手の人たちをも含めて「われら」と言っている所に、両者に共通した、深い根柢を見いだしているのであって、第一章の、「罪悪深重・煩悩熾盛の衆生」という言い方が、まだ、対象を向うに置いての言葉であったのに対して、ここでは、「われら」の切実な主体的問題として考えられていることとの差違を知らなくてはならないであろう。そして、「いづれの行にても」と強調している「行」が、「自力作善の行」であることは言うまでもなく、それらがすべて、「生死」という迷・苦の世界から離脱できぬものであるという自覚から、「生死を離るることあるべからざるを憐み給ひて」と言って、主語を「われら」から「弥陀」に大きく転換させている。その「弥陀」の大慈悲心の現れこそ、「憐み給ひて、願を起し給ふ本意、悪人成仏のためなれば」に外ならない。「慈悲」という仏語が、ここでは「憐み」という親しみ深い和語になっている。また、前の「悪人なほ往生す」を受けた「悪人成仏」の語が、深刻・深遠な意味を含んで使われているのを見るのである。第一章の、「罪悪深重・煩悩熾盛の衆生を助けんがための願にまします」の一文が、ここでは、「願を起し給ふ本意、悪人成仏のためなれば」と、一層単純化され、集約された叙述となっていることも注意される。また、「いづれの行にても、生死を離るることあるべからざるを」には、第二章の、「いづれの行も及び難き身なれば、とても、地獄は一定住処ぞかし」と、同じ方向に成立した、親鸞の自覚・自証であるとも言えよう。わたくしは、この辺の叙述の一語一句は、話し手の親鸞が、自己の「煩悩具足」たることの痛切な実感・自覚に満ちて、一語一句、言葉を選び、静かな、そして厳粛な面持で告白するかのように、聞き手に語りかけているように思われるのである。決して、一気に信念を迸出《ほうしゅつ》させたものとは考えられない。

〔他力を頼み奉る悪人、もつとも往生の正因なり。〕――「その故は」とあった以後に述べて来たことの窮極に位置するこの叙述は、すぐ上の「悪人成仏」の意味を最も簡浄に示して余地を残さないものがある。そして、「自力作善の人」の、「自力の心をひるがへして、他力を頼み奉れば」とあったのを受けて、ここでは、「他力を頼み奉る悪人」という、世間の常識を超えた表現を示した後、「もつとも往生の正因なり」と確信的に言い切っているのに注目したい。この、革新的とも言える、尖鋭にして、人の心に刻みつけずには置かないような言葉に至って、「世の人、常に言」う所の、「悪人なほ往生す。いかに況んや、善人をや」の通俗見・常識見は完全に破砕され、それだけに、一層、「善人なほもつて、往生を遂ぐ。況んや、悪人をや」を動かし難い道理として確立し得ている趣が認められる。

〔よつて、「善人だにこそ往生すれ。まして悪人は」と仰せ候ひき。〕――この「よつて」は、下の「と仰せ候ひき」に続く、著者唯円の自記として解すべきである。「善人だにこそ往生すれ」は、この章の初めの「善人なほもつて往生す」と比べてみると、著しく、感動的な立言であって、それは、「況んや、悪人をや」に対して、「まして悪人は」という、述語を省略して主語だけを言いさして終っている所にも及んでいる。そして、ここに至ると、いわゆる「善人」を以てしては、往生は不可能であって、悪人にのみ往生の可能性・必然性が認められるということが結論されていることになると思われる。ここで問題になるのは、第一章・第二章が、ともに、「と云々」で終っているのに、この章になって、「と仰せ候ひき」と結ばれているのは、なぜであろうか。これは、多くの研究者の関心をそそる点である。外に、第十章も、「『……不可称・不可説・不可思議の故に』と仰せ候ひき」という、同じ叙述で終っているのである。これについては、種々考えなくてはならぬことがあるので、第十章において述べることにして、以上で解釈的研究を終ることにする。

この第三章の文芸的意義を追究してみると、第一に、冒頭に、世間の通俗的、常識的見解と全く対立する、善人の往生よりまさる、悪人の往生の必然性を道破し、最後に、もう一度念を入れて、その必然性を「理《ことわり》」として結論的に確認している、話し手の親鸞の態度が注目される。それは、自己に対立する俗説・俗見を否定し、破砕して、自己の信念・信条を確立しようとする批判的態度の貫徹を示すものである。われわれは、後の第十一章以下に、著者唯円の、親鸞の教えに反する世間の異義に対しての批判の展開を見るのであるが、第二章とこの第三章においても、既に、同じような批判が師の親鸞によって行われているのを認めざるを得ない。そして、この章の初めと終りにおける、二度にわたっての、悪人の往生の必然性という道理の提示は、それが、親鸞の信心の根本にかかわる問題であることを思わしめずにはおかないものがある。

第二には、その悪人よりまさる善人の往生の必然性を認めている、世間の人々に対して、「本願・他力の意趣に背けり」と否定的に断定し去った後に、「その故は」と言って、なぜ「意趣に背けり」なのかという理由を簡潔に説明し、また、こういう善人、即ち「自力作善の人」が往生するためには、いわゆる「廻心《えしん》」する外にはないことを、言い添えている。「偏へに他力を頼む心欠けたる間」「本願にあらず」の二つの叙述が、前の「本願・他力の意趣に背けり」の叙述を受けた展開たることも明らかである。

そして、一語のむだもない、簡潔にして的確な叙述が、世俗の見解を批判して余す所がない表現力の発揮となっていることを認めさせるのである。

しかし、それでも、第二段落の叙述は、「本願・他力の意趣」「自力作善の人」を対象的、客観的に考察している立場において成っていると言えよう。それが、第三段落に入ると、「煩悩具足のわれら」の立場になって、「いづれの行にても、生死を離るることあるべからざるを」という内省の告白となり、そういう主体的立場から、「憐み給ひて、願を起し給ふ本意、悪人成仏のためなれば」と、弥陀の本願を改めて思い返して、終りの、「他力を頼み奉る悪人、もつとも往生の正因なり」という、悪人往生の必然性を示す叙述を説くに至るのである。この叙述も、親鸞の信ずる「理《ことわり》」、即ち主体的信条に外ならない。そして、この「理」こそ、彼の独創的立場を示すものであると言うことができる。

かくして、第三に、第二段落の「自力作善の人」を「弥陀の本願にあらず」といって、その往生の不可能を暗示した上に、第三段落の「他力を頼み奉る悪人」こそ「往生の正因」たることを説いて、この対照・対比の結果として、主題の「善人の往生よりまさる、悪人の往生の必然性」を確立している、一分の隙もない、緊密にして重厚な、そして、強靭とも言える文体を形成している所に、この章の文芸としての創造性を認めなくてはならないであろう。

この第三章の、「善人なほもつて、往生を遂ぐ。況んや、悪人をや」は、親鸞を代表し、また、『歎異抄』を代表する言葉として普《あまね》く世に知られているのであるが、同じ言葉が、『法然上人伝記』一巻（京都市の醍醐《だいご》三宝院《さんぼういん》に所蔵されているので、『醍醐《だいご》本《ぼん》法然上人伝記』とも称せられている）の中の、「三心料簡事《さんじんれうけんのこと》」、及び法語」の部にも、次のように記されていることがこれまで注目されて来ている。

一、善人尚以往生。況悪人乎事口伝有レ之

私云、弥陀本願《ハ》、以《テ》二自力《ヲ》一可レ離二生死《ヲ》一有二方便一善人《ノ》為をこし給《ハズ》。哀《テ》二極悪重人、無他方便輩《ヲ》一をこし給へり。然《ルヲ》、菩薩・賢聖《モ》、付レ之、求二往生《ヲ》一、凡夫《ノ》善人《モ》、帰《テ》二此願《ニ》一得二往生《ヲ》一。況、罪悪凡夫《ノ》、尤可レ憑《シトム》二此他力一云也。悪《シク》領解《シテ》不レ可レ住二邪見一。譬《バ》、如レ云《ガ》二本為凡夫、兼為聖人一。能々、可レ得レ心、々々々。初三日三夜、読二余之一。後一日、読之。後二夜一日、読之。

法然は、『和語燈録』巻第四の「黒田の聖人へつかはす御文」においては、

(上略)つみをば、十悪・五逆のもの、なをむまると信じて、小罪をもをかさじとおもふべし。罪人なをむまる。いかにいはんや、善人をや。(下略)

とも書いているのであるが、右の引用に、「口伝有レ之」とある以上、法然の心の奥には、「悪人往生」の優位を信ずる考えが厳存していて、黒田の聖人には、善人往生の優位を説き、それとは別に、信頼する弟子には、「善人、尚以《ナホモツ》テ往生ス。況《イハ》ンヤ悪人ヲヤ」という事を口伝として説いたものと推測される。「私云」以下は、この『醍醐本法然上人伝記』のうち、「三心料簡事、及び法語」の部を集成した、法然の門流の人(未詳)が感想を述べた所であろう。この感想と『歎異抄』の第三章とを比べてみると、この感想には、「しかれども、自力の心をひるがへして、他力を頼み奉れば、真実報土の往生を遂ぐるなり」とあるような、「廻心」のことが問題になっていないし、「煩悩具足のわれらは、いづれの行にても、生死を離るることあるべからざるを憐み給ひて」とあるような、「われら」が「生死」(迷い)をいかにして離脱し得るかが考えられていない。また、「凡夫ノ善人モ、此ノ願ニ帰シテ、往生ヲ得」という考

えも、親鸞の説示には含まれていない。かくして、『醍醐本法然上人伝記』の「私云」と、この第三章の「しかるを、世の人、常に言はく」以下とは、同じ法然の信念・信条についての、二つの異なった立場からの言説であると見なすべきであろうか。この二つの考えには大きな相違が存することが注目される。

また、覚如《かくによ》（親鸞の娘の覚信尼の孫。本願寺の第三代）の『口伝鈔《くでんせう》』の第十九条には、

一、如来の本願は、もと、凡夫《ぼんぶ》のためにして、聖人《しやうにん》のためにあらざる事。

本願寺の聖人（注、親鸞。本願寺の第一代）、黒谷《くろだに》の先徳《せんとく》（注、法然）より御相承《ごさうじよう》とて、如信上人《によしんしやうにん》（注、親鸞の長男たる善鸞の子。本願寺の第二代）おほせられていはく、世の人つねにおもへらく、悪人なほもて往生す。いはむや善人をやと。この事、とほくは、弥陀《みだ》の本願にそむき、ちかくは、釈尊出世《しやくそんしゆつせ》の金言《きんげん》に違《ゐ》せり。

そのゆゑは、五劫思惟《ごこふしゆい》の劬労《くらう》、六度万行《ろくどまんぎやう》の堪忍《かんにん》、しかしながら、凡夫出要《しゆつえう》のためなり。まつたく、聖人《しやうにん》のためにあらず。しかれば、凡夫、本願に乗《じよう》じて、報土《ほうど》に往生すべき正機《しやうき》なり。凡夫、もし往生かたかるべくは、願《ぐわん》、虚設《こせつ》なるべし。力《りき》、徒然《とぜん》なるべし。しかるに、願力あひ加《か》して、十方衆生《じつぱうしゆじやう》のために、大饒益《だいねうやく》を成《じやう》ず。これによりて、正覚《しやうがく》をとなへて、いまに十劫《じふこふ》なり。これを証《しよう》する恒沙諸仏《ごうじやしよぶつ》の証誠《しようじやう》、あに無虚妄《むこまう》の説《せつ》にあらずや。しかれば、御釈《おんしやく》（注、『観経疏』の「玄義分」）にも、「一切善悪凡夫得生者《いつさいぜんまくぼんぶとくしやうしや》」とのたまへり。これも、悪凡夫《あくぼんぶ》を本《ほん》として、善凡夫《ぜんぼんぶ》をかたはらにかねたり。かるがゆゑに、傍機《ばうき》たる善凡夫なほ往生せば、もはら正機《しやうき》たる悪凡夫、いかでか往生せざらん。しかれば、善人《ぜんにん》なほもて往生す。いかにいはむや悪人をやといふべしと、おほせごとありき。

とあって、「黒谷の先徳」法然から、「本願寺の聖人」親鸞への御相承（師から弟子へ教えを受け継いでゆくこと）を、親鸞の孫たる如信が語った言葉を載せている。そして、この第三章の、「世の人、常に言はく、『悪人なほ往生す。いかに況んや、善人をや』」に近い、「世の人つねにおもへらく、『悪人なほもて往生す。いはむや善人をや』と」という語を示している。これは、唯円も、如信も、親鸞の膝下にあって、同じ趣旨の言葉をそれぞれ聞いた経験があったことに由来するものであろう。しかも、第三章も、『口伝鈔』のこの第十九条も、「その故は」といって、第三章では、「この条、一旦、その言はれあるに似たれども、本願・他力の意趣に背けり」と言い、第十九条では、「この事、とほくは、弥陀の本願にそむき、ちかくは、釈尊出世の金言に違せり」と言って、その理由を述べているのである。

ところが、第三章のほうは、自己を含めて「煩悩具足のわれら」の問題として、「願を起し給ふ本意」を仰いでいるのに、『口伝鈔』の第十九条の方では、「本願」「願力」のいかなるものかを説明するという態度を取っているし、また、第三章の、「いづれの行にても、生死を離るることあるべからざるを憐み給ひて」の如き、痛切な内省の叙述がない。したがって、聞き手・読者に迫る力において、二つの間に大きな差違の存することを認めざるを得ない。この差違は、第三章の末尾の、「よつて、『善人だにこそ往生すれ。まして悪人は』と仰せ候ひき」と、第十九条の末尾の「しかれば、善人なほもて往生す。いかにいはむや悪人をやといふべしと、おほせごとありき」との対比の上にも現れている。親鸞と筆録者唯円とには、『口伝鈔』を越えた、簡浄にして充実した説示力・表現力が存したと言ってよいであろう。このことは、第三章が、第二段落の「自力作善の人」と、第三段落の「他力を頼み奉る悪人」とを対照させて論証してゆく、鮮やかで冴えた叙述の上にもよく具現しているのである。

第四章

一　慈悲《じひ》に、聖道《しやうだう》・浄土《じやうど》の変《かは》りめあり。

聖道の慈悲といふは、ものを憐《あはれ》み、愛《かな》しみ、育《はごく》むなり。しかれども、思《おも》ふが如《ごと》く助《たす》け遂《と》ぐること、極《きは》めて有《あ》り難《がた》し。

浄土の慈悲といふは、念仏して、急《いそ》ぎ(1)仏《ぶつ》に成《な》りて、(2)大慈大悲心《だいじだいひしん》をもつて、思ふが如く、衆生《しゆじやう》を利益《りやく》するをいふべきなり。

今生《こんじやう》に、いかに、いとほし・不便《ふびん》と思ふとも、(3)存知《ぞんぢ》の如《ごと》く助《たす》け難《がた》ければ、この慈悲、(4)始《し》終《じゆう》なし。

しかれば、念仏申すのみぞ、末通《すゑとほ》りたる大慈悲心《だいじひしん》にて候《さうら》ふべき。と云々《うんぬん》。

(1) 仏(底) 仏《フチ》(妙・龍・端別)。(2) 大慈大悲心(底) 大慈大悲心《タイシタイヒシン》(妙・端別) 大慈大悲ノ心《タイシタイヒ。シム》(龍)。(3) 存知(底) 存知《ソンチ》(妙・龍・端別)。(4) 始終(底) 始終《シシュ》(妙)。

〔口訳〕

一　仏道の慈悲には、聖道門と浄土門との相違する所がある。

聖道門の慈悲というのは、この現世において、人をかわいそうに思い、いとおしみ、守り育てることである。そうではあるが、自分の思い通りに、終りまで助け通すことは、この上なくむずかしいことだ。

一方、浄土門の慈悲というのは、この世では念仏し、浄土に往生すれば、速やかに仏と成って、広大な慈悲の心でもって、思い通りに、あらゆる生き物に福利を授けることだと言ってよいのである。

この世に生きている間は、どんなに、かわいそうだ、同情すべきことだと思っても、思い通りに助けることが困難なのだから、この聖道門の慈悲には、結末がつかないのだ。

だからして、往生のために念仏を申すことだけが、終極まで貫徹する広大な慈悲の心なのでありましょう。……

〔注釈〕**○慈悲に、聖道・浄土の変りめあり**　「慈悲」は、「慈」と「悲」とを併称した熟語であって、衆生を愛して、楽を与えることを「慈」、衆生を愍《あわれ》んで、苦を抜くことを「悲」という。仏・菩薩の大いなる、衆生を救う願いの実行は、この「慈悲」の実践である。「聖道」と「浄土」とは、全仏教を聖道門と浄土門の二種に分類したのによる。この二門を立てたのは、道綽《どうしゃく》の『安楽集《あんらくしゅう》』巻上であって、そこには、「第五、又問曰、『一切衆生、皆有仏性。遠劫以来、応値多仏。何因至今、仍自輪廻生死、不出火宅』。答曰、『依大乗聖教、良由不得二種勝法、以排生死。是以不出火宅。何者為二。一謂聖道、二謂往生浄土。其聖道一種、今時難証。一由去大聖遥遠。二由理深解微。是故、『大集月蔵経』云、我末法時中、億億衆生、起行修道、未有一人得者。当今末法、現是五濁悪世。唯、有浄土一門、可通入路』」（第五ニ、又問ウテ曰《イハ》ク、「一切衆生、皆、仏性有リ。遠劫《ワンゴフ》ヨリ以来《コノカタ》、応《マサ》ニ多《タ》仏《ブツ》ニ値《ア》フベシ。何《ナニ》ニ因《ヨ》ツテカ、今ニ至ルマデ、仍《ナホ》、自《ミツカ》ラ生死《シヤウジ》ニ輪廻《リンヱ》シテ、火宅《クワタク》ヲ出《イ》デザル」ト。答ヘテ曰ク、「大乗ノ聖教《シヤウケウ》ニ依《ヨ》ルニ、良《マコト》ニ、二種ノ勝法《シヨウボフ》ヲ得テ、以テ、生死ヲ排《ハラ》ハザルニ由《ヨ》ル。是《コレ》ヲ以テ、火宅ヲ出デズ。何ヲカ二ト為《ナ》ス。一ニハ謂《イ》ハク聖道、二ニハ謂ハク往生浄土ナリ。其ノ聖道ノ一種ハ、今時《コンジ》ニ証シ難《ガタ》シ。一ニハ大《ダイ》聖《シヤウ》ヲ去ルコト、遙遠《エウヲン》ナルニ由ル。二ニハ、理《リ》深ク、解《ゲ》微《ミ》ナルニ由ル。是《コ》ノ故《ユヱ》ニ、『大集月蔵経《ダイジフグワツザウキヤウ》』ニ云《イ》ハク、『我ガ末法時《マツボフジ》中《チウ》ノ億億《オクオク》ノ衆生ハ、行《ギヤウ》ヲ起シ、道《ダウ》ヲ修《シユ》センニ、未ダ一人《イチニン》モ得《ウ》ル者有ラズ。当今《タウコン》ハ末法《マツボフ》ニシテ、現《ゲン》ニ是《コ》レ五濁悪世《ゴヂヨクアクセ》ナリ。唯《タダ》、浄土ノ一門ノミ有リテ、通入スベキ路ナリ』」ト）と説かれている。親鸞は、『教行信証』の「化《け》身土《しんどの》巻」において、「凡、就一代教、於此界中、入聖得果、名聖道門、云難行道。（中略）於安養浄刹、入証得果、名浄土門。云易行道」（凡《オホヨ》ソ、一代ノ教ニ就イテ、此界《コノカイ》ノ中ニ於イテ、入聖得果《ニツシヤウトククワ》スルヲ聖道門ト名ヅケ、難行道トモ云フ。（中略）安養浄刹《アンニヤウジヤウセツ》ニ於イテ、入証得果スルヲ浄土門ト名ヅケ、易行道トモ云フ）と説いている。

聖道門とは、大聖たる仏陀の位に到達し得る道なるが故に聖道と云い、自力を信じ、解脱の道を修行し、この現実界において開悟することをめざす仏教であり、浄土門とは、阿弥陀仏の他力に頼り、来世に浄土に往生して、開悟すべき方法を示す仏教ということになる。仏教の中で、浄土宗・真宗・時宗は浄土門に属し、それ以外の各宗は聖道門に入ることになる。「変りめ」は、変わっている所、けじめ、相違点。『日ポ』に「Cauarime. カワリメ（変りめ）相違」とある。 **○ものを憐み、愛しみ、育むなり** 「もの」は、人、人間。『徒然草』にも、第七十五段に、「人に戯れ、物に争ひ、一度は恨み、一度は喜ぶ」とあり、「物に争ひ」は、人と争いの意である。第百二十九段に、「すべて、人を苦しめ、物をしへたぐる事、賤《いや》しき民の志をも奪ふべからず」、第百三十段に、「物に争はず、己を枉《ま》げて人に従ひ、我が身を後にして、人を先にするには及《し》かず」等の「物」も、人の意である。「憐む」は、ふびんに思う、同情する。「愛《かな》しむ」は、愛してめでる、いとおしむ。心を傷《いた》めるとか、悲しく思うの意ではない。「育む」は、かわいがって保護する、いたわり守る、いつくしむ、養い育てる。**○しかれども**　第三章に既出。　**○思ふが如く助け遂ぐること、極めて有り難し**　「思ふが如く」は、思うように、思い通りに、思う存分に、望み通りに。「助け遂ぐ」は、終りまで助け通す、完全に助けぬく。「有り難し」は、存在することがむずかしい、めったにない、困難だ、むずかしい。

○急ぎ仏に成りて　速やかに、浄土に往生して、自身が仏と成って。「急ぎ」には、『徒然草』第二百四十一段に、「病を受けて、死門に臨む時、所願、一事も成ぜず。(中略)やがて重りぬれば、我にもあらず、取り乱して果てぬ。此の類《たぐひ》のみこそあらめ。此の事、まづ、人々、急ぎ心に置くべし」の例がある。　**○大慈大悲心**　仏の広大無辺な慈悲の心。『観無量寿経《くわんむりやうじゆきやう》』に、「仏心者、大慈悲是。以無縁慈、摂諸衆生」(仏心《ブッシン》トイフハ、大慈悲是《コレ》ナリ。無縁《ムエン》ノ慈《ジ》ヲ以テ、諸《モロモロ》ノ衆生ヲ摂《セツ》ス)とあり、親鸞は、『教行信証』の「信巻」に、「……度衆生心、即是摂取衆生、生安楽浄土心。是心即是大菩提心。是心即是大慈悲心」(度《ド》衆生心《シュジャウシン》ハ、即チ是《コ》レ衆生ヲ摂取《セッシュ》シテ、安楽浄土《アンラクジャウド》ニ生《シャウ》ゼシムル心ナリ。是《コ》ノ心、即チ是レ大菩提心《ダイボダイシン》ナリ。是ノ心、即チ是《コ》レ大慈悲心ナリ)と言っている。　**○思ふが如く、衆生を利益するをいふべきなり**　「衆生」は、第一章に既出。「利益」も第一章に既出。「利益す」は、仏道の法によって福利・効益を与える、仏や高僧が衆生に功徳《くどく》を授ける。「いふべきなり」の「べき」は、当然。

○今生に、いかに、いとほし・不便と思ふとも　この句は、親鸞が現実に接した人々に対しての思いを述べたものと考えられる。「今生」は、この世、この世に生存する間。『日ポ』に、「Conjǒ. コンジャゥ(今生)現世、または、現在のこの生涯」とある。「いかに」は、どれほど、どんなに。「いとほし」は、かわいそうだ、気の毒だ。「不便」は、不憫《ふびん》とも書き、かわいそうなこと、同情すべきこと、哀れむべきこと。　**○存知の如く助け難ければ、この慈悲、始終なし**　「存知」は、第二章に既出。「存知の如く」は、この章に二度出た、「思ふが如く」と同じで、思うように、思い通りに。「この慈悲」は、すぐ上の「今生に、いかに、いとほし・不便と思ふ」とある、聖道門の慈悲を指す。「始終なし」は、物事の終りがない、結末がつかない、結果がない。「一旦、緩急あらば」の「緩」に意味がなく、「急あらば」の意になると同じく、「始終なし」は、「始」に意味がなく、「終なし」の意となる。かかる言い方を帯説《たいせつ》という。この世で人を救い助けても、最後の結末をつけ得ないことを言う。『日ポ』に、「Xijŭ. シジュゥ（始終）Fajime vouari.（始め終り）始めと終りと」とある。

○しかれば　第一章に既出。　**○念仏申すのみぞ、末通りたる大慈悲心にて候ふべき**　ここに「念仏」を挙げたのは、それがこの世で人のなし得る、唯一の実践行であって、往生し、成仏して、それからこの世にもどって、衆生を利益するに至るまでの出発点をなすからである。「末通る」は、最後まで貫き通す、終りまでやりとげる。『徒然草』第九十一段に、「赤舌日《しやくぜちにち》といふ事、（中略）この日ある事、末通らずと言ひて、その日言ひたりし事、したりし事、叶はず、得《え》たりし物は失ひつ、企《くはだ》てたりしこと成らずといふ、愚かなり」、『愚管抄』巻七に、「乱す方は謀反《むほん》の義なり。それは末通る道なし」の例がある。「大慈悲心にて」の「にて」は、断定の意を表す。「にて候ふ」は、であります、でございます。「候ふべき」は、ありましょう。「べき」は、推量。

〔解説〕

この章は、聖道門と浄土門という、仏教の二大部門における、慈悲の相違の問題を取り上げた説示である。結論としては、浄土門の慈悲こそ徹底したものであるということになるのであるが、それを教理的、論証的にではなくして、自己の経験と信念とにもとづいて、確実に明らかにしてゆく所に、この問題に対する、親鸞の立場が見いだされると思うのである。

「慈悲」は、「智慧」とともに、仏教という一大建造物を支えている、二本の柱の如きものと言われるところから、大慈・大慈悲・大慈大悲・大慈大悲心とも呼ばれている。そして、衆生の、苦《く》を抜き、楽《らく》を与える働きとも解されている。この慈悲が如何にして可能となるかについては、各宗門において、それぞれ、目標が考えられ、方法が工夫され、立場が省察されているが、親鸞においては、いかなる独自性が示されているのであろうか。

《解釈》

まず、この章の主題を把えてみると、

聖道門の慈悲の不徹底さに対比される、浄土門の慈悲の貫徹性。

となると思われる。この主題の生起した地盤は、あくまで、仏教における聖道門・浄土門の対立・相異にある以上、「聖道門に対比される」という限定はどうしても必要であると、わたくしには思われるのである。

この主題の展開を構想として跡づけると、

(一) 聖道門と浄土門とに存する、慈悲の相違。

(二) 聖道門の慈悲における、人を思い通りに助け遂ぐることの困難さと、浄土門の慈悲における、仏と成って、思い通りに衆生を利益する働きの自在さ。

(三) この違いに認められる、不徹底な聖道門の慈悲と、貫徹している浄土門の慈悲。

このうち、(一)は、聖道門・浄土門とには、「慈悲」についての相違点があることを、まず断定的に指摘し、(二)に至って、その相違点がどのようなものかを具体的に示している。(三)は、この(二)を根拠として、聖道門に対する、浄土門の慈悲の「末通りたる大慈悲心」たることを結論するという展開が示されている。

叙述を、上述の主題・構想にもとづいて分析すると、次のようになる。

〔**慈悲に、聖道・浄土の変りめあり。**〕――この言い方は、結論を先に言って、その後で、理由を説明しようとする意向から発せられた言葉であることがわかる。そして、「慈悲」とは何か、「聖道・浄土」とは何を意味するかが多少でもわかっている聞き手への、説示の始まりであることが認められる。

〔**聖道の慈悲といふは、ものを憐み、愛しみ、育むなり。**〕――聖道門の「慈悲」を具体化して、「もの」即ち人を、憐む（ふびんに思う、同情する、恵む、情《なさけ》をかける）こと、愛《かな》しむ（いとおしむ、いとしがる、かあいがる、愛撫する）こと、育む（いつくしんで大切に扱う、いたわり守る、保護して育てる、親切に世話する）ことであるというのである。いつの世にも、かかる慈悲を施してやるべき人は尽きることがないし、それは、身体と精神の二つの方面にわたって、限りない拡がりを示している。

〔**しかれども、思ふが如く助け遂ぐること、極めて有り難し。**〕――これが、かかる慈悲行を目ざす人々に当然起るべき反省であると言えよう。人が、己れの限りある力に頼って、人間のすべてを慈悲心を以て救済することは、非常に困難であり、不可能に近いのが、現実の状況という外はない。ここで注目されるのは、「思ふが如く助け遂ぐること」の叙述であって、自分の思い通り、願い通り、理想通りに、救済し抜くことは、現実的にはいかに困難を極めることか、むしろ、「極めて有り難し」とある通り、不可能事と言ってよいのではないかと、親鸞は反省的に述べている。人間の生命力・心力・体力・財力・知力等々にわたって、その有限性を覚《さと》れば覚るほど、現世における慈悲行の徹底した実践は、「極めて有り難し」と慨嘆せざるを得ないことになるのである。これは、聖道門の慈悲行の無意義なことを言ったり、それを否定したりしたのではなくて、その「助け遂ぐること」の不可能なることを指摘したまでであることに注意すべきである。

〔浄土の慈悲といふは、念仏して、急ぎ仏に成りて、大慈大悲心をもつて、思ふが如く、衆生を利益するをいふべきなり。〕――浄土門における慈悲行とはいかなるものか。それは、第一に、「念仏して、急ぎ仏に成」ることである。言い換えれば、弥陀の他力に頼って、念仏の行者が、浄土に生れ変り、成仏することである。親鸞はこれを「往相《わうさう》」という。第二には、その速やかに仏と成った力で以て、現世にもどり、仏の持つ「大慈大悲心」、即ち、絶大なる慈悲心を以て、「思ふが如く、衆生を利益する」ことである。親鸞はこれを「還相《げんさう》」と呼んでいる。この往《わう》・還《げん》二相を以て、浄土門の慈悲は徹底し、完成する。「思ふが如く、衆生を利益する」は、「衆生を助け遂ぐること」に外ならない。その「利益する」ことの窮極は、慈悲心を以て、衆生を浄土に往生せしむることになる。それが、「浄土(門)の慈悲」だというのである。そうした考えを、「……をいふべきなり」と言い切っている所に、親鸞の把持している信念の強さが認められる。

〔今生に、いかに、いとほし・不便と思ふとも、存知の如く助け難ければ、この慈悲、始終なし。〕――この一文は、親鸞の体験の告白とも言えよう。この現実に生きている間には、生命ある者、特に他の人間に対して、人は、どんなに「いとほし」と思い、「不便《ふびん》」と感ずることが多いことか。しかしながら、現実には、かかる慈悲心を貫徹することがいかに困難であるかを痛感せざるを得ないであろう。親鸞も、かかる時には、自己の力の限界を知って、「存知の如く助け難ければ」と告白し、「この慈悲、始終なし」と自覚する外はなかったのである。そこに、「今生」における、人間の慈悲、それも高められ、深められた聖道門の慈悲の不徹底さが指摘されているのである。この叙述の内には、彼が、この聖道門の慈悲をかつては目ざした体験のあることを思わしめる痛切さが存するように考えられる。そして、それを脱却して、浄土門の慈悲を願っている、現在の立場を堅持している態度が窺《うかが》われるのである。

〔しかれば、念仏申すのみぞ、末通りたる大慈悲心にて候ふべき。と云々。〕――この「しかれば」は、上述したところを基にして、結論を導き出す時によく使われる語であるが、親鸞は、ここで、今生において、人が「念仏申す」行だけが、出発点から終極まで貫徹する「大慈悲心」であることを、明言している。しかも、「……にて候ふべき」という、推量的に、やや婉曲《えんきょく》な言い方をしているのは、彼にとっては、「末通りたる大慈悲心」は、自身の将来に実現されるはずの問題であって、現実に証得したところではないという自覚に立脚しているがためであろう。また、ここの「念仏申すのみぞ」以下は、前の「念仏して、急ぎ仏に成りて」と照応しているが、ともに、第二章に力説されている、「ただ念仏して、弥陀に助けられ参らすべし」という、「往相」の立場をさらに徹底させて、衆生の利益を目ざす「還相」にまで言い及んでいる発展的立場に立っていることに注目すべきである。

この章は、冒頭のセンテンスからして、論証的であって、聖道門・浄土門の拠《よ》って立つ立場の相違を教理的に明らかにしようとする意向を示している。しかし、論が進むにつれて、「聖道の慈悲」とはいかなるものかを定義した後に、「しかれども、思ふが如く助け遂ぐること、極めて有り難し」と言っている所に、話し手の親鸞の体験的内省からくる結論が強く表明されていて、聴者・読者の心をひきつけるものがある。

これに対比される、浄土門の慈悲については、「念仏して」「急ぎ仏に成りて」「大慈大悲心をもって、思ふが如く、衆生を利益する」というように、過程的、段階的に、往相・還相の二相にわたって、慈悲がいかに実現してゆくかを説いているが、同じ「思ふが如く」の句が、聖道・浄土の相違点を示す上に有力な表現的効果を発揮しているのが注目される。が、それに続く叙述において、浄土門の慈悲については、「いふべきなり」とあって、「……憐み、愛しみ、育むなり」とは、やや異なる言い方であることが認められる。これは、かかる浄土門の慈悲行が、親鸞にとっては将来において実現されるはずのことであり、自己の信念・信心の内の問題であることの反省にもとづくからであるように思われる。

さらに、二度使われた「思ふが如く」の句は、次には、「存知の如く」と言い直され、前の「助け遂ぐること、極めて有り難し」が「助け難ければ」ともなっているように、談話に変化と統一を与えているのである。「この慈悲」とあるのは、佐藤正英氏が『歎異抄論註』に指摘されたように、前にあった「聖道の慈悲」を指すのではなくして、直前の「今生に、いかに、いとほし・不便と思ふとも」とあるのを直接に受けていると思われる。

末尾の叙述は、「念仏申すのみぞ」とあって、往生浄土の道としての念仏を現世において行ずることだけが、現世における「末通りたる大慈悲心」の現れたることを、ここでは「候ふべき」という推量の助動詞によって、やや婉曲《えんきょく》に言っているのも、それが、将来における往生や成仏や還相としての衆生済度に関《かかわ》っているからであろう。

この章には、論証的な構想の展開が認められるけれども、特に、叙述において、親鸞その人の、現世における体験も反省も諦観も示されていて、聴者・読者に迫る力を蔵している。そこに、聖道門と浄土門の相違を説きながら、この説示を、彼の血の通《かよ》った、真実の言葉によって、「理《ことわり》」の文芸たらしめている構造が見いだされる。

親鸞の説く所は、いかなる場合でも、必ず、自己の体験し、反省し、内証した所を含んでいることを、一読、論証に傾き過ぎているように思われる、この章の叙述の上にも、よくよく味読すべきであろう。

第五章

一 親鸞《しんらん》は、(1)父母《ぶも》の孝養《けうやう》のためとて、一返《いつぺん》にても念仏《ねんぶつ》申《まう》したること、未《いま》だ候《さうら》はず。その故《ゆゑ》は、一切《いつさい》の有情《うじやう》は、皆《みな》もつて、世《せ》々生々《せしやうじやう》の(2)父母《ぶも》・兄弟《きやうだい》なり。(3)いづれもいづれも、この順次生《じゆんじしやう》に、仏《ぶつ》に成《な》りて、助け候《さうら》ふべきなり。我《わ》が力《ちから》にて励《はげ》む善《ぜん》にても候はばこそ、念仏を廻向《ゑかう》して、父母《ぶも》をも助け候はめ、ただ、自力《じりき》を捨てて、急《いそ》ぎ、(4)覚《さと》りを開《ひら》きなば、六道《ろくだう》・四生《ししやう》の間《あひだ》、いづれの業苦《ごふく》に沈《しづ》めりとも、神通《じんづう》・方便《はうべん》をもつて、まづ、有縁《うえん》を度《ど》すべきなり。
と云々《うんぬん》。

(1) 父母(底) 父《フ》母《モ》(妙・龍・端別)。(2) 父母兄弟(底) 父《フ》母《モ》兄弟《キヤウダイ》(妙・龍・端別)。(3) イツレモ〱(底) イカニモ〱(龍)。(4) サトリヲ(底) 浄土ノサトリヲ(端・毫・光) 浄土《ジヤウド》ノサトリヲ(妙・龍・端別)。

〔口訳〕

一 この親鸞は、亡き父母の追善供養のためと思って、一返でも念仏を申したことは、まだございません。

その理由は、ありとあらゆる生き物は、全部が全部、次々の世に生れ変《かわ》り、死に変る父母であり、兄弟なのである。どなたもどなたも、この次の生《しょう》で、浄土に往生して、仏と成って、助けることができるのです。自分の力で努力してする善行でもございますならば、念仏を追善供養に廻《めぐ》らし向けて、亡き父母の冥福《めいふく》を助けましょうけれど、ひたすら、自力を捨てて念仏して、速やかに浄土に往生して、覚《さと》りを開いて仏と成ってしまえば、迷いの境界である六道《ろくどう》や四生《ししょう》の中において、どのような、前世の報いによる苦しみに落ち込んでいても、神通力やさまざまな手段によって、まず第一に、仏法について因縁のある人々を迷いから救うことができるのです。……

〔注釈〕 **○父母の孝養のためとて** 「父母」は、『日ポ』に、「Fubo. フボ（父母） Chichi, faua.（父、母） 父と母と」とも、「Chichi faua. チチハワ（父母） 父と母と」とも、「Bumo. ブモ（父母） Chichi faua.（父母） 父と母と」とも「Fafa. l, faua. ハハ、またはハワ（母） 母」とも出ているが、下の「孝養《けうやう》」も仏語であって、呉音で読むのであるから、ここも呉音に統一して、ブモと読むことにする。ここでは、亡くなった両親のこと。「孝養」は、『日ポ』には、「Qeôyǒ. ケゥヤゥ（孝養） ある死者のために行なわれる法事、または、追善供養。Bumo qeôyǒno tameni suru.（父母孝養のためにする） 自分の父母の霊のために何事かを行なう」とある。亡き父母のために、後世《ごせ》を弔《とむら》うこと、一般的には、死せる者に追善《ついぜん》する（死者の冥福を祈って、造仏や読経や写経や放生などの供養をする）こと。「ためとて」は、ためと思って。 **○一返にても念仏申したること、未だ候はず** 「一返」は、一度。「にても」は、でも。「念仏」には、仏の相好《そうごう》や功徳《くどく》を心に想う「観想《くわんさう》念仏」もあるが、ここでは、仏の名《みよう》号《ごう》を口で唱える「口称《くしょう》念仏」のことである。それにも、釈迦念仏（「南無釈迦牟尼仏」と唱《とな》える）や、薬師《やくし》念仏・弥《み》勒《ろく》念仏等があるが、ここでは「南無阿弥陀仏」と称える念仏のこと。「候はず」は、ありません、ございません。

「候ふ」は、あり、居《を》りの丁寧語。

○その故は　第一章・第二章・第三章に既出。　**○一切の有情は、皆もつて、世々生々の父母・兄弟なり**　「有情」は、旧訳の「衆生」と同じで、『日ポ』には、「Vjŏ. ウジャゥ（有情）　すなわち、Xŏarumono.（生あるもの）生命と感受能力とをもっているもの」とある。生物のうちで、特に、動物を指す。「皆もつて」の「もつて」は、副詞に添えて、その意を強める語。「世々生々」は、『日ポ』に、「Xexe. l, Xeje. セセ。または、セゼ（世々）Yo, yo.（世、世）すなわち、姿形を変えて他の世に生まれ変わること」とあり、「世々」は、多くの世、代々、「生々」は、呉音で、生れては死に、死んでは生れることを永久にくり返すこと。『日ポ』には、「Xŏjŏ xexe. シャゥジャゥセセ）生々世々）霊魂の転生〔輪廻《りんね》〕に関する仏法（Buppô）の説による、転生して生存するすべての世々」とある。かくして、「生々世々」も、「世々生々」も、生れ変り、死に変ってゆく、過去世でも現世でも、未来世でも、いつの世でも、の意となる。仏教では、六道輪廻《ろくどうりんね》といって、迷える衆生は、地獄・餓鬼・畜生・修羅・人間・天上の六つの迷界の間を、生れ変り、死に変りしてやまないと説く。したがって、「一切の有情」は、その六道輪廻の中での、ある時は父母であり、ある時は兄弟であると考えられるのである。親鸞はこのことを説いたのである。「兄弟《きやうだい》」と読むのは、呉音。「兄弟《けいてい》」は、漢音。『梵網経《ぼんまうきやう》』の四十八軽戒《きようかい》の「第二十不行放救戒《ふぎやうはうぐかい》」には、「一切男子是我父、一切女人是我母。我、生生、無不従之受生。故六道衆生、皆是我父母」（一切ノ男子《ナンシ》ハ、是レ我ガ父、一切ノ女人《ニヨニン》ハ、是レ我が母ナリ。我、生々《シヤウジヤウ》ニ、之ニ従ッテ生《シヤウ》ヲ受ケズトイフコト無シ。故ニ、六道ノ衆生ハ、皆是レ我ガ父母ナリ）とある。　**○いづれもいづれも、この順次生に、仏に成りて、助け候ふべきなり**　「いづれもいづれも」は、敬意を含む言い方で、どなたもどなたも。「順次生」は、仏語で、この生の次の生において浄土に往生すること。「順次の往生」ともいう。親鸞は、『末燈鈔《まつとうせう》』十九において、「……念仏にこころざしもなく、仏《ぶつ》の御《おん》ちかひにも、こころざしのおはしまさぬにてさうらへば、念仏せさせたまふとも、その御《おん》こころざしにては、順次の往生はかたくやさうらふべからん」と書いている。ここでは、順次の浄土への往生によって、仏と成って、その仏力によって、「助け候ふべきなり」、即ち、助けることができるのです、の意。

○我が力にて励む善にても候はばこそ、念仏を廻向して、父母をも助け候はめ　「我が力にて」は、いわゆる自力での意。「励む」は、つとめる、精を出す。「善」は、第一章に既出。善い行い、善行《ぜんぎょう》。「善にても候はばこそ」は、「も」は強意の助詞であるから、仮りにこれを除くと、「善にて候はばこそ」となり、「候ふ」を敬語の意味をなくして「あり」と置き換えれば、「善にてあらばこそ」、即ち「善ならばこそ」の意となる。そこで、「候ふ」の敬語たることを生かしてもとの句を訳せば、善い行いでもありますならば、善い行いでもございますならば、となる。「廻向」は、自分の積み重ねた功徳を他に廻《めぐ》らし向けて、仏果を得るための資となるように願うこと。ここでは、念仏を「我が力にて励む善」として考え、その功徳を亡き父母に廻向して、即ち追善供養して、「助け候はめ」、助けましょうけれどもの意となる。「こそ……め」の形は、いわゆる強調逆接法で、下へ続く文法である。　**○ただ、自力を捨てて、急ぎ、覚りを開きなば**　「ただ」は、全く、ひたすら。下の「捨てて」を修飾する。「自力を捨てて」の下には、「念仏して」の如き語の省略がある。「急ぎ、悟りを開きなば」は、浄土に往生して、速やかに、覚りを開いて仏となってしまえば。「覚りを開く」は、迷いを脱して、仏法の真理に入ること。開覚とも、開悟ともいう。「急ぎ」は、動詞「急ぐ」の連用形であるが、上の「ただ」と相応じて、ここでは、速やかにの如き意味の、副詞的な用法を示していると見られる。「開きなば」の「な」は、完了の助動詞「ぬ」の未然形で、その「ぬ」は、……してしまう、の意。　**○六道・四生の間、いづれの業苦に沈めりとも**　「六道」は、前述した通り、前世の報いによって輪廻・転生を続ける、六つの迷いの境界。「四生」は、迷いの世界における生き物を、その出生の形態によって四つに分類したもの。胎生《たいしょう》は、人や獣のように、母胎《ぼたい》から生れるもの。卵生《らんしょう》は、鳥のように、卵から生れるもの。湿生《しつしよう》は、魚類・両棲類・虫類のように、湿気によって生れるもの。化生《けしよう》は、諸天や地獄や中有《ちゆうう》に住むもののように、依託する所なく、過去からの業《ごう》の力によって忽ち生起するもの。「間」は、その領域のなか。「業苦」は、前世の悪業の報いとして現世に受ける苦しみ。「沈めり」は、落ち込んでいる。親鸞の『浄土和讃』に、「衆生有礙《うげ》のさとりにて、无㝵《むげ》の仏智《ぶつち》をうたがへば、曽婆羅頻陀羅《ぞうばらびんだら》地獄にて、多劫《たこふ》衆苦《しゆく》にしづむなり」とある。**○神通・方便をもつて**　「神通」は、凡情を以てしては測り知り難い、仏・菩薩の神変不可思議で、無礙《むげ》自在なる妙用、通力《つうりき》。『日ポ』に、「Iinzzŭ. ジンヅゥ(神通)　釈迦(Xaca)の書きしるした六つの天賦の資質〔通力〕のうちの一つで、感覚の鋭敏さのようなもの。また、人知を超えた智恵で、その力によって、人が遠く隔たった、あるいは、そこに無い事物を知るようなもの」とある。この神通は、その働きにより、五神通・六神通等に分類される。「方便」は、仏語で、仏が衆生を教えに導くために行う、便宜上の手段・方法。『日ポ』には、「Fŏben. ハゥベン(方便)　仏(Fotoque)が民衆を教え導くために用いる方策、ないし、手段。すなわち、実際の内面は他の意味を含み、他の事を教えるのだけれども、民衆が親しみを感ずるように、外面的に見せかけの教義によって教えるやり方」と詳述している。**○有縁を度すべきなり**　「有縁」は、第一部の序文に既出。ここの「有縁」は、仏・菩薩の教にめぐり会い、その法を聞く機会・因縁の有る衆生のことであって、『観無量寿経』に、「挙身光明、照十方国、作紫金色、有縁衆生、皆悉得見」(挙身《コシン》ノ光明、十方国《ジッパウコク》ヲ照《テラ》シ、紫金《シコン》色《シキ》ヲ作《ナ》ス。有縁ノ衆生、皆悉《ミナコトゴト》ク、見ルコトヲ得《ウ》)とある。「度す」は、仏語で、迷いの此の岸から悟りの彼《か》の岸に渡す、迷いから救う、済度《さいど》する。「度」の字には、わたすの意味があり、梵語の波羅蜜多《はらみった》の訳で、到彼岸《とうひがん》とも訳す。『日ポ』には、「Doxi, suru, ita. ドシ、スル、シタ(度し、する、した)ある人の霊を救ってやる〔済度する〕、または、何かの苦難から人を解放してやる」とある。「べきなり」の「べき」は、可能の意。

〔解説〕

この章は、第四章の、「思ふが如く、衆生を利益する」還相《げんそう》の立場によってこそ衆生の利益・済度が実現するという信念にもとづいて、亡き父母への「孝養」、即ち追善供養に対して、いかに対処すべきかを説示したものである。そこに、前章との関連が辿られると思うのである。

《解釈》 まず、主題を捉えてみると、冒頭の一文にそれが顕現しているのを認めることができる。

父母の追善供養のために、一度も念仏を申したことのない、わが信念。

この主題は、さらに、構想として次のような展開を示している。

（一）父母の追善供養のために、一度も念仏を申したことのない、わが信念。

（二）自力の念仏を捨てて、浄土の覚りを開いた時に実現する、有縁の人々を済度し得る道。

この（一）は、主題の道破に外ならない。（二）は、その理由を説いたもので、なぜ、「父母の孝養のため」の念仏が否定されなくてはならないかを、自己の信心・信念にもとづいて、的確に開示し、（一）の主題の持つ、宗教的、他力的信念を聞き手に納得させるという展開を示している。

叙述は、わたくしには、次のように分析される。

〔親鸞は、父母の孝養のためとて、一返にても念仏申したること、未だ候はず。〕――自己の信心・信念を説き示す時に、「親鸞におきては」「親鸞が申す旨」という例が第二章にあったが、そこには、彼の確立した立場が認められる。ここでも、聞き手にとっては、意外とも思われる言葉を述べる始めに、「親鸞は」と言って、以下のことが、自分一個の信念であることを告白する端緒をなしていると言うことができよう。そして、「父母の孝養のためとて、一返にても念仏申したること」と問題を提起しているが、「一返にても」と限定している所に、既に、この問題についての否定的見解が現れていると言えよう。終りに、「未だ候はず」とはっきり断定しているが、ここに「候ふ」という丁寧語が使われていることによって、話し手である親鸞の前に、その説示に聞き入っている人々の存在が認められる。また、「念仏して地獄に堕ちたりとも、さらに後悔すべからず候ふ」とか、「いづれの行も及び難き身なれば、とても、地獄は一定住処《すみか》ぞかし」とか、「善人なほもつて、往生を遂ぐ。況んや、悪人をや」とかいう、前に出ていた、親鸞の宗教の、超道徳的、反常識的立場がここにも発揮されて、聞き手の耳をそば立たせ、その理由を聞きたい心持を起させるに足るものがあったことと推測させられる。

〔その故は、一切の有情は、皆もつて、世々生々の父母・兄弟なり。いづれもいづれも、この順次生に、仏に成りて、助け候ふべきなり。〕――この叙述の中には、「有情」「世々生々」「順次生」の如き仏語が使われていて、これらを聞いてわかる、聞き手の人々の知識・教養の程度が窺われる。そして、ここには、仏教の六道輪廻《ろくどうりんね》の思想にもとづいて、「一切の有情」が、「皆もつて、世々生々の父母・兄弟なり」という、当時の社会の通念が語られた後に、「この順次生に、仏に成りて」という、既に浄土に往生して、成仏し得た立場に立てば、「いづれもいづれも」「助け候ふべきなり」という、高い立場からの救済の可能性の存することを道理として説いている。この言い方には、直前の第四章の、「浄土の慈悲といふは、念仏して、急ぎ仏に成りて、大慈大悲心をもつて、思ふが如く、衆生を利益するをいふべきなり」とあったような説示が前提をなしているように思われる。そして、「……父母・兄弟なり」に比べて、「助け候ふべきなり」には、断定的に道破している、信念の響きが感じられる。

〔我が力にて励む善にても候はばこそ、念仏を廻向して、父母をも助け候はめ、ただ、自力を捨てて、急ぎ、覚りを開きなば、〕——この叙述の前半には、「候ふ」の語が二回も使われていて、聞き手に対する丁寧さが出ているのは、この場合の問題が、世俗的、常識的なそれであることへの親鸞の配慮が働いているからであろう。そして、「念仏を廻向して」、六道に迷っている「父母をも助け」ることを目ざすならば、そこに、どうしても、私情が入り込んで来て、「我が力にて励む善」、即ち、自力による善行《ぜんぎょう》となり、自力の念仏に陥ることになる。親鸞は、そういう「自力の善行」「自力の念仏」を否定し、乗り越えなくてはならぬという信念から、「自力」の善行・念仏を捨てることによる往生を期し、「急ぎ、覚りを開きなば」という、一新された他力の立場の開けてくることを、信じているのである。ここで、「ただ」といい、「急ぎ」と限定している所に、彼の往生への覚悟がいかに堅固であり、真実なものであるかが示されていると思う。この「覚りを開く」は、言うまでもなく、開悟・開覚であり、また、前章の「急ぎ仏に成りて」と同じく、仏となること、成仏することをも意味している。

〔六道・四生の間、いづれの業苦に沈めりとも、神通・方便をもつて、まづ、有縁を度すべきなり。〕——これは、前に、「仏に成りて、助け候ふべきなり」とあった、成仏後の衆生済度の働きをもっと詳しく述べた叙述であって、「六道」「四生」「業苦」「神通」「方便」「有縁」「度す」等の仏語が使われて、厳粛・荘重な文体を形成している。仏と成った上の無礙自在《むげじざい》な救済力の発揮を、「六道・四生の間、いづれの業苦に沈めりとも」と強調し、「神通・方便をもつて」と、仏に具わる救済の絶大なる機能を挙げているが、その後に、「まづ、有縁を度すべなり」といって、仏となってからの最初の救済・済度の働きを、「有縁」に向ってなすことができると言っているのは、これが、冒頭の、現世における、「父母の孝養のためとて、一返にても念仏申したること、未だ候はず」に対しての、窮極の解答であり、根本の理由をなすことを信じているからであろう。仏に成ってから始まる、無礙《むげ》自在の済度の働きは、まず、仏にめぐり逢い、その法を聞く「有縁」の衆生に対して可能になるというのである。ここにも、親鸞のつきつめた諦観があり、信念が認められると思うのである。そして、この「有縁」は、自己を産み、育ててくれた父母をも超越している、救済の対象なのである。

この章の文芸的意義は、どこに求むべきであるか。第一に、冒頭の一文は、聞き手の耳を驚かす、奇警な発言であって、第二章の、「たとひ、法然聖人に賺され参らせて、念仏して地獄に堕ちたりとも、さらに後悔すべからず候ふ」や、第三章の、「善人なほもつて、往生を遂ぐ。況んや、悪人をや」などと同じく、常識や俗見を越えた、高い、宗教的立場からの信念の表明であると言えよう。

第二に、「その故は」以下は、その理由の説明であるが、「一切の有情は、皆もつて、世々生々の父母・兄弟なり」「いづれもいづれも、この順次生に、仏に成りて、助け候ふべきなり」の叙述には、冷静に、沈着に、自己の思う所を述べている親鸞の態度が感じられるのであるが、「我が力にて励む善にても候はばこそ」以下は、高潮して、自身の信念を迸出《ほうしゅつ》させている趣であって、「ただ、自力を捨て、急ぎ、覚りを開きなば」を境にして、自力の念仏から他力の念仏へ、さらに進んで、開悟による成仏から有縁の済度へという展開が、鮮やかに説示されている。これは、単なる説法ではなくして、内に抱く信念・信条の決然たる表明と言うべきであろう。そこには、「理」「道理」の顕著な表現が認められ、中世的文芸たる性質をよく示していると言うことができる。

第六章

一　専修念仏《せんじゆねんぶつ》の輩《ともがら》の、我《わ》が弟子《でし》、人《ひと》の弟子といふ相論《さうろん》の候《さうら》ふらん事、以《もつ》ての外《ほか》の子細《しさい》なり。

親鸞《しんらん》は、弟子一人《いちにん》(1)も持《も》たず候《さうら》ふ。

その故《ゆゑ》は、我が計《はから》ひにて、人に念仏を申《まう》させ候《さうら》はばこそ、弟子にても候はめ、弥陀《みだ》(2)の御《おん》催《もよほ》しに預《あづ》(3)かつて念仏申し候ふ人を、我が弟子と申すこと、極《きは》(4)めたる荒涼《くわうりやう》のことなり。付《つ》くべき縁《えん》あれば伴《ともな》ひ、離《はな》るべき縁あれば離るることのあるをも、師《し》を背《そむ》きて、人《ひと》に連《つ》れて念仏すれば、往生《わうじやう》すべからざるものなりなんど言ふこと、(5)不可説《ふかせつ》なり。如来《によらい》より賜《たま》はりたる信心《しんじん》を、我《わ》が物顔《ものがほ》に取《と》り返《かへ》さんと申すにや。返《かへ》す返《がへ》すも、あるべからざることなり。自然《じねん》(6)の理《ことわり》(7)に相叶《あひかな》はば、仏恩《ぶつとん》(8)をも知り、また、師《し》の恩《おん》をも知《し》るべきなり。と云々《うんぬん》。

（1）一人（底）一人《イチニン》（妙・龍・端別）。（2）弥陀ノ御モヨホシ（底）ヒトヘニ弥陀《ミダ》ノ御モヨホシ（妙・龍・端別）。（3）アツカテ（底）アツカリテ（龍・端別）。（4）キハメタル（底）キハマリタル（龍）。（5）ナント（底）ナント、

（龍・端別）。（6）自然（底）自然《ジネン》（妙・龍・端別）。（7）コトハリ（底）理《リ》（龍）。（8）仏恩（底）仏恩《フチオン》（妙・龍）仏《フチ》恩《ヲン》（端別）。

〔口訳〕

一　念仏だけを専心してとなえる仲間の人々が、これは自分の弟子だ、あれは他人の弟子だという口争いがあるようでございますことは、とんでもない事態である。この親鸞は、弟子をひとりも持たないのです。

　そのわけは、自分の取りはからいで、他人に念仏を申させますならば、それこそ弟子でもございましょうが、阿弥陀仏の御誘《おさそ》いを受けて念仏を申します人を、自分の弟子と申すことは、甚《はなは》だ尊大なものの言い方である。自分に従うはずの縁があれば一緒になり、自分から離れ去るはずの縁があれば離れ去ってしまうことがあるのに、師匠から離れそむいて、他の人と一緒になって念仏すれば、往生はできないものだなどと言うことは、言葉に出して言えないほどひどいことである。阿弥陀如来からいただいた信心を、自分の持ち物であるかのような勝手な様子で、取りもどそうとして言うのであろうか。よくよく考えても、そのようにしてはならないことである。

　自然《じねん》という、阿弥陀仏の本願のおのずからお助け下さる道理に自分の信心が一致するならば、み仏《ほとけ》の御恩をもわかり、また、念仏の道をお教え下さった師匠の御恩をもわかるはずなのである。……

〔注釈〕　**〇専修念仏の輩**　「専修念仏」は、専ら本願だけを信じてなす念仏、余行・雑行を捨てて、念仏だけを専ら行うこと。法然の『和語燈録《わごとうろく》』巻三、「九条殿下（注、九条兼実《かねざね》）の北政所《きたのまんどころ》へ進ずる御返事」に、「念仏によりても、一向専修《いつかうせんじゆ》の念仏がめでたき事にて候也」とあり、「鎌倉の二位《にゐ》の禅尼《ぜんに》（注、北条政子、源頼朝の後室）へ進ずる御返事」に、「善導和尚《くわしやう》は弥陀の化身《けしん》にて、殊に一切衆生をあはれみ給ひて、諸《もろもろ》の聖教《しやうげう》をかんがへて、専修念仏をすすめ給へるも、ひろく、一切衆生のためにて候也」とあるし、慈円の『愚管抄《ぐくわんせう》』巻第六には、「又、建永《ケンエイ》の年、法然房《ホフネンバウ》ト云フ上人《シヤウニン》アリキ。マヂカク、京中ヲスミカニテ、念仏宗ヲ立テ、専修念仏ト号《カウ》シテ、『タヾ、阿弥陀仏トバカリ申スベキ也。ソレナラヌコト、顕密《ケンミツ》ノツトメハナセソ』ト云フ事ヲ云ヒイダシ……」とあって、この「専修念仏」という語と行とは、法然門下において特に盛んに用いられたことが知られる。また、『御伝鈔《ごでんせう》』（一名、『本願寺聖人親鸞伝絵《ほんぐわんじのしやうにんしんらんでんゑ》』）下には、「聖人、常陸《ひたち》の国にして、専修念仏の義をひろめたまふに、おほよそ、疑謗《ぎはう》の輩《ともがら》はすくなく、信順《しんじゆん》の族《やから》はおほし」とあって、関東においても、親鸞中心に、専修念仏をつとめる人たちが輩出していたことがわかる。ここの「専修念仏の輩」も、そうした、関東における信者たちの仲間・同行のことであろう。

○我が弟子、人の弟子といふ相論の候ふらん事　「我が弟子、人の弟子といふ相論」は、これはわが弟子だ、あれは他人の弟子だという口争い・論争。「人」は他人。「候ふらん事」の「らん」は、推量・推測の意を表す助動詞で、この句は、あるようでございますことの意。

○以ての外の子細なり　底本には、「モテノホカノ子細ナリ」とあるが、この「モテ」は、促音のツを省略した表記と考えて、「モッテ」と読むことにした。「以テの外」は、意外なこと、とんでもないこと、思いもよらないこと。『日ポ』には、「Motteno foca. モッテノホカ（以ての外）副詞。大きな（こと）、または、並外《なみはず》れた（こと）」とある。「子細」は、ことのありさま、事態。

○弟子一人も持たず候ふ　「一人」は、イチニンと読むべきであろう。『歎異抄』中には、「ヒトリ」と書いた所はない。「持たず候ふ」の「ず」は、連用形。

○我が計ひにて、人に念仏を申させ候はばこそ、弟子にても候はめ　「計ひ」は、処置・取りなし・計画・取りはからい。「申させ」の「せ」は、使役の助動詞。「……弟子にても候はめ」は、弟子でもありましょうが、の意で、「め」は、上の「こそ」の結びとして、強調逆接法となって下の文へ続く。　**○弥陀の御催しに預かって念仏申し候ふ人を**　この「御催し」は、御うながし、御勧誘、御誘い出し。「預かる」は、受ける、こうむる。

○極めたる荒涼のことなり　「極めたる」は、動詞「極む」の連用形「極め」に完了の助動詞「たり」の連体形「たる」の付いた形で、善悪ともに甚だしいさまをいう。ここは、勿論、悪い方の意味で、大変な、非常な。「荒涼」は、『日ポ』に、「Quǒriǒ. クヮウリャウ（荒涼）例、Quǒoriǒno mǒxi yǒ.（荒涼の申し様）大言壮語する人などがするように、全然胸にしまっておくことなく、あけすけに、尊大に口をきくさま」とあるように、尊大なものの言い方である、広言するさまである、の意。原義は、風景などが荒れ果ててものさびしい、心が荒れすさんでいる、の意。　**○付くべき縁あれば伴ひ、離るべき縁あれば離るることのあるをも**　「付くべき縁」は、自分に従うはずの結びつき、ゆかり、関係。「伴ふ」は、連れ添う、連れ立つ、一緒に行く、共に生活する。「離るることのあるをも」は、自分から離れて行ってしまうことのあるのに。「を」は、逆接の助詞。「も」は、強意の助詞。　**○師を背きて、人に連れて念仏すれば**　「背く」は、離れ去る、別れる、うとくなる。古くは、「……を背く」の形であった。「人に連れて」は、（自分以外の）他の人と連れ立つ、同行する、従う。

○往生すべからざるものなりなんど言ふこと、不可説なり　「すべからざるもの」は、できない者、不可能な者。「なんど」は、事物や行為を示して、同類の事物がなお外にもあることを表す「など」「なんど」、例えば、「さま・かたちなどのめでたかりしこと」（『源氏物語』の「桐壺」）、「絵どもなど御覧ずるに」（同、「紅葉賀《もみぢのが》」）とは異なり、ここでは、物事を漠然と示し、婉曲に言う場合に添えて、……なんか、の意。「不可説」は、『日ポ』に、「Fucaxet. フカセッ（不可説）Toqu becarazu.（説くべからず）説明することができないこと、あるいは、言えないこと」とあるが、ここでは、言葉で言えないほどひどいこと、何ともひどいこと、全くけしからぬこと。

○如来より賜はりたる信心を、我が物顔に取り返さんと申すにや　「如来」は、仏の十号の一つで、如実に来至せし者、如く来りし者の意で、仏の尊称。仏は真如の理を証し得て、迷界に来て衆生を救い給うからである。ここでは、浄土教の本尊の阿弥陀如来をいう。「賜はりたる信心」は、いただいた信ずる心。『末燈鈔』十八に、「御たづねさうらふことは、弥陀他力の廻向の誓願にあひたてまつりて、真実の信心をたまはりて、よろこぶこころのさだまるとき、摂取してすてられまゐらせざるゆゑに、金剛心になるときを、正定聚のくらゐに住《ちゆ》すとまうす」とある。「我が物顔」は、自分の所有物だというような顔つき・態度。「取り返す」は、自分が与えたものをとりもどす。「申すにや」は、下に「あらん」を略した形で、申すのであろうか。**○返す返すも、あるべからざることなり**　「返す返すも」は、くり返しどう考えても、何度考えても、よくよく考えても。この「も」は、強意。「あるべからざること」は、ここでは、「我が物顔に取り返さんと申す」を「ある」で受けているのであって、「取りもどそうとして申してはならないこと」の意。『徒然草』の第三十段に、「思ひ出で偲《しの》ぶ人あらんほどこそあらめ、そもまたほどなく失せて、聞き伝ふるばかりの末々は、あはれとや思ふ」の「あらめ」は、下の「あはれとや思ふ」との関連で、「思ひ出で偲ぶ人あらんほどこそあはれとは思はめ」の意となり、第十二段の、「たがひに言はんほどの事をば、『げに』と聞くかひあるものから、いささか違《たが》ふ所もあらん人こそ、『我はさやは思ふ』など争ひ憎み、『さるからさぞ』ともうち語らはば、つれづれ慰まめと思へど、げには、少し、かこつ方も我と等しからざらん人は、大方のよしなし事言《ごと》はんほどこそあらめ」とある中の、終りの「あらめ」は、前行する「つれづれ慰まめ」を受けて、「よしなし事言《ごと》はんほどこそつれづれ慰まめ」の意となるのが参照される。既に、『源氏物語』にかかる用法が見えている。**○自然の理に相叶はば**　「自然」は、呉音で、おのずからそのようである、本来そうであるの意。ところが、親鸞は、『尊号真像銘文《そんがうしんざうめいもん》』（広本）において、「自然といふは、行者のはからひにあらずとなり」と記し、『唯信鈔文意《ゆいしんせうもんい》』には、「……自は、おのづからといふ。おのづからといふは、自然《じねん》といふ。自然といふは、しからしむといふ。しからしむといふは、行者《ぎやうじや》のはじめてともかくもはからはざるに、過去・今生《こんじやう》・未来の一切のつみを善に転じかへなすといふなり」とあり、『末燈鈔《まつとうせう》』五には、「自然といふは、もとよりしからしむるといふことばなり。弥陀仏の御ちかひの、もとより行者のはからひにあらずして、南《な》无《も》阿《わあ》弥《み》陀《だ》仏《ぶち》とたのませたまひて、むかへんとはからはせたまひたるによりて、行者のよからんとも、あしからんともおもはぬを、自然とはまうすぞとききてさうらふ」とある。これによって、「自然」とは、弥陀の本願がおのずからしからしめること、即ち他力の意であることがわかる。『日ポ』には、「Iinen. ジネン(自然)ひとりでに、あるいは、本来的に」とあり、また、「Sominarai, ŏ, ŏta. ソミナライ、ゥ、ゥタ(染み習ひ、ふ、うた)学び取る。例、Fitoto aitomoni vorutoqinba, jinenni sominarŏ.(人と相共に居る時んば、自然に染み習ふ)人は親しみ合ったり、一緒に居たりする人の習慣を学び取り、あるいは、身につけるものである」ともある。「自然の理」とは、自然という道理。「相叶ふ」の「相」は、語調を整えたり、強勢を加えたりする接頭語。「叶ふ」は、(信心が)適合する、(信心が)その通りになる。**○仏恩をも知り、また、師の恩をも知るべきなり**「仏恩」は、阿弥陀如来の御恩。『日ポ』に、「Butuon. ブッヲン(仏恩)Fotoqeno. megumi(仏の恩)仏(fotoqe)の恩恵や摂理」とある。いまはブットンと読まれている。「知るべきなり」は、知るはずである、わかるはずである。

〔解説〕

この第六章は、「専修念仏」の仲間の中に生じた、師弟関係の問題に対しての、親鸞の批判を述べたものであって、第十一章以後の、『歎異抄』の著者唯円の「歎異」、即ち異義の批判の如きものが、親鸞の在世中において、親鸞自身により既に行われていたことを示していると思われるのである。

「注釈」に記したように、始めに、「……相論の候ふらんこと」と、やや距離を置いて推測的に問題を取り上げているのは、京における親鸞が、遠い関東において生じた事実を手紙や人づてに知って、そこに重大な、信心上許すべからざる事実を認めたがためと考えられる。

《解釈》

この章の主題を求めて、わたくしは、

専修念仏の信者間における、他人を弟子扱いにするという相論の不当さ。

と捉えてみた。これは、冒頭の一文を初めとして、数ケ所の叙述に浸潤して現れているのが認められる。構想は、三つの段落を成して展開し、

(一) 専修念仏の信者間に生じた、他人を弟子扱いにするという相論の不当さ。

(二) 弥陀如来から賜わった信心にもとづく、他人の念仏を、自己の私物化することの甚だしい不当さ。

(三) 本願の自然《じねん》の道理に従って、理解されるはずの仏恩と師の恩。

のように跡づけられる。このうち、(一)は、遠くから聞えて来た、他人を弟子として扱う相論に対しての、直接な否定的反撥であり、(二)は、なぜ、他人を弟子として扱ってはならないかの理由の論述であって、(一)の否定の根拠をなすものである。(三)は、付説というべきであるが、単なる添加ではなくして、仏恩・師恩の有難さ・尊さが改めて自覚的に述べられて、念仏信者間における師弟の問題に大きな反省を与える力となっている。

叙述を分析すると、わたくしには、次のように解釈される。

〔専修念仏の輩の、我が弟子、人の弟子といふ相論の候ふらん事、以ての外の子細なり。〕——親鸞は、「我が弟子、人の弟子といふ相論の候ふらん事」を、まず、問題として提示し、それに対する自己の否定的見解を簡潔に、「以ての外の子細なり」と述べて、それを原動力として、以下の批判を展開させるという方式を採っている。この見解は、一言の下に否定し去っていて、何の寛容さも認められないという程の力強さを含蓄していると言ってよいものがある。そして、「候ふらん事」とあるように、批判される事実・事件が遠隔の地で生じ、伝聞によって知り得たものであるのに、この否定的見解は、それを黙って見ていることのできない心情の強い迸《ほとばし》りとして受け取られる。

〔親鸞は、弟子一人も持たず候ふ。〕——この一文は、親鸞自身の名を挙げている点において、第二章・第五章と共通する、自己の強固な信念・信条の現れとなっている。そして、「我が弟子、人の弟子といふ相論」への反撥として、また、この問題への結論的主張として、「一人も持たず候ふ」という、明白な事実を挙げて、自己の否定的見解の一根拠としているのである。これも、或いは、関東に生じていた「相論」を京の親鸞のもとへ伝えて来た信者たちに向っての発言として、その人の心に衝撃を与えるほどの、予想外の言表となっていたかも知れない。

〔その故は、〕——この語は、第一章・第二章・第三章・第五章に使われて、親鸞が自己の深い信心・信念にもとづいて発言する時に、それに先立って用いられている。この叙述の存することによって、読者に第一部の多くの章が説示的性質を持つものたることを印象させる効果を有していることになる。

〔我が計ひにて、人に念仏を申させ候はばこそ、弟子にても候はめ。〕——第五章には、「我が力にて励む善にても候はばこそ」という仮定的叙述があって、以下、その「我が力」を以てする自力的念仏の否定があったのと同じく、ここでも、「我が計ひにて、人に念仏を申させ候はばこそ」と、遠方から伝えられて来た事実・問題を仮定的に取り上げている点で共通している。そして、第五章では、「念仏を廻向して、父母をも助け候はめ」という、強調的逆接の文法を以て、自力の念仏による父母の救済が挙げられているのに対し、ここでも、「弟子にても候はめ」という、同じく強調的逆説法が発揮されて、二章ともに、以下の批判を導き出す仮定条件を成していると言ってよい。ここで、親鸞が否定しているのは、「我が計ひ」とある、主観的な取りはからい・措置によって、「人に念仏を申させ候はばこそ」という、私意的、強制的に念仏を実行させることであって、そうして成り立つ人間関係を「弟子にても候はめ」と仮定的に一応承認している趣であるが、それは、次の叙述における、烈しい否定的批判につながっているのである。

〔弥陀の御催しに預かつて念仏申し候ふ人を、我が弟子と申すこと、極めたる荒凉のことなり。〕――第一章に、「弥陀の誓願不思議に助けられ参らせて、往生をば遂ぐるなりと信じて、念仏申さんと思ひ立つ心の起る時」とあった通り、「念仏」は、「弥陀の誓願不思議」にもとづいて、即ち、「弥陀の御催しに預かつて」申すように成るべきものである。すべては、「弥陀の力」「他力」に由来するのである。それなのに、その「他力」に換えるに「我が計ひ」を以てし、それにもとづいて「人に念仏を申させる」ことがいかに恣意《しい》的であるか。真実の念仏は、「弥陀の御催しに預かつて」する「念仏」以外にはないのであるから。そう考えると、「弥陀」と「念仏申し候ふ人」即ち念仏者との直接の関係を妨害して、人がその中間に恣意的に介入して、「我が弟子と申すこと」が、いかに嘆かわしいことであるかが、明らかとなってくる。親鸞が、「極めたる荒凉のことなり」と、烈しい憤慨的叙述を以て、その恣意的言行を否定しているのは、当然為すべきこと、言うべきことを正直に実行していることになるのである。

〔付くべき縁あれば伴ひ、離るべき縁あれば離るることのあるをも、師を背きて、人に連れて念仏すれば、往生すべからざるものなりなんど言ふこと、不可説なり。〕――これより以下は、他人を「我が弟子」として扱う「師」の心理を推測して、その、いかに、自我中心に陥っているか、弥陀の本願を忘却しているかを剔抉《てっけつ》してゆくのである。親鸞の目から見れば、世の中の人と人との関係・交流は、「付くべき縁あれば伴ひ、離るべき縁あれば離るることのあるをも」とあるように、偶然的、奇遇的な「縁」によって生起するのである。師弟の関係といえども、事実は、かかる「縁」にもとづいて成立したのである以上、ある人が、自分とともに念仏するか、他人と一緒になって念仏するかは、単なる偶然事であり、「縁」に外ならない。それなのに、自分という「師」に背いて、自分以外の「人に連れて念仏すれば」、往生は不可能なことだなどということは、「不可説なり」と言わなくてはならないほど、不当・尊大なこととなるのである。私は、「付くべき縁あれば伴ひ、離るべき縁あれば離るることのあるをも」には、現実に、親鸞自身の経験した、深刻な人間の離合・集散の事実が存したのではないかという推測を抱かされる。それほど、実感をこめて叙述されていると考えられるのである。

〔如来より賜はりたる信心を、我が物顔に取り返さんと申すにや。返す返すも、あるべからざることなり。〕――この「如来より賜はりたる信心」こそ、親鸞の宗教的生命の核心をなすものであって、それが、おのずから、「念仏」となって発現するのである。したがって、「如来」と「念仏者」とは、この「信心」によって直接に連結しているのであるとも言えよう。ところが、その「信心」も、またそれに発する「念仏」も、師である自分の与えてやったものであると考えて、それを「我が物顔に取り返さんと」して、「我が弟子と申す」のであろうかと親鸞は推測して、そこに、かかる人々の指導者としての思い上りを認めざるを得なかったのである。それが、「返す返すも」と、念を入れて考えて、「あるべからざることなり」という、強い否定を加えたゆえんであろう。第一の「以ての外の子細なり」、第二の「極めたる荒凉のことなり」、第三の「不可説なり」を経て、この第四の批判は、最も徹底した否定の力を発揮している。

〔自然の理に相叶はば、仏恩をも知り、また、師の恩をも知るべきなり。〕——最後に置かれている、この立言も重大な意味を持っていると言えよう。親鸞は、ここで、「自然の理」、即ち、弥陀の本願のおのずからしからしめる道理、別の言葉で言えば、他力の道理に念仏者の信心が適合する時に、念仏者は、自己を越えた、絶対的な弥陀の力に対し奉っての報恩・感謝の思いを心から自覚するに至るのである。信心も念仏も、すべては、弥陀の他力の御恩に由来するのであるから。しかし、いかに、「如来より賜はりたる」信心であり、念仏であっても、現実的には、何らかの善知識、即ち仏道上の師に導かれ、勧められる「縁」なくして、この専修念仏の道に入ることはできなかったはずである。そこに、「また、師の恩をも知るべきなり」ということの深い意味が存する。師なくして、その教示なくして、誰が、この専修念仏の道に入り得たであろうか。ここにも、師の法然の大きな恩を思わずにはいられない親鸞の自覚が、この結びの言葉の裏面に存することを推測せざるを得ないものがある。そして、第一部の序の、「幸ヒニ、有縁ノ知識ニ依ラズハ、争《イカデ》カ、易行ノ一門ニ入ルコトヲ得ンヤ」とあるのが改めて思い起されてくる。

本書の中で、「理《ことわり》」の語は四回出てくるが、その最初に現れるのがこの第六章である。「道理」の語は一度も用いられていない。この「自然の理」は、「自然という理」の意味であることを「注釈」に記したが、それは、本文中の「弥陀の御催しに預かつて念仏申し候ふ」、あるいは、第十一章の、「念仏の申さるるも、如来の御計ひなり」と相通ずる、他力による念仏の道理に外ならない。その「自然の理」が、師弟の関係を正当化し、純化する基準として、親鸞にはっきりと自覚されていたと言うことができる。

この一章において注意すべきは、「我が弟子、人の弟子といふ相論の候ふらん事」が、親鸞の批判の直接の問題となっていることであって、「親鸞は、弟子一人も持たず候ふ」は、付加された自己の信条に外ならない。「その故は」以下も、この直接の問題を論じているのである。

親鸞の念仏は、信心にもとづき、それと一体となっての行為であるし、その信心もまた、弥陀の誓願・本願のお助けを蒙《こうむ》って成立する。したがって、信心と念仏との成立する根拠は、人間にあるのではなくて、弥陀にあるということになる。第二段落に、「我が計ひ」を否定して、「弥陀の御催しに預かつて念仏申し候ふ人」といい、「如来より賜はりたる信心」と言っているのは、かかる根拠に由来することの表明である。そういう「弥陀」「如来」と対比して、「我が計ひにて、人に念仏申さ」せること、「念仏申し候ふ人を、我が弟子と申すこと」、「師を背きて、人に連れて念仏すれば、往生すべからざるものなりなんど言ふこと」、「信心を、我が物顔に取り返さん」とすることが、いかに矮小《わいしょう》にして尊大なる人の心の現れであるか。親鸞が、「以ての外の子細なり」「極めたる荒涼のことなり」「不可説なり」「返す返すも、あるべからざることなり」という、強く烈しい言葉でくり返して批難しているのも、誓願・本願、即ち「弥陀の御催し」を絶対無上のものと信奉しているからであると思われる。この、信奉し、信心する心の止《や》むに止まれぬ発動が、この章の、緊張し、高潮した表現性・芸術性を成果しているのである。

なお、「付くべき縁あれば伴ひ、離るべき縁あれば離るることのあるをも」の叙述には、親鸞の現実諦視の深さが滲《にじ》み出ていて、それが、「師を背きて、人に連れて念仏すれば、往生すべからざるものなり」と言う邪説批判の理由となっていることも、見のがすことのできない点である。

この章が、師道とはいかなるものか、師弟関係とは人生においていかなる意義を持つものかについて、多くの読者に深刻な感銘と反省を与えていることも、由来するところは、弥陀の本願への絶対的帰依《きえ》とこの現実諦視の深さにもとづくものと言えるようである。

この章の説示と関連すると思われる、本書以外の著作における、親鸞の遺語を次に引用して置きたい。

一、弟子・同行《どうぎやう》をあらそひ、本尊《ほんぞん》・聖教《しやうげう》をうばひとること、しかるべからざるよしの事《こと》。

常陸《ひだち》の国、新堤《にひづつみ》の信楽坊《しんげうばう》、聖人親鸞の御前《ごぜん》にて法文《ほふもん》の義理ゆゑにおほせをもちゐまうさざるにより て、突鼻《とつび》にあづかりて本国《ほんごく》に下向《げかう》のきざみ、御弟子《おんでし》蓮位《れんゐ》房《ばう》申されていはく、「信楽房の御門弟《ごもんてい》の儀をはなれて下国《げこく》のうへは、あづけわたさるるところの本尊をめしかへさるべくやさうらふらん」と。「なかんづくに、釈親鸞《しやくのしむらん》と外題《げだい》のしたにあそばされたる聖教おほし。御門下《ごもんか》をはなれたてまつるうへは、さだめて仰崇《ぎやうそう》の儀《ぎ》なからん歟《か》」と云々《うむく》。聖人《しやうにん》のおほせにいはく、「本尊・聖教をとりかへすこと、はなはだしかるべからざることなり。そのゆゑは、親鸞は弟子一人ももたず。なにごとをおしへて弟子といふべきぞや。みな、如来の御弟子なれば、みな、ともに同行なり。念仏往生の信心をうることは、釈迦・弥陀二尊の御方便として発起すとみえたれば、まつたく親鸞がさづけたるにあらず。当世、たがひに違逆《ゐぎやく》のとき、本尊・聖教をとりかへし、つくるところの房号《ばうがう》をとりかへし、信心をとりかへすなんどいふこと、国中《こくちゆう》に繁昌《はんじやう》と云々。返々《かへす〴〵》しかるべからず。本尊・聖教は衆生利《り》益《やく》の方便なれば、親鸞がむつびをすてて、佗《た》の門室《もんしつ》に入《い》るといふとも、わたくしに自専《じせん》すべからず。如来の教法《けうぼふ》は総じて流通物《るづうもつ》なれば也《なり》。しかるに、親鸞が名字《みやうじ》ののりたるを、法師《ほふし》にくければ袈裟《けさ》への風情《ふぜい》にいとひおもふによりて、たとひ、かの聖教《しやうげう》を山野《さんや》にすつといふとも、そのところの有情《うじやう》・群類《ぐんるい》、かの聖教にすくはれて、こと〴〵くその益《やく》をうべし。しからば、衆生利益の本懐《ほんぐわい》、そのとき満足すべし。凡夫《ぼんぶ》の執《しつ》するところの財宝のごとくに、とりかへすといふ義《ぎ》あるべからざる也《なり》。よく〳〵こころうべし」とおほせありき。

これは、『口伝鈔《くでんせう》』（本願寺第三代で、親鸞の曽孫の覚如の著。初めに、「本願寺鸞聖人、如信上人《によしん》（注、本願寺第二代。親鸞の孫で、善鸞の子）に対しまし〳〵て、をり〳〵の御物語の条々」とあって、二十一章から成っている。元弘元年（一三三一）、覚如の口述を乗専が記録したもの）の第六章であって、中に、「親鸞は、弟子一人ももたず。なにごとをもをしへて弟子といふべきぞや」の語があって、親鸞の、師弟関係についての考えをいろいろと知ることができる。

また、同じ覚如の『改邪鈔《がいじやせう》』（建武四年（一三三七）成る。真宗内の邪説を禁制した書。二十章から成る）の第八章には、次の如き、源空（曽祖師）・親鸞（祖師聖人）の語が引用されている。

一、わが同行《どうぎやう》、ひとの同行と簡別《けんべつ》して、これを相論《さうろん》する、いはれなき事。

曽祖師《そうそし》（源空）聖人の『七箇条《しちかでう》の御起請文《ごきしやうもん》』にいはく、「諍論《じやうろん》のところにはもろ〳〵の煩悩おこる。智者《ちしや》、これを遠離《をんり》すること百由旬《ひやくゆじゆん》。いはんや、一向《いつかう》念仏の行人《ぎやうにん》においてをや」と云云《うんく》。しかれば、ただ是非を糺明《きうめい》し、邪正《じやしやう》を問答する、なほもつて、かくのごとく厳制《げんせい》におよぶ。いはんや、人倫《じんりん》をもつて、もし世財《せざい》に類する所存《しよぞん》ありて相論せしむる歟《か》、いまだそのこころをえず。祖師聖人御在世《ございせ》に、ある御直弟《ごぢきてい》のなかに、つねにこのさたありけり。そのときおほせにいはく、「世間《せけん》の妻子《さいし》・眷属《けんぞく》も、あひしたがふべき宿縁《しふえん》あるほどは、別離せんとすれども、捨離《しやり》するにあたはず。宿縁つきぬるときは、したひむつれんとすれども、かなはず。いはんや、出世の同行・等侶においては、凡夫のちからをもつて、したしむべきにもあらず、はなるべきにもあらず。あひともなへといふとも、縁つきぬれば疎遠になる。したしまじとすれども、縁つきざるほどは、あひともなふにたれり。これみな、過去の因縁によることなれば、今生一世のことにあらず。かつはまた、宿善《しふぜん》のある機は正法《しやうぼふ》をのぶる善知識《ぜんぢしき》にしたしむべきによりて、まねかざれども、ひとをまよはすまじき法燈《ほふとう》にはかならずむつぶべきいはれなり。宿善《しふぜん》なき機は、まねかざれども、おのづから、悪知識《あくちしき》にちかづきて、善知識にはとほざかるべきいはれなれば、むつびらるるも、とほざかるも、かつは知識の瑕瑾《かきん》もあらはれ、しられぬべし。所化《しよけ》の運否《うんぷ》、宿善《しふぜん》の有無《うむ》も、もつとも、能《のう》・所《じよ》ともにはづべきものをや。しかるに、このことわりにくらきがいたす故歟《ゆゑか》、一旦《いつたん》の我執《がしふ》をさきとして、宿縁《しふえん》の有無《うむ》をわすれ、わが同行《どうぎやう》、ひとの同行と相論《さうろん》すること、愚鈍《ぐどん》のいたり、仏祖《ぶつそ》の照覧《せうらん》をはばからざる条《でう》、至極《しごく》つたなきもの歟《か》、いかん。しるべし。

この引用は、言うまでもなく、第六章の、「付くべき縁あれば伴ひ、離るべき縁あれば離るることのあるをも」に関連しているからであるが、この詳細なる言説も、『歎異抄』と比較すれば、同じ親鸞の言葉が、唯円においては、核心を衝き、簡浄を極めた単純化に到達していることを考えさせられるものがある。これは、唯円と覚如との表現力の差違を示す事実と言ってよいのではあるまいか。

第七章

一 (1)念仏《ねんぶつ》は、無碍《むげ》の一道《いちだう》なり。その謂《い》はれ如何《いかん》と(2)ならば、信心《しんじん》の行者《ぎやうじや》には、天神《てんじん》・地祇《ちぎ》も敬伏《きやうぶく》し、魔界《まかい》・外道《げだう》も障碍《しやうげ》することなし。(3)罪悪《ざいあく》も業報《ごふほう》を感《かん》ずること能《あた》はず、諸善《しよぜん》も及《およ》ぶことなき(4)故《ゆゑ》なり。(5)と云《うんぬん》々。

(1) 念佛者ハ无导ノ一道ナリ(底) 念仏者《ネムフチシヤ》ハ無碍《ムゲ》ノ一道ナリ(妙・龍・端別)。(2) ナラハ(底) ナレハ(亳)。(3) 罪悪モ業報ヲ感スルコト(底) 罪悪《ザイアク》モカンセス業《コフ》ムクフコト(龍)。(4) ユヘナリト云々(底) ユヘニ無碍《ムゲ》ノ一道ナリト(妙・端別) ユヘニ無碍《ムゲ》ノ一道トイヘリ(龍)。(5) 云々(底) この二字無し(龍)。

〔口訳〕

一 念仏を申すことは、何ものもさまたげることのない、ただ一つの通路である。

その理由はどういうことかというならば、本願を固く信じて念仏を行う人には、仏法を守る天の神も地の祇《かみ》も敬《うやま》ってひれふし、仏法を害する悪魔も邪教の徒もさまたげをすることがない。また、念仏を行う人には、罪悪も、その行いの報いをわが身に受けることができないし、さまざまな善事・善行も、念仏にまで達することがないからである。……

〔注釈〕 **○念仏は、無碍の一道なり** 底本には、「念佛者ハ无㝵ノ一道ナリ」とあって、このままでは、「念仏の行者は、無礙の一道なり」の意味に解する外はない。しかし、ここは、多屋頼俊氏が、『歎異抄新註』で主張された、「ネムブチハと読む方がよいと思ふ。念仏なるものはの意。『者』は事を別つ辞で、或物（こゝでは念仏）を取出して云ふ時に添へる助字。『は』は『者』を『は』と読むと云ふ意味で添へた送仮字」という説に従うことにする。多屋氏は、なお、多くの証拠・資料を挙げて、自説を強化されている。「無碍」は、じゃまのない、さまたげのない、障碍《しょうがい》のない。「碍《げ》」と読むのは呉音。親鸞の『尊号真像銘文《そんがうしんざうめいもん》』には、「无㝵《むげ》といふは、さはることなしと也。さはることなしと申すは、衆生の煩悩・悪業にさへられざる也」とある。「一道」は、唯一無二（ただひとつあって、二つとない）の、信ずる者のゆくべき通路、即ち、信者のとるべき絶対・唯一の大道。『教行信証』の「行巻」に、「道者无㝵道也。経言、『十方无㝵人、一道出生死』一道者无㝵道也」（「道」ハ无㝵道ナリ。『経』（注、華厳経）ニ言《ノタマ》ハク、「十方无㝵《ムゲ》ノ人、一道ヨリ生死ヲ出デタマヘリ」ト。一道ハ、无㝵道ナリ）とある。**○謂はれ** 理由、わけ。 **○如何とならば** どういうことかというならば。前に示した事柄について、その原因・理由を説明する場合の、ことわりを述べる言い方。 **○信心の行者** 弥陀の本願を固く信じて、その信心にもとづき、念仏を行ずる人。「行者」は、第一部の「序」に既出。 **○天神** 梵天《ぼんてん》・帝釈《たいしゃく》・四天大王《してんだいおう》（持国天《じこくてん》・増《ぞう》長天《じょうてん》・広目天《こうもくてん》・多聞天《たもんてん》）等の、天上界《てんじょうかい》に住《じゅう》する、仏法を守護する善神。天部善神ともいう。 **○地祇** 人間界に住する、地の神。堅牢地神《けんろうちじん》（堅牢地祇《ちぎ》、堅牢地天《ちてん》ともいう）・八大竜王（難陀《なんだ》、跋難陀《ばつなんだ》・娑加羅《しゃがら》・和脩吉《わしゅきつ》・徳叉《とくしゃ》迦《か》・阿那婆達多《あなばだつた》・摩那斯《まなし》・優鉢羅《うはつら》の各竜王）等をいう。親鸞は、『教行信証』の「化身土巻」において、「聖道・浄土ノ真仮《シンケ》ヲ開顕《カイケン》シテ、邪偽《ジャギ》・異執《イシフ》ノ外教《ゲケウ》ヲ教誡」しようとして、三宝に帰依するものには、諸天・善神が護持し、養育するので、悪鬼・魔王も害を加えることの不可能なることを、諸仏典を引用して説いている。**○敬伏し**　うやまってひれふし。「敬伏《きやうぶく》」は呉音読み。　**○魔界**　「魔」の住する世界。魔道ともいう。「魔」は、悪魔ともいい、人命を害し、人の善行を妨害するもの。『日ポ』に「Macai. マカイ（魔界）悪魔の集団、または、悪魔の世界。仏法語（Bup.）」とある。　**○外道**　仏法以外に道を立てた邪法と、それを奉ずる者とをいう。親鸞は、『一念多念文意《いちねんたねんもんい》』に、「異学《いがく》といふは、聖道・外道におもむきて、余行《よぎやう》を修《しゆ》し、余仏《よぶつ》を念ず。吉日《きちにち》・良辰《りやうしん》をえらび、占相《せんさう》・祭祀《さいし》をこのむものなり。これは外道なり。これらは、ひとへに、自力をたのむものなり」と述べている。『日ポ』には、「Guedŏ. ゲダゥ（外道）悪事をすること、または、害し妨げること」とある。　**○障碍す**　さえぎり、さまたげる。『日ポ』に、「Xŏgue. シャゥゲ(障礙) Sauari, ru.(障り、る) 障害、または、邪魔。Xŏgueuo nasu.（障礙をなす）障害になる、あるいは、阻止する、または、邪魔する」とある。　**○罪悪**　「罪」は、法性《ほつしやう》の理にそむき、または、禁戒《きんかい》を破った行為。「悪」は、正理《しようり》に背反し、現在及び将来に苦を招く行為。**○業報を感ずること能はず**　「業報」は、業（人がなす、すべてのしわざ。第二章の注釈参照）の善と悪とにより、必然的に、楽と苦を身に受けるむくい。「感ず」は、仏語で、前世の行いの報いが現れる、わが身に受ける。『平家物語』巻十二「重衡《しげひら》被レ斬《きられ》」に、「修因感果の道理、極成《ごくじやう》せり」、同巻三「有王」に、「されば、かの信施無慙《しんせむざん》の罪に依つて、今生にて早や感ぜられけりとぞ見えたりける」の例がある。『今昔物語』巻九の第二十一の末尾にも、「これを以て思ふに、殺生《せつしやう》の罪は、現報《げんぽう》を感ずるなりと知るべしとなむ、語り伝へたるとや」とある。　**○諸善も及ぶことなき故なり**　「諸善」は、さまざまな善事・善行。「及ぶ」は、同等の程度に到達する、とどく。

〔解説〕

この章は、念仏の持つ、大きな力・功徳を説いたものであって、多くの仏語を駆使して、冒頭の一文から始まって、その根拠づけへという発展が辿られる。

《解釈》

主題

あらゆる障碍《しょうがい》を超越している、念仏の一道の持つ力の絶大さ。

この主題は、冒頭の一文に道破されている。

構想

（一）あらゆる障碍を超越している、念仏の一道の持つ力の絶大さ。

（二）信心の念仏行者の前には、現世の一切の力の及ばぬさま。

この構想は、（一）において主題を顕現的に言表し、（二）において、それを、さまざまな事象を挙げて証明するという、説得的展開を示している。

叙述

〔**念仏は、無碍の一道なり。**〕——念仏に対しての、親鸞の主体的信念・信条の簡勁《かんけい》な言表であって、「念仏は」と主語を提示し、それにつき、「無碍の一道なり」と簡潔に、しかも力強く言い切って、述語を形作っている。彼の内に長い年月にわたって蓄積されていた信念が、この簡浄な一文に結晶している趣であって、聞き手にとっては、当然、その述語の意味する所を聞きたくなる如き言い方である。

〔**その謂はれ如何とならば、**〕——第一章から第六章までの間に、自己の主張し、立言し、告白する言葉の後には、必ずといってよいほど、その理由・根拠が述べられていることは、既に分析した通りであるが、ここでは、「その故は」（第一章・第二章・第三章・第五章・第六章に出ている）とあったのよりも、やや重い意味が含まれているように思われる。話し手親鸞は、極めて厳粛に、「無碍の一道」たる「謂はれ」を以下に説いてゆくのであって、その出発点が、この重々しい言い方の上にまず認められる。

〔信心の行者には、天神・地祇も敬伏し、魔界・外道も障碍することなし。〕——ここに言う「信心の行者」とは、「信心の念仏行者」の意味に外ならない。弥陀の本願を信心し、弥陀の御名を称する念仏を行ずる者は、信心と念仏によって、阿弥陀如来に直接し、直結し、その間には何ものも介在することはできないはずである。そこで、「天神・地祇」「魔界・外道」という、「信心の行者」の外にある存在も、この弥陀と念仏行者との間に入り来って、何事をもなすことは不可能であると言えよう。「天神・地祇」という、仏法の内なる、仏法守護の善神といえども、「敬伏」する外なく、「魔界・外道」という、仏法の外なる、仏法妨害の邪道といえども、何の「障碍」をもたらすことができないという、強固な信念の告白である。これは、そのまま、「念仏は、無碍の一道」なることを証することになるわけである。「天神・地祇も」といい、「魔界・外道も」といって、強調の助詞「も」を付している所に、話者親鸞の信念が発現している。

〔罪悪も業報を感ずること能はず。〕——この「罪悪」は、「信心の行者」が自己の内を省みて見いだすものである点において、外なる「天神・地祇」「魔界・外道」とは異なっていると言えよう。その行者の「罪悪」が因となってもたらす、果としての「業報」を必然的に身に受けざるを得ないのが、人間の運命であることは、仏法の説く所であるとともに、深刻に内省する時に、誰もが覚《おぼ》えのある所である。こういう修因感果《しゅいんかんか》の道理（人がある行為を実践すると、いつかは、その行為の報いをわが身に受けるという道理〕に縛られている人間を救済し給う弥陀の本願に応ずるのが「信心の行者」であることを思えば、因果を超越する、即ち「業報を感ずること能はず」と信ずることは、当然の内証となってくる。人間の誰もが抱く罪悪感からの解放は、「信心の行者」となることによってのみ実現することが、簡潔に、しかも力をこめて説示されているのである。

〔諸善も及ぶことなき故なり。〕――「罪悪」に対する「諸善」も、念仏行者の内なる問題であって、「念仏行者」の前には、いかなる善行も比べものにならないという所に、反省によって見いだされた信念が存するわけである。そして、前の二つと同じく、「罪悪も」「諸善も」という強調によって、ますます、「無碍の一道」たることが証明されてくる趣である。「故なり」の結びが、「その謂はれ如何とならば」と相応じていることは、言うまでもない。

この章の叙述において著しいことは、「天神・地祇も」「魔界・外道も」「罪悪も」「諸善も」の四箇所にわたって、助詞「も」が用いられていることであって、これによって、「念仏は、無碍の一道なり」という主題が、何の妨げもなく、自在に、念仏による往生の道を実現してゆく様相を思わしめるものがある。また、「天神・地祇」「魔界・外道」は、それぞれ、仏法の内なるものと外なるものであって、言わば、対象的存在に外ならない。一方、「罪悪」「諸善」は、念仏行者の内面に生起する主体的問題である。このように解してみると、この一章は、安易に読み過すことの許されない、緻密な、そして、深い信念にもとづく、「理」「道理」の表現たることが認められてくる。この、一読、乾燥・無味とも感じられる表現が、実は、説示者親鸞の深い主体的信念の現れたることが理解されるべきであろう。

ここで思い合わされるのは、第一章に、

しかれば、本願を信ぜんには、他の善も要にあらず。念仏にまさるべき善なき故に。悪をも恐るべからず。弥陀の本願を妨ぐる程の悪なき故に。

とあったことであって、「本願を信ぜんには」は、この章の「信心の行者」に、「他の善も要にあらず。念仏にまさるべき善なき故に」は、「諸善も及ぶことなき故に」に、「悪をも恐るべからず。弥陀の本願を妨ぐる程の悪なき故に」は、「罪悪も業報を感ずること能はず」に、それぞれ照応していると言えよう。そこに、親鸞の信心の、前後に一貫し、徹底していることが認められる。この説示は、短小ではあるが、「信心の行者」に、深い安心と自信を与える力があったに違いない。対句《ついく》が四回も使われ、漢語も多用されている叙述であるが、全体としては、未だかつて何人も言い得ていない「理《ことわり》」のいみじき表現と言えるのではあるまいか。

なお、わたくし自身への参考のために、親鸞作『浄土和讃』の「現世利益和讃《げんぜりやく》」中から、「罪障消滅《ざいしやうせうめつ》」・「諸衆護念《しよしゆごねん》」の利益《りやく》を讃《たた》えた十三首を引用しておきたい。

一切《いつさい》の功徳《くどく》にすぐれたる　南無阿弥陀仏をとなふれば、三世《さんぜ》の重鄣《ぢうしやう》みながら、かならず転《てん》じて、軽微《きやうみ》なり。

南無阿弥陀仏をとなふれば、この世の利益きはもなし。流転《るてん》・輪廻《りんゑ》の罪消えて、定業《ぢやうごふ》・中夭《ちうえう》のぞこりぬ。

南無阿弥陀仏をとなふれば、梵王《ぼんわう》・帝釈帰敬《たいしやくききやう》す。諸天善神《しよてんぜんじん》ことごとく、よるひる、つねにまもるなり。

南無阿弥陀仏をとなふれば、四《し》天大王《てんだいわう》もろともに、よる・ひる、つねにまもりつつ、よろづの悪鬼《あくき》をちかづけず。

南無阿弥陀仏をとなふれば、堅牢地祇《けんらうちぎ》は尊敬《そんきやう》す。かげとかたちとのごとくにて、よる・ひる、つねにまもるなり。

南無阿弥陀仏をとなふれば、難陀《なんだ》・跋難《ばつなん》・大龍等《だいりうとう》、無量《むりやう》の龍神尊敬《りうじんそんきやう》し、よる・ひる、つねにまもるなり。

南無阿弥陀仏をとなふれば、炎魔《えんま》法王《ほふわう》尊敬す。五道の冥官《みやうくわん》みなともに、よる・ひる、つねにまもるなり。

南無阿弥陀仏をとなふれば、他化天《たけてん》の大魔王《だいまわう》、釈迦牟尼仏《しやかむにぶつ》のみまへにて、まもらんとこそちかひしか。

天神・地祇は、こと〴〵く、善鬼神《ぜんきじん》となづけたり。これらの善神《ぜんじん》、みなともに、念仏のひとをまもるなり。

願力不思議《ぐわんりきふしぎ》の信心は、大菩提心《だいぼだいしん》なりければ、天地《てんち》にみてる悪鬼神《あくきじん》、みな、こと〴〵くおそるなり。

南無阿弥陀仏をとなふれば、観音《くわんおん》・勢至《せいし》は、もろともに、恒沙塵数《ごうじやぢんじゆ》の菩薩《ぼさつ》と、かげのごとくに、身にそへり。

無碍光仏《むげくわうぶつ》のひかりには、無数《むしゆ》の阿弥陀《あみだ》まし〳〵て、化仏《けぶつ》おの〳〵こと〴〵く、真実信心をまもるなり。

南無阿弥陀仏をとなふれば、十方無量《じつぱうむりやう》の諸仏は、百重《ひやくぢう》・千重《せんぢう》囲繞《ゐねう》して、よろこびまもりたまふなり。

親鸞においては、「南無阿弥陀仏」と口称《くしよう》することに、これだけの豊富な、広大な、そして深遠な利益が信じられていたのであった。この十三首の中には、この第七章と関連しているものがいくつかあることが注目される。たとい、道綽《どうしやく》の『安楽集《あんらくしふ》』、善導《ぜんどう》の『観念法門《くわんねんほふもん》』や、それらに引用されている諸経典に出典が見いだされるにしても。

第八章

一　念仏《ねんぶつ》は、行者《ぎやうじや》のために、(1)非行《ひぎやう》・非《ひ》善《ぜん》なり。我が計《はから》ひにて行《ぎやう》ずるに非《あら》ざれば、非行と言ふ。わが計ひにて作《つく》る善《ぜん》にも非ざれば、非善と言ふ。偏《ひと》へに他力《たりき》にして、自力《じりき》を離《はな》れたる故《ゆゑ》に、行者のためには、非行・非善なり。と云々。

(1) タメニ。(底) タメ (龍・端別)。

〔口訳〕

一　念仏は、それを申す者にとっては、非行《ひぎよう》であり、非善である。念仏は、自分の企《くわだ》てによって行うのではないから、わたしは非行と言うのだ。また、念仏は、自分の企てによってなす善事・善行でもないから、わたしは非善と言うのだ。ほんとうの念仏は、ただただ、仏の他力にもとづく念仏であって、人間の自力を完全に脱しているのであるから、念仏を申す人にとっては、非行であり、非善であるのだ。……

〔注釈〕 **○行者のためには** 「行者」は、前章には、「信心の行者」と出ていた。仏教の修行をする人のことであるが、ここでは、念仏をとなえることを「行」と考えて、その人を「行者」と呼んだのである。「のために」は、にとって。 **○非行・非善** 「非」の文字は、非議・非難・非謗・非斥という熟語が示すように、正しくないとして退ける、そしるとか、非行・非礼・非分・非人という熟語が示すように、不正である、まちがっているとか、「にあらず」と読んで、続く名詞の意味を否定するとか、是（よいこと）に対する非（わるいこと）とかいうような意味を表している。それをここでは、「念仏は、……非行・非善なり」という、意外な、人の耳を驚かす言葉として親鸞は用いているのであって、以下に、その理由を説いている。

○我が計ひにて行ずるに非ざれば、非行と言ふ 「我が計ひ」は、第六章に既出。自分の企画、取りはからい、処置、企《くわだ》ての意。「行ず」は、いうまでもなく、念仏を行ずる、念仏をとなえる。「我が計ひにて行ずる」念仏では、他力の念仏ではなく、自力の念仏になってしまう。この区別をはっきりさせたい要求から、「非行」という言葉が親鸞により創《つく》り出されたのである。したがって、「非行」とは、自力否定の、他力の行を意味することになる。「と言ふ」の主語は、「われは」「親鸞は」とあるべきなのを略した形である。 **○わが計ひにて作る善にも非ざれば、非善と言ふ** 第三章に、「自力作善《じりきさぜん》」の語があったが、その「作善」を、ここでは「作る善」と言い直したのであって、「作る」は、作為・動作・作法のように、する、なすの意。「善」は、第一章・第五章に既出、善事・善行の意。「善にも」の「も」は、意味を強める助詞。「非善」は、「非行」について記したと同じように、「自力の善」と区別するために考え出された語で、他力の善の意味と解せられる。 **○偏へに** 第一部の「序」にも出ていたように、ただただ、ひたすらに。この上に、「念仏は」という言葉が略されている。 **○他力にして、自力を離れたる故に** 「にして」は、であって。「離る」は、離脱する。「たる」は、存続の助動詞で、……ている。「故に」は、から、ので。

〔解説〕

この第八章も、冒頭の一文に主題の道破が存する。そして、その主題は、「念仏は、行者のために、非行・非善なり」という、聞き手の心に衝撃を与えずにはおかない、意外な言葉であって、これまで、「本願を信ぜんには、他の善も要にあらず」（第一章）、「たとひ、法然聖人に賺《すか》され参らせて、念仏して地獄に堕ちたりとも、さらに後悔すべからず候ふ」（第二章）、「善人なほもつて、往生を遂ぐ。況んや、悪人をや」（第三章）、「親鸞は、父母の孝養のためとて、一返にても念仏申したること、未だ候はず」（第五章）、「親鸞は、弟子一人も持たず候ふ」（第六章）等の、反道徳的、反世俗的、反常識的な、宗教的立場においてのみ言える、鋭くして深い立言があったが、本章の主題もこの系列に属していて、聞き手・読者の心に迫る力を示している。

《解釈》

主題

念仏行者にとって、非行・非善である念仏の持つ意義。

構想

(一) 念仏行者にとって、非行・非善である念仏の持つ意義。

(二) わがはからいではない、偏《ひと》えに他力であって、自力を離れた念仏の、非行・非善たる意義。

叙述

(一) は、主題の披瀝、(二) は、その根拠・理由を示しているところに、説示的傾向が認められる。

〔念仏は、行者のために、非行・非善なり。〕——漢語の「非」は、「正しくない、まちがっている」の意味に多く用いられているので、この「非行」も「非善」も、初めて聞いた人には、大きな驚きであり、深い疑惑を抱かされた言葉であったと思われる。念仏こそ、往生極楽の唯一の道として挙揚して来ている師、親鸞の言葉であるのだから。そして、ここにも、聞き手に、なぜ「行者」にとって、「非行」であり、「非善」であるかを聞こうとする気持の集中を起させたに違いないと推測される。

〔我が計ひにて行ずるに非ざれば、非行と言ふ。わが計ひにて作る善にも非ざれば、非善と言ふ。〕——前の章段にあった、「その故は」「その謂はれ如何とならば」の如き、理由の説明に入る時の叙述を全く省略しているのは、第四章の第二段落の初めに類似していると言える。ここには、「我が計ひ」、即ち、自己中心の、自己に頼る意図の、明白な否定がある。その「我が計ひ」を全く脱して、行ずる念仏であるから、「非行」といい、また、「我が計ひ」を全く越えて作る「善」行でもあるから、「非善」というのであるという説明であって、この「非」は、「我が計ひ」、即ち自力による意志の完全なる否定を意味していることになる。即ち、他力に外ならない。かくして、念仏について、「非行」「非善」というのは、それが「他力行」「他力善」でなくてはならないことになる。ここで、「作る善」とあるのは、念仏を善行として実践すること、道徳的によい行いとして実行することに、人間としての主観的、道徳的作為を親鸞が認めたためであると、わたくしは解している。「善にも非ざれば」と、助詞「も」が挿入されているのは、類例が他にもあることを前提として、「行」と並列的に、「善」を挙げていることになる。この「非」という文字の、大胆といえば大胆、厳密といえば厳密な使用法によって、「非行・非善」と言い得たところに、親鸞の宗教者としての強く、深い面目が窺われる。

「偏へに、他力にして、自力を離れたる故に、行者のためには、非行・非善なり。」――この「偏へに」は、下の「他力にして」と「自力を離れたる故に」との二つの句を限定している。ここに至って、「非行・非善」と言った意義が、「他力による行」であり、「他力による善」であることが明白に示されているのを見る。そして、この章の冒頭には、「念仏は」とあった主語を省略して叙述を引きしめ、「行者のためには、非行・非善なり」という反復を加えて、一篇の説示を結んでいるのである。このように解釈してくると、この「非行・非善」の念仏の説示は、他のいかなる仏教とも区別される、革新的立場に立っての親鸞の立言であることが理解されてくる。

『歎異抄』における親鸞の説示には、いかなる章においても、どこかに独創的、あるいは革新的な言説があって、聴者・読者の心をひきつけずにはおかない力を発揮している。この章において、「念仏は、行者のために、非行・非善なり」と道破しているのも、かかる力を示していると言うべきであろう。しかも、彼のいかなる著作にも、書簡にも、「非行」「非善」の二語は見当らないことが注意される。それほど、この二つの語には、彼の発見があり、創造があると言うべきである。この発見と創造が、彼をしてこの章を説示させる原動力をなしたに違いない。この章の表現の迫力あるゆえんである。また、彼は、かかる語によって、主題となる「理」の表現を強化していると思われるのである。

わたくしは、右に述べたような理由によって、この章にも文芸としての意義、特に、中世的文芸として、「理」の表現の、簡浄にして充実した意義を認めたいと思う。そして、ただ、この『歎異抄』の中にのみ、この、希有《けう》の説示を書き留めて置いた著者唯円の達見・熱意を偲《しの》ばざるを得ないものがある。

第九章

一　「念仏申《まう》し候《さうら》へども、踊躍《ゆやく》・歓喜《くわんぎ》の心《こころ》おろそかに候《さうら》ふこと、また、急《いそ》ぎ浄土《じやうど》へ参《まゐ》りたき心の候はぬは、如何《いかに》と候ふべき事にて候ふやらん」と申《まう》し入《い》れて候《さうら》ひしかば、

(1)親鸞《しんらん》もこの不審《ふしん》ありつるに、唯円房《ゆいゑんばう》、同《おな》じ心にてありけり。

よくよく案《あん》じみれば、天《てん》に踊《をど》り、地《ち》に躍《をど》る程《ほど》に喜《よろこ》ぶべき事を喜ばぬにて、いよいよ、往《わう》生《じやう》は(2)一定《いちぢやう》と思ひ(3)給《たま》ふなり。喜ぶべき心を抑《おさ》へて、(4)喜ばざるは、煩悩《ぼんなう》の所為《しよゐ》なり。しかるに、仏《ぶつ》、予《かね》て知ろしめして、煩悩具足《ぐそく》の凡夫《ぼんぶ》と仰《おほ》せられたることなれば、他力《たりき》の悲願《ひぐわん》は(5)かくの如《ごと》きのわれらがためなりけりと知られて、いよいよ頼《たの》もしく覚《おぼ》ゆるなり。

また、浄土へ急《いそ》ぎ参《まゐ》りたき心のなくて、些《いささ》か、所労《しよらう》のこともあれば、死なんずるやらんと、心細《こころぼそ》く覚《おぼ》ゆることも、煩悩《ぼんなう》の所為《しよゐ》なり。久遠劫《くをんごふ》より今《いま》まで流転《るてん》せる、苦悩《くなう》の旧里《きうり》は捨《す》て難《がた》く、未《いま》だ生《む》まれざる(6)安養浄土《あんにやうじやうど》は恋《こひ》しからず候《さうら》ふこと、まことに、よくよく、煩悩の興《こう》

盛《じやう》に候ふにこそ。名残惜《なごりを》しく思へども、娑婆《しやば》の縁尽《えんつ》きて、力《ちから》なくして終《をは》る時に、かの土《ど》へは参《まゐ》るべきなり。急《いそ》ぎ参りたき心なき者を、殊《こと》に憐《あはれ》み給ふなり。これにつけてこそ、いよいよ、大悲《だいひ》・大願《だいぐわん》は頼《たの》もしく、往生《わうじやう》は決定《けつぢやう》と存《ぞん》じ候《さうら》へ。踊躍《ゆやく》・歓喜《くわんぎ》の心《こころ》もあり、急《いそ》ぎ浄土《じやうど》へも参《まゐ》りたく候《さうら》はんには、煩悩《ぼんなう》のなきやらんと、(7)悪《あ》しく候ひなまし。と云〻《うんぬん》。

(1) 親巒(底) 親鸞(端・毫・光)。(2) 一定(底) 一定ト(端・妙・龍・端別)。(3) タマフナリ(底) タマフヘキナリ(端・毫・光・妙・龍・端別)。(4) ヨロコハサルハ(底) ヨロコハセサルハ(端・毫・光・妙・龍・端別)。(5) カクノコトシワレラカ(底) カクノコトキノワレラカ(歎異抄私記) カクノコトキノワレカ(首書歎異抄)。(6) 安養浄土(底) 安養ノ浄土(端・毫・光) 安養《アンヤウ》ノ浄土《シヤウト》(妙・龍・端別)。(7) アシク(底) アヤシク(端・毫・光・龍・端別) アヤウシク(妙)。

〔口訳〕

一 わたくし(唯円)が、「念仏を申しますけれども、勇んでおどりあがったり、非常に喜んだりする心持が不充分《ふじゆうぶん》でございますこと、また、速《すみや》かに浄土へ参りたい心持がございませんのは、どのようにあるべきことでございましょうか」と、先師、親鸞聖人に申し上げましたところ、

(聖人がおっしゃいましたことは、以下の通りである。)

「この親鸞も、この疑問がこれまであったのだが、唯円房、そなたも同じ心持であるのだなあ。

よく念を入れて思案してみると、天におどりあがり、地におどりあがるくらいに喜んでよいはずのことを喜ばないことで、ますます、浄土への往生は確実だと思います。自分が喜んでよいはずの気持を抑えてしまい、喜ばないのは、人間の中にある煩悩のなすところなのだ。ところで、仏《ほとけ》は、前もって、このことをご存じであらせられて、人間を「煩悩を充分に具《そな》えている凡夫」とおっしゃっていることであるから、仏の他力によって人間を救おうという慈悲のご誓願は、このように煩悩を具えているわたしたちのためなのだなあと、自然にわかって来て、ますます、ご誓願が頼りになると思われるのだ。

また、浄土へ速《すみや》かに参りたい気持が起きないで、ちょっとでも、病いにかかることもあると、今にも死ぬのではなかろうかと、心細く感ぜられることも、煩悩のなすところなのだ。限りなく遠い過去から今まで、迷いの世界に生と死をくり返して移り変って来た、苦しみや悩みの多い、この世という古里《ふるさと》は捨てにくく、まだ、生れたことのない安楽な浄土は慕わしくありませんことは、ほんとうに、ひどく、煩悩の勢いが盛んであるからなのです。この世に別れるのが惜しくつらいと思っても、この、苦しみに堪えてゆく俗世との関《かかわ》りが全くなくなって、どうにもならなくて、命が尽きる時に、あの浄土へは参るはずのものなのだ。仏は、速かに参りたい気持のない者を、特に、憐れみをおかけになるのである。このようなことによってこそ、ますます、仏の大慈悲心・大誓願は頼りになり、浄土への往生は確定していると思います。

もしも、念仏する時に、勇んでおどりあがったり、非常に喜んだりする気持があり、または、速かに浄土へも参りたくありますようでは、煩悩が自分の身にないのであろうかと、かえって、いけなく思ってしまうことでしょう」……

〔注釈〕 この第九章は、『歎異抄』の著者、唯円の、師の親鸞に向っての質疑から始まっている。

○念仏申し候へども、踊躍・歓喜の心おろそかに候ふこと この章には、「候ふ」の語が十一回も使用されているが、大別して、㈠動詞「あり」「居《ゐ》る」の丁寧語で、あります・ございますの意。㈡動詞・形容詞・形容動詞・助動詞の連用形、または、それらに接続助詞「て」の付いた形で接続して、丁寧の意味を表し、ます、ございますの意、の二つとなる。ここの「申し候へども」は、申しますけれどもの意で㈡、「歓喜の心おろそかに候ふこと」は、ございますことの意で㈠に分類される。「踊躍」は、勇《いさ》んでおどりあがること、喜んで勇み立つこと。

『日ポ』に、「Yuyacu ユヤク(踊躍) Vodori, ru. (踊り、る) 非常に喜んで、喜びを包みきれないこと。例、Quãgui yuyacu suru. (歓喜踊躍する) 喜んで、嬉しさを自分のうちに包みきれない」とある。「踊」は、呉音ユ・ユウ、漢音はヨウ。『教行信証』の「行巻」には、『仏説《ぶつせつ》諸仏《しよぶつ》阿弥陀《あみだ》三那《さんな》三仏薩楼《さんぶつさる》仏壇過度《ぶつだんくわど》人道経《にんだうきやう》』から、「歓喜踊躍者、皆令来生我国、得是願、乃作仏」(歓喜踊躍セン者、皆、我ガ国ニ来生《ライシヤウ》セシメ、是《コ》ノ願ヲ得テ、乃《イマ》シ作仏《サブツ》セン)、『無量清浄平等覚経《むりやうしやうじやうびやうどうがくきやう》』巻上から、「諸天人民、蠕動之類、聞我名字、皆悉踊躍、来生我国」(諸天人民《ニンミン》、蠕動《ネンドウ》ノ類《タグヒ》、我ガ名字《ミヤウジ》ヲ聞キテ、皆、悉《コトゴト》ク踊躍センモノ、我ガ国ニ来生《ライシヤウ》セシメン)、「阿闍世王太子、及五百長者子、聞無量清浄仏二十四願、皆大歓喜踊躍、心中倶願言(下略)」(阿《ア》闍世《ジヤセ》王太子《ワウタイシ》、及ビ五百ノ長者子《チヤウジヤシ》、無《ム》量清浄仏《リヤウシヤウジヤウブツ》ノ二十四願ヲ聞キテ、皆、大イニ歓喜シ踊躍シテ、心中《シンチウ》ニ倶《トモ》ニ願《グワン》ジテ言《イ》ハマク(下略)」、「則、諸比丘僧、聞仏言、皆、心踊躍、莫不歓喜者」(則チ、諸《モロモロ》ノ比《ビ》丘《ク》僧《ソウ》、仏ノ言《ミコト》ヲ聞キテ、皆、心《ココロ》踊躍シテ、歓喜セザル者莫《ナ》ケン)、同「真仏土《しんぶつど》巻」には、『無量寿経《むりやうじゆきやう》』巻上から、「其、有衆生、遇斯光者、三垢消滅、身意柔軟。歓喜踊躍、善心生焉」(其レ、衆生アリテ、斯《コ》ノ光ニ遇《マウア》フ者ハ、三垢《サンク》消滅《シヤウメツ》シ、身意《シンニ》柔軟《ニウナン》ナリ。歓喜踊躍シ、善心生ズ)を引用している。その外にも、『一念多念文意』に、『無量寿経』の一節を引いて、『歓喜・踊躍、乃至《ないし》一念』

といふは、『歓喜』は、うべきことをえてむずと、さきだちてかねてよろこぶこころなり。『踊《ゆ》』は、天にをどるといふ。『躍』は、地にをどるといふ。よろこぶこころのきはまりなきかたちなり。慶楽《きやうらく》するありさまをあらはすなり。『慶』は、うべきことをえて、のちによろこぶこころなり。『楽』は、たのしむこころなり」と述べているのが注意される。右の引用文中の「歓・喜」の二文字は、「ミヲヨロコバシム、コヽロヲヨロコバシムトナリ」と左側に注が書き込まれている。『日ポ』には、「Quangui. クヮンギ（歓喜）Yorocobi, u.（歓び、ぶ）（中略）Quangui yuyacu.（歓喜踊躍）喜んでこおどりすること」と出ている。「心」は、心持・意識。「おろそかに」は、なおざりに、不充分に、疎略に、通りいっぺんに。　**○急ぎ浄土へ参りたき心の候はぬは**　この「急ぎ」は、第四章・第五章に既出。勿論、動詞「急ぐ」の連用形であるが、やや副詞的に、「速《すみや》かに」の如き意味で使われているようである。「参る」は、「行く」の謙譲語で、行く目的の「浄土」に対して、へり下って言う動詞。「候はぬ」の下には、「こと」の如き語が略されている。　**○如何と候ふべき事にて候ふやらん**　「如何と」は、どのようにと、どんなふうにと。第七章に、「その言はれ如何とならば」の形で既出。「候ふべき事」は、前述したように、この「候ふ」は「あり」の丁寧語であるから、丁寧の意を取ってしまえば、「あるべき」となるはずである。したがって、ここは、「如何とあるべき事」、即ち、どのようにあるべきこと、どのようにあるはずのことの意となる。下にも、「候ふやらん」とあるので、意味を明確にするために、上の「候ふ」は、丁寧語でなく訳しておきたい。「候ふやらん」の「やらん」は、「にやあらん」の変形した形で、「候ふやらん」は、ございましょうか、の意。　**○申し入れて候ひしかば**　「申し入る」は、『日ポ』に、「Mŏxi ire, uru, eta. マゥシイレ、ルル、レタ（申し入れ、るる、れた）ある人に言う」とあるように、「言ふ」の謙譲語として使われている。「申し入れて候ひしかば」は、動詞「申し入れ」に接続助詞「て」が付き、それに「候ふ」が接続している形で、「申し入れ候ひしかば」とほとんど同じ意味となる。ここまでは、『歎異抄』の著者の、ある日、ある時における、心中の疑問を師の親鸞に申し上げた、この第九章における前書《まえがき》、または序・はしがきに当る部分として理解すべきである。

○親鸞もこの不審ありつるに、唯円房、同じ心にてありけり 今ならば、「わたし」と言うべき所に、我が名を以て「親鸞」と言っている例は、既に、第二章・第五章・第六章に出ていた。ここでは、弟子唯円との対話に用いられているのが注意される。底本には、「親巒」と表記されているが、一種の略字的表記と思われるので、正しきに従って、「親鸞」と改めることにした。「不審」は、よくわからぬこと、はっきりしないこと、疑わしいこと、疑問。「ありつるに」は、完了の助動詞「つる」を用いているので、この時までに、何度か、話者の親鸞に、かかる「不審」があったことを示していると言えよう。「に」は、時・折・場合を表す助詞。「唯円房」の「房」は、弟子の唯円に対する、親しみをこめた敬称。親鸞が東山の法然の門下にあった時に、善信房綽空《ぜんしんぼうしゃくくう》と称し、師は法然房源空《ほうねんぼうげんくう》と称し、その外、法然の下には、勢観房源智《せいかんぼうげんち》・念仏房念阿《ねんぶつぼうねんな》などの弟子がいたが、その何々房というのは、法諱《ほうき》を憚って、その僧を呼ぶ時の、一種の敬称である房号《ぼうごう》であって、ここの唯円房の「房」とは区別される。唯円は法諱であって、房号がないのは、在家の沙弥《しゃみ》・遁世者であったからと考えられる。「心にてありけり」の「心」は、唯円の問いの中の「心」と同じ。「ありけり」の「けり」は、これまで意識しなかったことに初めて気づいて、それを詠嘆する気持を表し、あるのだなあの意。 **○よくよく案じみれば** 「よくよく」は、第二章に既出、念を入れて。「案じみる」は、考えてみる、思案してみる。 **○天に踊り、地に躍る程に喜ぶべき事を喜ばぬにて** 「天に踊り、地に躍る」は、大いに喜んで、じっとしていられずに、おどり上がるさまであって、「踊躍」の二字を言い直したものであることは、前に引いた、『一念多念文意』の中の文にも出ていた。「喜ぶべき」の「べき」は、当然の意で、ここは、喜ばなくてはならない、喜ぶはずの、の意。「喜ばぬにて」は、喜ばぬことによって。 **○いよいよ、往生は一定と思ひ給ふなり** 「いよいよ」は、ますます、前よりもなおいっそう。「一定と」は、「一定なりと」の略で、「一定」は、呉音で読み、確定する、一つに定まる、確実だ。この箇所は、底本では、「往生ハ一定オモヒタマフナリ」とあるのであるが、このままでは意味が通じぬので、他本を参照して、「一定と思ひ給ふなり」と補うことにした。「思ひ給ふなり」の主語は親鸞。この「給ふ」は、下二段活用の丁寧の気持を表す補助動詞で、談話中に用いられ、ます、の意となる。鎌倉時代にも、希に用いられたことが、『宇治拾遺物語』巻四の「石橋《いしばし》の下の蛇《くちなは》の事」に、「腰より上《かみ》は人にて、下《しも》は蛇なる女、きよげなるがゐて、言ふやう、『……昨日、おのれがおもしの石をふみ返し給ひしに助けられて、石のその苦をまぬがれて、うれしと思ひ給へしかば』」の例により知られる。同書には、外に十三もの例がある。　**〇喜ぶべき心を抑へて、喜ばざるは、煩悩の所為なり**　この所も、底本には、「ヨロコフヘキコヽロヲオサヘテヨロコハサルハ」とあるのに対し、異本の中には、「ヨロコハセサルハ」と、煩悩を主語とすると考えられる異文もあるが、「わが喜ぶべき心を抑へて、わが喜ばざるは」の「わが」を略した形と考えれば、底本のままでよいと考えて、それに従い訳した。わたくしとしては、なるべく底本を生かしたいと思う。「煩悩」は、第一章に既出。「所為」は、なすところ、しわざ、行い。『日ポ』に、「Xoi. ショイ（所為）Nasu tocoro.（為す所）すなわち、しわざ」とある。

〇しかるに　それなのに、それにもかかわらず、ところが、しかし等の逆接の意味を表すのが普通であるが、転じて、ここのように、それにつけて、ところで、さて、の意をも示すようになっている。　**〇仏、予て知ろしめして、煩悩具足の凡夫と仰せられたることなれば**　「予て」は、前もって、あらかじめ。「知ろしめす」は、「知る」の尊敬語で、ご存じである、知っておられる、知っていらっしゃる。「煩悩具足」は、第三章に既出。「凡夫」は、凡庸なる士夫の意で、聖人に対して、凡庸にして浅識なる者をいう。『日ポ』に、「Bonbu. ボンブ(凡夫)無知な人、または、学問や官位のない人」とあるので、読み方はボンブであることが知られる。親鸞は、『一念多念文意』に、『法事讃』巻下の「致使凡夫念即生」（凡夫、念ズレバ即チ生ゼシムルヲ致ス）の中の「凡夫」につき、『凡夫』といふは、無明《むみやう》煩悩、われらが身にみち〳〵て、欲もおほく、いかり、はらだち、そねみ、ねたむこころおほく、ひまなくして、臨終の一念にいたるまで、とどまらず、きえず、たえずと、水《すい》・火《くわ》二《に》河《が》のたとへにあらはれたり」と記している。「仰す」は、第三章に既出の通り、「言ふ」の尊敬語である。「煩悩具足の凡夫」の語は、『浄土三部経』の中には出典が見いだされない。今後は、釈尊所説の他の経文中に探すべきであろう。

○他力の悲願はかくの如きのわれらがためなりけりと知られていよいよ頼もしく覚ゆるなり　「他力の」は、弥陀の本願の力における。「悲願」は、慈悲（第四章参照）の願い。続く本文は、底本では「カクノコトシワレラカタメナリ」となっているが、これでは意味が通じないので、他本により、「かくの如きの」と改めた。冒頭にある、念仏をしても、踊躍・歓喜の心も起らず、速かに浄土往生したい心も持てないことを指している。「ためなりけり」の「けり」は、この章の「唯円房、同じ心にてありけり」の「けり」と意味は同じであって、はっと思い当って気づいた時の感動を表す助動詞。「知られて」の「れ」は、自発の助動詞で、ここは「おのずからわかるようになって」の意。「頼もしく」は、「頼もしと」、即ち、頼りになると、頼みになると。「覚ゆ」は、自然にそう思われる。

○些か、所労のこともあれば　「些か」は、少しばかり、ちょっと。「所労」は、病気、わずらい、疲れから起る病い。　**○死なんずるやらんと、心細く覚ゆることも**　「死なんずるやらん」は、「死なんとするにやあらん」の約《つゞ》まった語形で、死のうとするのだろうか。仮想的推量の意を表す。「心細く」は、「心細しと」と同じで、即ち、頼りなく不安だ、心配だと、の意。　**○久遠劫より今まで流転せる、苦悩の旧里は捨て難く**　「劫」は、梵語のkalpa の音写「劫波《こふは》」の略で、限りなく長大なる時間を表す。永劫《ようごう》・億劫《おくごう》・万劫《まんごう》などの熟語があるゆえんである。「久遠」は、呉音で、限りなく長く続くさま。「久遠劫より」は、限りなく遠い過去から。『日ポ』に、「Cuuongô. クヲンゴゥ（久遠劫）無限の時」とある。親鸞は、『浄土和讃』に、「弥陀成仏《じやうぶつ》のこのかたは、いまに十劫《じふこふ》ときたれど、塵点《ぢんでん》久遠劫よりも、ひさしき仏《ぶつ》とみえたまふ」、『正像末《しやうざうまつ》和讃』に、「報土の信者はおほからず、化土《けど》の行者はかずおほし。自力の菩提《ぼだい》かなはねば、久遠劫より流転《るてん》せり」「久遠劫よりこの世まで、あはれみましますしるしには、仏智不思議《ぶっちふしぎ》につけしめて、善悪《ぜんまく》・浄穢《じゃうゑ》もなかりけり」と述べている。「流転」は、同じく呉音で、衆生（生命あるもの）が六道《ろくどう》（地獄・餓鬼・畜生・修羅・人間・天上）の間を生れかわり、死にかわり、それを常にくり返して限りないこと。「流」は相続、「転」は起の意。車輪が廻転して極まりないように、迷いの世界で生死を重ねて、とどまることがないので、輪廻《りんゑ》ともいう。親鸞は、「流転生死《しゃうじ》」とも、「流転輪廻」とも使っている。『日ポ』に、「Ruten. ルテン(流転) 回転、あるいは、旋転。例、Xŏjini ruten suru.(生死に流転する) ゼンチョ（gentios 異教徒）が想像しているように、生まれては死ぬことを何度も繰り返す」とある。「苦悩の旧里」は、苦しみや悩みの多い故里《ふるさと》。即ち、この迷いの世界。『日ポ』に、「Qiŭri. キュゥリ(旧里) Furusato（古里）に同じ。故郷」とある。 **○未だ生れざる安養浄土は恋しからず候ふこと** 「未だ生れざる」は、まだ、そこへ往って、新しく生れ変らない、即ち、往生しない。底本に「ムマル」とあるのは、ウマルの古い語形である。親鸞は、必ず、ムマルと書いている。「安養浄土」の「安養」は、梵語 Sukhāvatī の訳で、外に、妙楽・安楽・極楽・楽邦などともいう。したがって、「安養浄土」は、阿弥陀仏のましみす極楽浄土のことで、安養界・安養国・安養浄刹・安養世界ともいう。「安」は、心を安らかにし、「養」は、身を養うこと。『日ポ』に、「Anyŏcai. アンヤゥカイ（安養界） Gocuracu（極楽）に同じ。阿弥陀（Amida）のパライゾ（Paraiso 天国）」とある。これを「安養ノ浄土」と記した異本もあるが、親鸞はかかる語を用いていない。従って、底本通りに、「安養浄土」とした。「恋し」は、慕わしい。目の前に存しない人や事物に心を引かれて慕うさま。 **○まことに、よくよく、煩悩の興盛に候ふにこそ** 「まことに」は、ほんとうに、実《じつ》に。「よくよく」は、第二章に既出、ここでは、ひどく、非常に、よっぽど、の意。「興盛」の「興《こう》」も「盛《じゃう》」も、ともに呉音で、勢いのさかんなるさま。それが、コウジョウからゴウジョウに移ったのは、外に「強盛《ゴウジョウ》」という語があって、その読みと混同されたためではないかと推測される。それで、ここでは、『首書歎異抄』（元禄十四年刊）・『歎異抄私記』（寛文二年ごろ刊）の昔に返って、正しく「興盛《こうじやう》」と読むことにする。「候ふにこそ」は、下に「あらめ」を略した形である。「興盛に候ふにこそ」は、勢力が盛んであるからでしょう。

○名残惜しく思へども、娑婆の縁尽きて、力なくして終る時に　この「名残惜しく」は、「頼もしく覚ゆるなり」「心細く覚ゆるなり」とあったのと同じく、「名残惜しと思へども」と意味は同じ。その「名残惜し」は、別れることがつらく、心が残る。ここでは、前にあった「苦悩の旧里」を「名残惜し」と思うのである。「思へども」の「ども」は、中世の語法では、既定の逆接条件の外に、仮定の逆接条件をも表すことがある。ここも、「思うけれども」ではなく、「思っても」と訳すべきである。「娑婆」の「娑」は、呉音サであるが、日本では、シャという慣用音で読まれている。「娑婆」とは、梵語 Sahā の音訳で、堪忍《かんにん》・能忍《のうにん》などと訳す。多くの煩悩から脱し得ない衆生が、苦悩に堪えて生きてゆく所で、それはまた、釈尊が衆生を救い、教化される世界であって、結局、この現世の俗世界のこと。苦界《くかい》・忍土《にんど》ともいう。『日ポ』には、「Xaba. シャバ（娑婆）　Xecai（世界）に同じ、世の中・現世」とある。「縁尽きて」は、現世に住むべき関係・結びつき・ゆかりがなくなって。「力なくして」は、どうしようもなくて、しかたがなくて、どうにもならなくて。「終る」は、死ぬ、果てる。『日ポ』に、「Vouari, ru, atta. ヲワリ、ル、ッタ（終り、る、つた）限界に達する、または、終了する。また、死ぬ。例、Goxŏuo negŏte tçuini bujini vouatta.（後生を願うて遂に無事に終った）Feiq.（平家）巻二。霊が救済されることを願いながら、安らかに果てた」とある。　**○かの土へは参るべきなり**　「かの土」は、あの極楽浄土。「参るべきなり」は、参るはずである。「べき」は、当然。　**○急ぎ参りたき心なき者を、殊に憐み給ふなり**　この「急ぎ」も、第九章の初めにあった、「急ぎ浄土へ参りたき心の候はぬは」の場合と同じく、速《すみや》かに、の意。「憐む」は、慈悲の心を掛《か》ける、憐《あわ》れみを掛ける、ふびんに思う。　**○これにつけてこそ**　以上言ったことによってこそ。

○大悲・大願は頼もしく、往生は決定と存じ候へ　「大悲」は、大慈悲心。他人の苦しみを救う仏の心を「悲」と言い、仏の「悲」は絶大なることより「大悲」という。「大願」は、阿弥陀仏の本願・誓願の力の絶大なことを讃嘆して、かく称したのである。『日ポ』に、「Daifi. ダイヒ（大悲）大きな慈悲、あるいは、憐れみの情」「Daiguan. ダイグヮン（大願）Vôqina negai.（大きな願ひ）大きな願かけ、または、大きな願望」とある。「決定」は、呉音読みで、きまっていること、必然的なこと、疑いのないこと。『日ポ』には、「Qetgiŏ. ケッヂャウ（決定）Sadame, uru.（定め、むる）」とある。「存ず」は、「思ふ」「知る」の謙譲語で、『日ポ』には、「Zonji, zuru, ita. ゾンジ、ズル、ジタ（存じ、ずる、じた）思う。また、知っている。一般に過去形で使われる時には、〈知っていた〉という意味で、肯定の現在形の時は、〈思う〉という意である。そしてこれは、謙遜、および、丁寧の動詞である」とある。

○参りたく候はんには　この「には」は、ではの意。従ってこの句は、参りたくありますようでは、の意となる。**○煩悩のなきやらんと、悪しく候ひなまし**　「なきやらん」は、「なきにやあらん」の約《つづま》った形で、ないのであろうか。「悪しく候ひなまし」は、底本に、「アシクサフラヒナマシト云々」とあるのをそのまま生かして、「悪しく」を、わるく、いけなく、の意に解した。「アヤシク」とある異本の方が、疑わしく、いぶかしく、変にの意となってわかり易いが、底本のままでも意味は通ずるのである。そして、人間に備わる煩悩の意義を充分に自覚している親鸞の気持は、却って、「悪しく」とある方に認められると思う。「まし」は、事実に反したことを仮定して、その結果を推量していう助動詞で、これに完了の助動詞「ぬ」の未然形「な」を加えて、「なまし」とし、意味を強めている。ここでは、「踊躍・歓喜の心もあり、急ぎ浄土へも参りたく候はんには」が、事実に反したことを仮定したのであり、「煩悩のなきやらんと、悪しく候ひなまし」が、その結果についての推量を示している。「悪しく候ひなまし」は、悪く思ってしまうことでしょう。「候ひなまし」の上に、「存じ」が略されている。

〔解説〕

第九章は、第一部の十章の中で、最も特異な口述性を示している。それは、外の九章が、[一→多]の形で、「一」である親鸞が、「多」である聞き手に対し、話し手は話し手、聞き手は聞き手としての立場を固定させて、口述的叙述を進行させているのに対し、第九章だけが、[一⇄一]の形で、「一」である唯円が、もう一人の「一」である師の親鸞に自己の問題を提示し、親鸞がこれに応じて答えるという対話・問答の形態で、口述的叙述が展開しているのである。この二人の対話・問答は、妙音院了祥師の『歎異抄聞記《もんき》』に、「唯円の直聞・直記」と記している通りであって、師弟間に交《かわ》された、この対話・問答には、その日常の雰囲気が窺《うかが》われるようにさえ思われる。

冒頭に置かれている、唯円の「不審」は二つある。それは、念仏を申しても、第一に、踊躍・歓喜の心が充分に起らぬことであり、第二には、この世から速かに浄土へ参りたい心のないことである。彼は、「如何と候ふべき事にて候ふやらん」という言葉で、直接に、師の親鸞に申し入れているのであって、これを機として、親鸞の説示が展開するのである。

《解釈》

主題

わたしの疑問に答えられた、師の親鸞聖人のお言葉「我が心に省《かえり》みた、煩悩のしわざによって、ますます知られる、仏の大悲・大願の頼もしさ」。

構想

（一）（念仏申すにつけて、歓喜の心も、浄土へ速《はや》く参りたい心も起らぬ理由を、師（親鸞）に、疑問として申し上げたわたし）（唯円）。

（それに対しての、師の親鸞の、お答え）

（二）同じ疑問を抱く者として思う、唯円房の心持への同感。

（三）よくよく我が心を省みて、喜ぶべき事を喜ばぬのは煩悩のしわざたることにつけて、一層思われる、他力の悲願の頼もしさ。

（四）浄土へ急ぎ参りたい心もなく、死を心細く感ずるのも煩悩の所為たることにつけて、一層思われる、大悲・大願の頼もしさと、往生の確実さ。

（五）歓喜の心もあり、急ぎ浄土へ参りたいならば、それは煩悩がないからなのかと、却って、よくないことと思われるわが心持。

（一）は、言うまでもなく、『歎異抄』の著者が、師に提示した、二つの疑問であり、（二）から（五）までは、それに対する師の親鸞の解答に外ならないが、（二）では、（一）の疑問への、親しみをこめた、師の同感が述べられ、（三）（四）では、（一）の、二つの疑問が、いずれも、煩悩の所為によって生じたものであって、その煩悩を具足するわれらこそ仏の大慈悲心の働きかける対象なのだという事実を、深い内省によって見いだしている。そして、それ故にこそ、「他力の悲願」「大悲・大願」の頼もしさを感ずることが告白されている。終りの（五）は、最初の、弟子唯円の二つの疑問に反する場合を挙げて、わが心に煩悩の存在する意義を改めて確認しているのであると言えよう。

叙述

〔「念仏申し候へども、踊躍・歓喜の心おろそかに候ふこと、また、急ぎ浄土へ参りたき心の候はぬは、如何と候ふべき事にて候ふやらん」と申し入れて候ひしかば、〕——唯円は、自己の疑問を師の親鸞に提出することからこの章を始めているが、これは、彼の所持していた筆録のままに従って叙述したまでのことであろう。初めに、「念仏申し候へども」という経験が記述されているが、この叙述は、下の、「踊躍・歓喜の心おろそかに候ふこと」と「また、急ぎ浄土へ参りたき心の候はぬ（こと）」との二つに係《かか》っているものと考えられる。彼は、自己の念仏の経験において、いつも、この二つのことが疑問に思われて、それを自ら偽《いつわ》ることのできぬ正直さから、師に向って、率直に提示するに至ったのであろうと推測される。第一章には、「本願を信ぜんには、他の善も要にあらず。念仏にまさるべき善なき故に」とあり、第二章には、「親鸞におきては、ただ念仏して、弥陀に助けられ参らすべしと、よき人の仰せを被りて信ずる外に、別の子細なきなり」とあって、念仏の持つ絶大なる意義が強調されていた。この、他のいかなる善にもまさる念仏、弥陀のお助けを被ることのできる、唯一の道たる念仏を、口に称《とな》えても、唯円の心には、「踊躍・歓喜の心」が充分に起らなかったのである。それからまた、速やかに浄土へ往生したい心も起らないでいたのである。これは、彼ひとりの反省ではなくして、多くの念仏行者に生じ得るはずの反省であると言えよう。唯円のこの疑問は、そういう念仏者のひとりとして、「如何と候ふべき事にて候ふやらん」と、念を入れて師に問いただしているのであって、しかも、丁寧の意を表す動詞「候ふ」が、短い質問の中に五回も使用されているのは、彼がいかに師を敬仰して、拝問の態度に出ているかを示していると思われる。そして、その質疑の言葉は、「踊躍・歓喜の心」「急ぎ浄土へ参りたき心」に集中していることが知られる。この「心」をいかに処理すべきであるか――それが問われていることの核心なのである。そして、「申し入れて候ひしかば」と叙述にあるが、これに照応する記述は以下の部分にはなく、末尾は、例の如く、「と云々」で終っているのであって、これによって、「申し入れて候ひしかば」までは、以下の親鸞の答えを引き出すための前書《まえがき》、または序《じょ》として考えられるべき所である。

〔親鸞もこの不審ありつるに、唯円房、同じ心にてありけり。〕――ひとりの弟子に対して、「親鸞も」と自己の名を言った上に、その疑問に対して、「この不審ありつるに」と述べているのは、これまで、かかる不審を何回も経験しつつ現在に至っていることの確認と言うべきであろう。そして、「唯円房」と弟子に親しく呼びかけて、「同じ心にてありけり」と、同感・共鳴の言葉を与えている所に、上に挙げた、二つの「心」が親鸞の、念仏への反省の中心にも存在していたことを明示するものがある。この同感は、正直・率直であるとともに、その意外性において、弟子唯円の心を打つものがあったに違いない。

〔よくよく案じみれば、天に踊り、地に躍る程に喜ぶべき事を喜ばぬにて、いよいよ、往生は一定と思ひ給ふなり。〕――この、一読、驚きを禁じ得ない言葉が、実は、親鸞の、「よくよく案じみれば」という、深い内省の底から生じた自覚であることが判明する。「天に踊り、地に躍る程に喜ぶべき事」とは、信心の上の道理であり、それを「喜ばぬ」のは、現実の経験である。この二つの関係を「よくよく案じみ」ることによって、彼は、この背反している事実の上に、「往生は一定」たることを自覚したというのである。そして、この新たなる自覚が、弟子に対して、「思ひ給ふなり」という丁寧な言い方を発せざるを得なかったのであると思われる。しかし、この、背反する事実の上に見いだされた、「往生は一定」の理は、おのずから、その然るべき理由の説明を要するのであって、それが以下に展開してゆくのである。

〔喜ぶべき心を抑へて、喜ばざるは、煩悩の所為なり。〕――この「喜ぶべき心を抑へて、喜ばざるは」は、親鸞自身の経験の叙述であり、「煩悩の所為なり」は、その経験の上に見いだした、仏法上からの反省である。したがって、主語を補えば、「(我が)喜ぶべき心を(我が)抑へて、(我が)喜ばざるは」とも解せられる所である。蓮如本の本文はかく理解すべきものと思われる。それを改竄《かいざん》した諸異本には、この一文全体の主語を「煩悩の所為」として捉え、「喜ばざるは」を「喜ばせざるは」と改訂してしまったのである。ここは、あくまで、親鸞が自己(我《われ》)の経験に即して、その経験の上に「煩悩の所為」たることを反省したことを語った叙述と解すべきである。

〔しかるに、仏、予て知ろしめして、煩悩具足の凡夫と仰せられたることなれば、他力の悲願はかくの如きのわれらがためなりけりと知られて、いよいよ頼もしく覚ゆるなり。〕――ここでも、蓮如本は、「他力ノ悲願ハカクノゴトシワレラガタメナリケリ」とあるので、わたくしも、この「ゴトシ」で一旦切る語法を生かしたいものといろいろと考えたが、「他力の悲願」が、「仏、予て知ろしめして、煩悩具足の凡夫と仰せられたること」とあるのを直接受けたと解することはむずかしく、むしろ、「喜ぶべき心を抑へて、喜ばざるは、煩悩の所為なり。しかるに、仏、予て知ろしめして、煩悩具足の凡夫と仰せられたることなれば」の全体を受けて、「かくの如きのわれらがためなりけりと知られて」と、自己にひきつけて「他力の悲願」を仰慕しているものと解すべきであると結論するに至った。たとい、これまでの研究によって、仏説に、「煩悩具足の凡夫」と仰せられたという出典が未だ探索されていないにしても。恐らく、親鸞は、中国浄土教の長く久しい伝統に従って、仏がかくの如く説かれたもののように信ずるに至り、出典を深く顧みずに、弟子唯円の前でかく言ってしまったものであろう。ここの叙述では、「他力の悲願」を、「かくの如きのわれらがためなりけり」と、心の底から感銘し、感謝している、親鸞の正直さ・率直さ・純一さを認めざるを得ない。また、前の、「いよいよ往生は一定と思ひ給ふなり」を受けて、「いよいよ頼もしく覚ゆるなり」と説いている所に、彼の信心の堅固さの自らなる展開が存すると言うべきであろう。「われらがためなりけりと知られて」と、自発の助動詞「れ」を用いて、「他力の悲願」への感謝が表明され、また、「いよいよ頼もしく覚ゆるなり」には、自己のすべてを尽くしてそれに依拠している真情が吐露されている。かくして、この構想(三)の叙述の上に、自己の「煩悩の自覚」こそ、「他力の悲願」を信受する基たることが、親鸞の体験の声として語られているのを見るのである。

「**また、浄土へ急ぎ参りたき心のなくて、些か、所労のこともあれば、死なんずるやらんと、心細く覚ゆることも、煩悩の所為なり。**」——この叙述は、前の、「喜ぶべき心を抑へて、喜ばざるは、煩悩の所為なり」を受けていることは、「煩悩の所為なり」の反復と、「……心細く覚ゆることも」という、類似した物事を含蓄する意味を示している助詞「も」の用法によって知られる。この一文も、親鸞が、自己の、煩悩の束縛を受けている経験の告白であって、第一に、「浄土へ急ぎ参りたき心のなくて」と、この現世への執着・執心を述べた後で、第二に、「些か、所労のこともあれば、死なんずるやらんと、心細く覚ゆることも」と、第一と同じく、自分の心の状態を内省している正直さを示して、この二つの「心」の状態を共に「煩悩の所為」としている。この第一の方は、唯円の問いの「急ぎ浄土へ参りたき心の候はぬは」に対しての反応であるが、それを第二の、自己の「所労」、即ち病気の経験によって、強めていることがわかるのである。特に、「所労」によって、死への不安を述べていることに、彼の偽らざる人間性の現れが認められて、これを聞いた弟子唯円が共感・共鳴を覚えたことと推測されるのである。

〔久遠劫より今まで流転せる、苦悩の旧里は捨て難く、未だ生れざる安養浄土は恋しからず候ふこと、まことに、よくよく、煩悩の興盛に候ふにこそ。〕——この現世を「苦悩の旧里」と呼び、それに執心することを「捨て難く」と言い、しかも、「久遠劫より今まで流転せる」という、力をこめた修飾句を「苦悩の旧里」に加えている。これは、現世への執心・執着が親鸞の内にあって、いかに反復して内観・内省されていたか、それがこの叙述に結晶している趣が認められる。決して、いわゆる美文的、修辞的効果を目ざしているのではない。また「未だ生れざる安養浄土は」とあるのは、「久遠劫より今まで流転せる、苦悩の旧里は」という叙述への対比を示しているし、「恋しからず候ふこと」も、「捨て難く」(下に「候ふこと」を略している形)と対《つい》をなしていると言えよう。このやや対句《ついく》的な叙述の文体的高揚も、続く、「まことに、よくよく、煩悩の興盛に候ふにこそ」という、自己への内省・凝視の声の真実さに吸収されてしまっている趣である。信心・信仰に志す人が誰でも経験するに違いない、この心の迷妄を煩悩の所為の興盛さに帰しているのが、親鸞の諦観と言うべきであろう。それを、「まことに、よくよく」と強調し、「興盛に候ふにこそ」と言って、下を略した、含蓄的な言い方で結んでいることも、彼の、「煩悩」の所為に対する、自己の弱さの告白として考えられる。

〔名残惜しく思へども、娑婆の縁尽きて、力なくして終る時に、かの土へは参るべきなり。〕――自己に具《そな》わる「煩悩」の支配下・制限下にある人間が、いかにして、その「煩悩」の支配から脱し得るか、いかにして、「安養浄土」に生れることができるか。親鸞は、唯円の問いをも越えて、ここに、それが「死」という事実によるものであることを明白に説いている。「名残惜しく思へども」は、現世への執心の残存を、「娑婆の縁尽きて、力なくして終る時に」は、死に臨まざるを得ない運命を、「かの土へは参るべきなり」は、往生の必然性を、それぞれ、信念として、確信として述べているのが親鸞である。この中でも、特に、「力なくして終る時に」の句には、死の前には全く無力な人間の運命が示されているのであるが、それ故に、「かの土へは参るべきなり」が、いかに絶大な、弥陀の本願の実現であるかが、痛切な信心の現れとして語られているのを見るのである。親鸞にとっては、「死」こそ、浄土への往生のための、現世からの唯一の飛躍点として考えられていることが、少なくとも、ここの叙述では明言されているのである。

〔急ぎ参りたき心なき者を、殊に憐み給ふなり。〕――この「急ぎ参りたき心」は、唯円の問いに、「急ぎ浄土へ参りたき心の候はぬは」とあり、親鸞の答えに、「浄土へ急ぎ参りたき心のなくて」とあった、その「心」である。そして、この「心」の生起しないのは、「煩悩の所為」に外ならない。そういう「煩悩具足の凡夫」こそ、仏が「殊に憐み給ふなり」と、親鸞には固く信じられていたのである。「参るべきなり」を受けて、「憐み給ふなり」と重ねて信念を主張している所に、彼がひとすじに、弥陀の本願に帰依し切っている信心の趣が示されていると言えよう。

〔これにつけてこそ、いよいよ、大悲・大願は頼もしく、往生は決定と存じ候へ。〕――「これ」は、直前の、「急ぎ参りたき心なき者を、殊に憐み給ふなり」とあるのを受けている。ここの叙述は、信じ切ること、頼り切ることによってのみ開けてくる信心から発する言葉であると言う外はない。こういう、信心上の真実にもとづいて、前に、「他力の悲願は、……いよいよ頼もしく覚ゆるなり」とあったのに応じて、「いよいよ、大悲・大願は頼もしく」と、弥陀の他力を敬仰した上に、唯円の問いに答えて、「往生は決定と存じ候へ」と、言い切っているのは、力強い説示性の発揮であり、また、親しみのこもった結論を与えたこととも言えるのである。

〔**踊躍・歓喜の心もあり、急ぎ浄土へも参りたく候はんには、煩悩のなきやらんと、悪しく候ひなまし。**〕——わが身、わが心における煩悩を自覚することこそ、「他力の悲願」「大悲・大願」が頼もしく、「往生は決定」と思われるとする親鸞は、終りに、現実に反すること、つまり、唯円の疑問の中にあった事実と反対の場合を挙げて、それこそ、「煩悩のなき」自己となってしまって、却って、「大悲・大願」に無関係となってしまうことを、「悪しく候ひなまし」と、仮定的、想像的に推測して言っているのは、そこに、愛する弟子の心情への、行き届いた懇切さ・親切心が認められる。これは、決して皮肉でも揚げ足取りでもなくて、そういうものを捨棄して、唯円の提起した問題をまじめに解決しようとする態度の現れと考えられる。

この第九章は、弟子唯円と師親鸞との間の問答として展開している点において、第二章が、関東から上京した弟子たちに対する答えとして説示されているのと同じく、具体的な場面が浮んでくるような表現性を示している。そして、当時の、京における親鸞とそれに仕えていたと思われる唯円との師弟関係が、いかにも親しみ深く、また、いかにも緊張した、信心本位のものであったかを思わせずにはおかないものがある。

この章の展開を促《うなが》しているのは、何といっても、弟子唯円の問いのまじめさであり、率直さである。彼は、まじめに考えて、自己の衷《うち》なる不審・疑問をそのままに放置することができなかったのであるが、それをかく率直に師に向って尋ねていることに、さらにまた、鄭重《ていちょう》な言葉の限りを尽くして尋ねていることに、この二人の間に存した人間関係の奥ゆかしさが出ていると言えよう。この質疑は、永い間、よくよく自己を内省し得た者のみの発し得ることであったと推測される。彼は、叙述の一語一句に、慎重に言葉を選び、順序を整えて、師に対していると言うべきである。このことは、「また」という語を使って、疑問が二つあることを明示している所にも現れている。

答える親鸞も、疑問を呈した弟子の立場を尊重して、その疑点に同感しつつ、それを二つに分けて、一つずつ、静かに、そして厳粛に、自己の所信を述べてゆくのであるが、第一の答えは、「よくよく案じみれば」という内省を境にして、「……思ひ給ふなり」「煩悩の所為なり」「頼もしく覚ゆるなり」と、三度くり返される助動詞「なり」が、上に述べたような態度を表している文体と言うことができる。特に、「しかるに」から始まり、「いよいよ頼もしく覚ゆるなり」に終る叙述には、自己の信心に集中し、それを高揚してゆく語気・語調が認められる。

第二の答えにおいても、「なり」は三回用いられて、説得力を強めている。「煩悩の所為なり」「かの土へは参るべきなり」「殊に憐み給ふなり」がそれである。その外にも、「久遠劫より」に始まり、「よくよく、煩悩の興盛に候ふにこそ」に終る叙述には、対句的表現による感動の著しい高揚があって、ここの章の表現性を格調の高いものにしているし、「よくよく案じみれば」「よくよく、煩悩の興盛に候ふにこそ」と、「いよいよ、往生は一定と思ひ給ふなり」「いよいよ頼もしく覚ゆるなり」「いよいよ、大悲・大願は頼もしく、往生は決定と存じ候へ」とにおいて、「よくよく」「いよいよ」という、この二種の副詞が、ともに、親鸞の信心における内省の深さを示して、説得力を強化していることも、見のがすことができない。そして、「これにつけてこそ」に始まり、「往生は決定と存じ候へ」に終る叙述こそ、親鸞の、第二の答えの結論的説示たる意義を持つものと言うことができる。

　終りの段落は、唯円の質疑の語をもう一度まとめて取り上げて、「煩悩の無きやらんと、悪しく候ひなまし」と仮定的、推量的に言って、弟子の気持への同感・共鳴をくり返しているのは、「親鸞もこの不審ありつるに、唯円房、同じ心にてありけり」と通ずる、実に懇切な、思いやり深い心の現れとして認められる。これは、この答語の全体にわたって、敬語的語句の多く用いられていることと相通ずる、弟子たちを同朋・同行として扱っている、親鸞の平常の信念に従ってのことと言うべきであろう。

　なお、この章では、「他力の悲願」「大悲・大願」と人間の「煩悩」（この語は五回も使われている）との関連が中心となり、「煩悩」を自覚すればするほど、「悲願」を仰ぐ心も深くなるという「理《ことわり》」が、いみじき表現となって流露している趣であって、これは、尋ねる弟子も弟子としての真実を尽くし、答える師も師としての真実を傾けているがためであって、このことが、第一部の十章の中で、この章に格別の文芸的意義を与えることになったものと、わたくしは考えるのである。そして、親鸞・唯円の信心が、いつも、深い内観的、内省的立場の上に成立していることを思わしめずには置かないものがある。

第十章

一　「念仏には、無義《むぎ》を以《もっ》て義《ぎ》とす。不可称《ふかしやう》・不可説《ふかせつ》・不可思議《ふかしぎ》の故《ゆゑ》に」と仰《おほ》せ候《さうら》ひき。

〔口訳〕

一　「念仏においては、それを行う人に、自力の計《はか》らいのないことを、道理とするのである。言葉も及ぶことができず、説明し尽くすことができず、あれこれと思いめぐらすことができないのであるから」と、親鸞聖人はおっしゃいました。

〔注釈〕　**○念仏には**　この「には」については、種々に考えられるのであるが、「においては」の意と思われる。「今の世には学文《がくもん》して人のそしりをやめ」（第十二章）、「浄土真宗には、今生に本願を信じて、かの土にして悟りをば開くと、習ひ候ふぞ」（第十五章）、「口には願力を頼み奉ると言ひて」（第十六章）、「大念には、大仏を見、小念には小仏を見ると言へるが」（第十八章）、「法然聖人の仰せには、『源空が信心も、如来より賜はりたる信心なり』」（後記）、「おほよそ、聖教には、真実・権仮、ともに相混はり候ふなり」（後記）等も、「には」を「においては」と解し得る用例である。**○無義を以て義とす**　この語句についての、親鸞自身の解釈を挙げれば、『御消息集』十には、「また、弥陀の本願を信じさうらひぬるうへには、義なきを義とすとこそ、大師聖人のおほせにてさうらへ。かやうに義のさうらふらんかぎりは、他力にはあらず。自力なりときこえてさうらふ。また、他力とまうすは、仏智不思議にてさうらふなる時に、煩悩具足の凡夫の、無上覚のさとりをえさうらふなることは、仏と仏とのみ御はからひなり。さらに、行者のはからひにあらずさうらふ。しかれば、義なきを義とすとさうらふなり。義とまうすことは、自力のひとのはからひをまうすなり。他力には、しかれば、義なきを義とすとさうらふなり」（『慶西御房御返事』《きやうせいのごばうおんへんじ》）、『末燈鈔』七には、「往生は、何事も〳〵、凡夫のはからひならず、如来の御ちかひにまかせまゐらせたればこそ、他力にてはさうらへ。様々《やうやう》にはからひあうてさうらふらん、をかしく候ふ。（中略）また、他力とまうすことは、義なきを義とすとまうすなり。如来の誓願は不可思議にましますゆゑに、仏《ぶつ》と仏との御はからひなり。凡夫のはからひにあらず。補処《ふしょ》の弥勒菩薩《みろくぼさつ》をはじめとして、仏智の不思議をはからふべきひとは候はず。しかれば、如来の誓願には、義なきを義とすとは、大師聖人のおほせに候ひき」（『浄心御房《じやうしんおんばう》御返事』《おんかへしのこと》）、『善性本御消息集』《ぜんしやうぼんごしやうそくしふ》七に、「正定聚《しやうぢやうじゆ》に信心の人は住《ぢう》し給へりとおぼしめし候ひなば、行者のはからひのなきゆゑに、義なきを義とすと、他力をば申すなり。善とも、悪とも、浄とも、穢《ゑ》とも、行者のはからひなきみとならせ給ひて候へばこそ、義なきを義とすとは申すことにて候へ。十七の願に、わが名をとなへられむとちかひ給ひて、十八の願に、信心まことならば、もしむまれずは仏にならじとちかひ給へり。十七・十八の悲願みなまことならば、正定聚《しやうぢやうじゆ》の願《ぐわん》はせむなく候ふべきか。補処《ふしょ》の弥勒《みろく》におなじくらゐに信心の人はならせたまふゆゑに、摂取不捨とはさだめられて候へ。このゆゑに、他力と申すは、行者のはからひの、ちりばかりもいらぬなり。かるがゆゑに、義なきを義とすと申すなり。このほかにまた、まうすべきことなし。ただ、仏にまかせまゐらせ給へと、大師聖人のみことにて候へ」（『専信御房御報』《せんしんごばうごほう》）、『末燈鈔』二に、「また、他力と申すことは、弥陀如来の御ちかひの中に撰択摂取《せんぢやくせつしゆ》したまへる、第十八の念仏往生の本願を信楽《しんぎやう》するを、他力と申すなり。如来の御ちかひなれば、他力には、義なきを義とすと、聖人のおほせごとにてありき。義といふことは、はからふことばなり。行者のはからひは自力なれば、義といふなり。他力は、本願を信楽《しんげう》して、往生必定《ひつぢやう》なるゆゑに、さらに義なしとなり」（「かさまの念仏者のうたがひとはれたる事」）などと記されている。この語句が『教行信証』の中に存しないこと、帰洛後の親鸞の書簡中に数多く現れていることが注目されるとともに、「大師聖人」、即ち師法然上人の「おほせ」「みこと」「おほせごと」として、書簡の読み手に伝えていること、さらに、「義なきを義とす」といっているのも、「他力には」「他力とまうすことは」「如来の誓願には」「他力と申すは」という語句について言われていることなどがわかるのである。そして、これらの引用から帰納される「無義」の「義」とは、「自力のひとのはからひ」「行者《ぎやうじや》のはからひは自力なれば、義といふなり」とあることによって、念仏を行ずる人の、自力による「はからひ」、即ち分別・処置・取りはからいの意味であることが明らかとなる。したがって、「無義」とは、自力による取りはからいのないこと、即ち、他力にひたすら頼りきることの意味となると思われる。そこで、下の「義とす」の「義」の意味が問題となるのであるが、この「義」は、本書中に、「経釈を読み、学せざる輩《ともがら》、往生不定の由のこと。この条、頗《すこぶ》る不足言の義と言ひつべし」（第十二章）、「なほ、『いかでか、その義あらん』といふ疑難ありければ」（後記）、「かくの如くの義ども仰せられ合ひ候ふ人々にも言ひ迷はされなんどせらるることの候はん時は」（後記）という、三つの用例があって、第一と第二は、道理・ことわりの意味に解せられるし、第三の「かくの如くの義」とは、親鸞寂後に起った、さまざまな異義を意味し、その「異義」も親鸞の説いた所と違っている、信心上の道理の意味となる。この第十章においても、これらの用例からして、「義とす」とは、道理とする、ことわりとするの意味と解される。しかも、「他力には」「如来の誓願には」とあるのに対して、ここでは、「念仏には」という、先師法然聖人とは異なる立場に立って立言している所に、親鸞の新たな信念の発揮・創造が認められる。なお、親鸞は、『正像末和讃』の末尾に近く、「法爾《ほふに》といふは、如来の御ちかひなるがゆゑに、しからしむるを法爾といふ。この法爾は御ちかひなりけるゆゑに、すべて、行者のはからひなきをもちて、このゆゑに、他力には、義なきを義とすと知るべきなり」「弥陀仏は、自然《じねん》のやうをしらせんれうなり。この道理をこころえつるのちには、この自然のことは、つねにさたすべきにはあらざるなり。つねに自然をさたせば、義なきを義とすといふことは、なほ、義のあるべし。これは、仏智の不思議にてあるなり」と述べていて、この二つの引用文は、『末燈鈔』の「自然法爾」を説いた書簡と同じ趣旨を示しているのであるが、後の方の、「常に自然《じねん》を沙汰せば（注、理非を論じ定めるならば、評議するならば）、義なきを義とすといふことは、なほ、義のあるべし」、即ち、「沙汰」することに伴って、「自力によるはからひ」の生ずる恐れのあることを注意していることが知られる。

○不可称・不可説・不可思議の故に　「不可称」の「称」は、はかる（もとは、はかりにかけて軽重を知る、の意）。「不可説」は、第六章に既出。しかし、ここでは、『日ポ』の「説明できないこと」の意。「不可思議」の「思議」は、心で思い、口で論議する、あれこれと思いはかって、考えを論ずること。三つの「不可」は、不可能である、できないの意。親鸞の『一念多念文意』に、『浄土論註』下の引用文の中の「安可思議《あんかしぎ》」につき、「いづくんぞ思議すべきやとのたまへるなり」と読み、その「思議すべきや」の左側に、「オモヒハカルベカラズトイフ、コヽロモオヨバズ、コトバモオヨバレズ、シルベシトナリ」と注し、続いて、「安楽浄土の不可称・不可説・不可思議の徳をもとめず、しらざるに、信ずる人にえしむとしるべしとなり」と記し、その「不可称」の左側に、「コトバモオヨバズトナリ」、「不可説」の左側に、「トキツクスベカラズトナリ」と注しているのが参考になる。この外に、親鸞は、この三つの語を、「本願を信ずる功徳」「他力」「大悲の誓願」「如来の尊号」等について、それらが、非常に奥深い、人智を越えた、絶対的なものであると信じて使用している。

○と仰せ候ひき　この語句は、第三章に既出。上に述べたように、法然が「念仏は、無義を以て義とす」と言ったという資料は、親鸞が師の教えを書いたものをも含めてないのであるから、この「と仰せ候ひき」は、当然、先師親鸞がおっしゃいましたの意となるし、従って、第三章の末尾の「よつて、『善人だにこそ往生すれ。まして、悪人は』と仰せ候ひき」も、同じく、親鸞の談話の記録たることを示すものとして理解すべきことが知られる。

〔解説〕

この第十章は、『歎異抄』の中で、第一部・第二部を通じて、最も短小な形をなしているが、短小なるが故に、最も深い意味を単純化して述べているとも考えられる。

《解釈》

主題

念仏において認められる、自分の計らいを持たずに称《とな》えるべき道理。

構想

（一）念仏において認められる、自分の計らいを持たずに称えるべき道理。

（二）その理由となる、人間の思慮を越えた、念仏の意義の絶大さ。

この二段の展開は、（一）は、念仏における、自分の計らいを持たぬこと、即ち「無義」こそ、念仏することの「義」、即ち道理たることを説き、（二）において、その理由を簡潔に、核心を衝いて述べている。いままで、「その故は」「しかれば」「その謂はれ如何とならば」「よくよく案じみれば」等の叙述があって、以下に理由を展開させてゆく方式が種々あったのであるが、ここでは第一章の終りと同じく、終りに、「……故に」という形でそれが現れている。このことは、第七章が、同じく二段の構想展開を示しながら、後半を、「その謂はれ如何とならば」から始めて、「諸善も及ぶことなき故なり」で終っているのとやや似ているのであるが、本章の「……故に」の方が、簡潔なることによって、却って強く迫ってくる力があると考えられる。

叙述

〔**「念仏には、無義を以て義とす。」**〕――これは、第一部の十章の末尾に位置している、重要な説示と考えられる。この「無義」は、自力による「計らひ」の否定を意味し、即ち他力にひたすら頼りきることの意味に外ならない。そして、この「無義」の立場において、至心に称《とな》える念仏こそ、弥陀の誓願に応じ、本願に順《したが》う行《ぎょう》であるといえよう。それを「義」と呼んで、念仏を真の念仏たらしめる道理としているのである。師法然の語の、「義なきを義とす」が、「他力」「如来の誓願」等につき言われているのを転じて、「念仏には」と改めて言い直している点に、親鸞の革新された創造的立場が見いだされると思うのである。以上のように理解すると、「無義」を「他力」と置き換えて、この一文は、「念仏には、他力を以て義とす」として理解することも可能であると言えよう。

〔**不可称・不可説・不可思議の故に**〕――この三つの語における、「不可」は、人間の意識や思慮を完全に超越した、及ぶことのできない、の意味であって、言葉も及ぶことができず、説明し尽くすこともできず、思い議《はか》ることもできない「念仏」の、それを称える人に対する意義の絶大さを顕彰した、意味深い叙述として受け取られる。これも、簡潔にして強靭な、親鸞的説示と言うべきである。なお、この第一部が、第一章の「弥陀の誓願不思議に助けられ参らせて」に始まり、この、「……不可思議の故に」で終っている所に、わたくしは、著者唯円の一つの、深い意図が存するように思われてならない。まことに、第一章における「信心」の成立も、この第十章における「念仏」を称《とな》える道理も、人間の計らいを超越した他力によるものであるという意味において。

〔と仰せ候ひき。〕——第一部の親鸞の語録中では、第三章の末尾と第十章のここにだけ現れている叙述であるが、研究者によっては、第三章の「仰せ候ひき」の主語を法然上人とする説もある。しかし、この第十章は、親鸞が「無義を以て義とす」を「念仏」におけることとして表明している独創的立言であるし、「不可称・不可説・不可思議の故に」とあるのは、法然の遺語の上には認められない、独創的意義の宣揚であることを思えば、この第十章は親鸞の言葉とする外はないと信ずる。そして、このことは、同様に、第三章にも及ぼして、「善人なほもつて、往生を遂ぐ。況んや、悪人をや」「善人だにこそ往生すれ。まして悪人は」をも、親鸞の説示を、法然の語とは無関係に、唯円が書き留めたものと解する、客観的根拠となるのである。第一部の末尾を、この叙述で結んでいる所に、彼の、この章で師の語録を一応終結させている心用意《こころようい》の程が窺《うかが》われる。

この章の親鸞の遺語は、簡潔・単純にして、しかも、無量の含蓄がある所に、その表現的意義が見いだされる。しかも、まず、主題を道破した後に、三つの「不可」を頭に置いた熟語を連《つら》ねて、主題の持つ意義を強調し、理由づけているのは、説示者の信念の透徹し、純一なることを表して、他力の念仏の本質を聴者・読者に開示する力を保持していると言えよう。短章ながら、第一部の結びをなすにふさわしい、力感に満ちた、そして荘重な表現性として理解されてくる。

底本（蓮如筆）を始めとして、多くの古写本が、この第十章に続く、「ソモソモ、カノ御在生ノムカシ」以下の文章を、改行せず、続けて書いていることを理由として、この文章をも第十章の中に包摂《ほうせつ》させている説もあるのである。が、一般的に言って、段落や章段をはっきりと区別する意識の乏しい古写本類（これは『歎異抄』だけに限らない）については、現代の解釈的研究の立場においては、適切な段落の立て方、章段の切り方を決定することが必要なのではあるまいか。つまり、古写本の表記に囚《とら》われない、学問的な処理が求められるのではないだろうか。

従って、第一に、「そもそも」という接続詞を、物事を新しく説き起す時に、文の冒頭に用いる語として活用し、「と仰せ候ひき」と結んだ直前の文章とはっきり区別し、飛躍させていること、第二に「かの御在生の昔」以下に展開する表現が、第十章と全く関連していないこと、第三に、この長いセンテンスの結びが、「近来は、多く仰せられ合うて候ふ由、伝へ承る。言はれなき条々の子細のこと」とあって、第一部十章のいずれとも異なる叙述性を示し、むしろ、第二部八章との強い関係を表していること等の理由によって、この「そもそも」以下の文章は、第一部からも、第十章からも切り離して、第二部の「序」としての位置を与えることが正当な処理であると思うのである。この程度の判断は、古典の本文を整理する上に、しばしば必要とされることなのである。

（第二部）

（序）

そもそも、かの（1）御在生《ございしやう》の昔《むかし》、（2）同《おな》じく志《こころざし》（3）をして、（4）歩《あゆ》みを遼遠《れうゑん》の洛陽《らくやう》に励《はげ》まし、信《しん》を一《ひと》つにして、（5）心《こころ》を当来《たうらい》の報土《ほうど》に懸《か》けし輩《ともがら》は、同時《どうじ》に、御意趣《ごいしゆ》を承《うけたまは》りしかども、その人々《ひとびと》に伴《ともな》ひて念仏申《まう》さるる老若《らうにやく》、その数《かず》を知らずおはします中《なか》に、上人《しやうにん》の仰《おほ》せにあらざる異義《いぎ》どもを、近来《きんらい》は、多《おほ》く仰《おほ》せられ合《あ》うて候《さうら》ふ由《よし》、伝《つた》へ承《うけたまは》る。言《い》はれなき、条々《でうでう》の子細《しさい》の事。

（1）御在生（底）在生（端・光）。（2）オナシク（底）オナシ（端・毫・光・妙・龍・端別）。（3）ヲシテ（底）ニシテ（端・毫・光・妙・龍・端別）。（4）アユミ（底）アユヒ（端別）。（5）心（底）心《シム》（妙・端別）・心《コヽロ》（龍）。

〔口訳〕

さて、あの、親鸞聖人がこの世においでになった昔に、志を同じくして、はるばると遠い京都に向って振い立って徒歩の旅をし、同一の信心を持って、心を将来の浄土に懸《か》けて願った仲間は、同じ時に、聖人から御見解をお聞きしたのであるが、その仲間の人たちにつき従って、念仏を申される老人や若者が、数えきれないほど多くおいでになる、その中に、親鸞聖人からうかがったお言葉にない異端邪説の数々を、このごろは、しばしば、口論し合っておられますということを、人づてにお聞きしている。その、一つ一つの項目の根拠のない理由は、以下に述べる通りである。

〔注釈〕 底本では、この第二部の「序」とすべき文章を、第十章の末尾の「オホセサフラヒキ」に引き続き、改行せずに書いている。しかし、それでは、この「序」が、親鸞の遺語十ケ条を記して、その終りを「と申し候ひき」と結んで完結させてから、この「序」をそれから独立させている文脈を無視していることになるので、ここは、多くの注釈書・研究書の行っているように、「序」は「序」として、第十章から離して明示することにした。このことは、決して、古写本の伝来を無視することにはならないと信ずるのである。そして、ここからは、本書の著者、唯円自身の述作ということになる。
○そもそも　改めて、ある事柄を説き始めるに当って用いる接続詞で、さて、いったい、ところで、の意。
○かの御在生の昔　「在生」は、在世と同じで、この世に生きている間。先師親鸞の存命していた生涯を尊んで、「御」を付した。　**○同じく志をして、歩みを遼遠の洛陽に励まし**　「同じく志をして」は、「志を同じくして」と同じ。「志」は、第二章に既出。「歩み」は、歩くこと、足を運ぶこと、歩行。「遼遠」は、底本にレウエンの振り仮名がある。はるかに遠いの意。『日ポ』に、「Reôyen. レゥエン（遼遠）Farucani touoi.（遼に遠い）非常に遠い距離。例、Reôyenno cuni.（遼遠の国）非常に離れた国、あるいは、遠方の国」とある。わたくしが『日葡辞書』をしきりに引用しているのは、『歎異抄』に用いられている、一々の語が、当時の京都語を標準語とする軌範意識で作製された、この辞書に、日常語として採られていることを確かめ、自覚したいからである。ここでは、第二章の初めに、「十余ケ国の境を越えて」とあるように、常陸《ひたち》の国からはるばる上京して行ったことをかく表現したのである。「洛陽」は、もと、中国の地名で、現在の河南省《かなんしょう》洛陽市のこと。周の成王が東周の王城をここに築き、都と定めてから、後漢・魏・西晋・隋・前唐の都となって栄えた。黄河の支流の洛水の北側(陽)に位置していたので、洛陽という。ここでは、日本の都、平安京の別称。『教行信証』の「化身土巻《けしんどのまき》」に、「建暦辛未歳、子月中旬第七日、蒙勅免入洛已後、空、居洛陽東山西麓、鳥部野北辺、大谷」(建暦《ケンリヤク》辛《カノト》ノ未《ヒツジ》ノ歳《トシ》、子月《シグワツ》ノ中旬《チユウジユン》第七日ニ、勅免《チヨクメン》ヲ蒙《カウム》リテ、入洛《ジユラク》シテ已後《イゴ》、空《クウ》(注、法然上人源空)、洛陽ノ東山ノ西ノ麓《フモト》、鳥部野《トリベノ》ノ北ノ辺《ホトリ》、大谷《オホタニ》ニ居《ヰ》タマヒキ)とある。『平家物語』巻七「木曽《きそ》山門牒状《さんもんてうじやう》」に、「平氏《へいじ》敗北《はいほく》の上《うへ》は、参洛を企《くはた》つる者《もの》也。今、叡岳《あいがく》の麓《ふもと》を過ぎて、洛陽の衢《ちまた》に入るべし」、『保元物語』中に、「今は、五畿七道、東西南北かきくれて、洛陽・九重《ここのへ》のそのうちには、只暫くたちよらせ給ふべき、かりの御宿《やど》もましまさねば」、同書下に、「洛陽・九重《きうちゆう》、馬車さりあへず、上下群をなして、見物の者、雲霞の如し」、藤原明衡《あきひら》の『新猿楽記《しんさるがくき》』に、「総、洛陽貴賤、田舎道俗、無不寵之」(総《スベ》テ、洛陽ノ貴賤、田舎ノ道俗、之ヲ寵《チヨウ》セズトイフコト無シ)とある。「励ます」は、勢いをつける、振い立たせる。　**○信を一つにして、心を当来の報土に懸けし輩は**　「信」は、信心・信仰。「一つにして」は、同一にして、同じくして。「当来」は、仏語で、まさにこれから来ようとする時、将来。多くは、『日ポ』に、「Tŏrai. タゥライ(当来)　raixe.(来世)に同じ。未来世、または、次の世」とあるように、現世に対する来世の意に使われる。親鸞も、『浄土文類聚鈔《じやうどもんるゐじゆせう》』の中の「念仏正信偈《ねんぶつしやうしんげ》」に、「当来之世経道滅、特留此経住百歳」(当来ノ世、経道滅《キヤウダウメツ》センニ、特ニ此ノ経ヲ留《トド》メテ、住《ヂユ》スルコト百歳《ヒヤクサイ》セン)と用いている。「報土」は、真実報土(第三章に既出)の略で、浄土の別称。「心を懸く」は、心を留める、思いを寄せるの意であるが、ここでは、もっと積極的に、心がける、願求《がんぐ》するの意に取るべきであろう。『後拾遺集』巻二十に、「月輪観《ぐわつりんくわん》をよめる　僧都《そうづ》覚超《かくてう》　月のわに心をかけしゆふべよりよろづのことを夢と見るかな」、『金葉集《きんえふしふ》』巻十に、「かくてつひにおちいるとてよめる　田口重如《たぐちしげゆき》　たゆみなく心をかくる弥陀ほとけひとやりならぬ誓ひたがふな」、『千載集』巻十八に、「寄月念極楽といへる心をよみ侍りける　堀川入道左大臣《ほりかはのにふだう》　いる月をみるとや人の思ふらん心をかけて西にむかへば」等の用例が存するからである。また、これらの用例によって、「心」をココロと読むことにした。「輩」は、第六章に既出、仲間、同志の意。

○同時に、御意趣を承りしかども　「同時に」は、『日ポ』に、「Dôjini. ドゥジニ（同時に）副詞。一緒に、または、同じ時に」とある通りである。「意趣」は、心に思うところ、見解、意見。『日ポ』に、「Ixu. イシュ（意趣）Cocorono vomomuqi.（意の趣）見解、または、意見」とある。ここでは、先師親鸞を尊敬して、「御」を加えている。「承る」は、「聞く」の謙譲語で、お聞きする、うかがう。　**○その人々に伴ひて念仏申さるる老若、その数を知らずおはします中に**　「その人々」とは、常陸の国からはるばる上京して、親鸞の教を直接聞いた人たち。「に伴ふ」は、につき従う、に付随する、といっしょに行く。「伴ふ」は自動詞。「申さるる」の「るる」は、尊敬の助動詞。「老若」は、『日ポ』に、「Rŏnhacu. ラゥニャク（老若）Voitari, vacaxi.（老いたり、若し）老人と若者と」とあり、ともに呉音の読み。「数を知らず」は、「数知らず」と同じで、数えるにも、多くて数えきれない、限りもなく多い。「おはします」は、第二章に既出。　**○上人の仰せにあらざる異義どもを、近来は、多く仰せられ合うて候ふ由、伝へ承る**　「上人」は、底本では、ここ一箇所だけに使われていて、勿論、師の親鸞を尊んでのことであるが、一般には、知徳を兼ね備え、僧侶・民衆の師と仰がれる高僧への高い敬意をあらわす語。「聖人《しやうにん》」とともに、呉音の読み。「仰せ」は、第二章に既出。ここでは、上京して、直接にうかがったお言葉という、積極的な、重い意味を含んでいる。「異義」は、違っている道理、ことなる説、正統な教えに反する邪説。「ども」は、同類のものが多いことを示す接尾語。「近来」は、『日ポ』に、「Qinrai.（近来）すなわち、Chicai coro.（近いころ）このごろ、または、これまでの短い間」とある通りである。「仰せられ合ふ」は、「言ひ合ふ」の「言ひ」を尊敬して「仰す」とし、さらに尊敬の助動詞「られ」を付した語であるが、「言ひ合ふ」には、ある事柄について、複数の人たちが言いかわすの意もあるが、ここでは、互いに言葉で争う、言い争う、口論する。「合うて」とあるのは、「合ひて」のウ音便。「由」は、ということ、伝聞した事情。下に、助詞「を」を略している。「伝へ承る」は、人づてにお聞きする。漢語では、伝承《でんしょう》という。**○言はれなき、条々の子細の事**　「言はれ」は、第三章・第七章に既出、理由・根拠。「条々」は、ひとつひとつの箇条・項目。「子細」は、第二章・第六章に既出。ここは、理由・道理の意。ここの文脈は、「条々の言はれなき子細の事」と、語の順序を変えてみると、解し易い。「子細の事」の下に、「次の如し」「下の如し」の如き語を補うべきである。

〔解説〕

これが、わたくしの言わゆる第二部の「序」であって、「そもそも」と、冒頭から筆を改めて、叙述している態度が、新しい、別の立場にまで進んだことを表明している。従って、この「序」を含めて、第二部の全体は、第一部の全体が親鸞の談話を記録した口述的叙述で一貫しているのに対し、もはや、それとは異なる表現性を示していることになる。それは何であるか。わたくしは、自己（著者の唯円）が、自己の思いを、自己に向って書き記している点において、表白的叙述と呼ぶことにしている。この「序」からして、既に、かかる表現性から成り立っていることが認められる。

しかしながら、唯円の立場は、自己が自己に向って書く、即ち、自己が自己を第二部の読者として想定して筆を進めながら、次第に、それだけに留まらずして、自己と信心を同じくする仲間の人達、第六章中の言葉で言えば、「専修念仏の輩《ともがら》」をも読者として考慮せずにはいられない、広い立場にまで及んでいることを認めざるを得ない。これは、第二部における、唯円の関心が、親鸞の在世中にはなかった「異義」の批判に集中している以上、当然のことと考えられる。その結果として、叙述も、自己の「思い」を叙述する表白の域から、異義を批判する論証の段階にまで到達しているのである。第二部の八章を理解し、解釈するためには、この論証性に焦点を合わせる必要があると言わなくてはならないと思う。そして、この叙述の変化は、当然、それを内から規制している主題と構想の上にも何らかの変化が現れることを予想させるものがある。

　この第二部の「序」は、第十一章以下の批判を展開させるための導入的役割をなしているが、第一部の「序」が漢文体で書かれているのに対し、ここが和《わ》漢《かん》混《こう》淆《こう》文《ぶん》体《たい》になっているのは何故であろうか。第一部の場合は、師の親鸞への尊信の情が、おのずから、謹直な漢文体の「序」を採用することとなり、第二部においては、深い感慨を以て自己の論証を展開させようとする、自主的な気持が、かかる、和漢混淆文体の「序」を成したのではないかとも考えられる。

　この「序」については、統一ある主題・構想・叙述という構造は認め難い。ただ、そこにいかなる展開と問題とが存するかを分析するだけに留める外はない。

〔そもそも、かの御在生の昔、同じく志をして、歩みを遼遠の洛陽に励まし、信を一つにして、心を当来の報土に懸けし輩は、同時に、御意趣を承りしかども、〕——まず、初めに、「そもそも」と書いて、筆を改めているのは、第一部の第十章との間にはっきりした距離を置いて、第二部を、師の語録から独立させて叙述して行こうとする意志の現れと認むべきであろう。そして、引用した叙述が、親鸞の「かの御在生の昔」を感慨深く回顧する心情を示すかのように記した後で、「同じく志をして」と「信を一つにして」とが、「歩みを遼遠の洛陽に励まし」と「心を当来の報土に懸けし」とともに、それぞれ、対《つい》を成すように構成されていることに注目させられる。これは、著者の内に、かかる修辞的、文芸的要求がある程度は存在していて、それが、先師の御在世の当時を顧みた時に、おのずから感慨を催して発露したものと解せられる。そして、以上の叙述を「輩は」の句に収束して、「同時に、御意趣を承りしかども」と述べて、親鸞の教を直聞《じきもん》したことを自信を以て記している趣である。また、「同じく志をして、歩みを遼遠の洛陽に励まし、信を一つにして、心を当来の報土に懸けし」の叙述は、直ちに、第二章の初めの、「各々、十余ケ国の境を越えて、身命を顧みずして、尋ね来らしめ給ふ御志、偏へに、往生極楽の道を問ひ訊かんがためなり」とあった箇所を思い起させる。従って、第二章の全体に説かれている如き、親鸞の深くして厳しい信心の声に接した経験の上に立って、「同時に、御意趣を承りしかども」と叙述しているのは、親鸞その人に直接逢って、その説示を聞いたという事実を、宝玉の如く愛惜している心持に裏づけられているに違いない。著者唯円も、その「輩」の一人たる立場に立って、この「序」を書く意志を固めていたことが推察される。

〔その人々に伴ひて念仏申さるる老若、その数を知らずおはします中に、〕——この第二の叙述は、唯円を含めて、親鸞の直弟子を「その人々」と呼んでいるのであるから、「その人々に伴ひて念仏申さるる老若」は、唯円から見れば、親鸞の孫弟子に当ることになる。そして、末広がりに、師の信心を受けた念仏者の数が増加して来ていることを、「その数を知らずおはします中に」と言っているのであるが、こういう新しい念仏者たちに対して、「念仏申さるる」「おはします中に」と、尊敬語を使って書いていることに注目させられる。ここにも、第六章の、「親鸞は、弟子一人も持たず候ふ」と道破している先師の信念を受け継いだ唯円の真情が窺《うかが》われる。彼は、あくまで、同門・同侶として、共に弥陀から信心を賜わった仲間として、この「老若」に対しているのである。この態度は、第二部八章を貫通している。また、この叙述によって、親鸞の教が多くの信者を獲得して発展しつつあった、当時の状況が推測されてくる。

〔**上人の仰せにあらざる異義どもを、近来は、多く仰せられ合うて候ふ由、伝へ承る。**〕——「同時に、御意趣を承りし」輩にとっては、「上人の仰せ」は決定的な力を持つ。が、時代の移り行くにつれて、その「仰せにあらざる異義」が発生することも、一つの自然な史的現象であることは、いかなる宗教においても例外ではない。しかも、その「異義」を、念仏者の仲間同士で、「近来は、多く仰せられ合うて候ふ由、伝へ承る」という、口論し合うまでに高まってしまったことに、唯円は驚き、かつ歎き悲しんでいるのである。ここに、「近来は」とあるので、この「序」には、親鸞の「御在生の昔」と、「その人々に伴ひて念仏申さるる」人々の多かったころと、「異義」について口論し合う「近来」との、三期の時代的変遷が辿られるようである。唯円は、この三つの時代を生き抜いて来た者の立場から、特に、晩年の師に近侍して親炙《しんしゃ》した立場から、近来の、異義をめぐる口論を黙止することができなかったのであろう。ここでも、「仰せられ合うて候ふ由、伝へ承る」という、敬語の言い方で、異義を論じ合う人々に対しているし、「伝へ承る」の叙述には、常陸《ひたち》の河和田《かわだ》に住む彼が、口論のすべてを直接耳にするわけには行かなかった事情の察せられるものがある。

〔**言はれなき、条々の子細の事。**〕——以下、その異義の条々（一つ一つの項目・箇条）が、いかに「言はれなき」「子細」を持つものであるかを批判する前提として、その「異義」を次々に列挙すると言うのであって、ここにも、彼の、黙止できないでいる意志が現れ出ていると言えよう。

唯円が本書に『歎異抄』と名づけた気持の一端は、この「序」の上にも窺《うかが》われる。「上人の仰せにあらざる異義どもを、近来は、多く仰せられ合うて候ふ由、伝へ承る。言はれなき条々の子細の事」という結びがそれである。それだけに、親鸞の「御在生の昔」に「同時に、御意趣を承」ったことが、どんなに貴重な経験であったかを感慨深く回想しているのであって、その感慨が、この「序」の前半を、著しく、感動をこめた文芸的表現たらしめていると言えよう。この経験とそれに発する感動とが著者の内に持続されて、第十一章以下の第二部に展開している趣と、「上人の仰せにあらざる異義ども」を「多く仰せられ合うて候ふ」人々にも、敬語を用いて、決して、敵視したり、憎悪したり、排斥したりしていない唯円の態度が第二部に同じように展開している様相とを、よくよく読み究めなくてはならないと思われる。

第十一章

一　一文不通《いちもんふつう》の輩《ともがら》の念仏申《ねんぶつまう》すにあうて、「汝《なんぢ》は、誓願不思議《せいぐわんふしぎ》を信じて念仏申すか、また、名《みやう》号《がう》不思議《ふしぎ》を信ずるか」と言ひ驚《おどろ》かして、二つの不思議を、(1)子細《しさい》をも分明《ふんみやう》に言《い》ひ開《ひら》かずして、人の心を惑《まど》はす事《こと》。この条《でう》、返《かへ》す返《がへ》すも、心を留《とど》めて、思《おも》ひ分《わ》くべきことなり。

(1)ヲ。(底)ノ。(端・毫・光・妙・龍・端別)。

〔口訳〕

一　一字も読み書きできないで、念仏を申している仲間たちに向って、「お前は、弥陀の誓願の不思議を信じて念仏を申すのか、あるいはまた、弥陀の名号の不思議を信じて念仏を申すのか」と言って、相手をおどして、この二つの不思議を、その道理をも明白に弁明し区別しないで、他人の心を混乱させる事。この箇条は、よくよく注意して、判別をしなくてはならないことである。

〔注釈〕　**○一文不通の輩の念仏申すにあうて**　「一文不通」は、一字も文字を知らず、読み書きのできないこと。

一文不知《ふち》ともいう。『日ポ』に、「Ichimon. イチモン（一文）一つの文字などの意。例、Ichimon futçŭ.（一文不通）たとえば、読むことも書くことも習わなかった田舎者のように、ただの一字も知らないこと。Ichimõn futçŭno mono.（一文不通の者）読むことを知らない人」と出ている。「一文不知」の方は、法然の有名な『一《いち》枚起請文《まいきしやうもん》』の中に、「念仏を信ぜん人は、たとひ、一代の御《み》のりをよくく学すとも、一文不知の愚鈍《ぐどん》の身《み》になして、尼入道《あまにふだう》の無智《むち》のともがらにおなじくして、智者《ちしや》のふるまひをせずして、ただ一向《いつかう》に念仏すべし」と出ている。「一文」は、「一文字《いちもんじ》」の略。「輩」は、第六章と第二部の序とに既出で、仲間・同類・同輩。「あうて」は、「あひて」のウ音便で、向って、対して。「逢うて」「会うて」ではない。「申すにあうて」は、「念仏申す、一文不通の輩にあうて」と語句の順序を変えてみれば、解し易い。〇「**汝は、誓願不思議を信じて念仏申すか、また、名号不思議を信ずるか**」「汝」は、『日ポ』に、「Nangi. ナンヂ（汝）お前。文書語」とある。目下の者に使う、二人称代名詞。「誓願不思議」は、第一章に既出。「また」は、あるいはまた、それとは別に、あるいは。「名号」は、仏や菩薩の名、名字《みやうじ》。その中でも、特に、「阿弥陀仏」の四字、あるいは、「南無阿弥陀仏」の六字を言う。「南無」は、絶対的に帰依・帰順する意。『日ポ』に、「Miŏgŏ. ミャゥガゥ(名号) 普通、神（Camis）や仏（Fotoques）につけられている名前。Midano miŏgŏuo tonayuru.（弥陀の名号を唱ゆる）阿弥陀（Amida）の名前を唱え念ずる」とある。「信ずるか」は、「誓願不思議を信じて念仏申すか」とあるのに対照させて、「名号不思議を信じて念仏申すか」とあるべきなのを略したものと解される。〇**言ひ驚かす** 言って心を動揺させる、言ってびっくりさせる、言葉で相手をおどす。〇**二つの不思議を、子細をも分明に言ひ開かずして**「子細」は、『日ポ』に、「Xisai. シサイ（子細）理由、または、道理」とあるのが、改めて思い出されてくる。従って、底本に、「フタツノ不思議ヲ子細ヲモ」とあるのが正しく、これを「不思議ノ子細ヲモ」とある諸本は、「子細」を、こまかなこと、くわしいこと、くわしい事情、などと解する、後世の意味による改変と考えられる。

「子細をも」は、その道理をも、その理由をも。「も」は、強意。「分明に」は、『日ポ』に、「Funmiŏni. フンミャウニ（分明に）副詞。明らかに」とあり、はっきりと、明白に、の意。「言ひ開く」は、事情・理由・道理などを言って明らかにする、弁明して区別する。『日ポ』に、「Iyfiraqi, u, aita. イイヒラキ、ク、イタ（言ひ開き、く、いた）自分自身の事や他の事について弁明する、または、ある事を明らかにし区別する」とある。**〇人の心を惑はす事**　「一《ひとつ》、一文不通の輩の……人の心を惑はす事」のような書き方を一《ひと》つ書《がき》という。以下、第十八章までの各章は、すべて、この、一つ書の形式を以て始まっている。**〇返す返すも、心を留めて、思ひ分くべきことなり**　「返す返すも」は、第六章に既出。「心を留む」は、気をつける、注意する。漢語で留心《りうしん》という。「思ひ分く」は、理解し、判断する、十分にわかって分別する、識別する、違いを見分ける。『日ポ』に、「Vomoivaqe, ru, eta. ヲモイワケ、クル、ケタ（思ひ分け、くる、けた）十分に見て取って、公正に弁別する、判断する、など」とある。

誓願《せいぐわん》の不思議《ふしぎ》によりて、(1)易《やす》く持《たも》ち、称《とな》へ易き名号《みやうがう》を案《あん》じ出《いだ》し給ひて、この(2)名字《みやうじ》を称《とな》へん者《もの》を迎《むか》へ取《と》らんと御約束《おんやくそく》あることなれば、まづ、弥陀《みだ》の大悲《だいひ》・大願《だいぐわん》の不思議《ふしぎ》に助けられ参《まゐ》らせて、生死《しやうじ》を出《い》づべしと信《しん》じて、念仏の申《まう》さるるも如来《にょらい》の御計《おんはか》ひなりと思へば、少《すこ》しも、自《みづか》らの計《はか》ひ交《まじ》はらざるが故《ゆゑ》に、本願《ほんぐわん》に相応《さうおう》して、実報土《じつぽうど》に往生《わうじやう》するなり。これは、誓願《せいぐわん》の不思議をむねと信じ奉《たてまつ》れば、名号《みやうがう》の不思議も具足《ぐそく》して、誓願・名号の不思議一《ひと》つにして、さらに、(3)異《こと》なることなきなり。

（1）ヤスクタモチ（底）タモチヤスク（首書歎異抄・歎異抄私記）。（2）名字（底）名號《ミヤウカウ》（ママ）（妙・龍）名字《ミヤウジ》（端別）。
（3）コトナル（底）異《イ》スル（龍）。

〔口訳〕

弥陀の誓願の不思議さによって、たやすく保持し、口にかけて言い易い、「南無阿弥陀仏」という名号をお考え出しになって、この仏の尊号をとなえる者を浄土に迎え入れようという御約束をなされることであるから、まず第一に、阿弥陀仏の大慈悲・大誓願の不思議さによりお助けを被《こうむ》って、生と死とを重ね続けている迷いの境界を離れ出ることができると信じて、自然に念仏を申すようになるのも阿弥陀如来のご意図なのだと思うから、全く、自分から出た意図がまじり合わないので、阿弥陀仏の本願と完全に一体となり、真実報土に往生することになるのである。このことは、誓願の不思議を専一に信じ申し上げれば、名号の不思議も、その信心の中に充分に具《そな》わって、誓願と名号との不思議が一つになって、全然、相違することがないのである。

〔注釈〕 **○易く持ち、称へ易き名号を案じ出し給ひて**　底本には、「ヤスクタモチトナヘヤスキ名号ヲ案シイタシタマヒテ」とあるのをなるべく生かして、ここは、「易く持つ」、即ち、たやすく維持する、容易に保持するの意に解した。『首書歎異抄』『歎異抄私記』等の江戸時代の板本では、既に、理解し易いように、「タモチヤスク」と改めてしまっているが、かかる本文の写本は、三舟文庫本（大谷大学蔵）の外にはない。「易く持ち」と漢字を当てたのは、「持」にタモツの訓が古くからあるからである。そして、持戒・持続・持節・持正等のタモツの意を含む熟語が存するからである。この「持つ」は、じっと身につける、身に保つ。『日ポ』には、「Tamochi, tçu, otta. タモチ、ツ、ッタ（保ち、つ、つた） 保有する、あるいは、保持する。Gouoqiteuo tamotçu.（御掟を保つ）神聖な〔神の〕掟・規律を守る」とある。「称へ易き」は、口にかけてとなえ易い。「案じ出す」は、考え出す。漢語の案出《あんしゆつ》に当る。この動詞の主語は、阿弥陀如来。 **○この名字を称へん者を迎へ取らんと御約束あることなれば** 「名字」は、仏語で、名号と同じく、仏・菩薩の称号をいう。ここでは、「南無阿弥陀仏」の六字を指す。厳密に言えば、阿弥陀仏、あるいは、無碍光如来・無量寿仏だけが名号であるが、親鸞は、『唯信鈔文意』に、『如来尊号甚分明《にようらいそんがうじんふんみやう》』、このこころは、『如来』と申すは、無㝵光《むげくわう》如来なり。『尊号』といふは、南无阿弥陀仏《なもわあみだぶち》なり。『尊』は、たふとく、すぐれたりとなり。号《がう》は、仏になりたまうてのちのみなをまうす。名《みやう》は、いまだ、仏になりたまはぬときのみなをまうすなり。この如来の尊号は、不可称《ふかしよう》・不可説《ふかせつ》・不可思議《ふかしぎ》にましますゆゑに、一切衆生《いつさいしゆじやう》をして、无上大般涅槃《むじやうだいはつねはん》にいたらしめたまふ、大慈・大悲のちかひのみななり。この仏《ぶつ》のみなは、よろづの如来の名号《みやうがう》にすぐれたまへり。これすなはち、誓願なるがゆゑなり」と明記している。また、『教行信証』の「行巻」の初めに、「謹按往相廻向、有大行、有大信。大行者、則称无㝵光如来名。斯行、即是、摂諸善法、具諸徳本。極速円満。真如一実、功徳宝海。故名大行。然斯行者、出於大悲願。即是名諸仏称揚之願、復名諸仏称名之願。復名諸仏咨嗟之願、亦可名往相廻向之願。亦可名選択称名之願也」（謹ンデ、往相《ワウサウ》ノ廻向《エカウ》ヲ按《アン》ズルニ、大行《ダイギヤウ》有リ、大信《ダイシン》有リ。大行トハ、則《スナハ》チ、无㝵光如来《ムゲクワウニヨライ》ノ名《ミナ》ヲ称《シヨウ》スルナリ。斯《コ》ノ行《ギヤウ》ハ、即チ是レ、諸《モロモロ》ノ善法《ゼンポフ》ヲ摂《セツ》シ、諸ノ徳本《トクホン》ヲ具《グ》セリ。極速円満《ゴクソクエンマン》ス。真如一実《シンニヨイチジツ》ノ功徳宝海《クドクホウカイ》ナリ。故《カルガユエ》ニ、大行ト名ヅク。然ルニ、斯《コ》ノ行《ギヤウ》ハ、大悲《ダイヒ》ノ願《グワン》ヨリ出《イ》デタリ。即チ是レ、諸仏称揚《シヨブツシヨウヤウ》ノ願《グワン》ト名ヅケ、復《マタ》、諸仏称名《シヨウミヤウ》ノ願ト名ヅク。復《マタ》、諸仏咨嗟《シシヤ》《ホムルナリ》ノ願ト名ヅケ、亦《マタ》、往相《ワウサウ》廻向《エカウ》ノ願ト名ヅク可《ベ》シ。亦、選択称名《センヂヤクシヨウミヤウ》ノ願ト名ヅク可《ベ》キ也）とあって、「斯ノ行」とは、名号を指し、「大悲ノ願ヨリ出デタリ」の「大悲ノ願」とは、弥陀の誓願の中の第十七願を指している。その願は、「設我得仏、十方世界、無量諸仏、不悉咨嗟、称我名者、不取正覚」（設《タト》ヒ、我、仏ヲ得タランニ、十方世界ノ無量ノ諸仏、悉《コトゴト》ク咨《シ》嗟《シャ》シテ、我ガ名ヲ称セズンバ、正覚《シャウガク》ヲ取ラジ）とあって、同じく「咨嗟」の語が存する。「迎へ取る」は、念仏の行者が臨終の時に、聖聚《しょうじゅ》が来迎《らいごう》し、引接《いんじょう》すること、これを「迎接《がうせふ》」という。『日ポ』には、「Mucaitori, u, otta. ムカイトリ、ル、ッタ（迎ひ取り、る、つた） Mucayetoru（迎へ取る）と言う方がまさる。迎えに行って受け取る。例、Coyeuo tazzunete mucayetoraxerareǒzurutono guigia fodoni, camayete nenbutuo vocotaraxerarena.（声を尋ねて迎へ取らせられうずるとの儀ぢゃ程に、構へて念仏を怠らせられな）Feiq.（平家巻二）仏（Fotoque）は、仏の御名を呼ぶ者を尋ね、迎えに来て、その者を一緒に連れて行かれるのだから、称名念仏を欠かさないように注意しなさい、または、称名念仏を怠らないようにしなさい」とある。中世には、「迎へ取る」に特別の意味があったことが知られる。「御約束あることなれば」とあるのは、『観無量寿経《くわんむりやうじゆきやう》』の中に、「仏、阿《ア》難《ナン》及ビ韋提希《イダイケ》ニ告《ツ》ゲタマハク」とあって、浄土の「上品上生《ジャウボンジャウシャウ》」に生れる者については「生彼国時、此人精進勇猛故、阿弥陀如来、与観世音大勢至、無数化仏、百千比丘声聞大衆、無数諸天、七宝宮殿、観世音菩薩、執金剛台、与大勢至菩薩、至行者前。阿弥陀仏、放大光明、照行者身。与諸菩薩、授手迎接。観世音大勢至、与無数菩薩、讃歎行者、勧進其心。行者見已、歓喜踊躍。自見其身、乗金剛台、随従仏後、如弾指頃、往生彼国」（カノ国ニ生《シャウ》ズル時、此《コ》ノ人、精進《シャウジン》・勇猛《ユミヤウ》ナルガ故《ユヱ》ニ、阿弥陀如来、観世音《クワンゼオン》・大勢至《ダイセイシ》、無数《ムシュ》ノ化仏《ケブツ》、百千ノ比丘《ビク》・声聞《シャウモン》大衆《ダイシュ》、無数《ムシュ》ノ諸天《ショテン》、七宝《シチホウ》ノ宮殿《クデン》ト、観世音菩薩、金剛台《コンガウダイ》ヲ執《ト》リテ、大勢至《ダイセイシ》菩薩《ボサツ》ト行者《ギャウジャ》ノ前ニ至ル。阿弥陀仏、大《ダイ》光明《クワウミヤウ》ヲ放《ハナ》チテ、行者ノ身ヲ照シタマフ。諸《モロモロ》ノ菩薩ト、手《ミテ》ヲ授ケテ、迎接《ガフセフ》ス。観世音・大勢至、無数ノ菩薩ト、行者ヲ讃歎《サンダン》シテ、其ノ心ヲ勧進《クワンジン》ス。行者ハ見已《ミヲハ》リテ歓喜《クワンギ》・踊躍《ユヤク》ス。自ラ、其ノ身ヲ見レバ、金剛台ニ乗《ジョウ》ジテ、仏《ブツ》後《ゴ》ニ随従《ズイジュウ》シテ、弾指《タンジ》ノ頃《アヒダ》ノ如クニ、彼《カ》ノ国ニ往生ス）とあるし、「上品中生」「下品中生」についても「迎接」の語が用いられている。かくの如き、行者の往生をこの経の中で御約束なさっている事を、「御約束あることなれば」と言ったのである。「ある」は、動詞の意を持つ名詞に付き、尊敬の意を表す動詞「あり」の連体形。

○まづ、弥陀の大悲・大願の不思議に助けられ参らせて、生死を出づべしと信じて　この「まづ」は、弥陀の救いに預《あずか》る順序から言えば、第一章に、「弥陀の誓願不思議に助けられ参らせて、往生をば遂ぐるなりと信じて」とあるように、「弥陀の誓願」を「信ずる」ことから始まることを意味する。そして、第一章では、「助けられ参らせて、往生をば遂ぐるなりと信じて」であったが、この第十一章では、「誓願不思議」を「大悲・大願」（第九章に既出）と言い換え、「往生をば遂ぐるなりと信じて」を「生死を出づべしと信じて」と、語句を変えている。「生死を出づべし」は、「生れ変り、死に変る、六道の迷いの境界を離脱することができる」の意に外ならない。

○念仏の申さるるも如来の御計ひなりと思へば、少しも、自らの計ひ交はらざるが故に　「申さるる」の「るる」は、自発の助動詞で、おのずから申すようになる。下に「申さるることも」と補えばわかり易い。「如来」は、仏の十号の一つで、如実に来至せし者の意。仏は、真如の理を証得し、迷界に来至《らいし》して、衆生を救済し給うからである。ここでは阿弥陀如来。「御計ひ」は、仏の衆生を救わんがためのご意図・ご配慮。この「如来の御計ひ」に対比されるのが、人間の「自らの計ひ」ということになる。「交はらざるが故に」は、如来の他力と行者の自力とがまじり合うことがないから、言い換えれば、念仏の行を「如来の御計ひ」によるとして、「自らの計ひ」を捨棄して、純粋に、自然に申すことになるから、の意である。　**○本願に相応して、実報土に往生するなり**　「本願」は、第一章・第二章・第三章等に既出。「相応す」は、二つの心と心との働きが一致し、契合《けいごう》（ぴったり一体となること）すること。ここでは、信心にもとづく念仏が、阿弥陀如来の大悲・大願と一致し、一体となること。『日ポ』には、「Sŏuô. サゥヲゥ（相応）　Ai Vôzuru.（相応ずる）　釣り合いがとれること、あるいは、ふさわしく適合すること」とある。「実報土」は、第三章に出た「真実報土」の略で、第二部の「序」にあった「報土」と同じ。極楽浄土のこと。　**○誓願の不思議をむねと信じ奉れば、名号の不思議も具足して**　「むねと」は、もっぱら、主として、専一に。「具足」は、第三章・第九章に既出、充分に備わること。ここでは、「誓願の不思議をむねと信じ奉る」その信心の中に、名号の不思議も必ず充分に備わっての意。**〇誓願・名号の不思議一つにして、さらに、異なることなきなり** 誓願と名号との不思議が、仏教語でいう不一不異《ふいつふい》（一ナラズ、異《コト》ナラズ）の関係にあることを言ったのである。「さらに」は、全く、全然、少しも。下の「なきなり」に係《かか》っている。

次《つぎ》に、自《みづか》らの計《はから》ひを挟《さしはさ》みて、善《ぜん》・悪《まく》の二《ふた》つにつきて、往生の助《たす》け(1)・障《さは》り、(2)二様《ふたやう》に思ふ(3)は、誓願《せいぐわん》の不思議をば頼《たの》まずして、わが心に往生の業《ごふ》を励《はげ》みて、申《まう》す所《ところ》の念仏をも自行《じぎやう》になすなり。この人は、名号《みやうがう》の不思議をもまた信ぜざるなり。信ぜざれども、辺地《へんち》・懈慢《けまん》・疑城《ぎじやう》・胎宮《たいぐ》にも往生して、果遂《くわすゐ》の願《ぐわん》の故《ゆゑ》に、(4)つひに報土《ほうど》に生《しやう》ずるは、名号不思議の力《ちから》なり。**これ、**即《すなは》ち、誓願不思議の故《ゆゑ》なれば、ただ一《ひと》つなるべし。

(1) サハリ（底）サハリニ（龍）。(2) ヤウ〱二様《フタヤウ》ニ（底。ヤウ〱を消して、傍らに訂正する）様々《ヤウ〱》（龍）。(3) オモフハ（底）オモヘハ（龍・端別）。(4) ツキニ（底）ツイテ（龍・端別）。

〔口訳〕

その次に、自力にもとづく意図を心中に抱いて、自分の行為における善と悪との二つについて、浄土への往生に際し、善行はその助けとなり、悪行はその妨げとなると二通りに分けて思うのは、弥陀の誓願の不思議を絶対的に信頼しないで、自分の考えにより、往生のための修行を努力してやり、申すところの念仏までも、自己の修行のためになすのである。こういう人は、名号の持つ不思議さをも同じく信じないのである。信じなくとも、念仏すれば、辺地《へんじ》・懈慢《けまん》・疑城《ぎじょう》・胎宮《たいぐ》という化土《けど》に往生した上で、弥陀の「果遂の願」にもとづいて、最終には報土に往生するのは、名号の不思議の力によるのだ。このことは、そのまま、誓願の不思議さのためなのだから、この二つは、決して別のものではなく、全く一体のものであるはずである。

〔注釈〕 **○次に、自らの計ひを挟みて、善・悪の二つにつきて、往生の助け・障り、二様に思ふは** 「自らの計ひを挟みて」は、自力にもとづく意図を心中に抱いて。『日ポ』に、「Saxifasami, u, ŏda. サシハサミ、ム、ゥダ(挟み、む、ぅだ) 物と物とが交差するような具合に圧しつける、あるいは、締めつける。比喩。Iconuo saxifasamu.(遺恨を挟む) 心に恨みを抱く」とあるのが参考になる。また、「Gaixinuo saxifasamu, l, fucumu.(害心を挟む、または、含む) ある人に対して、その人を殺そうなどという恨みなり反逆心なりを抱く」ともある。「善・悪の二つにつきて」は、自己の、従って人間のなすところの行為・行動に現れる、善と悪という二つの相について。「往生の助け・障り、二様に思ふは」は、善い行いは、往生のための助けとなり、悪い行いは、往生のための障り(妨《さまた》げ)となるというように、二種類・ふた通りに分けて考えることは。これでは、善人だけが救われ、悪人は救われないという考えに陥って、「罪悪深重・煩悩熾盛の衆生を助けんがための願にまします」(第一章)という本願に背反することになる。つまり、善事を行い、その自己の善事の力によって往生を遂げようという自力の信心になってしまうのである。 **○誓願の不思議をば頼まずして、わが心に往生の業を励みて** 「誓願の不思議をば頼まずして」は、上に言った通りである。「わが心に」は、自分の心のままに、自己の考えにより。「往生の業」は、浄土に往生するための所作・所行。「業」も、「励む」も、第二章に既出。 **○申す所の念仏**

をも自行になすなり　「申す所の」は、申す折の、申す場合の、申す際の。「所」は、時・折・場合を表す名詞。「自行」は、自己の悟りのための修行。『日ポ』に、「Iiguiŏ. ジギャゥ（自行）Mizzucara voconŏ.（自ら行ふ）自分自身の行為、または、自分自身の修行や苦行など」とある。「他行」「化他《けた》」に対する語。「自行に」の「に」は、自行のために。『正法眼蔵随聞記《しやうぼふげんざうずいもんき》』巻三に、「中々《ナカナカ》、仏制《ブッセイ》ヲ守ツテ、戒律儀ヲモ存ジ、自行・他行、仏制《ブッセイ》ニ任セテ行ズルヲバ、名聞《ミヤウモン》、利養《リヤウ》ゲナルト、人モ管《クワン》セザルナリ」、巻二ニ、「只《タダ》、土風《ドフウ》ヲ守ツテ、尋常ニ仏道ヲ行《ギヤウ》ジ居タラバ、上下ノ輩、自《オノヅカ》ラ供養《クヤウ》ヲ作《ナ》スベシ。自行・化他成就《ジヤウジュ》セン」とある。「なす」は、行う、事をする、実行する。

○この人は、名号の不思議をもまた信ぜざるなり　「この人」は、「誓願の不思議をば頼まずして……念仏をも自行になす」人。第二段落の中に「誓願の不思議によりて、易く持ち、称へ易き名号を案じ出し給ひて、この名字を称へん者を迎へ取らんと御約束あることなれば」とあり、「念仏の申さるるも如来の御計ひなり」とあったのを信じないのであるから、「名号の不思議をもまた信ぜざるなり」と言い得るのである。

○信ぜざれども、辺地・懈慢・疑城・胎宮にも往生して　「信ぜざれども」は、「信ぜずとも」と同じで、仮定の逆接を表し、すぐ前の「名号の不思議」を信じなくても、の意。次に挙げる「辺地」以下の四つは、如来の本願の力を固く信じた人々の往生する真実報土に対して、本願の力を信ぜず、諸《もろもろ》の善行《ぜんぎやう》を修《しゆ》し、仏名《ぶつみやう》をも称《とな》えて往生した者の入る方便化土《はうべんけど》の内の四つの領域。親鸞の『愚禿鈔《ぐとくせう》』巻上には、「就弥陀化土、有二種。一疑城・胎宮、二懈慢・辺地」（弥陀ノ化土ニ就イテ、二種有リ。一ニハ疑城・胎宮。二ニハ懈慢《ケマン》・辺地）とある。このうち、「辺地」は、辺界とも言い、本願を疑い、自力による念仏を称える者の往生する、浄土の片ほとり・片すみをいう。親鸞は、『末燈鈔』十二に、「詮ずるところ、名号をとなふといふとも、他力・本願を信ぜざれば、辺地に生るべし」と記し、『浄土和讃《じやうどわさん》』には、「安楽浄土をねがひつつ、他力の信をえぬひとは、仏智不思議《ぶつちふしぎ》をうたがひて、辺地・懈慢《けまん》にとまるなり」、『正像末和讃《しやうざうまつわさん》』には、「不了仏智《ふれうぶつち》のしるしには、如来の諸智を疑惑して、罪福信じ、善《ぜん》本《ぼん》を、たのめば辺地にとまるなり」、「仏智の不思議をうたがひて、自力の称念《しようねん》このむゆゑ、辺地・懈慢にとどまりて、仏恩報ずるこころなし」、「仏智不思議をうたがひて、善本《ぜんぽん》・徳本《とくほん》たのむひと、辺地、懈慢にむまるれば、大慈・大悲はえざりけり」などと歌っている。「懈慢」は、懈慢界・懈慢国・懈慢国土とも言い、元来は、おこたり、なまけることを表す二文字であるが、仏智を疑って、自力に頼って往生を期する者が生れるという世界。親鸞は、『高僧和讃《かうそうわさん》』において、「本師源信和尚《ほんしげんしんくわしやう》は、懐《ゑ》感禅師《かんぜんじ》（注、善導大師の弟子）の釈《しやく》（注、『群疑論』七巻）により、『処胎経《しよたいきやう》』をひらきてぞ、懈慢界をあらはせる」と述べているが、『浄土三経往生文類《じやうどさんきやうわうじやうもんるい》』には、その源信和尚の『往生要集《わうじやうえうしふ》』下末から、「引感禅師釈云、問。菩薩処胎経第二説、西方去此閻浮提、十二億那由佗、有懈慢界。乃至発意衆生、欲生阿弥陀仏国者、深著懈慢国土、不能前進生阿弥陀国。億千万衆、時有一人、能生阿弥陀仏国云云。以此経准難、可得生。答。群疑論、引善導和尚前文而釈此難。又自助成云、此経下文言、何以故、皆由懈慢、執心不牢固。是知、雑修之者、為執心不牢之人、故生懈慢国也。若不雑修、専行此業、此即、執心牢固、定生極楽国（下略）」（感禅師《カンゼンジ》ノ釈《シヤク》ヲ引キテ云ハク、「問フ。『菩薩処胎経《ボサツシヨタイキヤウ》』ノ第二ニ説カク、西方《サイハウ》、此ノ閻浮提《エンブダイ》ヲ去ルコト、十二億那由佗《オクナユタ》ニ、懈慢界《ケマンガイ》アリ。乃至意《ココロ》ヲ発《オコ》ス衆生《シユジヤウ》、阿弥陀仏国《アミダブツコク》ニ生レント欲《オモ》フ者、深ク懈慢国土《ケマンコクド》ニ著《ヂヤク》シテ、前進《スス》ミテ阿弥陀仏国ニ生ズルコト能《アタ》ハズ。億千万ノ衆《シユ》、時ニ一人有リテ、能《ヨ》ク阿弥陀仏国ニ生ズト云々《ウンウン》。此ノ経ヲ以テ准《ジユン》難《ナン》スルニ、生《シヤウ》ヲ得《ウ》ベシヤ』。答フ。『群疑論《グンギロン》』ニ、善導和尚《ゼンダウクワシヤウ》ノ前《サキ》ノ文《モン》ヲ引キテ、此ノ難《ナン》ヲ釈《シヤク》セリ。又自ラ助成《ジヨジヤウ》シテ云ハク、此ノ経ノ下《シモ》ノ文《モン》ニ言《ノタマ》ハク、何《ナニ》ヲ以テノ故《ユヱ》ニ、皆、懈慢ニシテ、執心牢固《シウシンラウコ》ナラザルニ由《ヨ》ツテナリ。是《ココ》ニ知リヌ、雑修《ザフシユ》ノ者《モノ》ハ、執心牢《カタ》カラザルノ人ト為《ナ》ス。故《カルガユヱ》ニ、懈慢国ニ生ズルナリ。若《モ》シ、雑修《ザフシユ》セズシテ、専《モハ》ラ此ノ業《ゴフ》ヲ行《ギヤウ》ズルハ、此レ即チ、執心牢固《シフシンラウコ》ニシテ、定メテ極楽国ニ生ゼム（下略）』」）を引用している。「疑城」は、善を修《しゆ》して往生を願いながら、仏智を疑った人は、浄土に往生しても、仏が或る期間、その行業《ぎやうごう》に応じて、その往生人《おうじやうにん》を住《じゆう》せしめる土《ど》をいう。疑惑の行者の住する城の意。親鸞は、『正像末和讃《しやうざうまつわさん》』に、「罪福信ずる行者は、仏智の不思議をうたがひて、疑城・胎宮《たいぐ》にとどまれば、三宝《さんぼう》にはなれたてまつる」と歌っている。また、『末燈鈔《まっとうせう》』二に、「あなかしこ〱。仏恩《ぶっとん》のふかきことは、懈慢・辺地に往生し、疑城・胎宮に往生するだにも、弥陀の御ちかひのなかに、第十九・第廿の願の御あはれみにてこそ、不可思議のたのしみにあふことにて候へ」といって、しかも、かかる往生人も終極には救われて、浄土に生れることを述べている。「胎宮」は、仏智を心から信じないで、しかも、善行を修《しゅ》して、往生しようと願う人が、死後、往生する浄土をいう。親鸞は、『正像末和讃』に、「仏智を疑惑するゆゑに、胎生《たいしやう》のものは智慧《ちゑ》もなし、胎宮にかならずむまるるを、牢獄《らうごく》にいるとたとへたり」「弥陀の本願信ぜねば、疑惑を帯《たい》してむまれつつ、はなはすなはちひらけねば、胎《たい》に処《しょ》するにたとへたり」「仏智の不思議を疑惑して、罪福信じ善本《ぜんぽん》を、修《しゅ》して浄土をねがふをば、胎生《たいしやう》といふとときたまふ」などと歌っている。胎生の者には、その住む胎宮は七宝の宮殿に見えるが、真実報土から見れば、七宝の牢獄としか見えないとされている。そして、五百歳の間、宮殿から出ることはできないというのである。母《ぼ》胎中《たいちゆう》の胎児が外の光に接することができないように、浄土の蓮華の花に包まれ、仏の光を仰ぎ得ないのが、胎宮に生ずる往生人の有様である。「胎宮」は、タイグとも、タイグウとも読まれている。この四つの名称のうち、「辺地」以外の三つの語は、『浄土三部経』(無量寿経・観無量寿経・阿弥陀経)には見えない。

○果遂の願の故に、つひに報土に生ずるは、名号不思議の力なり　「果遂の願」は、『無量寿経』に、法蔵菩薩《ほうぞうぼさつ》の立てられた、四十八願の中の第二十願で、「設我得仏、十方衆生、聞我名号、係念我国、植諸徳本、至心廻向、欲生我国、不果遂者、不取正覚」(設《タト》ヒ、我、仏ヲ得《エ》タランニ、十方ノ衆生、我が名号ヲ聞キテ、念《ネン》ヲ我ガ国ニ係《カ》ケテ、諸《モロモロ》ノ徳本《トクホン》ヲ植《ウ》エ、至心ニ廻向《エカウ》シテ、我ガ国ニ生レント欲センニ、果遂《クワスヰ》セズンバ、正覚《シヤウガク》ヲ取ラジ)と誓われた願をいう。即ち、諸の徳本を植えながら、浄土に念《おも》いをかけて、往生しようとする者の願いを果し遂げさせるという、弥陀の誓願をいう。「つひに報土に生ずるは」は、上述したように、自力の罪により方便化土《ほうべんけど》に往生した人々も、この第二十願の「果遂の願」によって、窮極的に、真実報土に往生するのは、の意。「名号不思議の力なり」は、辺地・懈慢・疑城・胎宮に往生する者は、弥陀の第二十願、即ち「果遂の願」によって、浄土に生れることができるのであるが、それが、たとい、「申す所の念仏をも自行になすなり」であっても、親鸞は、第二十願の中の、「徳本」につき、『教行信証』の「化身土巻《けしんどのまき》」に、「徳本者、如来徳号。此徳号者、一声称念、至徳成満、衆禍皆転。十方三世徳号之本。故曰徳本也」（徳本《トクホン》トハ、如来ノ徳号《トクガウ》ナリ。此ノ徳号ハ、一声称念《シヤウシヨウネン》スルニ、至徳成満《シトクジヤウマン》シ、衆禍皆転《シユクワミナテン》ズ。十方三世《ジッパウサンゼ》ノ徳号ノ本《ホン》ナリ。故《カルガユエ》ニ、徳本ト曰《イ》フナリ）と記して、この「果遂の願」の中に、たとい自力によるものであっても、名号不思議にもとづく念仏の力を認めているのである。これによって本文の「果遂の願の故に、つひに報土に生ずるは、名号不思議の力なり」と言っている意味が明らかになると思う。

○これ、即ち、誓願不思議の故なれば、ただ一つなるべし　この、自力の念仏の行者が終極において浄土に往生できるのは、「誓願の不思議によりて、易く持ち、称へ易き名号を案じ出し給ひて、この名字を称へん者を迎へ取らんと御約束あることなれば」と前文にあったからである。「これ、即ち」は、このことは、そのまま。「ただ一つなるべし」は、全く一体のはずである。「べし」は、当然の助動詞。

〔解説〕

第二部における、唯円の異義批判には、共通した、一定の形式の存することが注意される。例えば、次の第十二章においては、

一　経釈《きやうしやく》を読み、学《がく》せざる輩《ともがら》、往生不定《わうじやうふぢやう》の由《よし》の事。

という異義を、一《ひと》つ書《がき》（箇条を分けて書く文章で、各箇条ごとに、「一《ひとつ》、何々」として書き分けること）にして

挙げ、それを結ぶに、「……の事」という、事書《ことがき》の形式を以てし、次いで、

この条、頗《すこぶ》る不《ふ》足言《そくげん》の義と言ひつべし。

と記して、上に挙げた異義を「この条」と総括した上で、「頗る不足言の義と言ひつべし」という短い断案を下している。そして、以下、何故に、この異義が「不足言の義」と言えるかを論証し、批判してゆくのである。唯円がかかる形式を採っていることは、既に、第一部の第六章において、師の親鸞も、

一 専修《せんじゆ》念仏の輩《ともがら》の、我が弟子《でし》、人の弟子といふ相論《さうろん》の候ふらん事。

という、一つ書・事書にした問題を提示した後で、

以ての外の子細なり。親鸞は、弟子一人も持たず候ふ。

という簡潔な断案を下し、その後に、「その故は」と筆を改めて、その「以ての外の子細」を論証・批判しているのと相通うものがある。あるいは、唯円自身、この親鸞の叙述法を学んで、それを第二部で展開させているのではないかとも思われる。(かかる形式を取らないにしても、親鸞在世のころに既に生じた異義とも言うべきものに対しての批判は、第二章・第三章・第五章・第六章等において取り上げられ、批判の対象となっていることが認められるのである。) そして、第一部各章の末尾にあった、「と云々」「と仰せ候ひき」が、第二部八章においては全くないのは、これら八章がいわゆる書かれた文章であって、談話筆記ではないからであることは勿論であって、従って、読者は、あくまで、これらの八章を、書かれた文章として読み、理解し、解釈する態度を保持すべきことになる。

《解釈》

主題

誓願と名号との不思議の道理を弁明せずに、そのどちらを信ずるかと言い驚かして、念仏する、一文不通の仲間を惑わす異義の批判。

構想

（一）誓願と名号との不思議の道理を弁明せずに、そのどちらを信ずるかと言い驚かして、一文不通の念仏の仲間を惑わすことにつき、注意すべき、この二つの不思議の判別。

（二）誓願の不思議を信ずることに名号の不思議も具足して、そこに、何の相異もなくして実現する、浄土への往生。

（三）誓願の不思議を頼まず、念仏を自行になす人が、終極は浄土に往生することに認められる、名号と誓願との、不思議な力の一致。

この構想は、（一）において、一文不通の仲間を言い驚かし、惑わす、異義の一つを挙げて、それに対しての簡潔な感想を付し、（二）では、誓願の不思議を信ずる場合に、名号の不思議も具足して、人はいかにして浄土への往生が実現するかを解示し、（三）では、それに対して、誓願の不思議を頼まぬ場合には、名号の不思議も信ぜぬことになるが、それでも、結局は、往生が実現することを説示して、（一）の信者を惑わすことの不当さを立証している。つまり、誓願不思議と名号不思議を共に信ずる場合が（二）、共に信じない場合が（三）に論じられているのであるが、それでも、終極には、浄土への往生が実現することが論証されていることに注意されるのである。

叙述

〔**一文不通の輩の念仏申すにあうて、「汝は、誓願不思議を信じて念仏申すか、また、名号不思議を信ずるか」と言ひ驚かして、二つの不思議を、子細をも分明に言ひ開かずして、人の心を惑はす事。**〕——『歎異抄』の著者が、異義の批判を展開するに当って、まず、異義そのものを挙げたのであるが、よく読んでみると、問題は、「誓願不思議を信じて」念仏申すか、あるいは、「名号不思議を信じて」念仏申すか、そのいずれを取るかを二者択一的に詰問する所に存する。しかも、この詰問が、「一文不通の輩」、即ち無学文盲《もんもう》の念仏仲間に対して発せられ、しかも、「汝」と相手を呼んでいるのであって、文字を知り、学問のある人間が、知的に高い立場から、知的に低い立場の者に対して、見《み》下《くだ》して発せられた問いであることがわかるのである。これでは、「言ひ驚かして」という結果を相手に与えてしまう外はない。著者は、この異義につき、「二つの不思議を、子細をも分明に言ひ開かずして、人の心を惑はす事」という批判的見解をも既に加えて挙げていることに注目させられる。「誓願不思議」とは何か、「名号不思議」とはどういうことか、この二つの「不思議」たる道理をまずはっきり説明することが、「一文不通の輩」への、第一になすべきことだと言うのである。そうでなければ、相手の「心を惑はす事」になってしまう。「言ひ驚かして」「人の心を惑はす」の二つの句は、著者の、詰問された人々の心持への思いやりが窺《うかが》われてくるような叙述である。

〔**この条、返す返すも、心を留めて、思ひ分くべきことなり。**〕——著者の感想が簡潔に記されているが、「返す返すも」といい、「心を留めて」といって、「思ひ分くべきことなり」を限定している所に、著者が、以下の叙述を展開させてゆく上の、慎重な用意と固い決意が認められる。そして、この異義が提示している問題の重大さを読者に示唆するものがある。

〔誓願の不思議によりて、易く持ち、称へ易き名号を案じ出し給ひて、この名字を称へん者を迎へ取らんと御約束あることなれば、〕――唯円が理解し、尊信している、弥陀の誓願が何であるかの叙述であるが、そして、その誓願の主旨を「御約束」という語に要約しているが、それも、発生的、根源的には、「誓願の不思議によりて」に外ならない。この「不思議」、即ち、人間の思慮や意識を超越した絶対性から発して、「易く持ち、称へ易き名号を案じ出し給ひて」という、「名号」の案出となり、さらに、「この名字を称へん者を迎へ取らん」という、「御約束」の成立に至るまでが、的確に、そして平易に、しかも、親しみまでこめて「易く持ち、称へ易き」とか、「案じ出し給ひて」とか、「この名字を称へん者を迎へ取らんと」とか、「御約束あることなれば」とかいう言葉で叙述されているのは、著者の内なる信心の純熟し、透徹していることの結実と言う外はない。この「御約束」が、次の叙述を導き出すのである。

〔まづ、弥陀の大悲・大願の不思議に助けられ参らせて、生死を出づべしと信じて、念仏の申さるるも如来の御計ひなりと思へば、少しも、自らの計ひ交はらざるが故に、本願に相応して、実報土に往生するなり。〕――直前の叙述が、「弥陀から人間へ」であったのに対し、この叙述は、まさしく、「人間から弥陀へ」の方向において記されている。そして、初めに、「まづ」とあって、第一に、「弥陀の大悲・大願の不思議に助けられ参らせて」「生死を出づべし」という信心の成立から出発して、第二に、「念仏の申さるるも如来の御計ひなり」という念仏の成立となる過程が叙せられている。この「信心」から成り立つ「念仏」こそ、親鸞・唯円の他力浄土教の真髄に外ならない。「助けられ参らせて」と「申さるるも」における、受身の助動詞「られ」、謙譲の補助動詞「参らせ」、自発の助動詞

「るる」の三つの使用によって、「信心」も「念仏」も、すべては、「大悲・大願の不思議」に依拠していることが、国語により的確に表現されていることが認められる。特に、「念仏の申さるるも、如来の御計ひなり」の一文は、おのずから称《とな》えられる念仏が阿弥陀如来の御意図の実現たることの十全なる言表となっていると言えよう。ここに、「少しも、自らの計ひ交はらざる」他力の念仏が実行され、それが、「この名字を称へん者を迎へ取らん」という「御約束」、即ち「本願に相応して、実報土に往生するなり」という結果をもたらすと言うのである。「浄土」と書かずに、「実報土」と記しているところに、いわゆる浄土が、弥陀の真実なる誓願にもとづき、その報いとして成就した所に外ならぬことを指し示す、深い意味がこめられていると考えられる。

〔これは、誓願の不思議をむねと信じ奉れば、名号の不思議も具足して、誓願・名号の不思議一つにして、さらに、異なることなきなり。〕——最初の「これは」は、その直前の一文の全体を受けて、かく言ったのである。そして、弥陀の誓願の不思議から、信心が起り、その信心が念仏をおのずから実現させてゆく過程を、まず、「誓願の不思議をむねと信じ奉れば」と言っているのであって、この「むねと信じ奉」る信心が、「名号の不思議」、即ち念仏の絶大なる力を発展させ、支持する原動力となって、次の「名号の不思議も具足して」という叙述をも展開させるに至っている。この、信心と念仏の相即し、即時に成り立ってゆくことを、次に、「誓願・名号の不思議一つにして、さらに、異なることなきなり」と言い換えている。したがって、この、はっきりした、念仏者における信心と念仏とが一体となって確立してゆく様相は、初めの、「誓願不思議を信じて念仏申すか、また、名号不思議（のみ）を信（じて、念仏）するか」という、二者択一的詰問がいかに誤っているかを証明する、有力な反駁たり得ている。かくて、信心と念仏とが、如来の誓願にもとづいて、どのように成立するかについての深い内省を欠いた詰問者を根本から否定し、有力な批判となっているのである。

〔**次に、自らの計ひを挟みて、善・悪の二つにつきて、往生の助け・障り、二様に思ふは、誓願の不思議をば頼まずして、わが心に往生の業を励みて、申す所の念仏をも自行になすなり。**〕——これからが構想の（三）になるのであるが、その前の（二）が、「自らの計ひ交はらざるが故に」の句に明示されているように、他力による信心と念仏の成立を説いているのに対して、この（三）では、著者は、それに反する、自力による信心と念仏の様相を的確に指摘し、分析している。初めに、「次に」と置いたのは、ここから、新しい段階の批判に入ることの意志を示しているが、「自らの計ひを挟みて」の句によって、前の「自らの計ひ交はらざるが故に」と対立し、背反する自力的立場についての叙述の展開たることをまず前提として、「善・悪の二つにつきて、往生の助け・障り、二様に思ふは」という考え方を読者に提示している。この「善・悪の二つ」とは、自己の行いを往生のための善事と悪事とに二分して、善事は往生の「助け」となり、「悪事」はその「障り」となると、「二様に思ふ」ように至るのであって、その善か悪かを分ける基準をどこまでも自己の心に置く行き方に外ならない。そうした人は、「念仏の申さるるも如来の御計ひなり」という自覚なしに、言い換えれば、「誓願の不思議をば頼まずして」、その代りに、「我が心」即ち「自らの計ひ」により「往生の業を励」むようになって、「申す所の念仏をも自行になす」結果となる、というのである。この「自行」こそ、自力行であって、他力行に反するものたることは言うまでもない。

〔**この人は、名号の不思議をもまた信ぜざるなり。**〕——前の段落、即ち、構想（二）の結語は、誓願・名号の不思議の不一不異なる一致にあった。したがって、ここでは、誓願の不思議を信ぜざる者は、また、名号の不思議をも信ぜぬことになるというのである。これも、誓願・名号の不思議を峻別して、それぞれを孤立させて、「そのいずれを信ずるか」と、一文不通の信者に詰問する行き方につながる、自力念仏の邪義に外ならない。「この人」とは、「自らの計ひを挟みて、……わが心に往生の業を励みて、申す所の念仏をも自行になす」人のことである。

これまで、「……思ひ分くべきことなり」「……実報土に往生するなり」「……さらに、異なることなきなり」「……自行になすなり」「……また信ぜざるなり」とあるように、作者は、断定の助動詞「なり」を以て、それぞれのセンテンスの末尾を結び、文体の統一を計《はか》っているが、これは、著者が確信を以て、批判を堂々と展開させている態度を示すものであると言うことができる。

〔**信ぜざれども、辺地・懈慢・疑城・胎宮にも往生して、果遂の願の故に、つひに報土に生ずるは、名号不思議の力なり。**〕——この「信ぜざれども」の下には、「念仏すれば」の如き句を補う必要がある。そうすることによって、名号の不思議を信ぜぬ自力の念仏者は、真実の浄土ではなくして、その片隅の、仮りの浄土、即ち方便化土に往生する外はないこと、しかし、永久にその化土に住《じゅう》するのではなくして、法蔵菩薩の誓願中の第二十願の「果遂の願」にもとづいて、「つひに報土に生ずる」ことになるのであって、それが可能になるのは、偏えに、念仏にこもる「名号不思議」の絶大なる「力」によるのであるというのが、著者の信心による確信なのである。ここにも、「なり」が用いられている。

〔**これ、即ち、誓願不思議の故なれば、ただ一つなるべし。**〕——構想(二)において、誓願と名号の不思議の一致を述べていることからすれば、この一文は当然の結果である。つまり、名号不思議の中にこもる、「易く持ち、称へ易き名号を案じ出し給ひて、この名字を称へん者を迎へ取らんと御約束あることなれば」という「御約束」は、もとはと言えば、「誓願の不思議によりて」発せられたことになるのである。著者が、「ただ一つなるべし」と言って、「べし」という当然の助動詞を用いて、これまでの文末を「なり」で結ぶ文体を一変させているのは、二つの不思議が自然に一致することへの絶大なる信念にもとづくがためであろう。

この第十一章は、初めに「異義」を挙げることからして、「言ひ驚かして」とか、「二つの不思議を、子細をも分明に言ひ開かずして」とか、「人の心を惑はす事」とか、既に、著者唯円の批判意識を含んでいることが注意される。決して、冷静にして客観的な「異義」の引用ではないのである。そして、「この条、返す返すも、心を留めて、思ひ分くべきことなり」という注意を、初めから読者に求めていることが知られる。この注意を出発点とし、原動力となすことによって、この章の表現性は、一読、著しく、論証的であり、説明的であり、判別的である趣を呈しているように思われる。特に、構想の展開において、（二）と（三）とにおいて、それぞれ、対照的に、念仏に対する二つの立場を挙げて批判している所に、論証的傾向が顕現していると言ってよい。

ところが、そういう論証的表現の中にも、構想の（二）では、「念仏の申さるるも如来の御計ひなり」とか、「少しも、自らの計ひ交はらざるが故に、本願に相応して、実報土に往生するなり」とか、「誓願の不思議をむねと信じ奉れば、名号の不思議も具足して、誓願・名号の不思議一つにして、さらに、異なることなきなり」という如き、内証された、他力信心の「理」が力強く、しかも心熱をこめた叙述によって表現されているのを見いだすのであって、ここにも、和漢混淆文体によってのみ表し得る、著者の信念・信条を表現しようとする意識の集中が認められる。構想の（三）において、「信ぜざれども、………果遂の願の故に、つひに報土に生ずるは、名号不思議の力なり。これ、即ち、誓願不思議の故なれば」とあるのも、「理」であり、「道理」に外ならない。そこには、世俗的、一般常識的な文芸の概念を越えて、面白さとか、感興とか、情趣とか、感動表出とかを以てしては説明できない、ただ、「理」「道理」を核心とし、理念とする、中世的、宗教的、原理的な、新しい文芸的性質の確立を認めなくてはならないことになる。

第二には、「誓願の不思議によりて、易く持ち、称へ易き名号を案じ出し給ひて」とあり、「弥陀の大悲・大願の不思議に助けられ参らせて」とあり、「本願に相応して」とあり、「果遂の願の故に、つひに報土に生ずるは」とあって、弥陀の「誓願」「大願」「本願」「願」が、一貫して、高く掲げられ、仰慕されていることである。そして、この「弥陀の大願」の広大無辺な絶対性と「人間の計ひ」の低劣さとが対比されて、例えば、「自らの計ひを挟みて、善・悪の二つにつきて、往生の助け・障り、二様に思ふは」とか、「誓願の不思議をば頼まずして、わが心に往生の業を励みて、申す所の念仏をも自行になすなり」とか、「この人は、名号の不思議をもまた信ぜざるなり」とかいう叙述となって現れているのであって、そこに著者の批判の対象となった人々の心理に対する洞察の深さを見ることができる。この二つの対比が、結果としては、「弥陀の大願」についての表現の崇高さ・荘厳さを読者に感銘させることとなるのである。

この二つの点において、わたくしは、この第十一章を、文芸として、特に中世的な文芸として受容し、評価し得ると思う。著者が、異義・邪説を破斥し、排除する論争的立場に立ちながら、その論証を意義あるものと成し得たのは、かかる文芸的意義を作品の表現において確立しているからなのである。

この第十一章が、第一部の第一章と深く関連していることは、既に多くの研究者によって注意されている通りである。その中でも、特に、

まづ、弥陀の大悲・大願の不思議に助けられ参らせて、生死を出づべしと信じて、念仏の申さるるも如来の御計ひなりと思へば、

とあるのは、第一章の、

弥陀の誓願不思議に助けられ参らせて、往生を遂ぐるなりと信じて、念仏申さんと思ひ立つ心の起る時、

に依拠していることが明らかであり、また、

次に、自らの計ひを挟みて、善・悪の二つにつきて、往生の助け・障り、二様に思ふは、誓願の不思議をば頼まずして、わが心に往生の業を励みて、申す所の念仏をも自行になすなり。

とあるのは、第一章の、

しかれば、本願を信ぜんには、他の善も要にあらず。念仏にまさるべき善なき故に。悪をも恐るべからず。弥陀の本願を妨ぐる程の悪なき故に。

という、本願を信ずることは、人間の行為の善・悪を超越しているという信心の理にもとづいての、自力の念仏の批判として受け入れるべきものと思われるのである。

終りに、親鸞の書簡集である『末燈鈔』九の、教名房《きようみようぼう》宛ての一通を引用しておきたい。

誓願・名号、同一事《どういつのこと》。

御《おん》ふみ、くはしくうけたまはり候《さうら》ひぬ。さては、この御不審《ごふしん》、しかるべしともおぼえず候ふ。そのゆゑは、誓願・名号とまうして、かはりたること候はず。誓願をはなれたる名号も候はず。名号をはなれたる誓願も候はず候ふ。かく申し候ふも、はからひにて候ふなり。ただ、誓願を不思議と信じ、また、名号を不思議と一念《いちねん》信じとなへつるうへは、何条《なんでふ》、わがはからひをいたすべき。ききわけ、しりわくるなど、わづらはしくはおほせられ候ふやらん。これみな、ひがことにて候ふなり。ただ、不思議と信じつるうへは、とかく御《おん》はからひあるべからず候ふ。往生の業《ごふ》には、わたくしのはからひはあるまじく候ふなり。あなかしこ〱。ただ、如来にまかせまゐらせおはしますべく候ふ。あなかしこ〱。

五月五日《ごぐわついつかのひ》　親鸞

教名御房《けうみやうごばう》

これによっても、親鸞の在世中にも、既に、誓願・名号の区別を考える弟子の不審の存したこと、及び、親鸞が、自力の「わがはからひ」「わたくしのはからひ」を以て、これを批判している所に、この第十一章と相通ずるものであることを指摘しておきたい。そして、この第十一章における、唯円の言説の根柢には、右に引いた書簡に示された如き、親鸞の、弟子たちへの平常の説示が存していたことを認むべきであろう。

第十二章

一　経釈《きやうしやく》を読《よ》み、学《がく》せざる輩《ともがら》、往生不定《わうじやうふぢやう》の由《よし》の事。この条《でう》、頗《すこぶ》る(1)不足言《ふそくげん》の義《ぎ》と言ひつべし。他力真実《たりきしんじつ》の旨《むね》を明《あか》せる、もろもろの(2)正教《しやうけう》は、本願《ほんぐわん》を信《しん》じ、念仏を申《まう》さば、仏《ぶつ》に成《な》る。その外《ほか》、何《なに》の学問《がくもん》かは、往生《わうじやう》の(3)要《えう》なるべきや。まことに、この理《ことわり》に迷《まよ》へらん人は、いかにもいかにも、学問して、本願の旨《むね》を知るべきなり。経釈《きやうしやく》を読み、学《がく》すといへども、聖教《しやうげう》の本意《ほんい》を心得《こころえ》ざる条《でう》、(4)尤《もつと》も不便《ふびん》の事なり。

一文不通《いちもんふつう》にして、経釈《きやうしやく》の行《ゆ》く路《ぢ》も知らざらん人の、称《とな》へ(5)易《やす》からんための名号《みやうがう》(6)におはします故《ゆゑ》に、易行《いぎやう》と言ふ。学問《がくもん》をむねとするは、聖道門《しやうだうもん》なり。難行《なんぎやう》と名付《なづ》く。(7)誤《あやま》つて、学問して、名聞《みやうもん》・利養《りやう》の思《おも》ひに住《ぢゆう》する人、順次《じゆんじ》の往生《わうじやう》いかがあらんずらんといふ証文《しようもん》(8)も候《さうら》ふべきなり。

(1) 不足言（底）不足言《フソクゲン》（妙・龍・端別）不足言《フソクコン》（首書歎異抄）不足言《フソクコム》（歎異抄私記）。(2) 正教（底）聖教（端・毫・光）聖教《シヤウケウ》（妙・龍・端別）。(3) 要（底）要ニ（毫）。(4) モトモ（底）モチトモ（端別）。(5) ヤスカランタメノ（底）ヤスカランカタメノ（龍）。（6）ニ（底）ニテ（龍）。（7）アヤマテ（底）アヤマリテ（龍）。（8）サフラウヘキヤ（底）サフラフヘキカ（龍）候ソカシ（首書歎異抄・歎異抄私記）。

〔口訳〕

一　お経やその解釈の書物を読んで勉学しない仲間の人たちは、往生は確実でないとのこと。この箇条は、何とも言う必要がないほどひどい道理だと言わなくてはならない。

仏の他力が絶対の真実である主旨を説き明かしている、多くの正しい教えは、弥陀の本願を信心して、念仏を申すならば、仏と成るとお説きになっている。それ以外に、どんな学問が、浄土への往生のために肝要なのであろうか。この道理にほんとうに迷っているような人は、どのようにもして、学問をして、本願の主旨を知らなくてはならぬのである。お経とその解釈の書を読んで、勉学するといっても、聖典の根本の道理を理解しないのでは、極めてかわいそうなことである。

一字も読み書きできなくて、お経とその解釈の筋道《すじみち》もわからないような人が、口に平易《へいい》にとなえられるための「南無阿弥陀仏」という名号《みょうごう》であらせられるから、この念仏の行《ぎょう》を易行《いぎょう》というのである。学問をもっぱらとするのは、浄土門に対する聖道門である。これを、易行に対して、実行するのが困難であるから、難行と名づけるのである。学問をして、うかうかとまちがって、名声や財物を得ようとする願望に執着している人には、来世の浄土への往生は、どんなものであろうかという、証拠となる文章もあるはずなのです。

〔注釈〕　**○経釈を読み、学せざる輩、往生不定の由の事**　「経」は、仏の説法を伝誦し、記録した書物。「釈」は、その経と論（その教法を学者が解説した書）との意味を人師が解釈し、敷衍《ふえん》した書物。例えば、仏説の『観無量寿《くわんむりやうじゆ》経《きやう》』は「経」であり、それを善導和尚《ぜんどうかしやう》が解釈した『観経疏《くわんぎやうしよ》』（一名、『観無量寿経疏』、或は『四帖疏《しでうしよ》』という）は「釈」である。『歎異抄講林記』（香月院深励《じんれい》著）では、「経トハ浄土ノ三部経ナリ。釈トハ七祖ノ釈文ナリ」と記している。これによれば、「経」とは、『無量寿経』『観無量寿経』『阿弥陀経』の浄土三部経、「釈」とは『十《じふ》住毘婆《ぢゆうびば》沙論易行品《しやろんいぎやうぼん》』（竜樹《りゆうじゆ》）・『無量寿経優婆提舎願生偈《うばだいしやぐわんしやうげ》』（世親《せしん》）・『無量寿経優婆提舎願生偈註《ちゆう》』（曇鸞《どんらん》）・『安楽《あんらく》集《しふ》』（道綽《どうしやく》）・『観経疏』（善導）・『往生要集』（源信）・『選択本願念仏集《せんちやくほんぐわんねんぶつしふ》』（源空）等の、真宗七高僧の釈文を意味していることになる。「学す」は、『日ポ』に、「Gacu suru.（学する）勉学する」とある通りである。「輩」は、第六章・第十一章に既出。「往生不定」は、往生が一定しないこと、不確実なこと、あてにならないこと。「由」は、伝聞の内容を表す。……とのこと。**○頗る不足言の義と言ひつべし**　「頗る」は、大変、非常に、甚だ、の意の副詞で、下の「不足言」の中の「(言ふに）足らず」を限定している。「不足言」は、何とも言いようがない、言う必要もないほどひどい。多屋氏の『歎異抄新註』には、親鸞書写本の『西方指南抄《さいはうしなんせう》』巻下本に、法然の、基親への「御返事の案」の中に、「シカルニ、近来、一念ノホカノ数返、無益ナリト申ス義、イデキタリ候フ由、ホボツタヘウケタマハリ候フ。勿論不《フ》足言《ソクゲン》ノ事カ」とあるのを指摘され、「不足言」の左訓に、「マフスニタラス」とあるのを注意されている。よって、フソクゲンと読むことにする。「義」は、道理。「言ひつべし」は、「言ふべし」（言わなくてはならない）を「つ」によって、意味を強めた語法。**○他力真実の旨を明せる、もろもろの正教は**　「他力真実の旨」は、仏の他力が真実の教えであるという主旨。「他力」は、第三章・第八章・第九章に既出。「真実」は、永久にかわらぬ、絶対窮極のものである。親鸞の『尊号真像銘文《そんがうしんざうめいもん》』には、「真実とまうすは、如来の御ちかひの真実なるを至心《ししん》とまうすなり」とある。「旨」は、主になることがら、主旨。「明す」は、物事《ものごと》の道理を明らかにする、説き明かす、説明する。「もろもろの」は、多くの、沢山の、すべての。「正教」は、底本にかくあって、正しい理にかなう教の意。以下に、その理が記されている。底本を尊重し、なるべく生かそうとして、下に出てくる「聖教」と区別した。親鸞は、『愚禿鈔《ぐとくせう》』下に、「六即者（中略）四、仏印可者、即随順仏之正教。五、若仏所有言説、即是正教也」（六即《ろくそく》ハ（中略）四ニハ、仏ノ印可シタマフハ、即チ、仏ノ正教ニ随順スルナリ。五ニハ、若シ、仏ノ所有《シヨウ》ノ言説《ゴンセツ》ハ、即チ、是レ正教ナリ）、「六正者《ヘ》、一、正教。二、正義。三、正行。四、正解。五、正業。六、正智」と用いている。『教行信証』の「信巻」にも、「故知、一心、是名如実修行相応。即是正教、是正義、是正行、是正解、是正業、是正智也」（故ニ知ンヌ、一心、是ヲ如実《によじつ》修行相応ト名ヅク。即チ是レ正教ナリ。是レ正義ナリ。是レ正行ナリ。是レ正解ナリ。是レ正業ナリ。是レ正智也）とある。『日ポ』には、「Xŏqeô. シャゥケゥ（正教）Tadaxij voxiye（正しい教）すぐれて正しい教義」と出ている。　**○本願を信じ、念仏を申さば、仏に成る**　ここに示されている、簡浄極まりない、往生成仏の道のうち、「本願を信じ」は、第一章に「本願を信ぜんには」とあり、「念仏を申す」は、第一章・第二章・第四章・第五章・第六章・第九章・第十一章等に、「仏に成る」は、第二章・第四章・第五章等に、それぞれ既出しているが、ここでは、それらの第一部に説くところを集約し、単純化している趣である。「……仏に成る」の下に、「と説かれたり」「と説き給へり」の如き語の省略がある。　**○その外、何の学問かは、往生の要なるべきや**　「何の」は、なんという、どんな。「往生の要」は、第二章に既出、浄土への往生のための肝要な点、要所。このセンテンスは、「何の学問かは」の「かは」が反語の意を表す係助詞《かかり》で、文を終止する活用語は連体形となるのが普通である。例えば、『古今集』巻二には、「咲く花は千ぐさながらにあだなれど、誰かは春を恨みはてたる」、『平家物語』巻七「維盛《これもり》都落」には、「都には父もなし、母もなし。捨てられ参らせて後、誰にかは見《まみ》ゆべき」等が引かれる。それなのに、底本では、「往生ノ要ナルヘキヤ」と結ばれているのを見るのであるが、この「や」は、感動を表す助詞で、文の完結した形に付く。『源氏物語』の「桐壺《きりつぼ》」に、「いふかひなしやとうちのたまはせて、いとあはれにおぼしやる」、『更級日記《さらしなにっき》』に、「かきしぐれたる紅葉《もみぢ》の、たぐひなくぞ見ゆるや」、『枕草子』第二十二段に、「などさは臆せしにか、すべて面《おもて》さへ赤みてぞ思ひ乱るるや」等の例が挙げられる。

○まことに、この理に迷へらん人は、いかにもいかにも、学問して、本願の旨を知るべきなり　「まことに」は、ほんとうに。下の「迷へらん」に係《かか》る副詞。「この理」とは、前の「本願を信じ、念仏を申さば、仏に成る」という道理・信条。「迷へらん人」は、迷っているような人。「いかにも」は、何とかして、どうしても、ぜひ。ここでは、それを反復して、意味を強めている。「本願の旨」は、本願にこもる主旨。「知るべき」の「べき」は、当然。　**○経釈を読み、学すといへども**　「経釈を読み、学すといふとも」の意であって、「経と釈を読み、学ぶというけれども」ではなく、ここでは仮定の逆接となり、「学ぶといっても」と訳すべきである。第十一章にも、「信ぜざれども」を「信ぜずとも」の意味に解すべき所があった。　**○聖教の本意を心得ざる条、尤も不便の事なり**　「聖教」は、ここではこの文字で書かれているので、前に出ていた「正教」と区別した次第である。聖者が説く所の教法の意であるが、また、仏、または、その外の賢聖《けんじょう》の撰述した聖典・典籍、仏法の典拠となる、代々の教典・聖典。『日ポ』に、「Xŏguiô. シャゥギョゥ（聖教）救霊の事に関して、日本の学者の作った書物。文書語」とある。「本意」は、『日ポ』に、「Fon-i. ホンイ（本意）本来の意味、または、本来の道理」とあって、ここでは、聖教に説かれている、根本の道理の意。「心得《こころう》」は、意味を理解する、さとる。「条」は、「この条」（第三章・第十一章・本章に既出）の「条」とは違って、前の文を受けて、によって、ので、故に、の意を表す。ここも、「聖教」の本来の道理を理解しないことによって、理解しないのでの意。「尤も」は、極めて、いかにも。『日ポ』に、「Mottomo. モットモ（尤も）副詞。至極当然に、すこぶる道理にかなって」とある。「不便」は、かわいそうな、哀れむべき。『日ポ』に、「Fubin. フビン（不便）すなわち、Itauaxij coto.（いたはしいこと）憐憫と同情」とある。　**○一文不通にして、経釈の行く路も知らざらん人**　「一文不通」は、第十一章に既出。

「にして」は、であって。「経釈の行く路」は、経文とその解釈の趣旨。「行く路」は、元来、ユクミチであったのが、約《つづま》った語と考えられるが、用例は見いだし難い。わたくしは、わずかに、『家経集《いへつねしふ》』に、「ものにつくべきとて、人のよまする三首。あふさかのせきにゆくたび人あり。霧たちわたる」と前書があって、「あふさかのゆくぢもみえずあきぎりのたたぬさきにぞこゆべかりける」とあるのを見いだした。　**○称へ易からんための名号におはします故に、易行と言ふ**　「称へ易し」は、口に容易にとなえられる、らくらくととなえられる。「名号」は、南無阿弥陀仏。これに「おはします」という、動詞「あり」の尊敬語を使っている。「名号におはします故に」は、従って、「名号にある故に」、さらに約《つづ》めて「名号なる故に」、即ち、名号であるから、の意味の、高度の尊敬の言い方ということになる。ここでは、名号であらせられるので、の意。「易行」は、次に出てくる「難行」に対する語で、成仏《じょうぶつ》に至るための簡易なる行法《ぎょうほう》、修《しゅ》し易き行《ぎょう》、行《ぎょう》じ易き法。親鸞は、『教行信証』の「行巻」において、竜樹の『十住毘婆沙論《じふぢゅうびばしゃろん》』の巻五「易行品《いぎゃうぼん》」から、「仏法有無量門。如世間道有難有易。陸道歩行則苦、水道乗船則楽。菩薩道亦如是。或有勤行精進、或有以信方便易行、疾至阿惟越致」（仏法《ブツポフ》ニ、無量ノ門有リ。世間ノ道ニ、難《ナン》有リ、易《イ》有リ。陸道《ロクダウ》ノ歩行《ブギヤウ》ハ則《スナハ》チ苦《クル》シク、水道ノ乗船ハ則チ楽シキガ如シ。菩薩《ボサツ》ノ道モ亦《マタ》、是《カク》ノ如シ。或《アル》ハ、勤行《ゴンギヤウ》・精進ノモノ有リ、或ハ、信方便《シンハウベン》ノ易行ヲ以テ、疾《ト》ク、阿惟越致《アユイオツチ》（注、不退転の意）ニ至ルモノ有リ）を引き、また、曇鸞《どんらん》の『浄土論註《じゃうどろんちゅう》』から、「易行道者、謂、但以信仏因縁、願生浄土、乗仏願力、便得往生彼清浄土。仏力住持、即入大乗正定之聚。正定即是阿毘跋致。譬如水路乗船則楽」（易行道ハ、謂ハク、但《タダ》、信《シン》仏《ブツ》ノ因縁《インネン》ヲ以《モツ》テ、浄土ニ生レント願《グワン》ズ。仏願力ニ乗ジテ、便チ、彼《カ》ノ清浄《シヤウジヤウ》ノ土《ド》ニ往生スルヲ得《エ》シム。仏力住持《ブツリキヂユウヂ》シテ、即チ、大乗正定《シヤウヂヤウ》ノ聚《ジユ》ニ入《イ》ル。正定ハ即チ是《コ》レ阿毘跋致《アビバツチ》（注、不退転の意）ナリ。譬《タト》ヘバ、水路《スイロ》ニ船ニ乗ズレバ則チ楽シキガ如シ）をも引用している。さらに、『愚《ぐ》禿鈔《とくせう》上』には「二教者、一、難行、聖道実教也。所謂仏心・真言・法華・華厳等之教也。二、易行、浄土本願真実之教、大無量寿経等也」（二教トハ、一ニハ、難行、聖道ノ実教《ジツケウ》ナリ。所謂《イハユル》仏心《ブツシン》・真言《シンゴン》・法華《ホツケ》・華厳等《ケゴントウ》ノ教ナリ。二ニハ、易行、浄土本願真実ノ教、『大無量寿経《ダイムリヤウジユキヤウ》』等《トウ》ナリ）と明示している。**〇学問をむねとするは、聖道門なり。難行と名付く**　「むねとす」は、専門とする、専一にする、主とする。前の「他力真実の旨を明せる、もろもろの正教は」とあった中の「旨」とは区別される。「聖道門」は、第四章に、「慈悲に、聖道・浄土の変りめあり」とあった「聖道」と同じく、唐の道綽《どうしやく》が『安楽集』において、全仏教を二分した一つであって、此の土《ど》において、凡《ぼん》より聖《しよう》に至る道を説くことを名づけたものである。「聖道」は、聖者の道の意。親鸞は、『教行信証』の「化身土巻《けしんどのまき》」において、「信知、聖道諸教、為在世正法、而全非像末法滅之時機、已失時背機也。浄土真宗者、在世正法、像末法滅、濁悪群萌、斉悲引也」（信ニ知《マコト》リヌ、聖道ノ諸教ハ、在世正法《ザイセシヤウボフ》ノ為《タメ》ニシテ、全《マツタ》ク、像末《ザウマツ》・法滅《ホフメツ》ノ時機《ジキ》ニ非ズ。已《スデ》ニ時ヲ失《シツ》シ、機《キ》ニ背《ソム》ケルナリ。浄土真宗《ジヤウドシンシユ》ハ、在世・正法、像末・法滅、濁悪《ヂヨクアク》ノ群萌《グンモウ》、斉《ヒト》シク悲引《ヒイン》シタマフヲヤ）と述べている。かくして、禅宗・天台宗・真言宗・華厳宗・三論宗・法相宗《ほつそうしゆう》等の諸宗派が聖道門に属することになる。親鸞は、また、同じ「化身土巻」に、「凡、就一代教、於此界中、入聖得果、名聖道門。云難行道。就此門中、有大小・漸頓、一乗・二乗・三乗、権実・顕密、竪出・竪超。則是自力、利他教化地、方便権門之道路也。於安養浄刹、入聖証果、名浄土門。云易行道」（凡ソ、一代ノ教ニ就イテ、此ノ界《カイ》ノ中《ナカ》ニ於イテ、入聖得果《ニツシヤウトククワ》スルヲ聖道門ト名ヅク。難行道ト云ヘリ。此ノ門ノ中ニ就イテ、大・小、漸《ゼン》・頓《トン》、一乗・二乗・三乗、権《ゴン》・実《ジツ》、顕《ケン》・密《ミツ》、竪出《シユシユツ》・竪超《シユテウ》有リ。則チ、是レ、自力、利他《リタ》教化地《ケウケヂ》、方便権門《ハウベンゴンモン》ノ道路ナリ。安養浄刹ニ於イテ入聖得果スルヲ、浄土門ト名ヅク。易行道ト云ヘリ）とも説いている。竜樹《りゆうじゆ》の『易行品《いぎやうぼん》』における所判により、難行道・易行道の別が確立した。**〇誤つて、学問して、名聞・利養の思ひに住する人**　「誤つて」は、「誤りて」の音便形で、自動詞「誤る」の連用形に助詞「て」の付いた形。本来はそんなになるはずがないのに、ついうかうかとまちがって、の意。この「誤つて」は、下の「住する」にかかる。「名聞」は、世間のよい評判・名声。『日ポ』に、「Miŏmon. ミヤウモン（名聞）すなわち、偽善。Miŏmonni jifiuo suru.（名聞に慈悲をする）偽善によって寄付をする」とある。「利養」は、利欲をむさぼり、自分の身をこやすこと、わが身のために財物をむさぼる、利己的な行為。『日ポ』に、「Riyŏ. リヤゥ（利養）他人の利益には頓着しないで、自分自身の利得や利益だけを得ようと努めること。例、Miŏmon riyŏuo fonto su.（名聞・利養を本とす）偽善による名声、また、自分の利得や利益を得ようと努める」とある。「名聞・利養」は、略して「名利《みようり》」という。「思ひ」は、名聞・利養を得ようとする願い・望み。「住す」は、執着する、拘《こう》泥《でい》する、かかずらう。世阿弥《ぜあみ》の『風姿花伝《ふうしくわでん》』第五「奥儀」に、「もし、欲心に住せば、これ、第一、道のすたるべき因縁なり」の例がある。　**○順次の往生いかがあらんずらんといふ証文も候ふべきなり**　「順次の往生」は、現在の生が終ってから、この次に、浄土に往って生れ変ること。第五章に、「順次生」の語があった。『古《こ》今著聞《こんちよもん》集《じふ》』巻二の「五十一、永観律師《やうくわんりつし》往生極楽の事」に、「七宝塔を造りて、仏舎利《ぶつしやり》二粒を安置《あんぢ》して、『我、順次に往生を遂ぐべくは、此の舎利、数《かず》を増し給ふべし』と誓ひて」とある。「いかがあらんずらん」は、「いかがあらんとすらん」の約《つづま》った形で、どうしてありましょうか（そんなはずはない）という反語の意を表す。その「んず」（或いは「むず」）は、現在・未来に関する事を推量する助動詞。ここでは、さらに、推量の助動詞「らむ」も付加されている。「証文」は、『日ポ』に、「Xômon. ショゥモン（証文）Xôcono caqimono.（証拠の書き物）証拠となる真正の文書」とある。この「証文」については、「解説」で述べることにする。「候ふべきなり」は、問題になる所で、底本の「候フベキヤ」では、ありますでしょうかという意味となって、ここには通じない。そこで、異本に、「べきか」とあるのによって、その「か」を感動詞と考えて、「ありましょうよ」としたり、「候ふぞかし」という異文によって、本文を改訂し、あるのですぞ、と解したりする説も存する。私は、底本に「ヘキヤ」とあるのは、原写本に、「ヘキ也」とあったのを、誤って「ヘキヤ」と写してしまったものと推定する。「也」と「ヤ」との字形の類似からこの写し誤りが生じたものであろう。従って、ここは、「証文も候ふべきなり」、即ち、証文もあるはずなのですの意に解せられる。「候ふべきなり」は、第五章に、「いづれもいづれも、この順次生に、仏に成りて、助け候ふべきなり」の例があった。ここの「証文」が何であるかは、「解説」の終りに記すことにする。

当時《たうじ》、専修念仏《せんじゆねんぶつ》の人《ひと》と聖道門《しやうだうもん》の人、(1)法論《ほふろん》を企《くはた》てて、「我が宗《しゆう》こそ優《すぐ》れたれ、人の宗は劣《おと》りなり」と言ふ程《ほど》に、法敵《ほふてき》も出《い》で来《きた》り、謗法《はうぼふ》も起《おこ》る。これ、しかしながら、自《みづか》ら、我《わ》が法《ほふ》を破謗《はばう》するにあらずや。

たとひ、諸門《しよもん》挙《こぞ》りて、「念仏《ねんぶつ》は、かひなき人のためなり。その宗《しゆう》、浅《あさ》し・賤《いや》し」と言ふとも、さらに争《あらそ》はずして、「我等《われら》が如《ごと》く、下根《げこん》の凡夫《ぼんぶ》、一文不通《いちもんふつう》の者《もの》(2)の、信ずれば助かる由《よし》、承《うけたまは》りて信《しん》じ候《さうら》へば、さらに上根《じやうこん》の人のためには賤《いや》しくとも、我等がためには、最《さい》上《じやう》の法《ほふ》にてまします。たとひ、(3)自余《じよ》の教法《けうぼふ》優《すぐ》れたりとも、自《みづか》らがためには、器量《きりやう》及《およ》ばざれば、勤《つと》め難《がた》し。我も人も生死《しやうじ》を離《はな》れんことこそ、諸仏《しよぶつ》の御本意《ごほんい》にておはしませば、御妨《おんさまた》げあるべからず」とて、(4)憎《にく》いけせずは、誰《たれ》の人(5)かありて、仇《あた》をなすべきや。かつは、諍論《じやうろん》の処《ところ》には、もろもろの煩悩《ぼんなう》起《おこ》る。智者《ちしや》遠離《をんり》すべき由《よし》の証文《しようもん》候《さうら》ふにこそ。

故聖人《こしやうにん》の仰《おほ》せには、「この法《ほふ》をば、信ずる衆生《しゆじやう》もあり、謗《そし》る衆生もあるべしと、仏説《ぶつと》き置《お》かせ給《たま》ひたることなれば、我《われ》は既《すで》に信じ奉《たてまつ》る、また、人ありて謗《そし》るにて、仏説《ぶつせつ》実《まこと》なりけりと知られ候ふ。しかれば、往生《わうじやう》は、いよいよ、一定《いちぢやう》と思ひ(6)給ふなり。(7)誤《あやま》つて、謗《そし》る人の候《さうら》はざらんにこそ、いかに、信ずる人はあれども、謗る人のなきやらん(8)とも覚《おぼ》え候《さうら》ひぬべけれ。かく申《まう》せばとて、必《かなら》ず、人に謗《そし》られんとにはあらず。仏《ぶつ》の、かねて、信《しん》・謗共《ばうとも》にあるべき旨《むね》を知《し》ろしめして、人の疑《うたが》ひをあらせじと説き置かせ給ふことを申すなり」とこそ候《さうら》ひしか。

(1)法論(底)諍論(端・毫・光)諍論《シヤウロン》(龍・端別)法論《ホフロン》(妙)。(2)モノ、(底)モノ(龍)。(3)ハナレン(底)ハナル、(龍)。(4)ニクヒ気《ケ》(底)悪気《アクケ》(龍)。(5)ヒトカアリテ(底)ヒトアリテ(龍・端別)。(6)タマフナリ(底)タマフヘキナリ(端・毫・光・妙・龍・端別・首書歎異抄・歎異抄私記)。(7)アヤマテ(底)アヤマリテ(端別)。(8)トモ(底)ト(龍)。

〔口訳〕

現今、念仏を専《もつぱ》ら称《とな》える人たちと聖道門にはげむ人たちとが、仏法の教理についての論争を企画して、「我が信ずる宗派こそ立ちまさっているが、他人の信ずる宗派は劣等《れっとう》だ」と言っていることから、他宗の仏法に敵対するものも現れ、他宗の仏法を悪く言うことも生ずるのである。このことは、ことごとく、自分から、自分の信ずる仏の教えを乱し、悪く言うことになるのではないか。

仮りに、多くの諸宗派がみな揃って、「念仏というものは、取るに足らぬ人にとってのものである。

その宗の教えは、浅薄だ、低劣だ」と言っても、少しも口争いしないで、「私どものように、最下等の素質の凡人で、一字も読み書きできない者が、信心すれば救われるということを、お聞きして信じておりますので、上等の素質の人々にとっては全く低級であっても、私どもにとっては、この宗旨は最高の仏の教えであらせられる。たとい、これよりほかの仏の教義がすぐれているとしても、自分にとっては、能力が及ばないので、その修行に励むことはむずかしい。自分も他人も、生死の迷いの世界を脱《のが》れ去って、悟りの境地に入ることこそ、もろもろの仏たちの根本の願いであらせられるのだから、ご妨碍《ぼうがい》なさらないで下さい」と言って、憎らしい様子を示さなければ、どんな人がいて、害を加えようか。その上に、「論争の場合には、多くの、心身を悩ます妄念が起るものである。高徳の僧は遠く離れ去らなくてはならぬ」という趣旨の、証拠となる文章がございますのですから。

亡き親鸞聖人のお言葉には、「この仏の教えをば、信心する人間もあり、悪く言う人間もあるはずだと、仏が説いて置かれていることであるから、私は全く信じ申し上げている、それとは別に、人がおって、仏の教えを悪く言う事実によって、仏の説法は真実なものなのだなあと、おのずからわかってくるのです。それだから、浄土への往生は、なお一層確実であると思います。もしかして、悪く言う人がおりませんような場合では、信心する人はあっても、悪く言う人がどうしていないのであろうかとも、きっと思われてくることでありましょう。このように申したからといっても、必ずしも、他人に悪く言ってもらおうと申すのではない。仏が、あらかじめ、信ずる人と悪く言う人とが同じようにあるにちがいない趣旨を承知しておられて、人間の疑いを起させまいと説いてお置きになったことを申すのである」とございました。

〔注釈〕 **○当時、専修念仏の人と聖道門の人、法論を企てて** 「当時」は、ただ今、現今、当今。『日ポ』に、「Tŏji. タゥジ（当時）Imano toqi.（今の時）今、すなわち、現在この時」とある。「専修念仏」は第六章に、「聖道門」は第十二章に既出。「法論」は、仏法の教理についての論争。『日ポ』に、「Fôron. ホゥロン(法論) Noriuo ronzuru.（法を論ずる） 教法についての論争」とある。「企つ」は、もくろむ、企画する。『日ポ』に、「Cuuatate, tçuru, eta. クワタテ、ツル、テタ（企て、つる、てた） 何か物事をし始める、または、ある事をたくらむ。Mufonuo cuuatçuru.（謀反を企つる）謀反を仕組む」とある。中世では、クワタツルと清音であったことが知られる。 **○「我が宗こそ優れたれ、人の宗は劣りなり」と言ふ程に、法敵も出で来り、謗法も起る** 「宗」は、仏教の各宗派。「わが宗こそ優れたれ」は、わが宗派こそ他よりまさっているが、の意で、強調的、逆接的に下の文を起してゆく語法。第二章に、「念仏を申して、地獄にも堕《お》ちて候はばこそ、賺《すか》され奉りてといふ後悔も候はめ」、第五章に、「我が力にて励む善にても候はばこそ、念仏を廻向して、父母をも助け候はめ」、第六章に、「……我が計ひにて人に念仏を申させ候はばこそ、弟子にても候はめ」等の例があった。「人の宗」は、他人の信ずる宗派。「劣り」は、動詞「劣る」の名詞形で、劣ること、劣っているもの、劣等、劣勢。既に、『竹取物語』『源氏物語』等にも現れている。「劣りなり」は、劣等である、意義が低いものである。「と言ふ程に」は、と言っているので、言っていることから。『日ポ』に、「Fodoni. ホドニ（程に）副詞。〈……であるゆえに〉、あるいは、〈……であるので〉」とある。「法敵」は、仏法に対して害を与えるもの、仏法に敵対するもの、または、ここのように、宗派の敵。「出で来る」は、現れる、出現する、発生する。「謗法」は、仏法をそしること。ここでは、他宗派の宗旨・教義をわるく言うこと。『日ポ』に、「Fŏbô. ハゥボゥ(謗法) ある宗派や教義・宗旨について悪口を言うこと」とある。 **○これ、しかしながら、自ら、我が法を破謗するにあらずや** 「しかしながら」は、副詞で、悉く、すべて、全部。あるいは、結局のところ、要するに。『日ポ』に、「Xicaxinagara. シカシナガラ(併ら) 結局、すべての場合を通じて、あるいは、言った事のすべてについて、など。例、Xicaxinagara Coyetuo fedatçuruni nitari.（併ら胡越を隔つるに似たり）私が言った事を要約すると、まことに私どもは、互いに遙かに隔たっている胡（Co）と越（Yet）との二国のように、遠ざかり離れている」とある。『宇治拾遺物語』巻十一の十、「日蔵上人《にちざうしやうにん》、吉野山にて、鬼にあふ事」に、「人のために恨《うらみ》を残すは、しかしながら、我が身のためにてこそありけれ」は、要するに、結局、の意であり、『平家物語』巻二「烽火《ほうくわ》の沙汰《さた》」に、「其故は、重盛、始め、叙爵《じよしやく》より、今、大臣の大将《だいしやう》にいたるまで、しかしながら、君の御恩ならずといふ事なし」、巻十一「腰越《こしごえ》」に、「しかのみならず、甲冑《かつちう》を枕とし、弓箭《きうせん》を業《わざ》とする本意《ほんい》、しかしながら、亡魂《ばうこん》の憤《いきどほ》りを休め奉り、年来の宿望《しゆくまう》を遂げんと欲する外《ほか》、他事《たじ》なし」は、悉く、すべて、全部の意である。ここは、「と言ふ程に、法敵も出で来り、謗法も起る」とあるので、それらを総括して、すべて、悉く、全部の意味として、「しかしながら」と言ったものと解したい。『日ポ』は、二つの意味を含ませて解説している。「我が法を破謗するにあらずや」は、自已の信ずる宗旨を乱し、悪く言うことではないか。「破謗」の用例は、まだ、外に見いだし得ない。『日ポ』には、「Fafô. ハホゥ（破法）Noriuo yaburu.（法を破る）教法を破ること。例、Fafôno tomogaraua gigocuni votçuru.（破法の輩は地獄に堕つる）教法の違背者はインヘルノ（Inferno 地獄）に行く」とある。「あらずや」の「や」は、疑問の助詞。**○たとひ、諸門挙りて、「念仏は、かひなき人のためなり。その宗、浅し・賤し」と言ふとも**「たとひ」は、下に「とも」を伴って、仮《かり》に、よしや。「諸門」は、多くの、仏教上の門流・門派・宗門・宗派。「挙《こぞ》る」は、ことごとく集まる、すべて揃《そろ》う。「かひなし」は、取るに足りない、値うちがない。「宗」は既出、仏教上の諸宗派の教義・宗旨・宗要。「浅し」は、程度が低い、浅薄である。「賤し」は、価値が劣っている、意義が低い。**○さらに争はずして**「さらに」は、ちっとも、少しも、全然。下に「争はずして」という打消の語のあるのによる。

○下根の凡夫、一文不通の者の、信ずれば助かる由、承りて信じ候へば　「下根」は、教法を受ける人として、最も劣っている資質、仏道を修行する力のとぼしい能力、下等な器量。「凡夫」は、第九章に既出。「一文不通」も、第十一章に既出。「助かる」は、自動詞で、救われる。「承る」は、第二部の序に既出。　**○さらに、上根の人のためには賤しくとも、我等がためには、最上の法にてまします**　「さらに」は、全く、完全に。下の「上根」の「上」を限定する。「上根」は、「下根」に対して、教法を直ちに受け入れて、悟りを開くのに適した、すぐれた能力・性質・器量。「最上」は、最高。「法」は、下の「教法」と同じで、仏法、仏の教え。「まします」の主語は、上にある「その宗」と考えられる。その実質は、この章の初めに記されている、「本願を信じ、念仏を申さば、仏に成る」宗旨と言えよう。　**○自余の**　これよりほかの、これ以外の、このほかの。　**○教法**　仏の教え・教義・教理。『日ポ』に、「Qeôbô. ケゥボゥ（教法）Voxiyuru nori.（教ゆる法）外面的な事について教える教え、または、教義」とある。　**○自らがためには、器量及ばざれば、勤め難し**　「自ら」は、代名詞の自称で、わたくし、自分、自身。「器量」は、事を為し得る力量・才能、物の役に立つ能力。「勤む」は、仏道に励む、精進する。　**○生死を離れんことこそ、諸仏の御本意にておはしませば、御妨げあるべからず**　「生死を離る」は、生れかわり、死にかわって、次々に、六道《ろくどう》の迷いの世界をめぐってゆく状態から脱《のが》れ去って、悟りの境地に入る。これを「出離生死《しゅつりしゃうじ》」とも言う。「御本意」の「本意」は、この章において、前に「聖教の本意」とあったし、第三章にも既出、本来の願い、根本の志。仏教では、諸菩薩《しょぼさつ》につき、自覚覚他《じかくかくた》といい、上求菩提《じょうぐぼだい》・下化衆生《げけしゅじょう》というが、その覚他や下化の道は、衆生をして生死を出離《しゅつり》して解脱《げだつ》せしめる所に存する。親鸞も、『教行信証』の中に、『浄土論』『無量寿経』『涅槃経《ねはんぎやう》』『日蔵経《にちざうきやう》』『大方等大集経《だいはうとうだいじつきやう》』等を引用して、生死からの出離についての仏説を集録しているし、また、親鸞の依拠している『無量寿経』の中には、「願我作仏、斉聖法王、過度生死、靡不解脱」（願ハクハ、我、仏ト作《ナ》ランニ、聖法王《シヤウホフワウ》ト斉《ヒト》シク、生死ヲ過度《クワド》シテ、解脱セズトイフコト、靡《ナ》カラシメン）、

『令我於世、速成正覚、抜諸生死勤苦之本』（我ヲシテ、世ニ於《オ》イテ、速《スミヤ》カニ正覚《シヤウガク》ヲ成《ジヤウ》ジ、諸《モロモロ》ノ生死・勤苦《ゴンク》ノ本《モト》ヲ抜カシメタマヘ）、「会当成仏道、広済生死流」（会《カナラ》ズ、当《マサ》ニ、仏道ヲ成《ジヤウ》ジテ、広ク生死ノ流レヲ済《スク》フベシ）、「雖一世勤苦、須臾之間、後生無量寿仏国、快楽無極、長与道徳合明、永抜生死根本、無復貪恚愚癡苦悩之患」（一世ノ勤苦《ゴンク》ハ須臾《シユユ》ノ間《アヒダ》ナリトイヘドモ、後《ノチ》ニハ、無量寿仏ノ国ニ生レテ、快楽《ケラク》極《キハ》マリ無ク、長ク道徳ト合明《ガフミヤウ》シ、永《ナガ》ク生死ノ根本《コンボン》ヲ抜キ、復《マタ》、貪《トン》・恚《イ》・愚癡《グチ》・苦悩ノ患《ウレ》ヒ無カラン）等の文句があって、仏の説法に接し得るのである。

「御妨げあるべからず」の「あり」は、行為を表す動詞の連用形に接頭語「御」をつけて（この場合は「御妨げ」）、その行為をする人についての尊敬の意を示す動詞。「妨げ給ふべからず」というに近い。前の第十一章にも、「この名字を称へん者を迎へ取らんと御約束あることなれば」の用例があった。「べからず」の「べから」は、命令。

○とて、憎いけせずは、誰の人かありて、仇をなすべきや　「とて」は、と言って。「憎いけ」は、「憎きけ」が音便により変化した形で、憎い様子、いや味。「憎いげ」と読まれて来たのは、「憎気《にくげ》」からの類推によるのであろう。底本には、「ニクヒ気《ケ》」とある。この語は、『隆信集《たかのぶしふ》』恋四に、「ある人に心をかけて、いかで、その行くへをだにきかんと思ひて、尋ねし程に、小侍従《こじじゆう》、その行くへをよく知りたると聞きて、まかりて問ひしに、さま〴〵の事どもこまかに語りて、何となき物言ひまでも、情《なさけ》多くいたき人ざまなるものから、思ひかけずにくいけありし、人をうちみやりて、息《いき》の下《した》に、死ぬと言ひて、うち笑《ゑま》ひしけしきなどを聞かせたらば、いとど、いかばかり思ひまどひ給はんと言ひしを聞きて（下略）」とあり、鴨長明の『無名抄《むみやうせう》』の「近代の歌の体《てい》の事」に、「今の世のいとも詠《よ》みおほせぬ歌は、或はすべて心得られず、或はにくいけ甚《はなは》だし」とあり、『正徹物語《しやうてつものがたり》』三十七には、『『かこち顔《がほ》』『うらみ顔』は、にくいけしたる詞也《ことばなり》」とある。龍谷大学本の「悪気《アクケ》」は、人に害を与えようとする心持、悪意の意。「せずは」は、しないならば。セズワと読むべきで、セズバと読むのは誤り。ズバとなったのは、近世以降のことである。「誰の人」は、誰人《たれひと》、どんな人、何という人。疑問や反語の文に用いて、その存在を強く否定するために用いる。さらに強めて、「誰しの人」「誰やし人」「誰やの人」ともいう。『栄花物語』の「見果《みは》てぬ夢」に、「かひありて、いみじう時めき給ふ。されば、大将殿、『我が君をば、誰の人かありて、疎《おろ》かに思ひ聞《きこ》ゆる事あらん』などぞおぼしの給ひける」、『重家集《しげいへしふ》』に、「君ならで誰の人かはみちびかむ 子を思ふ闇《やみ》にまどふわが身を」、『夫《ふ》木《ぼく》和《わ》歌《か》抄《せう》』巻三十二に、「庭の間《ま》も見えず散りしく木《こ》の葉《は》沓《くつ》はかでも誰の人かきて見む」の用例がある。「誰の人か」の「か」は、反語の意を表し、文末を「仇をなすべき」と、活用語の連体形で結ぶのが普通であるが、ここでは、さらに終止した文を受ける感投詞「や」を加えて、詠嘆的語調を強めている。「仇」は、『日ポ』に、「ATA. アタ（仇・讎）害、または、損傷。Atauo fôzuru.（仇を報ずる）自分にしかけられた悪事に対して報復する。Fitoni atauo nasu.（人に仇をなす）他人に悪事をなす、または、害を加える」とあって、アダと読むべきでないことが知られる。「仇をなす」は、恨みに思って危害を加える、仕返しをする。「べき」は、推量。**〇かつは、諍論の処には、もろもろの煩悩起る。智者遠離すべき由の証文候ふにこそ**「かつ」は、前の事柄に後の事柄が並列・添加される関係にあることを示す接続詞で、それとともに、その上に。「諍論」は、『日ポ』に、「Iŏron. ジャウロン（諍論）Arasoi ronzuru.（争ひ論ずる）口論、あるいは、論争」とある。「処」は、時、場合、折。「もろもろの」は、本章に既出。「煩悩」は、第一章・第三章・第九章等に既出。「智者」は、悟りの智慧を開き、仏の教えに精通した人、智慧高才の僧、高僧。「遠離」は、遠く離れ去ること。「証文」は、本章に既出。この「証文」は、『大宝積経《だいほうしやくきやう》』巻九十二、及び、それから引用した、『往生要集』巻中の「大文第五」に、「又同偈《ゲ》云、戯論諍論処、多起諸煩悩。智者応遠離、当去百由旬」（又、同ジク偈ニ云ハク、戯論《ケロン》・諍論ノ処ハ、多ク、諸《モロモロ》ノ煩悩ヲ起ス。智者ハ、応《マサ》ニ遠離スベク、当《マサ》ニ百由旬《ユジユン》ヲ去ルベシ）とある。また、法然の『七箇《しちか》条《でう》制誡《せいかい》』には、「又、諍論之処、諸煩悩起。智者遠離之百由旬也。況於一向念仏行人乎」（又、諍論ノ処ニハ、諸ノ煩悩起ル。智者ハ之《コレ》ヲ遠離スルコト百由旬ナリ。況《イハ》ンヤ一向念仏《イツカウネンブツ》ノ行人《ギヤウニン》ニ於《オ》イテヲヤ）とあるが、この方が本文に近い。「由旬」は、サンスクリット語の距離の単位で、約七キロメートル。「候ふにこそ」は、下に「あれ」を略した形で、「候ふなり」を強調した言い方である。

〇故聖人　亡くなった親鸞聖人。第一部の「序」には、「故親鸞聖人」と出ていた。　**〇この法をば信ずる衆生もあり、謗る衆生もあるべしと、仏説き置かせ給ひたることなれば**　「この法」とは、この、念仏によって往生し得るという、仏の教え。「衆生」は、一切の生命ある物、すべての人間や動物類を言うのであるが、ここではもの言う人間に限っている。「信ずる衆生もあり、謗る衆生もあるべし」という仏説の出典としては、了祥《りようしよう》の『歎異抄聞記《もんき》』には、源信の『往生要集』下末の「信毀《しんき》因縁門《いんねんもん》」から、『無量清浄《むりやうしやうじやう》平等覚経《びやうどうかくきやう》』(詳しくは、『無量清浄平等覚経』)巻四の引用文を指摘している。そこには、「無量清浄覚経云、善男子・善女人、聞無量清浄仏名、歓喜踊躍、身毛為起、如抜出者、皆悉宿世宿命、已作仏事。其有人民、疑不信者、皆従悪道中来、殃悪未尽、此未得解脱也(略抄)」(『無量清浄覚経』ニ云ハク、「善男子《ゼンナンシ》・善女人《ゼンニヨニン》アリテ、無量清浄仏ノ名《ミナ》ヲ聞キ、歓喜《クワンギ》・踊躍《ユヤク》シテ、身《ミ》ノ毛《ケ》為《タメ》ニ起《イヨダ》ツコト、抜ケ出《イ》ヅルガ如クナル者ハ、皆悉《コトゴト》ク、宿世《シユクセ》・宿命《シユクミヤウ》ニ、已《スデ》ニ仏事《ブツジ》ヲ作《ナ》セルモノナリ。其レ、人民《ニンミン》有リテ、疑ヒテ信ゼザル者ハ、皆、悪道《アクダウ》ノ中《ナカ》ヨリ来リテ、殃悪《オウアク》未ダ尽キザルモノ、此《コ》レ、未ダ、解脱ヲ得ザルナリ」)とある。また、『大集経《だいじつきやう》』(詳しくは、『大方等《だいはうとう》大集経』)巻七に、「又、大集経第七云、若有衆生、已於無量無辺仏所、殖衆徳本、乃得聞是如来十力・四無所畏・不共之法・三十二相、(乃至)下劣之人、不能得聞如是正法、仮使得聞、未必能信」(又、『大集経』第七ニ云ハク、「若《モ》シ、衆生《シユジヤウ》有リテ、已《スデ》ニ、無量無辺ノ仏ノ所ニ於イテ、衆《モロモロ》ノ徳本《トクホン》ヲ殖《ウ》ヱタルモノハ、乃チ、是ノ如来ノ十力・四無所畏《ムシヨイ》・不共《フグ》ノ法《ホフ》・三十二相《サウ》ヲ聞クコトヲ得。(乃至)下劣《ゲレツ》ノ人ハ、是《カク》ノ如キ正法《シヤウボフ》ヲ聞クコトヲ得ル能ハズ、仮使《タトヒ》、聞クコトヲ得《ウ》トモ、未ダ、必ズシモ信ズルコト能ハズ」)とあることをも出典として指摘している。「あるべし」の「べし」は、推量の助動詞。「仏説き置かせ給ひたることなれば」とは、以上の如き事実を言ったものと考えられる。「せ給ひ」は、高い尊敬を表す。

○我は既に信じ奉る、また、人ありて謗るにて、仏説実なりけりと知られ候ふ　「既に」は、全く、すっかり。「また」は、それとは別に。「実なりけり」の「けり」は、真理・真実の存在を確認した時の詠嘆・感動を表す助動詞。「知られ候ふ」の「れ」は、自発の助動詞。**○いよいよ**　なお一層、ますます。第九章に既出。下の「思ひ給ふなり」にかかる。**○思ひ給ふなり**　底本には、「オモヒタマフナリ」とあり、第九章にも、「イヨ〳〵往生ハ一定オモヒタマフナリ」とあったが、この「タマフ」は自分（親鸞自身）を主語とするのであるから、この「給ふ」は、上古・中古以来の、謙譲の意味を表す、下二段活用の補助動詞と考える外はない。中世に入っても、『宇治拾遺物語』には、巻七ノ二に「そのおはしましかたはらに、きりかけの侍りしを隔てて、それがあなたにさぶらひしかば、知らせ給ひたるらんとこそ、思ひ給へしか」、巻十二ノ十二に「かく思ひがけぬ物を給はりたれば、限りなくうれしく思ひ給へて、是を布施に参らするなり」、巻九ノ三に「御心ざしの程は、返す返すも、おろかには思ひ給ふまじけれども、かたみなどおほせらるるがかたじけなければ」、巻十ノ六に、「ただ、別れ聞えなんずと思ひ給ふるが、いと心ぼそく、あはれなる」、巻七ノ五に、「おのれは旅なれば、田ならば何にかはせんずると思ひ給ふれど、馬の御用あるべくは、ただ仰せにこそしたがはめ」等十四例あるが、いずれも動詞「思ふ」につき、また、談話の中で用いられていて、本書中の用例と同じ意味を示している。異文の「思ひ給ふべきなり」では、話し手の親鸞が聞き手に向って、「思わなくてはなりません」と言っている意味になってしまう。

○誤つて、謗る人の候はざらんにこそ、いかに、信ずる人はあれども、謗る人のなきやらんとも覚え候ひぬべけれ　「誤つて」は、本章において既出。しかし、ここでは、もしも、もしかしての意。「候はざらん」は、「あらざらん」の丁寧な言い方。「にこそ」の「に」は、原因・理由・機縁を示す格助詞。「いかに」は、どうして、なぜ。下の「なきやらん」にかかる。「なきやらん」は、第九章に既出。「あれども」は、「あるとも」の意で、仮定の逆接を表す、当時の語法。「とも」は、引用を表す格助詞「と」に、同類のものが外にもあることを暗示して、その一例を提示する係助詞「も」の付いた形。「覚ゆ」は、おのずと思われる。「候ひぬべけれ」は、「候ふべけれ」を「ぬ」によって強めた形。　**〇かく申せばとて、必ず、人に謗られんとにはあらず**　「とて」は、と言っても。「必ず」は、下に打消の語（ここでは、あらず）がある時は、必ずしも、の意となる。「謗られんとにはあらず」は、「謗られんと申すにはあらず」を省略した形で、上に「申せばとて」とあるので、それとの重複を嫌って省略したのであろう。悪く言ってもらおうと言うのではないの意。　**〇仏の、かねて、信・謗共にあるべき旨を知ろしめして、人の疑ひをあらせじと説き置かせ給ふことを申すなり**　「かねて」は、あらかじめ。「信・謗」は、信心と誹謗、信ずることと謗《そし》ること。「共に」は、いっしょに、同じように。「あるべき旨」は、あるにちがいないという趣旨、趣意。「知ろしめす」は、「知る」の尊敬語で、承知しておられる。「人の疑ひ」は、人間の疑惑・不審。「あらせじ」は、起させまい。『親鸞聖人御消息集』には、「そのゆゑは、釈迦如来のみこと(目連所問経《もくれんしよもんきやう》)には、念仏する人をそしるものをば、『名無眼人《みやうむげんにん》』ととき、『名無耳人《みやうむににん》』とおほせおかれたることにさうらふ」とある。　**〇とこそ候ひしか**　とございました。「しか」は、この文章の書き手である唯円の、過去の経験を示す助動詞「き」の已然形で、上の「こそ」の結び。

今の世には、(1)学文《がくもん》して、人の謗《そし》りを止《や》め、偏《ひと》へに、論義《ろんぎ》・問答《もんだふ》むねとせんと構《かま》へられ候《さうら》ふにや。(2)学問《がくもん》せば、いよいよ、如来《によらい》の御本意《ごほんい》を知り、悲願《ひぐわん》の広大《くわうだい》の旨《むね》をも存知《ぞんぢ》して、(5)賤《いや》しからん身《み》にて(3)往生《わうじやう》はいかがなんど(4)危《あやぶ》まん人にも、本願《ほんぐわん》には、善悪《ぜんまく》・浄穢《じやうゑ》なき趣《おもむき》をも説《と》き聞《き》かせられ候《さうら》はばこそ、学生《がくしやう》のかひにても(6)候はめ、たまたま、何心《なにごころ》もなく、本願に相応《さうおう》して念仏する人をも、学文《がくもん》してこそなんど(7)言ひ威《おど》さるること、法《ほふ》の魔障《ましやう》なり、仏《ぶつ》の怨敵《をんでき》なり。

自《みづか》ら、他力《たりき》の信心《しんじん》欠《か》くるのみならず、誤《あやま》つて、他《た》を迷《まよ》はさんとす。(8)慎《つつし》んで畏《おそ》るべし、先師《せんし》の(9)御心《おんこころ》に背《そむ》くことを。兼《か》ねて憐《あは》れむべし、弥陀《みだ》の本願《ほんぐわん》にあらざることを。(10)

(1) 学文 (底) 学問《カクモン》 (龍) 学文《カクモン》 (妙・端別)。(2) 学問 (底) 学問《カクモン》 (妙) 学文《カクモン》 (龍・端別)。(3) 往生ハ (底) 往生セハ (端・光)。(4) ナント (底) ナント、(端・毫・光・妙・端別)。(5) トキキカセラレ (底) 説《トキ》キカサレ (龍)。(6) ニテモ (底) ニテ (龍・端別)。(7) ナント (底) ナント、(端・毫・光・妙・龍・端別)。(8) ツヽシンテ (底) ツツシミテ (龍)。(9) 御コヽロ (底) 御意《ギョイ》(龍)。(10) コトヲ (底) コトヲト云ヽ (端・毫・光・龍) コトヲト云ヽ《ウンヽ》 (妙・端別)。

〔口訳〕

今の世の中には、仏教について学問をして、他人からの悪口を止めさせようとし、ただただ、論義・問答を専門にしようと企てておられるのでありましょうか。学問をするならば、ますます、阿弥陀如来の根本のご意志を知り、その慈悲の願いの限りなく広く、大きい趣旨をも心得て、自分のような下劣なわが身では、浄土への往生はどうであろうかなどと懸念するような人にも、弥陀の本願におかせられては、善人と悪人と、心の清らかな人と心のけがれてきたない人とというような区別がない趣旨を説明なさってよくわからせますならば、それこそ、学者たる価値でもございましょうが、時おり、何の深い考えもなく無心に、弥陀の本願にぴったりと適合して念仏をとなえる人までも、「学問をすればこそ、往生は確定するのだ」などと言っておどされることは、仏法のさまたげをなす悪魔であり、仏に対する、怨みを持つ敵である。そういう学者は、自分自身、弥陀の他力への信心が脱け落ちているだけではなく、ついうかうかとまちがって、他人をも迷わせようとするのである。よくよく気をつけて、畏れなければならぬ、こういう人は、先師、親鸞聖人のお心に違反《いはん》するものであることを。合わせて、かわいそうだと思わなくてはならぬ、自分が弥陀の本願を受け取るべきものではないことを。

〔注釈〕 **○学文して、人の謗りを止め、偏へに、論義・問答むねとせんと構へられ候ふにや** 「学文」は、「学問」と同じ。底本や異本には、この二つの使い方が同じように行われている。ここでは、特に、仏教についてのそれを意味している。「止む」は、他動詞、やめさせる。「偏へに」は第一部の「序」・第二章・第三章・第八章に既出。「論義」は、「論議」とも書き、一座において、僧たちが問答を交《かわ》して、法門の道理を明らかにすること。中には、朝廷や大寺において、儀式化された場合もあって、『源氏物語』『宇津保《うつほ》物語』等にも見えている。「問答」は、その「論義」の中の主要事である、法門の道理についての質問と応答をいう。「むねとす」は、本章に既出。「むねとせん」の「ん」は、「謗りを止め」をも包摂していると解すべきである。「構ふ」は、事を成そうとして企てる、工夫する、計画する。「候ふにや」は、下に「あらん」を省略した形。 **○如来の御本意** 「如来」は、第六章・第十一章に既出、阿弥陀如来のこと。「御本意」は、本章に既出。 **○悲願の広大の旨をも存知して** 「悲願」は、第九章に既出。「広大」は、文字通り、広く大きいことである。『無量寿経』には、法蔵比丘（後の阿弥陀如来）が、世自在王如来《せじざいおうにょらい》の所《みもと》に詣《もう》でて、頌《じゅ》を以て讃嘆《さんだん》し、自身の願を述べた「嘆仏偈《たんぶつげ》」の中に、「吾誓得仏、普行此願、一切恐懼、為作大安」（吾《ワレ》誓フ、仏ヲ得ンニ、普《アマネ》ク此ノ願ヲ行ジテ、一切ノ恐懼《クク》ニ、為《タメ》ニ大安《ダイアン》ヲ作《ナ》サン）、「無数刹土、光明悉照、偏此諸国」（無数《ムシュ》ノ刹土《セツド》、光明悉《コトゴト》ク照《テラ》シテ、此ノ諸《モロモロ》ノ国ニ偏《アマネ》クセン）等の語が見え、次いで、四十八願を説いた後に、「重誓偈《ちゅうせいげ》」を説いて、その中に、「我建超世願、必至無上道、斯願不満足、誓不成正覚」（我、超世《テウセ》ノ願《グワン》ヲ建《タ》ツ。必ズ、無上道《ムジヤウダウ》ニ至ラン。斯《コ》ノ願、満足セズンバ、誓ツテ正覚《シヤウガク》ヲ成《ジヤウ》ゼジ）、「神力演大光、普照無際土、消除三垢冥、広済衆厄難」（神力《ジンリキ》、大光《ダイクワウ》ヲ演《ノ》ベテ、普《アマネ》ク無際《ムサイ》ノ土《ド》ヲ照《テラ》シ、三垢《サンク》ノ冥《ミヤウ》ヲ消除《シヤウジヨ》シテ、広ク、衆《モロモロ》ノ厄難《ヤクナン》ヲ済《スク》ハン）等の語が示されているのを見るのである。『歎異抄私記』には、「悲願ノ広大ノムネトハ、弥陀ノ本願ヲ指ス。礼讃《ライサン》（注、実は、『集諸経礼懺儀』巻下にある）ニ云ハク、弥陀《ノ》智願海《ヘ》、深広《ニシテ》無《シ》二涯底《ゲテイ》一ト云々」を引いている。「旨」は、趣意・趣旨・意向。「存知」は、第二章・第四章に既出。

○賤しからん身にて往生はいかがなんど危まん人にも　「賤しからん身」の「身」は、わが身、自身。心をも含む、わが存在自体のことを言う。「往生はいかが」は、下に「あらん」を略した形で、どうであろうか。「なんど」は、「何《なに》と」が転じて出来た語で、さらに転じて「など」となった。「などと」と格助詞「と」を付けた形は、鎌倉末期ごろから現れたと言われる。「危む」は、四段活用の他動詞で、不安で気がかりに思う、実現しそうもないと疑う、懸念《けねん》する。『日ポ』には、「Ayabumi, u, ŭda. アヤブミ、ム、ゥダ（危ぶみ、む、うだ）　怪しむ、または、疑う。Fitono cocorouo ayabumu.（人の心を危ぶむ）人の心や胸の内を疑う」とある。**○本願には、善悪・浄穢なき趣をも説き聞かせられ候はばこそ、学生のかひにても候はめ**　「本願には」は、第一章に既出。「には」は、におかせられては。「善悪」も、第一章に既出。「浄穢」は、心の清らかな人と心のけがれてきたない人。あるいは、「浄」は、戒を持《たも》って清浄なること、「穢」は、戒を破って恥を知らぬことの意にも解せられる。ここの「なき」は、区別がない、差別がない。親鸞は、『正像末和讃《しやうざうまつわさん》』の「皇太子聖徳奉讃《くわうたいししやうとくほうさん》」の中に、「久遠劫《くをんごふ》よりこの世まで、あはれみましますしるしには、仏智不思議《ぶつちふしぎ》につけしめて、善悪・浄穢もなかりけり」と述べている。また、『教行信証』の「行巻」に引用されている『般舟三昧経《はんじゆざんまいきやう》』には、「彼仏因中立弘誓。聞名念我捴迎来。不簡貧窮将富貴。不簡下智与高才。不簡多聞持浄戒。不簡破戒罪根深。但使回心多念仏。能令瓦礫変成金」（彼ノ仏ノ因中ニ、弘誓《グゼイ》ヲ立テタマヘリ。名《ミナ》ヲ聞キテ我ヲ念ゼバ、捴《スベ》テ迎ヘ来《カヘ》ラシメン。貧窮《ビング》ト将《マサ》ニ富貴トヲ簡《エラ》バズ。

下智《ゲチ》ト高才《カウサイ》トヲ簡バズ。多聞《タモン》ト浄戒《ジヤウカイ》ヲ持《タモ》テルトヲ簡バズ。破戒ト罪根深キトヲ簡バズ。但《タ》ダ回心《エシン》シテ多ク念仏セシムレバ、能《ヨ》ク瓦礫《ガリヤク》ヲシテ変ジテ金《コガネ》ト成サンガゴトクセシム）とある。「趣」は、趣意・趣旨・意向。「説き聞かす」は、他動詞で、よくわかるように説明して教える、説明してよくわからせる、言い聞かせる。「られ」は、尊敬の助動詞。「学生」は、第二章に既出、学者。「かひ」は、値《ね》うち、価値。『日ポ』に、「Cai. カイ（甲斐・効）利益・有用、または、よくする手だて。例、Iqite caimo nai.（生きて甲斐もない）たとい生きていても、それが何の役に立とうか。Mŏxita caiga nai.（申した甲斐がない）たとい私が彼にそのことをどんなに申したとしても、何ともしかたのないことである」とある。「候はめ」は、上の「候はばこそ」を受けた結びで、ここで切れず、強調逆接句を作って、下に続く語法で、ありましょうが、ありましょうけれど。

○たまたま、何心もなく、本願に相応して念仏する人をも　「たまたま」は、時たま、時おり。『日ポ』には、「Tamatama. l, tamatamano. タマタマ、または、タマタマノ（偶・適。または、偶の・適の）稀な（こと）」とある。「何心もなく」は、何の深い思慮もなく、純真に、無心に。「も」は、強意の助詞。『日ポ』に、「Nanigocoronaqu. ナニゴコロナク（何心なく）さほど思いはかることなく、あるいは、考えめぐらすことなく、など」とある。「相応」は、ぴったりとあてはまること、ふさわしく適合すること。「人をも」は、人までをも、の意。

○学文してこそなんど言ひ威さるること、法の魔障なり、仏の怨敵なり　「学文してこそ」の下には、「往生は一定《いちぢやう》ならめ」の如き句を略した形。「言ひ威す」は、言葉でおどす、言って威嚇《いかく》する、言っておびやかす。「るる」は、尊敬の助動詞。「法の魔障」は、仏法のさまたげをなす悪魔、仏法にとっての魔。『日ポ』に、「Maxŏ. マシャゥ（魔障）Tenmano sauari.（天魔の障り）悪魔の妨害。例、Maxŏni sayeraruru coto nacare.（魔障に障へらるることなかれ）悪魔に邪魔されて誘惑されるな」とある。「仏の怨敵」は、仏に対して怨みを持つ敵、かたき。『日ポ』に、「Vondeqi. ヲンデキ（怨敵）残忍非道な敵」とある。

○自ら、他力の信心欠くるのみならず、誤って、他を迷はさんとす　「自ら」は、自分自身。「他力の信心」は、本願の力による、他力への信心。「誤って」は、本章中に既出。「他」は、他人。　**○慎んで畏るべし、先師の御心に背くことを**　「慎む」は、あやまちを犯さないように気をつける、心を引きしめて大事をとる、自重する。「畏る」は、恐れつつしむ、謹みはばかる、かしこまる。「先師」は、亡くなった師匠。ここでは、唯円にとっての先師、故親鸞聖人を言う。『日ポ』には、「Xenji. l, xenxi. センジ、または、センシ（先師）Mayeno xixǒ.（前の師匠）以前の師」とある。ここは、「……背くことを、慎んで畏るべし」の倒置法であるが、その「畏るべし」の主語は、すぐ前の、「自ら、他力の信心欠くるのみならず、誤って、他を迷はさんとす」る人は、である。

○兼ねて憐れむべし、弥陀の本願にあらざることを　「兼ねて」は、第九章、及び本章に既出。しかし、ここは、前もって、あらかじめの意味ではなく、あわせて、それとともに、の意。「憐れむ」は、わが身について不憫《ふびん》に思う、かわいそうだと思う。「弥陀の本願にあらざる」は、既に、第三章に、「偏へに、弥陀を頼む心欠けたる間、弥陀の本願にあらず」とあったが、そこと同じように、ここも、弥陀の本願の正機ではないと解することにする。

〔解説〕

この章に提出されている異義は、往生のためには仏教の学問が必要であって、それをせぬ「経釈を読み、学せざる輩」は、「往生不定」、即ち往生が不確実であるというのである。著者唯円はこれに対し、まず、「不足言の義と言ひつべし」という、簡潔な評言を加えてから、その批判を展開してゆくのである。

《解釈》

主題

学者たちが、経釈を読んで学問せぬ、念仏の仲間を、往生が不確実だとする異義の批判。

構想

(一) 学者たちが、経釈を読んで学問せぬ、念仏の仲間を、往生が不確実だとすることの、甚だしい非道理さ。

(二) 誤って学問をむねとして、聖教の本意を心得ず、名利の欲に陥っている人の気の毒さ。

(三) 現在行われている、専修念仏の人と聖道門の人との間の、学問にもとづく諍論の不要な道理。

(四) 学問の本質から見て、本願に相応して無心に念仏する人々に対し、学問を強《し》いて威《おど》される人人が、要すべき、信心上の反省。

この展開は、(一) に異義を挙げて、まず、その非道理さを簡潔に指摘してから、(二) では、学問を志しながら聖教の本意を理解せず、自らも名利の欲望に陥っている人に、排斥よりも却って同情を示し、(三) では、現在、専修念仏の人々と聖道門の人々との間に行われている諍論に対し、それが諸仏の御本意に背く、全くの不必要な理由を列挙している。そして、終りの (四) では、学問の本質が何であるか、無心な念仏者に学問を強制して威すことがいかに誤っているか、そこには、どうしても、学者のきびしい反省を要することが力説されている。主題の批判は、構想の (二)(三)(四) に渉《わた》って、ますます深く、きびしく徹底してゆく跡が認められる。

叙述

〔**経釈を読み、学せざる輩、往生不定の由の事。この条、頗る不足言の義と言ひつべし。**〕——例によって、「上人の仰せにあらざる異義」を挙げているが、ここには、経釈の学問をせずに、念仏だけに心を凝らしている信者仲間に対して、彼らの浄土への往生は不確実だと言う、学問中心の人々の考えを挙げて、「頗る不足言の義と言ひつべし」という、短い評言を、唯円はまず加えている。「頗る」も「不足言の義」も、「言ひつべし」も、それぞれ、強い意味を持って述べていることが注意される。「不足言の義」、即ち、言うにも足りない道理という言葉には、以下に展開する批判の原動力となっている、著者の強固な信念がこめられていると言うべきであろう。従って、「言ひつべし」の「つべし」は、その信念の迸《ほとばし》りとして、言わなくてはならぬことを言うという、強調された当然の意味に解すべきであろう。そこに、著者の態度の真剣さが現れていると言ってよい。

〔他力真実の旨を明せる、もろもろの正教は、本願を信じ、念仏を申さば、仏に成る。その外、何の学問かは、往生の要なるべきや。〕——著者の批判は、念仏以外に学問の必要を説く人たちに対して、そもそも、その学問の対象たる「もろもろの正教」とは何たるかに、まず向けられる。そして、「他力真実の旨を明せる、もろもろの正教」の説く所を、「本願を信じ、念仏を申さば、仏に成る」の三句に要約し、単純化しているところに、唯円の高い見識が発揮されている。そして、「もろもろの正教は」を主語として、「と説き給へり」の如き述語を付すべきところを省略して、直ちに、「その外、何の学問かは、往生の要なるべきや」という、第一の、反語的な、従って痛烈な反駁を、学問の必要を説く者に対して加えている。そこには、著者の憤激の声さえ認められると言えるであろう。

〔まことに、この理に迷へらん人は、いかにもいかにも、学問して、本願の旨を知るべきなり。〕——「この理」とは、「本願を信じ、念仏を申さば、仏に成る」とあった叙述を受けて言ったのであるから、この叙述の持つ、本願への信心から念仏の口称《くしょう》へ、さらに、往生による成仏へという道は、宗教上の道理であり、信仰上の信条ということになる。それを「理《ことわり》」と言っていることに、わたくしは大きな意味を見いださざるを得ない。この「理」にもとづいて、以下、唯円の批判が展開しているのであるから、それは、この「理」を中心とする表現と考えるべきであろうし、その結果として、かかる作品は、情意的に鑑賞すること以上に出て、知的、論理的に理解することを必要とすると思うのである。

著者は、ここで、「正教」の本旨を「この理」の語に代表させて、学問をする人たちを「この理に迷へらん人」と言って、彼らの迷妄に陥っていることを指摘し、「いかにもいかにも、学問して、本願の旨を知るべきなり」と、逆に、ねんごろな忠告を与えているのである。これは、異義を唱える人々への皮肉やからかいではなくして、まじめな警告と言うべきであろう。ここに言う「本願の旨」とは、即ち、「他力真実の旨」であり、また、「本願を信じ、念仏を申さば、仏に成る」理に外ならない。そして、「……知るべきなり」とある所に、強い説得の意志の尖端が現れているのが認められる。

〔経釈を読み、学すといへども、聖教の本意を心得ざる条、尤も不便の事なり。〕――冒頭の「経釈を読み、学せざる輩、往生不定の由の事」とあったのを受けて、「経釈を読み、学すといへども」と反復している所に著者の、先方の言葉を逆に使って、聖教の本意を心得ない彼等こそまさに「往生不定」ではないかという意味をもこめて、「尤も不便の事なり」という、同情し、憐憫《れんびん》する言葉をも添えているのである。これは、著者の心情が、異義・邪説を唱える人々を排撃し、憎悪することなく、むしろ、同情して、正道に帰るべきことを説得せんとする意志に燃えていることの証左であると言えよう。

〔一文不通にして、経釈の行く路も知らざらん人の、称へ易からんための名号におはします故に、易行と言ふ。〕――第十一章の初めに、「一文不通の輩の念仏申すにあうて」とあったのが、ここには、やや詳しく、「経釈の行く路も知らざらん人」と敷衍《ふえん》されて挙げられているが、著者は、第十一章でも、この第十二章でも、かかる「一文不通」の人々の信心の立場を擁護することに心を傾けていることがはっきりと窺われる。そして、「称へ易からんための名号におはします故に」と言って、「名号」に最高の尊敬語を使っているが、「称へ易からんための名号」には、第十一章に、「易く持《たも》ち、称へ易き名号」とあったのが参照されてくる。さらに「易行と言ふ」とあって、以下の批判のための重要な基準を示しているのが注目される。

〔学問をむねとするは、聖道門なり。難行と名付く。〕――「経釈を読み、学する」人々は、実は、「学問をむねとする」ことによって、自力にもとづく「聖道門」に陥ってしまう。これを、「難行と名付く」といって、はっきり、専修念仏の易行道から区別しているのである。従って、聖道門・難行道の側からの、浄土門・易行道における「一文不通の人」への学問の強要は、全くの無理解・無定見となってしまうわけである。

〔誤つて、学問して、名聞・利養の思ひに住する人、順次の往生いかがあらんずらんといふ証文も候ふべきなり。〕――この批判は、浄土門・易行道の立場に拠《よ》っていることは言うまでもない。それは、「本願を信じ、念仏を申さば、仏に成る」という純一な道を行くことに外ならない。その立場から見れば、学問することは、その純一さを複雑にし、混濁させる結果となる。著者が、「誤つて、学問して」と言わざるを得なかった心持にも同感させられるし、学問する人々が、それを自負し、誇示し、思い上って、そのため、名聞（名声）や利養（利益）を獲得しようとする欲望に執着する傾向が存することを著者は適切に、痛烈に剔抉《てっけつ》して、「順次の往生いかがあらんずらんといふ証文も候ふべきなり」と言って、学者の往生こそ、「いかがあらんずらん」、即ち、「往生不定」となるであろうという「証文も候ふべきなり」と指摘しているのは、まことに、学者が学問を信者に強要する態度を根柢から否定し去る発言であると言えよう。この「証文」は、異義批判の重要なキメ手となるのである。

〔当時、専修念仏の人と聖道門の人、法論を企てて、「我が宗こそ優れたれ、人の宗は劣りなり」と言ふ程に、法敵も出で来り、謗法も起る。〕――これからは、構想の（三）の叙述に入るのであって、構想の（二）が、難行と言うべき学問する人々を、易行の念仏する立場から、やや教理的に批判しているのに対して、ここからは、現在における、専修念仏の人と聖道門の人との「諍論」を直接の対象とした現実批判を展開させている。これは、かかる「諍論」においては、どうしても、聖道門の人々の唱える、いかめしい教理に対して、浄土門の人々が、それに対抗するために、自己の教理を学問的に根拠あるものとして応じなくてはならぬ必要があり、そこから、「経釈を読み、学する」ことを一般の念仏者にも要求するようになるのであろう。そして、まず、この「諍論」に現れる弊害を指摘して、「我が宗こそ優れたれ、人の宗は劣りなり」という、それぞれの独善的主張の存すること、それが諸悪の根源となって、「法敵も出で来り、謗法も起る」という結果となることを指摘するに至っている。この二つの結果を、「出で来り」「起る」というように、動詞の現在時法で書いているのは、それが著者の観察した現実的事実であるからである。

〔これ、しかしながら、自ら、我が法を破謗するにあらずや。〕――上に述べた如き弊害の生ずる事実につき、相手の宗派に諍論によって勝とうとするのは、大きな自己矛盾に陥ることであって、「自ら、我が法を破謗する」ことになるというのである。この「我が法」とは、専修念仏の、易行の、浄土門の宗旨を指す。そして、何故、そういうことが言えるかは、次の叙述に書かれているのである。

ここに、前にあった、「その外、何の学問かは、往生の要なるべきや」に次ぐ、第二の、著者の強い主張が打ち出されているのを見ることができる。

〔**たとひ、諸門挙りて、「念仏は、かひなき人のためなり。その宗、浅し・賤し」と言ふとも、**〕――この「諸門」とは、前を受けて、専修念仏一派に対立する、聖道門の諸宗派・諸宗門を指す。それらに属する人々が、諍論において、「我が宗こそ優れたれ、人の宗は劣りなり」という主張を貫徹するために、なぜ、「人の宗は劣りなり」と言うのかを推定して、その行《ぎやう》を評しては、「念仏は、かひなき人のためなり」、その教義を評しては、「その宗、浅し・賤し」という如き悪評を下した場合を想定して、「たとひ……と言ふとも」と述べているのである。

〔**さらに争はずして、**〕――この一句は重大である。専修念仏の人は、他宗門からどのように言われようとも、根本の態度としては、「さらに争はず」でなくてはならないと言うのであって、「争ふ」ことこそ、「法敵」や「謗法」を産む原因となるからである。そして、結果としては、聖道門諸宗が「我が法を破謗する」事実をひき起すのである。この、「諍論」を否定し、止めさせる根本の態度を提示している唯円の態度の堅実《けんじつ》さこそ注目すべきである。

〔**「我等が如く、下根の凡夫、一文不通の者の、信ずれば助かる由、承りて信じ候へば、さらに、上根の人のためには賤しくとも、我等がためには、最上の法にてまします。」**〕――聖道門の批評に答えるために、著者は、まず、専修念仏を行う「我等」を、「下根の凡夫、一文不通の者」として規定して、修行においては「下根」、学問については全くの「一文不通」即ち無学として提示する。そして、「信ずれば助かる由、承りて信じ候へば」と言って、専修念仏の教が「信」中心であって、修行中心・

学問中心でないことを明確にしている。そして、この念仏の教が、自分たちの「下根」を蔑視する、聖道門の人々、上根の人にとってはどんなに賤しくとも、「我等がためには、最上の法にてまします」と述べているのは、真実に、自己が「下根の凡夫」たることの自覚に徹した者、言わば、それより下の機根のない、人間としての最低位に位置することにほんとうに目ざめた者にのみ実感される「最上の法」にほかならない。そこまで、自己を見つめて目ざめている者こそ、親鸞が第三章でいった、「他力を頼み奉る悪人」に外ならないと言えよう。かく、最低位の者にのみ許された「最上の法」たることを明らかにしている所に、親鸞・唯円の仏教の真実さ・厳粛さ・切実さがあると考えられる。

〔たとひ、自余の教法優れたりとも、自らがためには、器量及ばざれば、勤め難し。〕――「自余の教法」に対して、不動の信念を示した言葉であって、「自らがためには、器量及ばざれば」の自覚に立って、はっきりと、「勤め難し」と断言している叙述には、著者の一貫して揺がぬ、下根の凡夫たる自覚が顕示されている。

〔我も人も生死を離れんことこそ、諸仏の御本意にておはしませば、御妨げあるべからず」とて、憎いけせずは、誰の人かありて、仇をなすべきや。〕――浄土門と聖道門の対立・背反を解決する道として、「さらに争はず」という根本的態度を示した著者は、ここで、この二つの対立をも越えた、「諸仏の御本意」という、絶対的基準を提出して、それが、「生死を離」れること、即ち、この現世の迷妄を脱離することにあるとして、「信ずれば助かる由、承りて信じ候へば」を心において、聖道門の人々に対し、「御妨げあるべからず」と、敬意をこめて忠告しているのである。この最低位にある人間にのみ許された、謙遜に徹底した言葉の持つ力には、聖道門の人々も如何《いかん》ともすることができないものがあったと言えよう。その謙虚さが、「憎いけせずは」という態度となり、結果としては、「誰の人かありて、仇をなすべきや」という、対立・抗争の解消を導き出すことになるのであって、ここに、本章における、第三の反語的主張の力強さを見るのである。以上の叙述によって、「法論」を否定し、「仇」を無くする道としては、「さらに争はず」という根本から出発して、「……御妨げあるべからず」という言葉と、「憎いけせず」という態度との三つを、著者は読者に対して具体的に提示していることになる。

「かつは、諍論の処には、もろもろの煩悩起る。智者遠離すべき由の証文候ふにこそ。」――「諍論」の場では、ほんとうの、仏法・仏道のための「論義」ではなくなって、そこには、どうしても、各種の煩悩をひき起し勝ちになるのであって、「我が宗こそ優れたれ、人の宗は劣りなり」という自己優越感が、必ず、利己的競争心を煽《あお》り、相手を圧迫し、憎悪し、あるいは嫉妬し、誹謗して、人間の醜悪さを露呈せざるを得ないのである。続けて、「智者遠離すべき」とある、その「智者」とは、注釈に記したように、悟りの智慧を開き、仏の教えに精通した僧のことであって、即ち、聖道門の人に外ならない。「遠離すべき」は、浄土門の人に対してのみではないという、本章における、第二の「証文」の存在を指摘している所に、著者の心用意の深さが認められる。ただ、「候ふにこそ」と、断定的にではなく、省略によって婉曲に述べている点に、「御妨げあるべからず」と言っているのと通ずる、著者のやんわりと、しかも強く、反省を促している気持が出ていると思われる。

「故聖人の仰せには、「この法をば、信ずる衆生もあり、謗る衆生もあるべしと、仏説き置かせ給ひたることなれば、我は既に信じ奉る、また、人ありて謗るにて、仏説実なりけりと知られ候ふ。しかれば、往生は、いよいよ、一定と思ひ給ふなり。」――これが、第二部において、初めて現れた親鸞の遺語の一つであって、これも、第一部の十章と同じく、唯円の、その時々の筆録の中からの引用と考えられる。この遺語は、この世の現実における、法を信ずる人（衆生）と謗《そし》る人（衆生）との存在によって、仏説の真実さがかえって知られるというのであって、仏説をもとにして、信・謗の共存している現実に対処している親鸞の立場が鮮やかに浮び上ってくる。そして、この、現実に対しての仏説の真実さが、一層、「往生は一定」の信念を強固にするというのである。叙述の中でも、特に、「我は既に信じ奉る、また、人ありて謗るにて、仏説実なりけりと知られ候ふ」の叙述には、「既に」の副詞も、「人ありて謗るにて」の記述にも、「実なりけり」の感動にも、「知られ候ふ」の「れ」の自発の助動詞にも、説示者の親鸞及び筆録者唯円の、国語についての感覚の鋭さ・微妙さがよく出ていると言えよう。そして、全体的に、この一片の遺語にも、常に、仏説を仰慕し、それに依拠して、現実の種種相を諦観《たいかん》している親鸞の宗教家としての面目が窺《うかが》われるのである。

〔誤つて、謗る人の候はざらんにこそ、いかに、信ずる人はあれども、謗る人のなきやらんとも覚え候ひぬべけれ。〕――仏説通り、信・謗の共存している現実を裏返して、仮定的に、「信ずる人」だけであれば、「いかに」「謗る人」はないのだろうかと疑う気持にもなるというのであって、「謗る人の候はざらんにこそ」から、「なきやらんとも覚え候ひぬべけれ」へという、強調の語気に、自己の信念を確かに、そして懇切に説いている親鸞の人間性が現れていると言えよう。この語気は、次の叙述の上にも認められる。また、「誤って」「いかに」「候ひぬべけれ」の三つの語が、彼の説得を有力にしているのも、国語を的確に駆使する表現力の発揮と認められる。

〔かく申せばとて、必ず、人に謗られんとにはあらず。仏の、かねて、信・謗共にあるべき旨を知ろ

しめして、人の疑ひをあらせじと説き置かせ給ふことを申すなり」とこそ候ひしか。」——この結びの中に、「申せばとて」「申すなり」とあることによって、この説示が、唯円をも含めて、かなりの数の弟子・同行たちに向って、敬意をこめて行われたものであることが推察される。そして、上に述べて来た、法を謗る人の存在を必然的な事実として認めているのではないことを、誤解されないように付言しているのであって、これも、懇切な親鸞の説示の持つ、一面的、偏向的でない行き方を示すものである。進んで、自己の立場が、「信・謗共にあるべき」ことを予測され、「人の疑ひをあらせじ」と説明されている仏説に従って申していることを述べているのも、仏説に基づいて説示している、彼の態度の根柢が現れていると思う。前にも、「仏説実なりけりと知られ候ふ」と述べていた感動が、この結びの言葉の上にも及んでいることがわかるのである。著者唯円は、この説示を、「とこそ候ひしか」という形で引用しているが、この叙述には、現実の問題が、師の遺語により既に解決済みであるとする感慨が滲《にじ》み出ていると思われる。

「今の世には、学文して、人の謗りを止め、偏へに、論義・問答むねとせんと構へられ候ふにや。」——先師の遺語によって、「諍論」の問題に結着をつけた著者は、最後に、構想の（四）として、学問（文）とは何か、学問と信心とはいかに関連するかの問題に思いを潜めつつ、批判してゆくのであるが、その初めに、「今の世には」とあるのは、先師在世のころと対比して、まず、かく言って、構想（三）の初めの「当時」と照応させているのである。そして、その「今の世」における「学文」が、「人の謗りを止めん」としているのではないか、「論義・問答むねとせん」ことを企図しているのではないかという、大きな疑問を提出している。つまり、「今の世」の学問の排他的、抗争的性質を指摘して、それが仏学を研鑽することの本意であろうかという疑問を提示しているのである。しかも、この章の冒頭の異義を参照すると、この「学文」とは、浄土念仏門内のそれであることがわかる。「構へられ候ふにや」という、敬語を以てする言い方には、他宗門の人々に対するとは異なる、親しみある態度・意向がこめられているからである。

〔学問せば、いよいよ、如来の御本意を知り、悲願の広大の旨をも存知して、賤しからん身にて往生はいかがなんど危まん人にも、本願には、善悪・浄穢なき趣をも説き聞かせられ候はばこそ、学生のかひにても候はめ。〕――この叙述こそ、仏学、特に浄土教学を研究する学問の目的が何であるかを鋭く衝《つ》いた、唯円の批判的精神の発露であると言ってよいであろう。彼は、学問の目的を、第一に、「如来の御本意」「悲願の広大の旨」を理解することに見いだし、第二には、その発展として、「賤しからん身にて往生はいかがなんど危まん人」、即ち、弥陀の本願が特にかかる人に対して向けられていることを自覚せぬ人に、「本願には、善悪・浄穢なき趣をも説き聞か」すことこそ、「学生のかひ」即ち、学者たる価値であるとしているのである。「自信教人信《じしんけうにんしん》」(自《ミヅカ》ラ信ジ、人ヲシテ信ゼシム)という、善導の『往生礼讃』の中の語から言えば、第一の目的は、「自信」にあり、第二の目的は、「教人信」にあるとも言えよう。「学問せば」と仮定し、「いよいよ、……説き聞かせられ候はばこそ」と追究し、「学生のかひにても候はめ」と結論するまで、一字一句に、著者の学問観が浸潤し、貫徹している趣がある。そして、ここにも、「説き聞かせられ候はばこそ」とあって、「られ」という尊敬の助動詞が使われ、続く「学生のかひにても候はめ」と同じく、「候ふ」という丁寧の意を表す語が用いられている。これは、決して、同じ宗門内の学者に対する、皮肉や嘲弄ではなくして、唯円が真摯《しんし》に思い考えていることの現れとすべきである。そして、この長い叙述を強調逆接句として、次にくる叙述に結びつけているところに、彼の意志の熱烈さ・強靭さを思わしめるものがある。この意志は、「広大の旨をも」「危まん人にも」「善悪・浄穢なき趣をも」「学生のかひにても」における、強意の助詞「も」を頻用していることにも顕現している。

〔たまたま、何心もなく、本願に相応して念仏する人をも、学文してこそなんど言ひ威さるること、法の魔障なり、仏の怨敵なり。〕――すぐ上の強調逆接句が仮定的条件の提示であったのに対比して、ここには、現実の状況への批判が展開する。そして、「たまたま」といい、「何心もなく」といい、「本願に相応して念仏する人をも」といって、この「人」こそ真実の念仏者であることを強調しているが、著者にとっては、かかる「人」こそ、「学生」以上の、信心に徹した存在と考えられているのである。特に、「本願に相応して念仏する」を限定している「何心もなく」という副詞句には、純一に、素直に、「本願を信じ、念仏を申す」境地にある人への、著者の深い同感・理解が存すると思われる。さらに、「学文してこそなんど言ひ威さるること」の叙述には、この章の全体に展開している、仏学に通じている人々の、平常の口吻さえ窺わさせるものがあるし、その言動を否定し、非難している、「法の魔障なり、仏の怨敵なり」という叙述の烈しさには、仏法を守ろうとする著者の心熱の迸《ほとばし》りを認めざるを得ない。これは、直前の第十一章の中には認め難いところである。

〔自ら、他力の信心欠くるのみならず、誤つて、他を迷はさんとす。〕――上に述べて来たことの帰結として、この痛烈なる批判言を、敬語法を抜きにして、「学生」に向ってつきつけているところに、著者の護法的熱情が遺憾なく発揮されている。「自ら、他力の信心欠くるのみならず」とは、急所を衝《つ》いた剔抉《てつけつ》であり、「誤って、他を迷はさんとす」には、「学生たち」の言動の思い上りぶり・邪道ぶりが峻厳に指摘されている。ここにも、唯円の批判の徹底がある。

〔**慎んで畏るべし、先師の御心に背くことを。兼ねて憐れむべし、弥陀の本願にあらざることを。**〕

――この、倒置法を以て叙せられている二つの文は、「学生」に対する警告である。唯円は、彼等が専修念仏の同朋・同行であることを意識しながら、この強い警告を発せざるを得なかった。第一に、「先師の御心に背くこと」、第二に、「弥陀の本願にあらざること」の二つを挙げているのは、「先師の御心」「弥陀の本願」こそ同朋・同行たることの絶対的基準であると信じる著者の立場の現れと言うべきであって、「学生」の反省すべき点を、まず「慎んで恐るべし」といって、その言動の、いかに親鸞の信ずる所と違反しているかを指摘し、さらに「兼ねて哀れむべし」といって、その言動の主体たる自己が、いかに弥陀の本願から外《はず》れているかを自覚させようとする。ここに、著者の同朋・同行意識が否定的批判に留まらず、かかる警告・忠告にまで及んでいる所に、その博大さを認むべきであろう。

本章の文芸的意義として、まず認められることは、その表現の全体性に浸潤している、著者の憤激の情である。それが、初めにある「この条、頗る不足言の義と言ひつべし」を端緒として発現し、以下、次々に、念仏行者に「経釈」の学問をすべきことを要求する、同じ宗派内の学者たちを論破することに集中してゆくのである。そして、この憤激が、「その外、何の学問かは、往生の要なるべきや」「これ、しかしながら、自ら、我が法を破謗するにあらずや」「……憎いけせずは、誰の人かありて、仇をなすべきや」という、三個の強烈な叙述となって顕《あらわ》れたり、また、この憤激が、「いかにもいかにも学問して、本願の旨を知るべきなり」「……証文も候ふべきなり」「……法の魔障なり、仏の怨敵なり」の如く、断乎として言い切っている叙述の裏づけとなったりしているのを見るのであるが、それらの叙述も、前後の文脈の中に置いて解釈してゆくと、著者の憤激は、単なる反撥的私憤ではなくして、言わば、正当な公憤とも称してよい、高く、広い立場に立って迸出《ほうしゅつ》していることが認められるのである。

前の第十一章では、「弥陀の大悲・大願」「如来の御計ひ」が、異義批判の基準であり、根幹をなしていた。本章になると、「他力真実の旨を明せる、もろもろの正教」が加わり、さらに、かなり長い「故聖人の仰せ」までが加わって、批判の基準を確かにし、深くし、また広くしていると言ってよい。そのために、著者の憤激の情が著しく客観化されて、異義・邪説をなす学問中心主義を破砕する有力な根拠をなしているのである。「証文も候ふべきなり」「証文候ふにこそ」とある、二つの証文も、著者の主張を強化するのに役立っていることは言うまでもない。

そして、第二に、著者は、「他力真実の旨を明せる、もろもろの正教」の説く所を要約して、「本願を信じ、念仏を申さば、仏に成る」という一文に単純化し、この一文をば、「この理《ことわり》」と呼んで、自己の信心の道理としていることに注目させられる。かかる「理」にもとづいて、「この理に迷へらん人は、いかにもいかにも、学問して、本願の旨を知るべきなり」という批判を展開していることも明らかである。そして、後になると、「法」という語をも使って、「我が法」とか、「最上の法」とか、「この法」（親鸞）とか、「法の魔障」とか記しているが、これも「理」と呼んでいることの外ではない。本章もまた、「理」や「法」を核心として、批判的、論証的表現性を形成していることが認められる。しかも、「一文不通にして、経釈の行く路も知らざらん人の」とか、「我等が如く、下根の凡夫、一文不通の者の」とか記して、著者の立場を、あくまで、無学・無文字のそれに置いて、論証し、批判していることも、忘れてはならない、本章の表現の主体的条件をなしているのである。

第三に、信心・念仏の上に、学問の必要を主張する人々の心理への洞察が鋭く、深く展開していることである。すなわち、「経釈を読み、学すといへども、聖教の本意を心得ざる条」の如き、「誤って、学問して、名聞・利養の思ひに住する人」の如き、「これ、しかしながら、自ら、我が法を破謗するにあらずや」の如き、「学文して、人の謗りを止め、偏へに、論義・問答むねとせんと構へられ候ふにや」の如き、「たまたま、何心もなく、本願に相応して念仏する人をも、学文してこそなんど言ひ威さるること」の如き、「自ら、他力の信心欠くるのみならず、誤って、他を迷はさんとす」の如き叙述が、異義主張者の心理を剔抉《てっけつ》し、分析して、余す所がないと言ってよいであろう。これもまた、著者の護法の精神の強い発現として受け取るべきものであろう。この精神こそ、「学問せば、いよいよ、如来の御本意を知り、悲願の広大の旨をも存知して、賤しからん身にて往生はいかがなんど危まん人にも、本願には、善悪・浄穢なき趣をも説き聞かせられ候はばこそ、学生のかひにても候はめ」と言い、「たまたま、何心もなく、本願に相応して念仏する人をも、学文してこそなんど言ひ威さるること、法の魔障なり、仏の怨敵なり」と言う如き、高潮した、いつの世にも省みられるべき、永遠に朽ちざる表現をも産出した原動力であると思われる。

第四に挙げるべきは、学問主義に陥っている人々に対して、「法の魔障」「仏の怨敵」というような、強い言葉で破斥しながら、著者の態度は、彼等が同じ宗門・宗派の同朋・同行であることを決して忘却することなく、かえって、一種の同情・憐憫の情をも寄せていることである。「……聖教の本意を心得ざる条、尤も不便の事なり」を始めとして、終りには、「慎んで畏るべし、先師の御心に背くことを。兼ねて哀れむべし、弥陀の本願にあらざることを」という、親身な忠告をも寄せて、その邪義・異義に陥っている心理に強い反省を求めてさえいるのである。「構へられ候ふにや」「説き聞かせられ候はばこそ」「言ひ威さるること」という、三つの尊敬の助動詞の使い方も、この章に、「候ふ」という、謙譲・丁寧を表す語が動詞・補助動詞として、九回も用いられていることも、同じような態度の現れと思われる。この「候ふ」が、前の第十一章には一回も使われていないことを考え合わせると、本章の中に、憤激とばかりは言い切れない、より博《ひろ》く、高い意志・意欲の存することに気づかされるのである。

以上の考察により、わたくしは、この第十二章の表現に、中世的文芸としての意義が認められるように思う。そして、一個の人間の強い信念・真実が、止むに止まれぬ事情の中で、かかる文芸的表現を形成していることに、文芸史の展開の上からも、重要な位置を与えたいと思うのである。

本章と第一部の第二章とが関連あることは、古くから指摘されているが、そこに、

しかるに、念仏より外に、往生の道をも存知し、また、法文等をも知りたるらんと、心にくく思《おぼ》し召しておはしまして侍らんは、大きなる誤りなり。もししからば、南都・北嶺にも、ゆゆしき学生たち多く座《ざ》せられて候ふなれば、かの人々にも逢ひ奉《たてまつ》りて、往生の要、よくよく訊《き》かるべきなり。親鸞におきては、ただ念仏して、弥陀に助けられ参らすべしと、よき人の仰せを被《かぶ》りて信ずる外に、別の子細なきなり。

とあって、「南都・北嶺」の「ゆゆしき学生たち」と「よき人の仰せを被りて信ずる」「親鸞」との、隔絶した立場の違いが道破されている。特に、本章と同じく、「往生の要」の語が存することに注意させられる。また、「いずれの行も及び難き身なれば」とあるのは、本章の、「たとひ、自余の教法優れたり

とも、自らがためには、器量及ばざれば、勤め難し」とある叙述と相通ずるもののあることも認められるところである。そして、二つの章を比較してみると、第十二章の方が、学者たちを直接に対象としている論証だけに、第二章で親鸞が弟子たちに接した場合よりも、遙かに強く、烈しい著者唯円の心の動きがうねりをなして、批判の対象たる「学生」たちに襲いかかり、きびしく迫っている趣が存する。そこに、この師弟の性格の差をも感ぜしめるものがあるように思われる。

終りに、親鸞の『末燈鈔《まつとうせう》』六から、書簡の一節を引用して置きたい。

（前略）かまへて、学生沙汰《がくしやうざた》せさせたまひさうらはで、往生をとげさせたまひさうらふべし。故法然聖人は、「浄土宗《じやうどしゆ》の人は、愚者《ぐしや》になりて往生す」と候ひしことを、たしかにうけたまはり候ひしうへに、ものもおぼえぬ、あさましきひと〲のまゐりたるを御覧《ごらん》じては、「往生必定《ひつぢやう》すべし」とてゑませたまひしをみまゐらせさうらひき。文沙汰《ふみざた》して、さか〲しきひとのまゐりたるをば、「往生はいかがあらんずらん」と、たしかにうけたまはりき。いまにいたるまで、おもひあはせられ候ふなり。ひと〲にすかされさせたまはで、御信心たぢろかせたまはずして、おの〱、御往生《ごわうじやう》候ふべきなり。（下略）

このうち、「愚者になりて往生す」は、法然の有名な『一枚起請文《いちまいきしやうもん》』の中に、「念仏を信ぜん人は、たとひ、一代の御のりをよく〱学すとも、一文不知の愚鈍の身になして、尼入道の無智のともがらにおなじくして、智者のふるまひをせずして、たゞ一向《いつかう》に念仏すべし」とあるのと通ずるし、同じく法然の語として、「往生はいかがあらんずらん」とあるのは、本章中の、「順次の往生いかがあらんといふ証文も候ふべきなり」の「証文」に当るものであることを記して置きたい。

第十三章

一　弥陀《みだ》の本願《ほんぐわん》不思議《ふしぎ》に(1)おはしませばとて、悪《あく》を畏《おそ》れざる(2)は、また、本願ぼこりとて、往《わう》生叶《じやうかな》ふべからずといふ事。この条《でう》、本願を(3)疑《うたが》ひ、善悪《ぜんまく》の(4)宿業《しゆくごふ》を心得《こころえ》ざるなり。

善《よ》き心の起るも、宿善《しゆくぜん》の催《もよほ》す故《ゆゑ》なり。(5)悪事《あくじ》の思《おも》はれ、せらるるも、悪業《あくごふ》の計《はから》ふ故《ゆゑ》なり。故聖人《こしやうにん》の仰《おほ》せには、「(6)卯毛《うのけ》・羊毛《ひつじのけ》の尖《さき》に居《ゐ》る塵《ちり》ばかりも造《つく》る罪《つみ》の、宿業《しゆくごふ》にあらずといふことなしと知るべし」と候《さうら》ひき。

(1) オハシマセハ（底）マシマセハ（龍）。(2) ハ（底）ヲ（端・毫・光・妙）。(3) ウタカフ（底）疑《ウタカ》ヒ（龍）疑《ウタカフ》（端別）。(4)宿業（底）宿業《シフコフ》（妙・端別）宿業《シユクコフ》（龍）。(5) 悪事（底）悪事《アクシ》（妙）悪《アシキ》コト（龍）悪事《アシキ》（端別）。(6) 卯《ウ》毛羊毛《モウヤウモウ》（底）卯毛羊毛《ウノケヒツシノケ》（龍）。兎《ト》毛羊毛《マウヤウマウ》《ウノケヒツシノケ》（歎異抄私記）。

〔口訳〕

一　弥陀の本願が、人間の思量を遙かに越えた絶大なものであらせられるからといっても、自分の悪をなすことが往生の障《さわ》りになりはしないかと畏れずに行動するのは、「本願ぼこり」といって、これもまた、浄土への往生の願いが果せるはずがないということ。この箇条は、弥陀の本願の力を疑うことであり、また、この世でなす善事・悪事が前世のすべての行いに由ることを理解していないのである。人間に善い心の生ずるのも、前世における善い行いがうながすためである。悪い事が自然に心に思い浮ぶようになり、また実行されるようになるのも、前世の悪い行いが企てるからである。亡き親鸞聖人のお言葉では、「兎《うさぎ》の毛や羊《ひつじ》の毛の尖端《さき》にとまっている塵ほどに小さい、人間が造る罪というものでも、前世の行いにもとづかないということはないのだと、知らなくてはならない」とございました。

〔注釈〕 **○弥陀の本願、不思議におはしませばとて、悪を畏れざるは、また、本願ぼこりとて、往生叶ふべからずといふ事**　「不思議」は、第一章に始まり、第十一章には頻出していたが、人間の思量を越えた、弥陀の本願の示す絶対性を表す語として使われていた。第十章には、念仏についても、「不可思議」と言っていた。ここも同じ意味であるが、特に、第一章に、「弥陀の本願には、老少・善悪の人を簡ばれず。ただ、信心を要とすと知るべし」といい、「その故は、罪悪深重・煩悩熾盛の衆生を助けんがための願にまします」といい、「悪をも恐るべからず。弥陀の本願を妨ぐる程の悪なき故に」といっていること、第三章に、「善人なほもつて、往生を遂ぐ。況んや悪人をや」といい、「願を起し給ふ本意、悪人成仏のためなれば、他力を頼み奉る悪人、もつとも、往生の正因なり」といっていることなどが、この章の、一部の念仏信者が「悪を畏れざる」行為・行動をひき起すに至ったのであろう。「悪を畏る」の「畏る」は、将来のことを心配する、何かよくない事が起りはしないかと心配する、危惧《きぐ》する、危懼《きく》する。『徒然草』第八十八段に、「一時の懈怠《けたい》、即ち、一生の懈怠となる。これをおそるべし」とある。ここでは、悪い事をしても、それを往生のためには障《さわ》りとはならないとして、何も心配しないことを「悪を畏れざる」と言ったのである。この注釈については、佐藤正英氏著『歎異抄論註』の説に拠った。「不思議におはします」は、不思議であらせられる。「おはしませばとて」の「とて」は、下に、「悪を畏れざるは」というような打消しの語がある時は、としても、といっても、の意となる。「また」は、これもまた。下の「往生叶ふべからず」に係《かか》る。すぐ前の第十二章の初めにも、「往生不定の由」とあったのを受けて、この条もまた、同じように、の意を含めている。「本願ぼこり」は、弥陀の本願が、特に、悪人を目ざして救い給うことを趣旨とすることにもとづいて、何をやっても救われると思い、本願につけ上って、誇らしげにふるまうことで、かかる言動をする人たちを非難・攻撃するために、反対派の一部の人々の作り出した言葉。「ほこり」は、動詞「誇る」に由来し、その「誇る」は得意な様子をする、志を得た様子をする、意気揚々たるさまをなす、の意であって、『日ポ』には、「Focori, ru, otta. ホコリ、ル、ッタ（誇り、る、つた）自慢する、あるいは、高ぶり慢心する。例、Narichicaqiŏua chôuõni focori.（成親卿は朝恩に誇り）Feiq.（平家）巻一。この人（成親卿）は、国王（天皇）の恩顧を受けているのをおごり高ぶって」とある。ここの場合は、本願の絶対性を深く信じて、わが身の悪いことを往生の障りと危惧しないで、いい気になる、気ままな言動をすることを、一部の信者がその所行を不当であると考えて、「本願ぼこり」と悪く言ったのである。既に、『御消息集』（五）にも、「信願房が申すやうは、凡夫のならひなれば、わるきこそ本《ほん》なればとて、おもふまじきことをこのみ、身にもすまじきことをし、口にもいふまじきことを申すべきやうに申され候ふこそ、信願房が申しやうとは心得ず候ふ。往生に障りなければとて、ひがことを好むべしとは申したること候はず」と親鸞は弟子の慈信房に教えている。多屋頼俊氏の『歎異抄新註』には、浄土宗の向阿証賢《こうあしようけん》〔貞和《じようわ》元年（一三四五）寂、八十三歳〕著『帰命本願鈔《きみやうほんぐわんせう》』（中）の一節を引用されていて、その中には、「本願にほこりて罪を心やすく思はん人は、始めは、信心のあるに似たりとも、後《のち》には、助け給への心もなくなるべし。よく〳〵用意あるべき事をや」とある。向阿は、かかる人々を「さて〳〵、このごろの学生たちの中に、かく、罪人を捨てぬ本願の心やすき事を申し立てんとて、罪をはばかるまじきやうに言ひなさるる人多し」と述べてあるのは、「学生たち」を問題にしていて、示唆されることが多いと思われる。浄土宗西山派の光雲明秀著『浄土愚《じやうどぐ》要鈔《えうせう》』(寛正二年(一四六一)成立)には、「時ニ知ルベシ。今生ニ願力不思議ノ正法ニ遇フコトハ、過去生生ノ戒力ノ重恩ナリ。尤モ戒恩ヲ報ズベシ。(中略)サモナキ常様ノ人ノ義トシテ、念仏ノ行者ハ戒相ヲ守ルベカラズト云ハンハ、例式ノ本願誇リナルベシ。早ク耳ヲアラヒ、目ヲフサギテ、速カニ遠離スベシ」(大正新脩大蔵経第八十三巻五六八ページ中)とある。『帰命本願鈔』とともに、浄土宗内で言われた言葉であることが注意される。『歎異抄私記』には、「今コノ段ニキラフトコロハ、本願不思議ヲ信スル行者タリトイフトモ、ミツカラ三業ノ悪ヲ制《セイ》シテ念仏セハ往生スヘシ。三業ノ悪ヲ制セサラン念仏者ハ、本願ニホコル邪見ノ人ナレハ、往生スヘカラストイフナリ。コノ条、他力本願ノ正意ヲコヽロエス、自力《ジリキ》ノ執心《シフシム》タヘサルユヘニ、カクノコトクイヘルナルヘシ。(中略)今コノ段ニキラフコヽロハ、本願他力ヲ信ストモ、悪業ヲツヽシマヌヒトハ本願ニホコリ、往生モ不定ナリト決定スル人ヲ誡ムルナリ」とある。「叶ふ」は、願いや望みを達成する、願ったことが成就する。「べかり」は、可能。

○本願を疑ひ、善悪の宿業を心得ざるなり　底本には、「本願ヲウタカフ善悪ノ宿業ヲコヽロエサルナリ」とあるが、これでは、「ウタカフ」が「善悪ノ宿業」に係ってしまって、文脈上、意味が通らぬので、異本により、「疑ひ」と訂正した。なぜ、本願を疑うことになるかは、下に書かれている。「善悪の宿業」は、この世において、善事をなし、悪事を犯すことの原因となる、前世における善悪の一切の行い。「心得」は、会得する、了解する。

○宿善の催す故なり　「宿善」の「宿」は、すぐ前に「宿業」とあったのと同じく、前世の、前世からの。「催す」は、うながす、誘う、かき立てる。「故なり」は、ためである、からである。　**○悪事の思はれ、せらるるも、**

悪業の計ふ故なり　「思はれ」の「れ」は、自発の助動詞で、おのずからそうなるの意。「せらるる」の「らるる」も、自発の助動詞。「せらるる」は、自然に行うようになる。「悪業」は、わるい行いの意であるが、前の「宿善」に対して、「宿悪」ともあるべき所である。「計ふ」は、企てる。『十訓抄《じゅっきんせう》』巻七、「徽宗《きそう》皇帝ノ事」に、「人々寄り合ひて、さるべき遊びなどせむには、たとひ、身に取りて、安からず、口惜しき事にあひたりとも、構へて、其の日の障りあらせじと計ふべきなり」の例がある。　**○卯毛・羊毛の尖に居る塵ばかりも造る罪の、宿業にあらずといふことなし**　「卯毛・羊毛」は、底本に、「卯毛羊毛《ウモウヤウモウ》」とあるが、「卯」の音は、漢音バウ、呉音メウであって、ウではない。ウモウでは訓ウと音モウとの混合読み（いわゆる湯桶《ゆとう》読み）となるが、かかる読み方はまだ見いだされていない。「卯」は、十二支ではうさぎ（兎）に当り、その古名をウと言い、ここではうさぎに宛てているが、ウノケ（兎の毛）の語が生じて、物事の微小なものの喩《たと》えとなったので、ここにも、それからの連想で誤ってかく振り仮名を施したのであろう。従って、ここは、バウモウ、メウモウではなく、龍谷大学本の如く、ウノケと読み、「羊毛」も、ヤウモウではなくて、ヒツジノケと読むべきことになると思われる。あるいは、「卯《ウ》毛《モウ》」と振り仮名したのは、羽毛《ウモウ》（鳥の羽《はね》）からの安易な連想からかも知れない。出典としては、『法苑珠林《ほふをんじゆりん》』巻第三「身量部第六」に、「依雑心論云、七極微塵、成一阿耨池上塵。彼是最細。（中略）七阿耨塵、為銅上塵。七銅上塵、為水上塵。七水上塵、為兎毫上塵。七兎毫上塵、為一羊毛上塵。（下略）」（『雑心論《ザフシンロン》』ニ依《ヨ》レバ、云ハク、「七極微《シチゴクミ》ノ塵、一阿耨池上《アノクチジヤウ》ノ塵ト成ル。彼ハ、是レ、最モ細ヤカナリ。（中略）七阿耨ノ塵、銅上ノ塵ト為《ナ》ル。七銅上ノ塵、水上ノ塵ト為ル。七水上ノ塵、兎毫上《ジヤウ》ノ塵ト為ル。七兎毫《トゴウ》上ノ塵、一羊毛上ノ塵ト為ル」（下略））が挙げられる。「居る」は、とまる、ある物の上に存在する。『蜻蛉日記《かげろふにっき》』上の康保三年の条に、心細うてながむるほどに、出《い》でし日使ひし泔坏《ゆするつき》の水は、さながらありけり。上に塵ゐてあり」とある。「塵ばかり」は、塵ほど、塵ぐらい。「造る罪」は、「造罪《ぞうざい》」という漢語に由る。「宿業にあらず」は、「宿業ならず」と同じで、宿業でない。

○と候ひき　第十二章には、「とこそ候ひしか」とあったが、ここでは、とございました、とありました、の意。

また、或時《あるとき》、「唯円房《ゆいゑんばう》は、我が言ふことをば信ずるか」と仰《おほ》せの候《さうら》ひし間《あひだ》、「さん候《ざうら》ふ」と申《まう》し候《さうら》ひしかば、「さらば、言はんこと違《たが》ふまじきか」と重《かさ》ねて仰せの(1)候ひし間、慎《つつし》んで領状《りやうじやう》申して候ひしかば、「例《たと》へば、(2)人《ひと》、千人殺《せんにんころ》してんや。しからば、往生《わうじやう》は一定《いちぢやう》すべし」と仰《おほ》せ候ひし時、「仰せにては(3)候へども、一人《いちにん》も、この身《み》の器量《きりやう》にては、殺しつべしとも覚《おぼ》えず候ふ」と申して候ひしかば、「さては、いかに、親鸞《しんらん》が言ふことを違《たが》ふまじきとは言ふぞ」と。「これにて知るべし。何事《なにごと》も心《こころ》に任《まか》せたることならば、往生のために、千人殺せと言はんに、即《すなは》ち殺すべし。しかれども、一人《いちにん》にても、叶《かな》ひぬべき業縁《ごふえん》なきによりて、害《がい》せざるなり。我《わ》が心の善《よ》くて、殺さぬにはあらず。また、害《がい》せじと思ふとも、百人《ひやくにん》・千人《せんにん》を殺すこともあるべし」と仰《おほ》せの候《さうら》(4)ひしかば、我等(5)が、心の善《よ》きをば善《よ》しと思ひ、悪《あ》しき事をば悪しと思ひて、願《ぐわん》の不思議《ふしぎ》にて助《たす》け給《たま》ふといふことを知らざることを、仰《おほ》せの候《さうら》ひしなり。

（1）オホセノ。サフラヒシ（底）オホセサフラヒシ（龍）。（2）ヒト（底）ヒトヲ。（端・毫・光・妙・龍・端別）。（3）

ニテハ。(底) ニテ (龍・端別)。(4) シカハ。(底) シハ (端・毫・光・妙・端別)。(5) ワレラカ。(底) ワレラ (龍)。

〔口訳〕

その外にまた、或時には、親鸞聖人から「唯円房は、私《わたし》の言うことをば信ずるか」というお言葉がございましたので、「その通りでございます」と申しましたところ、「それなら、私がこれから言うことに背《そむ》くまいか」と、もう一度お言葉がございましたので、かしこまって承知致しましたところ、「まず、人を千人殺してくれないか。そうするなら、往生は確定するだろう」とおっしゃいました時に、「お言葉ではございますが、人ひとりも、この私自身の能力では、きっと殺すことができるとも思われません」と申し上げましたところ、「それでは、どうして、この親鸞が言うことに背くまいとは言うのか」と言われた。そして、さらに続けて、「これでわかるであろう。どんな事も自分の思い通りになることであるなら、往生のために、『千人殺せ』とわたしが言う時に、唯円房は即座に殺すことができるのだ。しかしながら、それに相応するはずの因縁が存しないことによって、一人でも殺さないのだ。『千人殺せ』と言われた時に、その際の自分の心が善いことから、一人でも殺さないのではないのだ。それからまた、殺すまいと思っても、業縁が存するならば、百人・千人を殺すこともあるだろう」というお言葉がございましたが、それは、私どもが、自分の心が善い心であることが往生のために善いことだと思い、自分の心が悪い心であることが往生のために悪いことだと思いこんでいて、本願の絶大な、不思議な力で私どもをお助けになるということがわかっていないことについて、お言葉がございましたのです。

〔注釈〕 **○また** この副詞は、「故聖人の仰せには、『……と知るべし』と候ひき」という親鸞の語がすぐ前にあるのに、重ねて、親鸞の語を引用することを読者に断るために置かれたものである。 **○「唯円房は、我が言ふことをば信ずるか」と仰せの候ひし間** 「唯円房」の「房」は、「唯円」(『歎異抄』の著者の法諱《ほうき》)の下につけて、敬意を表す接尾辞。ただし、法然房源空(法然上人)、善信房綽空(親鸞が法然門下にいた時の房号)の如きは、それぞれ、源空・綽空を出家得度後の法諱とし、法然房・善信房は、それとは別につけた僧名で、房号《ぼうごう》という。法然門下には、外に、「後記」に出てくる、勢観房源智・念仏房念阿などがいた。「房」または「坊」は、元来、僧侶の住む家居のことであるが、それが転じて、房号として独立し、他人がその人を呼ぶとき、法諱を避けて房号を以てするようになった。一種の敬称と考えてよい。しかし、「唯円房」は、この房号ではないことが注意される。唯円は正式の僧侶(沙弥戒の上に具足戒を受けた、正式の比丘)とは考えられないので、即ち在家の沙弥《しゃみ》たる存在であったので、房号はなく、そこで沙弥戒だけを受けた時つけられた法諱の下にこの「房」を仮りにつけて、敬称として呼ばれたものと思われる。『徒然草』の著者、卜部兼好《うらべのかねよし》も出家して兼好《けんこう》という法諱を付せられ、他人からは兼好御房《ごぼう》と言われた。『徒然草』第八十七段には、「具覚房とて、なまめきたる遁世の僧」が出てくるが、これも兼好と同じ遁世者であり、在家の沙弥である。正式の比丘の法諱の上に付けられた房号と、遁世者の法諱の下につけられた「房」との区別を知らなくてはならないと思う。「仰せの候ひし間」は、お言葉がございましたので。「間」は。接続助詞のように使われて、原因や理由を示す。……によって、……の故に、……ので。今もこの意味で、候文《そうろうぶん》の中に使われているが、鎌倉時代には、文書語として使用されていた。『日ポ』に、「例、Mairi sŏro aida.[,] mŏxi qeru aida.(参り候間、または、申しける間) 私が行ったので、または、私が言ったので」という用例がある。 **○さん候ふ** これをサンゾウロウと読むことは、軍記や謡曲では普通に行われている。例えば、『平家物語』巻九「宇治川先陣」には、「(畠山重忠)あがらんとすれば、うしろに物こそむずとひかへたれ。『誰《た》そ』

と問へば、『重親《しげちか》』と答ふ。『いかに大串《おほくし》か』『さん候ふ』。大串次郎は、畠山には烏帽子《ゑぼし》子《ご》にてぞありける」、同巻九「一二の懸《かけ》」には、「熊谷（次郎直実）は、馬の太腹《ふとはら》射させて、はぬれば、足を越《こ》いて下り立ちたり。子息の小次郎直家も、（中略）弓手《ゆんで》の腕《かひな》を射させて馬よりとびおり、父と並んで立ったりけり。『いかに小次郎、手負《てお》うたか』『さん候ふ』『つねに鎧《よろひ》づきせよ。うらかすな。しころをかたぶけよ。内兜《うちかぶと》射さすな』とぞ教へける」とあり、謡曲の『海士《あま》』には、「ワキ詞『いかに、是なる女、おことは此の浦の海士にてある』シテ詞『さん候、此の浦のかづきの海士にて候』」、『嵐山《あらしやま》』に、「ワキ詞『不思議やな。これなる老人を見れば、花に向ひ、渇仰《かつがう》の気色《けしき》見えたり。おことはいかなる人やらん』シテ『さん候。これは嵐山の花守にて候』」、『熊野《ゆや》』に、「シテ『何と早《はや》、御《ご》酒宴《しゆえん》の始まりたると申すか』ワキツレ『さん候』シテ『さらば参《まゐ》らうずるにて候』」等々の例がある。これは、「さにあり」の丁寧表現である「さに候ふ」が音便で「さん候ふ」と変化した語で、そうです、さようでございます、その通りです、の意であって、歌舞伎の台詞《せりふ》にも使われている。従来のサンソウロウの読みは改むべきである。

○さらば、言はんこと違ふまじきか　「さらば」は、それなら。「言はんこと」は、わたくしのこれから言おうとすること。「違ふ」は、背《そむ》く、違反する。「まじ」は、否定の推量で、……まい、……ないつもりだ。**○領状**　仰せを承諾して受け入れること、承知すること。「領承」とも書く。『名語記《みやうごき》』巻九には、「ウナツク如何。ウナハウ(項)ナシノ心也。ツクハ突也。領状ノ時ハウナシヲツク也」とある。また、『日ポ』には、「Riŏjŏ. リャゥジャゥ（領掌）すなわち、Vqegŏ.（肯ふ）同意すること。例、Riŏjŏ suru.（領掌する）」とある。掌は、状・承と同じ。**○例へば、人、千人殺してんや。しからば、往生は一定すべし**　「例へば」は、話の発端《ほつたん》を示す語で、先《ま》ず、の意。（多屋頼俊著『歎異抄新註』による）多屋氏は、『平家物語』巻三「無文《むもん》」から、「（重盛公の）去る四月七日の夢に見給ひける事こそ不思議なれ。譬へば、何《いづ》くとも知らぬ浜路を、遥々《はるばる》と歩み行き給ふ程に……」、同巻六「入道死去」から、「入道相国《にふだうしやうこく》の北《きた》の方《かた》、二位《にゐ》殿《どの》の夢に見給ひける事こそ恐しけれ。譬へば、猛火《まうくわ》の夥《おびただし》う燃えたる車を門内《もんない》へ遣入《やりいれ》たり……」、同巻八「緒環《をだまき》」から、「彼維義《かのこれよし》（緒方三郎）は、怖しき者の末《すゑ》なりけり。譬へば、豊後《ぶんご》の片山里に、昔、女ありけり。……」を引用されている。「殺してんや」の「てんや」は、相手に向って、婉曲な要求、または、軽い命令をする場合に用いられ、……してくれないか、して下さいませんか、の意。『竹取物語』に、「翁、かぐや姫にいふやう、『わが子の仏《ほとけ》、変化《へんぐゑ》の人と申しながら、ここら大きさまで養ひ奉る志、おろかならず。翁の申さむ事は、聞き給ひてむや』と言へば」、『宇治拾遺物語』巻一「易《えき》の占《うらなひ》して、金取出《とりいだ》す事」に、「旅人の宿《やど》求めけるに、大きやかなる家のあばれたるがありけるに、『や』とよりて、『ここに宿し給ひてんや』といへば」の例がある。「しからば」は、第二章に既出、それなら、そうすれば。　**○仰せにては候へども、一人も、この身の器量にては、殺しつべしとも覚えず候ふ**　二つの「にては」は、では。「この身」は、わが身、わたくし自身。「器量」は、物事をやりとげるほどの才能・能力・力量。「殺しつべし」は、可能の助動詞「べし」に「つ」を加えて、意味を強めている。「覚ゆ」は、自然に思われてくる、おのずと感じられる。

○「さては、いかに、親鸞が言ふことを違ふまじきとは言ふぞ」と　「さては」は、それなら、そういうことなら、それでは。「いかに」は、第十二章に既出、どうして、どういうわけで、なぜ。「違ふまじき」は、前に「さらば、言はんこと違ふまじきか」とあったのを受けて、その「違ふまじき」を取り出し、引用の「と」で受けた形。「言ふぞ」の「ぞ」は、活用語の連体形に付き、上の疑問を表す「いかに」を受けて強調し、聞き手に働きかける助詞。終りの「と」は、引用の「と」であるが、ここで一度切れている。そして続いて、「これにて知るべし」以下を続けてゆくのである。多屋氏は、『歎異抄新註』に、「と仰せられ、又語をつぎ給ひて」という程の語句を補って見るがよいと記されている。

○これにて知るべし　この「知る」は、わかる、了解する。　**○何事も心に任せたることならば、往生のために、千人殺せと言はんに、即ち殺すべし**　「心に任す」は、自分の思い通りになる、自分の思うように事が運ぶ。『大鏡』巻三に、「殿は成らせ給はずとも、人わろく思ひ申すべきにあらず。後々にも御心に任せさせ給へり」の例がある。また、『末燈鈔』二十には、「煩悩具足の身なればとて、心に任せて、身にもすまじきことをも許し、口にも言ふまじきことをも許し、心にも思ふまじきことをも許して、いかにも、心のままにてあるべしと申し合うて候ふらんこそ、返すぐ不便《ふびん》におぼえ候へ」と親鸞は書いている。「言はんに」の「に」は、時、折、場合を表す助詞。「即ち」は、すぐに、即座に。**○しかれども、一人にても、叶ひぬべき業縁なきによりて、害せざるなり**「しかれども」は、第四章に既出。「一人にても」は、一人でも。下の「害せざるなり」に続く。「叶ふ」は、第六章及び本章の初めに既出、適合する、相応する。「ぬべき」は、「ぬ」を加えて、当然の意の「べき」の意味を強調している。「業縁」は、仏語で、将来に、苦・楽の報いを招く因縁となる、善・悪の行為。「害す」は、殺す。**○我が心の善くて、殺さぬにはあらず** 人間の行動は、すべて、業縁の支配下にあるのであって、「千人殺せ」と言われた時に、その時の自分の心が善であるから、一人でも殺さないのではない、の意。「善くて」は、善いので。**○我等が、心の善きをば善しと思ひ、悪しきをば悪しと思ひて** この叙述は、往生を願う立場を問題にしているのであって、わたしたちが、自分の心が善い心であることが往生のためには善いことだと思い、自分の心が悪い心であることは往生のためには悪いことだと思って、の意。人間の心の善悪を基準にして、往生のための善悪のこととしようとすることを、かく言っているのである。**○願の不思議にて助け給ふといふことを知らざることを、仰せの候ひしなり**「願」は、本章の冒頭の「本願」。「不思議」については、その箇所で既述した。「といふこと」は、というわけ。「仰せの候ひしなり」の「仰せ」は、動詞「仰す」の連用形「仰せ」が、「知らざることを仰せ」（動詞）と「仰せの候ひしなり」（名詞）という、二つの意味を懸《か》けた形と考えられる。『竹取物語』に、「玉の枝取りになむ罷《まか》る」、『伊勢物語』に、「いざ、この山の上にありといふ布引の滝見に登らむ」の例がある。

そのかみ、邪見《じやけん》に堕《お》ちたる人(1)あつて、悪《あく》を造《つく》りたる者を助けんといふ願《ぐわん》にてましませばとて、わざと、好《この》みて悪を(2)造《つく》りて、往生《わうじやう》の業《ごふ》とすべき由《よし》を言ひて、やうやうに、悪《あ》し様《ざま》なる事《こと》の聞《きこ》え候《さうら》ひし時、御消息《ごせうそく》に、「薬《くすり》あればとて、毒《どく》を好《この》むべからず」と(3)あそばされて候ふは、かの(4)邪執《じやしふ》を止《や》めんがためなり。全《まつた》く、悪《あく》は往生の障《さは》りたるべしとにはあらず。「持《ぢ》戒《かい》・持律《ぢりつ》にてのみ本願《ほんぐわん》を信《しん》ずべくは、我等《われら》、いかでか、生死《しやうじ》を離《はな》るべきや」と。かかる、あさましき身《み》も、本願《ほんぐわん》にあひ奉《たてまつ》りてこそ、げにほこられ候へ。さればとて、身《み》に具《そな》へざらん悪業《あくごふ》は、よも造《つく》られ候《さうら》はじものを。

また、「海河《うみかは》に網《あみ》を曳《ひ》き、釣《つり》をして、世《よ》を渡《わた》る者も、野山《のやま》に(5)獣《しし》を狩《か》り、鳥《とり》を捕《と》りて、命《いのち》を継《つ》ぐ輩《ともがら》も、(6)商《あきな》ひをし、(7)田畠《でんばく》を作《つく》りて過《す》ぐる人も、ただ同じことなり」と、「さるべき業縁《ごふえん》の(8)催《もよほ》さば、いかなる振舞《ふるまひ》もすべし」とこそ、聖人《しやうにん》は仰《おほ》せ候《さうら》ひしに、当時《たうじ》は、後世者《ごせしや》ぶりして、善《よ》からん者ばかり念仏《ねんぶつ》申すべき様《やう》に、或ひは道場《だうぢやう》に(9)張文《はりぶみ》をして、何々《なんなん》の事《こと》したらん者をば、道場へ入《い》るべからずなんどと言ふこと、偏《ひと》へに、賢善《けんぜん》・精進《しやうじん》の相《さう》を外《ほか》に示《しめ》して、(10)内《うち》には虚仮《こけ》を抱《いだ》ける者か。

願《ぐわん》にほこりて造《つく》らん罪《つみ》も、宿業《しゆくごふ》の催《もよほ》す故《ゆゑ》なり。されば、善《よ》きことも、悪《あ》しきことも、業《ごふ》報《ほう》にさし任《まか》せて、偏《ひと》へに、本願《ほんぐわん》を頼《たの》み参《まゐ》らすればこそ、他力《たりき》にては候《さうら》へ。『唯信鈔《ゆいしんせう》』にも、「弥陀《みだ》、いかばかりの力《ちから》ましますと知りてか、罪業《さいごふ》の(11)身《み》なれば救《すく》はれ難《がた》しと思ふべき」と候ふぞかし。本願にほこる心のあらんにつけてこそ、他力を頼《たの》む信心《しんじん》も決定《けつぢやう》しぬべきことにて候《さうら》へ。

(1) アテ(底)アリテ(龍)。(2) ツクリテ(底)ツクリ(端別)。(3) アソハサレテサフラフハ(底)アソハサレサフラフハ(妙)。(4) 邪執(底)邪見《執イ》(毫)邪執《シヤシフ》(妙・龍・端別)。(5) シヽ(底)鹿《シカ》(龍)。(6) アキナヰヲシ(底)アキナヰモシ(端・光・妙・龍・端別)アキナヰモシ(毫)。(7) 田畠(底)田畠《タハタケ》(妙)田畠《テンハク》(龍・端別)。(8) モヨホサハ(底)モヨホセハ(端・毫・光・妙・龍・端別)。(9) ワリフミ(底)ハリフミ(端・毫・光・妙・龍・端別)。(10) ウチニハ(底)ウチニ(龍)。(11) ミ(底)身(端・毫・光)身《ミ》(妙・龍・端別)。

〔口訳〕

親鸞聖人御在世のその昔、邪見に陥《おちい》っている人がいて、悪いことを仕出《しで》かした者を救おうという、弥陀の本願であらせられるからと言って、故意《こい》に、好《す》きこのんで悪事を働いて、それを往生のための行いとしなくてはならないということを言って、だんだんに、悪い風《ふう》のうわさがありました時に、御手紙に、「薬があるからといって、毒を好きこのんで飲んではならない」とお書きになりましたのは、あの、正法に違反する、不正の見解への執着を中止させようとするためである。悪事は往生の妨げであるはずだと、決して、親鸞聖人は言われたのではない。「戒律をたもって善い生活をすることによるだけで、弥陀の本願を信ずることができるならば、わたしどもは、どうして、生れかわり、死にかわる、迷いの境地から脱《のが》れられようか」と、聖人は仰せられました。このような、ひどく情ない、わが身も、本願に対し奉ってこそ、真実に、ほこらしげに振《ふる》舞うようになるものです。だからといって、身に付けていない悪い行いは、まさか、自然に仕出かすようにはなるまいものでありますなあ。

また、「海や河に、網を曳《ひ》いたり、釣りをしたりして、生活を営む者も、野や山に、獣類を探し出して捕《とら》えたり、鳥をつかまえたりして、生き続ける者も、商売をしたり、田畑《たはた》を耕作したりして、生計を立てる者も、次の点に関しては、全く同じことなのだ」と言われた。さらに語を継いで、「しかるべき、行《おこな》いの因縁がせき立てるならば、どのような行いもするであろう」と、親鸞聖人は仰せになりましたのに、当今は、浄土への往生を期《き》する者らしく振舞って、善いことをする者だけが念仏を申してよいように、ある場合には、道場に貼文《はりぶみ》を掲《かか》げて、「これこれの事を仕出かすような者をば、道場へ入れてはならぬ」などということは、ひたすらに、賢明で善事を行い、仏道修行に専念して励む様子を表面《うわべ》に示しているが、心の中には、うそ・いつわりの思いを持ち続けている者なのではないか。

弥陀の本願につけ上り、増長しながら仕出かす罪も、前世の行いがせき立てるからである。それで、善事をすることも、悪事をすることも、前世の行いの報いのままに任《まか》せて、ただただ、本願をお頼り申し上げればこそ、他力なのであります。あの『唯信鈔』の中にも、「弥陀は、どれほどの力がお有りになるのかをわかっていながら、罪となる行いを犯《おか》した身であるから救われ難《がた》いと思うのであろうか」とあるのですぞ。弥陀の本願につけ上り、増長する心持ちのあるのにつけてこそ、弥陀の他力を頼る信心もきっと確実なものになるはずのことであります。

〔注釈〕 **○そのかみ、邪見に落ちたる人あつて** 「そのかみ」は、その昔、往昔、往時。師の親鸞の在世のころを指す。「邪見」は、仏法の、善悪の因果必然の理法を無視する妄見《もうけん》。五見の中の一、及び十悪の中の一。正見に対する。この「邪見に落ちたる人」の例としては、『末燈鈔』の十六に、「なによりも、聖教のをしへをもしらず、また、浄土宗《じやうどしゆ》のまことのそこをもしらずして、不可思議の放逸無慚《はういつむざん》のものどものなかに、悪はおもふさまにふるまふべしとおほせられさうらふなるこそ、かへすぐ\あるべくもさうらはず。北の郡《こほり》にありし善証房といひしものに、つひにあひむつるることなくてやみにしをばみざりけるにや」とあるのが挙げられる。「あつて」は、底本は「アテ」。 **○悪を造りたる者を助けんといふ願にてましませばとて、わざと、好みて悪を造りて、往生の業とすべき由を言ひて** この「悪を造りたる者を助けんといふ願にてましませば」は、第一章に、「罪悪深重・煩悩熾盛の衆生を助けんがための願にまします」とあり、「悪をも恐るべからず、弥陀の本願を妨ぐる程の悪なき故に」とあるのを始めとして、第三章にも、「善人なほもつて往生を遂ぐ。況んや、悪人をや」「願を起し給ふ本意、悪人成仏のためなれば、他力を頼み奉る悪人、もつとも、往生の正因なり」とあって、悪人を往生の正因・正機とすることは、確かに、強く説かれている。「ましませばとて」は、あらせられるからと言って。「わざと」は、故意《こい》に、わざわざ。現在、する必要もないのに、ある意図や意識をもって事を行うさまをいう。下の「造りて」にかかる副詞。「好む」は、特にある事を欲する、特にしたいと思う、望みを起す。「往生の業」は、往生のためになすしわざ、はたらき、行為。「すべき由」は、しなくてはならぬというわけ。 **○やうやうに、悪し様なる事の聞え候ひし時** 「やうやうに」は、時がたつにつれて、おいおいに、だんだんと。「様々に」と字を宛てて、いろいろと、さまざまに、と解する説もある。「悪し様」は、悪い風、よろしくない様子。「事の聞え」は、ある事についてのうわさ、評判。「候ひし時」は、「ありし時」の丁寧語、ありました時に。 **○御消息に、「薬あればとて、毒を好むべからず」とあそばされて候ふは、かの邪執を止めんがためなり** 「御消息」は、親鸞聖人の御手紙、御書簡。晩年に京都に帰った親鸞は、常陸《ひたち》の国を中心に散在する、別れて来た、多くの弟子たちに、沢山の書簡を書いて送り、それらは保存、編集されて、『親鸞聖人御《ご》消息集《せうそくしふ》（広本《くわうほん》）』『御消息集（善性本《ぜんしやうぼん》）』『親鸞聖人血脈文集《けちみやくもんじふ》』『末燈鈔《まつとうせう》』『親鸞聖人御消息集（略本《りやくほん》）』などとして残り、外に、専修寺《せんじゆじ》・西本願寺・東本願寺蔵の宗祖御真跡十一通と、専修寺蔵の顕智《けんち》書写本《しよしやぼん》四通が存する。ここでいう「御消息」は、『末燈鈔』二十にある、「建長《けんちやう》四年二月廿四日」の日付のある書簡で、中に、「薬あり、毒を好めと候ふらん事は、あるべくも候はずとこそ覚《おぼ》え候ふ」という一節があって、「薬」を弥陀の誓願、「毒」を貪欲《とんよく》・瞋恚《しんい》・愚痴《ぐち》の三毒に喩えている。「あそばす」は、動詞「す」の尊敬語で、なされるの意。広く、いろいろの物事を「する」意の尊敬語でもある。「あそばされて」の「れ」は、尊敬の助動詞で、ここでは二重の敬語をなしている。『日ポ』に、「Asobasare, uru, eta. アソバサレ、ルル、レタ（遊ばされ、るる、れた）貴人なり、尊敬されている人なりが、読むとか、書くとか、弓を射るとか、何事かをなさる。例、（中略）Fumiuo asobasaruru.（文を遊ばさるる）手紙をお書きになる」とある。ここでは、お書きになるの意。「邪執」は、正法に違反する、不正の見解にとらわれ、執着すること、また、その執念。ここでは、「悪を造りたる者を助けんといふ……往生の業とすべき由」に、みだりに執着することを指す。 **○全く、悪は往生の障りたるべしとにはあらず** 「全く」は、決して。下に打ち消しの語（ここでは、「ず」）がある場合に、この意味になる。「障り」は、第十一章に既出。「障りたるべしとにはあらず」は、妨《さまた》げであるはずだと言うのではない。「とにはあらず」は、「と言ふにはあらず」を略した言い方、第十二章に既出。

○「持戒・持律にてのみ本願を信ずべくは、我等、いかでか、生死を離るべきや」と 「持戒・持律」の「戒」は、仏道に帰入した在家者の守るべき規範・禁制。「律」は、出家者だけに関する禁制として区別するが、「戒律」と熟語をなして、一般に、仏の制し給う禁戒、即ち、仏徒の邪非を防止する禁制を言う。親鸞は、『唯信鈔文意《ゆいしんせうもんい》』に、「『不簡多聞持浄戒《ふけんたもんぢじやうかい》』（注、『五会法事讃《ごゑほふじさん》』からの引用句）といふは、『多聞』は、聖教をひろく、多く、聞き信ずるなり。『持』は、たもつといふ。たもつといふは、ならひ、まなぶこころをうしなはず、ちらさぬなり。『浄戒』は、大乗・小乗のもろ〳〵の戒法、五戒・八戒・十善戒、小乗の具足戒、三千の威儀、六万の斎行、大乗の一心金剛戒法戒・三聚浄戒・梵網の五十八戒等、すべて、道俗の戒品、これらをたもつを持といふ。これらの戒品をやぶるを破といふなり。さま〴〵の、大小の戒品をたもてる、いみじきひと〴〵も、他力真実の信心をえてのちに、真実の報土には往生をとぐるなり。みづからの、おの〳〵の戒善、おの〳〵の自力の信、自力の善にては、真実の報土にはむまれずとしるべし」と、戒について述べている。「にてのみ」は、よってだけで。「信ずべくは」は、信ずることができるならば。「いかでか」は、反語の意を表し、どうして……できようか、どうして……しようか。「生死を離る」は、第十二章に既出。「べきや」は、できようか。ここに、「べきやと」とあるので、この「持戒・持律にてのみ……生死を離るべきや」までが、親鸞の言葉である。

○かかる、あさましき身も、本願にあひ奉りてこそ、げにほこられ候へ　「あさまし」は、ひどく情ない、嘆かわしい。「身」は、わが身、自分自身。「本願にあひ奉りてこそ」の「あふ」は、対する、向う。「あひ奉りてこそ」は、（本願に）お向い申し上げてこそ、言い換えれば、弥陀の本願の不思議な力を示されるお言葉に接し申し上げてこそ。「げに」は、ほんとうに、実際に、真実に、言葉通りに。「ほこられ候へ」の「れ」は、自発の助動詞で、この句は、自然に、ほこらしげに振舞うようになるのです、の意。

○さればとて、身に具へざらん悪業は、よも造られ候はじものを　「さればとて」は、だからといって、そうではあるが、にもかかわらず。「身に具ふ」は、わが身に具足している、自分が充分に自身につけ保っている。「悪業」は、悪い行為。「よも」は下に、否定的推量の助動詞「じ」を伴って、まさか、万が一にも、よもや。「造られ候はじ」は、自然に悪い行為を造るようにはなりますまい。「れ」は自発の助動詞。「ものを」は、名詞「もの」に間投助詞「を」のついてできたもので、文末において、活用語の連体形を受けて、ここでは、詠嘆の意を表す。

○また　この章には、親鸞の遺語が何回も引かれているのであるが、ここにまた、更につけ加える、という唯円の気持が、この副詞に出ている。　**○海河に網を曳き、釣をして、世を渡る者も**　漁夫を職業としている人たちをかく表している。「世を渡る」は、くらして行く、生活する、渡世をする、職業・生業とする。　**○野山に獣を狩り、鳥を捕りて、命を継ぐ輩も**　「獣」は、その肉《しし》を食用とする獣類の総称。鹿については、か（鹿）のしし、猪については、ゐのししと特に言う。「命を継ぐ」は、命を保ち続ける、生き続ける。「命を繋《つな》ぐ」ともいう。「輩」は、仲間、同類。　**○商ひをし、田畠を作りて過ぐる人も**　「商ひ」は、売り買いすること、商売。「田畠」は、田《た》と畑《はたけ》。『日ポ』に、「Denbacu. デンバク（田畠） Ta fataqe.（田畠）田と畑と。Dẽbacuuo tçucuru.（田畠を作る）畠を耕作する」とある。「畠」は、「白」と「田」を一字にし、「白《はく》」が「畠」の音符となった国字。「作る」は、たがやす、耕作する。「過ぐ」は、暮す、生計を立てる。　**○ただ同じことなり**　「ただ」は、全く、まるで。「同じこと」とは、次に叙述されていることを意味する。　**○「さるべき業縁の催さば、いかなる振舞もすべし」とこそ、聖人は仰せ候ひしに**　「さるべき」は、しかるべき、相応な、ちょうどかなった、そうなるのが当然である。「業縁」は、本章に前出。「催す」も、本章に前出。「振舞」は、行動、行為、行い、しわざ。「すべし」は、するであろう。「べし」は、推量の助動詞。「仰せ候ひしに」の「仰す」は、言ふの尊敬語。「に」は、逆接の接続助詞で、のに、けれど。

○当時は、後世者ぶりして、善からん者ばかり念仏申すべき様に、或ひは道場に張文をして、何々の事したらん

者をば、道場へ入るべからずなんどと言ふこと　「当時」は、現今、ただ今。第十二章に既出。「後世者ぶり」は、後世者（次に生れる世に、浄土への往生を願い求める人）らしく振舞うこと、後世者らしく行動すること。後世人《ごせにん》・後世者《ごせもの》の称もあった。「後世」は、仏教において、前生《ぜんしやう》（過去世）と今生《こんじやう》（現在世）とに対比して、来世《らいせ》・来生《らいしやう》・後世・のちの世（未来世《みらいせ》）をいう。法然上人の「或人のもとへつかはす御消息」に、「又、後世者とおぼしき人の申すげに候ふは、まづ、正念に住して、念仏申さん時に、仏来迎《らいかう》し給ふべしと申すげに候へど……」、『一言芳談《いちごんはうだん》』に、「後世者といふものは、木をこり、水をくめども、後世をおもふものの、木こり、水をくむにてあるべきなり」、「後世の学問は、後世者にあひてすべき也。非後世者《ひごせしや》の学生《がくしやう》は、人を損ずるがおそろしき也。蛇《じや》の心をば蛇が知るやうに、後世の事をば後世者が知るものなり」、「敬日上人云《きやうじつしやうにんいはく》、遁世に三の口伝《くでん》あり。一には同宿《どうしゆく》、二には同躰《どうてい》なる後世者どもの、庵《いほり》ならべたる所に不レ可レ住《すむべからず》。三には、遁世すればとて、日来《ひごろ》の有様をことくしく不レ可レ改《あらたむべからず》。云々」、その外に、「同人《どうにん》（注、敬仏房《きやうぶつばう》）上洛《じやうらく》の時、覚明房《かくめうばう》・証蓮房《しようれんばう》等語《かた》り申して云《いはく》、むかしの後世者の振舞と、今の後世者の風情《ふぜい》とは、かはりて候ふ也。昔の聖《ひじり》どもの沙汰《さた》しあひて候ひしは、其人《そのひと》は後世をおもふ心のあるか、なきかの躰《てい》にてこそ候ひしか。今は学問し候ふべき器量《きりやう》などのあるを、後世者のさねと申しあひて候也云々。敬仏房云《いはく》、後世者のふりは、大いにあらたまりにけるにこそ」とある。この終りの引用は、本章の「後世者ぶり」を理解する上に参考になると思われる。「道場」は、仏道修行の場所・別堂・寺院をいうが、ここでは、浄土真宗の開宗のころ、庵《いおり》の一室に、阿弥陀仏の名号を書いて掲《かか》げ、信者の人々が集まって、念仏の行をなした家屋をいう。『一言芳談』に、「（乗願上人）又云《いはく》、仏法には、徳をかくす事をば、よき事にいひたれども、ほかに愚《ぐ》を現《げん》ずれば、又、懈怠《けだい》になる失《しつ》あり。たとへば、道場へはいらずして、寝所《ねどころ》にゐて念仏せんとするほどに、しばらくこそあれ、ねぶりならへる所なるがゆゑに、後《のち》には、やがてねいるが如し」とあり、覚如《かくによ》の『改邪鈔《がいじやせう》』第九章には、「……祖《そ》師聖人御《ししやうにんご》在世《ざいせ》のむかし、ねんごろに、一流を面授《めんじゆ》・口決《くけつ》したてまつる御門弟達《ごもんていたち》、堂舎《だうしや》を営作《えいさく》するひとなかりき。ただ、道場をば、少し、人屋《にんをく》に差別《しやべつ》あらせて、小棟《こむね》をあげてつくるべきよしまで御諷《ごふ》諫《かん》ありけり。中古《ちゆうこ》よりこのかた、御遺訓《ごゆいくん》にとほざかるひとぐの世となりて、造寺《ざうじ》・土木《とぼく》のくはたてにおよぶ条、仰せに違《ゐ》する至り、なげきおもふところなり」とある。また、同第十二章には、「一。道場と号《かう》して、簷《のき》をならべ、墻《かき》をへだてたるところにて、各別各別《かくべつく》に会場《ゑぢやう》をしむる事」について、「……しかれども、廃立《はいりふ》の初門《しよもん》にかへりて、いくたびも、為凡《ゐぼん》をさきとして、道場となづけてこれをかまへ、本尊《ほんぞん》を安置《あんぢ》したてまつるにてこそあれ、これは行者集会《ぎやうじやしふゑ》のためなり。一道場《いちだうぢやう》に来集《らいじふ》せんたぐひ、遠近《ゑんきん》ことなれば、来臨《らいりん》の便宜《びんぎ》不同《ふどう》ならんとき、一所《いつしよ》をしめても、ことのわづらひありぬべからんには、あまた所にも道場をかまふべし。しからざらんにおいては、町《ちやう》のうち、さかひのあひだに、面々各々《めんめんかくかく》にこれをかまへて、なんの要《えう》かあらん。あやまつてことしげくなりなば、その失《しつ》ありぬべきもの歟《か》。そのゆゑは、同一念仏无別道故《どういちねんぶつむべつだうこ》なれば、同行は、たがひに、四海《しかい》のうち、みな兄弟《きやうだい》のむつびをなすべきに、かくのごとく、簡別《けんべつ》・隔歴《きやくりやく》せば、おのく確執《かくしふ》のもとゐ、我慢《がまん》の先相《せんさう》たるべきをや。この段祖師の御門弟と号《かう》するともがらのなかに、当時さかんなりと、云々《うんぬん》。祖師聖人の御在世のむかし、かつて、かくのごときはなはだしき御沙汰なしと、まのあたりうけたまはりしことなり。ただ、ことにより、便宜《びんぎ》にしたがひて、わづらひなきを本《ほん》とすべし。いま謳歌《おうか》の説《せつ》においては、もつとも停止《ちやうじ》すべし」とあって、時弊《じへい》を批判していることが注目される。『日ポ』には、「Dôgiŏ. ドゥヂャウ（道場）一向宗（Iccŏxus）の寺」とある。「張文」は、底本には「ワリフミ」とあるが、かかる語を知らない。これは異本により、「ハリフミ」と改むべきであろう。禁止・注意・命令などの条項を紙に記して壁に貼り掲げたもの。『大日本国語辞典』には、『吾妻鏡《かがみ》』の文治《ぶんじ》五年十月一日の条にある、「於多賀国府、郡郷荘園所務事、条条被仰含地頭等、就中不可費国郡等煩士民之由、御旨、及再三。加之被置一紙張文於府廳云々。其状云、『以荘号之威勢、不可押不当之道理、於国中事者、任秀衡・泰衡之先例、可致其沙汰者』（下略）」（多賀《タガ》ノ国府ニ於イテ、郡郷庄園所務ノ事、条々、地頭《ヂトウ》等ニ仰セ含メラル。

就中《ナカンヅク》ニ、国郡等ヲ費《ツヒヤ》シ、土民ヲ煩《ワヅラ》ハス可《ベ》カラザルノ由、御旨、再三ニ及ブ。加之《シカノミナラズ》、一紙ノ張文ヲ府庁ニ置カルト云々。其状ニ云ハク、「荘号ノ威勢ヲ以テ、不当ノ道理ヲ押《オ》ス可カラズ。国中ノ事ニ於イテハ、秀衡《ヒデヒラ》・泰衡《ヤスヒラ》ノ先例ニ任セテ、其ノ沙汰ヲ致ス可シ者《テヘリ》」）と、『東寺文書抄十。エン正元年文書』から「東寺みえい堂にとはり文をつかまつり候へども、披露なく候」との例を引いている。「何々の事したらん者をば、道場へ入るべからず」は、その禁制・禁令を示したもので、「したらん者」は、しでかしたような者。「入る」は、他動詞で、入《い》れる、入場させる。

○偏へに、賢善・精進の相を外に示して、内には虚仮を抱ける者か　「賢善」は、賢明にして善事を実行すること。「精進」は、一意専心に仏道の修行に励むこと。「相」は、外面の様子、ありさま。外相《げさう》ともいう。「外」は、外面、表面、外見、うわべ。「内」は、心の中、胸のうち、心持。「虚仮」は、真実の反対で、うそ・いつわり。親鸞は、『唯信鈔文意《ゆいしんせうもんい》』の初めに、「虚《こ》はむなしといふ。仮《け》はかりなりといふ。虚は実《じつ》ならぬをいふ。仮は真《しん》ならぬをいふなり」と記している。これらの語は、もと、善導《ぜんどう》の『観経疏《くわんぎやうしよ》』の「観経正宗分散善義《くわんぎやうしやうしゆうぶんさんぜんぎ》第四」に、「至誠心《しじやうしん》」を釈して、「不得外現賢善精進之相、内懐虚仮」（外ニ、賢善・精進ノ相《サウ》ヲ現《ゲン》ジ、内ニ虚仮ヲ懐《イダ》クヲ得《エ》ザレ）とあるのに由来しているが、親鸞は、『愚禿鈔』下において、善導の文を「外ニ、賢善精進ノ相ヲ現ズルコトヲ得ザレ。内ニ、虚仮ヲ懐ケレバナリ」と読み改めていることが注目される。この唯円の書いた文章も、親鸞のこの読み方に従っていることが明らかであると言えよう。「抱ける者か」の「か」は、疑問の助詞であるが、「抱いている者なのかなあ」という、詠嘆の意味をも合わせ含んでいる。

○願にほこりて造らん罪も、宿業の催す故なり　この一文には、特に新しく注釈を要する語句はないが、「本願ぼこり」と言われている人々に対して、「造らん罪も」と、仮定的に言っていることが注意される。　**○されば、善きことも、悪しきことも、業報にさし任せて、偏へに、本願を頼み参らすればこそ、他力にては候へ**　「善きこと」「悪しきこと」は、念仏の信者がこの世において為すところの善事と悪事。「業報」は、第七章に既出。人がなす行いから受ける、必然的な報い。そこには、「信心の行者」につき、「罪悪も業報を感ずること能はず、諸善も及ぶことなき故なり」とあった。「さし任す」の「さし」は、語調を整え、意味を強くする接頭語、「任す」は、そのものの本来のなりゆきのままにさせる、自然の勢いのままにさせる。「力に任せて」「足に任せて」「筆に任せて」など、人の行為が、その人自身の意志よりも、自分以上・以外の原因にもとづくものであることを表す。この場合は、それが「業報」であることになる。「本願を頼み参らすればこそ、他力にては候へ」の「頼み参らすればこそ」は、お頼り申し上げればこそ。「他力にては候へ」は、他力ではあるのです。〇『唯信鈔』一巻あって、法然上人の高弟の法印聖覚《ほういんせいかく》の著。他力念仏による往生の要義を述べている。奥書に、「承久三歳仲秋《じょうきうさんさいちゅうしう》中旬第四日《ちゅうじゅんだいしにち》、安居院《あぐゐの》法印聖覚《ほふいんせいかく》作《のさくなり》」とあって、一二二一年八月十四日、法然寂後《じゃくご》九年目に書かれたことが知られる。聖覚は、俗姓《ぞくしょう》は藤原、少納言通憲《みちのり》の孫、澄憲法印《ちょうけんほういん》の子で、出家して、比叡山竹林房《ちくりんぼう》の静厳《じょうごん》に師事し、天台宗の教義に精通し、特に、唱導《しょうどう》（説法）に通達した。後に、京都に入り、洛北の安居院《あぐい》に居住して、妻帯した。ために、「安居院の法印」と称せられた。しばらくして、法然に師事して、浄土教を信受し、以来、浄土教の唱導・教化《きょうけ》に任じ、広く朝野の道俗に感化を及ぼした。文暦《ぶんりやく》二年（一二三五）三月寂、六十九歳。親鸞は、この『唯信鈔』を重んじ、自ら度々書写し、また、その中に引用されている、経釈の諸漢文を和語を以て注釈し、『唯信鈔文意《もんい》』を著わしている。また、「この本願のやうは唯信鈔によく〳〵みえたり」（『尊号真像銘文《そうがうしんざうめいもん》』）、「如来の弘《ぐ》誓《ぜい》をおこしたまへるやうは、この唯信鈔にくはしくあらはせり」（『唯信鈔文意』）、「唯信鈔をよく〳〵御覧《ごらん》さふらふべし」（『御消息集』三）などと、高く評価し、推薦している。

〇「弥陀、**いかばかりの力ましますと知りてか、罪業の身なれば、救はれ難しと思ふべき」と候ふぞかし**　この『唯信鈔』の言葉は、「念仏を申さむには、三心を具すべし」とある中の、「深心」を説いた所に見えているが、そのすぐ前の所から引用すると、「世の人、つねにいはく、『仏の願《ぐわん》を信ぜざるにはあらざれども、わが身のほどをはからふに、罪障《ざいしやう》のつもれることはおほく、善心のおこることはすくなし。こころつねに散乱《さんらん》して、一心《いつしん》をうることかたし。身《み》、とこしなへに懈怠《けだい》にして、精進成《な》ることなし。仏の願ふかしといふとも、いかでか、この身をむかへたまはん』と。このおもひ、まことにかしこきに似たり。憍慢《けうまん》をおこさず、高貢《かうこ》のこころなし。しかはあれども、仏の不思議力《ふしぎりき》をうたがふとがあり。仏、いかばかりの力ましますとしりてか、罪悪のみなれば、すくはれがたしと思ふべき」とあり、「罪悪」とあって、「罪業」とないことが注意される。続いて、「五逆《ごぎやく》の罪人すら、なほ、十念のゆゑに、ふかく、刹那のあひだに往生をとぐ。いはんや、つみ、五逆にいたらず、功、十念にすぎたらんをや。つみふかくは、いよいよ、極楽をねがふべし。『不簡破戒罪根深《ふけんはかいざいこんじん》』といへり。善《ぜん》すくなくは、ますます、弥陀を念ずべし。『三念五念仏来迎《さんねんごねんぶつらいかう》』とのたまへり。むなしく、身を卑下《ひげ》し、こころを怯弱《かうにやく》にして、仏《ぶつ》智不思議《ちふしぎ》をうたがふことなかれ。（下略）」と述べている。「いかばかりの」は、どれほどの、どれくらいの。「まします」は、「有り」の尊敬語で、お有りになる、お持ちになる。「知りてか」の「か」は、疑問の係助詞で、下は「思ふべき」と連体形で結ばれている。「罪業」は、罪悪の原因となる行い・しわざ。なお、底本には、「罪業ノミナレハ」とあり、親鸞真蹟の西本願寺本の『唯信鈔』には、「罪悪《サイアク》ノミナレハ」とあり、専修寺蔵《せんじゆじぞう》ひらがな本にも、「罪悪のみなれは」とあって、「罪悪の身」か、「罪業の身」かが問題になるとともに、「罪悪のみ（身）なれば」か「罪業のみなれば」（「のみ」は「だけ」の意）かも問題になるのであるが、わたくしは、前の場合は、著者唯円が、『唯信鈔』を諳記するまで熟読していたので、この引用も、自己の記憶に頼って、「罪業」と記してしまったのではないかと推測されるし、後の場合は、本章中にある、「この身の器量なれば、殺しつべしとも覚えず候ふ」「かかる、あさましき身も」「身に具へざらん悪業は」等の用例により、「身」の意味に解すべきものと判断した。「思ふべき」は、思うのであろうか、思うのだろうか。「と候ふぞかし」は、第二章に既出。とありますのですぞ。相手に念を押して自己の考えを強く主張し、また、自身で確認する気持を表す。**○本願にほこ**

る心のあらんにつけてこそ、他力を頼む信心も決定しぬべきことにて候へ　「つけてこそ」は、関してこそ。「つく」は、下二段活用の他動詞で、ある物事・状態に関連させる。『古今集』の「仮名序《かなじよ》」に、「心に思ふ事を、見るもの・聞くものにつけて、言ひ出《い》だせるなり」の例がある。「決定」は、第九章に、「これにつけてこそ、いよいよ、大悲・大願は頼もしく、往生は決定と存じ候へ」とあった。ここでは、「決定す」で動詞となっている。確立する、疑念がなくなる。「ぬべき」は、「べき」の強調・強意。その「べき」は、当然。「ことにて候へ」は、ことなのであります。

(1)おほよそ、悪業《あくごふ》・煩悩《ぼんなう》を断《だん》じ尽《つく》して後《のち》、本願《ほんぐわん》を信《しん》ぜんのみぞ、願にほこる思(2)ひもなくて、(3)よかるべきに、煩悩を断じなば、即《すなは》(4)ち仏《ぶつ》に成《な》り、仏のためには、五劫思惟《ごこふしゆゐ》の願《ぐわん》、その詮《せん》なくやましまさん。本願ぼこりと誡《いまし》めらるる人々も、煩悩《ぼんなう》・不浄具足《ふじやうぐそく》せられてこそ候《さうら》(5)うげなれ。それは、(6)願にほこらるるにあらずや。いかなる悪《あく》を本願ぼこりといふ。いかなる悪かほこらぬにて候ふべきぞや。却《かへ》りて、心幼《こころをさな》きことか。

（1）オホ°ヨソ（底）オヨソ（妙）。（2）オモヒモ°ナクテ（底）オモヒナクテ（妙）。（3）ヨカルヘキニ°（底）ヨカルヘキ（毫）。（4）仏ニ°ナリ（底）仏ナリ（龍）。（5）サフラウ°ケナレ（底）サフラヒ°ケ（龍）。（6）願（底）願ニ°（端・毫・光）願《クワン》ニ°（妙・龍・端別）。

〔口訳〕

人が、悪い行いや心の汚れを、全く、完全に断ち切って、その後《あと》に、弥陀の本願を信ずるだけならば、本願に甘えてつけ上《あが》る気持も無くて、よいはずであるのに、心の汚れを完全に断ち切ってしまえば、即座に、悟りに達した仏となるのであって、その現世における成仏した人のためには、法蔵比丘《ほうぞうびく》が限りなく長い、五劫の間に、深く考えをめぐらされて立てられた誓願は、そのかいもないことであらせられようか。一部の信者たちを、あれらは本願ぼこりだといっておいましめになる人たちも、その人自身には、心の汚れも心身の不浄も充分に身におそなえになっております様子に見受けられる。その様子は、本願に対してつけ上り、甘えておられるのではないか。どういう悪い事が本願につけ上り、甘える本願ぼこりというのか。どういう悪い事が、本願ぼこりでなく、つけ上り、甘えない悪い事でありましょうぞ。こういう考えの人たちは、かえって、考えが幼稚なことなのだなあ。

〔注釈〕 **○おほよそ** 強調の辞で、全くの意。下の「断じ尽して」にかかる。本書中のこの語（三例）は、すべて、この意味に使われている。蓮如の『御文章』五に、「夫《それ》、人間の浮生《ふしやう》なる相をつら〳〵観ずるに、おほよそはかなきものは、この世の始中終《しちゆうじゆ》、まぼろしのごとくなる一期《いちご》なり」の例がある。 **○悪業・煩悩を断じ尽して後、本願を信ぜんのみぞ、願にほこる思ひもなくて、よかるべきに** 「断じ尽す」は、完全に断《た》ち切る。この動詞の主語としては、人、あるいはわれらの語が考えられる。「よかるべきに」は、よいはずであるのに。「に」は、逆接を表す接続助詞。 **○煩悩を断じなば、即ち仏に成り、仏のためには、五劫思惟の願、その詮なくやましまさん** 「即ち」は、即座に、即時に、その時すぐに。「仏に成る」は、この現世において、釈尊の如く、迷いを転じて悟りを開き、成仏《じようぶつ》する。「仏のためには」は、現世において成仏した人のためには。「五劫思惟の願」は、『無量寿経』に説かれていることであって、世自在王仏《せじざいおうぶつ》の時、国王が、仏の説法を聞いて、国と王位とを捨て、沙門《しやもん》となり、法蔵《ほうぞう》と号し、無上殊勝の大誓願を発《おこ》して、「五劫を具足して、荘厳仏国《しやうごんぶつこく》の清浄《しやうじやう》の行《ぎやう》を思惟し、摂取《せつしゆ》す」とあることによる。「劫」は、無限に近い、長い時間。それを五倍したのが五劫である。「思惟《しゆい》」は、仏語で、深く考えをめぐらすこと、専心して思いはからうこと。その長い思惟の結果として、四十八の誓願が立てられたという。親鸞は、『教行信証』の「行巻」に、「正信念仏偈《しやうしんねんぶつげ》」を作り、その中に、「法蔵菩薩因位時、在世自在王仏所、覩見諸仏浄土因、国土人天之善悪、建立無上殊勝願、超発希有大弘誓、五劫思惟之摂受」（法蔵《ホフザウ》菩薩《ボサツ》ノ因位《インヰ》ノ時、世自在王仏ノ所《ミモト》ニ在《マシマ》シテ、諸仏ノ浄土ノ因《イン》、国土《コクド》・人天《ニンデン》ノ善悪ヲ覩見《トケン》シテ、無上《ムジヤウ》、殊勝《シユシヤウ》ノ願《グワン》ヲ建立《コンリフ》シ、希有《ケウ》ノ大弘誓《ダイグゼイ》ヲ超発《テウホツ》シタマヘリ。五劫、コレヲ思惟シテ摂受《セフジユ》シタマフ）とある。「その詮」は、そのしるし、そのかい。「なくやましまさん」は、ないことであらせられようか。「や」は、疑問の助詞。 **○本願ぼこりと誡めらるる人々も、煩悩・不浄具足せられてこそ候うげなれ** 「誡む」は、とがめる、抑制する、禁止する、いけないと制止する。「らるる」は、尊敬の助動詞。「不浄」は、心身の清浄でないこと、汚《けが》れていること、また、そのありさま。「具足」は、第三章・第九章・第十一章に既出、充分に身にそなわること。「具足せられて」の「られ」は、尊敬。「候うげなれ」の「げ」は、動詞の連用形に付いて、外見的に判断される状況・様子を表す接尾語。ここでは、「候ひ（連用形）げ」が、ウ音便となって、「候うげ」となった形であって、底本に「サフラウケナレ」とあるのが正しい形である。「候うげなれ」は、おります様子である。 **○それは、願にほこらるるにあらずや** 「それ」は、「煩悩・不浄具足せられて候うげ」を指し、そういう状態・様子の意。「願にほこらるる」は、底本には、「願ホコラルヽ」とあるが、意味が通じないので、諸異本により「願にほこらるる」とした。「願に」は、願に対して。「ほこらるる」の「るる」は、「誡めらるる」「具足せられて」と同じく、尊敬の助動詞。「にあらずや」は、のではないか。　**○いかなる悪を本願ぼこりといふ。いかなる悪かほこらぬにて候ふべきぞや**　「いかなる」は、どんな、どういう。下に、疑問の助詞を伴うのが普通である。『徒然草』の第三十八段に、「いかなるをか智といふべき」、「いかなるをか善といふ」とあるのを参照すれば、ここも、「いかなる悪をか本願ぼこりといふ」とあるべき所である。次の「いかなる悪かほこらぬにて候ふべきぞや」は、「か」が付加されている。それは、「いかなる悪か（本願に）ほこらぬ悪にて」の意に解せられる。「候ふべきぞや」は、ありましょうぞ。「べき」は、推量。「ぞや」は、係助詞「ぞ」に間投助詞「や」が重なり、相手に問いただす意を表す。　**○却りて、心幼きことか**　「却りて」は、案に相違して、かえって、逆に。『徒然草』第二百六段に、「怪《あや》しみを見て怪しまざれば、怪しみ、却りて破《やぶ》る」とある。「心幼し」は、心が幼稚である、考えが浅い。「ことか」は、ことだなあ。「か」は、詠嘆を表す終助詞。

〔解説〕

この章は、弥陀の本願の不思議をひたすら頼みにして、思い上り、悪事を恐れぬ者（これを一部の信者たちが貶《けな》して「本願ぼこり」と言う）は、これもまた、「経釈を読み、学せざる者」と同じく、往生が不可能であるという異義に対する批判の展開であって、第二部八章の中で、最も長い叙述量を示している。

弥陀の本願を信ずるには、念仏以外の「善」を必要とせず、また、本願を妨げる程の「悪」も怖れてはならないというのが、第一章において説かれていたのであるが、これによっても、ほんとうの他力の本願信心は、善と悪という、人間の道徳の世界のことではなく、道徳の基準を越えた絶対者、即ち弥陀の本願を頼り、信じて念仏することに外ならないことが明らかである。ところが、かかる信者仲間、いわゆる「専修念仏の輩《ともがら》」の中には、本願への信心は念仏という行によってのみ保持されるのであるから、人間の犯し易い悪事をば怖れてはならないという親鸞の教えから逸脱して、悪事をする者を助けようという本願なのだからという考えから、進んで、好きこのんでわざと悪事をなす者が現れた。彼等は、本願にほこり、頼って、悪事を悪事として省みない故に、周囲の他の信者たちから、「本願ぼこり」という悪名を付けられてしまったのである。著者唯円は、この「本願ぼこり」を弁護し、彼等を非難から守ろうとして、この一章の批判を展開させているのである。

《解釈》

この一章は、わたくしには、次のように解釈される。

主題

弥陀の本願に頼っていい気になり、悪事を恐れず振舞う、本願ぼこりの人々は往生できぬとする異義の批判。

構想

(一) 弥陀の本願に頼っていい気になり、悪事を恐れず振舞う、本願ぼこりの人々は往生できぬとする異義に認められる、本願への疑いと善悪の宿業への無理解。

(二) 人間の心のなす善悪を規制する宿業を越えて助け給う本願の不思議と、人々がその本願に対することで生ずる、本願にほこる心。

(三) この世の善悪を業報に任せて、ひたすら、本願を頼み、ほこる心に認められる、他力の確立。

（四）本願ぼこりとお誡《いまし》めなされる人々にも認められる、煩悩・不浄の具足と本願にほこる心。

この構想の展開は、（一）においていつものように、異義をやや詳しく挙げた後、かかる異義が発生する、人の心の根柢において、本願を疑うことと、人の善悪を規制する宿業を理解せぬことが理由として存することを指摘している。そして、（二）では、この二つの中の後者、即ち、善悪を規制する業報の支配と、それを越えて助け給う本願力こそ、「本願ぼこり」の拠り所であり、本願にほこる心の生ずる源であることを論定し、（三）では、前者の、この世の善も悪も業報に任せて、ひとえに本願を頼むことから、本願にほこる心が自ら生ずるのであって、それこそ他力を頼む信心の確立を示すことを力説している。この（二）（三）で「本願ぼこり」を弁護した上で、（四）では、以上のしめくくりとして、「本願ぼこり」と非難し、誡められる人々の立場を批判して、その人々にも、煩悩・不浄が具わり、それも本願にほこる心につながるのではないかという、逆の批評を加えて、一章を結んでいるのである。

叙述

〔**弥陀の本願、不思議におはしませばとて、悪を恐れざるは、また、本願ぼこりとて、往生叶ふべからずといふ事。この条、本願を疑ひ、善悪の宿業を心得ざるなり。**〕——第十二章の初めには、「往生不定の由」とあったのに、ここでは、「往生叶ふべからず」という、強い断定が加わっているが、共に、「往生」の不確実や不可能を問題にしているので、著者は、ここに、「また」の語を使っているものと思われる。ここでは、専修念仏を行ずる信者の中で、いかなる悪をなす人間でも救って下さるという「弥陀の本願」の「不思議」な力を頼りにして、人間の犯し易い悪を恐れないでいる、一部の信者たちを「本願ぼこり」と名づけて貶《けな》し、「往生叶ふべからず」という判定をも加えるに至っている異義を挙げている。これに対して、そういう異義は、第一に、「本願を疑ふ」ことであり、第二には、「善悪の宿業を心得ざる」ことであるという、著者唯円の二つの批判を記しているが、以下の批判の展開してゆく順序では、第二を先にし、第一を後にしていることがわかる。この「……心得ざるなり」という断定した言い方は、第十一章の、「返す返すも、心を留めて、思ひ分くべきことなり」に近く、第十二章の「頗る不足言の義と言ひつべし」とはやや異なる立場に立っているように推察される。

〔**善き心の起るも、宿善の催す故なり。悪事の思はれ、せらるるも、悪業の計ふ故なり。**〕――「善き心」の生起するのは、「宿善の催す」結果であり、「悪事」がおのずから思い浮び、それを実行するようになるのも、「悪業」、即ち宿悪の取りなす結果だと言っているのであって、現世の善も悪も、「宿業」を因として、その果として出現するという、因果歴然《れきねん》・因果必然・修因感果《しゆいんかんくわ》等の仏教の道理にもとづく叙述が見いだされる。「善き心の起るも」という自動詞を用いての言い方、「悪事の思はれ、せらるるも」という、自発の助動詞「る」「らる」を用いての言い方、そして、二箇所共に「も」という並列の意の助詞の使い方が、宿業・宿因の規制・支配下にある人間のあらゆる意識と行動との実相に迫る、国語による表現のいみじさを示していることが認められる。「催す」「計ふ」も、国語なるが故の、自然にして微妙な活動をよく言い表していると言えよう。

〔**故聖人の仰せには、「卯毛・羊毛の尖に居る塵ばかりも造る罪の、宿業にあらずといふことなしと知るべし」と候ひき。**〕――第二部における、二回目の親鸞の遺語の引用であるが、それは、人間の犯し易い「罪」、即ち悪業についての所説であって、注釈に記したように、そのもとづく所は、中国の仏書に存するが、ここでは、ウノケ・ヒツジノケという国語に柔らげられ、「……の尖に居る塵ばかりも造る罪の、宿業にあらずといふことなしと知るべし」という和文体となって叙述されているがために、それだけ、「宿業」という仏語が際立って目立つ効果を示しているのである。「塵ばかりも」の中の助詞「も」が果している強意・強調の役割も見落せないものがある。また、「故聖人の仰せには、……と候ひき」という引用の仕方は、第十二章の「故聖人の仰せには、……とこそ候ひしか」とは少しく異なる変化が試みられている。

〔また、或時、「唯円房は、我が言ふことをば信ずるか」と仰せの候ひし間、「さん候ふ」と申し候ひしかば、「さらば、言はんこと違ふまじきか」と、重ねて仰せの候ひし間、慎んで領状申して候ひしかば、「例へば、人、千人殺してんや。しからば、往生は一定すべし」と仰せ候ひし時、「仰せにては候へども、一人も、この身の器量にては、殺しつべしとも覚えず候ふ」と申して候ひしかば、「さては、いかに、親鸞が言ふことを違ふまじきとは言ふぞ」と。〕――第九章では、唯円が平生《へいぜい》の疑問を師の親鸞に問いかけ、親鸞がそれに詳しく答えて、一章が展開していたが、ここでは、まず、親鸞が問いかけて、弟子唯円が答える形式で始まっている。その親鸞の問いは、「唯円房は、我が言ふことをば信ずるか」という、親愛と信頼をこめた、率直な尋ね方であるが、唯円も、実に素直に、「さん候ふ」と答えていて、師弟間の信頼の深さが出ている。ところが、その答えに対して、「『さらば、言はんこと違ふまじきか』と、重ねて仰せの候ひし間」とあって、初めの「我が言ふことをば信ずるか」に対し、「さらば、言はんこと違ふまじきか」という、重ねて唯円の覚悟のほどを確かめている語気には、師の問いが異常なものであることを彼に予感させたに違いない。「慎んで領状申して候ひしかば」とあるのは、彼の恐縮し、緊張して、師の問いかけに対している態度を示している。そして、「例へば、人、千人殺してんや」という、意外な依頼の語と、「しからば、往生は一定すべし」という、これも度胆《どぎも》を抜くような宣言とを聞かされるのであるが、これは、親鸞が唯円の心を試して、その上で、自己の信ずる所を告げ知らせようとする意向の現れに外ならない。この、多量の殺人が往生を確定的にするという師の言葉に驚かされた唯円が、直ちに、「仰せにては候へども」と、まず、反対を表明して、「一人も、この身の器量にては、殺しつべしとも覚えず候ふ」と答えているのは、まだ、師の提出した問題の意味が理解されぬからであって、彼は、人を殺すことを自分の「器量」、即ち、能力・力量のなすことと考えて、かく答えているのである。そこには、唯円の、素直にして、自己に忠実な気持の現れが認められる。しかし、親鸞は、そういう、個人の意識された「器量」を越えた問題を提示しているのであって、それが、「さては、いかに、親鸞が言ふことを違ふまじきとは言ふぞ」という、強く鋭い詰問となって、唯円に迫っているのである。終りの「と」は、話の途中で、一旦中止して、さらに続けてゆく時に用いる助詞である。

〔「**これにて知るべし。何事も心に任せたることならば、往生のために、千人殺せと言はんに、即ち殺すべし。しかれども、一人にても、叶ひぬべき業縁なきによりて、害せざるなり。我が心の善くて殺さぬにはあらず。**」〕――上に交わした問答を「これ」と総括した上に、「知るべし」と、理解を促しているが、その「知る」の対象は、以下の説く所についてである。そして、「何事も心に任せたることならば」と言って、現実のいかなる事実も、自己の「心」、即ち意志で自由になるならば、または、自分の思い通りに進めることができるならば、「往生」という、最高の目的のために、「千人殺せ」と言われる時に、即座に実行するだろうという、仮定的、反現実的事実を挙げている。そうした殺人が、一般に、何故に不可能なのか。親鸞は、これを解明して、「しかれども、一人にても、叶ひぬべき業縁なきによりて、害せざるなり」と言っているのであって、一人の殺害も実行できないのは、それに相応している「業縁」の存しないのによるのであるという。人間は、すべての自己の行為・行動は、わが「心」により可能であると思っているが、実は、その「心」よりも、それを越えた、過去の、身・口・意にわたる「業縁」の決定的な支配下に置かれ、それに衝《つ》き動かされて行為し、行動しているというのが、仏教の所説なのである。親鸞が、続いて、「我が心の善くて殺さぬにはあらず」と言うのも、「業縁」に決定的な力を認めて、「我が心」、即ち人間の意志や意識の善・悪に依るものではないことを明らかにするためである。さらに言えば、「我が心」の善・悪は、道徳の問題であって、宗教の問題とは言えないのである。唯円が「この身の器量にては、殺しつべしとも覚えず候ふ」と答えていたのは、師が依頼した、千人を殺害することが、「器量」の問題、意識・意志・心の問題であると考えたのによるのであって、結局、人間の行為・行動の捉え方において、親鸞は宗教（仏教）原理的、唯円は道徳意識的という対立を示していることになる。

〔また、害せじと思ふとも、百人・千人を殺すこともあるべし」と仰せの候ひしかば、〕——人間のあらゆる行為・行動が、人間の意識・思慮を絶した「業縁」の支配下にあるとなると、「害せじと思ふとも」という意識・意志を以てしても、「百人・千人を殺すこともあるべし」という結果をひき起すであろうというのも、「業縁」の支配による、起り得べき事実となるのである。かく、師の「仰せ」を記した唯円は、その支配から如何にして離脱し得るかを次に叙述している。

〔我等が、心の善きをば善しと思ひ、悪しき事をば悪しと思ひて、願の不思議にて助け給ふといふこ

とを知らざることを、仰せの候ひしなり。」——これが、親鸞の説示から受けた唯円の理解し、証得したところであって、「心の善きをば善しと思ひ」「悪しき事をば悪しと思」うことも、業縁のなす所にほかならない。すべては、業縁の力の支配下に置かれての、心の善・悪の思いである。その業縁の支配を離脱して、弥陀の救いにあずかるには、「願の不思議にて助け給ふ」力に頼る外はないことになる。このように唯円は考えて、自分の問題として、「……といふことを知らざることを、仰せの候ひしなり」と述べて、この重大な問題に眼を開けさせてくれた師の教えに感謝しているのである。人間の心に善い・悪いと思うことは、業縁に支配されている人間の意識内のことであり、その意識内における、一切の行為・行動も、決して、宗教的救済をもたらすものではないのは、その行為・行動が、善・悪を考え思う道徳意識によって行われるからに外ならない。この、宗教と道徳との大きな差違を師の仰せから自覚させられた唯円は、この差違を基にして、以下、「悪を恐れざる」「本願ぼこり」への非難を批判してゆくのである。

〔そのかみ、邪見に落ちたる人あつて、悪を造りたる者を助けんといふ願にてましませばとて、わざと、好みて悪を造りて、往生の業とすべき由を言ひて、やうやうに、悪し様なる事の聞え候ひし時、御消息に、「薬あればとて、毒を好むべからず」とあそばされて候ふは、かの邪執を止めんがためなり。」——これまで、師との対話による、その説示を引いて来た唯円が、ここからは、師の親鸞の在世中の一事実を記しているのは、それが「本願ぼこり」とも類似する点を含んでいるからである。「悪を造りたる者を助けんといふ願にてましませば」というように本願を理解し、「わざと、好みて悪を造りて、往生の業とすべき由」を主張して、主観的作為的偽悪に陥り、「やうやうに、悪し様なる事の聞え候ひし時」というように、非難の噂をひき起した時のことを追想している。そして、唯円は、かかる事態に師がいかに対処したかを、書簡集『末燈鈔』の中の一文から、「薬あればとて、毒を好むべからず」という文に書き直して引用している。薬は本願に、毒は悪事に喩えているのである。これは、初めに「邪見に落ちたる人あつて」と述べ、この引用の後には、「かの邪執」と記しているように、「業縁」の力に支配されて仕方なく悪事を犯すこととは根本的に異る異義であって、「わざと、好みて悪を造」る、その考え方の中に、自己の恣《し》意に頼る自力的意志が存するからに外ならない。

〔全く、悪は往生の障りたるべしとにはあらず。〕――この「悪」は、「業縁」にもとづくそれであって、そのような「悪」は往生の障碍となるはずだとは、師の親鸞は決して言われたのではないというのが、唯円の結論であり、主張である。この結論の発展として、著者は、次に、親鸞の語を一つ添えている。

〔「持戒・持律にてのみ本願を信ずべくは、我等、いかでか、生死を離るべきや」と。〕――この、末尾に「と」があることは重大である。これによって、その上の言葉が親鸞の遺語であることが判明するのであるから。この遺語は、「持戒・持律」というような、聖道門の難行によって「悪」を消滅させようとする努力が、自力にもとづくものである以上、そういう「戒・律」の保持によってのみ本願を信ずることができるというのならば、煩悩具足の我等凡夫は、どうして、生死を輪廻する迷いの世界から離脱できるかと言うのである。「本願を信ずべくは」と「生死を離るべきや」が対照的に置かれていて、しかも、前の叙述は仮定的であるのに、後の叙述は反語的に表明されていて、それだけ、強く迫る力を示していると言えよう。そして、この遺語は、その直前の叙述には続かず、次の叙述を導き出すために置かれていることに注意すべきである。

〔かかる、あさましき身も、本願にあひ奉りてこそ、げにほこられ候へ。〕――「かかる、あさましき身」とは、「持戒・持律にてのみ……、生死を離るべきや」を受けて、そのような、自力的精進によっては、生死からの離脱、即ち、転迷開悟できぬ、「あさましき」凡夫の身、の意となる。そういう凡夫の身も、本願の広大無辺なる慈悲の力に対し奉る時には、その摂取不捨の力によって、自己が特に往生の正因たる人間であることを自覚して、本願に「ほこる」、即ち本願に対し得意になるのは自然の勢いと言うべきであろう。「ほこられ候へ」の「れ」という自発の助動詞が、かかる、得意になる意識の自然に生ずることをよく示している。これは、著者唯円の内面的体験の表現とも言うべきであろう。

〔さればとて、身に具へざらん悪業は、よも造られ候はじものを。〕――「本願にほこる」意識、即ち「本願ぼこり」が如何にして生ずるかを説いた上で、そういう「本願にほこる」状態で、「悪を恐れざる」悪業が「わざと、好みて」できるものではないことを叙述しているのであって、「身に具へざらん悪業」は、言うまでもなく、我が身を支配する業縁の支配を越えた、それ以上の悪業の意であり、「造られ候はじものを」の「れ」は、自発の助動詞で、この句は、自然と悪を造るようになりますまいものなのだなあ、の意となる。つまり、「本願にほこる」状態であっても、自分の造る悪業にはおのずから限界があることを、読者に説きかける上に、「候はじものを」と強く詠嘆して迫っているのである。

〔また、「海河に網を曳き、釣をして、世を渡る者も、野山に獣を狩り、鳥を捕りて、命を継ぐ輩も、商ひをし、田畠を作りて過ぐる人も、ただ同じことなり」と。「さるべき業縁の催さば、いかなる振舞もすべし」とこそ、聖人は仰せ候ひしに、〕――これ以下が、構想の(三)となる。この叙述も、

「業縁」の支配下にある人間のさまざまな状態を述べているが、漁業・狩猟・商業・農業の四つを挙げているのは、それらが庶民の職業・生業であるからであろう。この四つの生業をしている者を、「世を渡る者」といい、「命を継ぐ輩」といい、さらに、「過ぐる人」とも言って、叙述に変化を与えていることが注意される。それらの業に従事する者が「ただ同じことなり」とは、いずれも、業縁の力に支配されて、それぞれの職業・作業をしていることを指摘しているのであって、その下に存する助詞「と」は、本章にも、前に、『さては、いかに、親鸞が言ふことを違ふまじきとは言ふぞ』と」という形で出ていた。続いて、「さるべき業縁の催さば、いかなる振舞もすべし」とあるのは、親鸞の経験にもとづく諦観とも言うべきであって、かかる庶民の生活に、越後の国でも、常陸の国でも、接する機会が多かったことに由来する談話として考えられる。

〔当時は、後世者ぶりして、善からん者ばかり念仏申すべき様に、或ひは道場に張文をして、何々の事したらん者をば、道場へ入るべからずなんどと言ふこと、偏へに、賢善・精進の相を外に示して、内には虚仮を抱ける者か。〕——この叙述から、唯円の時代の新しい事実に入っている。「当時は」とあるのがそれであって、前に出ていた、「故聖人」とか、「また、或時」とか、「そのかみ」とか「また」とかあった叙述からの発展が認められる。そして、「善からん者ばかり念仏申すべき様に」という目的意識に立って、「道場に張文をして」という行動を示し、「何々の事したらん者をば、道場へ入るべからず」という禁制にまで及んでいる事実を記している。著者は、以上のことを、「……なんどと言ふこと」と総括した上で、その虚偽・偽善の様相を、「偏へに、賢善・精進の相を外に示して」と、その外相《げそう》（それが「後世者ぶり」であろう）を指摘し、「内には虚仮を抱ける者か」と、その内部の心情を批判し、慨嘆して、外相と内心との矛盾を鋭く剔抉しているのである。勿論、注釈に記したように、善導和尚《かしょう》の語に由来しているが、それを実に巧みに、自己の批判に転じて用いている手腕を認めてよいと思う。

〔願にほこりて造らん罪も、宿業の催す故なり。されば、善きことも、悪しきことも、業報にさし任せて、偏へに、本願を頼み参らすればこそ、他力にては候へ。〕――宿業・業縁の支配下にある人間は、「願にほこりて造らん罪も、宿業の催す故なり」ということになる。これは、上に、「かかる、あさましき身も、本願にあひ奉りてこそ、げにほこられ候へ。さればとて、身に具へざらん悪業は、よも造られ候はじものを」と述べたことの当然の帰結である。ところが、唯円にとっては、この「願にほこりて造らん罪」も、決して、往生の障碍にはならないのである。それで、人間の一切の行為・行動に現れる善・悪の問題に如何に対処すべきかが、専修念仏者の反省を要することとなるのであるが、彼は、そういう「善・悪のこと」は、人間の力ではどうすることもできない業縁・宿業により決定されるものであるという考えから、「業報にさし任せて」、それに従う外はないと考えている。そうした中において、初めて、「偏へに、本願を頼み参らす」ることだけが、業縁・宿業の支配を脱離する、即ち「生死を離るべき」道となるのである。前に、「全く、悪は往生の障りたるべしとにはあらず」とあったのも、同じような意味に解せられる。そして、この道こそ、「他力にては候へ」というのである。本章の中で、初めて現れた、この「他力」の語こそ、業縁・宿業の力を脱し得る、唯一の道であり、力であるという、固い信念を示す言葉であると言えよう。そして「本願ぼこり」と非難する人々には、この、宿業・業縁を脱離し得る「他力」の考えがないことになるのである。

〔『唯信鈔』にも、「弥陀、いかばかりの力ましますと知りてか、罪業の身なれば、救はれ難しと思ふべき」と候ふぞかし。〕――ここには、親鸞も唯円も讃仰《さんごう》している、聖覚の『唯信鈔』が、証文として引用されているのを見るのであるが、そこには、人間の「知る」とか、「思ふ」とかいう、心の働きと、「弥陀の力」とが対置されて、弥陀の力の絶大さに対して、人間の心の働きの微小さが、反語的語法により、強く否定されているのである。この絶大なる「他力」に対しては、「罪業の身なれば、救はれ難しと思ふ」ことが、いかに、いわゆる卑下慢《ひげまん》に陥っていることか。この引用が、著者の考えを有力に支持する根拠となっているのは、後に記すように、彼が、平生、この書を「よくよく」熟読していたことの結果であることが推測される。「候ふぞかし」と、読者に念を押しているのも、熟読にもとづく、自己の固い信念に発しているのである。

〔本願にほこる心のあらんにつけてこそ、他力を頼む信心も決定しぬべきことにて候へ。〕――異義者の非難する、「本願にほこる心」のわが身にあること、即ち、自己の悪行を往生の障りになるかと恐れたりしない「本願ぼこり」の行き方こそ、「他力を頼む信心も決定しぬべき」客観的事実であると言うのである。著者は、ここに、異義者の非難・中傷を逆に利用して、彼等の非難・中傷の当らぬことを論破しているのであって、「ほこる心のあらんにつけてこそ」と強調し、「他力を頼む信心も決定しぬべきことにて候へ」と、一語一語を信念をこめて叙述している跡が窺《うかが》われる。

〔おほよそ、悪業・煩悩を断じ尽して後、本願を信ぜんのみぞ、願にほこる思ひもなくて、よかるべきに、煩悩を断じなば、即ち仏に成り、仏のためには、五劫思惟の願、その詮なくやましまさん。〕――これから以下が、構想の（四）となる。著者は、ここに、「本願ぼこり」を非難する人々に対し、最後の徹底した批判をつけている。その人々が非難するのは、この章の始めにあったように、「本願ぼこり」の信者が「悪を恐れざる」行いをすることにあるのであるが、それをすべて非難するのは、この世において、非難者自身が「おほよそ、悪業・煩悩を断じ尽」す境地に達することを意味する。あるいは、前出の「善からん者ばかり念仏申すべき」立場に立つことを意味する。そういう境地・立場において本願を信ずるのであるならば、「願にほこる思ひもなくて、よかるべき」理想的なそれであろうが、著者は、現世において、「煩悩を断じなば、即ち仏に成り」、その仏となった人々には、「五劫思惟の願、その詮なくやましまさん」と言って、非難する人々の言葉の中に存する、信心の上の自己矛盾を指摘しているのである。また、上の「本願にほこる心のあらんにつけてこそ」と、この「願にほこる思ひもなくて」とは、前者は「他力を頼む信心」の「決定」となり、後者は、この世において、「仏と成」るという、自力行の結果を意味する。かくして、その、自力で成った「仏」のためには、「弥陀の五劫思惟の願」即ち、本願そのものも、そのかいがなくなるであろうというのは、本願と他力と悪人とをいつも結びつけて考える、唯円の自覚的態度を示すことになる。

〔本願ぼこりと誡めらるる人々も、煩悩・不浄具足せられてこそ候うげなれ。それは、願にほこらるるにあらずや。〕――ここで、著者は、「誡めらるる人々」とか、「具足せられて」とか、「願にほこらるるに」とかあるように、尊敬の助動詞を用いていて、異義者に対しての軽蔑や憎悪の心持を決して示すことがない。これは、どこまでも、彼等に反省を求め、自戒を願う気持からであろう。そして、一部の信者を「本願ぼこり」と非難し、中傷し、批評している人々もまた、「本願ぼこり」と言われる人々と同じく、表面はともかく、その内実においては、「煩悩・不浄具足せられてこそ候うげなれ」

であって、決して、特別に、煩悩・不浄を断じ尽くした人間、即ち、仏と成った人間のようには見えないと著者は言うのである。さらに、一歩進んで、煩悩・不浄を具足するが故に、他人の悪口を言い、誹謗することになるのであって、これこそ、「願にほこらるる」、即ち、弥陀の本願に依拠するが故に、おのずから、いい気になり、得意になったのではないかと、唯円は指摘するのであって、非難する者にも、非難される者にも、そこに、同じような、「願にほこる」事実の存することを、唯円が指摘しているのは、まことに鋭いものがある。そして、彼の、人間心理の把捉の確かさを思わしめられる。

〔**いかなる悪を本願ぼこりといふ。いかなる悪かほこらぬにて候ふべきぞや。却りて、心幼きことか。**〕——上述のように、「本願にほこる」事実は、同じ専修念仏の仲間の中に、「本願ぼこり」と非難される人々と、非難する人々とを生じた。しかし、唯円の見る所では、そのいずれの人々も、「業縁」の力に支配された、「煩悩具足」の人間たらざるはない。「本願ぼこり」は、かくして、非難される人々にも、非難する人々にも共通して存する事実であるのだから、念仏信者について、「いかなる悪を本願ぼこりといふ」こともできないし、「いかなる悪かほこらぬにて候ふべきぞや」と言うこともできない。かくて、煩悩を具足し、それを断じ尽くせない人間にとって、「本願にほこる心」を持つようになるのは、非難者にも非難される者にも、自然にして必然の事実と言うべきである。それなのに、「本願ぼこり」と敢えて非難されるというのは、「却りて、心幼きことか」と厳しく指摘して、自己の煩悩・不浄の具足せることを反省することのできない、非難者の浅薄・幼稚な心持に一矢を報いているのが、著者の立場であると言えよう。

この第十三章は、第二部の八章の中では最も長い章段であって、それだけに、著者唯円も力をこめて書いたものであることが推測される。そして、本願の不思議を信じて、いい気になり、自己のなす悪を往生の障碍として恐れぬ念仏信者に対して加えられた、「本願ぼこり」という、非難に対してかかる念仏信者を弁護しようという意志を発揮しているのである。

この章の表現の特異性として指摘できることは、第一に、先師親鸞の遺語が、「故聖人の仰せには」「聖人は仰せ候ひしに」と、二箇所も引用されていて、それが、著者の論拠となり、また、その信念の代言となっていることである。唯円は、心をこめて、引用した先師の語にこもる真実を以て、読者に働きかけているのであって、かかる態度は、親鸞の「御消息」の一部を引用し、また、聖覚の『唯信鈔』の中の一節をも引用して、読者に、「候ふぞかし」と念を押している叙述の上にも認められるのである。

第二には、第九章に、唯円の問いに対する親鸞の答語があったが、本章では、逆に、親鸞から唯円への二度の問いがあり、それに対しての唯円の答えを聞いた上での親鸞の所信の披瀝があって、本書中でも著しい口述（談話）的叙述が展開していて、この師弟間の、「理《ことわり》」をめぐる問答の真摯さが発現しているのを見るのである。この対話・問答もまた、著者の信念の拠り所をなしていることは言うまでもない。

第三には、第一・第二をも含めて、力をこめた「理《ことわり》」の叙述が展開し、「本願ぼこり」という非難の理由なきことを、論証していることである。そして、構想の（二）の、人間の心の善悪の宿業論から、（三）では、その宿業を越えた、他力の信心論へと発展し、（四）に至っては、結論的に、「本願ぼこり」という語は、それを用いて非難する人々にこそ適用されるという、逆襲的な批判をなすまでに至っている。これは、「本願ぼこり」という、言われのない異義を主張する人々の存在をはっきりと意識して、それを説得しなくてはやまない、唯円の意欲の強い現れである。これは「候ふ」という、読み手に対する丁寧さを示す語が、口述の部分以外でも、十九回も使用されて、この章の文体を形成する上の大きな要素をなしていることにも相通ずるものがあると言えよう。本章の末尾に、「誡めらるる人々」「具足せられてこそ」「ほこらるるにあらずや」という、尊敬の助動詞を用いた叙述が見いだされるのも、異義主張者に対しての憎悪や排斥ではなくして、彼等に反省を求める尊重感の現れと言ってよいのであって、これも、第十二章に相通ずる所である。

　第四には、前章でも指摘したことであるが、著者唯円の人間観察の力が、「本願ぼこり」をめぐって、念仏信者に対しても、それを非難する人々に対しても、著しく発揮されていることである。例えば、「何々の事したらん者をば、道場へ入るべからずなんどと言ふこと、偏へに、賢善・精進の相を外に示して、内には虚仮《こけ》を抱ける者か」の如き、「本願ぼこりと誡めらるる人々も、煩悩・不浄具足せられてこそ候うげなれ。それは、願にほこらるるにあらずや」の如きは、非難する側の人々の心理への、確かな批判的把握と言えるし、また、「かかる、あさましき身も、本願にあひ奉りてこそ、げにほこられ候へ。さればとて、身に具へざらん悪業は、よも造られ候はじものを」の如き、「本願にほこる心のあらんにつけてこそ、他力を頼む信心も決定しぬべきことにて候へ」の如き、唯円自身の心の内証に即して、本願にほこることによって、信心の確立する事由を明らかに洞察し得ていると言えよう。これも、本章が、単純なる批難・論駁の文章たることを越えて、文芸としての意義の深さを獲得し得た点であると言えよう。

　第五には、この章には、高く、烈しい、著者の真実・真情の吐露が認められることである。「善き心の起るも、宿善の催す故なり。悪事の思はれ、せらるるも、悪業の計ふ故なり」の対句的叙述、師の言を引いた上での、「我等が、心の善きをば善しと思ひ、悪しき事をば悪しと思ひて、願の不思議にて助け給ふといふことを知らざることを、仰せの候ひしなり」という感動をこめた感想の披瀝、「いかなる悪を本願ぼこりといふ。いかなる悪かほこらぬにて候ふべきぞや」と、「本願ぼこり」への非難者に迫った末に、「却りて、心幼きことか」の一句を以て、相手の心理に止《とど》めの一撃を加えている鮮やかさなど、唯円の人間性がよく示されていると言えよう。引用されている師の親鸞の遺語も、いずれも、かかる弟子の人間的立場から、充分に生かされて、本章に生彩を放っている趣が認められる。特に、話し言葉（談話）の具体性・現実性を存分に発揮している、この二人の対話こそ、本章の文芸的意義を高める上に、注目すべき叙述と言えよう。

この第十三章と第一部の十章との関連についていえば、既に、第一章に、「本願を信ぜんには、他の善も要にあらず。念仏にまさるべき善なき故に。悪をも恐るべからず。弥陀の本願を妨ぐる程の悪なき故に」とあったし、さらに、第七章に、「信心の行者には、……罪悪も業報を感ずること能はず、諸善も及ぶことなき故なり」とあったことが思い出される。これらの親鸞の語にもとづいて、唯円は自説を展開させ得たのであろうし、その上に、師の遺語と対話をも付加する気持にも至ったものと推測される。

ところで、覚如の『口伝鈔《くでんせう》』四の「善悪二業《ぜんまくにごふ》の事」の中に、

されば、宿善あつきひとは、今生《こんじやう》に善をこのみ、悪をおそる。宿悪重きものは、今生に悪をこのみ、善にうとし。ただ、善・悪のふたつをば、過去の因にまかせ、往生の大益《たいやく》をば如来の他力にまかせて、かつて、機のよき・あしきに目をかけて、往生の得否《とくふ》をさだむべからずとなり。

これによりて、あるときのおほせにのたまはく、「なんだち、念仏するよりなほ往生にたやすきみちあり。これをさづくべし」と。「人を千人殺害《せつがい》したらば、やすく往生すべし。おの〳〵、このをしへにしたがへ。いかん」と。ときに、ある一人《いちにん》申していはく、「某《それがし》においては、千人まではおもひよらず、一人たりといふとも、殺害しつべき心ちせず」と云々《うんぬん》。上人かさねてのたまはく、「なんぢ、わがをしへを日比《ひごろ》そむかざるうへは、いまをしふるところにおいて、さだめてうたがひをなさざる歟《か》。しかるに、一人なりとも殺害しつべきここちせずといふは、過去にそのたねなきによりてなり。もし、過去にそのたねあらば、たとひ殺生罪《せつしやうざい》をかすべからず、をかさばすなはち往生をとぐべからずといましむといふとも、たねにもよほされて、かならず、殺罪《せつざい》をつくるべきなり。善・悪のふたつ、宿因《しゆくいん》のはからひとして、現果《げんくわ》を感ずるところ也。しかれば、全く、往生においては、善もたすけとならず、悪もさはりとならずといふこと、これをもて準知《じゆんち》すべし。

とあって、本章と似ている、親鸞と弟子との対話・問答が記述されている。右の文中の「ある一人」とは唯円のことかも知れないし、また、この対話が、親鸞と弟子たちとの間の、一対一の関係でなく、一対多の関係で行われていることが知られる。しかし、『歎異抄』の緊張した表現性に比べると、この『口伝鈔』の第四章が、いかに弛緩したそれであるかが、文体の上に明瞭に観取し得るように思われる。

なお、本文中の、「或ひは道場に張文《はりぶみ》をして、何々の事したらん者をば、道場へ入るべからずなんどと言ふこと」とある中の「張文」については、次のような史料が存するので、参考のため、ここに、年代順に引用することにする。

その第一は、「日本思想大系」の中の、『蓮如 一向一揆』に収められている「二十一箇条《かでう》」であって、同書の「解説」によれば、新潟県上越市《じようえつし》の歓喜踊躍山浄興寺《かんぎゆやくざんじようこうじ》は、関東の稲田禅坊《いなだぜんぼう》を継承した善性《ぜんしよう》の遺跡で、そこに秘蔵されている「二十一箇条」は、初期真宗の制誡の代表的なものと考えられている。同書の「解説」には、次のように記されている。

これは「帳(張)文日記」とあるように、衆中の合議で作製され、はり出して門下に周知させたものである。内容は親鸞が折にふれて教示したところを、善性が集記し、それを先師善海(周円)がうけつぎ、さらに法性が伝受したと記している。これが作製される契機となったものは、奥書にあるように、正嘉年中(一二五七——一二五九)の論争で、恐らく関東における諸仏等同《とうどう》の論議が浄興寺に波及し、親鸞消息(善性は親鸞消息集善性本の編者)を披見して教義についての統一的見解を打ち出したものであろう。

ところで、文面のような漢文体では、当時の門徒に読解できるものはほとんどいなかったであろう。当初は無論和文で仮名書きであったはずである。しかるに法性(室町初期)の時期になり、ようやく真宗僧侶の教養も高まってくると、威儀をつくろって漢文に書き改められた。奥書末尾の「和ノ字ヲモテ漢ノ字ニ写ス」とあるのはそれで、筆者は法性にほかならない。このとき第十九条と第二十条が、「同勤行之日」とあって、第十八条の「念仏勤行之日」をうけているためか、両条が一条に統合されてしまった。従って二十一箇条と呼ばれてはいるが、実は二十箇条となったわけである。

さらにこうした制誡は、道場で一同が唱和して遵守を誓うもので、文字は読めなくても、口々相伝されるのが常である。そこで漢文体では実情に合わないので、全文に振仮名・送り仮名が付せられる。むしろ仮名の方が真名よりも重要なので、漢字はいわば宛てたものである。原本は少なくとも六百年以上は経過しているので、磨滅が甚だしく、とくに仮名の端の部分は消滅していたが、叙上の点を考えて極力復原に努めた。なお濁点・句読点はいうまでもなく校注者の付したものである。

この「二十一箇条」は次の通りである。

〔二十一箇条《にじふいちかでう》〕

専修念仏帳文日記事《センジユネンブチハリブミニチキノコト》

先師《センシ》伝授之《デンジユノ》手《テ》次事《ツギノコト》

従《ヨリ》二愚禿親鸞聖人《グトクシンランシヤウニン》一善性聖人集記《ゼンシヤウシヤウニンノシフキ》也《ナリ》。法性法師《ホツシヨウホツシ》伝受令《デンジユシム》二披見《ヒケンセ》一。固《カタク》可《ベキ》レ令《シム》レ信者也《シンセモノナリ》。

一、不《ズ》三可《カラ》二諸法《シヨホウ》誹謗《ヒバウス》一。

一、縦《タトヒ》雖《イウトモ》レ写《ウツシ》二賜《タマワルト》聖教《シヤウゲウ》并《ナラビニ》師判《シハムヲ》一於《ヲキテ》下背《ソムク》二師説《シノセツニ》一之《ノ》輩《トモガラニ》上者《ハ》有《アテ》二衆徒《シユトノ》之義定《ギヂヤウ》一須《スベカラク》三ベシ所《トコロノ》レ伝《ツタフル》聖《シヤウ》教被《ゲウル》二悔還《クヒカヘサ》一。

一、於《ヲイテ》二修学二道《シユガクノニダウニ》一互《タガイニ》不《ズ》レ可《ベカラ》三有《アル》二偏執《ヘンシユ》一。

一、以《モテ》二無智身《ムチノミヲ》一不《ズ》レ可《ベカラ》三好《コノム》二諍論《ジヤウロンヲ》一。

一、未《イマダザル》不レ伝《ツタヘ》二師説《シノセツヲ》一輩《トモガラ》私《ワタクシニ》説《トイテ》二邪義《ジヤギヲ》一揚《アグル》二師匠悪名《シシヤウノアクミヤウヲ》一事《コト》尤可《モトモベシ》三留《トヾム》二之《コレヲ》一。

一、不《ズ》レ勘《タヾサ》二是非《ゼヒヲ》一私《ワタクシニ》不《ズ》レ可《ベカラ》三勘当《カンダウス》二弟子等《デシラ》一。

一、於《ヲイテ》二念仏門《ネンブチモンニ》一生《ムマルト》二十悪五逆《アクゴギヤクモ》一信知而《シンチシテシカモ》不《ズ》レ可《ベカラ》三犯《ヲカス》二小罪《セウザイヲモ》一。

一、於《ヲイテ》二無智身《ムチノミニ》一戯論諍論之《ケロンジヤウロンノ》処《トコロヨリ》可《ベシ》レ遠離《ヲンリス》二百由旬《ヒヤクユジユンヲ》一。

一、可《ベシ》レ留《トヾム》二船大乗《フネノオホノリヲ》一。
一、帳《ハリテ》二夜道《ヨミチヲ》一可《ベシ》レ留《トヾム》二独行《ヒトリユクコトヲ》一。
一、不《ズ》レ可《ベカラ》三軽《キヤウ》二慢《マンス》師長《シチヤウヲ》一。々々《シチヤウトハ》者愚《グ》禿抄上《トクセウノカミ》可《ベキ》レ見《ミル》二仁邪《ニンジヤヲ》一者也《モノナリ》。
一、付《ツイテ》二諸事《シヨジニ》一不《ズ》レ可《ベカラ》二難《ナンズ》一レ人《ヒトヲ》。
一、念仏行者《ネンブチノギヤウジヤ》以《モテ》二造悪之身《ザウアクノミヲ》一与《ト》二諸仏如来《シヨブチニヨライ》一同旨《ヲナジキムネヲ》不《ズ》レ可《ベカラ》レ称《シヨウス》。
一、売《ウリ》二買《カウ》人倫《ジンリンナラビニ》并牛馬《ギウバヲ》一可《ベシ》レ留《トヾム》二口入《コウジフヲ》一。
一、可《ベシ》レ留《トヾム》二讒言《ザンゲン》・中言《チウゲン》・虚言《コゴンヲ》一。
一、可《ベシ》レ留《トヾム》二他人之妻女《タニンノサイヂヨヲ》懐抱《クワイハウスルコトヲ》事一。
一、可《ベシ》レ留《トヾム》二諸《モロ〳〵ノ》博奕双六《バクエキスグロクヲ》一。
一、念仏勤行之日《ネンブチゴンギヤウノヒ》男女《ナンニヨ》不《ズ》レ可《ベカラ》二同坐《ドウザス》一。
一、同勤行之日《ヲナジキゴンギヤウノヒ》不《ズ》レ可《ベカラ》三食《ジキス》二魚鳥《ギヨテウナラビニ》并五辛《ゴシンヲ》一。同勤行之日《ヲナジクゴンギヤウノヒ》可《ベシ》レ留《トヾム》二酒狂《シユキヤウ(ヲ)》一。
一、忌者《イミハ》可《ベシ》レ随《シタガウ》二其所主《ソノトコロノヌシノ》忌給《イミタマハンニ》一。
已前《イゼン》廿一箇条《カデウ》甄録如《ケンロクゴトシ》レ是《カクノ》。堅守《カタクマボテ》二此法《コノホフヲ》一敢《アヘテ》不《ズ》レ可《ベカラ》二違執《キシフス》一。於《ヲキテ》下不《ザラン》レ用《モチヒ》二此制法《コノセイホフヲ》一之輩《トモガラニ》上者《ハ》宜経《ヨロシクヘテ》二衆徒《シユトノ》之僉議《センギヲ》一可《ベキ》レ被《セラル》三停《チヤウ》二放衆中《ハウシユチウヲ》一者也《モノナリ》。抑《ソモ〳〵》書《カキ》二置此誓文《ヲクコノセイモンヲ》一事者《コトハ》、如《ゴトク》二新選《シンセン》五念門《ネンモンノ》一註論及《チウロンヲヨビ》不《ズ》レ違《キセ》二先師作《センシノツクリニ》一、以《モテ》二願力成就之五念門《グワンリキジヤウジユノネンモンヲ》一依《ヨテ》レ伝《ツタウルニ》二知識成就之意趣《チシキジヤウジユノイシユヲ》一也。

正嘉年中《シヤウカネンチウヨリ》依《》二此論《コノロンニ》一、信心疎者出来《シンジンヲロカナルモノイデキタリ》、各令《ヲノ〳〵セシメタル》二偏執《ヘンシユ》一之刻《キザミ》、自《ヨリ》二古聖人《コシヤウニン》一所《トコロノ》レ給《タマハル》御消息《オンセウソク》重《カサネテ》令《セシムル》二披見《ヒケン》一処《トコロ》、得《ウルコトハ》二無上覚之悟《ムジヤウカクノサトリヲ》一、仏御計《ホトケノオンハカライナリ》也。更《サラニ》不《ズ》レ有《アラ》二行者計《ギヤウジヤノハカライニ》一。無《ナキヲ》レ義《ギ》々《ギトコソ》承《ウケタマハリ》候《サフラヘ》。此人々《コノヒト〴〵》一切《サイ》不《ザル》レ知《シラ》事《コトニ》候《サフラフ》。云《ウン》。和之《ワノ》以《モテ》レ字写《ジヲウツス》二漢之字《カンノジニ》一。

正嘉年中は、親鸞の八十五歳から八十七歳の最晩年のころである。

第二は、『真宗史料集成 第一巻 親鸞と初期教団』に収められている「善円の制禁」であって、同書の「解題」によれば、西本願寺の所蔵にかかり、親鸞寂後、二十三年目の弘安八年（一二八五）に成立したことが知られる。執筆者の善円の閲歴については、全く知られていないし、いかなる土地の帳文であるかもわからないという。仮名づかい・振りがなは、この「制禁」に限り、『真宗史料集成』の飜刻にそのまま従うことにした。

制禁《セイキン》

一向専修《ヰチクウセンシュ》ノ念仏者《ネムフチシヤ》ノナカニ停止《チヤウシ》セシムヘキ条々《テウ〳〵》事《コト》

一 専修《センシュ》一行《ヰチキヤウ》ノトモカラニオキテ、余《ヨ》仏《フチ》菩薩《ホサチ》ナラヒニ別解《ヘチケ》別行《ヘチキヤウ》ノ人《ヒト》を誹謗《ヒハウ》スヘカラサル事《コト》

一 別解《ヘチケ》別行《ヘチキヤウ》ノ人《ヒト》ニ対《タイ》シテ、諍論《シヤウロン》ヲイタスヘカラサル事《コト》

一 主親《シュオヤ》ニオキタテマツリテ、ウヤマヒオロカニナセル事《コト》

一 念仏《ネムフチ》マフシナカラ神明《シンメイ》ヲカロシメタテマツル事《コト》

一 道場《タウチヤウ》ノ室内《シチナイ》ニマヒリテ、憍慢《ケウマン》ノコヽロヲイタシワラヒサヽヤキコトヲスル事《コト》

一 アヤマテ一向専修《ヰチカウセンシュ》トイヒテ、邪義《シヤキ》ヲトキテ師匠《シシヤウ》ノ悪名《アクミヤウ》ヲタツル事《コト》

一 師匠《シシヤウ》ナレハトテ、是非《セヒ》ヲタヽサス弟子《テシ》ヲ勘当《カンタウ》スヘカラサル事《コト》

一 同行《トウキヤウ》、善知識《センチシキ》ヲカロシムヘカラサル事《コト》

一 同行《トウキヤウ》ノナカニオキテ、妄語《マウコ》ヲイタシウタヘマフストイフトモ、両方《リヤウハウ》ノ是非《セヒ》ヲキヽテ理非《リヒ》ヲヒラクヘキ事《コト》

一　念仏《ネムフチ》ノ日《ヒ》、集会《シウヱ》アリテ魚鳥《キヨテウ》ヲ食《シキ》スルコト、モロ〳〵アルヘカラサル事《コト》

一　念仏勤行《ネムフチコンキヤウ》ノトキ、男女同座《ナムニヨトウサ》スヘカラス、ミタリナルヘキユヘナリ

一　カタシケナキムネヲ存《ソン》シテ、馬《ムマ》ノ口入《コウニラ》、人《ヒト》ノ口入《コウニラ》スヘカラサル事《コト》

一　アキナヰヲセンニ、虚妄《コマウ》ヲイタシ、一文ノ銭《セン》ナリトモスコシテトルヘカラス、スナハチカヘスヘシ

一　他《タ》ノ妻《サイ》ヲオカシテ、ソノ誹謗《ヒハウ》ヲイタス事《コト》

一　念仏者《ネムフチシヤ》ノナカニ、酒《サケ》アリテノムトモ、本性《ホンシヤウ》ヲウシナヒテ酒《サカ》クルヒヲスル事《コト》

一　念仏者《ネムフチシヤ》ノナカニ、ヌスミ博奕《ハクヱキ》ヲスル事《コト》

一　スクレタルヲソネミ、オトレルヲカロシムルコト、モロ〳〵アルヘカラサル事《コト》

右《ミキ》コノムネヲ停止《チヤウシ》セシメテ、十七ケ条《テウ》ノ是非《セヒ》制禁《セイキン》ニマカセテ、専修一行《センシュヰチキヤウ》ノ念仏者等《ネムフチシヤトウ》アヒタカヒニイマシメヲイタシテ、信《シン》セラルヘシ。モシコノムネヲソムカントモカラニオキテハ、同朋同行《トウハウトウキヤウ》ナリトイフトモ、衆中《シユチウ》ヲマカリイタシ、同座同列《トウサトウレチ》ヲスヘカラサルモノナリ。仍《ヨテ》、制禁之状如レ件《セイキムノシヤウ、コトシクタンノ》

弘安《コウアン》八年八月十三日　善円《センヱン》在判

第三に、同じく、「日本思想大系」の『蓮如 一向一揆』には、また、『了智定書《れうちさだめがき》』を収めている。その「解説」を次に引用する。

了智は信州栗林正行寺（松本市横田町）の開基で、永正十三年（一五一六）七月九日、九代正了の記した系図では佐々木四郎高綱法師とされている。この寺には、「四尊連座の御影」と称する高僧連座像があり、札銘は親鸞・法善・西仏・了智となっている。安政五年（一八五八）に二十三代了称のつく

った「四尊連座真影略縁起」では、佐々木三郎盛綱が法善、四郎高綱が了智、その旧友大夫坊覚明が西仏という法名を親鸞から与えられたと解釈している。しかし、「親鸞聖人門侶交名牒」（続真宗大系一五）によると、法善は親鸞直弟で常陸国北郡住であり、また常陸国志多住の教善の弟子に法善があるから、いずれにしても常陸門徒の法系で、信濃へのびてきた真宗の一派である。親鸞より法系では四代目なので、早くて鎌倉末、常識的に見て、西仏が交名牒にないから、南北朝時代が了智の活躍の時期であったといえる。（中略）

了智の自筆本で、「弥陀如来名号徳」なる著述がある。これは阿弥陀如来の無量光・無辺光などの十二光を説明したもので、信濃の本願寺系の十字名号本尊に十二光仏を画いたものの多いことと考え合わせて、信州教団に大きな影響力をもつ指導者であったと思われる。

了智定も初期真宗の掟の一典型で、教団統制をうかがう好史料である。しかしさきの「弥陀如来名号徳」の筆蹟と比較すると、かなりの相違が認められ、またその書風も内容の古さにもかかわらず新しいと考えられるので、了智の定めたものが正行寺において踏襲され、中世末期に写されたものであるといえる。しかし全文漢字に振仮名のあることは、衆中で実際に活用せられたことを考えさせるものである。

『了智定書』の全文を次に引用する。（振仮名に〔　〕のあるものは、校註者（井上鋭夫《としお》氏）が底本の仮名に漢字を宛てた場合、もとの仮名をこの括弧内に残したことを意味する。）

〔了智定書《れうちさだめがき》〕

門徒《モムト》ノ中ニ存知《ソムチ》シテ念仏《ネムブツ》ヲ勤行《ゴムギヤウ》スベキ事《コト》
念仏《ネンブツ》ヲ申《マウ》シ宗《シユ》ニツラナリナガラ、私《ワタクシ》邪義《ジヤギ》ヲタテン輩《トモガラ》ニオキテハ、ツタウルトコロノ聖教《シヤウゲウ》・本尊《ホンゾム》ヲ悔還《クヒカエ》シテ、早衆中《ハヤクシユチウ》ヲ停廃《チヤウハイ》スベシ。ユヘハイカントナレバ、愚癡《グチ》ノ輩《トモガラ》ハヨキコトヲバ学《マナバ》ズシテ、ワルキコトヲバ好《〔コノ〕》ミマナブ。一人《イチニム》ワルキ咎《〔トガ〕》ユヘニ万人《バンニン》ヲ損《ソン》ズルノミニアラズ、スデニ門徒《モント》ノ悪名《アクミヤウ》ヲナス。シカルアヒダ、カタクイマシムベキナリ。

一、善悪《ゼムアク》ヲモワキマエザル愚癡《グチ》ノ輩《トモガラ》、ハジメテ師匠《シシヤウ》ヲタノミ、仏法《ブツポウ》ヲ聴聞《チヤウモム》シテノチ、サカシクナリテ、同行《ドウギヤウ》ヲモオホクスヽメトモナフニヨテ、ヒトヘニワガ力《〔チカラ〕》トオモフテ、師《シ》ノ御徳《ヲントク》ヲワスレテ、師《シ》ノ咎《〔トガ〕》ヲモトメテアヒハナルヽコト、殊《〔コト〕》ニトヾムベシ。カクノゴトキノ輩《トモガラ》ハ、師《シ》ヲソムクニヨリテ、イカニ念仏《ネンブツ》ハマフストモ、順次《ジユンジ》ニ往生《ワウジヤウ》スベカラス。師《シ》ヲ謗《バウ》ジテ仏《ホトケ》ニナラザル旨《〔ムネ〕》、当流《タウリウ》ニカギラズ、諸宗《シヨシユ》ノ聖教《シヤウゲウ》ニソノ証拠《シヤウコ》アキラカナリ。イタリテ現世《ゲンゼ》・後生《ゴシヤウ》ノアダトナリテ、身《ミ》モ損《ソム》ジ人《ヒト》ヲモ損ジツベカラム咎《〔トガ〕》ハ、チカラオヨバズ。ソノ以下《イゲ》ノ少々《セウ〳〵》ノ事《コト》ヲバナゲステヽ、ヒトヘニ後生《ゴシヤウ》ノ事《コト》ヲイヒ談《ダン》ジテ、アエテ現世《ゲンゼ》ノ少事《セウジ》ヲ目《メ》ニモ心《コヽロ》ニモカクベカラズ。

一、ワタクシニ弟子《デシ》同行《ドウギヤウ》ヲ勘《〔カンダウ〕》当スベカラズ。咎《〔トガ〕》アラムニオキテハ、門徒《モムト》ノ僉議《センギ》ヲヘテ、ソノオモムキニシタガフテ、罪科現在《ザイクワゲンザイ》タラバ勘当《〔カンダウ〕》スベシ。シカリトイフトモ、先非《センピ》〈サキノトガ〉ヲ懺悔《ザングエ》セバ、ユルシツベクバユルスベシ。

一、仏法《ブツポウ》ノ荘厳《シヤウゴン》ノタメニ、惣門徒《ソウモント》ノ僉議《センギ》アテ配分《ハイブン》セラルヽ談義《ダンギ》各米《カクマイ》、難渋《ナンジウ》スベカラズ。モシ懈怠《ケダイ》セム輩《トモガラ》ハ、門徒《モント》ノ儀《ギ》アルベカラズ。

一、念仏勤行《ネンブツゴンギヤウ》ノトモガラハ、在所《ザイシヨ》ノ礼儀《レイギ》ヲソムクベカラズ。ユエイカントナレバ、安堵《アンド》サダマラザルハ、仏法滅亡《ブッポウメチバウ》ノモトヰナルユヘナリ。

一、毎月《マイグワチ》廿八日《ニジウハチニチ》ニハ、イカナル大事《ダイジ》アリトイフトモ、ミナ集会《シフエ》シテ仏法《ブッポウ》ノ修理《シユリ》荘厳《シヤウゴン》ヲイヒアハスベシ。コレスナハチ行者《ギヤウジヤ》ノ信不信《シンフシン》ヲ糺明《キウメイ》センガタメナリ。

右《ミギ》イマシメオクトコロカクノゴトシ。カタクコノ法《ハウ》ヲマモリテ念仏《ネンブツ》ヲ勤行《ゴンギヤウ》スベシ。モシコノ置文《〔オキブミ〕》ヲソムカントモガラニオキテハ、ハヤク衆中《シユチウ》ヲ停廃《チヤウハイ》セムニ、同行《ドウギヤウ》・善知識《ゼンチシキ》ヲウラムルニアタハズ。自《ジ》業自得《ゴフジトク》ノ道理《ドウリ》ニヨルガユヘナリ。仍置文《ヨテオキブミ》ノ状《ジヤウ》 如件《クダンノゴトシ》。

七月　日　　丁智

以上の三つの史料のうち、第一と第三の「解説」は、井上鋭夫氏の執筆されたものである。

以上の張文とその解説を読んでみると、親鸞の在世中から、既に、彼の指示によって張文が作製され、次々に伝来されて行ったことがわかる。念仏道場の集団生活を営むには、師弟・信者・男女等の間において、ある程度のかかる規制なしには、その純正さを維持することは不可能であったことが想像されるし、第一の張文の中のいくつかの箇条は、明らかに、第二・第三へと受け継がれて行っていることも辿られる。また、これらの張文によって、念仏道場に集まって来る信者たちの職業や階級や生活や飲食物等の一端も窺《うかが》われる。この第十三章において、唯円が批判しているのは、「後世者ぶりして」という、念仏者の偽善的言動や、「善からん者ばかり念仏申すべき様に、或ひは道場に張文をして、何々の事したらん者をば、道場へ入るべからずなんど」という、排他的、閉鎖的規制をなしていたことに対してであると思われる。しかし、念仏道場も、かかる張文による規制によって、次第に信者を獲得して繁栄し、信者の数も増加して行ったもののようである。唯円とても、念仏道場の存在を否定する無道場主義を主張しているとは考えられない。あるいは、彼自身も、常陸の国の河和田《かわだ》において、自身、かかる道場主となっていたかも知れないのである。念仏道場も、それが正しく運営されるならば、一般庶民の信者にとっては、大なる信心の拠《よ》り所《どころ》となり、「有縁《うえん》ノ知識《ちしき》」、即ち、信心上の師匠をも見いだすことのできる機縁ともなったであろうと推測される。

終りに、『末燈抄』十六の中に、次の如き、親鸞の言葉のあることに注目させられる。

凡夫なればとて、なにごともおもふさまならば、ぬすみをもし、人をもころしなんどすべきかは。もと、ぬすみごゝろあらん人も、極楽をねがひ、念仏をまうすほどのことになりなば、もとひがうたるこゝろをもおもひなほしてこそあるべきに、そのしるしもなからんひとぐに、悪《あく》くるしからずといふこと、ゆめくあるべからずさうらふ。煩悩にくるはされて、思はざるほかに、すまじきことをもふるまひ、いふまじきことをもいひ、おもふまじきことをもおもふにてこそあれ。さはらぬことなればとて、ひとのためにも、はらくろく、すまじきことをもし、いふまじきことをもいはば、煩悩にくるはされたる儀にはあらで、わざとすまじきことをせば、かへすぐあるまじきことなり。

第十四章

一　一念《いちねん》に八十億劫《はちじふおくこふ》の重罪《ぢゆうざい》を滅《めつ》すと信《しん》ずべしといふ事。この条《でう》は、十悪《じふあく》・五逆《ごぎやく》の罪人《ざいにん》、日《ひ》ごろ、念仏を申さずして、命終《みやうじゆ》の時、初《はじ》めて、善知識《ぜんちしき》の教《をし》へにて、一念申せば、八十億劫の罪《つみ》を滅《めつ》し、十念《じふねん》申せば、(1)十《と》八十億劫《はちじふおくこふ》(2)の重罪《ぢゆうざい》を滅して、往生《わうじやう》すと言へり。これは、十悪・五逆の軽重《きやうぢゆう》を知らせんがために、一念・十念と言へるか。滅罪《めつざい》の利益《りやく》なり。未《いま》だ、我等《われら》が信ずる所《ところ》に及《およ》ばず。

その故《ゆゑ》は、弥陀《みだ》の光明《くわうみやう》に照《てら》され参《まゐ》らする故《ゆゑ》に、一念発起《いちねんほつき》する時、金剛《こんがう》の信心《しんじん》を賜《たま》はりぬれば、既《すで》に、定聚《ぢやうじゆ》の位《くらゐ》に摂《をさ》めしめ給ひて、(3)命終《みやうじゆ》すれば、もろもろの煩悩《ぼんなう》・悪障《あくしやう》を転《てん》じて、無生忍《むしやうにん》を覚《さと》らしめ給ふなり。この悲願《ひぐわん》ましまさずは、かかる、あさましき罪人《ざいにん》、いかでか生死《しやうじ》を解脱《げだつ》すべきと思ひて、一生《いつしやう》の間《あひだ》、申《まう》す所《ところ》の念仏《ねんぶつ》は、皆《みな》、悉《ことごと》く、如来大悲《によらいだいひ》の恩《おん》を報《ほう》じ、徳《とく》を謝《しや》すと思ふべきなり。

（1）十八十億劫（底）十《ト》八《ハチ》十《シフ》億《オク》劫《コフ》（妙・端別）十《シフ》八《ハチ》十《シフ》億《オク》劫《コフ》（龍）。（2）重罪ヲ滅シテ（底）重罪滅シテ（龍）。（3）タマヒキ《チ》（底）タマヒテ。（端・毫・光・妙・端別）タマヒキ。（龍）。

〔口訳〕

一　一度の念仏によって、八十億劫もの長い間苦しまなくてはならない、重い罪を消しきることになると信じて念仏せよということ。このことは、十悪罪・五逆罪という重い罪を犯した罪人が、ふだんは念仏を申さないで、この世の命の終ろうとする時に、初めて、高徳の僧の教えによって、一度の念仏を申すならば、八十億劫も苦しむ罪を消し去り、十度の念仏を申すならば、八十億劫の十倍も苦しむ、重い罪を消し去って、浄土に往生すると言っているのである。これは、十悪罪と五逆罪がどんなに重い罪であるかをわからせるために、一度の念仏、十度の念仏と言っているのであるか。これでは、念仏にそなわっている、罪を消し去る功徳《くどく》のことを言うのである。その程度では、まだ、わたくしたちの、念仏への信心には及ばないのである。

そのわけは、阿弥陀仏の放たれる光明のお照らしをこうむるのであるから、弥陀の本願に頼りきろうとする、専一なる信心が生ずる時に、無上の堅い信心を弥陀からいただいてしまえば、もはや、阿弥陀仏は、必ず往生・成仏することに定まった境位にわれらをお受け入れになって、命が終れば、多くの心の汚れや仏道のさまたげとなるものを転換させて、不生不滅の真理をさとらせるようになされるのである。以上のような、この、弥陀の大慈悲心からの本願があらせられないならば、われらのように、こうした、あまりにもひどい、罪を犯した人間が、どうして、生死の迷いの世界から離れ去ることができようかと考えて、生涯にわたって申すところの念仏は、みな、すべて、阿弥陀如来の大きな慈悲心のご恩にむくい、その恩恵に感謝することだと思わなくてはならないのである。

〔注釈〕 **○一念に八十億劫の重罪を滅すと信ずべしといふ事**　「一念に」は、一回・一度の念仏、もしくは、一声《ひとこえ》の念仏によって。「八十億劫の重罪」は、一劫の八十億倍もの、限りなく長い時間に、迷いの世界で苦しまなくてはならない、重い罪。『観無量寿経』の「下品上生《げぼんじやうしやう》」を説く条に、「或有衆生、作衆悪業、雖不誹謗、方等経典、如此愚人、多造衆悪、無有慚愧、命欲終時、遇善知識、為讃大乗、十二部経、首題名字、以聞如是、諸経名故、除却千劫、極重悪業、智者復教、合掌叉手、称南無阿弥陀仏、称仏名故、除五十億劫、生死之罪」（或イハ衆生有リテ、衆《モロモロ》ノ悪業《アクゴフ》ヲ作レリ。方等経典《ハウトウキヤウデン》ヲ誹謗《ヒハウ》セズト雖《イヘド》モ、此《カク》ノ如キノ愚人《グニン》、多ク、衆悪《シユアク》ヲ造リテ、慚愧《ザンギ》有ルコト無シ。命終ラント欲スル時、善知識《ゼンチシキ》ノ、為《タメ》ニ、大乗十二部経《ダイジヨウジフニブキヤウ》ノ首題《シユダイ》ノ名字《ミヤウジ》ヲ讃《ホ》ムルニ遇《ア》ハン。是《カク》ノ如キノ諸経《シヨキヤウ》ノ名《ナ》ヲ聞クヲ以テノ故《ユエ》ニ、千劫《センゴフ》ノ極重《ゴクヂユウ》ノ悪業《アクゴフ》ヲ除却《ジヨキヤク》ス。智者《チシヤ》、復《マタ》、教ヘテ、合掌《ガツシヤウ》・叉手《シヤシユ》シテ、南無阿弥陀仏ヲ称セシム。仏名ヲ称スルガ故に、五十億劫ノ生死ノ罪ヲ除ク）とあり、「下品下生《げぼんげしやう》」の条には、「或有衆生、作不善業、五逆十悪、具諸不善、如此愚人、以悪業故、応堕悪道、経歴多劫、受苦無窮、如此愚人、臨命終時、遇善知識、種種安慰、為説妙法、教令念仏、此人苦逼、不遑念仏、善友告言、汝若不能念者、応称無量寿仏、如是至心、令声不絶、具足十念、称南無阿弥陀仏、称仏名故、於念念中、除八十億劫、生死之罪」（或イハ衆生有リテ、不善業《フゼンゴフ》タル五逆・十悪ヲ作ル。諸《モロモロ》ノ不善ヲ具セル、此《カク》ノ如キノ愚人《グニン》、悪業《アクゴフ》ヲ以テノ故ニ、応《マサ》ニ悪道ニ堕《ダ》スベシ。多劫《タコフ》ヲ経歴《キヤウリヤク》シテ、苦ヲ受クルコト窮《キハマ》リ無《ナ》カラン。此《カク》ノ如キノ愚人、命終ノ時ニ臨ミテ、善知識ノ、種々《シユジユ》ニ安慰《アンヰ》シテ、為《タメ》ニ妙法《メウホフ》ヲ説キ、教ヘテ念仏セシムルニ遇《ア》ハン。此《コ》ノ人、苦ニ逼《セ》メラレテ、念仏スルニ遑《イトマ》アラズ。善友《ゼンウ》告《ツ》ゲテ言ハク、「汝《ナンヂ》、若《モ》シ、念ズルニ能《アタ》ハズハ、応《マサ》ニ無量寿仏ト称スベシ」ト。是《カク》ノ如ク、心ヲ至《イタ》シテ、声《シヤウ》ヲシテ絶エザラシメテ、十念ヲ具足《グソク》シテ、南無阿弥陀仏ト称セシム。仏ノ名《ミナ》ヲ称スルガ故ニ、念々ノ中ニ於イテ、八十億劫ノ生死《シヤウジ》ノ罪ヲ除ク）とある。津田左右吉氏は、この「下品下生」の文について、「念仏と称名」（『津田左右吉全集』第十九巻所収）において、「称名は念仏のできない時に、或はできないものの、することになつてゐる」ことを指摘され、また、「要するに、念仏はもとより、仏名を念ずることとても、称名とは同じでない」ことをも注意されている。また、「ところで善導の著作はそれから後の浄土教の信奉者にとつては大なる権威となつたのであるから、彼等の間には一般に無量寿経の第十八願の十念が十声称名の義として解せられるやうになつた」ことをも批判されて、道綽《どうしやく》の『安楽集』や善導の『観念法門』にも「原典にはない称名のことが力強く説いてある」と指摘されている。この『観無量寿経』の二文とも、臨終に際しての念仏（仏の相好・功徳を心を集中して思い浮べること）が不可能ならば、称名（仏の名を口にとなえること）によって、それぞれ、五十億劫の生死の罪、八十億劫の生死の罪が除かれるという点で、共通しているのである。この伝統は、中国の浄土教（道綽・善導等が唱えた）を経て、わが国の源信の『往生要集』に及び、臨終の時、一心に念仏して（仏名を称《とな》えて）往生を期する、いわゆる「臨終正念《りんじゆうしやうねん》の念仏」の考えは、歴史的にも重要な意味を持っている。したがって、『観無量寿経』『無量寿経』等を根拠として、一念の念仏によって、いかなる重罪をも滅することができると信ぜよという説が、念仏行者の中に生じたことも充分に考え得るはずである。「信ずべし」の「べし」は、命令の助動詞。

○十悪・五逆　「十悪」は、身《しん》・口《く》・意《い》の三業、即ち、人間のすべてのしわざ・行為が造る所の十種の罪悪、殺生《せつしよう》・偸盗《ちゆうとう》・邪淫《じやいん》・妄語《もうご》・綺語《きご》・悪口《あくく》・両舌《りようぜつ》・貪欲《とんよく》・瞋恚《しんい》・邪見《じやけん》をいう。結果として苦を招く業因なので、十悪業《じゆうあくごう》・十不善業《じゆうふぜんごう》ともいう。「五逆」は、父を殺すこと、母を殺すこと、阿羅漢《あらかん》を殺すこと、仏身《ぶつしん》を傷つけて血を出《い》だすこと、和合僧《わごうそう》を破ること（数多くの僧衆《そうしゆ》が和合して、法事を行い、仏道を修行するのを、手段を計って離間《りかん》し、乱闘させて、法事を廃止させること）であって、この大罪を犯した者は、死後、必ず、無間《むけん》地獄に堕《お》ち、無限の苦しみを受けるという。

○命終の時、初めて、善知識の教へにて、一念申せば、八十億劫の罪を滅し　「命終」は、呉音で読む仏語で、『観無量寿経』等に見え、命の終り、臨終、この世を去ること。『日ポ』に、「Miŏju. l, Meiju. ミャウジュ、または、メイジュ(命終)　命の終わり」とある。「善知識」は、第一部の「序」にある「知識」と同じで、正法《しようぼう》を説いて、人を仏道に導き、解脱《げだつ》を得しめる、高徳の僧。『日ポ』に、「Ienchixiqi. ゼンチシキ(善知識)　学問があり、非常に徳の高い僧侶」とある。「一念申せば、八十億劫の罪を滅し」については、法然の『念仏大意』に、「深心《じんしん》といふは、弥陀の本願をふかく信じて、わが身は、無始《むし》よりこのかた、罪悪・生死の凡夫として、生死をまぬかるべきみちなきを、弥陀の本願不思議なるによりて、かの名号を一向《いつかう》に称念して、うたがひをなす心なければ、一念のあひだに、八十億劫の生死のつみを滅して、最後・臨終の時、かならず、弥陀の来迎《らいがう》にあづかるなり」とある。　法然はまた、『和語燈録』巻三の「要義問答」の中で、「問《とふ》、『阿弥陀仏を念ずるに、いかばかりの罪をか滅し候ふ』。答《こたふ》、『一念に、よく、八十億劫の生死《しやうじ》の罪を滅すといひ、又、但《ただ》、仏名《ぶつみやう》と二菩薩名《にぼさつみやう》とを聞きて、無量劫の生死の罪を除くなど申し候ふぞかし』」と言っているし、同巻四の「正如房《しやうによばう》へつかはす御文」には、「その罪によりて無間地獄におちて、多くの劫をおくりて、苦《く》をうくべからん者、終りの時に、善知識のすゝめによりて、南無阿弥陀仏と十声《じつしやう》となふるに、一声に、おの〳〵、八十億劫が間、生死にめぐるべき罪を滅して、往生すとかれて候ふめれば、さほどの罪人だにも、ただ、十声・一声の念仏にて、往生はし候へ」と書いている。　**○十念申せば、十八十億劫の重罪を滅して、往生すと言へり**　「十念」は、十回・十声の念仏。「十《と》八十億劫」は、八十億劫の十倍に当る、生死に迷う、無限の時間。「と言へり」は、一説として、浄土教信者の間で言っている、の意。　**○これは、十悪・五逆の軽重を知らせんがために、一念・十念と言へるか**　「軽重」は、「軽」には意味がなく、下の「重」だけを強調する言い方で、ここでは、「十悪・五逆の罪の重いこと」の意となる。「一旦緩急あらば」の「緩」、「毎度、ただ、得失なく、この一矢《ひとや》に定むべし」(『徒然草』第九十二段)の「得」、

「我等が生死の到来、ただ今にもやあらん」(同第四十一段)の「生《しやう》」の如き、みな、その下の字の意味を強めるために、無意味の文字を付帯して用いたのである。これを帯説《たいせつ》という。「一念・十念と言へるか」は、一とか十とかの回数を表す数字によって、十悪罪よりも五逆罪の方が十倍も重い罪であることを言っているのか、の意。なお、法然の『和語燈録』巻二の「念仏往生要義抄《えうぎせう》」にも、「それ、念仏往生は、十悪・五逆をえらばず、迎接《かうせう》するに十声《じつしやう》・一声をもつてす」とも、「一声・十声と申す事は、最後の時の事なり。死する時、一声申すものも往生す。十声申すものも往生すといふ事なり。往生だにもひとしくは、功徳《くどく》なんぞ劣《れつ》ならん」とも説いている。親鸞は、『唯信鈔文意《もんい》』に、『観無量寿経』から、わたくしが前に引いた、「具足十念……除八十億劫生死之罪」の文を挙げて、「といふは、五逆の罪人は、その身につみをもてること、十八十億劫のつみをもてるゆゑに、十念、南無阿弥陀仏ととなふべしとすゝめたまへるなり。一念に十八十億劫のつみをけすまじきにはあらねど、五逆のつみのおもきほどをしらせんがためなり」と述べている。**〇滅罪の利益なり。未だ、我等が信ずる所に及ばず**　「滅罪の利益なり」は、以上のように世の中で言っているのは、念仏することにそなわっている、罪を消す功徳《くどく》、即ち、為《ため》になり、幸《さいわ》いを与える働きを言うのである、の意。「信ずる所」は、漢語の「所信《しよしん》」を訓読みにした語。

〇弥陀の光明に照され参らする故に　「弥陀の光明」は、阿弥陀仏が無量寿仏と呼ばれるとともに、無量光仏とも称されていて、『阿弥陀経』には、「舎利弗、彼仏光明無量、照十方国、無所障礙、是故号為阿弥陀、又舎利弗、彼仏寿命、及其人民、無量無辺、阿僧祇劫、故名阿弥陀」(舎利弗《シヤリホツ》、彼《カ》ノ仏ノ光明、無量ニシテ、十方ノ国ヲ照スニ、障礙《シヤウゲ》スル所無シ。是《コ》の故《ユエ》ニ、号《カウ》シテ阿弥陀ト為《ナ》ス。又、舎利弗、彼ノ仏ノ寿命、及ビ、其ノ人民《ニンミン》モ、無量・無辺、阿《ア》僧祇《ソウギ》劫《コフ》ナリ。故《カルガユエ》ニ、阿弥陀ト名ヅク)とある。親鸞は、『浄土和讃』の中に、「弥陀成仏《じやうぶつ》のこのかたは、いまに十劫《じふこふ》を経《へ》たまへり。法身《ほつしん》の光輪《くわうりん》きはもなく、世《せ》の盲冥《まうみやう》をてらすなり」、「慈光《じくわう》はるかにかふらしめ、ひかりのいたるところには、法喜《ほふき》を得《う》とぞのべたまふ。大安慰《だいあんに》に帰命《きみやう》せよ」、「光明てらしてたえざれば、不断光《ふだんくわう》仏となづけたり。聞光力《もんくわうりき》のゆゑなれば、心不断《しんふだん》にて往生す」等々と讃嘆している。「照され参らす」は、「助けられ参らせて」（第一章・第十一章）、「法然聖人に賺《すか》され参らせて」（第二章）などと通ずる言い方で、お照らしをこうむって、の意。　**○一念発起する時、金剛の信心を賜はりぬれば、既に、定聚の位に摂めしめ給ひて**　ここの「一念」は、第一章の、「弥陀の誓願不思議に助けられ参らせて、往生をば遂ぐるなりと信じて、念仏申さんと思ひ立つ心」を言う。即ち、弥陀の誓願に帰依しようと思い立つ、一度の心をいう。したがって、この章の初めの「一念に八十億劫の重罪を滅すと信ずべし云々」の「一念」とは、相違するものとして解すべきである。親鸞は、『一念多念文意《いちねんたねんもんい》』において、『無量寿経』の「信心歓喜乃至一念《しんじんくわんぎないしいちねん》」の句について、「一念といふは、信心をうるときのきはまりをあらはすことばなり」と述べ、「如来の本願を信じて一念するに、かならず、もとめざるに、無上の功徳《くどく》をえしめ、しらざるに広大の利益《りやく》をうるなり」とも記している。「発起す」は、思い立って志を起す、心をふるい起す。『日ポ』に、「Focqi. ホッキ（発起）すなわち、Cocorouo vocosu.（心を発す）何か事をしようと自らふるい立つこと、あるいは、自ら心をきめること」とある。「金剛」は、仏語で、物質中、最も堅《かた》いもの、宝石としては金剛石（ダイアモンド）、武器としては金剛杵《こんごうしよ》をいう。親鸞は、『尊号真像銘文《そんがうしんざうのめいもん》』の中に、「『信《しん》珠在心《じゆざいしん》』といふは、金剛の信心をめでたきたまにたとへたまふ」と述べているので、「金剛の」は、「金剛石の如く堅固《けんご》な」の意となる。「賜はりぬれば」は、第六章に、「如来より賜はりたる信心」の語のあるのが参照される。「既に」は、もはや。「定聚」は、正定聚《しやうぢやうじゆ》の略で、『無量寿経』下巻の初めに、「仏告阿難、其有衆生、生彼国者、皆悉住於正定之聚、所以者何、彼仏国中、無諸邪聚、及不定聚（下略）」（仏、阿難《アナン》ニ告ゲタマハク、「其《ソ》レ、衆生有リテ、彼《カ》ノ国ニ生ズレバ、皆、悉《コトゴト》ク、正定ノ聚ニ住《ヂユ》ス。所以《ユヱ》ハ何《イカ》ン。彼ノ仏国ノ中ニハ、諸《モロモロ》ノ邪聚《ジヤジユ》、及ビ不定《フヂヤウ》聚《ジユ》無ケレバナリ）とある。ところが、親鸞は、『一念多念文意』の中で、この経文について、「……釈迦如来、五《ご》濁《ちよく》のわれらがためにときたまへる文のこころは、それ、衆生ありて、かのくににむまれむとするものは、みな、ことごとく正定の聚（自注、カナラズホトケニナルベキミトナレルトナリ）に住す。ゆゑはいかんとなれば、かの仏国のうちには、もろ〳〵の邪聚（自注、ジリキザフギヤウ・ザフシユノヒトナリ）、および不定聚（自注、ジリキノネムブチシヤナリ）はなければなりとのたまへり。この二尊（注、釈尊と阿弥陀仏）の御のりをみたてまつるに、すなはち往生すとのたまへるは、正定聚のくらゐにさだまるを不退転《ふたいてん》（自注、ホトケニナルマデトイフ）に住《ぢゆ》すとはのたまへるなり。このくらゐにさだまりぬれば、かならず無上大涅槃（自注、マコトノホトケナリ）にいたるべき身となるがゆゑに、等正覚《とうしやうがく》（自注、ホトケニナルベキミトサダマレルヲイフナリ）をなるともとき、阿毘抜致《あびばつち》（自注、ホトケトナルベキミトナルトナリ）にいたるとも、阿惟越致《あゆいおつち》にいたるともときたまふ。即時入必定《そくじにふひつぢやう》ともまうすなり。この真実信楽《しんじつしんげう》は、他力横超《たりきわうてう》の金剛心《こんがうしん》なり」と述べていて、「生彼国者」を「彼ノ国ニ生レントスル者」と読み、この現世で信心を得た者のこととしている。また、『末燈鈔』一の「有念無念事《うねんむねんのこと》」には、「来迎《らいかう》は諸行往生《しよぎやうわうじやう》にあり。自力の行者なるがゆゑに、臨終といふことは、諸行往生のひとにいふべし。いまだ、真実の信心をえざるがゆゑなり。また、十悪・五逆の罪人の、はじめて善知識にあうて、すすめらるるときにいふことばなり。真実信心の行人《ぎやうにん》は、摂取不捨《せつしゆふしや》のゆゑに、正定聚のくらゐに住す。このゆゑに、臨終まつことなし。来迎たのむことなし。信心のさだまるとき、往生またさだまるなり。（中略）この信心を一心といふ。この一心を金剛心といふ。この金剛心を大菩提心《だいぼだいしん》といふなり。これすなはち、他力のなかの他力なり」と明記している。以上の引用によって、親鸞も唯円も、将来、必ず、成仏すべきものと決定している、「正定聚の位に摂めしめ給ひて」を、この現世のことと考え、それを退転することのない境位と自覚していたことになる。「摂む」は、受け入れる、摂取する。「しめ給ふ」は、尊敬。

○命終すれば、もろもろの煩悩・悪障を転じて、無生忍を覚らしめ給ふなり　「命終すれば」は、死にゆけば、死ねば。「悪障」は、仏道を志す者にとって、邪魔し、さまたげになるもの。『海道記《かいだうき》』に、宇度《うど》の浜《はま》の東南にある久能寺《くのうじ》の景観を描いて、「雲船《うんせん》の石神は、山の腰に護りて、悪障を防ぎ、天形の木容は、寺門に納めて、善業《ぜんごふ》をなす」の用例がある。「転ず」は、他動詞で、状態を変える、転換させる。「無生忍」の「無生」とは、不生不滅《ふしやうふめつ》の真理をいい、「忍」は、諦認《たいにん》、即ち、あきらかに認め、さとること。親鸞は、『浄土和讃』の中で、「われも因地《いんぢ》にありしとき、念仏の心《しん》をもちてこそ、無生忍には入《い》りしかば、いまこの娑婆界《しやばかい》にして、念仏のひとを摂《せふ》取《しゆ》して、浄土に帰《き》せしむるなり。大勢至菩薩《だいせいしぼさつ》の、大恩《だいおん》ふかく報ずべし」と記し、その「無生忍」には「フタイノクラヰトマフスナリ。カナラスホトケトナルヘキミトナルトナリ」と注している。この和讃は、『首楞厳経《しゆりやうごんきやう》』に、「我本因地、以念仏心、入無生忍、今於此界、摂念仏人、帰於浄土」（我レ、本《モト》、因地ニシテ、念仏ノ心ヲ以テ、無生忍ニ入《イ》レリ。今、此ノ界ニ於イテ、念仏ノ人ヲ摂《セツ》シ、浄土ニ帰セシムルナリ）とあるのを出典としている。しかし、本文のこの箇所は、弥陀の光明により、「命終すれば」浄土に往生して、無生忍をさとり、不退転の位に達しさせ給うのである、の意となり、決して、現世において、「無生忍」を覚らせ給うことを説いてはいないのである。前の「摂めしめ給ふ」の「しめ給ふ」は尊敬、ここの「覚らしめ給ふ」の「しめ」は使役、「給ふ」は尊敬として、区別して解すべきである。**○この悲願ましまさずは、かかる、あさましき罪人、いかでか生死を解脱すべきと思ひて**「この悲願」とは、「弥陀の光明に照され参らする故に……無生忍を覚らしめ給ふなり」という、衆生を救おうとなされる、慈悲の願い。「ましまさずは」は、あらせられないならば。「かかる、あさましき罪人」は、前の「十悪・五逆の罪人」とあるのを受けずに、直前にある「もろもろの煩悩・悪障」を具足している人間たちのことをかく言ったのである。「生死を解脱す」は、第十一章に、「生死を出づ」とあり、第十三章に、「生死を離る」とあったのと同じく、生れかわり・死にかわって、迷いの世界を経《へ》めぐる束縛から離れ去って、絶対に自由な境地に至ること。『日ポ』には、「Guedat. ゲダッ（解脱） 解放すること、あるいは、自由にすること。仏法語（Bup.）。主要な意味は、さまざまの情欲や邪悪にとらわれない自由さということである」とある。「べき」は、可能の助動詞。　**○如来大悲の恩を報じ、徳を謝すと思ふべきなり**　「如来」は、阿弥陀如来。「大悲」は、大きな慈悲の心。「恩」は、下さった恵み、ありがたさ。「徳」は同じく、下さった恵み、ありがたさ。「恩徳」の二字を二つに分けて用いている。「報ず」は、むくいる、お返しをする、恩返しをする。「謝す」は、お礼する、感謝する、ありがたく思う。これも「報謝」の二字を二つに分けて用いている。

念仏申さん毎《ごと》に罪《つみ》(1)を滅《ほろぼ》さんと信ぜん(2)は、既《すで》に、われと罪《つみ》(3)を消《け》して、往生《わうじやう》せんと励《はげ》むにてこそ候《さうら》ふなれ。もし然《しか》らば、一生《いつしやう》の間《あひだ》(4)、思《おも》ひと思ふこと、皆《みな》、生死《しやうじ》の絆《きづな》にあらざることなければ、命《いのち》(5)尽きんまで、念仏退転《たいてん》せずして、往生すべし。ただし、業報《ごふほう》限《かぎ》りあることなれば、いかなる不思議《ふしぎ》の事《こと》にも逢《あ》ひ、また、病悩《びやうなう》(6)苦痛《くつう》を責《せ》めて、正念《しやうねん》(7)に住《ぢゆう》せずして終《をは》らん、念仏(8)申すこと難《かた》し。その間《あひだ》(9)の罪をば、いかがして滅《めつ》すべきや。罪消《き》えざれば、往生(10)は叶《かな》ふべからざるか。

摂取不捨《せつしゆふしや》の願《ぐわん》を頼《たの》み奉《たてまつ》らば、いかなる不思議ありて、(11)罪業《ざいごふ》を犯《をか》し、念仏(12)申さずして終《をは》るとも、速《すみや》かに、往生《わうじやう》を遂《と》ぐべし。また、念仏(13)の申されんも、ただ今《いま》、覚《さと》りを開《ひら》かんずる期《ご》の近(14)づくに随《したが》ひても、いよいよ、弥陀《みだ》を頼《たの》み、御恩《ごおん》を報《ほう》じ奉《たてまつ》るにてこそ候《さうら》はめ。

罪《つみ》を滅《めつ》せんと思はんは、自力《じりき》の心《こころ》にして、臨終正念《りんじゆうしやうねん》と祈《いの》る人の(15)本意《ほんい》なれば、他力《たりき》の信《しん》心《じん》なきにて候《さうら》ふなり。

（1）ホロホサント（底）ホロボスト（龍）。（2）信センハ（底）信セハ（端・光）。（3）ケシテ（底）キヤシ（龍）。（4）オモヒト（底）思《オモフ》ト（龍）思《オモヒ》ト（端別）。（5）ツキン（底）ツクル（龍）。（6）苦痛ヲ（底）業痛ヲ（毫）苦痛《クツウ》ヲ（妙・端別）苦痛《クフウ》（龍）。（7）住（底）住《ヂユ》（妙・端別）住《チウ》（龍）。（8）マフス（底）マウサン（龍）。（9）ツミヲハ（底）ツミヲ（端・光）。（10）往生ハ（底）往生（毫）。（11）罪業（底）悪業（光）。（12）念仏マフサス（底）念仏セス（龍・端別）。（13）念仏ノ（底）念仏（毫）。（14）チカツクニ（底）チカキニ（龍）。（15）本意（底）モトノコヽロ（龍）本意《ホンイ》（妙）。

〔口訳〕

念仏を申す度《たび》に、自分の罪を消してしまおうと信ずるようでは、まさしく、自分から進んで罪を消し去って、その上で往生しようとつとめることであります。もしも、そのようにつとめるならば、人間の生涯の間に、何を思っても、すべては、生れかわり、死にかわる、迷いの境地にしばりつける束《そく》縛《ばく》でないものはないのであるから、命がなくなる時まで、念仏を中途でやめてしまうことがなくて、往生しなくてはならない。とはいっても、この世で受ける、前世の行いの報いは一定の制約があるのであるから、どのような、思いがけぬ事実にも出逢い、あるいはまた、病の苦悩が心身の苦痛を責め立てて、正しい、乱れぬ、安定した心の状態を保たずに死んでゆくような場合には、念仏を申すことはむずかしくなる。そうした間《あいだ》に犯した罪は、どのようにして消し去ることができるのか。もし、罪が消えてなくならなければ、往生はとげることができないのか。

弥陀の、衆生を浄土に摂《おさ》め取って捨て給わぬ本願をお頼り申し上げるならば、どのような、思いがけぬ事が生じて、罪となる行いを仕出《しで》かして、念仏をとなえないで命《いのち》を終っても、直ちに、浄土への往生をとげるはずである。あるいはまた、今すぐにも、浄土に往生して覚りを開き仏に成ろうとする、死を迎える時期が近づくにつれて、念仏を自然と申すようになるのも、その念仏は、以前よりもますます、弥陀のお力を信頼し、その御恩に報い奉るための念仏なのでありましょう。

一度や十度の念仏によって、自分の罪を消し去ろうと思うようなことは、自己の力を頼む心持であって、それはまた、臨終に際して、正しく、乱れぬ、安定した心で念仏し、往生しようと仏に請い願う人の本心であるから、そのようでは、弥陀の他力への信心がないことなのであります。

〔注釈〕 **○念仏申さん毎に罪を滅さんと信ぜんは** 「申さん」の「ん」は、下の「滅さん」の「ん」とともに、その人の主体的意志を表し、「信ぜんは」の「ん」は、断定を婉曲にして、仮定を表す連体形の用法で、「信ぜんことは」、即ち、信ずるようなことは、の意。 **○既に、われと罪を消して、往生せんと励むにてこそ候ふなれ** 「既に」は、紛れもなく、まさしく、ちょうど。下の「励むにてこそ候ふなれ」の断定的表現と関連している。「われと」は、自分から、自分から進んで、自力で。法然の『拾遺和語燈録』巻下の「往生浄土用心《わうじやうじやうどようじん》」には「或人のもとへつかはす御消息」に、「………さ候へば、のちの世をとぶらひぬべき人候はん人も、それをたのまずして、われとはげみて、念仏申して、いそぎ極楽へまゐりて、五通《ごつう》・三明《さんみやう》をさとりて、六道《ろくだう》・四生《ししやう》の衆生を利益し、父母《ぶも》・師長《しちやう》の生所《しやうしよ》をたづねて、心のままにむかへとらんとおもふべきにて候ふ也」とあり、『日ポ』には、「Vareto. ワレト(我と) 私自身で、または、私が。また、自分自身で、または、おまえが、など。または、彼自身で」とある。「往生せん」も、主体的意志を表す。「励む」は、心をふるい立たせて行う、力を尽して行う。「励むにてこそ候ふなれ」は、「にて候ふなり」を「こそ」で強調した言い方で、即ち、つとめることであります、の意。**○もし然らば**　もしもそうならば、即ち、もしもそのようにはげむならば。**○思ひと思ふこと、皆、生死の絆にあらざることなければ**　「思ひと思ふこと」の「と」は、同じ動詞と動詞との間に用いて、その動詞の意味を強調する格助詞。「ありとある人」「生きとし生けるもの」のように用いられ、お伽草子《とぎぞうし》の『小《こ》町草紙《まちざうし》』には、「女は罪深くして、業障《ごつしやう》の雲あつく、真如《しんによ》の月も晴れやらず、心の水も濁りつつ、思ひと思ふことは、悪業《あくごふ》・煩悩《ぼんなう》の絆《きづな》なり」とある。「思ひと思ふこと」は、思うことのすべて、何を思ってもみな。「生死の絆」は、生れかわり、死にかわる、迷いの境地にしばりつける束縛《そくばく》・拘束《こうそく》。『日ポ』に、「Qizzuna. キヅナ(絆) 係累、または、拘束。ただし、精神的な事柄にしか用いられない」とある。「絆」は、元来、馬の足にからめてしばる紐《ひも》。「にあらざることなければ」は、いわゆる二重否定による肯定であって、でないことはないから、であるから。**○念仏退転せずして、往生すべし**　「退転」は、仏語で、既に修証した位地を退失して、その位地を転変すること、菩提を求める心を失って、それまでに獲得した悟りの位や修行の境地などから後もどりすること。『日ポ』に、「Taiten. タイテン（退転）すなわち、Tayuru.（絶ゆる）中絶すること、または、消え去ること。例、Imamade tçutaye qitatta cotoua taitenxita.（今まで伝え来たつた事は退転した）今まで相伝によって伝わって来た事は、中絶した、または、途絶えた」とある。「往生すべし」は、往生しなくてはならぬ。「べし」は、当然。**○ただし、業報限りあることなれば**　「ただし」は、副詞「ただ」の意味を副助詞「し」で強めた形で、とはいっても、もっとも、の意。下に、例外となる事項を述べるための接続詞となっている。「業報限りあることなれば」は、「業報」、即ち、前世の業因によって現れる、この世で受ける、苦・楽の果報というものには、一定の制約があることであるから、即ち、過去に造った業因でその報いはきまってしまうことだから、の意。「限りある」は、一定の限度がある。そこで、信心がどんなに深くても、臨終に正しい気持を保持できず、あさましい死に方をするかも知れないという事実を以下に述べるのである。

○いかなる不思議の事にも逢ひ、また、病悩、苦痛を責めて、正念に住せずして終らん、念仏申すこと難し 「不思議の事」は、思いもかけない事件、予想外の事実、不慮の事故。『日ポ』に、「Fuxigui. フシギ（不思議）Vomoi facarazu.（思ひ議《はか》らず）驚くべきこと、思いがけないこと。例、Fuxigui ideqitaru.（不思議出で来たる）奇蹟的な思いがけない事が起こった」とある。「逢ふ」は、出くわす、遭遇する、偶然出合う。「も」は、強意の助詞。「病悩」は、病気になって苦しむこと、病気に悩むこと。『日ポ』に、「Biŏnŏ. ビャゥナゥ（病悩）すなわち、Vazzurai nayamu coto.（煩ひ悩むこと）病気から来る苦しみ、悩み」とある。「苦痛を責む」は、「病悩」が身心の苦痛を責め立てる。『日ポ』に、「Xeme, ru, eta. セメ、ムル、メタ（責・攻め、むる、めた）責め苦しめる、または、攻め戦う、または、圧迫する」とある。「正念」は、臨終正念のことで、死にぎわに、心が惑乱せず、安定・平静な状態にあること、雑念を払って、心の安定した状態。『平家物語』巻三「医師問答《いしもんだふ》」に、「同《おなじき》七月廿八日、小松殿《こまつどの》（注、平重盛）出家し給ひぬ。法名《ほふみやう》は浄蓮《じやうれん》とこそつき給へ。やがて、八月一日、臨終正念に住して、遂《つひ》に失せ給ひぬ」とある。『日ポ』には、「Rinjŭ xŏnen.（臨終正念）思慮分別が完全で惑乱することなく死ぬこと」とある。「住す」は、とどまる、状態を保つ。『日ポ』に、「Giŭxi, uru, ita. ヂュゥシ、スル、シタ（住し、する、した）居住する」とある。「終る」は、死ぬ、みまかる。『日ポ』に、「Goxŏuo negŏte tçuini bujini vouatta.（後生を願うて遂に無事に終つた）Feiq.（平家）巻二。霊が救済されることを願いながら、安らかに果てた」とある。「終らん」は、「終らんに」を略した形で、『徒然草』の第五十九段に、「年来《としごろ》もあればこそあれ、その事待たん、程あらじ」とあるのも、「待たんに」を略した形である。

○その間の罪をば、いかがして滅すべきや。罪消えざれば、往生は叶ふべからざるか 「その間」は、「いかなる不思議の事にも逢ひ、また、病悩、苦痛を責めて、正念に住せずして終らん」間をいう。その間は、「念仏申すこと難し」という、窮した身心の状態であるために、念仏を何度も称《とな》えて、「念仏申さん毎に罪を滅さん」とすることは、しようにも不可能になる。「その間の罪をば、いかがして滅すべきや」は、その期間内の罪は、どのようにして消し去ることができるか。「罪消えざれば、往生は叶ふべからざるか」は、もしも、臨終における念仏によって、罪が消えてなくならなければ、往生をとげることはできないのか。「叶ふ」は、第十三章の初めに既出。

○摂取不捨の願を頼み奉らば　「摂取不捨の願」は、弥陀があらゆる衆生を浄土に摂《おさ》め取って、捨て給わぬという本願・誓願。「摂取不捨」の語だけは、第一章に既出。『日ポ』には、「Xexxu. セッシュ（摂取）Vosame toru.（摂め取る）わが手に収めて付き従わせること。たとえば、仏（Fotoques）が世間や人間を救済するために、そうすることについて言う。Xexxu fuxa.（摂取不捨）人間、または、世間を救うために、それを見捨てることなく、付き従わせて手元においていること」とある。「頼み奉らば」は、お頼り申し上げるならば。**○いかなる不思議ありて、罪業を犯し、念仏申さずして終るとも、速かに、往生を遂ぐべし**　この叙述は、この直前の段落に対決する立場で書かれていることが注意される。「不思議ありて」は、思いもかけぬことが生じて。前には、「いかなる不思議の事にも逢ひ」とあった。「罪業を犯す」は、罪悪のこもる行為を仕出かす。「念仏申さずして終る」は、念仏をとなえないで死んでゆく。前の「正念に住せずして終らん、念仏申すこと難し」に対しての言葉である。「速かに」は、直ちに、即ち、死する瞬間に。親鸞は、『一念多念文意』において、『無量寿経』の「即《そく》得往生《とくわうじやう》」の句に注して、「即は、すなはちといふ。ときをへず、日をもへだてぬなり」と記している。「遂ぐべし」は、とげるはずである。「べし」は、当然。**○念仏の申されんも**（A）、**ただ今、覚りを開かんずる期の近づくに随ひても**（B）、**いよいよ、弥陀を頼み、御恩を報じ奉るにてこそ候はめ**（C）　このセンテンスを右のようにA・B・Cに区分する時、わたくしは、順序を変えて、B・A・Cの順に理解してゆくのが正しいと考えるのである。「口訳」を参照されたい。「ただ今、覚りを開かんずる期」は、親鸞の信仰では、第五章に、「ただ、自力を捨てて、急ぎ、覚りを開きなば」とあり、第四章には、「浄土の慈悲といふは、念仏して、急ぎ仏に成りて」とあって、覚りを開いて仏と成ることは、現世のことではなくて、浄土に往生してのことである。これを、第十五章では、「来生《らいしやう》の開覚《かいかく》」と言っている。したがって、今すぐにも、浄土に往生して、覚りを開いて仏と成ろうとする時期とは、現世を去って、死を迎える時、の意である。「期」は、呉音で、時の意。「最期《さいご》」という語にも使われている。「近づくに随ひても」は、死んで往生する時が近づいてくるのにつれて。「も」は、強意・強調の助詞。（以上がB）。「念仏の申されんも」は、臨終に近づく時に、念仏を自然ととなえるようになることも。「れ」は、自発の助動詞。「申されんも」の「も」も、強意。第十一章に、「念仏の申さるるも如来の御計ひなりと思へば」とあった。（以上がA）。「いよいよ」は、その上に、ますます、前よりも一層。「弥陀を頼み、御恩を報じ奉るにてこそ候はめ」は、本章で前に出ていた、「一生の間、申す所の念仏は、皆、悉く、如来大悲の恩を報じ、徳を謝すと思ふべきなり」と同じく、現世において行ずる念仏に新しい意義を与えるものである。そして、ここは、「御恩を報じ奉る（念仏）にてこそ候はめ」と語を加えて解すべき所と思われる。「にてこそ候はめ」は、「にて候はむ」を「こそ」で強調した語法。（以上がC）。

○罪を滅せんと思はんは、自力の心にして、臨終正念と祈る人の本意なれば、他力の信心なきにて候ふなり。

「罪を滅せんと思はんは」は、上に「一念・十念の念仏により」の如き語句を略した言い方である。この「滅せんと思はんは」は、この章の冒頭の「八十億劫の重罪を滅すと信ずべし」とあるのを受けているのであって、「滅せん」は、強い意志の表現。「自力の心にして」は、自力の心であって。師の親鸞の主唱する他力に違反することを指摘している。「臨終正念と祈る人」の「臨終正念」については、先に説明した。「祈る」は、神仏（この場合は仏）に請い願う。「本意」は、第三章・第十二章に既出、本心、真実の願い。「他力の信心」は、他力への信心。「なきにて候ふなり」は、ないのであります。

〔解説〕

この章は、十悪・五逆の重罪を犯した人が臨終に際して、一念・十念（一度・十度）の念仏を申すことによって、あらゆる重罪を滅して往生できるということを信ぜよという異義に対する批判であって、かかる、滅罪の利益を目的とする念仏を自力によるものと認めて、著者唯円の批判は展開してゆくのである。

《解釈》

主題

大罪人でも、臨終に初めて念仏すれば、重罪を滅して往生し得るとする異義の批判。

構想

（一）大罪人でも、臨終に初めて念仏すれば、重罪を滅して往生し得るとする異義の、我等が信心に及ばぬ浅薄さ。

（二）弥陀から固い信心を賜わった者が、命終の際に開ける最高の悟りと、この生涯においてとなえるべき、如来の恩徳への報謝の念仏。

（三）臨終における、滅罪の利益を目ざす念仏と、仏恩報謝のための念仏との差違。

（四）自力により、滅罪のために念仏し、臨終正念を祈る人には、認められない他力の信心。

この構想は、（一）において、第十一章以後の三章においては見られなかった、異義の詳しい説明があった上に、(二)では、我等の固い信心が、命終に際して、いかなる境地が開けるか、また、この世にある間の念仏は、いかなる意義において行わるべきかを述べて、(一)と対比させている。かくして、(三)になると、臨終における、(一)と(二)に述べられた念仏の上に、自力と他力の差違が明白に認められることを論じ、(四)では、臨終に罪を滅しようとする、自力の念仏には他力の信心の認められぬことを指摘して、一章を完結させている。

叙述

〔一念に八十億劫の重罪を滅すと信ずべしといふ事。〕――「一念」、即ち一回・一声の念仏によって、八十億劫もの無限の長い間、苦しまなくてはならぬ重い罪をなくすと信ぜよという、まことに都合のよい異義がまず挙げられている。念仏者の間に、かかる異義が、悪人でも往生できるという浄土教の教義を奉じていることから発生して来たことが推測される。しかし、この異義は余りに簡潔に過ぎることから、著者は、その意味をもっと詳しく説明する、次の叙述を加えてゆくのである。

〔この条は、十悪・五逆の罪人、日ごろ、念仏を申さずして、命終の時、初めて、善知識の教へにて、一念申せば、八十億劫の罪を滅し、十念申せば、十八十億劫の重罪を滅して、往生すと言へり。〕――この叙述によって、「八十億劫の重罪」とあったのは、「十悪・五逆」という、仏教が挙げている、最も重い罪を犯したことを意味していることがわかる。そういう重罪人はいかにして救われるかという問題に対して、次のような解決策が提示され、それが著者唯円の批判の対象となってくるのである。そこには、「日ごろ念仏を申さずして」とあるように、平常、念仏を保持せぬ生活を続けていて、「命終の時、初めて、善知識の教へにて」とあるように、この世の生の終る時に、生れてから初めて、善知識の教えによって、やっと、一度の念仏で八十億劫にわたる、十度の念仏によって、その十倍の十《と》八十億劫にわたる、巨大な重罪を滅して、それにより往生することを言っているのである。「命終の時、初めて」といい、「善知識の教へにて、一念申せば」という言い方に、いかに安易な、都合のよい念仏であるか、いかに勧誘された、方便としての念仏であるかが指摘されているのである。唯円は、注釈に引いた、『観無量寿経』の、「下品下生」について述べられた仏説を知っていて、かく書いたのであろうが、そこには、「八十億劫」の滅罪はあっても、「十八十億劫」の滅罪については書かれていないことが注意される。それで、彼の確固たる信心が、仏説をも越えて、以下の批判を敢えてせざるを得なかったのではあるまいか。

〔これは、十悪・五逆の軽重を知らせんがために、一念・十念と言へるか。〕——臨終を迎えた重罪人に、一回、もしくは十回の念仏を勧める「善知識」の心理への著者による推測であるが、『観無量寿経』の「下品下生」の説は、注釈に引用したように、「此ノ如キノ愚人、命終ノ時ニ臨ミテ、善知識ノ、種々ニ安慰シテ、為ニ妙法ヲ説キ、教ヘテ念仏セシムルニ遇ハン。此ノ人、苦ニ逼《せ》メラレテ、念仏スルニ遑《イトマ》アラズ」とあって、この念仏は、称名と区別される、観念念仏のことである。続いて、「善友告ゲテ言ハク、『汝、若シ、念ズルニ能ハズハ、応ニ無量寿仏ト称スベシ』ト」ともあって、ここにも念仏と称名との区別が明らかに示されている。さらに、「是ノ如ク、心ヲ至シテ、声ヲシテ絶エザラシメテ、十念ヲ具足シテ、南無阿弥陀仏ト称セシム。仏ノ名ヲ称スルガ故ニ、念々ノ中ニ於イテ、八十億劫ノ生死ノ罪ヲ除ク」とあって、「念」即ち観念念仏と「称」即ち称名とが区別されていて、ここに書かれている「善知識の教へ」とは異なっていることが注意される。しかし、結果としては、

「十悪・五逆」という罪が人間にとっていかに重大な罪悪であるかを罪人に知らしめるとともに、念仏の回数によって、その罪を離脱し得るというように形式化していることが、著者の批判の対象となっていることがわかる。

〔滅罪の利益なり。未だ、我等が信ずる所に及ばず。〕――著者は、かかる、重罪人の臨終の念仏のめざす所が、「滅罪の利益」、即ち、自己の念仏する力に頼って、罪を滅ぼして、往生する利益を得ることにあると言うのである。それが、「我等が信ずる所」には及ばぬと言っているのであるから、この「我等」は、唯円個人とは言えない、ある程度の数の信者仲間・同行の存在を考えなくてはならないことになる。そして、この短い評言がいかに展開して、この一章の全体を構成してゆくかに、当時の読者の関心をひきつけるものがあったに違いない。

〔その故は、弥陀の光明に照され参らする故に、一念発起する時、金剛の信心を賜はりぬれば、既に、定聚の位に摂めしめ給ひて、命終すれば、もろもろの煩悩・悪障を転じて、無生忍を覚らしめ給ふなり。〕――ここから、構想の（二）に入る。「その故は」とあるのによって、以下の叙述に、著者の信心にもとづく批判の展開が予想されるのであるが、第一部に五回も現れていた、この句は、第二部に入ってから現れたのはここが最初である。そして、著者は、以下、格調の高い文体によって、本願の他力に頼る信心がいかなるものかを述べてゆくのである。そのうち、「弥陀の光明に照され参らする故に、一念発起する時、金剛の信心を賜はりぬれば」には、弥陀の絶対的な慈悲にもとづく、信心の成立が、「既に、定聚の位に摂めしめ給ひて」には、弥陀の力によって、この世で、既に、臨終を待たずに、正定聚の位に住し得ることが、「命終すれば、もろもろの煩悩・悪障を転じて、無生忍を覚らしめ給ふなり」には、死によって、「無生忍」という最高の悟りが開けてくることが、それぞれ、力をこめて説かれている。著者唯円の批判は、各章において、第一に、弥陀の誓願・悲願、第二に、師親鸞の言葉にもとづいて展開しているが、ここでも、信心は、「弥陀の光明に照され参らする故に」とあって、すべては、弥陀の力によるものであることを明記している。この、強靭にして明確な文体にこそ、著者の信心の態度の純一さ・堅固さがよく現れていると言うべきであろう。

「この悲願ましまさずは、かかる、あさましき罪人、いかでか生死を解脱すべきと思ひて、一生の間、申す所の念仏は、皆、悉く、如来大悲の恩を報じ、徳を謝すと思ふべきなり。」——この叙述にも、上を受けた、同じく力感ある文体の発揮が認められる。注目すべきは、「あさましき罪人」とあるのは、「十悪・五逆の罪人」のことではなくして、前の段落に、「我等が信ずる所に及ばず」とあった、その「我等」を意味していることである。あるいは、「もろもろの煩悩・悪障」を具足している「我等」のことともなる。そして、そういう人間たちが、「この悲願ましまさずは」という仮定条件を挙げて、「いかでか生死を解脱すべき」という、反語による強調を「と思ひて」と受けた後、「一生の間、申す所の念仏」の意義を、「如来大悲の恩を報じ、徳を謝すと思ふべきなり」という、如来の恩徳への報謝に見いだしているのは、第一部の親鸞の遺語の十章には見られない所である。(『歎異抄』以外の親鸞の著述には存するが。)この報謝の念仏こそ、上述の「十悪・五逆の罪人」の命終の時の念仏には絶対に認められないものである。その念仏を「皆、悉く」と強調し、前文の「覚らしめ給ふなり」に応じて、「徳を謝すと思ふべきなり」と結んで、論証的表現を強化していることが認められる。この段落を通じて、著者が、心を潜め、思いを澄まして、かかる充実し、緊張した和漢混淆文体を形成している態度を確立させていると言うべきであろう。そして、他力の信心を保持する人間の、この世における生き方を導くものこそ、この「仏恩報謝の念仏」であることを思わしめるものがある。

〔**念仏申さん毎に罪を滅さんと信ぜんは、既に、われと罪を消して、往生せんと励むにてこそ候ふなれ。**〕——文体はこの構想（三）から一転換して、読者の存在を意識して、「候ふ」の語が使われるに至っている。そして、唯円は、最初に挙げた、臨終に際しての滅罪の利益を目ざす念仏の行き方を拡張して、以下、一般に、「念仏申さん毎に罪を滅さん」とする信心を批判してゆくのである。著者によれば、かかる信心は、「既に、われと罪を消して、往生せんと励む」意志にもとづくものであって、これこそ、言い換えれば、自力的、聖道門的精進に外ならない。そこで、かかる精進を続けるとなると、次のような問題が必然的に生起してくるというのである。

〔**もし然らば、一生の間、思ひと思ふこと、皆、生死の絆にあらざることなければ、命尽きんまで、念仏退転せずして、往生すべし。**〕——著者は、ここに、かかる自力的信心について「一生の間、思ひと思ふこと、皆、生死の絆にあらざることなければ」といって、人間の「思ふ」働きのすべてが、「生死の絆」、即ち迷いの境地にとどまる外はないことを指摘し、「命尽きんまで、念仏退転せずして、往生すべし」といっているが、この「念仏」は、勿論、「滅罪のための念仏」に外ならない。それを「命尽きんまで、念仏退転せずして」持続した上で、「往生」しなくてはならぬことになる。が、そういうことは、果して可能であろうか。「一生の間」には、それを不可能にする事実が存するのではないかという考えから、かかる念仏のための滅罪に、次のような事例を挙げるのである。

〔**ただし、業報限りあることなれば、いかなる不思議の事にも逢ひ、また、病悩、苦痛を責めて、正**

念に住せずして終らん、念仏申すこと難し。その間の罪をば、いかがして滅すべきや。罪消えざれば、往生は叶ふべからざるか。〕——著者は、ここに、第十三章に展開させた業報・業縁の道理を再び用いて、「業報」の「限り」、即ち制約の限度内においては、「いかなる不思議の事にも逢ひ」、即ち、どのような、不慮の出来事に遭遇したり、あるいはまた、「病悩、苦痛を責めて」、即ち、病苦が身心を苦しめたりするかも知れないという事例を挙げて、そうなったならば、臨終に当り、「正念に住せずして終らん」というような状態に陥らざるを得なくなる。そして、この場合は、「念仏申すこと難し」という事態に迫られるのである。そこに、「命尽きんまで、念仏退転せずして、往生すべし」という、自力で精進して、滅罪を目的とする念仏の陥るべき自己矛盾が見いだされるわけである。続く、「その間」とは、「いかなる不思議のことにも逢ひ、」「病悩、苦痛を責めて」「正念に住せずして終らん」までの期間をいうのであって、その期間だけは、人間である限り、「念仏申すこと難し」という状態を続ける外はないことになる。つまり、滅罪のための念仏を申すことが困難な状態・期間になる。自力的、聖道門的念仏の陥り易い、この自己矛盾を著者は指摘した上で、「罪消えざれば、往生は叶ふべからざるか」と言っているが、この「罪」は、「念仏申さん毎に罪を滅さん」「われと罪を消して」という時の「罪」であり、「命尽きんまで、念仏退転せずして」消そうとする「罪」に外ならない。それを消さない限り、往生できぬとならば、不慮の事故や重病に苦しむ者には、往生は不可能となる外はない。「罪消えざれば、往生は叶ふべからざるか」の一句は、滅罪のための念仏を願い、主張する異義・異端に対する、唯円の鋭い問い詰めと言ってよいであろう。

〔摂取不捨の願を頼み奉らば、いかなる不思議ありて、罪業を犯し、念仏申さずして終るとも、速か

に、往生を遂ぐべし。」――自力的な、滅罪のための念仏がいかに実行するのに困難であるかを説いた前段落の叙述を受けて、その困難さが「業報」にもとづくことをはっきりと自覚している著者は、「いかなる不思議ありて、罪業を犯し、念仏申さずして終るとも」と、「業報」の現れを挙げて、それを超越する道は、「摂取不捨の願を頼み奉らば……速かに、往生を遂ぐべし」と言い切っている。この「遂ぐべし」という当然の助動詞の使い方は、前の段落の、「命尽きんまで、念仏退転せずして、往生すべし」が、同じく当然の助動詞で終っているのと、表現上、著しい対照をなしていることがわかる。そして、前段落の、「いかなる不思議の事にも逢ひ」の意味が、ここの「いかなる不思議ありて、罪業を犯す」ことにも関連していることが判明する。また、ここに、「速かに」とあるのも注目される。それは、注釈に記したように、親鸞の用語で言えば、「即ち」というに近い。

〔また、念仏の申されんも、ただ今、覚りを開かんずる期の近づくに随ひても、いよいよ、弥陀を頼み、御恩を報じ奉るにてこそ候はめ。〕――この叙述は順序がやや混乱しているので、注釈と口訳とに記したように、句の順序を変えて、「また」「ただ今、覚りを開かんずる期の近づくに随ひても」「念仏の申されんも」「いよいよ、弥陀を頼み、御恩を報じ奉るにてこそ候はめ」と整《ととの》える必要があると思う。この「悟りを開かんずる期の近づくに随ひても」は、開覚して仏と成り、浄土に往生する時、即ち、臨終の時期の近づくにつれての意であって、そういう時期において、もし、「念仏」が口をついて自然に申されるようになるのも、その「念仏」は、滅罪を願うそれではないのであって、「いよいよ、弥陀を頼み、御恩を報じ奉る」、即ち、前にあった、「如来大悲の恩を報じ、徳を謝す」る、報謝のためのそれに外ならないし、その続きであるというのである。それを断定せずに、やや推量的に、そして丁寧に、「……にてこそ候はめ」と言っているのが、著者の立場である。なぜならば、こういう念仏は、彼においても、将来、自身の臨終において経験するはずのことなのであるから。ここにも、唯円の態度の慎重さが認められる。そして、かく、この段落を結んでいることによって、直前の段落の表現とますます対照的となり、構想の（三）の叙述の密度を濃くしていることが指摘できるのである。

〔**罪を滅せんと思はんは、自力の心にして、臨終正念と祈る人の本意なれば、他力の信心なきにて候ふなり。**〕――この構想（四）が、本章の冒頭に置かれた、「一念に八十億劫の重罪を滅すと信ずべしといふこと」とあるのが、なぜ、「滅罪の利益なり。未だ、我等が信ずる所に及ばず」なのかに対する、著者の批判の結論的叙述である。この「我等が信ずる所」とは、他力的な、弥陀の恩徳への報謝のための念仏を申すことに外ならない。これに比べれば、念仏によって「罪を滅せんと思」ふ「心」は、自力的立場に留まってしまうし、それはまた、「臨終正念と祈る人の本意」、即ち自力的意志に外ならず、結局、そうした念仏は、一念（一度）申しても、十念（十度）申しても、「他力の信心なきにて候ふなり」という断定的判定を導き出すことになってしまうという。この「候ふなり」には、丁寧に言って、却って、念仏滅罪の異義を言い立てる人たちに、深刻な反省を与えようとする、著者の心用意が窺《うかが》えるように思われる。

この章においては、構想の（一）において、「一念に八十億劫の重罪を滅すと信ずべしといふ事」という異義を掲げた後に、その異義の意味を詳しく説明していることが、第二部の中では、特に目立っていると言えよう。平常、念仏を申さぬ「十悪・五逆の罪人」でも、「命終の時、初めて、善知識の教へ」によって、「一念」「十念」の念仏を申すならば、「重罪を滅して、往生す」というのが、その趣旨であるが、これに対して、著者は、「これは、十悪・五逆の軽重を知らせんがために、一念・十念と言へるか。滅罪の利益なり」と評した後で、「未だ、我等が信ずる所に及ばず」という、決然たる意志を示して、以下の批判を展開させてゆくのである。

本章の文芸的意義としては、第一に、信心と念仏とにもとづく往生の道が、著しく高揚した感動・感激を以て叙述されている所に認められる。構想の（二）において、「弥陀の光明に照され参らする故に、一念発起する時、金剛の信心を賜はりぬれば、既に、定聚の位に摂めしめ給ひて」という文体の荘重にして厳粛なひびき、「命終すれば、もろもろの煩悩・悪障を転じて、無生忍を覚らしめ給ふなり」という、他力の往生によって開けてゆく境地を「理《ことわり》」として道破している力強さ、それを受けて、「この悲願ましまさずは、かかる、あさましき罪人、いかでか生死を解脱すべき」という、信念をこめた反語的表現の有力さ、それから生れてくる、本書中初めて現れた、「一生の間、申す所の念仏は、皆、悉く、如来大悲の恩を報じ、徳を謝すと思ふべきなり」という、如来の恩徳への報謝の念仏の提唱、それも、前の「無生忍を覚らしめ給ふなり」に応じて、「徳を謝すと思ふべきなり」と断言しているのであって、この充実し、緊張した、一言一句の運びに、「未だ、我等が信ずる所に及ばず」と述べた自信が力強く展開しているのを見るのである。わたくしは、ここの叙述の上に、著者唯円の、和漢混淆文体をみごとに駆使している自在さが認められるように思われる。

ところが、構想の（三）に入ると、著者は、（二）に述べた所を批判の基準として、直ちに、臨終における念仏による滅罪を説く人々に迫って、その邪説を破砕しようとしていることは、「候ふ」という語を用いていることによっても明らかである。そして、かかる異義の中に、「既に、われと罪を消して、往生せんと励むにてこそ候ふなれ」というように、自力の意志を含んでいることを衝《つ》いているし、「命尽きんまで、念仏退転せずして、往生すべし」「いかなる不思議の事にも逢ひ、また、病悩、苦痛を責めて、正念に住せずして終らん、念仏申すこと難し」「その間の罪をば、いかがして滅すべきや」という、その、当然考えられるべき自己矛盾を指摘した上で、「罪消えざれば、往生は叶ふべからざるか」という、急所を衝いた一撃を加えているのであって、念仏による滅罪を所期しつつ、まことには、完全な滅罪の不可能なことを自覚していない、異義を唱える人々をよく説得していると言えよう。

以上の叙述と対照的に、著者は、「摂取不捨の願を頼み奉らば」という条件を前提として、「いかなる不思議ありて、罪業を犯し、念仏申さずして終るとも、速かに、往生を遂ぐべし」という「理」を述べ、続いて、恩徳報謝の念仏の意義をもう一度改めて提唱して、臨終に際しての、自力による滅罪の念仏と、他力による報恩の念仏との違いを強調しているのは、鮮やかな批判的叙述の確立である。そして、構想の（四）の、「……他力の信心なきにて候ふなり」という、断乎とした結論を導き出すに至っている。

第二には、臨終における、念仏による滅罪を唱える人々の心理を推測し、的確に分析していることである。特に、（一）の、「日ごろ、念仏を申さずして、命終の時、初めて、善知識の教へにて、一念申せば」や、「これは、十悪・五逆の軽重を知らせんがために、一念・十念と言へるか」の如きに、かかる異義の内に潜む、信心の無さや教導の浅薄さが剔抉《てっけつ》されている。（三）においても、「念仏申さん毎に罪を滅さんと信ぜんは、既に、われと罪を消して、往生せんと励むにてこそ候ふなれ」といい、「もし然らば、一生の間、思ひと思ふこと、皆、生死の絆にあらざることなければ、命尽きんまで、念仏退転せずして、往生すべし」といい、「その間の罪をば、いかがして滅すべきや。罪消えざれば、往生は叶ふべからざるか」といい、相手の心理を洞察して鮮《あざや》かに分析し、それが異義批判をますます不動なものにしていることが認められる。この分析力は、末尾の、「罪を滅せんと思はんは、自力の心にして、臨終正念と祈る人の本意なれば、他力の信心なきにて候ふなり」にまで及んでいるのである。

臨終において、正念に住して念仏を称《とな》えれば、いかなる罪をも滅して、往生できるとする思想は、注釈に記したように、遠く『観無量寿経』に発し、中国の浄土教を経て、平安朝中期の名僧、源信僧都の『往生要集』にも述べられて、大きな影響の跡を残している。『大鏡』巻四に伝えている、藤原道隆の臨終、『栄花物語』の「鶴の林」に記されている、藤原道長の臨終も、いずれもかかる念仏にかかわっている。また、性照法師《しようしようほうし》（平康頼《たいらのやすより》）の『宝物集《ほうぶつしふ》』にも、『往生要集』の影響は深く、「浄土に往生すべき十二門」の中には、「第九、臨終の悪念をとどめて、仏道を成るべし」「第十、善知識にあひて、仏に成るべし」「第十二、弥陀を称念して、仏道を成るべし」の如き法門を挙げているし、その第十の中には、「たとへ、一生涯の間、十悪・五逆を犯せる人なりとも、命終の時は、阿弥陀仏の名号を十念成就して、極楽に往生すといへり。善知識に逢はずは、十念具足せんこと、難《かた》く侍《はんべ》るべし」とある。下って、『平家物語』の中には、臨終正念の念仏を願った人として、俊寛僧都・平重盛（以上、巻三）・平維盛（巻十）や、安徳天皇・平宗盛・平重衡《しげひら》（以上、巻十一）・建礼門院（灌頂巻《くわんぢやうのまき》）等々の人々が見いだされる。それほど、臨終の一念の念仏によって往生を遂げようとする考え方は世間に瀰漫《びまん》していたのであって、法然・親鸞らの革新的な浄土教の流布によっても消滅することなく、遙かに後世の、近世江戸文芸の中に、例えば、近松門左衛門の浄瑠璃の「心中物」の中にまで伝来されているのである。そういう勢いの中で、著者唯円が、自己の他力の信心に徹して、この一章に、かかる方便的で安易な、臨終の念仏による滅罪の説を根本から論破していることの意義の重大さを、切に思わずにはいられないものがある。

この第十四章と第一部の第四章との、直接の関連はない。第四章では、浄土門の慈悲の問題が大きく取り上げられているのであって、本章のように、念仏における、自力と他力との違いが説かれているのではない。わたくしは、もし、本章の根拠を求めてゆけば、第一章こそ、真実なる、他力の信心と念仏とを説いている点において、そこに行きつくものと考えるのである。また、「煩悩・悪障」や「罪業」や「業報」が、本願を信ずることによって「往生」のためには無力となるという著者の信念は、前の第十三章において特に力説されていることをも忘れてはならないと思うのである。

第十五章

一　煩悩具足《ぼんなうぐそく》の身《み》を以《もつ》て、既《すで》に、覚《さと》りを開《ひら》くといふ事。この条《でう》、以《もつ》ての外《ほか》の事に候《さうら》ふ。即身成仏《そくしんじやうぶつ》は、真言秘教《しんごんひけう》の本意《ほんい》、三密行業《さんみつぎやうごふ》の証果《しようくわ》なり。六根清浄《ろつこんしやうじやう》は、また、(1)法花一乗《ほつけいちじやう》の所説《しよせつ》、四安楽《しあんらく》の行《ぎやう》(2)の感徳《かんとく》なり。これ皆《みな》、難行《なんぎやう》・上根《じやうこん》の勤《つと》め、観念成就《くわんねんじやうじゆ》の覚《さと》りなり。来生《らいしやう》の開覚《かいかく》は、他力《たりき》・浄土《じやうど》(3)の宗旨《しゆうし》、信心決定《しんじんけつぢやう》(4)の通故《つうこ》なり。これまた、易行《いぎやう》・下根《げこん》の勤《つと》め、不簡善悪《ふけんぜんまく》の法《ほふ》なり。

（1）法花一乗（底）法華一乗（端・毫・光）法華一乗《ホフクヱイチジヨウ》（妙）法花一乗《ホフクヱイチジヨウ》（龍・端別）。（2）感徳（底）威徳《ヰトク》（妙・龍）感徳《カントク》（端別）。（3）宗旨（底）宗旨《シユシ》（妙・龍・端別）。（4）通故ナリ（底）道ナルカユヘナリ（端・毫・光・妙・龍・端別）。

〔口訳〕

一　心の汚れを充分にそなえ持っている、この身でもって、完全に、覚りを開いて仏に成るということ。このことは、とんでもないことであります。

現世の肉身のままで仏と成る即身成仏は、真言宗の密教の根本となる教理であり、身《しん》・口《く》・意《い》の三つの行為による修行によって、結果として獲得した悟りなのである。同じく、人間の六つの器官を浄化する六根清浄は、『法華経』に説く唯一・無上の教えであり、四つの、身心に安楽をもたらし、自《じ》行化他《ぎょうけた》の修行を進めた結果、身に受ける功徳《くどく》である。これらはすべて、難行道において、器量のすぐれた人の修行することであり、心を静めて、仏体を観察し、仏法の真理を思念することをなしとげた覚りである。これに対し、来世に生れて覚りを開き仏と成ることは、他力にもとづく浄土門の主要なる教義であって、信心が固く定まる、一定の道理である。これはしかし、易行道において、器量の劣った人の修めるべき行《ぎょう》であり、善・悪の人をお簡《えら》びにならないという、弥陀の教えなのである。

〔注釈〕　**○煩悩具足の身を以て、既に、覚りを開くといふ事**　「煩悩具足」は、第三章・第九章に既出。「身を以て」は、身で、身によって、身でもって。この「身」は、心に対するそれではなくて、身と心とを統一した、人間的存在の全体性を言う。「既に」は、第十二章・第十四章に見えているが、ここでは、完全に、全くの意で、下の「開く」を限定する。「覚りを開く」は、底本には「サトリヲヒラク」とあって、仏法でいう「転迷開悟」、もしくは「開覚」に当る。その「覚り」は迷いを脱して仏道の真理を体得し、生死の世界を超越すること。**○以ての外の事に候ふ**　「以ての外の事」は、とんでもないこと、実にけしからぬこと。『日ポ』に、「Motteno foca. モッテノホカ（以ての外）副詞。大きな（こと）、または、並外れた（こと）」とある。「に候ふ」は、「にて候ふ」と同じで、でありますの意。**○即身成仏**　この現世の肉身のままで仏に成ること。真言宗の開祖、弘法大師空海の『即身成仏義』に説かれている教理で、その中に、『菩提心論』から「若人求仏慧、通達菩提心、父母所生身、速証大覚位」（若《モ》シ、人、仏慧《ブツヱ》ヲ求メテ、菩提心《ボダイシン》ニ通達《ツウタツ》スレバ、父母《ブモ》所生《シヨシヤウ》ノ身ニ、速《スミヤ》カニ大覚《ダイカク》ノ位《クラヰ》ヲ証《シヨウ》ス）の句を引用している。聖覚《せいかく》の『唯信鈔《ゆいしんせう》』の初めには、「夫《それ》、生死《しやうじ》をはなれ、仏道をならむとおもはむに、ふたつの道あるべし。ひとつには聖道門、ふたつには浄土門なり。聖道門といふは、この娑婆《しやば》世界《せかい》にありて、行《ぎやう》をたて、功をつみて、今生《こんじやう》に証《しよう》をとらむとはげむなり。いはゆる真言《しんごん》をおこなふともがらは、即身に大覚《だいかく》のくらゐにのぼらむとおもひ、法華をつとむるたぐひは、今生に六根の証をえむとねがふなり」とある。**○真言秘教の本意、三密行業の証果なり**　「真言秘教」は、真言宗の秘密の教え。その真言宗は、仏教の全体を顕教《けんぎよう》（衆生の機に応じて、顕《あら》わに、わかりやすく説いた、釈尊の教え）と密教《みつきよう》（大日如来《だいにちによらい》を本尊とする、大菩薩も知りつくし得ない、深遠《しんおん》・秘《ひ》奥《おう》な教え。平安初期に、最澄と空海とが唐から伝えた。前者の系統を台密《たいみつ》――天台宗の密教――といい、後者の系統を東密《とうみつ》――東寺所伝の密教――という）とに分けているが、ここでは、即身成仏を説く点で、真言宗の密教を意味する。「真言」とは、梵語 Mantra の訳語で、仏《ぶつ》・菩薩《ぼさつ》などの、いつわりのない、真実の言葉。「本意」は、真の意義、根本の教理、本旨。「三密」は、密教において、人間のなす行為のすべてを身密《しんみつ》・口《く》密・意《い》密の三業に分けたもの。『即身成仏義』には、「手作印契、口誦真言、心住三摩地、三密相応加持故、早得大悉地」〔手ニ印契《インケイ》（注、両手の指をさまざまに組み合わせて、宗教的意義を象徴すること）ヲ作《ナ》シ、口ニ真言ヲ誦《ジユ》シ、心、三摩地《サンマチ》（注、心を一つの境に集注し、散乱させざること）ニ住《ヂユウ》スレバ、三密相応シテ加持《カヂ》スルガ故ニ、早ク、大悉地《ダイシツヂ》（注、大なる成就、または、大なる正智）ヲ得《ウ》〕とある。「行業」は、修行。『日ポ』に、「Guiŏgô. ギャゥゴゥ(行業) Voconai xiuaza.（行い、業）行為、または、修行」とある。「証果」は、修行の因によって獲得した、果としての証《さとり》。**○六根清浄**　人間の六つの根（能生・増上の義で、あるものを生じさせる能力）、即ち、眼《げん》根・耳《に》根・鼻《び》根・舌《ぜつ》根・身《しん》根・意《い》根の罪垢《ざいく》を消除して、清浄・潔白ならしめ、自在の妙用を得ること。『法華経』の「法師《ほつし》功《く》徳品《どくぼん》第十九」に、「爾時仏告、常精進菩薩摩訶薩、若、善男子・善女人、受持是法華経、若読、若誦、若解説、若書写、是人、当得八百眼功徳、千二百耳功徳、八百鼻功徳、千二百舌功徳、八百身功徳、千二百意功徳、以是功徳、荘厳六根、皆令清浄」（爾《ソ》ノ時ニ、仏《ホトケ》、常精進菩薩摩訶薩《ジヤウシヤウジンボサツマカサツ》ニ告《ツ》ゲタマハク、若《モ》シ、善男子《ゼンナンシ》・善女人《ゼンニヨニン》、是《コ》ノ法華経ヲ受持《ジユヂ》シ、若シクハ読ミ、若シクハ誦《ジユ》シ、若シクハ解説《ゲセツ》シ、若シクハ書写《シヨシヤ》スレバ、是《コ》ノ人ハ当《マサ》ニ、八百ノ眼《ゲン》ノ功徳《クドク》、千二百ノ耳《ニ》ノ功徳、八百ノ鼻《ビ》ノ功徳、千二百ノ舌《ゼツ》ノ功徳、八百ノ身《シン》ノ功徳、千二百ノ意《イ》ノ功徳ヲ得《ウ》ベシ。是《コ》ノ功徳ヲ以テ、六根《ロツコン》ヲ荘厳《シヤウゴン》シテ、皆、清浄《シヤウジヤウ》ナラシメン）とあるのにもとづく。最澄は、『法華秀句《ほつけしうく》』において、『法華経』が諸経の中で、諸《もろもろ》の如来の第一の説であり、無上の妙典であって、「仏説諸経校量勝五《ぶつせつしよきやうけうりやうしよう》」の末尾には、「天台法華宗、勝於諸宗、拠所依経故。不自讃毀他。庶有智君子、尋経定宗也」（天台法華宗ハ、諸宗ニ勝ルトハ、所依《シヨエ》ノ経ニ拠《ヨ》ルガ故ナリ。自讃《ジサン》・毀他《キタ》ニアラズ。庶《ネガハ》クハ、有智《ウチ》ノ君子、経ヲ尋ネテ宗ヲ定メヨ）と言い、さらに、その中の「即身六根《そくしんろくこん》互用勝七《ごゆうしよう》」においては、「当知、諸凡夫人、可修学此経也。他宗所依経、都無此力故、天台法華宗、具有此力故、権実可検、妙行可進」（当ニ知ルベシ、諸《モロモロ》ノ凡夫ノ人《ニン》、此ノ経ヲ修学《シユガク》スベキナリ。他宗所依《タシユウシヨエ》ノ経ニハ、都《スベ》テ此ノ力《リキ》無キガ故《ユエ》ニ。天台法華宗《テンダイホツケシユウ》には、具《ツブサ》ニ、此ノ力有ルガ故ニ、権実検《ゴンジツケン》スベク、妙行《メウギヤウ》進ムベシ）と記している。

○また、法花一乗の所説、四安楽の行の感徳なり　「また」は、同じく、同様に。「法花一乗の所説」は、『法華経』の説く、成仏《じようぶつ》するための唯一無二の教え。「乗」は、教法を、人を載せて涅槃《ねはん》（煩悩を脱して、絶対の自由となった境地）の岸に運ぶ乗物に譬《たと》えたもの。その中の「方便品第二《はうべんぼん》」に、「十方仏土中、唯有一乗法。無二亦無三。除仏方便説」（十方ノ仏土《ブツド》ノ中《ナカ》、唯《タダ》、一乗《イチジヤウ》ノ法《ホフ》ノミ有リ。二モ無ク、亦《マタ》、三モ無シ。仏ノ方便《ハウベン》ノ説《セツ》ヲ除ク」とある。「所説」は、説く所。「四安楽の行」は、『法華経』の「安楽行品第十四《あんらくぎやうぼん》」に説く所で、「仏、告文殊師利、若、菩薩摩訶薩、於後悪世、欲説是経、当安住四法」（仏、文殊師利《モンジユシリ》ニ告ゲタマハク、「若《モ》シ、菩薩摩訶薩《ボサツマカサツ》、後《ノチ》ノ悪世《アクセ》ニ於イテ、是《コ》ノ経ヲ説カント欲セバ、当ニ四法ニ安住スベシ」）と言っているのにもとづく。四法とは、身安楽行（身に十事を遠離《おんり》すること）・口安楽行（口に四種の語を遠離すること）・意安楽行（意に四種の過《とが》を遠離すること）・誓願安楽行（大慈悲を起し、神通力・智慧力を以て、一切の衆生をこの法に導き入れようとの誓願を立てること）を言う。この「四法」は、天台大師智顗《ちぎ》の説いた『法華文句《もんぐ》』（具《つぶさ》には、『妙法蓮華経文句』という。二十巻）の第八下にある「釈安楽行品」において、この四法を用いる時に、身に危険なく、心に憂苦なく、身と心とが安楽であって、自行・化他の行の進むことを得るので、「四安楽行」と名づけられるに至った。「感徳」は、修行の結果、身に受ける功徳。　**○難行・上根の勤め、観念成就の覚りなり**　「難行・上根の勤め」は、第十二章に既出。ここは、難行門の上根の人の修行することである、の意。『日ポ』に、「Tçutome. ツトメ(勤め)　経を読んだり、祈りをしたりする事、あるいは、救霊の事に関する所作」とある。「観念」は、心を静めて、仏体を観察し、仏法の真理を思念すること。「成就」は、できあがること、なしとげること。『日ポ』に、「Iǒju. ジャゥジュ(成就)　完成し、仕上げること。例、Xoguãuo jǒju tçucamatçuru.（所願を成就仕る）　ある人の願いが果たされる、または、実現する」とある。　**○来生の開覚は、他力・浄土の宗旨、信心決定の通故なり**　「来生」は、後《のち》の世、来世《らいせ》、今生《こんじょう》の次に生れる世。『日ポ』に、「Raixǒ. ライシャゥ（来生）未来世、すなわち、次の世。文書語」とある。「開覚」は、覚りを開くこと、覚りを開き、仏と成ること。「他力」は、第三章・第十二章・第十三章・第十四章に既出。「浄土」も、第三章・第四章・第九章等に既出、ここでは、浄土門の意。「宗旨」は、仏法の教説における、主要なる趣旨、宗門・宗派の中心となる教義。「信心決定」は、信心が固く定まること。「決定」は、第九章・第十三章に既出。「通故」は、定まった道理、一定の事理。漢の劉向《りゅうきょう》の編した『説苑《ぜいえん》』の「奉使」に、「詩無通故」（詩ニ通故無シ）とあると、辞書にある。底本以外の諸異本中には、ここを、「信心決定の道なるが故なり」と改めているものが多いが、上の、「即身成仏は(A)、真言秘教の本意(B)、三密行業の証果なり(C)」、「六根清浄は(A)、また、法華一乗の所説(B)、四安楽の行の感徳なり(C)」に対照させて、ここは、当然、「来生の開覚は(A)、他力・浄土の宗旨(B)、信心決定の通故なり(C)」とあるべきであって、それで初めて、三つのセンテンスが前後照応するのである。「道なるが故なり」は、稀にしか見られぬ語「通故」の意味がわからぬためになした、後人の、恣意による改竄《かいざん》と認められる。〔以上は、古田武彦氏の「原始専修念仏運動における親鸞集団の課題」（「史学雑誌」昭和四十年八月号）に拠る〕。私としては、なお、「通故」の用例を探索したいし、唯円が、この希《まれ》な語をなぜここに用いているかも、一問題をなすであろう。**○これまた、易行・下根の勤め、不簡善悪の法なり** 「これまた」の「また」は、しかし、一方では。上の「また」とは意味が違っている。「易行」は、第十二章に既出、上の「難行」に対する。「下根」も、第十二章に既出、上の「上根」に対する。「不簡善悪」は、「善悪ヲ簡《エラ》バズ」、即ち、弥陀の救済が、人のなす行いの善と悪とをよりわけておえらびにならないこと。第一章に、「弥陀の本願には、老少・善悪の人を簡《えら》ばれず」とあった。「簡」は、よりわける、えらび出すの意で、親鸞は、『唯信鈔文意《ゆいしんせうもんい》』の中で、唐の法照《ほつしよう》の『五会法事讃《ごゑほふじさん》』の「般舟三昧讃《はんじゆざんまいさん》」にある、「不簡貧窮将富貴《ふけんびんぐしやうふき》」の句について、「『不簡』はえらばずといふ。きらはずといふこゝろなり」と注している。「法」は、教え。

おほよそ、今生《こんじやう》においては、(1)煩悩《ぼんなう》・悪障《あくしやう》を断《だん》ぜんこと、極《きは》めて有《あ》り難《がた》き間《あひだ》、真言《しんごん》・(2)法花《ほつけ》を行《ぎやう》ずる浄侶《じやうりよ》、なほもつて、順次生《じゆんじしやう》の覚《さと》りを祈《いの》る。いかに況《いは》んや。戒行《かいぎやう》・恵解《ゑげ》(3)共《とも》に無しといへども、弥陀《みだ》の願船《ぐわんせん》に乗《じやう》じて、生死《しやうじ》の苦海《くかい》を渡《わた》り、報土《ほうど》の岸《きし》に着《つ》きぬるものならば、煩悩の黒雲《こくうん》速《はや》く晴《は》れ、(4)法性《ほつしやう》の覚月《かくげつ》速《すみや》かに現《あら》はれて、尽十方《じんじつぱう》の(5)無碍《むげ》の光明《くわうみやう》に一味《いちみ》にして、(6)一切《いつさい》の衆《しゆ》を利益《りやく》せん時にこそ、覚《さと》りにては候《さうら》へ。

この身《み》をもつて覚りを(7)開《ひら》くと候《さうら》ふなる人《ひと》は、釈尊《しやくそん》の如《ごと》く、種々《しゆじゆ》の応化《おうげ》の(8)身《しん》をも現《げん》じ、三《さん》十二相《じふにさう》・八十随形好《はちじふずいぎやうかう》をも具足《ぐそく》して、説法《せつぽふ》・利益《りやく》候《さうら》ふにや。これをこそ、今生《こんじやう》に覚りを開く

(9)本《ほん》とは申《まう》し候《さうら》へ。

(1) 煩悩悪障。(底) 煩悩悪 (毫) 煩悩悪障《ホムナウアクシヤウ》。(妙・龍・端別)。(2) 法花。(底) 法華。(端・毫・光) 法華《ホフクヱ》。(妙) 法花《ホフクヱ》。(龍・端別)。(3) トモニナシト (底) トモニナシシカリト (龍)。(4) 法性 (底) 法性《ホフシヤウ》 (妙・龍・端別)。(5) 無㝵 (底) 無碍《ムゲ》 (妙・端別) 無量《ムリヤウ》 (龍)。(6) 一切ノ衆 (底) 一切ノ衆生 (端・毫・光) 一切ノ衆生《シユシヤウ》 (妙・端別) 一切衆生《イツサイシユシヤウ》 (龍)。(7) ヒラクト (底) ヒラカント (龍)。(8) 身ヲモ (底) 身《ミ》ヲ モ (龍) 身《シン》ヲモ (端別) 身《ミ》ヲ (妙)。(9) 本 (底) 本《ホン》 (妙・龍・端別)。

〔口訳〕

この現世においては、煩悩や成仏の障碍《しようがい》となる悪を全く断《た》ち切ることは、非常に困難であるので、真言宗・天台法華宗の教えを修行する、汚れのない清僧も、それでもやはり、次の世での覚りを祈願するのである。それよりはるかに劣る、汚れの多いわれらが次の世での覚りを願うのは、当然のことである。まして、戒律を守っての一切の行動と、智恵の働きによる正しい理解とを共に持たなくても、弥陀の本願という船に乗って、生死をくり返す、迷いの境地という苦しみの海を渡り、真実報土という浄土の岸に着いてしまうものであるならば、煩悩という黒い雲もたちまち消え去り、一切の存在の本性についての覚りを示すという月がたちまちに出現して、あらゆる方面を照らして、さえぎるもののない、阿弥陀仏から発する光りと一体となって、ありとあらゆる人々に利福を与える時になってこそ、仏と成っての覚りなのであります。

この、わが身でもって覚りを開くと申しますそうな人は、釈尊のように、迷える者に対応して、さまざまに変化した姿でもって出現し、三十二の、すぐれた身体的特徴や、八十の、形相にともなう、りっぱな、好《よ》い外見をも充分に身に具《そな》えて、衆生に説法したり、利福を与えたりなさるのでしょうか。こういうことをこそ、この世において、覚りを開いて、仏と成ることの手本とは申すのです。

〔注釈〕 **○おほよそ、今生においては、煩悩・悪障を断ぜんこと、極めて有り難き間** 「おほよそ」は、第十三章に既出。全くの意で、下の「断ぜん」に係る。「悪障」は、第十四章に、「断ず」は、第十三章に、それぞれ既出。「有り難し」も、第四章に出ていた。「間」は、ので、の故に、によって。 **○真言・法花を行ずる浄侶、なほもつて、順次生の覚りを祈る** 「真言」は、真言宗、「法花」は、天台法華宗、即ち天台宗。「行ずる」は、前に挙げた、「即身成仏」「六根清浄」を修行する。「浄侶」は、戒を清浄に持《たも》つ僧侶、心身の汚れのない僧。『和漢朗詠集』下の「僧」に、「観空浄侶心懸月。送老高僧首剃霜」（空《ソラ》ヲ観《クワン》ズル浄侶ハ、心《ムネ》ニ月ヲ懸《カ》ケタリ。老《オイ》ヲ送《オク》ル高僧ハ、首《カウベ》ニ霜《シモ》ヲ剃《ソ》ル）という、源 順《みなもとのしたごう》の作がある。「なほもつて」は、第三章に既出。「順次生」も、第五章に既出。「祈る」は、神・仏に請《こ》い願う。ここでは、仏に対して祈る。『日ポ』に、「Fotoqeni, I, Fotoqeuo inoru.（仏に、または、仏を祈る）」の例が挙げられている。『唯信鈔《ゆいしんせう》』に、「（上略）末法《まつぼふ》にいたり、濁世《ぢよくせ》におよびぬれば、現身《げんしん》にさとりをうること、億《おく》々の人の中に一人《いちにん》もありがたし。これによりて、いまの世にこの門（注、聖道門）をつとむる人は、即身の証《しよう》においては、みづから退屈《たいくつ》のこころをおこして、あるいは、はるかに慈尊《じそん》の下生《げしやう》を期《ご》して、五十六億七千万歳《まんざい》のあかつきの空をのぞみ、あるいは、とほく後仏《ごぶつ》の出世をまちて、多生曠劫《たしやうくわうごふ》、流転生死《るてんしやうじ》のよるのくもにまどへり。あるいは、わづかに霊山《りやうぜん》・補陀落《ふだらく》の霊地《れいち》をねがひ、あるいは、ふたたび、天上・人間の小報をのぞむ。結縁《けちえん》まことにたふとむべけれども、速証すでにむなしきに似たり」とある。 **○いかに況んや**

この語句は、第三章に既出。しかし、ここでは、「いかに況んや、煩悩具足の身をや」「いかに況んや、下根の身をや」の如き文句を略した形で、ここで一旦切れて、下には直接続いていない文脈と見るべきである。**〇戒行**

・恵解共になしといへども 「戒行」は、戒を受けた者が、それに随順して、法の如く、一切の行動をすること。『日ポ』に、「Caiguiŏ. カイギャゥ(戒行) 教法をきまりどおりに遵守するための生き方や所行」とある。親鸞の『唯信鈔文意(異本)』に、「浄戒は、大小乗のもろ〳〵の戒行、五戒・八戒・十善戒《じふぜんかい》、小乗《せうじよう》の具足衆戒《ぐそくしゆかい》、三千の威《ゐ》儀《ぎ》、六万の斎行《さいぎやう》、『梵網《ぼんまう》』の五十八戒、大乗一心金剛法戒《いつしんこんがうほつかい》、三聚浄戒《さんじゆじやうかい》、大乗の具足戒等《ぐそくかいとう》、すべて、道俗の戒品《かいほん》、これらをたもつを持《ぢ》といふ」とある。「恵解」は、智恵の働きによる、一切の事物への正しい理解。「慧解」とも書く。親鸞は、『教行信証』の「化身土巻《けしんどのまき》」に、「若有衆生、得聞仏名、一心帰依、一切諸魔、於彼衆生、不能加悪、何況見仏、親聞法人、種種方便、慧解深広」(若シ、衆生有リテ、仏名《ブツミヤウ》ヲ聞クヲ得テ、一心ニ帰依《キエ》センニ、一切ノ諸魔《シヨマ》、彼ノ衆生ニ於イテ、悪ヲ加《カ》フルコト能《アタ》ハズ、何《イカ》ニ況《イハ》ンヤ、仏ヲ見タテマツリ、親《マノアタ》リ、法ヲ聞カン人、種々ニ方便《ハウベン》シ、慧解深広《ジンクワウ》ナラン)と、『月蔵経《ぐわつざうきやう》』巻第九「念仏三昧品第十《ねんぶつざんまいぼん》」から引用している。「無しといへども」は、既定の逆接を表しているが、ここでは「無しといふとも」という、仮定の逆接を表す、当時の語法である。

〇弥陀の願船に乗じて、生死の苦海を渡り、報土の岸に着きぬるものならば 「弥陀の願船」は、弥陀の衆生を救済する、絶大な悲願の力を、船の持つ、多くの人を乗せて、此岸《しがん》から彼岸《ひがん》に達しさせる力に喩えたもので、親鸞は、『教行信証』の「行巻《ぎやうのまき》」において、「爾者、乗大悲願船、浮光明広海、至徳風静、衆禍波転」(爾《シカ》レバ、大悲ノ願船ニ乗ジテ、光明ノ広海ニ浮ビヌレバ、至《シ》徳《トク》ノ風《カゼ》静カに、衆禍《シユクワ》ノ波《ナミ》転ズ)と用いている。「生死の苦海」は、生れ代り、死に代る、迷いの世界の苦しみを海に喩えたもので、親鸞は、『教行信証』の「化身土巻」に、『法事讃《ほふじさん》』巻下より「又云、十方六道、同此輪回無際、循循沈愛波、而沈苦海」(又云ハク、十方六道、同ジク此《コ》レ輪回《リンヱ》シテ際無《キハナ》シ。循々《シウシウ》トシテ愛波《アイハ》ニ沈ミ、而《シカ》シテ、苦海ニ沈ム)と引用している。「報土の岸」は、真実報土

（第三章に既出）という岸。「着きぬるものならば」は、着いてしまうものであるならば。親鸞は、『一念多念文《いちねんたねんもん》意《い》』に、「これは、仏の大願業力のふねに乗じぬれば、生死の大海（自注 ロクダウニマドフヲダイカイトタトフル、ダイカイハウミナリ）をよこさまにこえて、真実報土のきしにつくなり」と記している。船・乗ずる・苦海・渡る・岸・着くは、いわゆる縁語《えんご》である。　**○煩悩の黒雲速く晴れ、法性の覚月速かに現はれて**　「煩悩の黒雲」は、人の心の汚れを黒い雲に喩えたもの。「晴る」は、雲・霧などが消え去ってなくなる。「法性の覚月」は、「法性」（一切の現象・存在の真実の本性、万有の本体、不変不改の真理を示す語で、真如・実相ともいう）を覚ったことを月に喩えたもの。『日ポ』に、「Foxxǒ. ホッシャゥ（法性）　仏法語（Bup.）。本源、または、仏（Fotoque）の本性」とある。

○尽十方の無碍の光明に一味にして　「尽十方」は、上・下・東・西・南・北・南東・南西・北東・北西の、十のすべての方角、あらゆる方向。「無碍の光明」は、阿弥陀仏から発せられる、何ものにもさえぎられない光り。親鸞は、『尊号真像銘文』に、「尽十方といふは、尽はつくすといふ、ことごとくといふ。十方世界をつくして、ことごとくみちたまへるなり」「無碍といふは、さはることなしとなり。衆生の煩悩・悪業にさへられざるなり」と述べている。「碍」は、さまたげ。「一味」は、一体となること。『日ポ』に、「Ichimi. イチミ（一味）一体、または、結合。Ichimini naru.（一味になる）結合して一体となる」とある。「一味にして」は、一体となって。

○一切の衆を利益せん時にこそ、覚りにては候へ　「一切の衆生」とする異本もあるが、底本の「一切ノ衆」を尊重して、本文とした。親鸞の『入出二門偈《にふしゆつにもんげ》頌《じゆ》』に、「不捨苦悩一切衆、廻向為首、得成就大悲心故、施功徳」（苦悩ノ一切衆ヲ捨テタマハザレバ、廻向《ヱカウ》ヲ首《シユ》ト為《シ》テ、大悲心ヲ成就スルコトヲ得タマヘルガ故ニ、功徳ヲ施シタマフ）、及び、「道綽和尚解釈曰、大集経言、我末法、起行修道一切衆、未有一人獲得者」（道綽和尚《ダウシヤククワシヤウ》、解釈《ゲシヤク》シテ曰《イハ》ク、『大集経《ダイジツキヤウ》』ニ言《ノタマハ》ク、「我ガ末法ニ、行ヲ起シ、道ヲ修セン一切衆、未ダ、一人モ獲得《ギヤクトク》ノ者有ラジ」ト）の例があり、『教行信証』の「信巻」にも、「若離憍慢及放逸、則能兼利一切衆、若能兼利一切衆、則処生死無疲厭」

（若シ、憍慢《ケウマン》及ビ放逸《ハウイツ》ヲ離レバ、則チ、能《ヨ》ク一切衆ヲ兼利《ケンリ》セン。若シ、能ク一切衆ヲ兼利セバ、則チ、生死ニ処シテ、疲厭《ヒエン》無ケントナリ）の例がある。『日ポ』に、「XV. シュ（衆）すべての人々」とある。第四章に、「浄土の慈悲といふは、念仏して、急ぎ仏に成りて、大慈大悲心をもつて、思ふが如く、衆生を利益《りやく》するをいふべきなり」とあったが、この「仏に成りて」が、即ち「覚り」を開くことに外ならない。それを「覚りにては候へ」、即ち、覚りなのでありますと言ったのである。親鸞は、阿弥陀仏が、その本願力を衆生に廻向《えこう》（まわして向ける）ことによって、念仏する信者が浄土に往生することを往相《おうそう》と言い、その念仏者が浄土に往《い》って生れた後に、仏と成って、再び現世にかえって、衆生を済度し、救済することを還相《げんそう》と言っている。ここでは、その還相における、衆生に利益を与える活作用のことを「覚り」の結果として述べているのである。

○この身をもつて覚りを開くと候ふなる人は　「この身をもつて」は、この章の初めに、「煩悩具足の身をもつて」とあるのを受けて、そういう、心身の汚れを完全に具《そな》えている、この身でもって、の意となる。「覚りを開くと候ふなる人」は、「覚りを開くと申し候ふなる人」を略した形で、「なる」は、伝聞の意を表す助動詞、覚りを開くと申しますそうな人は、の意　**○釈尊の如く、種々の応化の身をも現じ**　「釈尊」は、釈迦牟尼世尊《しやかむにせそん》の略で、釈迦牟尼の尊称。「種々」は、『日ポ』に、「Xuju. シュジュ（種々）例、Xuju samazama.（種々様々）多くの様式や種類」とあって、中世の読み方が知られる。「応化の身」は、「応」は応現、「化」は変化。仏が衆生の機のさまざまな種類に応じて、身を変化させて出現する姿。これを、応化身《おうげしん》とも、応身《おうじん》ともいう。よって、「身《み》」ではなく、「身《しん》」と読むことにした。「現ず」は、現出させる、あらわす。『日ポ』に、「Guenji, zuru, ita. ゲンジ、ズル、ジタ（現じ、ずる、じた）あらわす。Qidocuuo guenzuru.（奇特を現ずる）奇蹟をなす、あるいは、あらわす」とある。

○三十二相・八十随形好をも具足して　「三十二相」は、「三十二大人相《だいにんさう》」ともいい、仏、及び転輪聖王《てんりんじようおう》がそなえている、三十二の、すぐれた身体的特徴。一、足安平相（足の裏に凹処なきもの）。二、千輻輪相（足裏に輪形あるもの）。三、手指繊長相（手指の細長いもの）。四、手足柔軟相（手足の柔かいもの）。五、手足縵網相（手と足とともに、指と指との間に縵網の繊緯があって、交互に連絡すること、鵝鴨の如きもの）。六、足跟満足相（跟は足のカカト。足の踵《かかと》が円くて、凹処のないもの）。七、足趺高好相（足の背が高起して円満なもの）。八、腨如鹿王相（腨は股の肉。仏の股肉が繊円なること、鹿の王の如きもの）。九、手過膝相（手長くて、膝を過ぎるもの）。十、馬陰蔵相（仏の、男根を体内に密蔵すること、馬陰の如くなるもの）。十一、身縦広相（頭から足までの高さと、両手を張った長さと等しきもの）。十二、毛孔生青色相（一々の毛孔から青色の一毛を生じて、錯乱せざるもの）。十三、身毛上靡相（身毛が頭を右旋し、上に向って偃伏するもの）。十四、身金色相（身体の色、黄金の如きもの）。十五、常光一丈相（身より光明を放つこと、四面に各一丈なるもの）。十六、皮膚細滑相（皮膚の軟滑なるもの）。十七、七処平満相（両足下・両掌・両肩・頂中の七処が、皆平満で欠陥なきもの）。十八、両腋満相（両腋下、充満せるもの）。十九、身如獅子相（身体は平正、威儀は厳粛にして、獅子王の如きもの）。二十、身端直相（身形端正にして、傴曲しないもの）。二十一、肩円満相（両肩円満で、豊腴なるもの）。二十二、四十歯相（四十の歯を具足せるもの）。二十三、歯白斉密相（四十の歯、みな白浄で堅密なるもの）。二十四、四牙白浄相（四牙が最も白くて、大なるもの）。二十五、頰車如獅子相（両頰が隆満して、獅子の頰の如きもの）。二十六、咽中津液得上味相（咽喉中に常に津液があり、およそ、食する物は、これがために上味を得るもの）。二十七、広長舌相（舌広くして長く、柔軟にして細薄、これを展《の》べると面を覆って、髪際《かみぎわ》に至るもの）。二十八、梵音深遠相（梵は清浄の義。仏の音声は清浄であって、遠くまで聞ゆるもの）。二十九、眼色如紺青相（眼睛の色、紺青の如きもの）。三十、眼睫如牛王相（眼毛の殊勝なること、牛王の如きもの）。三十一、眉《み》間白毫相《けんびやくごうそう》（両眉の間に白毫〔白い毛〕があって、右旋して、常に光を放つもの）。三十二、頂成肉髻相（頂上に肉があり、隆起して、髻形《きつきやう》をなしているもの）。以上は、『三蔵法数四十八』及び、『織田仏教大辞典』により記した。「八十随形好」は、八十種好《しゆごう》ともいい、以上の三十二相をさらに細別して、八十種の好《こう》としたもの。「随形好」とは、三十二の形相に随う好い相（外見）をいう。『織田仏教大辞典』によれば、次の如くである。一、仏頂上の内鬘は、これを仰げばいよいよ高く、遂にその頂上を見ることがない。二、鼻が高くて、孔《あな》が現れない。三、眉は初月の如く、紺瑠璃色《こんるりいろ》をしている。四、耳輪は、垂埵《すいた》している。五、身は、堅実なること、那羅延《ならえん》（金剛力士）のようだ。六、骨際（骨と骨との接するさかいめ）は、鉤鎖《こうさ》のようだ。七、身、一時に廻ること、象王のようだ。八、行く時、足は、地を去ること四寸にして、印文が現れる。九、爪は、赤銅色のようで、薄くして潤沢である。十、膝骨は、堅くして円好である。十一、身は、清潔である。十二、身は、柔軟である。十三、身は、曲《くぐ》まない。十四、指は、円くして、纖細である。十五、指文は、蔵覆する。十六、脈は、深くして、現れない。十七、踝《くるぶし》は、現れない。十八、身は、潤沢である。十九、身は、自ら持して、逶迤《いい》しない（ゆったりとくつろいでいない）。二十、身は、満足している。二十一、容儀は、備足している。二十二、容儀は、満足している。二十三、住する処は、安らかで、能《よ》く動かす者がない。二十四、威は、一切に振う。二十五、一切の衆生は、観《み》るを楽しむ。二十六、面は、長大ならず。二十七、容貌を正しくして、色を撓《たゆ》まさない。二十八、面は、具さに満足している。二十九、脣は、頻婆果《びんばか》（赤色の果実）の色のようだ。三十、言音は、深遠である。三十一、臍《へそ》は、深くして円好である。三十二、毛は、右旋《うせん》する。三十三、手足は、満足する。三十四、手足は、意の如くである。三十五、手文は、明直である。三十六、手文は、長い。三十七、手文は、断《き》れない。三十八、一切の、悪心の衆生の見る者は、和悦する。三十九、面は、広くて、殊好である。四十、面は、浄満なること、月のようだ。四十一、衆生の意に随って、和悦して、与《とも》に語る。四十二、毛孔《もうこう》から香気を出す。四十三、口から、無上香を出す。四十四、儀容は、獅子のようだ。四十五、進止は、象王のようだ。四十六、行く相は、鵝王のようだ。四十七、頭は、摩陀那果《まだなか》（食べると、人を酔わせる果実）のようだ。四十八、一切の声分が具足している。四十九、四牙は、白く利《と》い。五十、舌の色は、赤い。五十一、舌は、薄い。五十二、毛は、紅色である。五十三、毛は、軟浄《なんじょう》である。五十四、眼は、広く長い。五十五、死門の相が具《そな》わる。五十六、手足は、赤く白いこと、蓮華の色のようだ。五十七、臍は、出ていない。五十八、腹は、現れない。五十九、腹は、細い。六十、身は、傾動しない。六十一、身は、持重する。六十二、その身は、大である。六十三、身は、長い。六十四、手足は、軟浄で滑沢である。六十五、四辺の光、長さ一丈ある。六十六、光、身を照して行く。六十七、等しく衆生を視《み》る。六十八、衆生を軽んじない。六十九、衆生の音声に随《したが》って、不増不減《ふぞうふげん》である。七十、法を説いて、着《じゃく》しない。七十一、衆生の語言に随って、法を説く。七十二、発音は、衆生の声に応ずる。七十三、次第・因縁を以て、法を説く。七十四、一切の衆生は、尽《ことごと》く、相を観《み》ることができない。七十五、観れども、厭足《えんそく》することがない。七十六、髪は、長好である。七十七、髪は、乱れない。七十八、髪は、旋好である。七十九、髪の色は、青い珠のようだ。八十、手足は、有徳の相がある。以上。「をも」の「も」は、強意。「具足す」は、完全に備わる。

○説法・利益候ふにや　「説法」は、仏教の真理を説き聞かせること。「利益」は、第一章・第四章・第十四章に既出。「説法・利益候ふにや」の「候ふ」は、動詞「あり」の丁寧語として使われている。そして、この「あり」には、動作の意味を持つ漢語の名詞、または、動詞の連用形に接続して、その動作をする人に対する尊敬の意味を表す場合がある。その中には、(一)敬語を含んだ動作性の漢語名詞(接頭語「御」によって敬意を添えるものもある)に付く場合と、(二)動詞の連用形に、同じく敬意の「御」をのせた形に付く場合と、(三)敬意を含まない動作性漢語名詞や動詞の連用形に付く場合((一)(二)より敬意が薄い)、の三つが存する。(一)の例としては、『平家物語』巻一「鹿谷《ししがたに》」に、「正月一日、主上、御元服あつて、同十三日、朝勤《てうきん》の行幸ありけり」、『太平記』巻一「資朝・俊基関東下向の事」に、「君且《しばら》く叡覧有て」、『中華若木詩抄《ちゆうくわじやくぼくしせう》』中に、「これほどに御崇仰ありて、栄華をきわむれども」、(二)の例としては、『太平記』巻三「主上御夢事《おんゆめのこと》」に、「少し御まどろみ有ける御夢に」、『中華若木詩抄』中に、「早々御帰りありて、学問をめされい」、(三)の例としては、『平家物語』巻一

「鹿谷」に、「花山院の中納言兼雅卿も所望あり」等が、『日本国語大辞典』に、説明と共に引かれている。本書の中では、「この名字を称へん者を迎へ取らんと御約束あることなれば」（第十一章）、『往生の信心においては、全く、異なることなし。ただ一つなり』と御返答ありけれども」（後記）は、（一）の場合の例であり、「我も人も生死を離れんことこそ、諸仏の御本意にておはしませば、御妨げあるべからずとて、憎いけせずは」（第十二章）は、（二）の場合の例であり、「なほ、『いかでか、その義あらん』といふ疑難ありければ」「外見あるべからず」（後記）は、（三）の場合の例として考えられる。そこで、この「説法・利益候ふにや」は、「説法・利益あるにや」という（三）の場合の「ある」であって、「この身をもつて覚りを開くと候ふなる人」に対しての尊敬の気持を、「ある」の代りに、丁寧語の「候ふ」によって表した語法ではないかと思われる。「説法・利益し候ふにや」の「し」の省略ではあるまい。以上、一説として、記し留めることにした。「にや」は、「にやあらん」の省略。

○これをこそ、今生に覚りを開く本とは申し候へ　「これ」は、「釈尊の如く、……説法・利益候ふにや」とある直前のセンテンスを受けている。「本」は、習得すべき規範・模範・手本。『日ポ』に、「Fon. ホン（本）Moto.（もと）写本、または、原本・正本。また、本来のもの、真実のもので、決定的なもの」とある。

『和讃《わさん》』に言《い》はく、「金剛堅固《こんがうけんご》の信心《しんじん》の、定《さだ》まる時を待《ま》ち得《え》てぞ、弥陀《みだ》の心光摂護《しんくわうせふご》して、永《なが》く生死《しやうじ》を隔《へだ》てける」とは(1)候《さうら》ふは、信心の定まる時に、(2)一度摂取《ひとたびせつしゆ》して捨《す》て給はざれば、六《ろく》道《だう》(3)輪廻《りんゑ》すべからず。然《しか》れば、永《なが》く、生死《しやうじ》をば隔《へだ》て候ふぞかし。かくの如く知《し》るを、(4)覚《さと》るとは言《い》ひ紛《まぎ》らかすべきや。(5)哀《あは》れに候ふをや。(6)「浄土真宗《じやうどしんしゆう》には、今生《こんじやう》に本願《ほんぐわん》を信じて、彼《か》の土《ど》にして(7)覚《さと》りをば開《ひら》くと習《なら》ひ候《さうら》ふぞ」とこそ、(8)故聖人《こしやうにん》の仰《おほ》せには候《さうら》ひしか。

（1）サフラフハ。。（底）サフラヘハ。。（端・毫・光・妙・龍・端別）。（2）ヒトタヒ。。。。摂取シテ（底）ヒトタビ無し。「一度」と記して抹消（端別）一度《イチド》（龍）一度《ヒトタヒ》摂取シテ（歎異抄私記）一度《トタヒ》摂取シテ（首書歎異抄）。（3）輪廻。（底）輪迴。（端・光）輪迴《リンヱ》。（妙）輪廻《リンヱ》。（龍・端別・歎異抄私記）輪回《リンヱ》（首書歎異抄）。（4）サトル。（底）覚《サトリ》。（龍）覚《サトル》。（端別）。（5）アハレニ。（底）アハレミ。（端・光）。（6）浄土真宗（底）浄土真宗《シヤウトシンシユ》（妙・龍・端別）浄土真宗《シンシウ》（首書歎異抄）。（7）サトリヲハ。ヒラクトナラヒサフラウソ。ト（底）サトリヲヒラクトナラヒサフラフト（毫）サトリヲバヒラクトナラヒ候《ラフ》ト（首書歎異抄）。（8）故聖。人（底）故聖人《コシヤウニン》（妙）故上人《コシヤウニン》。（龍・端別）故上。人（歎異抄私記）。

〔口訳〕

親鸞聖人の『和讃』には、「堅固きわまりない信心が決定する時をしかとお待ち受けなさることができて、その時こそ、阿弥陀仏の慈悲心から発する光明が信者をおさめ取ってお護り下さり、永遠に、生死の苦しみを遠ざけて下さることよ」と言われますのは、信心が決定する時に、ひとたび、おさめ取ってお捨てにならないのであるから、六道という迷いの世界に、次々に生れかわり、死にかわって、めぐり続けるはずがない。従って、永遠に、生死の迷いや苦しみを遠去《とおざ》けますのですぞ。このように「了解する」ことを「覚る」ことと混同して言ってよいものか。そのように考え違いをしている人は、まことに気の毒なことでありますなあ。「浄土教の真実なる宗旨《しゅうし》においては、この世では弥陀の本願を信じて、来世に、あの浄土において覚りを開いて仏と成ると、教えを受けるのですぞ」と、故親鸞聖人のお言葉にはございました。

〔注釈〕 ○**『和讃』** 「和讃」とは、梵讃《ぼんさん》（梵語の讃歌）・漢讃《かんさん》（漢語の讃歌）に対する語で、国語によって、仏・菩薩や仏典や先聖、即ち、仏・法・僧を讃嘆し、諷誦《ふじゆ》する歌詠であって、大体、七五調の音律を以て創作される。平安朝時代に始まり、鎌倉時代に盛んに作られたが、親鸞は、常陸から帰京した後の晩年に、『浄土和讃』（一一八首）・『高僧《かうそう》和讃』（一一九首）を宝治《ほうじ》二年（一二四八）、七十六歳で著し、『正像末《しやうざうまつ》和讃』（一一六首）を正嘉《しようか》二年（一二五八）、八十六歳で作っている。彼の和讃は、七五調四句から成り、和《わ》漢混淆体《かんこんこうたい》の文体を有していて、合計三五三首あり、総称して『三帖和《さんでふわ》讃《さん》』と称されている。下に引かれているのは、『高僧和讃』の中の「善導《ぜんだう》大師」二十六首中の一首である。 ○**「金剛堅固の信心の、定まる時を待ち得てぞ、弥陀の心光摂護して、永く生死を隔てける」** 底本では、「剛」の字を「對」と書いているが、これは「㓻《かう》」の譌字《かじ》（正しくない字）で、その「㓻」は「剛」の俗字であるので、結局、「剛」に改めた。「金剛」は、第十四章に「金剛の信心を賜はりぬれば」と出ていた。親鸞の真蹟本『高僧和讃』には、「堅固」の文字の左側に、親鸞自身が、「シムノカタキヲケントイフ。コヽロノカタキヲコトイフナリ」と自注している。「待ち得て」は、弥陀が、信心が確定する時の来るのを充分に待ち設けて、信心が決定する時機のくるのを待つことができて。「時をまつ」を漢語で「俟時《しじ》」「待時《たいじ》」という。「弥陀の心光」は、阿弥陀仏の慈悲心から発する光明。親鸞の『尊号真像銘文《そんがうしんざうめいもん》』（略本）に、「無导光仏《むげくわうぶつ》の摂取不捨《せふしゆふしや》の心光をもて、信心をえたるひとをつねにてらしたまふゆゑに、『仏光円頂《ぶつくわうゑんちやう》』といへり」、「ひごろ、かの心光に摂護せられまゐらせたる金剛心をえたる人なれば、正定聚《しやうぢやうじゆ》に住するゆゑに、臨終のときにあらず」、「仏心光は、無导光仏の御こころを申すなり」等の用例がある。「摂護」は、上記の真蹟本の自注には、「オサメテマモル、ムケクワウニヨライノオムコヽロニオサメマモリタマフナリ」とある通り、おさめ取ってまもる、の意である。「永く」は、いつまでも、永遠に。『平家物語』巻十二「六代被斬《きられ》」の末尾に、「それよりしてこそ、平家の子孫は永く絶えにけれ」とある。「生死を隔つ」は、生と死とをくり返す苦しみの世界を遠ざける。「ける」は、詠嘆の助動詞。この和讃の出典としては、善導和尚《かしよう》の『観念阿弥陀仏相海三昧功徳法門《くわんねんあみだぶつさうかいざんまいくどくほふもん》』（略して『観念法門《くわんねんほふもん》』という）の中にある、「但有専念阿弥陀仏衆生、彼仏心光、常照是人、摂護不捨」（但《タダ》、阿弥陀仏ヲ専念スル衆生有リテ、彼《カ》ノ仏心ノ光、常ニ是《コ》ノ人ヲ照ラシテ、摂護《セフゴ》シテ捨テタマハズ）が挙げられている。**〇とは候ふは**　「と候ふは」を係助詞「は」によって意味を強くしていて、とありますのは、の意。**〇信心の定まる時に、一度摂取して捨て給はざれば、六道に輪廻すべからず。然れば、永く、生死をば隔て候ふぞかし**　この一文は、上記の「和讃」の意味をもう一度くり返して説明しているに近い。「金剛堅固の信心の、定まる時を待ち得てぞ」は「信心の定まる時に」、「弥陀の心光摂護して」は「一度摂取して捨て給はざれば」に、「永く生死を隔てける」は「六道に輪廻すべからず。然れば、永く、生死をば隔て候ふぞかし」に、それぞれ対応している。「摂取して捨て給はず」は、第一章にも「摂取不捨」とあった通り、おさめとって、お捨てにならない。前引の『観念法門』には、「摂護不捨」とあった。「六道」は、第五章に既出。「輪廻」は、車輪が回転してとどまることのないように、衆生が六道において、迷いの生死をくり返して、とどまることのないこと。『日ポ』には、「Rinye. リンエ（輪廻）Vauo meguru.（輪を廻る）すなわち、mayô.（迷ふ）さまざまな転生や変身の一続きの輪をたどりつつ、霊の救われる道を迷い歩く。（下略）」とあるので、諸異本をも参照して、リンネでなく、リンヱと読むことにした。「すべからず」は、するはずがない。「隔て候ふぞかし」は、遠ざけますのですぞ。「ぞかし」は、第二章・第十三章に既出。**〇かくの如く知るを、覚るとは言ひ紛らかすべきや**　「かくの如く知る」は、親鸞作和讃一首の意味を、叙上の如く、堅い信心の確定・確立により、弥陀の願力におさめとられて、迷いの世界を遠ざかることと了解する、の意。「覚るとは言ひ紛らかすべきや」は、上に「釈尊の如く……説法・利益候ふにや」とある、「覚り」の働きと混同して言ってよいものか、の意。「べき」は、当然。「や」は、疑問の助詞。**〇哀れに候ふをや**　この間投助詞「をや」は、反語ではなくして、強意・詠嘆を表し、気の毒でありますよ、ふびんでありますなあ、の意。『源氏物語』の「末摘花《すゑつむはな》」に、「さればよ、言ひ寄りにけるをやとほほゑまれて」、『平家物語』巻十「熊野《くまの》参詣《さんけい》」に、「只今《ただいま》、大臣《おとど》の大将《だいしやう》待ちかけ給ふとこそ見奉《みたてまつ》りしに、今日《けふ》は、かくやつれ果《は》て給へる御有様《おんありさま》、かねては思ひ寄らざつしをや」の例がある。**○浄土真宗**　この語は、現在の宗派としての意味ではなくて、浄土教の真宗、即ち、浄土への往生を説く教えの真実の教旨・本旨の意。親鸞は、『教行信証』の「序」に、「大無量寿経真実之教浄土真宗」と記し、「教巻」の初めに、「謹按浄土真宗、有二種廻向」（謹《ツツシ》ンデ、浄土真宗ヲ按《アン》ズルニ、二種ノ廻向《エカウ》有リ）、「化《け》身土巻《しんどのまき》」に、「信知、聖道諸教、為在世正法而、全非像末法滅之時機、已失時乖機也。浄土真宗者、在世正法、像末法滅、濁悪群萌、斉悲引也」（信《マコト》ニ知リヌ、聖道《シヤウダウ》ノ諸教ハ、在世ノ正法《シヤウボフ》ノ為《タメ》ニシテ、全ク、像末《ザウマツ》・法滅《ホフメツ》ノ時機《ジキ》ニ非《アラ》ズ。已《スデ》ニ、時ヲ失《シツ》シ、機ニ乖《ソム》ケルナリ。浄土真宗ハ、在世《ザイセ》・正法・像末・法滅、濁悪《チヨクアク》ノ群萌《グンモウ》、斉《ヒト》シク悲引《ヒイン》シタマフヲヤ）、「後序」に、「竊以、聖道諸教、行証久廃、浄土真宗、証道今盛」（竊《ヒソ》カニ以《オモン》ミレバ、聖道ノ諸教ハ、行証《ギヤウシヨウ》久シク廃《スタ》レ、浄土ノ真宗ハ、証道今盛《サカリ》ナリ）とあって、いずれも、浄土教の真実な教旨・本旨の意である。ただし、終りに挙げた例は、法然の創《はじ》めた浄土宗を意味している。そのほか、『高僧和讃』の「源空聖人」の部に、「智慧光《ちゑくわう》のちからより、本師源空《ほんしぐゑんくう》あらはれて、浄土真宗《しんしゆ》をひらきつつ、選択本願《せんぢやくほんぐわん》のべたまふ」、『正像末和讃《しやうざうまつわさん》』の「愚禿悲歎述懐《ぐとくひたんしゆつくわい》」には、「浄土真宗《しんしゆ》に帰《き》すれども、真実の心《しむ》はありがたし。虚仮不実《こけふじつ》のわが身《み》にて、清浄《しやうじやう》の心《しむ》もさらになし」とあって、法然の浄土教を指している。当時の親鸞においては、法然の教えこそ「浄土真宗」であって、別に一宗派を開こうというような意志はなかったと見てよい。

○彼の土にして覚りをば開くと習ひ候ふぞ」とこそ、故聖人の仰せには候ひしか　「彼の土」は、浄土のことで、第九章に既出。「にして」は、において、にあって、で、の意。「習ふ」は、くり返し学習する、よく学んで身につける。「ぞ」は、談話の中で、聞き手に念を押して強調する終助詞。「故聖人」は、言うまでもなく、親鸞のことであるが、彼が、師の法然の「浄土真宗」においては、浄土で覚りを開くことを「習ひ候ふぞ」と言っている、

〔解説〕

その趣旨が、法然の遺文中にしばしば見えていることを、多屋頼俊氏が『歎異抄新註』で指摘して、次の例文を引用されている。一つは、『西方指南抄《さいはうしなんせう》』巻下末にある次の問答である。(少しく、前後の叙述を補った)「問《トフ》。マコトニ出家ナドシテハ、サスガニ生死ヲハナレ、菩提《ボダイ》ニイタラム事ヲコソハイトナミニテ候(フ)ベケレ、イカヤウニカツトメ、イカヤウニカネガヒ候(フ)ベキ」(答。)安楽集《アンラクシフ》ニ云(ハク)、『大乗《タイシヨウ》ノ聖教《シヤウケウ》ニヨルニ、二種ノ勝《シヨウ》法《ホフ》アリ。一ニハ聖道、二ニハ往生浄土也』。穢土《エド》ノ中《ナカ》ニシテ、ヤガテ仏果《ブチクワ》ヲモトムルハ、ミナ聖道門ナリ。諸法《シヨホフ》ノ実相《ジチサウ》ヲ観《クワン》ジテ証《シヨウ》ヲエムト、法華三昧《ホツケザムマイ》ヲ行《ギヤウ》ジテ、六根清浄ヲモトメ、三密《サムミチ》ノ行法《ギヤウホフ》ヲコラシテ、即身《ソクシン》ニ成仏《ジヤウブツ》セムトオモフ。アルイハ、四道《シダウ》ノ果《クワ》ヲモトメ、マタ、三明《サムミヤウ》・六通《ロクツウ》ヲネガフ。コレミナ難行道ナリ。往生浄土門トイフハ、マヅ、浄土ニムマレテ、カシコニテサトリヲモヒラキ、仏ニモナラムトオモフナリ。コレハ易行道《イギヤウダウ》トイフ。生死ヲハナルヽミチ〱オホシ。イヅレヨリモイラセタマヘ」(以上は、大体、専修寺《せんじゆじ》蔵《ぞう》の親鸞書写本による)。もう一つは、法然の『和語燈録《わごとうろく》』巻二の「浄土宗略抄《りやくせう》」の次の一節である。「このたび、生死をはなるるみち、浄土にむまるるにすぎたるはなし。浄土にむまるるおこなひ、念仏にすぎたるはなし。おほよそ、うき世をいでて仏道にいるに、おほくの門ありといへども、おほきにわかちて、二門を出《いだ》す。すなはち、聖道門と浄土門と也。はじめに聖道門といふは、此娑婆《しやば》世界《せかい》にありながら、まどひをたち、さとりをひらく道也《みちなり》。(中略)ただ、聖道門は、闇《もん》とほくして、さとりがたく、まどひやすくして、わが分《ぶん》にはおもひよらぬみちなりと、おもひはなつべき也。つぎに、浄土門といふは、この娑婆世界をいとひすてて、いそぎて極楽にむまるる也。かの国にむまるる事は、阿弥陀仏のちかひにて、人の善悪《ぜんまく》をえらばず、ただ、ほとけのちかひをたのみ、たのまざるによる也」。ただし、この方には、「来生の開覚」については述べられていない。

この章の中心問題は、煩悩具足の身で、この世において、完全に覚りを開くということが、念仏行者にとってあり得るか、否かということにある。そして、本願の他力を信じて念仏を申し、往生を期する浄土門の内にも、かかる問題が発生していた事実が知られるのであるが、著者は、格調ある和漢混淆文体を駆使して、正面から、否定的な批判を展開して行った跡が窺《うかが》われるのである。

《解釈》

主題

現世において、煩悩具足の身で、完全に覚《さと》りが開けるとする異義の批判。

構想

(一)現世において、煩悩具足の身で、完全に覚りが開けるとする異義の甚だしい非道理さ。

(二)現世の覚りを説く、難行の聖道門諸宗と、それに対する、易行の浄土門の説く、来世の開覚。

(三)弥陀の本願に頼って開ける来世の覚りと、今生にこの身を以て開く覚りとの相違。

(四)今生における覚りとは異なる、信心の定まる時の、生死の迷いからの離脱と、故親鸞聖人の仰せられた、今生に本願を信じ、浄土で覚りを開くという、浄土真宗の本旨。

この構想は、(一)において、現世の開覚を一句を以て否定した後で、(二)には、現世における覚りを説く、真言宗・天台宗の宗旨に対して、他力・浄土門の、来世における開覚を対比させている。(三)では、それを受けて、他力・浄土門の来世の開覚がいかなるものかを明らかにした上で、(二)とは逆に、自力・聖道門の、今生における開覚を対比させて、後者の不可能なることを指摘している。結びの

（四）は、以上論じて来たことの帰結として、現世における浄土門の信心が、生死の迷いからの離脱にあって、悟りとは全く異なることを述べて、故親鸞聖人の仰せに示されている、今生における本願の信心の確立と、来世の浄土における開覚の成立という、浄土真宗の本旨を引いて、現世の開覚の異端・異義であるゆえんに最後の批判を加えるという、構想の展開が跡づけられる。

叙述

〔煩悩具足の身を以て、既に、覚りを開くといふ事。この条、以ての外の事に候ふ。〕――この異義は、自力・聖道門の宗派内におけるそれではなくして、他力・浄土門、本章の後に出てくる言葉で言えば、浄土真宗（法然に始まる浄土宗のことで、現在の浄土真宗のことではない）の内部に生じたそれであることが注意されなくてはならない。そして、人間がいかに煩悩具足の身であるかを深く自覚し、内観している著者にとって、「既に、覚りを開く」、即ち、完全なる開覚ということは、思いもよらぬこととする驚きの心持ちが、「以ての外の事に候ふ」という強い叙述となって、想定される読者に向って迸《ほとばし》り出ている趣が窺われる。そこには、この現世で悟りを開くことは、絶対にあり得ない不可能事であるとする、烈しい否定的論調の矛先《ほこさき》が顕現している。

〔即身成仏は、真言秘教の本意、三密行業の証果なり。六根清浄は、また、法花一乗の所説、四安楽の行の感徳なり。〕――「即身成仏」・「六根清浄」という、それぞれ、真言宗・天台法華宗における、現世における覚りの境地を表す語を挙げて、二つはそれぞれ、「真言秘教の本意」であり、「法花一乗の所説」であって、しかも、それらは、「三密行業の証果」や「四安楽の行の感徳」というような、きびしい、綿密な修行・精進によって到達し得るものであることが示されている。かく叙述されていることから、著者唯円がかなりの仏教教理的知識・教養を保持していたこと、そして、それが想定される『歎異抄』の読者にも容易に理解されることを予測して書いていること、さらに、こうした、対《つい》句《く》仕立ての修辞法による表現的効果をも目ざしていることなどが知られるのである。

〔これ皆、難行・上根の勤め、観念成就の覚りなり。〕——「これ皆」と言っているのは、自力・聖道門に属する宗派を総括しているのである。そして、かかる境地に至り得るためには、「難行」をなし得る「上根」の人による修行を要し、「観念」という、特殊な体験によってなし遂げられるものであることが指摘されている。ここまでの三つのセンテンスの結びに、断定し、解説する助動詞「なり」をそれぞれ用いてあるのは、著者が、簡潔ではあるが、一種の教相判釈《きようそうはんじやく》の態度に出ているからであろう。この態度は、この段落の終りまで続いている。

〔来生の開覚は、他力・浄土の宗旨、信心決定の通故なり。これまた、易行・下根の勤め、不簡善悪の法なり。〕——著者によりまとめられた、「覚り」についての浄土門の宗旨である。言うまでもなく、「来生の開覚」は、「即身成仏」「六根清浄」という「今生の開覚」と相対し、「他力・浄土の宗旨」は、「真言秘教の本意」「法花一乗の所説」と相対し、「信心決定の通故なり」は、「三密行業の証果なり」「四安楽の行の感徳なり」と相対している。特に、「三密行業の証果」「四安楽の行の感徳」に対して、「信心決定の通故」を指摘しているのは、それが、現世において為し得る、「来生の開覚」のための、必然的条件をなしているからである。「これまた」とあるのは、以下述べることが、上の二つの聖道門の場合と区別されることを意味している。そして、「難行・上根の勤め」に対して、「易行・下根の勤め」と言い、「観念成就の覚り」に対して、「不簡善悪の法」を挙揚している。こうして、この段落に述べていることは、少しく、教相判釈の観を呈しているが、公認されている教理を確実に言い得て、過不足のない表現性を発揮していると言えよう。ただ、「通故」という、使用の稀な語を用いていることだけが、読者の理解を困難にしていると思われる。かくて、著者は、この「来生の開覚」「信心決定の通故」を基にして、以下、「今生の開覚」の批判に立ち向うのである。

〔おほよそ、今生においては、煩悩・悪障を断ぜんこと、極めて有り難き間、真言・法花を行ずる浄侶、なほもつて、順次生の覚りを祈る。いかに況んや。〕――この叙述は、「おほよそ、今生においては、煩悩・悪障を断ぜんこと、極めて有り難き間」という、どうしようもない、一般的、経験的な事実を挙げ、それ故に、「真言・法花を行ずる浄侶、なほもつて、順次生の覚りを祈る」と言って、「真言・法花」という自力・難行門に属する「浄侶」の努力・精進にも限界があり、その中には、「順次生の覚りを祈る」者もあることを指摘した上で、「いかに況んや」という、下に来るべき叙述を略した形で、簡潔で、しかも含蓄深い一句を置いている。この、「なほもつて……いかに況んや」という強調的表現は、第三章の、「善人なほもつて、往生を遂ぐ。況んや、悪人をや」「悪人なほ往生す。いかに況んや、善人をや」を想起させる。そして、「いかに況んや」の下に省略されている語句が、「煩悩具足の身をや」であると考えさせられるのである。そして、その「煩悩具足の身」である以上、「順次生の覚りを祈る」のは、当然のことであるという意味ともなってくる。この段落が、著者の内に高揚し来《きた》った感動の迸出《ほうしゆつ》を思わせる如き文体を成しているのは、この「なほもつて」「いかに況んや」の持つ叙述力の強さによるものと考えられる。

〔戒行・恵解共に無しといへども、弥陀の願船に乗じて、生死の苦海を渡り、報土の岸に着きぬるも

のならば、煩悩の黒雲速く晴れ、法性の覚月速かに現はれて、尽十方の無碍の光明に一味にして、一切の衆を利益せん時にこそ、覚りにては候へ。」――この叙述の前半（「……ものならば」まで）は、浄土への往生（親鸞のいわゆる「往相《わうさう》」）を、「煩悩の黒雲速く晴れ」から以下の後半は、そこでの開覚にもとづく、衆生を利益《りやく》する働き（親鸞のいわゆる「還相《げんさう》」）を記しているのであるが、高揚した感動の迸《ほとばし》りは、格調の高い、朗々と誦すべき文体・声調を形成しているとともに、修辞の妙をも極めている。弥陀の本願のお助けを蒙《こうむ》ることを「弥陀の願船に乗じて」といい、迷いの境界を脱し去ることを「生死の苦海を渡り」といい、浄土に往って生れることを「報土の岸に着く」といっている。この往相を経て現れる還相の状況を述べては、一切の妄念の断絶を「煩悩の黒雲速く晴れ」といい、開けてくる覚りの境地を「法性の覚月速かに現はれて」といい、弥陀と同じ無碍自在の働きによって、衆生の済度に尽力することを「尽十方の無碍の光明に一味にして、一切の衆を利益」するとしている。この叙述中、「速く晴れ」「速かに現はれて」とあるのは、往相から還相への転換が即時に実現することを示す、重要な、副詞による限定と言うべきであろう。著者の言う「覚り」とは、「往相」から発展してくる、「還相」の立場において成り立つことは、終りに、「一切の衆を利益せん時にこそ、覚りにては候へ」と断定していることによって知られるのである。この叙述における、修辞の巧妙さ、感動の高揚、文体の荘重さは、著者が、聖道門に対する、浄土門の「悟り」の深遠・博大さを表現せんとする努力の結晶として見るべきものであると信ずる。そして、著者の内心に、かかる芸術的、創作的意志の潜在していたことを推測せしめるものがある。

〔この身をもつて覚りを開くと候ふなる人は、釈尊の如く、種々の応化の身をも現じ、三十二相・八

十随形好をも具足して、説法・利益候ふにや。これをこそ、今生に覚りを開く本とは申し候へ。」
――「この身をもつて覚りを開くと候ふなる人」とあるのは、「なる」という伝聞の助動詞を使っているので、著者が伝聞によって知った、今生の開覚を唱える人々のことである。そうした人たちに対して、諸経典に記されている、釈尊についての記載中から、「種々の応化の身をも現じ、三十二相・八十随形好をも具足して、説法・利益候ふにや」という、超人間的、超現実的な「覚り」の様相を基準として挙げて、それとの比較における疑問をつきつけている。それは、「即身成仏」・「六根清浄」を以てしても比べものにならない、生身《なまみ》の人間にとっては絶対的不可能事だからである。終りの、「これをこそ、今生に覚りを開く本とは申し候へ」と念を押しているのも、少しく皮肉な、しかも鋭い言い方といってよいであろう。そして、浄土門の覚りの叙述に比して、修辞の妙も感動の高まりも示していないことが注意される。ただ、「候ふなる人は」「候ふにや」「申し候へ」と丁寧な言葉を使い、特に、すぐ前にある「利益せん時にこそ、覚りにては候へ」に対して、「これをこそ、今生に覚りを開く本とは申し候へ」と述べている所に、構想の(三)が、浄土門と聖道門との「覚り」の対比的な相違を主張していることが明らかになると思う。

〔『和讃』に言はく、「金剛堅固の信心の、定まる時を待ち得てぞ、弥陀の心光摂護して、永く生死を隔てける」とは候ふは、〕――これは、注釈に記したように、親鸞作『三帖和讃』の中の『高僧和讃』における「善導大師」中の一首であって、出典としては、『観念法門』の文句が挙げられているが(注釈参照)、それと比較してみると、「金剛堅固の信心の、定まる時を待ち得てぞ」に相当する所は出典にはない。また、『観念法門』の「彼ノ仏心ノ光、常ニ是《コ》ノ人ヲ照ラシテ、摂護シテ捨テタマハズ」を「弥陀の心光摂護して」と親鸞が単純化している力量を認むべきである。特に、「……待ち得てぞ」から、「永く生死を隔てける」に続く係結《かかりむすび》の力強さは、『観念法門』の文句にはない、創造的表現力と言ってよいであろう。しかも、この一首は、和漢混淆体の持つ厳粛さ・荘重さを発揮して、『三帖和讃』中でも特に挙げるべき秀作とわたくしには思われる。そして、『三帖和讃』の数多い作の中から、この一首を選出した唯円の見識のすぐれていることを認めたいと思う。さらに、この一首が、親鸞のいわゆる「往相《わうさう》」の理《ことわり》を表現し得ていることが注目される。

〔**信心の定まる時に、一度摂取して捨て給はざれば、六道に輪廻すべからず。然れば、永く、生死をば隔て候ふぞかし。**〕――この叙述は先の一首の解説で、「信心の定まる時に」は「金剛堅固の信心の、定まる時を待ち得てぞ」に当り、「一度摂取して捨て給はされば」は「弥陀の心光摂護して」に当り、「六道に輪廻すべからず」は「永く生死を隔てける」に、それぞれ当っている。この中では、特に最後の「然れば」以下の解説が、当時の読者にとり親切な意味を持ったと推測される。かく散文化された説明に接する時、先の和讃の一首の表現のいみじさが却って明らかとなるのではあるまいか。

〔**かくの如く知るを、覚るとは言ひ紛らかすべきや。哀れに候ふをや。**〕――親鸞の和讃の意味を著者が解説したように了解することを、「かくの如く知る」と言っているのである。それは、決して、前の段落中の「この身を以て覚りを開く」こと、「今生に覚りを開く」ことと混同すべきものではないというのである。そして、この世で覚りが開けると思っている人たちに対して、「哀れに候ふをや」という、憐憫の情をも披瀝《ひれき》しているのである。ここにも、異義を唱える人たちを徹底して憎悪したり、排斥したりできない、いつもの著者の心情の現れが認められる。

〔「浄土真宗には、今生に本願を信じて、彼の土にして覚りをば開くと習ひ候ふぞ」とこそ、故聖人の仰せには候ひしか。〕――以上のように批判した最後に、「故聖人の仰せ」を添加しているが、第二部の各章において、末尾に、親鸞の遺語を置いたのは、この章が最初である。そして、「今生」と「彼の土」とを、「本願を信じ」と「覚りをば開く」とを、それぞれ対置させた上で、これは、浄土門の源流をなす、師の法然の教えから一貫していることを「習ひ候ふぞ」の叙述に結晶させているのは、「煩悩具足の身を以て、既に、覚りを開くといふこと」の異義・邪説に対しての、最後の痛烈な批判言として、有力な意義を発揮していると言えよう。

この第十五章で批判されている異義は、この現世において、煩悩具足の凡夫の身で、完全に覚りを開き得るという邪説であるが、「覚る」とか、「覚り」とか、「開覚」「開悟《かいご》」とかいうことは、自力聖道門の修行者の多くが目ざす所であるのに、他力浄土門の中にも、即ち、専修念仏の仲間の中にも、同じような「覚り」を目ざす人たちが現れて、それを目ざすべきだという言説をなすに至ったのである。それを著者唯円は取り上げて、「以ての外の事に候ふ」という、簡潔で烈しい一言の下に強く否定し去った上で、批判を展開させて行くのである。

この章の文芸的意義の第一は、構想の(二)における、聖道門・難行道の「悟り」を示す「即身成仏」・「六根清浄」に対する、浄土門・易行道の「来生の開覚」とを相対立させた、対句《ついく》仕立ての表現であって、そこには、著者の教理批判とも言ってよい、荘重にして厳粛な文体の形成が認められる。そして、五つのセンテンスの結びが、いずれも、指定・断定の助動詞「なり」によって、確実に統一されているのを見るのであって、その中でも、特に、末尾の一文において、「不簡善悪の法なり」と結んでいる中の、「法」の一語は、それが「理」「道理」と相通ずる、原理的なものを意味する点において、注目すべきものがあると言えよう。この（二）において、聖道門の「難行・上根の勤め」「観念成就の悟り」に対決して、浄土門の「易行・下根の勤め」「不簡善悪の法」を挙揚している、著者の堅固な、そして厳粛な態度を見得るのである。それほど、ここには、和漢混淆文体の成熟と完成が存すると言ってよいであろう。

この態度は、構想の（三）にも受け継がれている。中でも、「戒行・恵解共に無しといへども、弥陀の願船に乗じて、生死の苦海を渡り、報土の岸に着きぬるものならば、煩悩の黒雲速く晴れ、法性の覚月速かに現はれて、尽十方の無碍の光明に一味にして、一切の衆を利益せん時にこそ、覚りにては候へ」の一文は、「弥陀の願船」「生死の苦海」「報土の岸」「煩悩の黒雲」「法性の覚月」等の譬喩《ひゆ》の語を以て、浄土への往生、即ち往相廻向《えこう》の過程を示して、修辞の妙を極めている。そして、この叙述は、続く、現世への教化、即ち還相《げんそう》廻向の様相にも及んで、著者の感動の高揚を示し得ている。が、この還相廻向の叙述には、もはや、修辞的叙述を脱していて、「覚りにては候へ」という、穏やかな結びで終っているのである。かくて、唯円も、心底から沸き上る感動に衝《つ》き動かされる時には、かかる修辞的、美文的叙述をもなし得る表現力の持ち主であったことがわかるのである。この文勢は、次の、人間の身で、釈尊の覚りの如き活動を展開することの不可能なることを指摘した叙述にも及んでいる。

構想（四）の初めに引かれている、親鸞の『高僧和讃』の一首は、『三帖和讃』の中でも特に秀でた表現性を示していて、数多い親鸞の和讃の中から、この一首を選び出した唯円の見識と表現への関心の深さとを考えさせられるものがある。そして、この一首に現れている「理」を原動力として、「信心の定まる時に、一度摂取して捨て給はざれば、六道に輪廻すべからず。然れば、永く、生死をば隔て候ふぞかし」といって、読者に念を押し、「かくの如く知るを、覚るとは言ひ紛らかすべきや」と強く主張した上に、「哀れに候ふをや」という、憐憫の情を示して、異義を信ずる、同じ浄土門の人たちへの同情さえも表現している。末尾の「故聖人の仰せ」の引用は、「浄土真宗」においては、「覚りを開く」ことが、「今生」のことではなくして、「彼の土」のことであることを簡明に口述したものとして、この章の結びにふさわしい。これによって、冒頭の「煩悩具足の身を以て、既に覚りを開くといふこと」という異義は、最後の強烈な批判を受けたことになると思われる。

以上の如く考察する時、この一章の持つ文芸的意義の深さ・強さ・美しさに打たれるのであって、ある人が、「第二部の唯円の批判においては、その中の親鸞の言葉だけが文芸と言い得る」と言われた言葉の如きは、一面的な読み方に過ぎないと判断されてくるのである。

この章と第一部十章との関連については、第四章に、「浄土の慈悲といふは、念仏して、急ぎ仏に成りて、大慈大悲心をもつて、思ふが如く、衆生を利益するをいふべきなり」とあるのが、本章の、「法性の覚月速かに現はれて、尽十方の無碍の光明に一味にして、一切の衆を利益せん時にこそ、覚りにては候へ」と相通ずるものがあり、また、第五章に、「ただ、自力を捨て、急ぎ、覚りを開きなば」とあるのが、本章の終りの、親鸞の「今生に本願を信じて、彼の土にして覚りをば開くと習ひ候ふぞ」という言葉、及び、(二)における「来生の開覚」の句と相似している点が注意される。さらに、第一章に、「弥陀の本願には、老少・善悪の人を簡ばれず」とあるのと同じく、この章にも、「不簡善悪の法なり」とあるのが注目される。

第十六章

一 信心《しんじん》の行者《ぎやうじや》(1)自然《しぜん》に、腹《はら》をも立《た》て、悪《あ》し様《ざま》なる事をも犯《をか》し、同朋《どうぼう》・同侶《どうりよ》にもあひて口《こう》論《ろん》をもしては、必ず廻心《ゑしん》すべしといふ事。この条《でう》、断悪《だんあく》・修善《しゆぜん》の(2)心地《ここち》か。

一向専修《いつかうせんじゆ》の人《ひと》においては、廻心《ゑしん》といふこと、ただ一度《ひとたび》あるべし。その廻心は、日ごろ、本願他力真宗《ほんぐわんたりきしんしゆう》を知らざる人、弥陀《みだ》の智慧《ちゑ》を賜《たま》はりて、日ごろの心《こころ》にては往生叶《わうじやうかな》ふべからずと思ひて、本《もと》の心をひき変《か》へて、本願を頼《たの》み参《まゐ》らするをこそ、廻心《ゑしん》とは申し候へ。

(1) 自然(底)自然《シネン》(妙・龍・端別)自然《シセン》(歎異抄私記)自然《シゼン》(首書歎異抄)。(2) コヽチ(底)心地《シムチ》(歎異抄私記)。

〔口訳〕

一 本願を信じ、往生を期して、念仏を行ずる人が、もし万一、腹を立てたり、不都合な様子の事をも仕出《しで》かしたり、信心を同じくする仲間・同行者に向って口争いをしたりしたならば、きっと、その度《たび》に廻心せよということ。このことは、往生のためには、悪をたち切り、善を実行する心がけからいうのであろうか。
ひたすらに念仏を称《とな》える行《ぎょう》だけを実行する人にあっては、廻心ということは、たった一度あるはずのものである。その廻心というのは、ふだん、弥陀の本願という他力を信ずる、真実な教えを知らない人が、阿弥陀如来の智慧をいただいて、ふだんの心がけでは、浄土への往生は思い通りにできないと思って、いままでの自力の心がけをがらりと変えて、弥陀の本願をお頼《たよ》り申し上げることをこそ、真実の廻心とは申すのです。

〔注釈〕 **○信心の行者、自然に、腹をも立て、悪し様なる事をも犯し**　「信心の行者」は、第七章に既出、本願を信心し、念仏を行ずる人。「自然に」は、偶然に、ひょっとして、万一、もしかして。『日ポ』に、「Xijen. シゼン（自然）Moxi.（もし）ひょっとして」とある。『見聞愚案記《けんもんぐあんき》』五には、「世話に自然《じねん》と呉音に云へば、自然天然の様に心得、自然《しぜん》と漢音に云へば、若《もし》の様に心得るなり」とあるそうである。ジネンと読んでいる異本類もあるけれども、ここはシゼンと読んで、後で出てくる「自然《ジネン》」とはっきり区別して読み進むべきである。わたくしの見た注釈書では、『歎異抄私記』が「自然《シセン》ニ」、『首書歎異抄』が「自然《シゼン》ニ」という本文を立てているのが注目された。特に、『首書歎異抄』には、頭注に、「[自然]シゼント訓ズベシ。唯ナニトナクトイフコヽロナリ」と記している。「腹をも立て」は、いかって、立腹《りっぷく》して。「も」は、強意の助詞。「悪し様なる事をも犯す」は、不都合な様子の事をも仕出《しで》かす、の意。　**○同朋・同侶にもあひて口論をもしては**　「同朋」は、同じ宗派内における、信心を同じくする念仏行者の称。同行ともいう。『日ポ』には、「Dôbô. ドゥボゥ（同朋）同じ僧院の仲間」とある。「同侶」は、連れ、仲間、伴侶。「侶」は、ともづれ、仲間の意。「も」は、強意の助詞。「あひて」は、対して、向って。「逢ひて」ではない。「口論をもしては」は、口争いをしたら。「も」は、前と同じく強意の助詞。

「ては」は、接続詞「て」に係助詞「は」が付いた形で、ここでは、……したら、という仮定の意を表す。『徒然草』第百二十六段に、「ばくちの、負極《まけきは》まりて、残りなく打ち入れんとせんにあひては、打つべからず」の例がある。　**○必ず廻心すべしといふ事**　「廻心」は、仏語で、いままでのあやまった心をあらため、転回させて、正しい仏道に入ること。「回心《えしん》」とも書く。第三章に、「自力作善の人は、偏へに、他力を頼む心欠けたる間、弥陀の本願にあらず。しかれども、自力の心をひるがへして、他力を頼み奉れば」とある如き、心の全面的革新・転換をいう。『歎異抄私記』には、「凡夫自力ノ心《シム》ヲヒルカヘシテ、願力ヲ頼《タノム》ヲ廻心トイフナリ。カルカユヘニタヽ一度アルヘシトイフナリ」とある。「すべし」は、せよという命令の意。　**○断悪・修善の心地か**　「断悪」は、自己の悪をたちきること、修善は、善を行ずる、実践する。ここの場合は、往生のために、かかることを行うのである。『徒然草』の第百八段の末尾に、「止《や》まん人は止み、修《しゅ》せん人は修せよとなり」とあるのは、光陰を惜しむ理由として、止悪・修善を勧めたと見るべきである。仏教一般の通戒として、外にも、止悪《しあく》・行善《ぎようぜん》、廃悪《はいあく》・修善《しゅぜん》、諸悪莫作《しよあくまくさ》・衆善奉行《しゆぜんぶぎよう》などと称する。「心地か」は、心がけであろうか、心がけで言うのであろうか。

○一向専修の人においては、廻心といふこと、ただ一度あるべし　「一向」は、他を考えずに、一つのことに心を向け、集中させること。「専修」は、もっぱら念仏の一行《いちぎやう》を実行すること。「一向専修の人」とは、念仏以外の、経を読んだり、写したり、仏像を造ったり、寺や塔を建てたりするような善行を積み、仏前でさまざまな儀礼や礼拝を行ったりするような余行をば全然顧みないで、ひたすら、弥陀の本願に頼りきって、「南無阿弥陀仏」だけを称《とな》える人のことである。「ただ一度あるべし」は、前に第三章から引用したような意味での廻心は、たった一度体験するはずのものであるの意。「べし」は、当然。　**○本願他力真宗**　弥陀の本願という他力の持つ、真実な意義、教旨。前の第十五章の終りに、「浄土真宗」とあったのとほぼ同じ意義である。　**○弥陀の智慧を賜はりて**　親鸞は、『弥《み》陀《だ》如来名号徳《にょらいみやうがうとく》』の中で、如来のさまざまな名号を挙げて説明する中に、「次に智《ち》慧光《ゑくわう》と申す。

これは無癡《むち》の善根《ぜんごん》をもこえたまへるひかり也。無癡（自注、グチノコ、ロナキナリ）の善根といふは、一切有情《いっさいうじゃう》、智慧をならひまなびて、無上菩提《むじゃうぼだい》（自注、ウエナキホトケニナルコトナリ）にいたらんとおもふこゝろをおこさしめむがためにえたまへるなり。念仏を信ずるこゝろをえしむるなり。念仏を信ずるは、すなはち、すでに智慧をえて、仏になるべき身となるは、これは愚癡《ぐち》をはなるゝこととしるべきなり。このゆゑに、智慧光仏《ちゑくわうぶつ》とまうすなり」と述べ、阿弥陀仏の智慧が「愚癡を離るること」にあることを説いている。仏教一般では、「智慧」は、事理を照見し、邪正を分別する心の作用をいう。**○日ごろの心にては往生叶ふべからずと思ひて**　「日ごろの心」とは、第三章にあった「自力の心」のことである。そこには、「自力作善の人は、（中略）弥陀の本願にあらず」とあった。「往生叶ふ」とは、往生がなしうる、できる、許される。「べき」は、可能の助動詞。『歎異抄私記』には、「日コロノコヽロニテハトハ、煩悩悪心ヲ指《スニ》非ス。自力ノコヽロヲイフナリ。浄土真宗ノ意《ロ》、日比《ヒコロ》ノ煩悩悪心ヲ改メテ、本願ヲ信セヨトニハアラス。自身ハ煩悩具足ノ身ナリト信シテ、日比ノ自力ヲ改メテ他力ニ帰スルヲ宗《シュ》ノ本意トスルナリ」とある。**○本の心を引き変へて、本願を頼み参らするをこそ、廻心とは申し候へ**　唯円による、「廻心」の定義であるが、「本の心」とは、それまで持っていた、自力を頼む心を言っている。「ひき替ふ」は、状態を変える、全く異った様子にする、がらりと変える。「本願を頼み参らする」を他力を信ずる心とし、「本の心」を自力の心とするならば、自力の心を捨てて他力の心へ入るのが「廻心」と言ってもよい。親鸞は、『唯信鈔文意《ゆいしんせうもんい》』に、「廻心といふは、自力の心《しん》をひるがへして、すつるをいふなり」と述べている。

一切の事《じ》(1)に、朝《あした》・夕《ゆふべ》に廻《ゑ》心《しん》して、往生を遂げ候《さうら》ふべくは、人の命《いのち》は、出《い》づる息《いき》、(2)入《い》る程《ほど》(3)を待たずして終《をは》ることなれば、廻心もせず、柔和《にうわ》・忍辱《にんにく》の思ひにも住《ぢゅう》せざらん先《さき》に、命尽《つ》きば、摂取不捨《せつしゆふしや》の誓願《せいぐわん》は空《むな》しくならせおはしますべきにや。口《くち》には、願力《ぐわんりき》を頼《たの》み奉《たてまつ》ると言ひて、心《こころ》には、さこそ、悪人《あくにん》を助けんといふ願《ぐわん》、不思議《ふしぎ》にましますといふとも、さすが、善《よ》からん者《もの》をこそ助け給《たま》はんずれと思ふ程《ほど》に、願力《ぐわんりき》を疑《うたが》ひ、他力《たりき》を頼み参《まゐ》らする心欠《か》けて、辺地《へんぢ》の生《しやう》を受《う》けんこと、もつとも歎《なげ》き思《おも》ひ給ふべきことなり。

（1）事《シ》（底）事（端・毫・光）コト（龍・歎異抄私記・首書歎異抄）。（2）イルホトヲ（底）イルイキヲ（端・毫・光・妙・端別）イルイキホトヲ（龍）。（3）ツキハ（底）ツキナハ（毫）。

〔口訳〕

あらゆる物事にわたって、朝方にも、夕方にも、廻心をして、それにより往生をとげることができますならば、臨終における、人の命というものは、出て行く呼吸《いき》がまた入ってくる、わずかの間をも待たないで終ることであるから、廻心もしないし、また、おだやかでおとなしく、迫害に忍耐強く堪えぬく心持に安住もしない前に、命が終ってしまえば、弥陀の、いかなる人をもおさめとって、お捨てにならないという誓願は、かいのないことにおなりになるのであろうか。

悪い事をする度に廻心せよという人は、口では、弥陀の本願の力をお頼《たよ》り申し上げると言いながら、心中には、いくら、悪人を助けようという本願が不思議であらせられるといっても、そうはいうもののやはり、善い行いをする人を特にお助けになるだろうと思うので、本願の力をほんとうにそうなのだろうかと疑い、他力をお頼り申し上げる心が抜け落ちて、浄土の中の辺地に往生するということは、非常に情ないとお思いにならなくてはならないことなのである。

〔注釈〕**○一切の事に、朝・夕に廻心して、往生を遂げ候ふべくは**　「一切の事《じ》」は、底本に「事《シ》」とあるのによって読んだ。「一切の有情《うじやう》」「一切の衆《しゆ》」を、親鸞は、「一切有情《いつさいうじやう》」（『唯信鈔文意《ゆいしんせうもんい》』）、「一切衆《いつさいしゆ》」（『入出二門偈頌《にふしゆつにもんげじゆ》』）と用いているので、ここも「一切事《いつさいじ》」の意味である。「一切の事に」は、あらゆるものごとにわたっての意。「朝・夕に」は、朝方にも、夕方にも。「往生を遂げ候ふべくは」は、「往生を遂《と》ぐべく候はば」と同じ意味で、「べく」は、可能の助動詞。往生を遂げることができますならば。**○人の命は、出づる息、入る程を待たずして終ることなれば**　異本には、「出づる息、入る息を待たずして」とあるが、底本の方が、臨終の命の忽ちに過ぎていってしまう譬喩としては、厳酷にして凄然なものがあるように思われる。その出典としては、源信の『往生要集』上末に、「故経言、出息不待入息、入息不待出息、非唯眼前、楽去哀来、亦臨命終、随罪堕苦」（故ニ、経ニ言ハク、「出ヅル息ハ入ル息ヲ待タズ、入ル息ハ出ヅル息を待タズ。唯、眼前ニ、楽シミ去リテ、哀《カナ》シミ来ルノミニ非《アラ》ズ。亦《マタ》、命終ニ臨ンデハ、罪ニ随ヒテ苦ニ堕《オ》ツ」）とあるが、その「経」とは何か、未だ判明しない。『平家物語』巻一「祇王《ぎわう》」の中に、仏御前《ほとけごぜん》が、「此度《このたび》、泥梨《ないり》にしづみなば、多生曠劫《たしやうくわうごふ》をば隔つとも、浮び上がらんこと難《かた》し。年の若きを頼むべきにあらず。老少不定《らうせうふぢやう》の境《さかひ》なり。出づる息の入るをも待つべからず。かげろふ・稲妻《いなづま》よりなほはかなし」と言う所がある。また、『正法眼蔵出家功徳《しやうぼふげんざうしゆつけくどく》』には、「出息《しゆつそく》、入息《にふそく》をまたず、いそぎ出家せん、それかしこかるべし」とあり、『宝物集《ほうぶつしふ》』には、「出づる息、入る息を待たず、石火《せきくわ》の光の内に、いくばくの楽しみかあらん」とある。和歌では、『詞花集《しくわしふ》』巻十に、「出づる息の入るを待つ間も難《かた》き世を思ひ知るらむ袖はいかにぞ」、『続詞花《しよくしくわ》和歌集《わかしふ》』巻九に、「いなづまの照らすほどには出づる息の入るを待つ間もかはらざりけり」、『教長集《のりながしふ》』に、「出づる息の入るをも待たぬ世の中をいつまでも人の上とかは見ん」、慈円《じえん》の『拾玉集《しふぎよくしふ》』の「厭離百首《えんりひやくしゆ》」に、「出づる息の入るを待たぬは我なれやかへらぬみちに思ひ入りぬる」等がある。この句は溯《さかのぼ》れば、『摩訶止観』巻第七上の「又風気依身名出入息。此息遷謝、出不保入。毘曇云、命是非色非心法。大集云、出入息命寿命。一息不返、即名命終。比丘白仏。不保七日、乃至不保出入息。仏言、善哉、善修無常」（又、風気ノ身ニ依ルヲ出入ノ息ト名ヅク。コノ息ハ遷謝《センシャ》シ、出ヅルハ入ルヲ保《ホ》セズ。毘曇《ビドン》ニ云ハク、「命ハ是レ非色・非心ノ法ナリ」ト。大集《ダイジフ》ニ云ハク、「出入ノ息ヲ寿命ト命《ナ》ヅク。一息返ラズンバ、即チ、命終と名ヅク」ト。比丘《ビク》、仏ニ白《マウ》ス、「七日ヲ保《ホ》セズ、乃至、出入ノ息ヲ保セズ」ト。仏言《ノタマ》ハク、「善哉《ヨイカナ》。善ク無常ヲ修《シュ》ス」ト）、及び、『止観輔行伝弘決《しくわんぶぎやうでんぐけつ》』巻第七之三の、「有一比丘言、出息不保入息。仏言、是名精進善修無常」（一比丘有リテ言ハク、「出ヅル息、入ル息ヲ保《ホ》セズ」ト。仏言《ノタマ》ハク、「是レヲ精進ト名ヅケ、善ク無常ヲ修《シュ》ス」ト）にまで出典が見いだされるが、上の引用のように、説話集や和歌などを通じて、かなり流布されていた文句であるために、唯円も素直に利用したと推察される。「終る」は、命終する、命がなくなる、死ぬ。　**○廻心もせず、柔和・忍辱の思ひにも住せざらん先に、命尽きば**　「柔和」は、呉音で、態度・性質のやさしくて、おとなしいこと、おだやかで、ものやわらかなこと。『日ポ』に、「Nhŭua. ニュゥワ(柔和)　Yauaraca yauaraca.（柔らか和らか）温和・温順」とある。「忍辱」は、辱《はじ》を忍《しの》ぶと読み、さまざまな外部からの侮辱や迫害を耐えしのんで、心を動揺させないこと。『日ポ』に、「Ninnicu. ニンニク（忍辱）なんらかの謙遜な気持ちで堪え忍ぶこと」とあり、また、「Nhŭua ninnicuno fito.（柔和忍辱の人）穏やかで忍耐強い人」「Nhŭua ninnicu. ニュゥワニンニク（柔和忍辱）穏やかで、あるいは、やさしくて、しかも忍耐強いこと」とある。「住す」は、第十二章・第十四章に既出。「先に」は、以前に。「尽きば」は、尽きるならば。「尽き」は、上二段活用の動詞「尽く」の未然形。　**○摂取不捨の誓願は空しくならせおはしますべきにや**　「摂取不捨」も、「誓願」も、第一章に既出。「空しくなる」は、かいがなくなる、むだになる、いたずらになる。その「なる」の未然形「なら」に尊敬の助動詞「す」の連用形「せ」に、「おはします」という、尊敬の補助動詞が付いて、高い敬意を表し、さらに、「べき」という、推量の助動詞がつき、その上に、その全体、即ち「空しくならせおはしますべき」に、「にや」(下に「あらむ」の如き語を略した形)という、断定の助動詞「なり」の連用形「に」に疑問の係助詞「や」が付いた形で、かいのないことにおなりにならせられるのであろうか、の意となる。『源氏物語』の「夕顔」に、惟光《これみつ》の語として、「はやおはしまして、夜更けぬさきに、帰らせおはしませ」と申す所があるし、『枕草子』の「円融院《ゑにゆうゐん》の御果《おんはて》の年《とし》」に始まる段に、藤三位《とうのさんみ》が中宮《ちゆうぐう》定子《ていし》に、「など、かくは謀《はか》らせおはしまししぞ」と申し上げる所がある。

○口には、願力を頼み奉ると言ひて　「願力」は、初出の語であるが、「本願の力」「誓願の力」の意である。この「言ひて」は、言いながら。「て」には、逆接のながら、の意味がある。　**○心には、さここそ、悪人を助けんといふ願、不思議にましますといふとも、さすが、善からん者をこそ助け給はんずれと思ふ程に**　「心には」は、心中にはの意で、下の「と思ふ程に」に続く。「さここそ」は、下の弥陀の誓願を一応は真実なものと認めつつ、それを否定的に拒否する心持ちを示し、いくら……でも、どんなに……ではあってもの意。『平家物語』の「灌頂《くわんぢやう》巻《のまき》」の「大原御幸《おはらごかう》」に、建礼門院《けんれいもんいん》の大原《おはら》の御庵室《ごあんじつ》を御覧になった後白河法皇が、「さこそ世を捨つる御身《おんみ》といひながら、御いたはしうこそ」と仰せになる所があるし、『新古今集』巻十七には、西行の「山深くさこそ心はかよふとも住まであはれは知らむものかは」の一首がある。「さすが」は、普通、「さすがに」の形で用いられるが、ここでは、「に」を省いても同じ意味で、そうはいうものの、そうはいってもやはりの意を表す。『平家物語』巻十二「六代《ろくだい》」に、「此の三年《みとせ》が間、夜昼《よるひる》、肝心《きもごころ》を消しつつ、思ひ設《まう》けつる事なれども、さすが、昨日《きのふ》・今日《けふ》とは思ひよらず」の例がある。「善からん者」は、「善き者」（善人《ぜんにん》の意）を想像的、仮定的に表した語。「助け給はんず」は、きっとお助けになろう。「んず」は、「ん」よりも推定に強調の気持がこめられている。「助け給はんずれ」とあるのは、「上の善からん者をこそ」という係り助詞の結びである。「程に」は、原因・理由を表し、……ので、……によっての意。『平家物語』巻二「大納言死去《だいなごんのしきよ》」に、「女房《にようばう》・侍《さぶらひ》多かりけれども、或《あるひ》は世をおそれ、或は人目《ひとめ》をつつむ程に、とひとぶらふ者、一人《いちにん》もなし」の例がある。**○願力を疑ひ、他力を頼み参らする心欠けて、辺地の生を受けんこと**　「心欠く」は、信心がぬける、不足する。親鸞は、『唯信鈔文意《ゆいしんせうもんい》』に、善導の『六時礼讃《らいさん》』の句、「若少一心《にやくせういつしん》、即不得生《そくふとくしやう》」につき、『『若少一心』といふは、『若』はもしといふ、ごとしといふ。『少』はかくるといふ、すくなしといふ。一心かけぬれば、むまるるものなしとなり」と記している。「辺地の生を受けんこと」については、第十一章の注釈参照。「生を受く」は、往生する。**○もっとも歎き思ひ給ふべきことなり**　「もっとも」は、第三章・第十二章に既出。「歎き思ふ」は、心に歎く、なげかわしく思う、非常に情けないと思う。「べき」は、当然。

信心(1)定《さだ》まりなば、往生《わうじやう》は、弥陀《みだ》に計《はから》はれ参《まゐ》らせてすることなれば、我が計《はから》ひなるべからず。悪《わろ》からんにつけても、いよいよ、願力《ぐわんりき》を仰《あふ》ぎ参らせば、自然《じねん》の理《ことわり》にて、柔和《にうわ》・忍辱《にんにく》の心《こころ》も出《い》で来《く》べし。すべて、万《よろづ》の事《こと》につけて、往生には、(2)賢《かしこ》き思《おも》ひを具《ぐ》せずして、ただほれほれと、弥陀《みだ》の御恩《ごおん》の深重《じんぢゆう》なること、(3)常《つね》は思ひ出《い》だし参《まゐ》らすべし。しかれば、念仏も申《まう》されて候《さうら》ふ。これ、自然《じねん》なり。我が(4)計《はから》はざるを、自然《じねん》と申《まう》すなり。これ、即《すなは》ち、他力《たりき》にてまします。しかるを、自然《じねん》といふことの別《べつ》にあるやうに、(5)我物知顔《われものしりがほ》に言ふ人の候《さうら》ふ由《よし》、承《うけたまは》る。あさましく候(6)ふ。

(1) サダマリ（底）タマハリ（龍）。(2) カシコキ（底）カタキ（龍）。(3) ツネハ（底）ツネニ（龍）。(4) ハカラハサルヲ（底）ハカラサルヲ（毫）。(5) ワレモノ《シリ》カホ（底）ワカモノシリカホニ（龍）。(6) サフラウ（底）サフラフナリ（端・毫・光・妙・龍・端別）。

〔口訳〕

弥陀の本願への信心が確定してしまえば、浄土への往生は、弥陀のお考えをこうむって実現することであるから、自己の考え通りであるはずがない。したがって、自分の行いが悪いにつけて、ますます、本願の力に助けを請い申し上げれば、本願の力の、自《おのずか》ら然《しか》らしめる道理によって、柔順で温和であり、また、迫害を堪《こら》え、怒りを抑《おさ》える心持も生ずるであろう。万事に関して、往生については、賢い考えを決して身につけないで、ただ、我を忘れてしみじみと、弥陀の御恩の深く重いことをいつもいつも思い出し申し上げるがよい。そうすれば、自然《しぜん》と念仏も申すようになるのです。これが自然《じねん》というものである。自分で考えをめぐらさないのを自然《じねん》と申すのである。これがそのまま、他力、即ち弥陀の本願の力であらせられる。それなのに、この自然ということの意味が外《ほか》にあるように、自分こそ、いかにも物事を知っているという顔つきで言う人のおりますということをお聞きしている。まことに情《なさけ》のうございます。

〔注釈〕 **○信心定まりなば、往生は、弥陀に計はれ参らせてすることなれば、我が計ひなるべからず** 「定まりなば」の「な」は、助動詞「ぬ」の未然形で、動作・状態の実現することを確言する気持で使われ、きっと……する、……してしまう、の意味を表す。「計はれ参らす」は、第一章の「助けられ参らす」と似ている語法であり、お考えをこうむって。「我が計ひ」は、自分の考え・分別・思慮。「なるべからず」は、であるはずがない。 **○悪からんにつけても、いよいよ、願力を仰ぎ参らせば** 「悪からんにつけても」は、自分の行いが悪いにつけて。「も」は、感動の助詞。『源氏物語』の「桐壺」中の一首、「鈴虫の声の限りを尽くしても長き夜明かずふる涙かな」につき本居宣長は、『源氏物語玉小櫛《たまのをぐし》』五の巻において、「此《この》ても は、常にいふても の意にはあらず。もじは、俗言にまあといふにあたりて、一首の意を深くいふ辞也。後京極殿の、里はあれて月やあらぬとかこちてもたれ浅茅生《あさぢふ》に衣うつらむ、などのても同じ」と注意している。「願力を仰ぐ」は、本願の力に助けを求め請う。 **○自然の理にて、柔和・忍辱の心も出で来べし** 「自然の理」は、第六章に既出。「にて」は、格助詞「に」に接続助詞「て」が付いた形で、原因・理由を表す。ここは、おのずから然《しか》らしめる、本願の力という道理によって、の意。「柔和・忍辱」は、本章に既出。「出で来」は、思いがけなく出現する、生ずる。『日ポ』に、「Ideqi, uru, ita. イデキ、クル、キタ（出で来、くる、きた） ある事が思いがけなく起こる、あるいは、もちあがる」とある。「べし」は、推量の助動詞で、であろうの意。 **○すべて、万の事につけて** 「すべて」は、下に打消の語を伴う場合は、全く、決して、いっさい、少しも。ここでは、下の「賢き思ひを具せずして」を限定する副詞。「つけて」は、応じて、関して。 **○往生には、賢き思ひを具せずして、ただほれほれと、弥陀の御恩の深重なること、常は思ひ出だし参らすべし** 「賢し」は、知能や学才がすぐれている、賢明である、りこうだ。「具す」は、身につける、自身にそなえ持つ。『日ポ』には、「Guxi, suru, ita. グシ、スル、シタ（具し、する、した） 一緒に連れて行く。また、何かを自分自身にそなえ持っている」とある。「ほれほれと」は、これまで、ホレボレトと読まれて来たが、『日ポ』に、「Foreforeto. ホレホレト(耄れ耄れと) 副詞。変愛とかその他の愛情とかのために夢中になり、気違いのやうになっているさま。例、Voncocoromo faya foreforeto natte, &c.(御心も早ほれほれとなつて、云々) Taif. (太平記) 巻十八。心も夢中になった状態であって、云々」とあるので、ホレホレトと読むことにした。心を奪われて、うっとりするさまを意味する。「深重」は、第一章に、「罪悪深重」と既出。その後、『日ポ』に、「Iingiû. ジンヂュゥ(深重) Fucŏ casanaru.(深う重なる) 非常に増加すること、または、非常に累積すること」とあるのを知った。「常は」は、いつもいつも、ふだん、絶えず。「は」は、強調の助詞。『徒然草』第四十九段に、「心戒《しんかい》といひける聖《ひじり》は、余りに、この世のかりそめなる事を思ひて、静かについゐけることだになく、常はうづくまりてのみぞありける」、『平家物語』巻一「祇王《ぎわう》」に、「かやうに様《さま》をかへて、ひと所《ところ》にとうけ給はってのちは、あまりに浦山《うらやま》しくて、常は暇《いとま》を申ししかども、入道殿《にふだうどの》、さらに御もちゐましまさず」の例がある。　**○しかれば、念仏も申され候ふ**　「しかれば」は、そうすれば。「申され候ふ」は、自然に申すようになりますの意で、「れ」は、自発の助動詞。　**○これ、自然なり**　これが自然なのだとはっきり言っているのは、この章の冒頭に、「信心の行者、自然に、腹をも立て、云々」とあったのと対比して、そこの「自然《しぜん》」とここの「自然《じねん》」との差異をはっきりさせるための叙述と思われる。『日ポ』には、「Iinen. ジネン(自然) ひとりでに、あるいは、本来的に」とある。　**○我が計はざるを、自然と申すなり**　弥陀の御恩を不断に思いだすことで、自発的に、おのずから念仏するようになることをば、即ち、「我が計はざるを」を、「自然」と、もう一度定義し直しているのである。　**○これ即ち、他力にてまします**　「これ」は「自然」を受け、「自然」が即ち「他力」なることを明らかにしている。「まします」は、あらせられる。「ます」よりも高い敬意を表す。　**○しかるを、自然といふことの別にあるやうに、我物知顔に言ふ人の候ふ由、承る。あさましく候ふ**　「しかるを」は、ところが、しかし、しかるに。後続の事柄が、先行の事柄に対して反対、もしくは対立の関係にあることを示す接続詞。「自然といふことの別にあるやうに」は、著者唯円の上の定義以外に、「自然」の意味が別にあるように、の意。「我物知顔」の「我」は、自分自身、その人自身。『徒然草』第百三十四段に、「賢《かしこ》げなる人も、人の上《うへ》をのみはかりて、己《おの》れをば知らざるなり。我を知らずして、外《ほか》を知るといふ理《ことわり》あるべからず」、『平家物語』巻十一「遠矢《とほや》」に、「三浦の人共《ども》これを見て、『和田小太郎《わだのこたろう》がわれにすぎて遠矢《とほや》射《い》るものなしと思ひて、恥がいたるにくさよ。あれを見よ』とぞ笑ひける」とある。「物知顔に」は、いかにも博識の学者という顔付で。『日ポ』に、「Monoxiri. モノシリ(物識) 学者」とある。「言ふ」は、「自然といふことの別にあるやうに」言うのである。「候ふ由、承る」は、おりますということをお聞きしている。「由」は、……ということ。「あさまし」は、驚きあきれるほどひどい、情けない、嘆かわしい。「候ふ」は、ございます。

〔解説〕

この第十六章は、「廻心」の問題、それも、念仏を信ずる者において、日常に悪事をなす事がある場合には、「必ず廻心せよ」という、自力的、聖道門的異義を、いかに批判するかに、著者は関心を集中させている。そして、同じ漢字の二文字であるが、「自然《しぜん》」と読む場合と、「自然《じねん》」と読む場合とで、他力・浄土門の立場では、その意味を峻別《しゅんべつ》すべきことを力説しているのである。

《解釈》

主題

念仏行者は、偶然に悪事をなす度《たび》に、必ず廻心せよという異義の批判。

構想

（一）念仏行者は、偶然に悪事をなす度に、必ず廻心せよという異義に認められる、断悪・修善の自力の考え。

（二）ただ一度だけあるべき廻心の真実義から見て、一切の事に廻心して、善人だけが弥陀に助けられると思って、願力を疑い、辺地の生を受けることの歎かわしさ。

（三）弥陀の願力を仰ぐことで、柔和・忍辱の心も、念仏を申すことも成り立ってくる自然《じねん》の理《ことわり》と、この「自然」の意義を知らぬ人のあさましさ。

このうち、（一）では、信心の念仏行者に向って、偶然に、悪事をしてしまう度に、「必ず廻心せよ」と命ずる異義を挙げて、それが、自力的考えにもとづくことを簡潔に指摘している。そして、（二）では、「廻心」とはいかなることであるかを追求した上で、（一）の異義が、いかに、それに違反しているか、また弥陀の願力を疑うことになるかを、剔抉《てっけつ》している。（三）では、進んで、「自然《しぜん》」に対する「自《じ》然《ねん》」という理《ことわり》によって、悪を犯さぬ心も、念仏を申す心もおのずから生じてくること、それこそが他力であることを力説し、さらに、この「自然」の理を知らぬ人のあさましさを指摘するに至っている。この（二）と（三）とによって、（一）の異義が邪説たることを充分に批判し切っている所に、著者の見識と信心の深さとが現れていると言うべきであろう。

叙述

〔信心の行者、自然に、腹をも立て、悪し様なる事をも犯し、同朋・同侶にもあひて口論をもしては、必ず廻心すべしといふ事。この条、断悪・修善の心地か。〕——この異義は、「信心の行者」、即ち弥陀の本願を信じ、念仏を行じている人たちに対して、そういう人たちでも、偶然に、犯し易い悪事をなしたならば、「必ず廻心せよ」ということであるが、古来、「腹をも立て」は意業《いごう》、「悪し様なる事をも犯し」は身業《しんごう》、「同朋・同侶にもあひて口論をもして」は口業《くごう》と、分類して説明されている。つまり、この三つのことは、人間の一切の行為、即ち業《ごう》を三業（身《しん》・口《く》・意《い》）に分けて、その悪い例となる事実を挙げていることになる。しかも、こうした悪しき行為が「自然《しぜん》に」、即ち、仮《かり》に、万一、もしかしてとか、ひょっと、もしも、思いがけずとかいうように、偶然に生じた場合に、念仏行者は、「必ず廻心せよ」という、一種の戒律・命令が念仏者の仲間内に生じて来たのであろう。いかに「信心の行者」であっても、「煩悩具足の凡夫」であって、業縁の支配下にある存在たる以上、かかる、偶然に犯す悪事、それも身に行うことだけではなく、口で言うことにも、心に思うことにも拡大された悪事を犯すことは、日常の事実として、当然あり得ることと認めなくてはならない。そうした悪事をなす度に、「廻心すべし」という戒律・命令に従うことがどうして必要なのか。著者は、「断悪・修善の心地か」と、簡潔に、一言の下《もと》に批判しているのは、かかる悪を断じ、善を修《しゅ》することが仏教一般に通じて行われている、守るべき戒律であることを承知していながら、他力・浄土門ではそれとは全く異なる立場に立っていることを自覚して、このように、疑問の形で表白しているのである。

〔一向専修の人においては、廻心といふこと、ただ一度あるべし。〕――ここから構想の（二）に入る。この章の初めに、「信心の行者」と言ったのを、さらに強めて、「一向専修の人」として、その範囲を限定している。勿論、一向に念仏を専修する人の意であるが、そういう、ひたむきな、一徹の念仏者においては、「廻心」という重大な経験は、生涯に唯《ただ》の一度しか有り得ないというのは、なぜであろうか。この「ただ一度あるべし」の句は、読者の心に迫り、それを緊張させる効果があって、以下の叙述に読者の気持を集中させる効果を発揮していると言い得よう。

〔その廻心は、日ごろ、本願他力真宗を知らざる人、弥陀の智慧を賜はりて、日ごろの心にては往生叶ふべからずと思ひて、本の心をひき変へて、本願を頼み参らするをこそ、廻心とは申し候へ。〕

――前出の「廻心すべし」という言葉にこもる「断悪・修善の心地」が自力・聖道門の通戒であることに対して、真実の「廻心」、それも、他力・浄土門の「廻心」がいかなるものかを、丁寧に、懇切に定義している叙述である。ここの「日ごろ、本願他力真宗を知らざる人」とは、前の「信心の行者」「一向専修の人」と対比させるためのものであるが、「弥陀の智慧を賜はりて」の句には、ここに初めて「智慧」の文字を用いていることに注目させられる。「弥陀」に関しては、「力」「御恩」「誓願」「本願」「願」「大願」「心光」「光明」等の語とともに、第十一章には「弥陀の大悲」とあった。仏教では、「慈悲」と「智慧」、「大悲」と「大智」とを並べて大眼目としているのであるから、著者がここに「智慧」と書いている心持も察せられるものがある。そして、「弥陀の智慧を賜はりて」とあるのも、他力的な言い方と言えよう。次に、「日ごろの心にては往生叶ふべからずと思ひて」とあるが、この「思ひて」も、第一章の「弥陀の誓願不思議に助けられ参らせて、往生をば遂ぐるなりと信じて」と同じく、「弥陀の智慧を賜はりて」の結果に外ならないし、それが進んで、「本の心をひき替へて、本願を頼み参らする」信心の境地に達するというのである。この過程、その中でも特に、「本の心をひき替へて」の一句こそ、人の生涯において、ただの一度の「廻心」における、心の全面的転換・改革を指摘するものである。「廻心とは申し候へ」と結んでいるのは、想定される『歎異抄』の読者に、謙譲と丁寧の心持をこめて以上の解説・定義をなしたことを、説明したのである。

〔一切の事に、朝・夕に廻心して、往生を遂げ候ふべくは、人の命は、出づる息、入る程を待たずして終ることなれば、廻心もせず、柔和・忍辱の思ひにも住せざらん先に、命尽きば、摂取不捨の誓願は空しくならせおはしますべきにや。〕——浄土門の「廻心」を説明し終えた後、それを基にして、異義の批判に入っているが、人間のなす一切の事に、朝《あした》にも夕べにも、くり返して何度でも廻心することが往生を遂げ得るための条件をなすものだと言うならば、無常なる人間の命は、「出づる息、入る程を待たず」、瞬間的に終熄《しゅうそく》してしまうという事実を挙げて、そうしたさし迫った臨終に際して、もしも、いままで反復して継続して来た廻心をもせず、「柔和・忍辱」という善い思いの状態を保つ、即ち、第十四章の末尾にある「臨終正念」の状態に身を置くこともできずに、この世を去ってゆくことにならば、その場合には、「摂取不捨の誓願は空しくならせおはしますべきにや」という、根本的矛盾に陥ることになる。この臨終の叙述は、第十四章における、「……一生の間、思ひと思ふこと、皆、生死の絆にあらざることなければ、命尽きんまで、念仏退転せずして、往生すべし。ただし、業報限りあることなれば、いかなる不思議の事にも逢ひ、また、病悩、苦痛を責めて、正念に住せずして終らん、念仏申すこと難し。その間の罪は、いかがして滅すべきや。罪消えざれば、往生は叶ふべからざるか」という叙述と、第十三章における、「おほよそ、悪業・煩悩を断じ尽して後、本願を信ぜんのみぞ、願にほこる思ひもなくて、よかるべきに、煩悩を断じなば、即ち仏に成り、仏のためには、五劫思惟の願、その詮なくやましまさん」とある叙述が思い合わせられるものがある。著者は、かかる臨終に際しての人の心の善悪の問題として、第十四章の、「正念に住せずして終らん」に対して、本章では「廻心もせず、柔和・忍辱の思ひにも住せざらん先に、命尽きば」と述べ、第十三章の、「五劫思惟の願、その詮なくやましまさん」に対して、同じく、「摂取不捨の誓願は空しくならせおはしますべきにや」と叙しているのであって、そこに、著者の細心な注意力が払われているのを見るのである。特に、後者における文の結びが、「空しくならせおはしますべきにや」とあって、下に続く語句を省略しているのは、はなはだ含蓄的であって、それだけ、読者に深い反省を促す表現力となっていると思うのである。

〔口には、願力を頼み奉ると言ひて、心には、さこそ、悪人を助けんといふ願、不思議にましますといふとも、さすが、善からん者をこそ助け給はんずれと思ふ程に、願力を疑ひ、他力を頼み参らする心欠けて、辺地の生を受けんこと、もつとも歎き思ひ給ふべきことなり。〕——ここでは、「一切の事に、朝夕に廻心して、往生を遂げよ」という異義の批判に続いて、「断悪・修善の心地」にこもる、善事をなす者こそ弥陀はお助け下さるのだと思う異義の批判を行っている。かかる異義を唱える人々につき、著者は、「口には、『願力を頼み奉る』と言ひて、心には、『さこそ、悪人を助けんといふ願、不思議にましますといふとも、さすが、善からん者をこそ助け給はんずれ』と思ふ程に」という、言葉に示された外面と、心に思い考える内面との離反について、鋭い心理的洞察を示している。この「善からん者」即ち善人は、「悪人」に対してのそれであるが、弥陀の「悪人を助けんといふ願」は、決して、かかる善人に向けられているのではない。却って、「日ごろの心にては往生叶ふべからずと思ひて、本の心をひき替へて、本願を頼み参らする人」、即ち、自己の悪を自覚して、廻心する悪人に向けられているのである。それなのに、第十三章に、「おほよそ、悪業・煩悩を断じ尽して後、本願を信ぜん」とあったような、「断悪・修善」を目ざす人たちは、結局、「善からん者をこそ助け給はんずれ」という自力的信心に陥ってしまい、「願力を疑ひ、他力を頼み参らする心欠けて」という状態になり、ついには、自力による往生を願う者の行くべき「辺地の生を受け」る結果になる。著者が、「一切の事に」「必ず廻心すべし」という考えを異義・邪説として斥けるのは、それに、自己を善人と考えようとして、知らず知らずのうちに、「願力を疑ひ」「他力を頼み参らする心欠けて」、「断悪・修善」を目ざす、自力に頼る人々を見いだしたからに外ならない。そして、この批判においても、「もつとも歎き思ひ給ふべきことなり」といって、深い自己反省を求めているのである。

〔**信心定まりなば、往生は、弥陀に計はれ参らせてすることなれば、我が計ひなるべからず。**〕——ここからが、わたくしの構想の（三）であるが、著者が、ここで、「信心定まりなば」と言っているのは、言うまでもなく、「廻心」を経験した上の信心決定《けつじょう》に外ならない。そして、その信心においてこそ、完全な、他力に頼る往生が実現する。ここでは、特に、国語による、「計はれ参らせてすることなれば」とか、「我が計ひなるべからず」とかいう、助動詞の使い方に、著者の、自在な、そして確かな言語表現力が認められると思うのである。

〔**悪からんにつけても、いよいよ、願力を仰ぎ参らせば、自然の理にて、柔和・忍辱の心も出で来べし。**〕——自己の犯し易い悪事について、信心の定まった者はいかに処すべきかが、ここに説き示されている。「悪からんにつけても」は、自己の悪についての反省を言っているのであり、そうした場合には、「断悪・修善」や「廻心」を目ざすことなく、「いよいよ、願力を仰ぎ参ら」することが何よりも大事なことであるというのである。そうすれば、第六章にも出ていたが、「自然の理」によって、即ち、おのずから、念仏の信者を導いて下さる本願の力という道理によって、「柔和・忍辱の心も出で来べし」ということになるのであって、この「柔和・忍辱の心」は、前には、臨終の正念として求められる「思ひ」であったのに、ここでは、日常の生活においてのそれとして、しかも、「出《い》で来《く》」というように、極めて自然《しぜん》に、何の企図《きと》もなく、おのずから成り立ってくるものとして考えられている。本願他力によって、かかる心が自然に成立してくることを、著者は、日常、充分に経験していたからこそ、それを「出で来べし」の一句に結晶させているに違いない。

〔**すべて、万の事につけて、往生には、賢き思ひを具せずして、ただほれほれと、弥陀の御恩の深重なること、常は思ひ出だし参らすべし。**〕——直前の文は、「悪からんにつけても」であったのに、ここでは、「万の事につけて」という、拡大・拡張された経験について、普遍的、発展的に述べていることが注意される。また、「往生には」とあるのは、段落の最初に、「信心定まりなば、往生は」とあったのを受けて、そこでは、「弥陀に計はれ参らせてすることなれば、我が計ひなるべからず」という、他力の道理による断定であったのに、ここでは、日常生活における心がけの問題として、「賢き思ひを具せずして」とあるように、賢明な考えを振り捨てて、「ただほれほれと、弥陀の御恩の深重なること」を、「常は思ひ出だし参らすべし」という、日常の態度を保持すべきことを説いているのである。前の文の「柔和・忍辱の心も出で来べし」は、推量の助動詞で終っているが、この文では、「常は思ひ出だし参らすべし」という、当然、あるいは義務・命令の助動詞で結んで、それが、浄土門信者の行くべき道であることを指示しているという展開が認められる。「ただほれほれと」という国語の副詞も、「弥陀の御恩の深重なること」に、心から没入し、またそれを想起し続ける信者の心がけを限定して、まことに適切なものがあると思われる。

〔**しかれば、念仏も申され候ふ。これ、自然なり。**〕――弥陀の深重なる御恩をいつも思ひ出し申し上げる心から、念仏の声がおのずから発せられる心理過程を、「申され候ふ」とあるように、自発の助動詞を用いて、的確に叙している。そして、次に、「これ、自然《じねん》なり」と断定しているのは、この章の冒頭に、「自然《しぜん》に、腹をも立て」とあった、その「自然」と、ここの「自然」とは全く意味が違っていることを読者に明示しようとする意志の現れと考えられる。

〔**我が計はざるを、自然と申すなり。これ即ち、他力にてまします。**〕――「自然」の意味をさらに明確にするために、前に、「我が計ひなるべからず」とあったのを受けて、「我が計はざるを」、即ち、自力による「計ひ」を自《みづか》ら否定することが、「自然」であり、それはとりも直さず、「他力」に外ならないことを、「にてまします」と、尊信・敬仰の心を抱いて叙述しているのである。この第十六章は、かくの如く、「自然《しぜん》」の語から始まって、それとは全く区別される、人間の自力的意識を越えた、「自《じ》然《ねん》」の意義に、念仏行者の取るべき心がけを指示することにまで発展し来《きた》っていると言えよう。

〔**しかるを、自然といふことの別にあるやうに、我物知顔に言ふ人の候ふ由、承る。あさましく候ふ。**〕――この叙述は、浄土門で言う「自然《じねん》」を故意に曲解し、作為して、それを「自然《しぜん》」即ち、偶然に、ひょっとしての意味にとりなして、「自然に、……口論をもしては、必ず廻心すべし」という異義・邪説に仕立てている、一部の人々に対して言っているのである。「自然といふことの別にあるやうに……言ふ」とは、「別に、自然《しぜん》の意味があるかのように……言う」の意であり、「我物知顔」は、そう言う様子が、いかにも、学者ぶって、ものの道理をわきまえているかのようで、実は邪道に陥っていることを指摘しているのである。ここの叙述は、「しかるを、我物知顔に、自然といふことの別にあるやうに言ふ人の候ふ由、承る」と順序を変えてみると、解し易い。この第十六章の終りに近く、「……言ふ人の候ふ由、承る。あさましく候」と結んでいるのは、各章毎に見いだされる、著者の、異義を立てる人々に対しての、穏和にして丁寧な態度を示すものたることは言うまでもないが、そうした中にも「あさましく候ふ」には、これまで的確に、またきびしく批判して来た唯円の、積り積った感情の迸《ほとばし》りが出ているように思われる。

この章で取り上げている異義は、冒頭において、かなり詳しく記述されている。それも身・口・意の三業にわたって、悪いことを犯すならば、「必ず廻心すべし」という、一種の戒律・命令となって、「信心の行者」に要求されている異義なのであるが、そこに、「自然《しぜん》」とある一語が、後の「自然《じねん》」という語と著しい対照をなすように、著者により置かれていることが注意される。そして、この異義に対して、著者は、「断悪・修善の心地か」という、仏教一般、特に聖道門で強調されている通戒を挙げて、その「心地」を問題にしているのである。

第十六章の文芸的意義は、第一に、この「心地」「心」と、その働きである「思ふ」「思ひ」と、その「心」の革新・転換である「廻心」の三つを中心とする、人間心理の洞察の確かさ・深さに見いだされる。構想の(二)においては、「廻心」とは何かを追求して、「……日ごろの心にては往生叶ふべからずと思ひて、本の心をひき替へて、本願を頼み参らするをこそ、廻心とは申し候へ」という定義に達している。これは、「廻心」という事実をわが心の上に体験した著者にしてはじめて叙し得る、自己観察の確かさと言えよう。このことは、臨終の時において、「廻心もせず、柔和・忍辱の思ひにも住せざらん先に、命尽きば、摂取不捨の誓願は空しくならせおはしますべきにや」という、手痛い批判を展開させる原動力となっている。さらに、「口には、願力を頼み奉ると言ひて、心には、さこそ、悪人を助けんといふ願、不思議にましますといふとも、さすが、善からん者をこそ助け給はんずれと思ふ程に、願力を疑ひ、他力を頼み参らする心欠けて、辺地の生を受けんこと、もつとも歎き思ひ給ふべきことなり」という、邪説を唱える人々の心理・意識の、鋭い分析・剔抉《てっけつ》となって現れている。それも、「思ひ給ふべきなり」という尊敬語法を付けて言っていることが注目される。

第二は、かかる心理・意識を分析しつつ、著者は、必ず、弥陀の本願、その智慧の力を忘れずに仰ぎ慕っていることである。「廻心」を定義するにも、「日ごろ、本願他力真宗を知らざる人、弥陀の智慧を賜はりて」と言い、「本願を頼み参らするをこそ」と言っているし、異義を主張する人々への批判にも、「願力」とか、「悪人を助けんといふ願」とか、「他力」とかいう語が、批判を支持する、有力な論拠となっている。かかる意向は、構想の（三）でも、「往生は、弥陀に計はれ参らせてすることなれば」や、「悪からんにつけて、いよいよ、願力を仰ぎ参らせば」や、「弥陀の御恩の深重なること、常は思ひ出だし参らすべし」の如き叙述に結晶していると言ってよい。

第三には、冒頭の異義に「自然《しぜん》」とあったのに対して、構想の（三）においては、「自然《じねん》の理」と言って、「自然」の語を新しく援用していることである。しかも、その援用に至る過程の叙述において、「往生は、弥陀に計はれ参らせてすることなれば、我が計ひなるべからず」と言った後で、「悪からんにつけても、いよいよ、願力を仰ぎ参らせば、自然の理にて、柔和・忍辱の心も出で来べし」と述べている中の「出で来べし」という叙述には、それが、おのずからなる発生・成立であることを示す、国語による表現の純粋さが認められるようである。「自然の理」は、かかる叙述となって具体化されているのであって、次に続く叙述において、「ただほれぼれと、弥陀の御恩の深重なること、常は思ひ出だし参らすべし。しかれば、念仏も申され候ふ」とある中の、「申され候ふ」という、自発の助動詞のいみじき使い方にも、同じ具体化を見るのである。

著者は、さらに続けて、「これ、自然なり」と言い、「我が計はざるを、自然と申すなり」と言い、「これ即ち、他力にてまします」と言って、「自然《じねん》」の意味を説いているのは、それが、初めに挙げた異義の中の「自然《しぜん》」と全然異なる宗教的意味を持つものであることを強調して、読者の注意を喚起しようとしているためである。この「自然《じねん》」の語の持つ他力的異義を無視して、「自然《しぜん》に」、即ち「偶然に」の意味にして「我物知顔に言ふ人」の心情を推測して、「あさましく候ふ」と言っているのは、そこに、信心と念仏とが、「自然《じねん》の理」によってのみ成立し、実現することへの、唯円の確乎たる信念の把持が認められる。

このように考察してくると、この章の持つ文芸的異義は、第一も、第二も、第三も、すべて、「理」を中核として展開していることが明らかとなる。『歎異抄』の読者に求められるものは、かくの如き「理」の表現、その境地に参入して、いかなる異義・邪説をも乗り越えて、他力・自然の「理」に徹底してゆく、親鸞・唯円の持つ信念の強さ・深さによって、自己の弱さ・浅さを自覚させられることであろうか。

第一部十章と本章との関連については、第三章に、「しかれども、自力の心をひるがへして、他力を頼み奉れば」とあるのが、本章の廻心を定義して、「日ごろの心にては往生叶ふべからずと思ひて、本の心をひき替へて、本願を頼み参らするをこそ、廻心とは申し候へ」と言っているのに近いことが注意される。また、第六章の末尾を、「自然の理に相叶はば、仏恩をも知り、また、師の恩をも知るべきなり」と結んでいて、本章と同じく、「自然の理」の語が存するのを見る。そして、この語が基準になって、第六章では、仏恩・師恩を思い知るべきことを、本章では、「柔和・忍辱の心も出で来べし」「念仏も申され候ふ」という現実の心情・行為の形成されることを、それぞれ叙述していることになるのである。

なお付言すれば、本章に展開している批判は、冒頭の異義からして、「廻心」が中心問題となって、構想の（一）（二）に及んでいるのであるが、（三）になると、「自然《じねん》」が核心となってしまって、「廻心」中心ではなくなっている。そして、（一）の「自然《しぜん》」と（三）の「自然《じねん》」との対照が強調されているのであって、結局、冒頭に挙げた異義の中に含まれる、「廻心」と「自然《しぜん》」の二つの契機を取り出して批判を展開したことになると思われるのである。

なお、この章の初めに、人間の身・口・意の三業にわたる悪を挙げているが、同じような三業の悪を戒めた「自力のこころ」の例としては、四一九ページに引用した、『自力他力事』の初めにも見られることを付記して置きたい。

第十七章

一 (1)辺地往生《へんちのわうじやう》を遂《と》ぐる人、終《つひ》には地獄《ぢごく》に堕《お》つべしといふ事。この条《でう》、(2)何《なに》の証文《しようもん》に見《み》え候《さう》ふぞや。

(3)学生立《がくしやうた》つる人の中《なか》に、言《い》ひ出《い》ださるることにて候《さう》ふなるこそ、あさましく候へ。経論《きやうろん》・(4)聖教《しやうげう》をば、如何《いか》やうに見做《みな》されて候ふらん。(5)「信心欠《か》けたる行者《ぎやうじや》は、本願《ほんぐわん》を疑《うたが》ふによりて、辺地《へんち》に生《しやう》じて、疑ひの罪《つみ》を償《つくの》ひて後《のち》、(6)報《ほう》土《ど》の覚《さと》りを開《ひら》く」とこそ承《うけたまは》り候《さう》へ。信心《しんじん》の行者少《ぎやうじやすくな》き故《ゆゑ》に、化土《けど》に多く勧《すす》め入《い》れられ候ふを、終《つひ》に空《むな》しくなるべしと候ふなるこそ、如来《によらい》に虚妄《こまう》を申《まう》し付《つ》け(7)参《まゐ》らせられ候《さう》ふなれ。

(1) 辺地往生（底）辺地ノ往生（端・毫・光）辺地《ヘンチ》ノ往生《ワウシヤウ》（妙・龍・端別）。(2) ナニノ（底）イツレノ（端・光・妙・龍・端別）。(3) 学生タツル人（底）学生《カクシヤウ》タル人（龍）。(4) 正教（底）聖教（毫）聖教《シヤウケウ》（妙・龍・端別）。(5)

ラン（底）ヤラン（端・毫・光・妙）。（6）報土（底）報土《ホウト》（妙・端別）浄土《ジャウト》（龍）。（7）マヒラセラレサフラフナレ（底）マイラセサフラフナレ（妙）マヒラセラレサフラへ（龍）。

〔口訳〕

一　浄土に往生できず、その片ほとりの辺地に往生を遂げる人は、終極には、地獄に堕《お》ちなくてはならぬということ。このことは、何という、証拠となる文章に見えますのか。

学者たることを誇示する人たちの中に言い出《だ》されることと聞いておりますのは、あきれるほど、情のうございます。経論や聖教をば、どのようなものとご覧になっていますのでしょうか。

「本願への信心の不足している念仏の行者は、本願を疑うことによって、方便化土《けど》における辺地に往生をして、本願を疑ったという罪を消却してまぬがれた後で、真実報土たる浄土における悟りを開いて、仏と成る」と、謹んで伺《うかが》っております。

本願をほんとうに信心する念仏行者が少ないので、弥陀は、方便化土に多く勧めてお入れになりますのに、終極には、地獄に堕《お》ちて、浄土への往生の願いはむだになるはずだと申しておりますとのことは、釈迦牟尼如来に虚偽をお申し渡し申し上げなされることであります。

〔注釈〕　**○辺地往生を遂ぐる人、終には地獄に堕つべし**　「辺地往生」については、第十一章の注釈において述べた。底本の「辺地往生」を、他本の本文とその読み方を参考にして、「へんぢのわうじやう」と読むことにした。『末燈鈔《まっとうせう》』二には、「行者のおの〳〵の自力の信にては、懈慢《けまん》・辺地の往生、胎生・疑城の浄土までぞ、往生せらるることにてあるべきとぞうけたまはりたりし」、同十二には、「念仏往生と信ずる人は、辺地の往生とてきらはれ候ふらんこと、おほかた、こころえがたく候ふ」、「本願・他力をふかく信ぜんともがらは、なにごとにかは、辺地の往生にて候ふべき」とあるのが参考となる。親鸞には、「辺地《へんち》往生《わうじやう》」とある例はない。本章は、「辺地往生」を「終《つひ》には」、即ち終極には、地獄に堕ちなくてはならぬという異義が唱えられたことについて、以下のような批判が展開してゆくのである。「べし」は、当然の意。**○この条、何の証文に見え候ふぞや**　「証文」は、第十二章に既出。「見え候ふぞや」は、見えますのか。「ぞや」も、第十三章の末尾に、「いかなる悪か、ほこらぬにて候ふべきぞや」という形で既出している。**○学生立つる人の中に言ひ出ださるることにて候ふなるこそ、**

あさましく候へ　「学生」は、学者の意で、第二章に出ていた。「学生立つ」は、自分の学者たることを周囲に誇示する。「立つ」は、あらわす、人に知れわたるようにする。『ロドリゲス日本大文典』には、Gacuxŏdatesuru（ガクシャゥダテスル）の語があって、Gacuxŏgamaxij（ガクシャゥガマシイ）、Gacuxŏmequ（ガクシャゥメク）の意としている。『徒然草』第百二十四段に「是《ぜ》法法師《ほふほふし》は、浄土宗に恥ぢずといへども、学匠を立てず、ただ、明暮《あけくれ》念仏して、安らかに世を過す有様、いとあらまほし」とある。「言ひ出ださるる」の「るる」は、尊敬の助動詞。「候ふなるこそ」の「なる」は、伝聞の助動詞で、この句は、ありますと聞いているのは、の意。「あさましく候へ」は、上に「こそ」とある係助詞の結びで、何とも情けのうございます。直前の、第十六章の結びと似ている。　**○経論・聖教**　「経論」は、釈尊の説法を書き記した「経」と、経や戒律につき、その法や義を論述した祖師・高僧の所説を記した「論」。第十二章の注釈でも記したが、真宗では、経としては、『無量寿経《むりやうじゆきやう》』『観《くわん》無量寿経《むりやうじゆきやう》』『阿弥陀経《あみだきやう》』の浄土三部経、論及び釈（経を解釈したる書）として、竜樹《りゆうじゆ》の『十住毘婆沙論《じふぢうびばしやろん》（易行品《いぎやうほん》）』『十二礼《じふにらい》』、天親《てんしん》の『浄土論』、曇鸞《どんらん》の『浄土論註』『讃阿弥陀仏偈《さんあみだぶつげ》』、道綽《どうしやく》の『安楽集《あんらくしふ》』、善導《ぜんどう》の『観経疏《くわんぎやうしよ》』『法事《ほふじ》讃《さん》』『往生礼讃《わうじやうらいさん》』『般舟讃《はんじゆさん》』『観念法門《くわんねんほふもん》』、源信の『往生要集』、法然の『選択本願念仏集《せんぢやくほんぐわんねんぶつしふ》』の七祖の述作された聖典を所依の経・論・釈としている。「聖教」は、底本には、「正教」とあるが、ここでは、「学生立つる人」の学問の対象となる典籍の意味であることは、その上の「経論」と同じであるので、他本により、「聖教」と改めた。「正教」は、第十二章に既出。そこの注釈に、「聖教」との違いを述べた。「聖教」とは、『日ポ』に、「Xŏguiŏ. シャウギョウ(聖教)救霊の事に関して、日本の学者の作った書物。文書語」と出ているように、特に、日本の学僧たちの著作を指しているものと考えられる。第十二章に既出。それで、真宗では、聖覚《せいかく》の『唯信鈔《ゆいしんせう》』、隆寛《りゆうかん》の『一念多念分別事《いちねんたねんふんべつじ》』『自《じ》力他力事《りきたりきのこと》』、著者未詳の『後世物語聞書《ごせものがたりのききがき》』等が「聖教」として認められて来るし、親鸞もこれらの書の熟読を『末燈鈔』『御《ご》消息集《せうそくしふ》』で門弟に勧めている。

○如何やうに見做されて候ふらん 「如何やうに」は、どのように、どのようなものと。「見做す」は、しかじかなりと見る、何々だと見る。「れ」は、尊敬の助動詞。『日ポ』には、「Minaxi, su, aita. ミナシ、ス、イタ(見なし、す、いた)物事を見るのに、良い方、または、悪い方へと引きつけて、それを良く見る、または、悪く見る」とある。

○「信心欠けたる行者は、本願を疑ふによりて、辺地に生じて 「信心欠けたる行者」は、本願への信心の抜け落ちている、念仏行者。「本願を疑ふによりて、辺地に生じて」については、『無量寿経』巻下に、仏が弥勒菩薩《みろくぼさつ》に告げて、「無得疑惑中悔、自為過咎、生彼辺地、七宝宮殿、五百歳中、受諸厄也」(疑惑《ギワク》シ、中悔《チユウケ》シテ、自《ミズカ》ラ過《クワ》咎《グ》ヲ為《ナ》シテ、彼《カ》ノ辺地《ヘンヂ》七宝《シツポウ》ノ宮殿《クデン》ニ生《シヤウ》ジテ、五百歳《ゴヒヤクサイ》ノ中《ウチ》ニ、諸《モロモロ》ノ厄《ヤク》ヲ受クルヲ得《ウ》ルコト無《ナ》カレ)と説かれていて、本願の力を信ぜず、自ら善行をなして、浄土往生を願い、命終の後、浄土に生れても、真実報土(第三章参照)に生れることができず、方便化土《ほうべんけど》(下に注する)に住することを「辺地の往生」と称する。ところが、その浄土には、辺地の外に、第十一章に、「辺地・懈慢《けまん》・疑城《ぎじやう》・胎宮《たいぐ》」の四つが挙げられていて、辺地との異同が問題になるのであるが、親鸞は、『愚禿鈔《ぐとくせう》』巻下の末尾に、「亦即往生者、斯則難思議往生、真報土也。便往生者、即是諸機各別業因果成土。胎宮・辺地・懈慢界・雙樹林下往生。亦難思往生也、応知」(亦《マタ》、即《ソク》往生トハ、斯《コ》レ則《スナハ》チ、難思議《ナンシギ》往生《ワウジヤウ》、真ノ報土ナリ。便往生《ベンワウジヤウ》トハ、即《スナハ》チ是《コ》レ、諸機《シヨキ》各別《カクベツ》ノ業因《ゴフイン》・果成《クワジヤウ》ノ土《ド》ナリ。胎宮・辺地・懈慢《ケマン》界《ガイ》・雙樹林下《サウジユリンゲ》往生《ワウジヤウ》ナリ。亦《マタ》、難思《ナンシ》往生《ワウジヤウ》ナリト、知ルベシ）と記して、同一の方便化土であることを説いている。

○疑ひの罪を償ひて後、報土の覚りを開く」とこそ承り候へ　「疑ひの罪を償ふ」は、「仏智《ぶつち》疑惑《ぎわく》の罪《つみ》により、懈《け》慢辺地《まんへんぢ》にとまるなり」（『正像末和讃《しやうざうまつわさん》』）と親鸞が詠じている通り、仏智を疑い、本願の力を疑う罪を、辺地にとどまることによって消却する、補い代償する、罪を埋《う》め合わせる。『日ポ』に、「Tçucunoi, ô, ôta. ツクノイ、ゥ、ウタ（償ひ、ふ、うた）つぐなう、補償する、または、もとに返す。また、比喩。人の承認を得るように整える、または、損害を被った人に補償をする」とあり、清音に読むべきことが知られる。「報土の覚りを開く」は、真実報土、即ち浄土に往生して、覚りを開き、仏と成る。「……とこそ承り候へ」は、と謹んで伺っております、の意。ここは現在の事実として書いているので、必ずしも、先師親鸞から聞いた言葉の引用とは言えない。あるいは、浄土宗・真宗内の伝統的教理を受けての叙述であるかも知れない。親鸞は、『末燈鈔』二に、「仏恩のふかき事は、懈慢・辺地に往生し、疑城・胎宮に往生するだにも、弥陀の御ちかひのなかに、第十九・第廿の願の御あはれみにてこそ、不可思議のたのしみにあふことにて候へ。仏恩のふかきこと、そのきはもなし。いかにいはんや。真実の報土へ往生して、大涅槃《だいねはん》のさとりをひらかむこと、仏恩よくよく御安ども候ふべし」と書き記している。なお、「解説」を参照されたい。

○信心の行者少き故に、化土に多く勧め入れられ候ふを　親鸞は、『尊号真像銘文《そんがうしんざうのめいもん》』に、「『易往而無人《いわうにむにん》』といふは、『易往』はゆきやすしと也。本願力に乗《じよう》ずれば、本願の実報土にむまるること、うたがひなければ、ゆきやすきなり。『無人』といふは、ひとなしといふ。人なしといふは、真実信心の人はありがたきゆゑに、実報土にむまるる人まれなりとなり。しかれば、源信和尚《げんしんくわしやう》は、報土にむまるる人は多からず、化土にむまるる人はすくなからずとのたまへり」と述べている。「化土」とは、極楽浄土の中に、報土と化土とを立てて、弥陀の本願に応じて、信心に徹底して往生した者は、報土に往生し、弥陀の願力を深く信ぜずして、自力を以て諸善行を修した者は、方便（手段）として仮りに設けた化土に住して、或る期間、その化土に留まらされるのである。『無量寿経』下に、「仏告弥勒、此諸衆生、亦復如是、以疑惑仏智故、生彼宮殿、無有刑罰、乃至一念悪事、但於五百歳中、不見三宝、不得供養修諸善本、以此為苦、雖有余楽、猶不楽彼処、若此衆生、識其本罪、深自悔責、求離彼処、即得如意、往詣無量寿仏所、恭敬供養、亦得徧至、無量無数、諸余仏所、修諸功徳」（仏《ブツ》、弥勒《ミロク》ニ告《ツ》ゲタマハク、「此《コ》ノ諸《モロモロ》ノ衆生モ、亦復《マタマタ》、是《カク》ノ如シ。仏智ヲ疑惑スルヲ以テノ故《ユエ》ニ、彼《カ》ノ宮殿《クデン》ニ生レテ、刑罰《ギヤウバツ》、乃至《ナイシ》、一念ノ悪事有ルコト無シ。但《タダ》シ、五百歳ノ中《ウチ》ニ於《オ》イテ、三宝《サンボウ》ヲ見タテマツラズ。諸《モロモロ》ノ善本《ゼンボン》ヲ供養シ、修《シユ》スルコトヲ得ズ。此《コレ》ヲ以テ苦《ク》ト為《ナ》ス。余《ヨ》ノ楽シミ有リト雖《イヘド》モ、猶《ナホ》シ、彼《カ》ノ処《トコロ》ヲ楽《ネガ》ハズ。若《モ》シ、此ノ衆生、其《ソ》ノ本《モト》ノ罪ヲ識《シ》リテ、深ク自《ミヅカ》ラ悔責《ケシヤク》シテ、彼ノ処ヲ離レント求メバ、即チ、意《ココロ》ノ如クナルコトヲ得テ、無量寿仏《ムリヤウジユブツ》ノ所《ミモト》ニ往詣《ワウゲイ》シテ、恭敬《クギヤウ》・供養セン。亦《マタ》、偏《アマネ》ク、無量無数ノ諸余《シヨヨ》ノ仏ノ所《ミモト》ニ至ルコトヲ得テ、諸ノ功徳ヲ修セン」）とある。「勧め入れられ候ふを」の、「勧め入る」は、誘ってある所に入らせる、促してある場所に入れる。『平家物語』巻十「維《これ》盛入水《もりのじゆすゐ》」に、「三世《さんぜ》の諸仏は、一切衆生を一子《いつし》の如くにおぼしめして、極楽浄土の不退《ふたい》の土《ど》にすすめいれんとし給ふに……」の例がある。「られ」は、阿弥陀如来に対する尊敬の助動詞。「候ふを」の「を」は、逆接の接続助詞で、のにの意。　**○終に空しくなるべしと候ふなるこそ**　辺地の往生者は、終極においては、地獄に堕ちてしまい、浄土への往生はむだになるはずだと申しておりますとのことは。「と候ふなるこそ」は、「と（申し）候ふなるこそ」を、省略した形であって、「なる」は、伝聞の助動詞。前にも、第十五章に、「この身を以て覚りを開くと候ふなる人は」、及び、本章に、「学生立つる人の中に、言ひ出ださるることにて候ふなるこそ」の形で出ていた。かくの如き異義は、実に、上に引用した『無量寿経』の仏説に違反していることになる。

○如来に虚妄を申し付け参らせられ候ふなれ　「如来」は、釈尊、釈迦牟尼如来《しやかむにによらい》。右に引用した、『無量寿経』の所説は、釈尊が弥勒に向って説き給うたものである。「如来」とは、真如の理を証し得て、迷界に来り、衆生を救うものの意で、仏の尊称。「虚妄」は、真実でないこと、うそ、いつわり。『日ポ』に、「Comŏ. コマゥ（虚妄）虚偽」とある。「申し付く」は、言いつける、申し渡す、命令する。『日ポ』に、「Mŏxi tçuqe, uru, eta. マゥシツケ、クル、ケタ（申し付け、くる、けた）言い付ける、あるいは、命ずる」とある。「られ」は、尊敬の助動詞。

〔解説〕

信心が決定せず、本願の力を疑う念仏行者は、真実報土に往生せず、方便化土に入る外はないことは、第十一章・第十六章に書かれていた。ところが、その第十一章に、

　信ぜざれども、辺地・懈慢・疑城・胎宮にも往生して、果遂の願の故に、つひに報土に生ずるは、名号不思議の力なり。

とあるように、たとい、一時は方便化土、即ち「辺地」に往生しても、終極には、「真実報土」、即ち、浄土に往生するはずであるのに、「果遂《くわすい》の願《ぐわん》」（『無量寿経』に説く第二十願のこと）を認めず、「辺地」から「地獄」に堕ちるという異義が生じたのを知って、著者唯円は批判の筆を揮《ふる》っているのである。この異義・邪説を主張したのは、「学生立つる人」、即ち仏教の知識・学問を表に立ててふりかざす人々であったのであるが、第二部中にも、かかる学者ぶる人々の間から生じた邪説としては、第十一章・第十二章に挙げられていた。本章では、かかる人々にきびしい反省を求めている点が注意される。

《解釈》

主題

辺地の往生を遂げる人は、終極には地獄に堕《お》ちるという異義の批判。

構想

（一）辺地の往生を遂げる人は、終極には地獄に堕ちるという異義の、拠《よ》るべき証文への疑い。

（二）学者ぶる人たちの中から、この異義が言い出されたと聞くことのあさましさと、わたくしが承《うけたまわ》った、辺地往生の人は、疑いの罪を償って後に、報土で覚りを開くという教え。

（三）如来に虚偽を申し渡されることになる、化土《けど》の往生は終極にはむだになるという異義の不当さ。

この構想を辿ると、（一）においては、異義を挙げて、それがいかなる証文に見えているかを問題にしているのであって、（二）では、それを受けて、学者ぶる人の中から、かかる異義の生じた事実を慨嘆している。そして、謹み聞いた、辺地から浄土への往生の道を示す言葉を引いて、（一）の異義の道理なきことを論証し、（三）では、化土の往生はむだになるとする異義が、仏説に違背し、如来に虚偽を申し渡すことになることを述べて、異義を粉砕するに至っている。この章でも、自分の耳にした言葉が証文に代わるものとして、否、証文そのものとして掲げられ、批判の基準をなしていることが明らかに示されている。

叙述

〔**辺地往生を遂ぐる人、終には地獄に堕つべしといふ事。**〕――師親鸞と弟子唯円の信心においては、「辺地から浄土への往生」こそ、他力の信心の不充分な念仏行者の行き得る道であったのに、「辺地」から「終には地獄に堕つべし」という、予想外の、とんでもない邪説が生じたのである。宗教が、その宗祖の信心通り、教え通りに伝持され、普及されてゆくことは実際は希《まれ》なことであって、その信心を受け継ぐ人たちが、宗祖の直門・直弟子である間は何とか純粋さが保たれているのであるが、孫弟子の時代となり、さらにその弟子の時代になると、いかなる宗教でも、必ずと言ってよいほど、信心についての多少の改変や、添加や、移り変る現実に対応するための新しい考えが生じてくるのは、例外のない事実であると言えよう。特に、親鸞の仏法が、弥陀の本願による信心と念仏という、まことに単純・明快な易行道《いぎょうどう》であるがために、却って、改変され、添加され、異義・邪説を生む可能性が充分に内在していたと言えるかも知れない。そして、これほどはっきりと、「辺地の往生から地獄への堕罪」という異義が唱えられたことに、著者は驚きとともに、大なる憤慨を抑えることができなかったに違いない。

〔この条、何の証文に見え候ふぞや。〕――この異義が浄土念仏門の中で発生していたのであることは、「見え候ふぞや」という丁寧語を使っているのでわかるのであるが、この一文には、著者の憤慨の思いがこもっていることは、異義を言う人々に、「何の証文に見え候ふぞや」と、直ちに、「証文」の所在を詰問している語気に現れていると思われる。この点において、「この条、断悪・修善の心地か」という疑問を発している、第十六章の著者の言葉と通ずるものがあると言えよう。そして、「何の証文に見え候ふぞや」の展開として、以下の叙述が進行してゆくのである。

〔学生立つる人の中に、言ひ出ださるることにて候ふなるこそ、あさましく候へ。〕――これによって、この異義が学問をふりかざす一派の人々の中から唱え始められたことが判明する。そして、ここでも、「言ひ出ださるること」と、尊敬の助動詞を使っているし、「……候ふなるこそ、あさましく候へ」と、丁寧語を重ねて用いているのが注意される。しかし、著者は、前章の終りを、「あさましく候ふ」と結んでいるのと同じく、「候ふなるこそ」とあるように、伝聞で知った、この邪説に対し、ここでも、「あさましく候へ」と述べて、烈しい侮蔑《ぶべつ》の思いを吐露しているのである。それは、「学生立つる人の中に」とあるように、仏教学の研鑽《けんさん》を自負している人たちへ、証文の有無を詰問して、強い警鐘を打ち鳴らそうとする意欲に発するものであったに違いない。

〔経論・聖教をば、如何やうに見做されて候ふらん。〕——この言葉からして、著者が「学生立つる人」の読んでいる経・論や聖教について、何の「証文」もないことをよく知っていて、自信を以てかく非難していることが知られる。「如何やうに見做されて候ふらん」とある通り、唯円は、尊敬語・丁寧語を使って、穏やかにたしなめていることがわかるのであるが、仏教の学問を目ざす「学生立つる人」の「あさましさ」を批判するのに、彼等が、経論・聖教の本質に参入し得ないでいることにもどかしさを覚えて、強い反省を求めているのであるとも言えよう。

〔「信心欠けたる行者は、本願を疑ふによりて、辺地に生じて、疑ひの罪を償ひて後、報土の覚りを開く」とこそ承り候へ。〕——浄土教内の口伝の教えを引いているのであって、「信心欠けたる」念仏行者が「辺地に」往生するのは、「本願を疑ふによ」ること、従って、その「疑ひの罪を償」うことによって、浄土に往生でき、「報土の覚りを開く」ことになるという、条件・過程が、この言葉に簡明に要約されているのを見るのであって、「……とこそ承り候へ」とあるのによって、この教えこそ、「証文」に代わるべきもの、あるいは「証文」そのものであると、著者は信じ切っていたと言ってよいであろう。句々充実して、しかも、的確に、「辺地から浄土へ」の道が示されている、いみじき法語と思われるのである。「とこそ承り候へ」と言い切っているのは、直接にこの教えを拝聴することのできた者のみの持つ自信の現れであると言えよう。

〔**信心の行者少き故に、化土に多く勧め入れられ候ふを、終に空しくなるべしと候ふなるこそ、如来に虚妄を申し付け参らせられ候ふなれ。**〕――この「信心の行者少き故に、化土に多く勧め入れられ候ふ」が、いわゆる仏説であって、「信心の行者」は、前の「信心欠けたる行者」と対比されるし、上に、「辺地」と二度書いて来たのを、ここでは、「化土」と言い直しているのは、そのいずれも、著者が想定する読者には理解できるものであったからであろう。（本書中、「化土」の用例は、ここだけである。）そして、この仏説に対比させて、異義を「終に空しくなるべし」と簡潔に要約し、「候ふなるこそ」と、伝聞の助動詞を用いて、やや距離をおいて述べているのであるが、ここにも、「候ふ」を用いているのは、本章に一貫している著者の、読者に対する一貫した、誠実な態度を示すものであって、これは、末尾の「申しつけ参らせられ候ふなれ」に及んでいる。それにしても、「如来に虚妄を申し付け参らせられ候ふなれ」は、尊敬語・謙譲語・丁寧語が用いられてはいるが、実に烈しい非難言であって、「学生立つる人」の心魂を慄然たらしめる力があったと言ってもよいであろう。

この章の異義が、「学生立つる人」の中から言い出されている点に、著者の批判意識が集中していることは、構想の（一）において、まず、「この条、何の証文に見え候ふぞや」と批判していることによっても明らかである。彼等が、「辺地から浄土へ」という、正統なる教説に反して、何の証文も存しないにもかかわらず、「辺地から地獄へ」という邪説・邪見を唱道していることが、著者唯円にとって、どうしても黙止できなかったのであろう。

この章の文芸的意義の第一は、右に述べたような異義に抗して、著者が、読者の位置にある人々に直接に語りかけて、真情を吐露していることである。構想の（一）から（二）（三）を通じて、「候ふ」という丁寧語が八回も用いられているのが、その証左である。例の如く、「言ひ出ださるることにて」「見做されて候ふらん」「申し付け参らせられ候ふなれ」の如く、異義を立てる人々についても、尊敬の助動詞が使われている。また、著者は、「学生立つる人の中に、言ひ出ださるることにて候ふなるこそ」とか、「終に空しくなるべしと候ふなるこそ」とか言って、「なる」という伝聞の助動詞を用いていることによっても明らかなように、異義を唱える人たちに、少しく距離を置いて、穏やかに反省を促すという態度にも出ている。言い換えれば、相手が同じ浄土念仏門の人々であることに親近感を抱いて、説得を展開させていることである。そこに、著者の人格的豊かさ、人間的奥ゆかしさを感じさせる。

第二には、にもかかわらず、「何の証文に見え候ふぞや」を出発点として、「あさましく候へ」とか、「如何やうに見做されて候ふらん」とか、「如来に虚妄を申し付け参らせられ候ふなれ」とかいう、むしろ烈しいと言ってよい批判言をも浴びせかけていることである。このうち、「あさましく候へ」は、前の第十六章の末尾の、「あさましく候ふ」と書いたことを受けているのかも知れないが、著者の心中に抱く思いの直叙として、強い表現的効果を示すものと言えよう。この点からみれば、本書に現れている限り、唯円という人は、広い抱擁力のある、円満・闊達《かったつ》な人物であったとは、どうしてもわたくしには思われないものがある。

第三には、第二部の各章を通じて、「理《ことわり》」にもとづく論証・批判が行われていることを考慮した上で、この章の表現を読むと、著者は、異義の根拠となる「証文」の所在を一貫して問題にしていることが判明する。そして、かかる異義が、「経論・聖教」にも認められない、即ち、「証文」のない、無根の説たることを衝《つ》いているのは、著者がそれらの教説を自己の信心の拠《よ》り所とし、信心の「理《ことわり》」としている立場からの批判に外ならない。穏やかなようで烈しく、柔らかなようで強い、この章の表現を根柢から規定しているものは、かかる「理」にあることを、改めて指摘したいと思う。

なお、著者が、「経論・聖教をば、如何やうに見做されて候ふらん」と言っている中の、「聖教」の一つたる、隆寛《りゆうかん》の『自力他力事《じりきたりきのこと》』の冒頭には、この章の所説の「証文」とも考えられる、次の如き一節がある。

念仏の行《ぎやう》につきて、自力・他力といふことあり。これは、極楽をねがひて、弥陀の名号《みやうがう》をとなふる人の中に、自力のこゝろにて念仏する人あり。まづ、自力のこゝろといふは、身にもわろきことをばせじ、口にもわろきことをばいはじ、心《こころ》にもひがことをばおもはじと、加様《かやう》につゝしみて念仏するものは、この念仏のちからにて、よろづのつみをのぞきうしなひて、極楽へかならずまゐるぞとおもひたる人をば、自力の行といふなり。

加様《かやう》に、わが身をつゝしみとゝのへて、よからんとおもふはめでたけれども、まづ、世の人を見るに、いかにもく、おもふさまにつゝしみ得んことは、きはめてありがたきことなり。そのうへに、弥陀の本願をつやくとしらざるとがのあるなり。されば、いみじくし得て往生する人も、まさしき本願の極楽にはまゐらず、わづかにそのほとりへまゐりて、そのところにて、本願にそむきたる罪をつくのひてのちに、まさしき極楽には生ずるなり。これを自力の念仏とは申すなり。

この引用文の終りの、「わづかにそのほとりへまゐりて、そのところにて、本願にそむきたる罪をつくのひてのちに、まさしき極楽には生ずるなり」とあるのは、本章の「辺地に生じて、疑ひの罪を償《つくの》ひて後、報土の覚りを開く」とある叙述と相通ずるものがあると思われる。特に、「罪をつくのひてのちに」の句が、両方に共通していること、「つくのひて」の語が親鸞自身の書いた著作には全く存しないことを考え合わせると、「……とこそ承り候へ」と本文にあるのは、あるいは、親鸞の「仰せ」ではなくして、この隆寛の『自力他力事』の文にもとづく叙述ではないかとも思われてくる。このことを付記して置きたい。

第十八章

一　仏法《ぶつぽふ》の方《かた》に施入物《せにふもつ》の多《た》・少《せう》に(1)随《したが》つて、大《だい》・小仏《せうぶつ》に成《な》るべしといふ事。この条《でう》、(2)不可説《ふかせつ》なり、不可説なり。比興《ひきよう》のことなり。

まづ、仏《ぶつ》に大・小の分量《ぶんりやう》を(3)定《さだ》めんこと、あるべからず候《さうら》ふか。(4)かの、安養浄土《あんにやうじやうど》の教主《けうしゆ》の御身量《ごしんりやう》を説《と》かれて候ふも、それは方便報身《はうべんほうしん》の形《かたち》なり。法性《ほつしやう》の覚《さと》りを(5)開《ひら》いて、長短《ちやうたん》・方円《はうゑん》の形にもあらず、青《しやう》・黄《わう》・赤《しやく》・白《びやく》・黒《こく》の色《いろ》をも離《はな》れなば、何《なに》を以《もつ》てか、大・小を定むべきや。念仏申《ねんぶつまう》すに、化仏《けぶつ》を見奉《みたてまつ》るといふことの候《さうら》ふなるこそ、大念《だいねん》には大仏《だいぶつ》を見《み》、小念《せうねん》には小仏《せうぶつ》を見ると(6)言へるが、もし、この理《ことわり》なんどにばしひきかけられ(7)候ふやらん。

かつは、また、檀波羅蜜《だんはらみつ》の行《ぎやう》とも言ひつべし。いかに、(8)財物《たからもの》を仏前《ぶつぜん》にも投《な》げ、師匠《ししやう》にも施《ほどこ》すとも、信心欠《しんじんか》けなば、その詮《せん》なし。(9)一紙《いつし》・半銭《はんせん》も仏法《ぶつぽふ》の方《かた》に入《い》れずとも、他力《たりき》に心《こころ》を(10)投げて、信心深《ふか》くは、それこそ願《ぐわん》の本意《ほんい》にて候《さうら》はめ。

すべて、仏法《ぶっぽふ》に事《こと》を寄《よ》せて、世間《せけん》の欲心《よくしん》もある故《ゆゑ》に、同朋《どうぼう》を言《い》ひ威《おど》さるるにや。(11)

(1) シタカテ(底)シタカヒテ(端・光・妙・龍・首書歎異抄)。(2) 不可説ナリミミ(底)不可説ナル(龍)。(3) サタメン(底)サタムル(龍・端別)。(4) カ(底)ヤ(端・毫・光・妙・龍・端別・首書歎異抄)。(5) ヒラヒテ(底)キヽテ(龍) ヒライテハ(首書歎異抄)。(6) イヘルカ(底)イフカ(龍・首書歎異抄)。(7) サフラウヤラン(底)サフラウラン(龍)。(8) タカラモノ(底)宝物《ホウモチ》(龍)宝物《タカラモノ》(端別)。(9) 一紙半銭(底)一紙《キチシ》半銭《ハンセン》(妙・端別)一銭半銭《キチセンハンセン》(龍)。(10) ナケテ(底)カケテ(龍)。(11) ニヤ(底)ヤ(妙)。

〔口訳〕

一 仏法の方面に寄進する物品や金銭の多いか、少ないかによって、浄土に往生してから、大きい仏にもなるし、小さい仏にもなるはずだということ。このことは、全く言語道断のけしからぬことだ、けしからぬことだ。そして、道理に合わぬことだ。

その理由は、第一に、仏に大きい・小さいという量の程度を定めようとすることが、あってはならないことでありますなあ。あの、安養浄土の教主であられる阿弥陀仏の御身《おんみ》のたけをお経の中に釈尊がお説きになりますのも、それは、方便としての報身の形《かたち》のことである。浄土に往生する人が、不変不改の絶対的真理に帰入する覚りを開いた上で、長いとか短いとか、四角とか円形とかいう形体でもなく、青いとか、黄色いとか、赤いとか、白いとか、黒いとかという色彩をも脱しきってしまえば、何を以てして、仏身の大・小をきめることができようか。念仏をとなえるに当って、仮《かり》に姿《すがた》・形《かたち》を変えられた仏身を拝見申し上げるということがお経の中にあるそうですが、それは、大きい声の念仏には大きな仏を見、小さい声の念仏には小さい仏を見ると言っているのであるが、ひょっとして、この、声の大・小によって、仏の大・小を見るという道理などにでもこじつけなされますのでしょうか。

初めに述べた、金品の寄進ということは、一方ではまた、聖道門の修行の一つである、布施行による救済の行いともまさに言うことができるのである。いくら、金銭や財宝を仏のお前に差し出し、念仏道場の指導者に恵み与えても、肝心《かんじん》な信心が抜け落ちてしまえば、その寄進の効果は無いことである。一枚の紙、一銭の半分も、仏法の方面に提供しなくとも、本願という他力にまことの心を投入して、信心が深いならば、そのことこそ、弥陀の本願の真意に叶《かな》うことでありましょう。

総じて、寄進の物品をほしがる、世間的な利欲の心があるから、仏法を口実に利用して、寄進物の多・少によって、大・小の仏になると、念仏する仲間たちを言葉でおどしなされるのであろうか。

〔注釈〕 **○仏法の方に施入物の多・少に随つて、大・小仏に成るべし** 「仏法の方に」は、仏法の方面に、仏門に対して。「施入物」は、神仏に捧げ供える物、寺社に寄進する資材や所領、寄進する物品や金銭。「施物《せもつ》」ともいう。すべて、神仏から恩恵を受けるためのものである。「大・小仏に成る」は、浄土に往生した時に、寄進する物品・金銭の多い・少ないかによって、大きな仏にもなるし、小さな仏にもなる。これは現世の施入物によって、浄土の果報に大・小の差が生ずるという異義である。「べし」は、当然。 **○不可説** 第八章・第十章に既出。しかし、ここでは、言語道断、ことばで言えないほどひどいこと、全くけしからんこと。 **○比興** 道理にあわないこと、非合理なこと、不都合なこと。『日ポ』に、「Fiqeô. l, fiqiô. ヒケゥ、または、ヒキョゥ（比興）身持ち・行状などの下品さ、卑しさ」「Fiqeôna coto.（比興なこと）下品な、または、野卑なこと」とあるのは、この箇所よりはやや発展した意味と言えよう。

〇仏に大・小の分量を定めんこと、あるべからず候ふか　「分量」は、『日ポ』に、「Bunriŏ. ブンリャウ（分量）Vaquru caguiri.（分くるかぎり）部分、量、重さ、寸法、限度、など」とあるが、ここでは、容量、物のかさの程度・度合。「あるべからず候ふか」は、あってはならないことでありますなあ。「か」は、「かな」と同じく、感動の意を表す。疑問の意ではない。**〇かの、安養浄土の教主の御身量を説かれて候ふも**　「かの」は、あの。「安養浄土」は、第九章に既出。「教主」は、教えを開いた本主。ここでは、浄土往生の教えを開かれた、浄土の主、阿弥陀仏。『日ポ』に、「Qeôxu. ケゥシュ（教主）Voxiye nuxi.（教へ主）釈迦（Xaca）、あるいは、仏（Fotoque）」とある。「御身量」は、おん身のたけ。『観無量寿経《くわんむりやうじゆきやう》』には、「仏告阿難、及韋提希、此想成巳、次当更観、無量寿仏、身相光明。阿難当知、無量寿仏身、如百千万億、夜摩天閻浮檀金色、仏身高、六十万億那由他恒河沙由旬（下略）」（仏、阿難《アナン》及ビ韋提《イダイケ》希ニ告《ツ》ゲタマハク、「此ノ想成《サウジヤウ》ジ已《ヲハ》リナバ、次ニ、当《マサ》ニ更《サラ》ニ、無量寿仏ノ、身相《シンサウ》・光明《クワウミヤウ》ヲ観《クワン》ズベシ。阿難、当《マサ》ニ知ルベシ。無量寿仏ノ身《シン》ハ、百千万億ノ夜摩天《ヤマテン》ノ閻浮《エンブ》檀金色《ダンコンジキ》ノ如シ。仏身ハ、高サ、六十万億《マンオク》那《ナ》由《ユ》他《タ》恒河《ゴウガ》沙由旬《シヤユジユン》ナリ」）とある。那由他は、百万、恒河沙は恒河《ごうが》の沙《すな》の数、由旬は里程の単位の名称で、唐土の六町一里によれば、四十里、または三十里という。これでは、人間の思考を絶した数量と言える。「説かれて候ふも」とあるのは、右の引用により、釈尊が説かれていますのも、の意となる。**〇方便報身**　底本には「方便報身」とあって、諸異本も、すべて、同一の本文を示している。これに対し、本文を「方便法身」と改める説も現れていて、そのいずれに従うべきかに迷うのである。元来、仏教では、仏身をその格位によって三種に分けて、三身《さんじん》という。第一を法身《ほつしん》といい、真理そのものとしての、永遠の理法としての仏をいう。第二を報身《ほうしん》といい、菩薩位にあって誓願を立て、修行の完成によって、その報いとして得た仏身をいう。第三を応身《おうじん》といい、衆生を済度《さいど》するために、その機根に応じて、種々の形・姿をとって現れた仏をいう。『日ポ』では、この三種の仏身を、「Foppôuô. ホッポゥヲゥ(法報応) 例、Foppôuôno sanjin.(法報応の三身) 仏法(Buppô)において説かれる、かの原初のものの具有する三様の属性、または、性質」と記している。阿弥陀仏は、法蔵菩《ほうぞうぼ》薩《さっ》の時、誓願を立てて修行し、その結果、成仏したのであるから、当然、「報身」と考えられる。親鸞の『末燈鈔』八には、「三身といふは、一《ひとつ》には法身、二には報身、三には応身なり。いま、この弥陀如来は報身如来なり」とある。したがって、ここは、その阿弥陀仏が、浄土の教主として、衆生を済度し、成仏させるための方便として現われた姿を、(『観無量寿経』によって)「方便報身の形なり」と唯円が述べていることになる。『日ポ』には、「Fôxin. ホゥシン(報身) Fotoqeni sanjinno tocu arito yŭ, nibanmeno na nari.(仏に三身の徳ありと言ふ、二番目の名なり) 例、Fôxinno nhorai.(報身の如来) 仏法語(Bup.)」と出ているし、また、「Foxxin. ホッシン(法身) 例、Foxxinno nhorai.(法身の如来) Fotoqeni sanjinto yŭ ichibanno na.(仏に三身と言ふ一番の名)仏法語(Bup.)」とも記されている。ところが、『歎異抄』の外に目を転ずると、親鸞は、『教行信証』『愚禿鈔《ぐとくせう》』『一念多《いちねんた》念文意《ねんもんい》』『唯信鈔文意《ゆいしんせうもんい》』『唯信鈔文意(異本)』等にわたって、「方便法身」とは使っていても、「方便報身」と使った例は全くない。ただ、『唯信鈔文意』の中に、次の如く記されているのが注意されるだけである。「しかれば、仏について、二種の法身まします。ひとつには法性法身とまうす。ふたつには方便法身とまうす。法性法身とまうすは、いろもなし、かたちもましまさず。しかれども、こころもおよばず、ことばもたえたり。この一如よりかたちをあらはして、方便法身とまうす。その御すがたに法蔵比丘となのりたまひて、不可思議の四十八の大誓願をおこしあらはしたまふなり。この誓願のなかに、光明無量の本願、寿命無量の弘誓《ぐぜい》を本《ほん》としてあらはれたまへる御かたちを、世親菩薩《せしんぼさつ》は、尽十方無碍光如来《じんじつぱうむげくわうにょらい》となづけたてまつりたまへり。この如来、すなはち、誓願の業因《ごふいん》にむくいたまひて、報身如来とまうすなり。すなはち、阿弥陀如来と申すなり。報といふは、たねにむくいたるゆゑなり。この報身より、応化等《おうけとう》の無量・無数《むしゅ》の身《しん》をあらはして、微塵世界《みぢんせかい》に無碍《むげ》の智慧光をはなたしめたまふゆゑに、尽十方無碍光仏とまうす。ひかりの御かたちにて、いろもましまさず、かたちもましまさず。すなはち、法性法身におなじくして、無明のやみをはらひ、悪業にさへられず、このゆゑに無碍光とまうすなり」とあって、この章の本文の意味に近い、報身仏の身相が述べられているのであって、著者唯円が、「方便としての報身仏」を「方便報身」と称した理由もわかるのである。また、曇鸞《どんらん》の『浄土論註』巻下に説く、法性法身から方便法身が生ずるという説は、親鸞も『教行信証』『愚禿鈔』に引いているし、右の引用にも用いられているが、本章においては、『観無量寿経』の真身観にもとづいて叙述されているのであるから、それに従って、「方便としての報身」を「方便報身」と記したものと考えられる。すべては、唯円の立場から出ており、彼の独自な考え方とも言えよう。

○法性の覚りを開いて、長短・方円の形にもあらず、青・黄・赤・白・黒の色をも離れなば、何を以てか、大・小を定むべきや　「法性」は、第十五章に既出。「方円」は、四角形と円形。「青・黄・赤・白・黒」は、仏教では、五色《ごしき》、または五正色《ごしょうしき》と称し、五根・五智・五仏などを配し、また、浄土への往生を願う者は、臨終に際して、五色の糸を阿弥陀仏の像の御手から自分の手にかけわたしたことが伝えられている。ここでは、あらゆる色彩の意。「何を以てか、大・小を定むべきや」は、「形」や「色」を脱し、超越した、無形・無色の仏に成ってしまえば、一体何を以てして、大とか小とかを測り定めることができようか、できはしないの意。「べき」は、可能、「や」は反語。

○念仏申すに、化仏を見奉るといふことの候ふなるこそ　「念仏申すに」の「に」は、時・折・場合を表す助詞。「化仏」は、『観無量寿経』に、仏説として、「彼仏円光、如百億三千大千世界、於円光中、有百万億那由他恒河沙化仏、一一化仏、亦有衆多無数化菩薩、以為侍者、無量寿仏、有八万四千相、一一相、各有八万四千随形好、一一好、復有八万四千光明、一一光明、遍照十方世界、念仏衆生、摂取不捨、其光明相好、及与化仏、不可具説、但当憶想、令心眼見、見此事者、即見十方一切諸仏、以見諸仏故、名念仏三昧、作是観者、名観一切仏身」（彼《カ》ノ仏《ブツ》ノ円光《エンクワウ》ハ、百億《ヒヤクオク》ノ三千大千世界《サンゼンダイセンセカイ》ノ如シ。円光の中ニ於イテ、百万億那由他《ヒヤクマンオクナユタ》恒河沙《ゴウガシヤ》ノ化仏《ケブツ》有《マシマ》ス。一々ノ化仏ニ、亦《マタ》、衆多無数《シユタムシユ》ノ化菩薩《ケボサツ》有《マシマ》ス。以《モツ》テ侍者《ジシヤ》タリ。無量寿仏ニ、八万四千ノ相《サウ》有《マシマ》ス。一《イチ》々ノ相ニ各《オノオノ》、八万四千ノ随形《ズイギヤウ》好《カウ》有リ。一々ノ好《カウ》ニ、復《マタ》、八万四千ノ光明有リ。一々ノ光明、遍《アマネ》ク十方世界ヲ照《テラ》シ、念仏ノ衆生ヲ摂取《セツシユ》シテ捨テタマハズ。其ノ光明・相好《サウガウ》、及ビ化仏ト、具《ツブサ》ニ説ク可カラズ。但、当ニ憶想シテ、心眼ヲシテ見セシムベシ。此ノ事ヲ見レバ、即チ、十方一切ノ諸仏ヲ見タテマツル。諸仏ヲ見タテマツルヲ以テノ故ニ、念仏三昧ト名ヅク。是ノ観《クワン》ヲ作《ナ》スヲバ、一切ノ仏身ヲ観《クワン》ズト名ヅク）とある。仏が神通力を以て、衆生を済度《さいど》するために、衆生の機根に応じた姿に身を変えた仏形《ぶつぎやう》を「化仏」というのである。『日ポ』には、「Qebut. ケブッ（化仏）仏（Fotoque）が、最初に現われていた時の姿や名前とは違った、別の姿と名前を取ること」とある。「見奉るといふことの候ふなるこそ」の「候ふなる」は、経典中にあるということです。「なる」は伝聞の助動詞。

○大念には大仏を見、小念には小仏を見ると言へるが　「大念」「小念」は、それぞれ、大声《おおごえ》の念仏、小声《こごえ》の念仏。源信の『往生要集《わうじやうえうしふ》』巻中、「大文《だいもん》第五」には、「故、大集日蔵分言、大念見大仏、小念見小仏。大念者、大声称仏也。小念者、小声称仏也。斯即聖教也。有何惑哉。現見即今諸修学者、唯須励声念仏、三昧易成、小声称仏、遂多馳散（下略）」（故ニ、『大集日蔵分《ダイシフノニチザウブン》』（注、『大方等大集経《ダイハウトウダイシフキヤウ》』巻四十三）ニ言《ノタマ》ハク、「大念《ダイネン》ハ大仏《ダイブツ》ヲ見、小念ハ小仏ヲ見ル」ト。大念トハ、大声《ダイシヤウ》ニ仏ヲ称スルナリ。小念トハ、小声《セウシヤウ》ニ仏ヲ称スルナリ。斯《コ》レ即チ聖教《シヤウゲウ》ナリ。何ノ惑《マド》フコトカ有ラン。現《ゲン》ニ見ル、即今《ソクコン》ノ諸《モロモロ》ノ修学者《シユガクシヤ》、唯《タダ》、須《スベカラ》ク、声ヲ励《ハゲ》マシテ念仏スベシ。三昧成《サンマイジヤウ》ジ易《ヤス》カラン。小声ニ仏ヲ称センニハ、遂《ツヒ》に馳散《チサン》多カラン）とあり、これを受けて、法然の『選択本願念仏集《せんちやくほんぐわんねんぶつしふ》』には、「問曰、経云十念、釈云十声。念声之義如何。答曰、念声是一。何以得知。観経下品下生云、令声不絶、具足十念、称南無阿弥陀仏、称仏名故、於念念中、除八十億劫生死之罪、今依此文、声是念、念則是声、其意明矣。加之、大集月蔵経云、大念見大仏、小念見小仏、感師釈云、大念者大声念仏、小念者小声念仏、故知、念即是唱也」（問ウテ曰ハク、

「経ニハ十念《ジフネン》ト云フ。釈《シヤク》ニハ十声《ジツシヤウ》ト云フ。念《ネン》・声《シヤウ》ノ義如何《イカン》」ト。答ヘテ曰ハク、「念・声ハ是レ一ナリ。何ヲ以テカ知ルコトヲ得ル。『観経《クワンギヤウ》』ノ下品下生《ゲボンゲシヤウ》ニ云ハク、『声《シヤウ》ヲシテ絶エザラシメテ、十念ヲ具足《グソク》シテ、南無阿弥陀仏ト称セバ、仏ノ名《ミナ》ヲ称スルガ故ニ、念々ノ中ニ於イテ、八十億劫《ハチジフオクコフ》ノ生死《シヤウジ》ノ罪ヲ除ク』ト。今、此ノ文ニ依ルニ、声《シヤウ》ハ是《コ》レ念《ネン》ナリ、念ハ則チ是レ声ナリ。其ノ意《ココロ》明《アキラ》ケシ。加之《シカノミナラズ》、『大集月蔵経』ニ云ハク、『大念ハ大仏ヲ見、小念ハ小仏ヲ見ル』ト。感師《カンシ》（注、中国唐代の人、懐感《えかん》。善導《ぜんどう》の弟子。長安《ちようあん》の千福寺《せんぷくじ》の住僧。浄土の要義を善導に学んで、念仏三昧を証得した。『群疑論《ぐんぎろん》』七巻を著《あら》わす）ノ釈ニ云ハク、『大念トイフハ、大声ニ仏ヲ念ジ、小念トイフハ、小声ニ仏ヲ念ズルナリ。故ニ知ンヌ、念ハ即チ是レ唱《シヤウ》ナリ』ト」ト）とある。親鸞も、『教行信証』の「化身土巻《けしんどのまき》」において、『日蔵経』巻第九「念仏三昧品《ねんぶつさんまいぼん》」第十から、「於寂静処、荘厳道場、正念結跏、或行或坐、念仏身相、無使乱心、更莫他縁、念其余事、或一日夜、或七日夜、不作余行、至心念仏、乃至見仏、小念見小、大念見大、乃至無量念者、見仏色身無量無辺（略抄）」（寂静処《ジヤクジヤウシヨ》ニ於《シ》テ、道場ヲ荘厳《シヤウゴン》シテ、正念結跏《シヤウネンケツカ》シ、或イハ行《ギヤウ》ジ、或イハ坐《ザ》シテ、仏ノ身相《シンサウ》ヲ念ジテ、乱心セシムルコト無《ナ》カレ。更ニ、他縁《タエン》シ、其ノ余《ヨ》ノ事《コト》ヲ念ズルコト莫《ナカ》レ。或イハ一日《イチニチ》夜《ヤ》、或イハ七日夜《シチニチヤ》、余行《ヨギヤウ》ヲ作《ナ》サザレ。至心《シシン》ニ念仏スレバ、乃至《ナイシ》、仏《ブツ》ヲ見タテマツル。小念ハ小ヲ見タテマツリ、大念ハ大ヲ見タテマツル。乃至、無量ノ念ハ、仏ノ色身無量《シキシンムリヤウ》・無辺《ムヘン》ヲ見タテマツラン）を引用している。「言へるが」の「が」は、接続助詞で、上下のセンテンスを、因果関係なしに、単純に結びつける。そして、「言へるが」で、上の「こそ」の結びは消えている。『平家物語』巻七「火打合戦《ひうちかつせん》」に、「木曽（注、義仲）は越後の国府《こふ》にありけるが、是《これ》をきいて、五万余騎で馳《は》せ向ふ」、同巻十二、「判官都落」に、「判官（注、源義経）、頸《くび》どもきりかけて、戦神《いくさがみ》にまつり、『門出《かどで》よし』と悦《よろこ》んで、大物《だいもつ》の浦《うら》より船にのって下られけるが、折節、西の風はげしく吹き、住吉《すみよし》の浦にうちあげられて、吉野の奥にぞこもりける」、『宇治拾遺物語』巻三、「長門前司女《ながとのぜんじのむすめ》、葬送の時、本所《ほんじよ》にかへる事」に、「今は昔、長門前司といひける人の女《むすめ》二人ありけるが、姉は人の妻にてありける」等の例がある。

○もし、この理なんどにばしひきかけられ候ふやらん　「もし」は、ひょっと、あるいは、もしかして。確実ではないが、あり得る事を想定する気持ちを表す副詞。「この理」は、「大念には大仏を見、小念には小仏を見る」という道理を指す。「なんど」は、など。「ばし」は、係助詞「は」に強意の副助詞「し」が付いて一語となり、「は」が濁音化したもので、ある一つのことを取り上げて強調する副助詞。『平家物語』巻六「小督《こがう》」に、「仲国《なかくに》、涙をおさへて申しけるは、『明日《あす》よりは大原《おほはら》の奥に思し召し立つ事と候ふは、御《おん》さまなんどを変へさせ給ふべきにこそ。ゆめ〳〵あるべうも候はず。さても君の御歎《おんなげ》きをば、何とかし参《まゐ》らせ給ふべき。是《これ》ばし出《いだ》し参らすな』とて」、『太平記』巻十八「金崎城落事《かねがさきのしろおつること》」に、「爰《ここ》に、大手《おほて》の攻口《せめぐち》にありける兵共《つはものども》、高越後守《かうのえちごのかみ》が前に来《きた》って、『此《この》城《しろ》は如何様《いかさま》、兵粮《ひやうらう》に迫《つま》りて、馬をばし食《く》ひ候ふやらん（下略）」の例がある。『日ポ』には、「Baxi. バシ（ばし）普通に話す場合に、時として或る語に連接するが、それによってその語の意味を改めたり、変えたりすることのない助辞。例、Qiribaxi suna.（斬りばしすな）斬るな。Nantobaxi gozaruca?（なんとばしござるか）それはどんな具合ですか」とあるが、これでは強調の意味が見落されている。「ひきかく」は、関係づける、関連させる、こじつける。「られ」は、尊敬の助動詞。「やらん」は、「にやあらん」の約《つゞ》まった形で、であろうか。

○かつは、また、檀波羅蜜の行とも言ひつべし　「かつは、また」は、一方にはまた、他面ではまた。「檀波羅蜜」は、梵語 Dānapāramitā の音写、「檀」は、檀那《だんな》の略で、布施と訳す。「波羅蜜」は、到彼岸《とうひがん》と訳し、迷いの生《しよう》死《じ》の海を渡って、涅槃《ねはん》の彼岸に至ること。したがって、この語は、布施（他人に物をほどこすこと）による救済を意味する。六波羅蜜・十波羅蜜の一つで、これらはいずれも菩薩《ぼさつ》の自行《じぎよう》・化他《けた》の大行《だいぎよう》である。著者は、この修行が、自力行であり、聖道門の行であることを、他力・浄土門の立場からはっきりさせるために、かく取り上げたのである。「言ひつべし」は、確かに言うことができる。

○いかに、財物を仏前にも投げ、師匠にも施すとも、信心欠けなば、その詮なし　「いかに」は、どれほど、いくら。下に逆接の語、ここでは「とも」を伴って、甚だしい逆接的な前提条件たることを示す。「財物」は、底本に「タカラモノ」とあるので、この字を宛てた。『日ポ』に、「Tacaramono. タカラモノ（宝物・財物）富、または、財産。また、豪華な物、あるいは、非常に珍重される物」とある。金銭や物品、財貨、家財や財産。『日ポ』には、また、「Zaimot. ザイモッ（財物）Tacara mono.（財物）財宝」とある。「投ぐ」は、持ち物を差し出す、提供する。『沙石集《しやせきしふ》』巻六「嵯峨説法事《さがのせつぽふのこと》」に、「嵯峨の釈《しや》迦堂《かだう》の炎上《えんしやう》の時、（中略）浄遍僧都《じやうべんそうつ》の説法に、『……然《しか》れば、心あらむ人は、世間の父母の家の焼けぬるをば、其の子としては、一人しても造るべし。況んや、真実の父母（注、釈尊のこと）の御堂《みだう》の焼けぬるをば、一人しても、力あらむ人は造りて奉《たてまつ》る可《べ》し。まして、随分《ずいぶん》の資材をなげて、などか助成《じよじやう》し給はざるべき』と目出《めでた》く弁説《べんぜつ》ありて」の例がある。「施す」は、恵み与える、憐《あわれ》んで与える。この場合の「師匠」は、念仏道場における指導者たる道場主のことであろう。「信心欠けなば」は、信心が抜け落ちてしまえば、信心がなくなってしまえば。「その詮」は、「財物を仏前にも投げ、師匠にも施す」行為の、その価値、かい、効果。親鸞は、『末燈鈔《まつとうせう》』十二に、「信心ありとも、名号をとなへざらんは、詮なく候ふ」、『御消息集』七に、「『唯信鈔』には、やう〳〵の御ふみどもは、いまは詮なくなりて候ふとおぼえ候ふ」などと使っている。

○一紙・半銭も仏法の方に入れずとも　「一紙」は、一枚の紙。「半銭」は、一銭の半分。五厘《ごりん》に当る。『日ポ』に、「Fanxen. ハンセン（半銭）半分の銭《ぜに》、すなわち、下級の銅貨一枚の半分」とあるし、「Ixxi. イッシ（一紙）Cami ichimai.（紙一枚）一葉の紙。Ixxi fanxẽno jifiuomo fodocoxe.（一紙半銭の慈悲をも施せ）たとえ紙一枚、銭半銭というような、きわめて僅かな物であろうとも、施し物を与えることを怠るな」とある。「仏法の方に入る」は、仏法の方面に提供する、納める、渡す、寄進する。

○他力に心を投げて、信心深くは、それこそ願の本意にて候はめ　「他力に心を投ぐ」は、弥陀の本願の力に心を投げこむ、まことを尽くす。漢語に、「投心《とうしん》」の熟語がある。「深くは」は、深いならば。「願の本意」は、本願の真意、本心。

○すべて、仏法に事を寄せて、世間の欲心もある故に、同朋を言ひ威さるるにや　「すべて」は、総じて、一般に。以下の文章は、「世間の欲心もある故に、仏法に事を寄せて、同朋を言ひ威さるるにや」と、句の順序を取り換えて理解すべきである。「欲心」は、欲がふかく、物をほしがる心、やたらにむさぼる心、欲念。『日ポ』に、「Yocuxin. ヨクシン（欲心）欲深い心、または、利欲」とある。「事を寄す」は、他のことにかこつける、他のことを口実にする。『日ポ』に、「Cotoyoxe, suru, eta. コトヨセ、スル、セタ（事寄せ、する、せた）格好の機会として利用する、または口実として利用する。Fana migaterani coto yoxete.（花見がてらに事寄せて）花見に行くのをよい機会だとして利用して」「Yoxe, suru, eta. ヨセ、スル、セタ（寄せ、する、せた）ある所へ近づける。（中略）また、この語にCoto（事）という語をつけると、何かを理由とする、何かの口実を設ける意となる。例、Carini cotoyoxete deta.（狩に事寄せて出た）狩に行くという口実で出かけた」とある。「同朋」は、第十六章に既出。「言ひ威す」は、第十二章に既出、言葉でおどかす、言って威嚇《いかく》する。「るる」は、尊敬の助動詞。「にや」は、下に「あらめ」の語を略した形で、のであろうかの意。

〔解説〕

この章で問題となっている異義は、仏門に対しての寄進物の多い・少ないによって、浄土に往生して仏と成る時に、大きい仏ともなり、小さい仏ともなるはずだという異義であって、これは、結局、この世における、寺院や道場への寄進を奨励し、自力による善行を勧めることになるので、著者の批判の対象となったのである。そして、著者は、何よりも、この世において大切なのはただ他力への信心のみであることを強調して、それによって批判の結論を出しているのである。

《解釈》

主題

仏門への寄進物の多・少により、浄土で、大・小の仏になるはずだという異義の批判。

構想

（一）仏門への寄進物の多・少により、浄土で、大・小の仏になるはずだという異義の不都合さ。
（二）形や色を超越している仏に、大・小の分量を定めることの不合理さ。
（三）信心を欠いた寄進の効果の無さと、少しも寄進せずとも、本願の本意に叶う信心の深さ。
（四）仏法にかこつけて、信者に寄進を強制しておどす、世間的欲望への推測。

この構想の展開は、（一）に異義を挙げて、その不都合さを簡潔に指摘した後、（二）では、仏が、人間の考える形や色を全く超越した存在であることから、大・小を定めることの不可能なこと、それなのに、なぜ、大・小仏という考えが生れたのかを批判しているし、（三）になると、他力の道においては、ただ信心こそ大事であって、いかなる寄進もこの信心には及ばぬこと、信心が深ければ、全く寄進せずとも、弥陀の本願に叶うものであることを力説している。それが（四）になると、寄進を仲間に向って強制し、仏法にかこつけて、威嚇する人たちの心理を指摘して、それが世間的欲望によるものではないかという、手痛い批判言を放っている。往生成仏とか、信心とかという厳粛な、宗教的問題を、物質の寄進によって不純化し、混濁化しようとする邪説に対しての、著者の全面的否定の意志の発揮が認められると思う。

叙述

〔仏法の方に施入物の多・少に随つて、大・小仏に成るべしといふ事。〕――かかる異義・邪説が発生したことには、その地盤として、専修念仏の道場が作られ（第十三章参照）、「何々の事したらん者をば、道場へ入《い》るべからず」という張文《はりぶみ》をする一方、積極的に、道場の拡張や施設の整備や勢力の伸長のために、指導・経営に当る者から、「施入物」即ち物品の寄進が、信者たちに要求されたのであろうことが想像できる。そして、寄進の行為を、浄土に往生してから受ける恩恵と結びつけて、ここに言う「大・小仏に成るべし」という、途方もない邪説を生み出したのであろう。この章は、かかる、念仏宗門の発展に伴って、道場が多くの信者を擁し、その勢力を拡大せんとする社会的傾向を背景にして理解すべきものと考えられる。

〔この条、不可説なり、不可説なり。比興のことなり。〕――この、著者の評言には、烈しい憤激の意志の迸《ほとばし》りが認められる。「不可説なり」という、全面的否定を表す語句を重ねて二度用い、さらに、その道理に背いている点を、「比興のことなり」と言って強く否定し去っている文体・声調に、著者の憤激が顕現していると言えよう。

〔まづ、仏に大・小の分量を定めんこと、あるべからず候ふか。〕――著者の批判の最初の展開である、構想の（一）は、この、「まづ」という語から始められる。そして、仏身に大と小というような「分量を定めんこと」と仮定的に条件を提示して、「あるべからず候ふか」と否定し去る叙述をしているが、この「候ふ」には、丁寧な調子で読者に対している著者の、いつもの態度が出ているし、「か」という、感動の助詞には、深い嘆きの心持がこめられていると言えよう。

〔かの、安養浄土の教主の御身量を説かれて候ふも、それは方便報身の形なり。法性の覚りを開いて、

長短・方円の形にもあらず、青・黄・赤・白・黒の色をも離れなば、何を以てか、大・小を定むべきや。」――最初に、「かの」とあるのは、以下述べることが『観無量寿経《くわんむりやうじゆきやう》』に存することを知っている読者であることを想定してのことである。「説かれて」とあるのも、同じく、釈尊が阿難にお告げになったお言葉の中に、「安養浄土の教主」即ち、無量寿仏・阿弥陀仏の「御身量」が、人間の思考を絶した、超大なものであることを知っている読者を想定してのことである。「それは方便報身の形なり」という断定には、著者の確乎たる自信が満ちていると言えよう。「法性の覚りを開いて」は、勿論、浄土に往生した上での、「来生の開覚」（第十五章）に関することであり、その「悟りを開いて」仏と成った御身量は、人間の思考を超越しているばかりでなく、感覚（視覚）をも絶したものであることを、「……形にもあらず」「……色をも離れなば」と叙し、強意の助詞「も」を用いて強調している。そして、「何を以てか、大・小を定むべきや」と、反語的に、読者に迫る語気を以て叙述しているのを見るのである。ここの叙述によっても、『歎異抄』の読者としては、「安養浄土の教主」とか、「方便報身」とか、「法性の覚り」とか、「方円」とか、「青・黄・赤・白・黒」とかの仏語・漢語の読み方も意味も、かなり理解される程度の知識・教養ある人々が想定されていたと推測されるのである。

「念仏申すに、化仏を見奉るといふことの候ふなるこそ、大念には大仏を見、小念には小仏を見ると言へるが、もし、この理なんどにばしひきかけられ候ふやらん。」――この「念仏申すに、化仏を見奉るといふことの候ふなるこそ」もまた、『観無量寿経』の所説を踏まえてのことであるが、「……といふことの候ふなるこそ」と、伝聞の助動詞「なる」を使っている所に、前の「……御身量を説かれて候ふも」と対比して、やや距離を置いて引用している立場が窺《うかが》われるものがある。そして、「大念には大仏を見、小念には小仏を見る」といふ、『往生要集』『選択本願念仏集』『教行信証』等の所説にもとづいて、「この理なんどにばしひきかけられ候ふやらん」といっているのは、尊敬の助動詞「られ」と、丁寧の助動詞「候ふ」を用いるとともに、「やらん」という語によって、このセンテンスが疑問と推量を含んだ否定的叙述となっていることを知るのである。従って、この一文は、初めに掲げた異義・邪説が、軽率なこじつけに過ぎないことを充分に批判し得たことになっている。

〔かつは、また、檀波羅蜜の行とも言ひつべし。〕――ここに構想の（三）に入るに当って、「かつは、また」とあるのは、構想の（二）の初めの「まづ」に対して、新しい段階に入ったことを示していると思われる。そして、「仏法の方に施入物の多・少に随って、大・小仏になるべし」という異義を目《もく》して、「檀波羅蜜の行」、即ち、仏道修行者に対して、物を寄進する布施の行であり、それはまた、自力の行であり、聖道門の修行であることを、他力・浄土門の立場からはっきりさせているのである。

〔いかに、財物を仏前にも投げ、師匠にも施すとも、信心欠けなば、その詮なし。〕――ここにも、第二部を通ずる「信心」の尊重があり、強調がある。著者の、「信心」を第一義とする立場からは、「いかに、財物を仏前にも投げ、師匠にも施すとも」というように、布施行を実践するにしても、それは「信心欠けなば、その詮なし」即ち、無意義・無価値・無効果とならざるを得ないというのである。他力の信心にとっては、道場への寄進の如きは、自力行として否定せざるを得ないことが明言されている。この叙述も、当時の読者たち、即ち信者仲間の心を撃発する強力な言表であったかと推測される。

〔一紙・半銭も仏法の方に入れずとも、他力に心を投げて、信心深くは、それこそ願の本意にて候は

め。」――この「入れずとも」は、前文の「施すとも」と対比されるし、「他力に心を投げて、信心深くは」は、「信心欠けなば」と対比されるし、「それこそ願の本意にて候はめ」は、「その詮なし」と比較される叙述と言えよう。そして、この結びを「それこそ」と強調し、「願の本意にて候はめ」とやや婉曲《えんきょく》に言って、却って、「信心」を「願の本意」に適応するものとして挙揚している立場の発揮が認められるのである。さらに、細かく言えば、「一紙・半銭も」は、前文の「財物」と対応し、「他力に心を投げて」は、「財物を仏前にも投げ」と対比させていることが明らかである。「信心深くは」が第一義的条件であって、信者には「施入物」の全然不要なること、それは、道場にとっても、そこにいる「師匠」にとっても、全く同様であることが、おのずから明らかとなる叙述力と言えよう。

〔すべて、仏法に事を寄せて、世間の欲心もある故に、同朋を言ひ威さるるにや。〕――この一文は、注釈に述べたように、句の順序を変えて、「すべて、世間の欲心もある故に、仏法に事を寄せて、同朋を言ひ威さるるにや」と順序を整理して読むと解し易い。前にも、第十四章の終り近くに置かれた、「また、A念仏の申されんも、Bただ今、覚りを開かんずる期の近づくに随ひても、いよいよ、弥陀を頼み、御恩を報じ奉るにてこそ候はめ」において、句Aと句Bとの位置をとり換えることが、理解上大切なことを指摘したが、同じような叙述を、ここにも見いだすのである。そして、著者唯円の批判が、道場の「師匠」の心理を推測して、彼らの「世間の欲心もある故に」と、その道場経営上から生ずる、世間的利欲の心を指摘して、その利欲を満たそうとして、「仏法に事を寄せて」という手段に出、「施入物の多・少に随って、大・小仏に成るべし」と言って、「同朋」・信者たちを威嚇して、金銭その他を寄進させている悪弊を、「言ひ威さるるにや」と、尊敬語を用い、推量的に言いながら、そのために、却って強く否定し切っていると考えられる。

第二部八章の終りに置かれている、この章は、念仏の道場への寄進物の多・少という、現実的、具体的な問題を取り上げている点において、真宗の初期教団の歴史と関連していることは、第十三章に、「道場に張文をして、何々の事したらん者をば、道場へ入《い》るべからずなんどと言ふこと」とあるのに相通うものがある。そして、「施入物」の多・少が因となって、浄土への往生において、果として大・小の仏と成るという異義が生じたことに、著者の唯円が憤慨を禁じ得なかったことは、「不可説なり、不可説なり。比興の事なり」という、激しい否定的感想を重ねて発していることで明らかに知られるのである。従って、この一章の表現の中には、彼のこの憤慨・憤激が底流となって存していることが注意されなくてはならない。

この章の文芸的意義の第一は、かかる憤慨・憤激が、構想の（二）において、「まづ、仏に大・小の分量を定めんこと、あるべからず候ふか」という慨歎となり、「……何を以てか、大・小を定むべきや」という反語的叙述となって現れている。そして、かかる施入物を信者に要求する邪説を思いついた人の心理を推測して、「……この理なんどにばしひきかけられ候ふやらん」と言っているのは、鋭く急所を衝《つ》いていると言うことができよう。この邪説を唱える者の心理の剔抉《てっけつ》は、構想の（四）において、「世間の欲心もある故に」「仏法に事を寄せて」「同朋を言ひ威さるるにや」と推測している上にも現れている。ただ、もう一つ注目されるのは、「ひきかけられ候ふやらん」とか、「言ひ威さるるにや」とか言っていて、相手に対する尊敬を失っていないこと、そして、かかる批判をも、かなり慎重に、推測的に言い表していることである。この点に、第二部中の他の章にも通ずる、著者の、憤激はしても、相手が同じ念仏信者であることをしっかりと意識して書いている、落ち着きある態度を認めざるを得ない。

第二には、著者が、自己の堅い信念・信条に立脚して批判を展開していることである。構想の(二)において、「安養浄土の教主の御身量を説かれて候ふも、それは方便報身の形なり」といい、「法性の覚りを開いて、長短・方円の形にもあらず、青・黄・赤・白・黒の色をも離れなば」といっているのは、まだ、知識の上でのこととも言えそうであるが、「かつは、また、檀波羅蜜の行とも言ひつべし」や、「信心欠けなば、その詮なし」や、「一紙・半銭も仏法の方に入れずとも、他力に心を投げて、信心深くは、それこそ願の本意にて候はめ」の如き叙述になると、正直で率直な、しかも、自己の信心の「理」に依拠した批判となり、さらに、相手への説得となっている。これは、また、どこまでも純一に、正法を護ろうとする著者の真実の発露と言うべきであろう。いつの世にも有り勝ちな、信心の問題を物質や経済のことと混同して不純にし、そのための堕落や退廃をもたらす教団の一般的傾向に対して、それを食い止める、有力な箴言《しんげん》としての永遠の意義を持つのが、この第十八章と言ってもよいであろう。

この章と第一部十章との関連はないと思われる。恐らく、親鸞の寂後《じゃくご》において、教団が道場として発展してゆく段階に至って、かかる「施入物」をめぐる異義が、指導者であり、経営者でもある「師匠」を中心にして生じて来たのであろう。それを黙って見ていられなかった唯円が、第二部の異義批判八章の終りに、この一章を置いていることは、彼の見識の高さとともに、自己の真実・信心をどこまでも曲げることのできない、その性格の顕現であると思われる。彼は、かかる現実的問題を、「信心欠けなば」とか、「信心深くは」とか言って、「信心」をいつも力として批判し、解決しているのであるから。

（第三部）

（後　記）

(1)右条々《みぎでうでう》は、(2)皆以《みなもつ》て、信心《しんじん》の(3)異《こと》なるより(4)事起《ことおこ》り候《さうら》ふか。故聖人《こしやうにん》の御物語《おんものがたり》に、(5)法然聖人《ほふねんしやうにん》の御時《おんとき》、御弟子《おんでし》その数《かず》(6)おはしける中《なか》に、(7)同《おな》じく御信心《ごしんじん》の人も少《すくな》くおはしけるにこそ、(8)親鸞《しんらん》・(9)御同朋《ごどうぼう》の御仲《おんなか》にして、御相論《ごさうろん》のこと候《さうら》ひけり。その故《ゆゑ》は、「善信《ぜんしん》が信心も、(10)聖人《しやうにん》の御信心《ごしんじん》も一《ひと》つなり」と仰《おほ》せの候ひければ、(11)勢観房《せいくわんばう》・念仏房《ねんぶつばう》(12)なんど申す御同朋達《ごどうぼうたち》、以《もつ》ての外《ほか》に争《あらそ》ひ給《たま》ひて、「いかでか、聖人の御信心に、善信房の信心、一つにはあるべきぞ」と候《さうら》ひければ、「聖人の御智慧《おんちゑ》・才覚博《さいかくひろ》くおはしますに、一つならんと申《まう》さばこそ僻事《ひがこと》ならめ、往生《わうじやう》の信心においては、全《まつた》く、異《こと》なることなし。ただ一つなり」と御返答《ごへんたふ》ありけれども、なほ、「いかでか、その義《ぎ》あらん」といふ疑難《ぎなん》ありければ、(13)詮《せん》ずるところ、聖人《しやうにん》の(14)御前《おんまへ》にて自《じ》・他《た》の是《ぜ》・非《ひ》を定《さだ》むべきにて、この子細《しさい》を申し上げければ、法然聖人の仰《おほ》せには、「源空《げんくう》が信心《しんじん》も、如来《にょらい》より賜《たま》はりたる信心なり。善信房《ぜんしんばう》の信心も、如来より賜《たま》はらせ給ひたる信心なり。されば、ただ一《ひと》つなり。別《べつ》の信心にておはしまさん人(15)は、源空《げんくう》が参《まゐ》らんずる浄土《じやうど》へは、よも参らせ給《たま》(16)ひ候《さうら》はじ」と仰《おほ》せ候(17)ひしかば、当時《たうじ》の一向《いつかう》専修《せんじゆ》の人々《ひとびと》の中《なか》にも、親鸞《しんらん》の御信心《ごしんじん》に一つならぬ御事《おんこと》も候《さうら》ふらんと覚《おぼ》え候ふ。いづれもいづれも、繰《く》り言《こと》にて候《さうら》へども、書《か》き付《つ》け候ふなり。

（1）右條ゝ（底）右條々《ミギテウ〳〵》（妙・龍）右《ミギ》ノ條々《テウ〳〵》（端別）。（2）ミナモテ（底）ミナ（毫）。（3）コトナル（底）異《キ》ニ（龍）異《コトナル》（端別）。（4）コトオコリ（底）ヲコリ（端・毫・光・妙・龍・端別）。（5）法然聖人（底）法然聖人《ホフネンシヤウニン》（妙）法然上人《ホフネンシヤウニン》（龍・端別）。（6）オハシケル（底）オホカリケル（端・毫・光・妙・首書歎異抄・歎異抄私記）オホカル（龍）オヽカリケル（端別）。（7）オナシク（底）オナシ（龍・首書歎異抄・歎異抄私記）。（8）親巒（底）親鸞（端・毫・光）親鸞《シンラン》（妙・龍・端別）。（9）御同朋（底）御同朋《オントウホウ》（妙）御同朋《コトウホウ》（龍・端別）御同朋《ヲンドウボウ》（首書歎異抄）。（10）聖人（底）聖《シヤウ》人《ニン》（妙）上人《シヤウニン》（龍・端別）。（11）誓観房（底）誓願房（毫）誓観房《セイクワンハウ》（妙・龍・端別）勢観房《セイクワンバウ》（首書歎異抄・歎異抄私記）。（12）ナント（底）ナント、（首書歎異抄）ト（龍）。（13）詮スルトコロ（底）所詮《シヨセン》（龍）所レ詮《センスルトコロ》（端別）。（14）御マヘ（底）御前《ヲンマヘ》（首書歎異抄）御前《ゴゼン》（龍・端別）。（15）ヒトハ（底）人々《ヒト〳〵》ハ（首書歎異抄）。（16）。《サフラフヘ》シ（底）サフラハシ（端・蓮生寺本）候《ヲ》ハシ（首書歎異抄）候ハシ（歎異抄私記）。（17）サフラヘ《ヒ》シ（底）候《サフラヒ》シ（龍）候《サフライ》シ（端別）。

〔口訳〕

右に挙げた、一つ一つの箇条は、すべてみな、信心がちがっていることから、問題が起りますのかなあ。

亡き親鸞聖人のお話では、師の法然聖人の御在世中、そのお弟子が数多くおいでになった中に、法然上人と同じご信心の人は極めて少なくおいでになりましたので、当時の親鸞と同門のお弟子たちとの御間柄で、ご論争のことがありました。そのわけは、親鸞聖人が、「この善信の信心も、師の法然聖人のご信心も同一です」とのお言葉がありましたところ、勢観房や念仏房などと申す御同門の方たちが、とんでもないこととして口論なさって、「どうして、法然聖人の御信心に、善信房の信心が一つであるはずがあるか」と仰せになりましたので、「師の聖人の御智慧と御学識が博大であらせられるのに対し、全く同じだろうと申すならば、それは不都合なことでしょうが、浄土への往生の信心では、全然、ちがうことはありません。全く同一です」とご返答なさいましたけれども、それでもまだ、「どうして、そんな道理があろうか」という疑いや非難をなさいましたので、結局のところ、師の聖人の御前《ごぜん》で、自分と他人との見解のよい・わるいを判定しなくてはならないこととして、この御論争のくわしい事情を申し上げたところ、法然聖人のお言葉では、「この源空の信心も、阿弥陀如来からいただいた信心である。善信房の信心も、如来からいただいた信心である。だから、全く同一である。これとはちがった信心でいらっしゃるような人は、この源空が参ろうとする浄土へは、万が一にも、お参りになりますまい」とお仰せになりましたことなのですから、現今の、ひたすらに念仏をとなえる人々の中でも、親鸞聖人の御信心と同一でない御こともありましょうと、おのずと思われます。どれも、これも、私の申すことは、同じ言葉のくり返しでありますが、ここに書きしるしておく次第であります。

〔注釈〕 **○右条々は、皆以て、信心の異なるより事起り候ふか** 「右条々」は、第二部の、第十一章から第十八章までの八章に記されている異義を指している。第一部の十章は含まれていない。「皆以て」は、第五章に既出。「事起る」は、事態が発生する、事が始まる。『曽我物語』巻一「神代のはじまりの事」に、「それ、日域《じついき》秋津島《あきつしま》は、これ、国常立尊《くにとこたちのみこと》より事おこり」、『増鏡』巻二「新島守《にひじまもり》」に、「もしは、すぢ異なる大臣、さらでも、おほやけともなるべき君の、すこしの違《たが》ひめに、世に隔たりて、その怨みの末などより、事起るなりけり」の例がある。「か」は、疑問とともに詠嘆の意をもこめた終助詞。

○故聖人 亡き師、親鸞を指し、第十二章・第十三章・第十五章に既出。 **○法然聖人の御時** 法然上人の御在世中。親鸞は、『皇太子聖徳和讃』に、「大日本国三十主《しゅ》、欽明天皇の御時に、仏像《ぶつざう》・経典《きやうでん》、この朝に、奉献せしむときこえたり」、『御消息集』二に、「このやうは、故聖人（注、法然）の御とき、この身どものやうくに申されさふらひしことなり」と使っている。 **○御弟子その数おはしける中に** 「数おはす」は、「数あり」の尊敬語。「数あり」は、これだけで、数が沢山あるの意となる。『今昔物語集《こんじやくものがたりしふ》』から例を挙げると、巻二十の三十六に、「抑《ソモソモ》、尊《ミコト》、可成《ナスベ》キ官物《クワンモツ》、其員《ソノカズ》有リ」、同十三に、「共多《トモニオホク》ノ子孫・伴類《バンルイ》、并《ナラビ》ニ郎等《ラウドウ》・眷属《クエンゾク》等、互《タガヒ》ニ射《イ》殺《コロ》ス者、其員《ソノカズ》有リ」、巻二十四の二十七に、「此殿《コノトノ》ニ、男女《ナンニョ》ノ仕《ツカ》へ人《ビト》、其員《ソノカズ》侍《ハベ》リシカドモ、皆死畢《シニハテ》テ、己《オノレ》一人、今明トモ不知《シラ》デ侍ル也」、巻二十五の十三に、「守《カミ》ノ親《シタシ》キ郎等《ラウドウ》共《ドモ》、皆、力ヲ発《オコ》シテ戦フト云ヘドモ、敵《カタキ》ノ為ニ被殺《コロサル》ル者、其ノ員《カズ》有リ」などとある。「その数多かりける中に」とある異本は、この語の意味に無知であったがための、不当の改竄《かいざん》と思われる。 **○同じく御信心の人も少くおはしけるにこそ** 「同じく」は、「御信心」の「信」を限定する副詞。「人も」の「も」は、意味を強め、感情も含めて言う際に用いられる助詞。「おはしけるに」の「に」は、原因・理由・機縁を表す接続助詞で、から、ので、によって、につけても。『源氏物語』の「桐壺」に、「なつかしう、らうたげなりしをおぼしいづるに、花鳥《はなとり》の色にも音《ね》にも、よそふべき方ぞなき」、『平家物語』巻七「倶利迦羅《くりから》落《おとし》」に、「木曽殿、『あまり憎きに、その法師をば先づ切れ』とて、切られにけり」、『増鏡』の「久米《くめ》のさら山」に、「白雲を分けゆく心地するも艶《えん》なるに、都の事かずかず思《おぼ》し出《い》でらる」とある。「けるにこそ」の結びは、「……候ひけれ」とあるべき所を、「……候ひけり」とあって、不注意により崩れてしまっている。**〇親鸞・御同朋の御仲にして、御相論のこと候ひけり**　第一部（第二章・第五章・第六章・第九章）・第二部（第十三章）においては、「親鸞」とあっても、それは談話中の自己のことであったが、ここに至って、初めて、呼び捨ての形で出てくる。底本の「巒《ラン》」は、「鸞」の略字として用いたものと思われる。この呼び捨ては、一つには、「法然聖人」とある語との対比関係から、その弟子たることを示すためであろうし、また、下に続く「御同朋」「御仲」の語に尊敬の意味の接頭辞「御」が付せられているからでもあろう。「同朋」は、第十六章・第十八章に既出。「御仲」の「仲」は、間《あいだ》・関係、人と人との間柄。「にして」は、で、において。「相論」は、第六章に既出、口争い、論争。この論争の事実は、後述する。

〇善信が信心も、聖人の御信心も一つなり　「善信」は、ここに初出しているが、親鸞は、治承五年（一一八一）に出家して、初めは範宴《はんえん》という法諱《ほうき》であったが、後に、建仁元年（一二〇一）以来、京都東山《ひがしやま》に住んでいた法然房源空の弟子となり、師によって法諱を綽空《しゃくくう》と改められ、善信房と号するようになった。かかる「〇〇房」という呼称を房号《ぼうごう》という。元来は、住居するところの坊（房）の名によって呼ぶ称号であったが、法然上人門下などでは、必ずしも所住する房舎によらないで、何々房と称するようになった。そして、僧が自分自身を言う時には、法諱を名乗り、他人の僧を呼ぶ時には、房号で呼ぶという習慣が存していた。それで、房号は一種の敬称となっていた。本文に以下出てくる勢観房も源智、念仏房も念阿という法諱を房号の外にそれぞれ有していたわけである。そこで、なぜここで「善信」と自身のことを房号で言っているのかが問題になるのであって、唯円が直接話法によって書いたとすれば、当然、「綽空が信心も、聖人の御信心も、一つなり」と書くはずであったと思われる。本書中、親鸞が自身のことを「善信」と言ったのは、この一箇所のみである。これは、あるいは、著者唯円の誤記か、本文の伝写上の誤写かによるのかも知れない。「一つなり」は、同一である、全く同じである。

○勢観房　底本には「誓観房」とあるが、法然の門下にかかる人物はいないので、「勢観房」の、同音による別記として訂正した。法諱は源智。平重盛の四男である備中守師盛《もろもり》の子として京都に生れ、父の戦死、平家の没落の時、源氏の探索からのがれて、建久六年（一一九五）十三歳で法然の門に入り、また、平家の子孫であることから、身の安全を思って、天台座主慈円《ざすじえん》の許《もと》で出家した。後に、法然に仕えて給仕すること十八年に渉《わた》った。そして、法然から浄土宗の法門を受け、法然自筆の『一枚起請文《いちまいきしやうもん》』をも授けられた。法然の寂後、「長徳山功徳院《くどくいん》（後の百万遍知恩寺《ひやくまんべんちおんじ》）を継《つ》いだが、隠遁を志して世に出ることなく、世に加茂《かも》の上人と称された。暦仁《りやくにん》元年（一二三八）五十六歳で功徳院で寂した。親鸞より十歳の年長者で、『法然上人伝記』（醍醐本）一巻の中の「一期物語」を撰したという。元久《げんきゆう》元年（一二〇四）甲子十一月七日の、源空の署名・御判のある『七箇条起請文《しちかでうきしやうもん》』には、信空《しんくう》（法蓮房《ほうれんぼう》）・感聖《かんしよう》（定生房《じようしようぼう》）・尊西《そんさい》（相縁房《しようえんぼう》）・証空《しようくう》（善恵房《ぜんねぼう》）に次いで、五番目に法諱を記している。なお、師法然から、「勢観房に示されける御詞《おんことば》」を受けている。**○念仏房**　念阿弥陀仏とも称し、法諱は念阿。もとは比叡山の天台宗の学僧であったが、法然の教化によって浄土宗に帰した。『七箇条起請文』にも署名している。嵯峨《さが》の往生《おうじよう》院《いん》を創《はじ》め、承久《じようきゆう》三年（一二〇九）に炎上した、嵯峨の清涼寺《しようりようじ》を再建している。建長三年（一二五一）、九十五歳の高齢で入寂した。　**○以ての外**　等十五章の初めに既出。　**○「いかでか、聖人の御信心に、善信房の信心、一つにはあるべきぞ」と候ひければ**　「いかでか」は、第十三章・第十四章に既出、どうして、の意。「聖人の御信心に」の「に」は、に対して、の意。ここは、「いかでか、善信房の信心（は）、聖人の御信心に（対して）、一つにはあるべきぞ」と順序を変えれば、解し易い。「一つにはあるべきぞ」は、「一つなるべきぞ」を、「一つにあるべきぞ」と形を変え、さらに「は」を加えて、「一つにはあるべきぞ」と強調した言い方で、「べき」は、当然の意。

「ぞ」は、聞き手に対して、上に述べた文の全体を強調する係助詞。「一つにはあるべきぞ」は、一つであるはずがあるものぞの意。「と候ひければ」は、「と仰せ候ひければ」の略。

○「聖人の御智慧・才覚博くおはしますに、一つならんと申さばこそ僻事ならめ　「智慧」は、智恵とも書き、すべての物事や道理に対して、確かな判断を下し、心の迷妄を断つはたらき。法然上人は、生前から、「上人智恵第一のほまれ、ちまたにみち、多聞・広学のきこえ、世にあまねし」（『法然上人絵伝』《ほふねんしやうにんゑでん》第五）と知られていたという。「才覚」は、「才学」ともいい、才知と学問、あるいは学問・学識。『日ポ』に、「Saicacu.（サイカク）才覚。物事を工夫する才、賢明さなど」とある。「博く」は、底本は「ヒロク」であるが、博学広覧の語があるのを意識してかく言ったのであろう。「おはしますに」の「に」は、前の「聖人の御信心に」と同じく、に対して、の意。「僻事」は、心得ちがいのこと、道理に反したこと、不都合なこと。『日ポ』に、「Figa coto. ヒガコト（僻事）すなわち Murina coto.（無理な事）不正・不法な事」とある。「ならめ」は、上の「こそ」の結びであるが、ここは強調的逆接語法となって下へ続く。　**○往生の信心においては、全く、異なることなし。ただ一つなり**　「往生の信心」は、往生への信心、往生に対しての信心。「全く」は、下に打消の「なし」があるので、全然、少しもの意となる。ここの「ただ一つなり」は、上の、「一つなり」「一つにはあるべきぞ」を受けて、結論的に、「ただ」で強調し、主張した趣である。　**○なほ、「いかでか、その義あらん」といふ疑難ありければ**　「なほ」は、まだ、やはり、いまだに。「義」は、道理・条理・理由あること。「疑難」は、疑い、非難すること、疑惑と非難。辞書には、『漢書』《かんじよ》の「王莽伝」《わうまうでん》から「為天下所疑難」（天下ノ疑難スル所ト為ル）を引いている。

○詮ずるところ、聖人の御前にて自・他の是・非を定むべきにて、この子細を申し上げければ　「詮ずるところ」の「詮ず」は、詳しく尋ね考える、よくつきつめて考える。「詮ずるところ」は、つまり、要するに、結局、所《しよ》詮《せん》。『日ポ』に、「Xenzurutocoroua. センズルトコロワ（詮ずる所は）すなわち、道理の結論においては、または、結局は」とある。「自・他の是・非」は、自分と他人との善・悪、正・邪。ここでは、自分の考えと他人の考えの正しいか、否か。「定むべきにて」の「定む」は、判定する、裁定する。「べき」は、当然。「にて」は、原因・理由を示す格助詞で、によって。『徒然草』第八十五段に、「この嘲りをなすにて知りぬ、この人は下愚《かぐ》の性《せい》移るべからず」の例がある。「子細」は、第二章・第六章・第十一章に既出、ここでは、くわしい事情、事のいわれ。

○「源空が信心も、如来より賜はりたる信心なり。善信房の信心も、如来より賜はらせ給ひたる信心なり　「源空」は、法然上人の法諱。『法然上人絵伝』第三には、「たちまち、師席を辞して、久安《きうあん》六年九月十二日、生年《しやうねん》十八歳にして、西塔黒谷《さいたふくろだに》の慈眼房叡空《じげんばうえいくう》（注、法然上人の受戒の師）の廬《いほり》にいたりぬ。幼稚のむかしより成人のいまに至るまで、父の遺言《ゆゐごん》わすれがたくして、とこしなへに隠遁《いんとん》の心ふかきよしをのべ給ふに、少年にしてはやく出離《しゆつり》の心をおこせり。まことに、これ、法然道理《ほふねんだうり》のひじりなりと随喜《ずゐき》して、法然房と号《かう》し、実名《じつみやう》は源光（注、叡山西塔の北谷、持宝坊《ぢほうばう》の僧。法然の少年時代の師）の上の字と叡空の下の字をとりて、源空とぞつけられける」とある。「源空が信心」「善信房の信心」を比べると、前者は謙譲の心持を、後者は親愛の心持を示すものと解せられる。また、法然が自己を法諱「源空」で呼び、弟子綽空を、房号「善信房」で呼んでいるのは、正しい称呼のし方と認められるので、ますます、親鸞が自己を「善信」と呼んでいる、前の例が怪しくなってくる。当然、そこは、「綽空」と称すべき所である。「賜はる」は、いただく。「賜はらせ給ひたる」の「せ」「給ひ」は、それぞれ、尊敬の助動詞。

○別の信心にておはしまさん人は、源空が参らんずる浄土へは、よも参らせ給ひ候はじ」と仰せ候ひしかば　「おはします」は、「あり」の尊敬動詞。「ん」は、仮定を表す。「参らんずる」は、参ろうとする。ここの「んずる」は、意志を表す。「よも」は、まさか、万が一にも、よもや。第十三章に既出。「参らせ給ひ候はじ」の「せ給ひ」は、前の「賜はらせ給ひたる信心なり」の「せ給ひ」と同じく、尊敬を表す。「じ」は、打消しの推量を示す助動詞。「仰せ候ひしかば」は、おっしゃいましたから、仰せられたことですから。**○当時の一向専修の人々の中にも、親鸞の御信心に一つならぬ御事も候ふらんと覚え候ふ**　「当時の」は、現在の、いまの。第十二章・第十三章に既出。「一向専修」も、第十六章に既出。「一つならぬ御事」とあるのは、「当時の一向専修の人々」に対する敬語であって、この「後記」の中にも、既に「御時」「御同朋」「御仲」「御相論」「御信心」「御智慧」「御返答」等の例があった。「一つならぬ」は、「異なる」と同じ。「覚え候ふ」は、おのずから思われます、自然と感じられます。**○いづれも、いづれも、繰り言にて候へども**　『日ポ』に「Izzuremo. イヅレモ(何れも)すべて、皆」とある。著者がこれまで述べて来たことを総括して、どれも、これも、とくり返して強調したものと考えられる。「繰り言」は、同じことを何度もくり返して言うこと、くどくどと何度も言うこと、また、そのことば。『日ポ』に、「Curicoto. クリコト(繰言)何回も何回も語られる、あるいは、繰り返される同じ事柄」とあって、清音で読んだことが知られる。

露命《ろめい》、わづかに、(1)枯草《こさう》の身《み》にかかりて候《さうら》ふ程《ほど》にこそ、相伴《あひともな》はしめ給ふ(2)人々《ひとびと》の御不審《ごふしん》をも承《うけたまは》り、聖人《しやうにん》の仰《おほ》せの候ひし趣《おもむき》をも申し聞《き》かせ参《まゐ》らせ候へども、閉眼《へいがん》の後《のち》は、さこそ、しどけなき事どもにて候《さうら》はんずらめと歎《なげ》き存《ぞん》じ候《さうら》ひて、(3)かくの如くの義《ぎ》ども仰《おほ》せられ合《あ》ひ候ふ人々にも、言ひ迷《まよ》はされなんどせらるることの候《さうら》はん時は、(4)故聖人《こしやうにん》の御心《おんこころ》に相叶《あひかな》ひて、御用《おんもち》ゐ候ふ御聖教《おんしやうげう》どもを、よくよく(5)御覧候《ごらんさうら》ふべし。

おほよそ、聖教《しやうげう》には、真実《しんじつ》・権仮《ごんけ》、ともに相混《あひまじ》はり候ふなり。権《ごん》を捨《す》てて実《じつ》を取《と》り、仮《け》をさし置《お》きて真《しん》を用《もち》ゐるこそ、聖人《しやうにん》の御本意《ごほんい》にて候《さうら》へ。構《かま》へて構へて、聖教《しやうげう》(6)を見乱《みみだ》らせ給《たま》ふまじく候ふ。

(1)枯草《コサウ》《カレタルクサ》(底)枯草《カレクサ》(毫)枯草《コサウ》(龍・端別)枯草《コサウ》《カレクサ》(首書歎異抄)。(2)ヒト〱御不審ヲモウケタマハリ(底)。(3)コトクノ(底)コトキノ(龍・端別)。(4)故聖人(底)故聖人《コシヤウニン》(妙)古上人《コシヤウニン》(龍)古聖人《コシヤウニン》(端別)。(5)御ランサフラフヘシ(底)ミタマフヘシ(龍)。(6)ミミタラセ(底)見ミタシ(龍・端別)。

〔口訳〕

露のようにはかない命が、枯草のように老い衰えた身にふりかかって、命がわずかに存しています間には、行動を共になされる方々のご疑問をも謹んでお伺いし、親鸞聖人のお言葉のございました趣旨をも申し上げてお聞かせ致しますけれども、私が目を閉じて世を去った後では、さぞかし、いいかげんでしまりのない事態が多いことでありましょうと歎かわしく存じておりますので、上に挙げました、このような異義の数々を論争なされる人々によって、言葉で混乱させられたりなどせられますならば、その時は、亡き親鸞聖人の御心によく適合して、皆さんがいまお使いになります聖教類を、よく念を入れてご覧になるがよいのです。

全く、聖教の中には、永久不変で絶対究極の真理と、その真理に衆生を導くために、仮《かり》に設けられた教えとが、一緒にまじって存しております。従って、権《ごん》、即ち、かりの所を捨てて、実《じつ》、即ち、まことの所を選び取り、仮《け》、即ち、かりの所をそのままに捨てておいて、真《しん》、即ち、まことの所を採用するとこそ、親鸞聖人の御本心なのであります。決して決して、聖教を読みまちがえなさってはなりませぬ。

〔注釈〕 **○露命、わづかに、枯草の身にかかりて候ふ程にこそ** 「露命」は、朝の露のように、すぐ消えてゆく命、はかない命。「枯草の身」は、枯草のようなわが身、枯れ草のように老衰して死に近い身。底本では、「枯草《コサウ》《カレタルクサ》」の振り仮名と左の注が存している。「かかる」は、上の「露命」「枯草」との縁語。ここでは、露のような命が枯草のような老身にわずかにふりかかって、命が存していています間には、の意。「程にこそ」は、間においてこそは、期間内では。この係助詞「こそ」の結びは、下の「申し聞かせ参らせ候へども」で消えてしまっている。 **○相伴はしめ給ふ人々の御不審をも承り** 「相伴ふ」は、連れ立つ、一緒に行動する。「相」は、動作を共にしたり、互いに関係を持ったりする意を示す接頭語。「しめ給ふ」は、尊敬の助動詞。底本、その他の古写本・古板本・古注釈には「ヒトく、御不審ヲモウケタマハリ」とあるが、これでは意味が通じないので、近代の多くの注釈は、「ヒトく〵ノ」と「ノ」を補うことにしている。これは注釈上の要求から生じた補訂であって、当然なすべきことと信ずる。姫野誠二氏の『歎異抄の語学的解釈』には、「慧空本《えくうぼん》」にのみ、「の」のあることを注意され、本文として採用されている。「御不審」は、ご疑問、ご疑点。「不審」は、第九章に既出、疑わしいこと、疑問に思うこと。「も」は強意。「承る」は、聞くの謙譲語で、つつしんで聞く、拝聴する、お聞きする。 **○聖人の仰せの候ひし趣をも申し聞かせ参らせ候へども** 「仰せ」は、ここでは名詞で、親鸞のおっしゃったお言葉、お話。「趣」は、趣旨・趣意、大切な意味。「をも」の「も」は、強意。「申し聞かす」は、「言ひ聞かす」の謙譲語で、申し上げてお聞かせする。「参らす」は、謙譲の補助動詞。 **○閉眼の後は、さこそ、しどけなき事どもにて候はんずらめと歎き存じ候ひて** 「閉眼」は、最後に目を閉じること、即ち、死亡すること。『兵範記《へいはんき》』の仁平《にんぺい》三年四月廿九日の条に「人体死生、以閉眼為限」（人体ノ死生《シシヤウ》、閉眼ヲ以テ限リト為ス）とあり、『愚管抄《ぐくわんせう》』巻三に、藤原道長の薨去を叙して、「思ひの如く出家して、多年、九体の丈六堂《じやうろくだう》、法成寺《ほふじやうじ》の無量寿院《むりやうじゆゐん》の中尊《ちうそん》の御前を閉眼の所にして、屏風《びやうぶ》を立てて、脇足《けうそく》によりかかりて、法衣《ほふえ》を正しくして、ゐながら御閉眼ありけることは、むかしもいまも、かかる御臨終のためしあるべしとやは」とある。「さこそ」は、第十六章に既出、さだめし、さぞかし、どんなに。「しどけなし」は、いいかげんでしまりがない、雑然として規則がない、だらしない、きちんとしていない。『日ポ』に、「Xidoqenaguena. シドケナゲナ（しどけなげな） Xidoqenai.（しどけない） Vomoi facaru coto naxi.（思ひ計ること無し） 人に言われることなど意に介しないで、突飛な服装や飾立てをするような並外れた（こと）」とある。「にて」は、で、であって。「歎き存ず」は、心に歎く、歎かわしく思うの意の「歎き思ふ」の謙譲語。「候ひて」は、おりますので。ここで切れずに、上下の文を接続させて、動詞の並列を表していると見たい。 **○かくの如くの義ども仰せられ合ひ候ふ人々にも、言ひ迷はされなんどせらるることの候はん時は** 「かくの如くの義ども」は、第十一章から第十八章に至る、以上のような邪義・異義の数々。「ども」は、複数を示す。「仰せられ合ふ」の「られ」は、尊敬の助動詞、「仰せ合ふ」は、互いに言葉で争う、口論する、言い争う、論争する意の「言ひ合ふ」の尊敬語。「にも」は、によって、「も」は強意。「言ひ迷はす」は、あれこれと言って、聞き手の考えを乱す、言葉で相手を混乱させる。「言ひ迷はされなんどせらるる」の「れ」「らるる」は、ともに、受身の助動詞。この「言ひ迷はされ」は、名詞ではなくて、「言ひ迷はさ」という動詞の未然形に、助動詞「る」の連用形の「れ」が付いた形であって、これに「なんど」「など」が付くと、言い迷わされたりなど、の意となる。『徒然草』に、「不幸に憂《うれへ》に沈める人の、頭おろしなどふつつかに思ひとりたるにはあらで」（第五段）、「風流の破子《わりご》やうの物、ねんごろにいとなみ出《い》でて、（中略）双《ならび》の岡《をか》の便《びん》よき所に埋み置きて、紅葉散らしかけなど、思ひ寄らぬさまにして」（第五十四段）、「……雪には下《お》り立ちて跡つけなど、万《よろづ》の物、よそながら見ることなし」(第百三十七段)の例がある。

○故聖人の御心に相叶ひて、御用ゐ候ふ御聖教どもを、よくよく御覧候ふべし　「故聖人」は、言うまでもなく、先師親鸞。「相叶ふ」は、第六章に既出、適合する、一致する、よくあてはまる。「御用ゐ候ふ」は、皆さん方が、いまお使いになります。これを親鸞聖人がお用いになったという、過去の意味に解するのは、国文法を知らぬ妄説であって、もしそういう意味ならば、当然、「お用ゐ候ひし」とか、「お用ゐ給ひける」とかあるべき所である。ここでは、『歎異抄』の読者に向って言っているのであるから、「御用ゐ候ふ御聖教」と、現在時法で書いていることが明らかである。「御聖教」は、具体的には、親鸞が、『御消息集』一に、「一、なにごとよりは、如来の御本願のひろまらせたまひてさうらふこと、かへすがへすめでたく、うれしくさうらふ。そのことに、おの〳〵、ところ〴〵に、われはといふことをおもうてあらそふこと、ゆめ〳〵あるべからずさうらふ。京《きやう》にも、一念《いちねん》・多《た》念《ねん》なんどまうす、あらそふことのおほくさうらふやうにあること、さら〳〵さうらふべからず。ただ、詮《せん》ずるところは、『唯信鈔《ゆいしんせう》』『後世物語《ごせものがたり》』『自力他力《じりきたりき》』、この御文《おんふみ》どもをよく〳〵つねにみて、その御《おん》こころにたがへずおはしますべし。いづかたのひとびとにも、このこころをおほせられさうらふべし(下略)」とあり、また、同集の六に、「また、親鸞も偏頗《へんぱ》あるものとききさうらへば、ちからをつくして、『唯信鈔』『後世物語』『自力他力の文《ふみ》』のこころども、二河《にが》の譬喩《ひゆ》(自注、フタツノカハノタトヘナリ)なんどかきて、かた〴〵へひと〴〵にくだしてさうらふも、みなそらごとになりてさうらふときこえさうらふは、いかやうにすすめられたるやらん、不可思議のこととききさうらふこそ不便《ふびん》にさうらへ。よく〳〵きかせたまふべし」とも記している。かくて、聖覚《せいかく》の『唯信鈔』、隆寛《りゆうかん》の『自力他力事』、同『一念多念分別事《いちねんたねんふんべつのこと》』、著者未詳の『後世物語聞書《ききがき》』及び、『血脈文集』二によれば、親鸞著述の『唯信鈔文意』『一念多念文意』等が、「御用ゐ候ふ御聖教ども」ということになる。「御覧ず」は、「見る」の尊敬語。「べし」は、当然、あるいは適当。

○おほよそ、聖教には、真実・権仮、ともに相混はり候ふなり　「おほよそ」は、第十三章・第十五章に既出、おしなべて。「真実」は、仏語で、仏の説かれる、永久不変の、絶対窮極の真理。「権仮」は、仏の説かれる「真実」に導くために、権《かり》に設けられた法門、または、仏・菩薩が衆生を済度するために用いられる手段・方法をもいうが、ここは前の意味。この二つを合わせて、権実二教《ごんじつにきよう》（権仮方便の仏教と真実窮極の仏教）と言う。親鸞は、『愚禿鈔《ぐとくせう》』上の初めに、頓教《とんぎよう》の二教として、仏心《ぶつしん》（禅宗）・真言《しんごん》（宗）・法華《ほつけ》（天台宗）、華厳《けごん》（宗）等を挙げて、「難行・聖道之実教」とし、法相《ほつそう》（宗）等を「難行道、聖道ノ権教」とし、また、『無量寿経』を以て「易行、浄土本願真実之教」とし、また漸教《ぜんきよう》の二教として、「一二ハ、難行道、聖道権教、法相《ホツサウ》等、歴劫《リヤクゴフ》修行ノ教ナリ。二ニハ易行道、浄土ノ要門、『無量寿仏観経』ノ意、定散《ヂヤウサン》・三福《サンプク》・九品《クホン》ノ教ナリ」（原漢文）という教判を展開している。「ともに」は、いっしょに、同じ様に。「相混はる」は、まじり合う、多くのものが入り乱れて存する。

○権を捨てて実を取り、仮をさし置きて真を用ゐるこそ、聖人の御本意にて候へ　ここでは、「真実」と「権仮」との対比をさらに詳しく、「権」と「実」、「仮」と「真」との対比として捉えている。親鸞の『唯信鈔文意《ゆいしんせうもんい》』には、冒頭に、「『唯信鈔』といふは、『唯』は、ただこのことひとつといふ、ふたつならぶことをきらふことばなり。また、『唯』は、ひとりといふこころなり。『信』はうたがふこころなきなり。すなはち、これ、真実の信心なり。虚仮《こけ》はなれたるこころなり。『虚《こ》』はむなしといふ、『仮《け》』はかりなりといふ。『虚』は『実《じつ》』ならぬをいふ、『仮』は『真』ならぬをいふなり」と注している。また、『末燈鈔《まつとうせう》』一「有念無念事《うねんむねんノ》」には、「権教《ごんけう》といふは、すなはち、すでに仏《ぶつ》になりたまへる仏《ぶつ》・菩薩《ぼさつ》の、かりにさまぐの形をあらはしてすすめたまふがゆゑに、『権《ごん》』といふなり」とある。「さし置く」は、捨てておく、ほうっておく。「御本意」の「本意」は、第三章・第十二章・第十四章・第十五章・第十八章等に既出、ここでは、真意・本心の意。

○構へて構へて、聖教を見乱らせ給ふまじく候ふ　「構へて」は、動詞「構ふ」の連用形に助詞「て」が付いて成った語で、ここでは、下に「まじく」

という、禁止を表す助動詞があるので、絶対に、決して、という意味となる。『宇治拾遺物語《うぢしふゐものがたり》』巻三「狐、家に火つくる事」の末尾に、「かかる物（注、射られた狐）も、たちまちに、仇《あた》を報《むく》ふなり。これを聞きて、かやうのものをば、構へて調《てう》ず（注、からかう、たわむれる）まじきなり」とあり、藤原定家の『毎月抄《まいげつせう》』に、「……かやうに申せば、又、御退屈《ごたいくつ》や候はんずらめなれども、しばしはかまへてあそばすまじきにて候」とある。ここでは、二度くり返して、意味を強めている。「見乱る」は、読みそこなう、読み誤る、誤読・曲解する。他に用例を見いだし難い。「せ給ふ」は尊敬の助動詞。「まじ」は、してはならない、してはいけないという意味の禁止の助動詞。

大切《たいせつ》の証文《しようもん》ども、少々《せうせう》(1)抜《ぬ》き出《い》で参《まゐ》らせ(2)候《さうら》うて、(3)目安《めやす》にして、この書《しよ》に添《そ》へ参らせて候《さうら》ふなり。

聖人《しやうにん》の常《つね》の仰《おほ》せには、「弥陀《みだ》の五劫思惟《ごこふしゆい》の願《ぐわん》を、よくよく案《あん》ずれば、偏《ひと》へに、親鸞《しんらん》(4)一人《いちにん》がためなりけり。されば、(5)それ程《ほど》(6)の業《ごふ》(7)を持ちける身《み》にてありけるを、助けんと思《おぼ》し召《め》し立ちける本願《ほんぐわん》の忝《かたじけな》さよ」と御述懐候《ごしゆつくわいさうら》ひしことを、今また案《あん》ずるに、善導《ぜんだう》の、「自身《じしん》は、これ、(8)現《げん》に、罪悪《ざいあく》・生死《しやうじ》の凡夫《ぼんぷ》、曠劫《くわうごふ》よりこの方《かた》、常《つね》に沈《しづ》み、常に流転《るてん》して、出離《しゆつり》の縁《えん》あることなき身《み》と(9)知れ」といふ金言《きんげん》に、少《すこ》しも違《たが》はせおはしまさず。されば、忝《かたじけな》く、我《わ》が御《おん》身《み》にひき懸《か》けて、我等《われら》が、身《み》の罪悪《ざいあく》の深《ふか》き程《ほど》をも知らず、如来《によらい》の御恩《ごおん》の高き事をも知らずして、迷《まよ》へるを、思ひ知らせんがためにて候《さうら》ひけり。

まことに、如来の御恩といふことをば沙汰《さた》(10)なくして、我《われ》も人《ひと》も、(11)善《よ》し・悪《あ》しといふことをのみ申《まう》し合《あ》へり。

聖人《しやうにん》の仰《おほ》せには、「善《ぜん》・悪《まく》の二《ふた》つ、惣《そう》じて以《もつ》て存知《ぞんぢ》せざるなり。その故《ゆゑ》は、如来の(12)御心《おんこころ》に善《よ》しと思《おぼ》し召《め》す程に知《し》り通《とほ》したらばこそ、(13)善《よ》きを知りたるにてもあらめ、如来の悪《あ》しと思し召す程に知り通したらばこそ、(14)悪《あ》しきを知りたるにてもあらめど、(15)煩悩具足《ぼんなうぐそく》の凡夫《ぼんぶ》、火《くわ》宅無常《たくむじやう》の世界《せかい》は、万《よろづ》の言《こと》、皆以《みなもつ》て、虚言《そらごと》(16)・戯言《たはこと》、実《まこと》ある言《こと》なきに、唯《ただ》、念仏《ねんぶつ》のみぞ実《まこと》にておはします」とこそ、(17)仰《おほ》せは候《さうら》ひしか。

まことに、我《われ》も人も、虚言《そらごと》をのみ申し(18)合《あ》ひ候《さうら》ふ中《なか》に、一《ひと》つ、痛《いた》ましきことの候ふなり。その故《ゆゑ》は、念仏申すについて、信心《しんじん》の趣《おもむき》をも互《たが》ひに問答《もんだふ》し、人にも言《い》ひ聞《き》かする時、人の口《くち》を塞《ふさ》ぎ、相論《さうろん》(19)を断《た》たんがために、全《まつた》く、仰《おほ》せにてなきことをも(20)仰せとのみ申すこと、あさましく歎《なげ》き存《ぞん》じ候《さうら》ふなり。この旨《むね》をよくよく思ひ解《と》き、心得《こころえ》らるべきことに(21)候ふ。

これ、さらに、私《わたくし》の言葉《ことば》にあらずといへども、経《きやう》・釈《しやく》の行《ゆ》く路《ぢ》も知らず、法文《ほふもん》の浅深《せんじん》を心得分《こころえわ》けたることも候《さうら》はねば、定《さだ》めて、をかしきことにてこそ(22)候はめども、(23)古《いにしへ》、親鸞《しんらん》の仰《おほ》せ言《ごと》候《さうら》ひし趣《おもむき》、百分《ひやくぶん》が一《ひと》つ、片端《かたはし》ばかりをも(24)思《おも》ひ出《い》で参《まゐ》らせて、書《か》き付《つ》け候ふなり。

（1）ヌキイテ（底）ヌキイタシ（龍・端別）。（2）サフラウテ（底）サフラヒテ（龍・端別）候ヒテ（首書歎異抄・歎異抄私記）。（3）目ヤス（底）目安《メヤス》（龍・端別）。（4）一人（底）一人（妙・龍・端別）。（5）ソレホトノ（底）ソクハクノ（端・光・妙・龍・端別・歎異抄私記）ソレホトノ《ソクハクノ》（毫）ソクバクノ（首書歎異抄）。（6）業（底）業《ゴフ》（妙・龍・端別）悪業《アクゴフ》（首書歎異抄）悪業（歎異抄私記）。（7）モチケル（底）モチタル（龍）。（8）現ニ（底）現《ゲン》ニ（妙・龍・端別）。（9）シレトイフ（底）信知《シンチ》セヨトノ（龍・首書歎異抄）信知セヨトノ《シレトイフ》（端別）信知セヨトノ（歎異抄私記）。（10）ナクシテ（底）ナクテ（龍）。（11）ヨシアシ（底）吉悪《ヨシアシ》（龍・端別）。（12）御コヽロ（底）御意《オンコヽロ》（龍・端別）。（13）ヨキ（底）善《セン》（龍）善《ヨキ》（端別）。（14）アシキ（底）悪《アク》（龍）悪《アシサ》（端別）。（15）アラメト（底）アラメ（龍）。（16）タワコト（底）タハコト（妙）タワフレコト（龍・端別）。（17）オホセハ（底）オホセ（龍）。（18）マフシアヒ（底）アツカヒ（龍）。（19）ヲタヽンカ（底）ノタヽカヒカタンカ（端・光・妙）ヲタヽカヒカタンカ（龍・端別）。（20）ヲモ（底）ヲ（龍・端別）。（21）サフラフ（底）サフラフナリ（端・毫・光・明・龍・端別）。（22）サフラハメトモ（底）サフラフヘシ（龍）サフラハネハ（妙）。（23）古親鸞（底）古《コ》親鸞《シンラン》（妙・龍・端別）イニシヘ親鸞（首書歎異抄・歎異抄私記）。（24）オモヒイテ（底）オモヒテ（妙）オモヒイタシ（龍・端別）。

〔口訳〕

それで、最も肝要な、証拠となる文章の類を、少しばかり抜き出《だ》し致しまして、聖教の正しい理解のための基準として、この書に書き添え申し上げる次第であります。

親鸞聖人の平常のお言葉では、「阿弥陀如来が五劫にわたって考えぬかれた誓願をば、念を入れてよく考えをめぐらしてみると、それは、ひとえに、この親鸞ただひとりのためであるのだなあ。それゆえ、そんなにも多くの、前世の悪い行いを持った、わが身であったのに、助けてやろうとお思い立ちなされた弥陀の本願の、何とも身にしみてありがたいことよ」と、お心持をお述べになられたことを、今になって、さらにまた考えてみると、善導和尚《ぜんどうかしょう》の、「自分自身は、現実に、罪悪の重く深い、そして、生死の迷いを重ねている凡夫であって、永久の昔からこれまで、いつも、迷いの世界に沈没し、いつも、迷いの生死をくり返していて、迷いの境界から離れ去るきっかけを持つことのない身なのだと思い知れよ」という、不滅の尊いお言葉に少しも相違しておられない。それだから、先の聖人のお言葉は、もったいなくも、御自身のことに関連させて、わたくしどもが、自身の罪悪の深いことをも覚《さと》らず、阿弥陀如来の御恩の高いことをも覚らないで、迷っているのを、はっきりと気づかせようというためでありますなあ。

ほんとうに、わたしも、ほかの人も、阿弥陀如来の御恩ということをば論議の外にしておいて、自分たちの信心の善いか、悪いかということだけを口々に言い合いばかりしている。

親鸞聖人のお言葉では、「人間の信心の善と悪との二つは、全くもって、わたしはよくわかっていないのだ。そのわけは、如来のお心に『善い信心だ』とお思いになる程度まで、わたしが信心を知りつくしたならば、信心の善いことを知ったことでもあろうが、また、如来の御心に、『悪い信心だ』とお思いになる程度まで、わたしが信心を知りつくしたならば、信心の悪いことを知ったことでもあろうが、心身の汚れを充分に具備している、悟りに遠い、凡庸・浅識の人間においては、また、火のついた家のように無常であるこの現世においては、あらゆる言葉は、すべて皆、うそ言《ごと》であり、たわけた言葉であって、真実な言葉はないのに、ただ一つ、念仏だけが真実であらせられる」とおっしゃいました。

ほんとうに、わたくし自身も、他人も、真実でない言葉ばかりを言い合っている中で、ただ一つ、歎《なげ》かわしいことがあるのです。そのわけは、念仏を申し上げることに関して、信者同士が、信心の大切な点をお互いに問答したり、また、他人に教えさとしたりする場合に、言い争う相手にものを言わせず、論争をうち切るために、全然、親鸞聖人のお言葉ではないことをも、「これは聖人のお言葉なのだ」とばかり申すことは、情ないことと歎かわしく思うのです。この、以上、わたくしの述べた趣旨をじっとよくお考えの上にはっきりさせ、ご理解なされなくてはならないことであります。

右に述べたことは、決して、自分ひとりだけの勝手な言葉ではないけれども、経典やその解釈の趣意もわきまえず、仏法を説いた文章の浅さ・深さをよくわかって判別していることもありませんので、きっと、愚かしいことでありましょうが、昔《むかし》、親鸞聖人のおっしゃったお言葉がございました、そのご趣旨の百分の一ほど、一端ばかりを思い出し申し上げて、ここに書きつける次第です。

〔注釈〕 **○大切の証文ども、少々抜き出で参らせ候うて、目安にして、この書に添へ参らせて候ふなり**　「大切の」は、最も貴重な、最も必要で重んずべき、非常に肝要である、の意。「証文」は、ある事実を証明する文章、将来も論拠となる文書。既に、第十二章・第十七章に出ていたが、この場合の「証文」とは何を指しているかが大きな問題点となっている。第一に、わたくしが仮りに第一部と称している、第一章から第十章に至る、親鸞の遺《のこ》した語録がそれに当るとする説があるが、それでは、「少々抜き出で参らせ候うて」、「この書に添へ参らせて候ふなり」という著者の叙述に適合しない。また、十章もあっては、「少々抜き出で参らせ候うて」とは言えないし、前行して第一部を形成している十章を「この書に添へ参らせて」では、展開の順序が逆になってしまうのである。第二の説は、「証文」とは、この「後記」の後に付載されている「流罪記録《るざいきろく》」を指すというのであるが、それがどうして、「証文」、即ち、信心の上での真実と権仮とを識別する根拠となるのであろうか。これについては、「流罪記録」の注釈の所でも触れたいと思う。結局、第一説も第二説も、当を得たものとは言い難い。そういう中で、多屋頼俊氏が『歎異抄新註』で主張された、次の説に賛意を表したいと思うのである。

然らば『大切の証文』は如何に解すべきであらうか。率直に云ふと、『弥陀の五劫思惟の願をよく〳〵案ずれば、ひとへに親鸞一人がためなりけり云々』及び『善悪の二惣じてもて存知せざるなり……たゞ念仏のみぞまことにおはします』の二文が大切な証文であらうと私は推測する。この二文の内容は理論やはからひから遠く懸絶した他力信仰の絶対境の表白であつて、真に大切の証文として、最後に提示するにふさはしいものであり、而してこの文は『この書にそえ参らせ候なり』といふ語の直後にあること、文は二条で、『少々』の語にも一致する事等を思ふと、これが所謂大切の証文であるに相違ないやうに思はれる。但しこの卑見にも一の難関があつて、其を無事に通過しない限り、これも亦一家の想像説に止まるものである。即ち本文には『大切の証文ども少々ぬき出し参らせ候ひて、目安にして、この書に添え参らせ候なり』とある。『目安にして』とは普通には『目安書《めやすがき》にして』の意、即ち一つ書にしての意と考へられるが、右の二文は今日まで管見に入った写本刊本では一つ書にはなつて居ないのである。尤も目安は、目標、標識の意にも用ゐるから、此の語を、『他力の信心の目印《じるし》として』の意と解する事が許されるならば、所謂目安書にした古写本の出現を待たなくてもよいのである。今はさういふ意味と見ておきたい。即ち私は現在の歎異抄を以つて、残闕本とは見ず、また後人が組織を変更したものとも見ず、このまゝの形が原本の面影を伝へたものであらうと思ふものである。この二ケ条の親鸞の遺語こそ、「少々抜き出で参らせ候うて」、及び、「この書に添へ参らせて候ふなり」に適合するものであって、親鸞の信仰の核心をなすものと思われる。また、この「大切の証文ども少々抜き出で参らせ候うて、……この書に添へ参らせて候ふなり」の叙述があって、はじめて、以下に出てくる、親鸞の二つの言葉が位置づけられるはずである。「抜き出づ」は、抜き出す、選び出す、選抜する。これは、恐らく、唯円が所持していた、師親鸞の説法・法話の聞《き》き書《がき》があって、それがある程度の量に達していたので、その中から選んで書き抜いたことを意味するものと推測される。「目安にして」は、標準として、基準として。世阿弥の『五音《ごおん》』上に、「然《シカ》リトイヘドモ、音曲《オンギヨク》ヲ万人《バンニン》モテアソブバカリニテ、曲舞《クセマヒ》・只謡《タダウタヒ》ノ音声《オンジヤウ》ノ性位《シヤウヰ》ノ分目《ワケメ》ヲモ知ル人ナク、マシテ、祝言《シウゲン》・亡臆《バウオク》ノ声懸《コワガカリ》ノ変《カハ》リ目《メ》モ分明《フンミヤウ》ナラネバ、シバラク、曲道ヲ五ヶ条ニ分チテ、祝言・幽曲《イウキヨク》・恋慕《レンボ》・哀傷《アイシヤウ》・闌曲《ランギヨク》ト定メテ、五音ト名付ク。是ハ、音曲習道《シユダウ》ノ目安トシテ、五音ノ曲味《キヨクミ》ヲヨクヨク念籠《ネンロウ》シテ、習道アルベキモノナリ」という例がある。従って、箇条書・一《ひと》つ書《がき》にした文書のことではない。

○弥陀の五劫思惟の願を、よくよく案ずれば、偏へに、親鸞一人がためなりけり　「五劫思惟の願」は、第十三章に既出。「案ず」は、熟考する、深く心中に考える。『日ポ』に、「Anji, zuru, ita. アンジ、ズル、ジタ（案じ、ずる、じた）熟考する、あるいは、あれこれと思いめぐらす」とある。「偏へに」は、ひたすらに、ひとすじに、いちずに、の意。「一人がためなりけり」の「けり」は、詠嘆の助動詞。「なりけり」は、ある事態が以前から存していたことに新しく気がついた感動や納得を表す。ここは、この親鸞ひとりのためであるのだなあ、の意。親鸞が孫の如信《にょしん》に対しての「折《をり》々の御物語」を後に覚如《かくにょ》が記したという『口伝鈔《くでんせう》』七の中にも、「かく心得つれば、心のわろきにつけても、機の卑劣なるにつけても、往生せずはあるべからざる道理・文証《もんしょう》、勿論《もちろん》なり。いづかたよりか、凡夫の往生、もれてむなしからんや。しかれば、すなはち、五劫の思惟《しゆい》も兆載《てうさい》の修行も、ただ、親鸞一人がためなりと仰《おほ》せ言《ごと》ありき」とある。　**○されば、それ程の業を持ちける身にてありけるを、助けんと思し召し立ちける本願の忝さよ**　「されば」は、そうであるから、それゆえ。「それ程の」は、それくらい多くの、そんなにも多くの。強調の気持をこめて、ある物事の状況が異常にこの上ないことを表す。『太平記』巻二「俊基《としもと》被《ラルル》レ誅《セ》事」に、「此の人（注、藤原俊基）、多年の宿願《しゆくぐわん》有つて、法華経を六百部自《みづか》ら読誦《どくじゆ》し奉るが、今二百部残りけるを、六百部に満つる程の命を相待たれ候うて、其の後、兎《と》も角《かく》も成され候へと、頻《しき》りに所望有りければ、げにも、それ程の大願を果させ奉らざらんも罪なりとて、今二百部の終《をは》る程、僅かの日数《ひかず》を待ち暮す命の程こそ哀れなれ」の例がある。「業」は、第二章・第十一章・第十三章に既出、ここでは、煩悩が人間の身・口・意のすべての上に発現した悪い働き、悪業。ここでは、前世の悪業を指す。『首書歎異抄』『歎異抄私記』に、「悪業」とあるのが、参考となる。「ありけるを」は、あったのに。「を」は、のに、という、逆接を表す接続助詞。「思し**召し立つ」は、「思ひ立つ」**の尊敬語で、しようという考えをお起しになる。「忝さ」は、もったいなさ、恩恵を受けたありがたさ。　**○御述懐**　お心持をお述べになること、心中のお思いを述べられること。『日ポ』に、「Xucquai. シュックヮイ（述懐）」、『易林本節用集《えきりんぼんせつようしふ》』に、「述懐　シュックヮイ」とあるので、清音で読んだことが、知られる。

○善導　第二章に既出。以下の語は、『観経疏《くわんぎやうしよ》』の中の「観経正宗分散善義《くわんぎやうしやうしうぶんさんぜんぎ》　巻第四」に出ている。　**○自身は、これ、現に、罪悪・生死の凡夫、曠劫よりこの方、常に沈み、常に流転して、出離の縁あることなき身と知れ**　「散善義」の原文は、「言深心者、即是深信之心也。亦有二種。一者、決定深信、自身現是罪悪生死凡夫、曠劫已来、常没、常流転、無有出離之縁。二者、決定深信、彼阿弥陀仏四十八願、摂受衆生、無疑無慮、乗彼願力、定得往生」（深心《ジンシン》ト言フハ、即《スナハ》チ是《コ》レ、深ク信ズルノ心ナリ。亦《マタ》、二種有リ。一ニハ、決定《ケツヂヤウ》シテ深ク信ズ、自身《ジシン》ハ、現ニ是レ、罪悪・生死ノ凡夫《ボンブ》ニシテ、曠劫《クワウゴフ》ヨリ已来《コノカタ》、常ニ没《ボツ》シ、常ニ流転《ルテン》シテ、出離ノ縁有ルコト無シト。二ニハ、決定シテ深ク信ズ、彼《カ》ノ阿弥陀仏ノ四十八願ハ、衆生ヲ摂受《セフジュ》シ、疑ヒ無ク、慮《オモンパカリ》無ク、彼ノ願力《グワンリキ》ニ乗《ジョウ》ズレバ、定《サダ》ンデ往生ヲ得《ウ》ト)。浄土真宗では、この二つを機・法の「二種《にしゅ》の深心《じんしん》」という。唯円の引用は、ここの前半の部分だけであるが、少しく文字を改変した跡が認められる。親鸞は、『愚禿鈔』下には、原文通り引用している。「現に」は、現実に、実際に。「罪悪・生死の凡夫」は、第一章に、「罪悪深重、煩悩熾盛の衆生」の語があったので、ここも、「罪悪深重の凡夫」と解し、また、「生死」は、衆生が生れかわり、死にかわって、絶えず六道を輪廻する意味(第十五章参照)を持つので、ここも、「生死輪廻の凡夫」の意味に解することにする。「凡夫」は、第九章・第十二章に既出。下に「にして」の如き語を補ってみるべきである。「曠劫」は、広劫とも言い、極めて長く久しい過去。これに対し、極めて長く久しい未来を永劫《ようごう》という。「この方」は、「散善義」における原文の「已来《いらい》」の訳で、以後、以来。「常に沈み」は、原文には「常ニ没シ」とある。「流転」は、第九章に既出。「出離」は、生死の迷いの境界を離れ去ること。本書中に、「生死を離るることあるべからざるを憐み給ひて」(第三章)、「生死を出づべしと信じて」(第十一章)、「我も人も生死を離れんことこそ、諸仏の御本意にておはしませば」(第十二章)等における、傍点を打った語は、この「出離」の意である。『日ポ』に「Xutri. シュッリ(出離) Ide fanaruru. (出で離るる) 出て行って離れ遠ざかること。Xutri guedat. (出離解脱) すなわち、あやまちや罪悪などから解放されること」とある。「縁」は、第六章・第九章に既出。「あることなき身と知れ」は、「散善義」の原文には「深ク信ズ……有ルコト無シト」とある。底本の「シレトイフ」が「信知セヨトノ」となっている異文があるのが注意されるが、それも「散善義」の原文の通りとは言えない。これは、あるいは、『歎異抄』を書く時に、著者が「散善義」の原文を参照する便がなかったためかも知れない。

○といふ金言に、少しも違はせおはしまさず　「金言」は、金句《きんく》ともいい、釈尊の金口《こんく》から発せられた、不滅の説法の言葉をいうが、ここでは、その発展として、善導の著作に存する文句をもかく言ったものと考えられる。

『日ポ』には、「Qinguen. キンゲン（金言）Coganeno cotoba.（金の言）立派な成句や格言」とある。「違ふ」は、相違する、一致しない、まちがえる。「せ」は、尊敬の助動詞。「おはします」も、尊敬の補助動詞。著者唯円が善導の語につきかく言っているのは、親鸞の言葉の中の、「それ程の業を持ちける身にてありけるを」だけに関してであることが注意される。　**○忝く、我が御身にひき懸けて**　「忝く」は、もったいなくも、恐れ多くも、ありがたくも。前の「本願の忝さよ」を受けているが、ここでは、唯円の、師親鸞への感謝の気持の現れである。「我が御身」は、先師御自身、御自分。「ひき懸く」は、かかわらせる、関係づける。これは、先に引いた親鸞の遺語の全体について、それが「親鸞一人がためなりけり」「それ程の業を持ちける身にてありけるを」と告白している点を「ひき懸けて」と言ったのであろう。　**○我等が、身の罪悪の深き程をも知らず、如来の御恩の高き事をも知らずして、迷へるを、思ひ知らせんがためにて候ひけり**　「罪悪の深き」は、前に述べたように、「罪悪深重」の語にもとづき、「御恩の高き」は、その「深き」に対し、阿弥陀如来の恩徳を高く仰ぎ謝する気持から発した語と考えられる。「迷へるを」は、我等が迷っていることを。例えば、第九章の初めにおける、唯円の心持のような状態を指しているのであろう。「思ひ知らす」は、誤りを痛感させる、身に沁みて考えさせる、はっきりと気づかせる。『日ポ』には、「Vomoixiraxe, suru, eta. ヲモイシラセ、スル、セタ（思ひ知らせ、する、せた）たとえば、他の人がした悪事について、適当な時期にその償いをさせるために、その事をその人に思い出させる」という例を挙げている。「候ひけり」の「けり」は、少し前の「親鸞一人がためなりけり」の「けり」と同じ。

○まことに、如来の御恩といふことをば沙汰なくして、我も人も、善し・悪しといふことをのみ申し合へり　「まことに」は、ほんとうのところ、実のところ。「沙汰」は、対象として取り上げて話題とすること、問題として取り立てること。『日ポ』に、「Sata. サタ（沙汰）話、または、噂。例、Fitono vyeuo sata suru.（人の上を沙汰する）ある人の事について話す、あるいは、話題にする」とある。「人も」は、他人も、ほかの人も。「善し・悪し」は、人間の信心のよいか・わるいか。「申し合ふ」は、「言い合う」の謙譲語で、口々にたがいに言い合う。

○善・悪の二つ、惣じて以て存知せざるなり　「善・悪」は、前の「善し・悪し」を受けていて、人間の信心の「善・悪」をここでは問題にしていると考えられる。第十三章に、「……我等が、心の善きをば善しと思ひ、悪しき事をば悪しと思ひて」とあるのが参照される。「惣じて以て存知せざるなり」は、第二章に、同じ語句が既出している。

○如来の御心に善しと思し召す程に知り通したらばこそ、善きを知りたるにてもあらめ、如来の悪しと思し召す程に知り通したらばこそ、悪しきを知りたるにてもあらめど　「如来」は、阿弥陀如来。「思し召す」は、第二章とこの「後記」とに既出。「知り通す」は、物事に深く通じて知る、完全に知る、徹底して知る。「たらばこそ」の「たら」は、下の「善きを知りたる」とともに、完了の助動詞。「にてもあらめ」は、上の「知りたらばこそ」の係り結びとして、でもあろうが、でもあろうけれどもの意で、下へ続く強調的逆接法。次の句では、「知りたるにてもあらめど」と、逆接の接続助詞「ど」に続いている。一般的には、「知り通したらばこそ、悪しきを知りたるにてもあらめ」だけで強調逆接法となるのであるが、ここのように、逆接の接続助詞に続く例もあるのである。本居宣長の『詞《ことば》の玉緒《たまのを》』五之巻には、「信濃なるそのはらにこそあらねどもわがはゝきぎと今は頼まん」（後拾遺集巻十九）、「和歌の浦に家の風こそなけれども波ふく色は月に見えけり」（新拾遺集巻十六）、「逢坂《あふさか》はあづまぢとこそ聞きしかどこゝろづくしの関にぞ有りける」（後拾遺集巻十三）、「ちぎりこし君こそとはずなりぬれど宿には絶えぬまつ蟲の声」（玉葉集巻十二）の用例を挙げている。『徒然草』の中にも、「それはさこそおぼすらめども」（第百四十七段）、「つなぎ苦しむるこそいたましけれど」（第百二十一段）の如き用例があるし、本書にも下に、「定めて、をかしきことにてこそ候はめども」の例がある。従って、ここを、『悪しきを知りたるにてもあらめ』と。」として一旦切って、次に、「煩悩具足の凡夫、火宅無常の世界は……」と新たに起してゆく文脈と考える必要はないと思われる。

○煩悩具足の凡夫、火宅無常の世界は　「煩悩具足の凡夫」は、第九章に既出。「火宅無常の世界」は、『法華経』の「譬喩品《ひゆぼん》第三」における、釈尊の説法の中に示されたたとえ話である。老い衰えて、無量の財富を持ち、広大な家宅に居住する大長者があったが、ある時、忽ちに火が起り、舎宅を焚焼《ふんしょう》した時に、彼の多くの子が燃える家の中で遊び戯《たわむ》れていた。そこで、長者は、子らの好む所の、種々の珍玩《ちんがん》・奇異《きい》の物が門の外にあるから、この火宅から速やかに出てゆけば汝らに与えようと告げたので、子らは争って、ただ一つの門から安穏に外に出て助かることができたので、父の長者は歓喜《かんぎ》・踊躍《ゆやく》したというのである。このたとえ話の後に、釈尊が偈《げ》を説いて言《のたま》う中に、「一切衆生、皆是我子、深著世楽、無有慧心、三界無安、猶如火宅、衆苦充満、甚可怖畏、常有生老病死憂患、如是等火、熾然不息」（一切衆生《イッサイシュジャウ》ハ、皆、是《コ》レ、我ガ子ナルニ、深ク世《ヨ》ノ楽《ラク》ニ著《ヂャク》シテ、慧心《エシン》有ルコト無シ。三界ハ安キコト無ク、猶、火宅ノ如シ。衆苦《シュク》ハ充満《ジウマン》シテ、甚《ハナハ》ダ怖畏《フイ》スベク、常ニ、生《シャウ》・老《ラウ》・病《ビャウ》・死《シ》ノ憂患《ウゲン》有リテ、是《カク》ノ如キ等《トウ》ノ火ハ、熾然《シネン》トシテ息《ヤ》マザルナリ）という有名な一節があって、正に、本文の「火宅無常の世界」を表していると言えよう。その「世界」は仏語で、「世」は、過去・現在・未来という、遷り変る時間の義、「界」は、東西南北上下にひろがる空間の義。合わせて、衆生の住む時間・空間の全体を示す。「世界は」の「は」は、「においては」の意で、上の「……凡夫」と「……世界」とを受けている。親鸞は、『教行信証』の「行巻」に、智昇師《ちしょう》（唐代の人。年寿未詳。長安の崇福寺に住した学僧）の『集諸経礼懺儀《しふしょきやうらいさんぎ》』下巻から、「深心、即是真実信心。信知、自身是具足煩悩凡夫、善根薄少、流転三界、不出火宅。今信知、弥陀本弘誓願、及称名号、下至十声等、定得往生。及至一念、無有疑心。故名深心」（深心《ジンシン》ハ、即チ、是レ、真実ノ信心ナリ。自身ハ、是レ、煩悩ヲ具足セル凡夫、善根薄少《ゼンコンハクセウ》ニシテ、三界《サンガイ》ニ流転《ルテン》シテ、火宅ヲ出《イ》デズト信知ス。今、弥陀ノ本弘《ホング》誓願ハ、名号《ミャウガウ》ヲ称スルコト、下至《ゲシ》十声等《ジッシャウトウ》ニ及ブマデ、定《サダ》ンデ往生ヲ得シムト信知シテ、一念ニ至ルニ及ブマデ、疑心《ギシン》有ルコト無シ。故ニ深心ト名ヅク）を抄出している。「煩悩ヲ具足セル凡夫」、「三界ニ流転シテ火宅ヲ出デズ」、「弥陀ノ本弘誓願ハ、名号ヲ称スルコト、（中略）定ンデ往生ヲ得シムト信知シテ、一念ニ至ルニ及ブマデ、疑心有ルコト無シ」の三つの句に注目すると、『歎異抄』の、この親鸞の「仰せ」の基づく所は、智昇師のこの文章ではないかと思われてくる。　**○万の言、皆以て、虚言・戯言、実ある言なきに**　「皆以て」の「以て」は、副詞に付く時はモッテと読むべきことは、「惣じて以て」（第二章・後記）・「皆以て」（第五章・後記）・「なほ以て」（第三章・第十五章）・「また以て」（第二章）等を通じて明らかにした。「虚言」は、空言・空事とも書き、事実でない事柄、または、うそ、事実・本心でない言葉。『日ポ』に、「Soragoto. ソラゴト（虚言）うそ」とある。「戯言」は、たわけた言葉、ふざけた言葉。『日ポ』に、「Tauacoto. タワコト（戯言）馬鹿なこと、気狂いじみたこと、など。Taua-cotouo yŭ.（戯言を言ふ）的はずれなことを言う」とあって、清音であったことが知られる。「実ある言なきに」は、真実のこもる言葉がないのに。この「に」は、逆接を表す接続助詞。**○唯、念仏のみぞ実にておはします**「実にておはします」は、真実であらせられる。本書中、「念仏」について、「おはします」の如き尊敬語を用いているのは、この一箇所だけであることが注目される。　**○仰せは候ひしか**　「仰せ候ひしか」の中に、取り立てて強調する係助詞「は」を入れている形である。

○痛ましきこと　ふびんだ、かわいそうで痛々しい、見《み》聞《き》くに忍びない、いたわしい。『日ポ』に、「Itamaxij. イタマシイ（痛ましい）憐れみの情をそそり、同情の心をひき起こすような（こと）」とある。　**○信心の趣をも互ひに問答し、人にも言ひ聞かする時**　「趣」は、趣旨・重要な意義・要旨。第十二章、及びこの「後記」に既出。「趣をも」とあるのは、下の「問答し」「言ひ聞かする」の目的語として書いたので、ここでは、「趣についても」の意。『日ポ』に、「Vomomuqi. ヲモムキ（趣）ある手紙とか伝言とかなどの内容、または、大意・要旨」とある。「言ひ聞かす」は、㈠話して聞かせる、告げ知らせる、と、㈡道理を述べて教えさとす、言いさとす、説諭する、という二つの意味があるが、上の「信心の趣をも」に続く関係上から、ここは㈡の意味に解される。　**○口を塞ぎ、相論を断たんがために**　「口を塞ぐ」は、物を言わせぬ。漢語で、「塞口《さいこう》」という。「相論」は、第六章、及び、この「後記」の初めに既出。「断つ」は、うちきる、終らせる、やめさせる。底本には、「相論ヲタヽンカタメニ」とあるのを、他本では、「相論ノタヽカヒカタンカタメニ」「相論ヲタヽカヒカタンカタメニ」となっているのは、本文の改訂の誤りと言えよう。　**○全く、仰せにてなきことをも仰せとのみ申すこと、あさましく歎き存じ候ふなり**　「全く」は、全然、一向、決して。下の「なき」に係る。「仰せとのみ」は、お言葉とばかり。助詞「のみ」は、受ける語（ここでは「仰せ」）を強調する意を表す。「あさましく」は、第十六章・第十七章に既出。ここでは、情けないことと。「歎き存ず」は、「歎き思ふ」の謙譲語で、「歎き思ふ」は、歎かわしく思う。　**○この旨をよくよく思ひ解き、心得らるべきことに候ふ**　「この旨」は、以上述べた趣旨、趣意。「思ひ解く」は、いろいろと思いあぐんだ、わからぬことや気持をはっきりさせる、考えた末に納得する、事情を理解する、心に会得する。西行の『山家集』下に、「うらうらと死なんずるなと思ひとけば心のやがてさぞと答ふる」の用例がある。「心得」は、事情や意味を察してさとる、わけがわかる、理解し、さとる。『日ポ』に、「Cocoroye, uru, eta. ココロエ、ユル、エタ（心得、ゆる、えた）人から言われた事を了解し、または、人の心や意志を感じとり、それに同意する」とある。「らる」は、尊敬の、「べき」は、当然の助動詞。

○これ　以上のことは。この「これ」という代名詞は、「第二部」と「後記」との全体を指しているように思われる。そのいずれにも、親鸞の遺語が所々に引用されているからである。　**○さらに、私の言葉にあらず**　「さらに」は、全く、全然、決して。下の打消の「あらず」とあるのに係る。「私」は、「公《おほやけ》」に対する語で、『歎異抄』の述作が、単なる、個人的、私的立場からなされたことでないことを釈明している。『日ポ』には、「Vatacuxi. ワタクシ（私）私。Vye, vatacuxi.（上、私）主君と臣下と、または、主君と私と。Vatacuxina cotouo yŭ.（私な事を言ふ）　権威もなければ公には価値もない自分自身のこととか、自分の意見とかを言う」とある。**○経・釈の行く路も知らず**　「経・釈」は、経典とその解釈。『観無量寿経』とその解釈書たる、善導の『観経疏《くわんぎやうしよ》』の如きがそれである。第十二章に既出。「行く路」は、趣旨の意で、同じく、第十二章に既出。「知る」は、わきまえる、理解する。　**○法文の浅深を心得分けたることも候はねば**　「法文」は、第二章に既出、仏法を説いた文章。「浅深」は、その意味の浅いことと深いこと。『日ポ』に、「Xenjin. センジン（浅深）Asai, fucai.（浅い、深い）浅いのと深いのと、または、高尚で深遠なのと、軽微で僅少なのと。たとえば、知恵・罪などについて言う」とある。「心得分く」は、理解して見分ける、よくわかって識別する。世阿弥《ぜあみ》は、『音曲口伝《おんぎよくくでん》』に、「さて、謡《うた》ふ時は、その曲を能々《よくよく》心得分けて謡《うた》へば、曲の付様《つけやう》・謡ひ様《やう》、相応《さうおう》する所にて、面白き感あるべし」、『花鏡《くわきやう》』に、「かやうの細《こま》かなる風体の数々を、能々心得分けて知るべし」、『三道《さんだう》』に、「此《かく》の如く、上果風《じやうくわふう》より、貴人《きにん》・白拍子《しらびやうし》・曲舞舞《くせまひま》ひ・狂女《きやうぢよ》、色々を心得分けて、其の芸道の筋目《すぢめ》々々を宛《あ》てがひて作書《さくしよ》する事、能の道を知りたる書手《かきて》なるべし」などと使っている。　**○定めて、をかしきことにてこそ候はめども**　「定めて」は、下に推量的表現（ここでは「候はめども」の如き）を伴う場合は、きっと、必ず。『日ポ』には、「Sadamete. サダメテ（定めて）副詞。確実に、あるいは、疑いなく。ただし、一般通用の意味は、〈もしかすると〉、あるいは〈多分〉である」とある。「をかし」は、見ぐるしい、聞きぐるしい、ばからしい、愚かしい。『日ポ』には、「Vocaxij. ヲカシイ（をかしい）笑うべき（こと）、または、馬鹿げている（こと）」とある。　**○古、親鸞の仰せ言候ひし趣、百分が一つ、片端ばかりをも思ひ出で参らせて**　『首書歎異抄』『歎異抄私記』に「イニシヘ親鸞ノオホセコト候シオモムキヲ」とあるのと、佐藤正英氏の『歎異抄論註』の説とによって、「古《いにしへ》」で切ることにした。そして、「古」は、下の「仰せ言候ひし」に係る副詞と考えるのである。第一部の「序」に、「古今ヲ勘《カンガ》フルニ」とあった、その「古」に当る言葉、あるいは、第二部の「序」に、「かの御在生の昔」とあった、その「昔」に当る言葉と言えよう。「故」ではない。「仰せ言候ひし趣」は、おっしゃったお言葉がございました、そのご趣旨。「片端」は、ある物事のほんの一部分、一端。「思ひ出で参らす」は、思い出し申し上げる。

悲《かな》しきかなや(1)、幸《さいは》ひに念仏しながら、(2)直《ぢき》に報土《ほうど》に(3)生《むま》れずして、辺地《へんち》に宿《やど》を取らんこと。(4)一室《いっしつ》の行者《ぎゃうじゃ》の中《なか》に、信心異《しんじんこと》なることなからんために、泣く泣く、筆《ふで》を染《そ》めて、これを記《しる》す。名付《なづ》けて、歎異抄《たんにせう》と言《い》ふべし。(5)外見《ぐわいけん》(6)あるべからず。

（1）カナヤ（底）カナ（龍）。（2）直ニ（底）直《チヤ》ニ（妙）チキニ（龍・端別）直《ジヤ》ニ（首書歎異抄）直《シヤ》ニ（歎異抄私記）。（3）ムマレス（底）生《シヤウ》セス（龍・歎異抄私記）生ゼズ（首書歎異抄）。（4）一室（底）一家《キチケ》（龍）。（5）外見（底）外《グワイ》見《ケン》（妙・龍）外見《グエケン》（端別）。（6）アルヘカラス（底）アルヘカラス巳上（龍・歎異抄私記）アルヘカラスト云々巳上（端別）アルヘカラスト云々（首書歎異抄）。

〔口訳〕

まことに悲しいことよ、しあわせにも念仏していても、ただちに、真実の報土に往生しないで、辺地という仮りの浄土に宿を取って留《とど》まることは。部屋をひとつにしている念仏行者の仲間の中に、その信心が親鸞聖人のお教えに相違することがないようにと、泣きながら、筆に墨をしみこませて、以上のことを書き記すのである。これに名をつけて、『歎異抄』と言おう。他人にお見せになってはならない。

〔注釈〕 **○悲しきかなや** 「かなや」は、文末にあって詠嘆を表す終助詞「かな」に間投助詞「や」が付いた形で、感動・詠嘆の強い気持を表す。「悲しきかなや」は、続くセンテンスの「辺地に宿を取らんこと」までに係っている。親鸞の『三帖和讃』中の「正像末和讃《しやうざうまつわさん》」には、「かなしきかなや道俗《だうぞく》の、良時《りやうじ》・吉日《きちにち》えらばしめ、天神《てんじん》・地祇《ちぎ》をあがめつつ、卜占《ぼくせん》・祭祀《さいし》つとめとす」「かなしきかなやこのごろの、和国《わこく》の道俗みなともに、仏教の威儀《ゐぎ》をもととして、天地《てんち》の鬼神《きじん》を尊敬《そんきやう》す」の例がある。 **○幸ひに** 運よく、都合よく、幸運にも。 **○念仏しながら** この「ながら」は、逆接の助詞で、にもかかわらず、であるのに、ていても。 **○直に報土に生れずして、辺地に宿を取らんこと** 「直に」は、すぐに、ただちに、直接に。『徒然草』の第二百四十一段に、「直に、万事を放下《げ》して道に向ふ時、障《さは》りなく、所作《しよさ》なくて、心身《しんじん》永く閑《しづ》かなり」の例がある。「報土」は、「真実報土」の略で、第二部の序・第十一章・第十五章・第十七章に既出。「生る」は、往生して、仏と成る。底本に、「ムマレスシテ」とある。「宿を取る」は、一時的に宿泊する、しばらく逗留する。『日ポ』に、「Yadouo toru.（宿を取る）家を手に入れる、あるいは、家を借りる」とある。「辺地」の往生については、第十七章に詳しく出ている。「……こと」は、文末にあって用言の連体形に接続し、感動を表す。『徒然草』第八十七段に、酒に酔い痴《し》れた男が、馬の上の客人（遁世者）に向って、「御房《ごばう》は口惜《くちを》しき事し給ひつるものかな。己《おの》れ酔《ゑ》ひたる事侍《はんべ》らず。高名《かうみやう》仕《つかまつ》らんとするを、抜ける太刀《たち》空《むな》しくなし給ひつること」と怒って言い、馬上から斬って落す場面がある。『源氏物語』の「橋姫《はしひめ》」にも、薫君《かおるぎみ》が、宇治の山荘で会った弁《べん》の君《きみ》に向い、「『侍従《じじゆう》といひし人は、ほのかに覚ゆるは、五《いつ》つ六《む》つばかりなりし程にや、俄《には》かに胸を病みて亡《う》せにきとなむ聞く。かかる対面《たいめ》なくは、罪重き身にて、過ぎぬべかりけること』など宣《のたま》ふ」とあるのも、「ことよ」「ことかな」の意に解せられる。本文の場合は、上の「悲しきかなや」に規定されて、「辺地に宿を取らんことは」の意味に解せられるが、それでも、この「こと」には、感動・詠嘆がこめられていることが認められる。 **○一室の行者の中に、信心異なることなからんために、泣く泣く、**

筆を染めて、これを記す　「一室」は、同じ室、同じ部屋。「一室の」は、部屋を同じくする。「行者」は、念仏を行ずる人たち。『沙石集《しやせきしふ》』第五（本）「学生《がくしやう》、畜類《ちくるい》に生れたる事」に、「山に二人の学生ありけり。同法《どうほふ》にて、年《とし》齢《よはひ》も、心操《こころばせ》・振舞《ふるまひ》も万《よろづ》かはらず。学問も一師の下にて稽古しければ、殊に見解《けんげ》もおなじ。何事につけても、同じ体《てい》なりける故に、二人契《ちぎ》りて云はく、『我等、一室の同法たり。万《よろづ》かはらず振舞へば、当来《たうらい》の生所《しやうじよ》までも、同じ報《むくい》にてぞあらむずらむ。先立つ事あらば、生所を必ず告ぐべし』と能々《よくよく》互ひに契《ちぎ》りぬ」とある。一師（同じ師）の下で稽古、即ち学問した、この二人が、「一室の同法」と自分たちを言っているので、本文の「一室の行者」も、同じ師、親鸞の教えに随信する、念仏の仲間、即ち同法（第十章・第十八章・「後記」では同朋とも書く）の意味に解せられる。「泣く泣く」は、泣きながら、泣きつつ。「筆を染む」は、筆に墨をしみこませる。漢語で染筆《せんぴつ》という。『日ポ』に、「Fudeuo somuru.（筆を染むる）書く。文書語」とある。

○歎異抄と言ふべし　この「べし」は、著者唯円の意志を表す。**○外見あるべからず**　「外見」は、これまでゲケンとも呉音で読まれて来たが、『日ポ』には、「Guaiqen. グヮイケン（外見）他人に見えること、または、他人に見せること。これはいつも否定の言い方の中に用いられる。例、Cono qiŏuo guaiqen aruna.（この経を外見あるな）この経を誰にも見せるな」とあり、世阿弥は、「此《コノ》本書、花習《クワシフノ》内、題目《ダイモク》六ケ条、事書《コトガキ》八ケ条也。此序《ノジヨ》破《ハ》急《キフノ》段、事書内《コトガキノウチ》一ケ条ナリ。外見不レ可レ有《カラル》。秘伝々々」（『花習内抜書《ぬきがき》』）、「此《ノ》条々、世阿ガ心曲ニ及所《オヨブトコロ》、私《ワタクシニ》書《カク》也。外見不レ可レ有者也《（アルベカラザル）モノナリ》」（『音曲口伝《おんぎよくくでん》』）、「抑《そもそも》、元雅《もとまさ》、道の奥儀《あうぎ》を極め尽すといへども、ある秘曲一ケ条をば、四十以前は外見あるまじき秘曲にて、口伝斗《ばかり》にて、其の曲風をばあらはさざりし也」（『却来華《きやくらいくわ》』）などと使っていて、本書の末尾の書き方と類似している所が認められる。『玉葉』の嘉応三年正月七日の条には、「只為備後日之忽忘、纔注置愚眼所及許也。努々不可及外見」（只《タダ》、後日ノ忽忘《コツバウ》ニ備ヘンガ為ニ、纔《ワヅカ》ニ、愚眼ノ及ブ所ヲ注《シル》シ置ク許《バカ》リナリ。努々《ユメユメ》、外見ニ及ブ可《ベ》カラズ）ともある。「あり」は、動作を意味する漢語の名詞について、その動作をする人への尊敬を表す。「外見あるべからず」は、他人にお見せになってはならないの意。『平家物語』巻一「鹿谷《ししのたに》」に、「あくれば、嘉応《かおう》三年正月五日、主上《しゆじやう》御元服あつて、同じき十三日、朝覲《てうきん》の行幸ありけり」、「其比《そのころ》、妙音院殿《めうをんゐんどの》の太政《だいじやう》のおほいどの、内大臣の左大将《さだいしやう》にてまし〳〵けるが、大将《だいしやう》を辞《じ》し申させ給ふ事ありけり。時に、徳大寺《とくだいじ》の大納言実定卿《じつていのきやう》、其仁《そのじん》にあたり給ふ由《よし》きこゆ。又、花山院《くわさんのゐん》の中納言、兼雅卿《かねまさのきやう》も所望あり」、巻四の「厳《いつく》島御幸《しまごかう》」には、「二月廿一日、主上ことなる御つつがもわたらせ給はぬを、おしおろしたてまつり、東宮践祚《せんそ》あり」、同「還御《くわんぎよ》」には、「六日は、供奉《ぐぶ》の人々、いま一日《いちにち》も都へ疾《と》くといそがれけれども、新院御逗留あつて、福原の所々《ところどころ》歴覧ありけり」等の例がある。『日ポ』には、「Ari, u, atta. アリ、ル、ッタ（有り、る、つた）（中略）また、媚びた（Cobitas）言葉に添えられて、動詞 Nasare, uru（なされ、るる）の代わりをする。たとえば、Guioxin aru（御寝ある）、など」とある。従って、「外見あるべからず」は、「外見し給ふべからず」と同じ意味である。

〔解説〕

第一部において、先師親鸞の遺語十ケ条を記録し、第二部においては、その親鸞の教えに違反する異義八ケ条についての批判を展開して来た著者唯円は、終りの、この、跋文とも言うべき部分――わたくしは、仮りに、「後記」と名づけたのであるが、その「後記」において、改めて、何故にかかる書が著《あら》わされなくてはならなかったかについての、自己の立場と心情とを明らかにしている。従って、読者からすれば、第一部の「序」や第二部の「序」よりも、この「後記」によって、一層深く、『歎異抄』の著者の心に触れ、その著述の精神を理解することができるわけである。

この「後記」は、諸異本（毫・龍・端別）及び、『歎異抄私記』では、改行せずに、第二部の第十八章に続けて書かれているのではあるが、底本の蓮如本では、行を改めて、それ自体、一つのまとまり、即ち、独立した統一体をなしているように写している。こういう観点から、この「後記」の構造を総合的、独立的、統一的に解釈することも、一つの試みとして必要ではないかと考えられるので、以下、それを述べてゆくことにしたい。

《解釈》

主題

念仏行者の信心が故親鸞聖人の教えと異なることのないようにと願って、この『歎異抄』を書いた、わが歎き。

構想

（一）信心の相違から起る、右に挙げた異義の条々と、故聖人から伺った、信心をめぐる、法然門下における相論、及び、現今の、親鸞と異なる信心の人々の存在。

（二）将来、かかる異義を唱える人々に言い迷わされる時に、故聖人の御心に叶ってなすべき、御聖教類の正しい理解。

（三）そのために、少々書き抜いて添えた、大切の証文となる、聖人のお言葉と、聖人のお言葉にあらざる虚言で論争に勝とうとする人のあさましさ。

（四）同室の念仏行者の間で、信心に相違のないように、泣く泣く、この『歎異抄』を記す、わが歎き。

この構想の展開を辿ると、（一）においては、先に記したように、第二部を総括して、八ケ条の異義の発生も、法然門下における、親鸞と他の人々との信心をめぐっての「御相論」の事実も、すべては信心の相違により起ったことを指摘して、現代にもかかる事実が存する事実に及び、続く（二）では、自分の死後を含めて、将来、かかる異義を主張する人々に言い迷わされる場合に、いかに対処すべきかを述べて、結局は、御用いになる「御聖教」を正しく理解することが肝要であることを勧めている。その「御聖教」の理解を正しいものとするための基準ともなる証文として、（三）では、二つの親鸞の遺語を記して、その意義の深さを説くとともに、相論に勝つために、聖人のお言葉ではないことをお言葉として言う弊害の生じているあさましい状況を慨嘆し、警告している。終りの（四）は、「後記」のしめくくりとして、また、本書全体の述作の立場として、念仏行者の間に、信心の相違のないように、涙を以て記した慨歎の情を披瀝して、全篇を終結させているのである。この構想の（二）と（三）には、著者の、どこまでも、「信心」を純一なるものにしようとする精神と、そのために尽くそうとする、行き届いた心用意が示されていると言うべきであろう。

叙述

〔**右条々は、皆以て、信心の異なるより事起り候ふか。**〕——第二部の八ケ条の異義を「右条々」の語で総括し、その全体を「皆以て」と強調した上で、「信心の異なるより事起り候ふか」と叙述して、「信心」の相違こそ、異義発生の根因たることを慨歎しているのであるが、「事起り候ふか」の「か」という感動の助詞には、著者の歎きの声が表出されている。この「信心」の問題を中心として、以下の叙述が展開していることが注目される。

〔故聖人の御物語に、法然聖人の御時、御弟子その数おはしける中に、同じく御信心の人も少くおはしけるにこそ、親鸞・御同朋の御中にして、御相論のこと候ひけり。〕——以下は、唯円が師の親鸞から聞いた、法然上人の在世中の事実であって、この「御物語」も、第一部の「序」に、「故親鸞聖人御物語ノ趣、耳ノ底ニ留ムル所」とあったような、深い感動を以て記録されていたことと推測される。そして、法然門下において、「御弟子その数おはしける中に」、実際には、「同じく御信心の人も少くおはしけるにこそ」といって、師の法然と「信心」を同じくする人の少なかったことを強調し、そうした状況の中から、親鸞と御同朋との間に「御相論」が発生した経過を必然的なものとして記すに至っている。すべては、「信心の異なるより、事起り候ふか」と述べている立場に立っての記述であると言えよう。

〔その故は、「善信が信心も、聖人の御信心も一つなり」と仰せの候ひければ、勢観房・念仏房なんど申す御同朋達、以ての外に争ひ給ひて、「いかでか、聖人の御信心に、善信房の信心、一つにはあるべきぞ」と候ひければ、〕——この親鸞（当時の善信房綽空《ぜんしんぼうしゃくくう》）の言った言葉は、いつ、いかなる場所で発せられたかは明らかでない。恐らく、法然門下の人たちが集まっていた席で、偶然に発言したものであろう。そして、かく発言したことは、師法然上人と弟子綽空との信心が同一であって、何の差異もないことになり、それが、同席の先輩たちの心を大いに驚かしたことは想像に難くはない。それほど、革新的で大胆極まる発言であったことになる。「以ての外に争ひ給ひて」が、その驚きの意外さと抗争の烈しさとを示しているようである。「いかでか」と反語的に疑い、「一つにはあるべきぞ」

と、烈しく相手に迫る言い方にも、それが現れている。

〔「聖人の御智慧・才覚博くおはしますに、一つならんと申さばこそ僻事ならめ、往生の信心においては、全く、異なることなし。ただ一つなり」と御返答ありけれども、なほ、「いかでか、その義あらん」といふ疑難ありければ、〕――先輩たちの論難に対する親鸞の答えは、「信心」と「聖人の御智慧・才覚」との峻別にもとづいているのであって、それも、「信心」は他力、「御智慧・才覚」は自力という、根本的な信念・信条に由来しているようである。当時、「智慧第一の法然房」として喧伝された師、法然上人であることをはっきりと意識して、「博くおはしますに、一つならんと申さばこそ僻事ならめ」といって、師と自己との、智慧と才覚の上での差をはっきりとさせた後、それとは区別される「往生の信心」については、「全く、異なることなし」「ただ一つなり」と親鸞は答えているが、最初の発言の「一つなり」が、同朋たちの論難した、「一つにはあるべきぞ」に媒介されて、「全く、異なることなし」といい、「ただ一つなり」というように強調されて展開している跡が辿られる。しかし、これだけの答えでは、智慧・才覚と信心との差が述べられているだけで、師と弟子との「信心」の同一は何にもとづくかが説明されていないことになる。それが、「いかでか、その義あらん」という疑難を呼び起す結果となったのである。ここでも、前と同じく、同門の人たちの感情的反撥が、「いかでか……あらん」という、強い反語的叙述となって現れている。

〔詮ずるところ、聖人の御前にて自・他の是・非を定むべきにて、この子細を申し上げければ、〕――この叙述によって、場所が、初めの「相論」の席から「聖人の御前」に移ったことがわかる。そして、善信房と外の同朋たちとの間の相論に、最終の結論を出すだけの立場に到達している人が同席者にいなかったがために、「詮ずるところ、聖人の御前にて自・他の是・非を定むべきにて」という結果になったのであって、法然門下の間に、「信心」をめぐって、かかる相論がかなりしばしば行われたであろうこと、そして、終りには、法然聖人の裁断を仰ぐことになったであろうことが推察される。それほど、当時の法然の門下は、緊張した求道的雰囲気に満ちていたのであろう。

〔法然聖人の仰せには、「源空が信心も、如来より賜はりたる信心なり。善信房の信心も、如来より賜はらせ給ひたる信心なり。されば、ただ一つなり。」〕——これが法然聖人の下した終極の裁断であって、「信心」の根拠を「人」に置かず、阿弥陀「如来」に見いだし、その「如来」から直接に賜わった信心たることによって、「源空が信心」も、「善信房の信心」も、「ただ一つなり」としているのである。この「ただ一つなり」が、親鸞が同朋に「御返答」した「ただ一つなり」を受けている点に、源空・親鸞という師弟の、信心の確かな一致・契合《けいごう》が見いだされる。また、自己の信心につき、「如来より賜はりたる」といい、善信房の信心には、「如来より賜はらせ給ひたる」とより重い尊敬語で言い換えている所に、法然聖人の謙虚さが認められるように思われる。そして、「信心」の根拠として「如来」を仰いでいる点に、親鸞とも同朋たちとも異なる、法然の立場の高さが認められる。従って「されば、ただ一つなり」という確説には、不動の堅固さがこもっていると言ってよい。

〔別の信心にておはしまさん人は、源空が参らんずる浄土へは、よも参らせ給ひ候はじ」と仰せ候ひしかば。〕——これは、人による信心の相違を主張する同朋たちへの警告に外ならないが、「おはしまさん人は」とか、「よも、参らせ給ひ候はじ」とか言っている叙述に、尊敬の動詞・助動詞を使ったり、丁寧語「候ふ」を用いたり、「おはしまさん人」とか、「候はじ」とか推量的に言ったりしていて、厳然たる道理を説きながら、聞き手に対する思いやりを失っていない態度がよく窺《うかが》われる。また、「源空が参らんずる浄土」の語も、その「信心」の強固さを聞き手に刻みつける力がこもっている。さらに、「仰せ候ひしかば」とあるのは、法然の門下においても、かくの如き、「信心」上の相違の存した状況があったことを指摘しているのであって、以下の叙述を展開させるための基をなしている。

〔当時の一向専修の人々の中にも、親鸞の御信心に一つならぬ御事も候ふらんと覚え候ふ。〕——親鸞在世中に聞いて置いた「御物語」からして、現在の「一向専修の人々」に思い及び、その「人々の中にも」と強調し、さらに「親鸞の御信心に一つならぬ御事も候ふらん」と強調しつつ、仮定的に推測しているのを見るのである。この「一つならぬ」が、前行する、「御信心も一つなり」「ただ一つなり」「されば、ただ一つなり」を受けて述べていることは言うまでもないが、著者唯円は、法然門下との対比において、この「親鸞の御信心に一つならぬ御事」の存することを当然な事実として認めざるを得なかったことがわかるのである。それが、「と覚え候ふ」の叙述につき見いだされるのである。

〔いづれも、いづれも、繰り言にて候へども、書き付け候ふなり。〕——親鸞在世中の「古」も、現在の「今」も、見いだされる、「信心」の相違という事実を、「いづれも、いづれも」と、反復して念を押し、「繰り言にて候へども」と謙遜しながらも、「書き付け候ふなり」と、どうしても書かずにはいられない心持を披瀝しているのである。唯円の、自己を抑制しつつ書き進めている態度・心情が滲《にじ》み出ている文体がここにも認められる。

〔露命、わづかに、枯草の身にかかりて候ふ程にこそ、相伴はしめ給ふ人々の御不審をも承り、聖人の仰せの候ひし趣をも申し聞かせ参らせ候へども、閉眼の後は、さこそ、しどけなき事どもにて候

はんずらめと歎き存じ候ひて、」——ここからが構想の（二）と考えられる。何よりも、文体が変化して、著者の慨歎・憂憤の心持が高く発揚している跡が認められる。彼は、死に近づきつつあるわが身を思って、「露命、わづかに、枯草の身にかかりて候ふ程にこそ」と、心細い残年を顧みているが、そういう自己にも残された、重い責任・義務の存することをここに提示している。それが、「相伴はしめ給ふ人々の御不審をも承り」、即ち、一緒に行動する同行・同朋の人たちの、信心の上の疑問を聞いて、「聖人の仰せの候ひし趣をも申し聞かせ参らせ候へ」、即ち、それらの疑問に応ずる、亡き親鸞聖人のお言葉がどのようであったかという趣旨を申し上げてお聞かせ致すことであるとしている。そこには、「聖人の仰せ」を直接に聞き得た弟子たる自負も自信も存していたに違いない。が、彼の心配するところは、「閉眼の後」にあるのであって、自分の死後の状況を思う時、「さこそ、しどけなき事どもにて候はんずらめ」という心配に陥らざるを得ない。それほど、当時においても、信心の上の動揺や論争が絶えず生じていたのであるから。著者が、「歎き存じ候ひて」と言っている、その「歎き」が、第一部の「序」の「先師口伝ノ真信ニ異ナルコトヲ歎キ」、第二部の第十六章の、「他力を頼み参らする心欠けて、辺地の生を受けんこと、もっとも歎き思ひ給ふべきことなり」を受けて、ここに第三回目の現れが認められる。この「歎き」こそ、本書の述作の根本動機をなしているのである。また、「候ひて」の「て」は、原因・理由を表す助詞であって、ここでは切れず、下に続いてゆくべきことも、指摘して置きたい。そして、全体的に、敬語を多用しているところに、著者の、読者に対する慇懃《いんぎん》・丁重・謹直な態度が示されている。

「かくの如くの義ども仰せられ合ひ候ふ人々にも、言ひ迷はされなんどせらるることの候はん時は、

故聖人の御心に相叶ひて、御用ゐ候ふ御聖教どもを、よくよく御覧候ふべし。」――この叙述は、著者の、死後に予測される、「しどけなき」事態に処すべき信者たちへの警告・勧告とでも言ってよいものであるが、「かくの如き義ども」が、第二部において著者が批判した、八ケ条にわたる異義を指すことは言うまでもない。そうした異義の類を論争し合う人々によって、「言ひ迷はされなんどせらるることの候はん時は」と仮定条件的に言っているのは、それが当然予測される状況であるからに違いない。「言ひ迷はされなんどせらるること」と、受身の助動詞が実に効果的に使われて、一方的に、信心が混乱する状態に追いこまれるかも知れぬ信者・読者の心理をよく思い描いている。そして、「故聖人の御心に相叶ひて」という条件をつけた上で、「御用ゐ候ふ御聖教どもを、よくよく御覧候ふべし」という勧告を述べているのであって、浄土門に伝わる「御聖教」類の精読・熟読によって、異義に対抗せよというのである。この勧告は、著者の長い年月をかけて自得したところであると推測されるとともに、「故聖人の御心に相叶ひて」とあるように、親鸞の精神でもあったことが知られるのである。なお、「御用ゐ候ふ」の主語を親鸞聖人のことと考えている注釈が見られるが、それは国語の文法を知らざる誤解・曲解と言う外はない。この述語の主語は、前後の文脈からして、著者が想定している、専修念仏の同朋、浄土門の同侶、しかも親鸞の教えを奉ずる人達（即ち読者）に外ならない。

〔**おほよそ、聖教には、真実・権仮、ともに相混はり候ふなり。権を捨てて実を取り、仮をさし置きて真を用ゐるこそ、聖人の御本意にて候へ。**〕――「聖教」を読む上の注意すべき点を挙げて、「権を捨てて実を取り、仮をさし置きて真を用ゐる」ことが根本的な行き方であって、これこそ、親鸞聖人の「御本意」であることを強調している。かく叙述されているのを見ると、先に、「故聖人の御心に相叶ひて」とあったのは、具体的には、かくの如き「聖教」の読み方・理解の仕方であることが判明してくる。あるいは、この提言の裏には、著者唯円自身が、親鸞の膝下《しっか》に侍して、「聖教」の読み方の指導・訓練を受けたことがあったのではないかとさえも思われてくるのである。

〔**構へて構へて、聖教を見乱らせ給ふまじく候ふ。**〕――構想（二）を結ぶ叙述であって、前に、「よくよく御覧候ふべし」とあったのに対し、ここでは、「構へて」をくり返して念を押し、「御覧候ふべし」よりも積極的な、「見乱らせ給ふまじく候ふ」という警告の言葉となっているのが注意される。そこには、老年に達した唯円の老婆心さえ窺われるものがある。

なお、この構想（二）においては、「候ふ」の語が十二回も使われて、心のこもった、そして親しみのある、統一的文体を形成していることが注目される。

〔**大切の証文ども、少々抜き出で参らせ候うて、目安にして、この書に添へ参らせて候ふなり。**〕――注釈に記したように、わたくしは、「大切の証文」とは、次に出てくる、親鸞の遺語二ケ条のことと解する。従って、この叙述から、構想の（三）に入ることになるわけである。そして、著者がかく記しているのは、（一）（二）に叙せられている、信心をめぐっての異義に迷わされる場合の、頼るべき「目安」、即ち標準となることを目ざしての意図によるものであると解したい。かかる遺語が「証文」となることは、第一部・第二部にわたって既に見て来たところである。また、この箇所の叙述によって、「大切の証文」が、第一部の十章の語録や、付載の「流罪記録」でもないことを知るべきである。さらに、この「大切の証文」を記した目的が、前行する「構へて構へて、聖教を見乱らせ給ふまじく候ふ」という勧告を実行するための指針・基準となることを期してのことであることが知られる。

〔聖人の常の仰せには、「弥陀の五劫思惟の願を、よくよく案ずれば、偏へに、親鸞一人がためなりけり。されば、それ程の業を持ちける身にてありけるを、助けんと思し召し立ちける本願の忝さよ」と御述懐候ひしことを、〕――「大切の証文」の第一として、親鸞の「常の仰せ」を抜き書きしているのであるが、その言葉は、「よくよく案ずれば」とあるように、深く自己を内省した結果として自覚された、「弥陀の五劫思惟の願」の有難さであり、それが「偏へに、親鸞一人がためなり」とあるように、何よりも、自己ひとりの上に注がれた悲願として受け取られることへの感謝の念であることを示している。親鸞は、純一に、一個の凡夫として、弥陀の悲願に頼り切っている自己を、感動を以て、ここに告白しているのである。親鸞の宗教とは、かくの如き、弥陀（絶対者）と親鸞（人間）との関係であると考えられる。それは、言い換えれば、「それ程の業を持ちける身にてありけるを」とあるように、深い自省の結果として見いだされた、多くの悪業に繋縛《けばく》されている自己に対して、「助けんと思し召し立ちける本願の忝さよ」という、感激であり、感謝の念に外ならない。弥陀の本願を具体的、現実的に、自己ひとりの課題として真剣に自覚すれば、かくの如き、痛切な、個人的告白に達せずにはいられなかったのである。親鸞は、「常の仰せ」とある通り、日常において、この告白を「述懐」して、唯円たちの側近者に言い聞かせていたことが知られる。

〔今また案ずるに、善導の、「自身は、これ、現に罪悪・生死の凡夫、曠劫よりこの方、常に沈み、常に流転して、出離の縁あることなき身と知れ」といふ金言に、少しも違はせおはしまさず。〕――この「今また案ずるに」は、この「御述懐」を現在思い起し、考え直している著者の立場を示しているが、引かれている善導の語は、先の親鸞の「常の仰せ」の中で、特に、「それ程の業を持ちける身にてありけるを」の叙述に結びつけて引かれているのであることが注意される。ただし、これだけでは、弥陀の本願を讃仰《さんごう》し、それに全生命を寄托している親鸞の遺語の全体を言い尽くしたものではない。恐らく、師の親鸞が、日常生活において、上の如く述懐するとともに、それに合わせて、善導の「散善義」の語句をも引用して、弟子たちに言い聞かせていたことがしばしばあったことから、著者は、「少しも違はせおはしまさず」と書き記すようになったのではあるまいか。しかし、善導の語を「金言」と言っているのと同じく、親鸞の「常の仰せ」である先の語も、充分に、「目安」となる「証文」と考えていたことが認められるのである。

〔**されば、忝く、我が御身にひき懸けて、我等が、身の罪悪の深き程をも知らず、如来の御恩の高き事をも知らずして、迷へるを、思ひ知らせんがためにて候ひけり。**〕——著者は、ここに至って、先の親鸞の「常の仰せ」を、「忝く」とあるように、心の底からの感謝を以て記し、また、「我が御身にひき懸けて」とあるように、師の自身の上の問題として考えているのであるが、その実は、「我等が、身の罪悪の深き程をも知らず、如来の御恩の高き事をも知らずして、迷へるを、思ひ知らせんがためにて候ひけり」とあるように、唯円を含めた「我等」、即ち、周囲の弟子たちを覚醒させ、深刻に自覚させせんがための、師の教化の言葉として理解し、受容しているのである。これは、かく解する方が、親鸞の告白・述懐と考えるよりも、一層、「証文」としての意義が増してくることを意図してのことと認められる。しかし、ここで、「如来の御恩の高き事をも知らずして」と書いたことは、前の、「弥陀の五劫思惟の願を……親鸞一人がためなりけり」と、「されば、……本願の忝さよ」という親鸞の言葉を受けるとともに、次の叙述をひき出す動機ともなっていることが注意される。

〔**まことに、如来の御恩といふことをば沙汰なくして、我も人も、善し・悪しといふことをのみ申し合へり。**〕——この「善し・悪し」というのは、人間の「信心」の善し・悪しに外ならない。それを「申し合」っている間は、人間の次元を脱け出ることができず、ほんとうの往生が定まるとは言えない。何となれば、人間の「信心」の善し・悪しは、人間の力によって決定し、判断できるものではないのであるから。そこで、著者は、かかる人間を超越した絶対者ともいうべき「弥陀」の、人間に対しての「御恩」こそ、人間の善・悪を絶した、頼るべき、唯一の恵みであり、力であることを、「如来の御恩といふことを沙汰なくして」、「善し・悪しといふことをのみ申し合へ」る人々に警告しているのである。ここの叙述の初めに、「まことに」とあるのも、人間の陥り易い、人間を基準とする、信心の善し・悪しの判定が、宗教的には意義の乏しいことに目ざめた著者の、心の底からの自覚の声として読むべきものであろう。

〔**聖人の仰せには、「善・悪の二つ、惣じて以て存知せざるなり。その故は、如来の御心に善しと思し召す程に知り通したらばこそ、善きを知りたるにてもあらめ、如来の悪しと思し召す程に知り通したらばこそ、悪しきを知りたるにてもあらめど、**〕——これが、第二の大切の証文である。この親鸞の言葉の意味するところは、まことに深いものがある。まず、「善・悪の二つ、惣じて以て存知せざるなり」と、結論的に言い切っているのは、信心の「善し・悪しといふことをのみ申し合へり」に対する、簡潔にして核心をついた批判と言うべきであって、彼の宗教的信心は、人間的次元を超越して成立し、形成されることの表白である。それを、「惣じて以て」と全面的に強調して、「存知せざるなり」と、限界のある、人間の認識・理解の否定として、親鸞がきっぱりと述べているのである。そして、これだけでは独断的、恣意的な信念として聞き手に受け取られるのを恐れて、「その故は」と置いて、その「存知せざる」理由を言っているのであるが、弥陀「如来」の「御心」こそ絶対的な拠《よ》りどころであることを前提として、その「御心」に「善しと思し召す程に知り通したらばこそ、善きを知りたるにてもあらめ」「如来の（御心に）悪しと思し召す程に知り通したらばこそ、悪しきを知りたるにてもあらめど」と言っているのである。この二つは、如来の「思し召す」無上の絶対知に対しては、親鸞自身の、信心の善・悪を「存知す」「知る」が、如何に、問題にもならないほど低く、浅く、下らないものであるかの告白である。従って、「存知せざるなり」、「知り通したらばこそ」「知りたるにてもあらめ」（この後の二つの句は反復されている）は、人間一般、もしくは「我等は」を主語とするのではなくて、「親鸞は」もしくは「我は」を主語とするものと解しなくてはならないことになる。前行の遺語にも、「親鸞一人がためなりけり」とあったし、「それ程の業を持ちける身にてありけるを」とあったのも、「……持ちける我が身にてありけるを」の意味であることが参照される。そして、「悪しきを知りたるにてもあらめど」という逆接の助詞を境として、そういう、「信心」の善・悪への無知・無識でしかない自己にとって、何が真実なことであるかを以下に追求してゆくのである。

「煩悩具足の凡夫、火宅無常の世界は、万の言、皆以て、虚言・戯言、実ある言なきに、唯、念仏のみぞ実にておはします」とこそ、仰せは候ひしか。」——前半の、如来の絶対知に対する我が知の限界を告白した親鸞は、この後半では、そういう自己にとって、この世でない、真実なることを、求め求めて、それを「念仏」に見いだしている。彼にとっては、この世は、「火宅無常の世界」であり、その中に生きる人間は「煩悩具足の凡夫」以外の何ものでもない。従って、その人間が口にする言葉は、すべて、信心に関しても、虚言《そらごと》であり、戯言《たわごと》であり、不実言に過ぎない。そういう虚仮《こけ》・不実の中にあって、唯一つ、弥陀の本願を信ずる者の口に称《とな》える「念仏」のみが、真実語であることに深く感銘・感激して、この遺語を発しているのである。これこそ、前に、二度もくり返された「如来の御恩」への報謝・感謝の心情の発現であり、「信心」についての「善・悪の二つ」を超越して、人間がなし得る、唯一の真実の行に外ならない。何となれば、人間は、「火宅無常の世界」にありながら、弥陀の本願に助けられて、信心をおこし、この「念仏」を称《とな》えずにはいられなくなるからであって、「煩悩具足の凡夫」の「信心」は、「念仏」によってのみ現実化し、具体化し、真実なる「行」となるのである。そして、この「念仏」によって、「信心」の善・悪をめぐっての虚言・戯言・不実言に満ちた「万の言」のみの人間世界を脱することができるというのである。この第二の遺語もまた、第一のそれと同じく、親鸞自身の深い体験と内省とによって確立された、堅固な信心の告白であると言うべきである。そして、以上の二つの親鸞の語こそ、「大切の証文」であり、「目安」に外ならない。この二つの語に随順し、信頼して、聖教を正しく自己のものとして理解する必要を、著者は切実な思いで書き記したのである。そして、「仰せは候ひしか」と、師の「仰せ」を強調している、唯円の気持に同感させられる。また、第一・第二の親鸞の言葉が、「弥陀」「如来」を讃仰する心情から発していることに注目させられる。

〔まことに、我も人も、虚言をのみ申し合ひ候ふ中に、一つ、痛ましきことの候ふなり。〕――これは、すぐ前の、師の遺語に応ずる著者の心からの同感・共鳴の叙述であって、「まことに」と同感し、「我も人も、虚言をのみ申し合ひ候ふ中に」と言って、信心の問題をめぐって、多くの人々がいかに

「虚言」のみを言い合っているかを指摘しているのであるが、そういう現実の状況の中に、著者の心を傷つける、「一つ、痛ましきこと」の存在を次に挙げてゆくのである。

〔その故は、念仏申すについて、信心の趣をも互ひに問答し、人にも言ひ聞かする時、人の口を塞ぎ、相論を断たんがために、全く、仰せにてなきことをも仰せとのみ申すこと、あさましく歎き存じ候ふなり。〕――この叙述は、前に、「かくの如くの義ども仰せられ合ひ候ふ人々にも、言ひ迷はされなんどせらるることの候はん時は」とあったのを受けていることは明らかであるが、ここでは、もっと具体的に、自己の感懐を述べている。それは、「念仏申すについて」、その念仏を申すことの根基である「信心」の趣を、信者同士の間で、「問答し」たり、自分の「信心の趣」を他人に向って「言ひ聞かする時」に、「人の口を塞ぎ」、即ち、相手の発言を封鎖し、「相論を断たんがために」、即ち、相手の反論を断絶させようとして、親鸞聖人の「全く、仰せにてなきこと」を勝手に「仰せとのみ申す」、偽証の事実が発生していることを、著者は、「あさましく歎き存じ候ふなり」と、はっきりと、否定的に痛歎しているのである。ここに、第四の「歎き」の語が使われているのを見るのである。かかる偽証が、直弟子《じきでし》であり、師をよく知っている唯円にとってはたまらなかったのである。そして「あさましく」という、烈しい蔑視の語がここに用いられているゆえんが理解される。

〔この旨をよくよく思ひ解き、心得らるべきことに候ふ。〕――以上の感懐にもとづく、本書の読者への著者の願いであり、期待であって、「この旨」とは、「一つ、痛ましきこと」、即ち、「まことに、我も人も、虚言をのみ」に始まり、「あさましく歎き存じ候ふなり」で終る叙述のことであって、それを「よくよく」とあるように、充分に思慮を尽くして、「思ひ解き、心得らるべきこと」を勧めているところに、「後記」を一貫している、「当時の一向専修の人々の中にも、親鸞の御信心に一つならぬ御事も候ふらんと覚え候ふ」という著者の立場が認められるのである。

〔これ、さらに、私の言葉にあらずといへども、経・釈の行く路も知らず、法文の浅深を心得分けたることも候はねば、定めて、をかしきことにてこそ候はめども、古、親鸞の仰せ言候ひし趣、百分が一つ、片端ばかりをも思ひ出で参らせて、書き付け候ふなり。〕――この叙述は、前の、「大切の証文ども、少々抜き出で参らせ候うて、目安にして、この書に添へ参らせて候ふなり」と呼応して、その結びをなすものと言うことができる。即ち、「大切の証文ども、少々抜き出で参らせ候うて」が、「古、親鸞の仰せ言候ひし趣、百分が一つ、片端ばかりをも思ひ出で参らせて」と照応し、「この書に添へ参らせて候ふなり」が、「書き付け候ふなり」と照応していると言えよう。その上に、ここの叙述では、「さらに、私の言葉にあらず」と言って、親鸞の語を引用する、自己の立場が、決して私的、個人的なそれでなく、公的、社会的、もっと限定して言えば、宗門の全体を考えての立場においてであることを率直に披瀝《ひれき》している。しかも、翻《ひるがえ》って、自己そのものを反省すれば、「経・釈の行く路も知らず」とあるように、仏教学の素養・知識もなく、「法文の浅深を心得分けたることも候はねば」とあるように、法文の深さ・浅さへの理解・判別にも能力を欠いている。そうした自己を省みては、「定めて、をかしきことにてこそ候はめども」とあるように、読者の立場を考慮して、一応の謙退の辞をも書き添えているのであるが、しかし、「これ、さらに、私の言葉にあらず」という立場を確信して、かくの如き謙退の言辞をも添えていると理解すべきであろう。そうした立場から、「大切の証文」となる、「古、親鸞の仰せ言候ひし趣」を、「百分が一つ、片端ばかりをも思ひ出で参らせて」とあるが、事実は、二つの「仰せ言」が、たとい断片的であっても、四五八ページ以下の「注釈」に引いた文章の中で、多屋頼俊氏の言われる通り、「他力信仰の絶対境の表白」として、読者に迫ってくる力を包蔵していると言うべきであろう。従って、「書き付け候ふなり」は、内に抱く、強い自信を以て記した叙述として受け取るべきものと思われる。

〔**悲しきかなや、幸ひに念仏しながら、直に報土に生れずして、辺地に宿を取らんこと。**〕——ここからが、構想の（四）となる。この「悲しきかなや」の強い感動の表白は、本書中、ここにのみ認められる、著者の悲歎・慨歎の告白であって、それに続く叙述によって、その悲歎するところは、「幸ひに念仏しながら、直に報土に生れずして、辺地に宿を取らんこと」にあることが、即ち、口には念仏を称《とな》えながら、その念仏を真実なものとする、大切な信心を欠いているがために、直ちに報土に往生できず、仮りに、辺地に一時とどまる外ないことへの悲歎であることになる。「幸ひに」「直に」の二つの副詞に、現世の念仏と、来世の往生との相違を鮮やかに対照させているのを見るのである。

〔**一室の行者の中に、信心異なることなからんために、泣く泣く、筆を染めて、これを記す。名付けて、歎異抄と言ふべし。**〕——「悲しきかなや」という悲歎がさらに発展して、本書を著作した目的を明らかにした、この叙述となっているのであるが、それを、「一室の行者の中に、信心異なることなからんために」と言っているのであって、「一室の行者」は、同室の念仏行者の意であるから、その「行者」の念仏を真実なものたらしめる根基となる「信心」を、「異なることなからんため」、即ち、真実にして唯一無二なるものにしようとして、「泣く泣く、筆を染めて、これを記す」とあるように、著者は、痛切な動機のもとに著作したことを表明しているのである。この心情の痛切さこそ、本書全体の表現の深い根柢を示すものであると言えるし、本書を一つの、特色ある宗教的文芸たらしめている根本条件をなすものと考えられるのである。「名付けて、歎異抄と言ふべし」は、そこまで思いつめた著者の、心の底からの声であり、意志であるが、それをかく極めて簡潔・率直に言い切っているところに、その純一さ・奥ゆかしさが出ていると思う。

〔外見あるべからず。〕——最後に、読者に対する、ただ一つの注意・要望を挙げて、本書を軽率に他人に閲読させることを戒めているが、この「ある」という尊敬語法（注釈参照）も、著者の、想定している読者に対する謙虚・至純な態度の現れと言うべきであろう。本書全体がいかなる態度から成ったかを示す、意味深い結語として受け取るべき叙述である。

この「後記」には、特に、著しい文芸的意義の存するのを見いだすのであって、著者唯円の人間性も、また、著しい発現を示していることが認められるのである。

その第一に挙げるべきは、老残の身となっている著者が、自己を省みて、「露命、わづかに、枯草の身にかかりて候ふ程にこそ」と述懐したり、自己の学問・教養・知識の乏しいことを、「経・釈の行く路も知らず、法文の浅深を心得分けたることも候はねば、定めて、をかしきことにてこそ候はめども」と謙遜して記したり、「いづれも、いづれも、繰り言にて候へども、書き付け候ふなり」とか、「古、親鸞の仰せ言候ひし趣、百分が一つ、片端ばかりをも思ひ出で参らせて、書き付け候ふなり」とか述べて、自己を謙遜・卑下していることである。こういう著者にとって、師の親鸞に直接し、親しくその言葉を聴聞した経験が最大の信心の根拠となっていることは、この「後記」中にも、「故聖人の御物語には」

とか、「聖人の仰せの候ひし趣をも申し聞かせ参らせ候へども」とか、「故聖人の御心に相叶ひて」とか、「聖人の常の仰せには」とか、「……仰せは候ひしか」とか、「全く、仰せにてなきことをも、仰せとのみ申すこと、あさましく歎き存じ候ふなり」とかいう叙述となって定着しているのを見るのである。この謙遜・卑下の態度は、「我等が、身の罪悪の深き程をも知らず、如来の御恩の高き事をも知らずして、迷へるを」とあるように、煩悩具足の凡夫たることの深刻な自覚にもとづいているのであって、そういう、人間性の迷妄に陥っている自己の立場をいつも自覚して述作している所に、この「後記」のみならず、『歎異抄』全体の表現の痛切さ・深刻さが存するものと思われる。

　第二には、この「後記」の全体が「信心」の相違を問題として展開していることである。まづ、初めに、「右条々は、皆以て、信心の異なるより、事起り候ふか」と述べ、終りに、「一室の行者の中に、信心異なることなからんために」とあるばかりでなく、「信心」「御信心」の語が、合わせて、実に十五回も使用されているのを知るのである。その中でも、構想の（一）に記されている、法然門下における、親鸞と同朋達との相論と、それを鮮やかに解決している法然聖人の説示とは、相論の場から聖人の御前へという場面の移動をも伴って、一種の劇的展開を示しているが、「善信が信心も、聖人の御信心も一つなり」という親鸞（当時の善信房綽空《しやくくう》）の言葉を聞き取った法然が、「源空が信心も、如来より賜はりたる信心なり。善信房の信心も、如来より賜はらせ給ひたる信心なり。されば、ただ一つなり」と明白に断定し、さらに、「別の信心にておはしまさん人は、源空が参らんずる浄土へは、よも参らせ給ひ候はじ」と、他の同朋達を穏やかな言葉で戒めているのは、親鸞の、これに先立つ、同朋たちへの「御返答」のやや激しているのと比べて、いかにも静かで、落ち着いて、深い味わいを示していると言うべきであろう。

かくの如き、堅固な信心をめぐる「故聖人の御物語」を聴いた唯円が、「当時の一向専修の人々の中にも、親鸞の御信心に一つならぬ御事も候ふらんと覚え候ふ」と叙述しているのも、いかにも自然であり、当然であって、先師親鸞の亡き後、時代の移るにつれて、「信心」が動揺し、変遷し、相違してゆく事態にどうしても直面しなくてはならなかった感慨が、ここに発露している。この思いは、「閉眼の後は、さこそしどけなき事どもにて候はんずらめと歎き存じ候ひて」「……全く、仰せにてなきことをも仰せとのみ申すこと、あさましく歎き存じ候ふなり」という慨歎となり、「悲しきかなや」「泣く泣く、筆を染めて、これを記す」という悲歎にまで発展している。この一巻の著作がいつの世の読者にも訴えてやまない力を蔵するのは、この、どこまでも堅固な信心に依拠して、それ故に、異義・邪説の横行する現状を黙って見てはいられなかった、著者唯円の真情の純一さ・まじめさが、全叙述を支えているからであろう。それが、この「後記」には、特にはっきりと流露しているのが認められるのである。

第三には、著者は、自己の死後のことまで想定して、そういう異義・邪説、本文で言うと、「かくの如くの義ども」を言い合う人々に「言ひ迷はされなんどせらるることの候はん時」の対処策として、「故聖人の御心に相叶ひて、御用ゐ候ふ御聖教どもを、よくよく御覧候ふべし」と言って、その熟読・精読を勧めていることである。この「故聖人の御心に相叶ひて」は、続く、「聖教」の受け取り方にも及び、「権を捨てて実を取り、仮をさし置きて真を用ゐるこそ、聖人の御本意にて候へ」という、先師への全面的な信頼・信服にもなっている。そして、さらに、「構へて構へて、聖教を見乱らせ給ふまじく候ふ」という、忠告をも書き添えているほど、懇切さを発揮している。

これに続く、構想(三)の初めの「大切の証文ども、少々抜き出で参らせ候うて、目安にして、この書に添へ参らせて候ふなり」の叙述は、これまでの注釈者・研究者を悩ました、大きな問題を含んでいるが、これに先行する箇所、即ち、構想の(二)において、「聖人の仰せの候ひし趣」「故聖人の御心に相叶ひて」「聖人の御本意にて候へ」と、三度も先師のことを叙して来たのをうけて、「故聖人の御心に相叶ひて、御用ゐ候ふ御聖教どもを、よくよく御覧候ふべし」という目的のために、また、「権を捨てて実を取り、仮をさし置きて真を用ゐる」ために、ここは、聖教を正しく読解する上の「目安」として、「大切の証文を少しばかり、記録して置いた中から抜き出し致しまして、聖教を理解するための基準として、この書に書き添え申し上げるのです」の意に解すべきであり、また、解することができると思う。従って、「大切の証文」として、第一部十章や附録の「流罪記録」を別に考定する必要もないのではあるまいかと思われるのである。そして、この、構想(三)の初めの叙述は、結びの「古、親鸞の仰せ言候ひし趣、百分が一つ、片端ばかりをも思ひ出で参らせて、書き付け候ふなり」と相呼応していることが認められる。

第四としては、「目安にして」書き添えられた親鸞の二つの遺語の持つ意義の深さと、それを引用している唯円の心情の切実さが挙げられる。第一の「大切の証文」として、親鸞は、ここに、「よくよく案ずれば」という、深い内省にもとづいて、「弥陀の五劫思惟の願」を、「偏へに、親鸞一人がためなりけり」という、新たな自覚として受けとった感激・感動を心の底から「述懐」しているのである。それは、「それ程の業を持ちける身にてありけるを、助けんと思し召し立ちける本願の忝さよ」というように、感動が客観され具象化されていることによって、一層、その意味が明らかとなってくるのであって、自己を「それ程の業を持ちける身にてありけるを」と反省すればするほど、そういうわが「身」に働きかけて下さる、「助けんと思し召し立ちける本願」を「忝さよ」と感謝せざるを得なかったのである。唯円がこの「常の仰せ」を「証文」として書き添えたのは、第二部の八章のどの章にも、「誓願」「本願」「他力」及びそれに近い語が用いられて、親鸞と唯円との信心の来由となり、根拠となっていることを意識していたからであろう。まことに、「弥陀の五劫思惟の願」「本願」が存していればこそ、「それ程の業を持ちける身」である「親鸞一人」に「信心」も成立したのだという自覚の深さが、この本願への親鸞の感謝の語となって示されたのである。それを常に聞いていた唯円が、「忝さよ」とあったのを受けて、善導の語を引いた後に、「されば、忝く、我が御身にひき懸けて、我等が、身の罪悪の深き程をも（これは、親鸞の言う所の「それ程の業を持ちける身にてありけるを」を受けている）知らず、如来の御恩の高き事をも（これは、同じく、親鸞の「五劫思惟の願を、よくよく案ずれば、偏へに、親鸞一人がためなりけり」と、「助けんと思し召し立ちける本願の忝さよ」とを受けている）知らずして、迷へるを、思ひ知らせんがためにて候ひけり」と表白している唯円の心情の真実さ・切実さを認めざるを得ない。この高き「如来の御恩」と、罪業の深き、わが身に生ずる「信心」との二つこそ、多くの異義を唱える者の忘却していることではないかと言っているのである。そう考えると、第二部の八章において、この二つが常に異義を批判する基準・根拠をなしていることを知るのである。そして、唯円が、「大切の証文ども」として親鸞の遺語を引用している真意の程も理解されてくる。

第二の「大切の証文」は、信心の「善・悪」についての親鸞の遺語であるが、これも、念仏信者の間に、「如来の御恩といふことをば沙汰なくして、我も人も、（信心の）善し・悪しといふことをのみ申し合へり」という、いわゆる「相論」にたいする箴言《しんげん》となし、軌範・基準となすために引用されたのであって、「善・悪の二つ、惣じて以て存知せざるなり」という、人間の知力による判断を否定して、「その故は、如来の御心に善しと思し召す程に知り通したらばこそ、(信心の)善きを知りたるにてもあらめ、如来の(御心に)悪しと思し召す程に知り通したらばこそ、(信心の)悪しきを知りたるにてもあらめど」といって、信心の善い・悪いは、結局、人間の知力を以てしては判断できぬことを示している。その上のこととして、「煩悩具足の凡夫、火宅無常の世界は、万の言、皆以て、虚言・戯言、実ある言なきに、唯、念仏のみぞ実(の言)にておはします」という、「念仏」の真実性を指摘する言葉を引用しているのであるが、これは、前述したように、「信心の善・悪」についての相論に対しての「大切の証文」となることを確信しての引用である。そして、この親鸞の語も、「信心」に発する「念仏」の真実性を挙揚して、第二部八章の大部分に浸透している、重大な「理《ことわり》」「道理」の表白であると思うのである。

わたくしは、この二つの「聖人の仰せ」を、「大切の証文」そのものと考える。従って、第一部の十章を「大切の証文」そのものと考定する説には賛成し難い。もし、第一部十章全体を「大切の証文」と考えるならば、この「大切の証文ども……この書に添へ参らせて候ふなり」は、次の「聖人の常の仰せには」以下の二つの遺語の引用を導き出すための叙述たる位置を全く失ってしまうことになる。ところが、この叙述があればこそ、次の二つの遺語の引用が生きてくるのであるから。この二条の証文こそ、「大切の証文ども、少々抜き出で参らせ候うて、目安にして、この書に添へ参らせて候ふなり」という著者の言葉に適合する。そして、「故聖人の御心に相叶ひて、御用ゐ候ふ御聖教どもを、よくよく御覧候ふべし」「権を捨てて実を取り、仮をさし置きて真を用ゐるこそ、聖人の御本意にて候へ」「構へて構へて、聖教を見乱らせ給ふまじく候ふ」等の叙述を踏まえて、聖教を読む上の指針としてこの二ケ条を提示したのであると信ずる。この唯円の、自分の亡き後の世をも見通して、あくまで、師の正法の確実な伝持を願求してやまない精神的意志の力強い表現に、わたくしは、「理《ことわり》」「道理」に立脚した中世的文芸の著しい確立を認めざるを得ない。

第五に考えるべきは、「後記」の結びの叙述であるが、それは、おのずからにして、本書の全体に対する結語ともなっていると言えよう。著者は、ここで、「悲しきかなや、幸ひに念仏しながら、直に報土に生れずして、辺地に宿を取らんこと」と言って、念仏を行じても、それが本願を疑う念仏であることによって、浄土の片ほとりに宿を取る結果になることを悲嘆し、そういう念仏の基たる「信心」の「異なることなからんために、泣く泣く、筆を染めて、これを記す」という、悲しくも切ない思いを吐露しているのである。終りの「外見あるべからず」も、あくまで「一室の行者」を目ざして書き、しかも、尊敬の気持をこめてかく言っている所に、少しも高ぶり、傲《おご》り、自慢することのない著者の人間的奥床しさが籠《こ》められていると思われる。ここにも、文芸的感動の自然な流露の跡を見得るのである。

なお、覚如（本願寺第三代）の書いた『本願寺聖人親鸞伝絵《ほんぐわんじのしやうにんしんらんでんゑ》』（『御伝鈔《ごでんせう》』ともいう）の第七段には、次のような記載がある。

上人親鸞のたまはく、いにしへ、わが大師聖人《だいししやうにん》源空の御《おん》まへに、聖信房《しやうしんばう》・勢観房・念仏房以下《いげ》の人々多かりし時、はかりなき諍論《じやうろん》をし侍《はんべ》ることありき。その故《ゆゑ》は、「聖人の御信心と善信が信心と、いささかも変る所あるべからず、ただ一つなり」と申したりしに、この人々とがめて云はく、「善信房の、聖人の御信心とわが信心とひとしと申さるること、いはれなし。いかでか等しかるべき」と。善信申して云はく、「などか、等しと申さざるべきや。その故は、深知《じんち》博覧《はくらん》に等しからんと申さばこそ、まことにおほけなくもあらめ、往生の信心に至りては、一度《ひとたび》、他力信心の理《ことわり》をうけたまはりしより以来《このかた》、全《まった》く私《わたくし》なし。しかれば、聖人の御信心も、他力より賜はらせ給ふ。善信が信心も他力なり。故《かるがゆゑ》に等しくして、変るところなしと申すなり」と申し侍りしところに、大師聖人、まさしく仰せられて云《のたま》はく、「信心の変ると申すは、自力の信にとりてのことなり。すなはち、智慧各《かく》別《べつ》なる故に、信また各別なり。他力の信心は、善・悪の凡夫ともに、仏《ぶつ》の方《かた》より賜はる信心なれば、源空が信心も、善信房の信心も、さらに変るべからず。ただ一つなり。わが賢《かしこ》くて信ずるにあらず。信心の変り合うておはしまさん人々は、わが参らん浄土へは、よも参り給はじ。よく〱心得《こころえ》らるべきことなり」と云々《うんぬん》。ここに、面々《めんめん》、舌を巻き、口を閉ぢて、止《や》みにけり。

これは、『歎異抄』の「後記」と同じ相論の事実を親鸞が語ったことになるが、わたくしには、「後記」の方が、簡潔で、単純化されていて、それだけ、善信（親鸞）も、源空（法然上人）も、純一に生かされているように考えられる。特に、自力に対する、「他力信心の理」を以てする善信・源空の言説よりは、そういう言葉の全くない「後記」の叙述の方が、純粋で明快であるが故に、却《かえ》って説得力があると思われる。

(流《る》罪《ざい》記《き》録《ろく》)

(1)後鳥羽院之御宇《ゴトバノヰンノギヨウ》、法然聖人《ホフネンシヤウニン》、他力本願念仏宗《タリキホングワンネンブツシユウ》(2)ヲ興行《コウギヤウ》ス。于時《トキニ》、興福寺僧侶《コウブクジノソウリヨ》、敵奏之上《テキソウノウヘ》、御弟子中《オンデシチユウ》、狼藉子細《ラウゼキシサイ》アルヨシ、無実風聞《ムジツノフウブン》ニヨリテ、罪科《ザイクワ》ニ処《シヨ》セラル、人数事《ニンジユノコト》。

一　法然聖人、并御弟子七人《ナラビニオンデシシチニン》、流罪《ルザイ》、又《マタ》、御弟子四人《ヨニン》、死罪《シザイ》ニオコナハル、ナリ。

聖人ハ、土佐国《トサノクニ》(3)番多《ハタ》トイフ所《トコロ》へ流罪《ルザイ》。罪名《ザイメイ》、藤井元彦男《フヂヰノモトヒコヲノコ》云々。生年《シヤウネン》、七十六歳《シチジフロクサイ》(ママ)ナリ。

(4)親鸞《シンラン》ハ、越後国《ヱチゴノクニ》。罪名、藤井善信《フヂヰノヨシザネ》云々。生年、三十五歳ナリ。

(5)浄聞房《ジヤウモンバウ》備後国《ビンゴノクニ》。澄西禅光房《チヨウセイゼンクワウバウ》伯耆国《ハウキノクニ》。

好覚房《コウカクバウ》伊豆国《イヅノクニ》。行空法本房《ギヤウクウホフホンバウ》佐渡国《サドノクニ》。

幸西成覚房《コウサイジヤウカクバウ》・善恵房《ゼンネバウ》二人《ニニン》、同遠流《オナジクヲンル》ニサダマル。シカルニ、無動寺之前代大僧正《ムドウジノゼンダイダイソウジヤウ》、コレヲ申《マウシ》アヅカルト云々。

遠流之人々《ヲンルノヒトビト》、已上八人《イジヤウハチニン》ナリト云々。

被《ルル》レ行《オコナハ》二死罪《シザイニ》一人々《ヒトビト》。

一番　西意善綽房《サイイゼンシヤクバウ》。

二番　性願房《シヤウグワンバウ》。

三番　住蓮房《ヂユウレンバウ》。

四番　安楽房《アンラクバウ》。

二位法印《ニキノホフイン》、尊長之沙汰《ソンチヤウノサタ》也。

親鸞、改《アラタメ》二僧儀《ソウギヲ》一賜《タマフ》二俗名《ゾクミヤウヲ》一。仍《ヨツテ》、非《アラズ》レ僧《ニ》非《アラズ》レ俗《ニ》。然間《シカルアヒダ》、以《モツテ》二禿字《トクノジヲ》一為《ナシテ》レ姓《セイト》、被《ラレ》レ経《ヘ》二奏聞《ソウモンヲ》(6)一了《ヲハンヌ》(7)。

彼御申状《カノオンマウシジヤウ》、于今《イマニ》、外記庁《ゲキチヤウ》二納《ヲサマルト》云々。

流罪以後《ルザイイゴ》、愚禿親鸞《グトクシンラント》(8)令《シメ》レ書給也《カカタマフナリ》。

（1）後鳥羽院之御宇（底）後鳥羽院御宇（端・光・妙）。（2）念仏宗ヲ興行ス（底）念仏宗興行ス（毫）。（3）番多（底）番田（端・毫・光・妙）。（4）親𮉯（底）親鸞（端・毫・光・妙）。（5）浄聞房（底）浄圓房（端・毫・光・妙）。（6）奏聞（底）奏問（端・光）奏問（毫・妙）。（7）了（底）畢（端・光・妙）。（8）令書給也（底）令書也（毫）。

〔口訳〕

後鳥羽院が政治をお執りになっていた御代《みよ》に、法然聖人が、弥陀の他力にすがり、本願を信ずることによって往生できるという念仏宗を盛んに広く行った。この時に、奈良の興福寺の僧侶が、仏法の敵として、上申書を以て朝廷に奏上したことがあったが、それに加えて、法然聖人の御弟子の中で、無法な行動をし、罪科と認められる理由があるという、事実の存しない風評によって、法による処罰をきめられた人数に入った人々は、以下の通りである。

一　法然聖人、及び御弟子七人は、流罪、また、御弟子四人は、死罪に処せられたのである。

法然聖人は、土佐の国の幡多《はた》という所へ流罪になり、罪人としての名は藤井元彦男という。年齢は七十六(マヽ)歳である。

親鸞は、越後の国へ流罪。罪人としての名は藤井善信という。年齢は三十五歳である。

浄聞房は備後の国へ流罪。澄西禅光房は伯耆の国へ流罪。

好覚房は伊豆の国へ流罪。行空法本房は佐渡の国へ流罪。

この外、幸西成覚房・善恵房の二人も、同じように遠流にきめられた。ところが、無動寺にいたことのある、前代の大僧正が、官に上申して、二人の身柄を引き受けたという。

遠流に処せられた人々は、以上の八人であるという。

死罪に処せられた人々は、以下の通りである。

一番は、西意善綽房。

二番は、性願房。

三番は、住蓮房。

四番は、安楽房。

この死罪は、二位の法印と呼ばれた尊長の命令によったのである。

親鸞は、流罪に際し、僧としての身分を改め、俗人《ぞくにん》としての名をいただいた。これによって、僧でもなく、俗人でもない身となった。そんなわけで、「禿」という字を以て姓としようとし、官に上奏する手続きを経て認可された。その時の御上申状が、今も、外記廰に納められているという。

流罪の時以後は、姓を改めて、愚禿親鸞とお書きになったのである。

〔注釈〕○〈流罪記録〉というのは、わたくしを含めて、後人が仮りに付した題目であって、底本には、この四字はなく、「後記」の終りを「外見アルヘカラス」と結んだ後、紙を改めて、この片仮名交りの漢文記録体の文章を記している。その内容は、承元《じようげん》元年（一二〇七）における、法然及びその門下への朝廷の処断の記録であり、特に親鸞の流罪のことが少し詳しく記録されているので、このように命名されている次第である。**○後鳥羽院之御宇**　「後鳥羽院」は、後鳥羽上皇。高倉天皇の第四皇子。寿永二年（一一八三）に、平家一門が安徳天皇を奉じて西国へ都落ちしたため、後白河法皇の詔によって、神器無しで、六歳で践祚《せんそ》した。十九歳の建久九年（一一九八）、土御門天皇に譲位して、院政を始め、承久《じようきゆう》の乱《らん》（一二二一）まで、二十三年間、土御門・順徳・仲恭の三天皇の御代を通じて院政を継続した。四十二歳の時、承久の乱後、出家して法皇となり、隠岐の島に移され、その地で、延応《えんのう》元年（一二三九）に、六十歳で崩じた。法然房源空の伝記を絵巻物にした『法然上人絵伝《ほふねんしやうにんゑでん》』巻十一の詞書に、「後鳥羽院、度々勅請《ちよくしやう》ありて、円戒《ゑんかい》を御伝授、上西門院《じやうさいもんいん》・修明門院《しゆめいもんいん》（注、いずれも院の后妃）、同じく、御受戒ありき。かかりしかば、三公《さんこう》・九卿《きうけい》、かうべをかたぶけ、一朝あふぎて、伝戒の師とせずといふ事なかりき」とある。「御宇」は、御治世の期間。天皇としての在位期間に、上皇として院政を執《と》られた期間をも含めてかく言ったのである。『徒然草』の第二百二十六段には、「後鳥羽院の御時《おんとき》」とある。**○法然上人、他力本願念仏宗ヲ興**

行ス　法然上人は、比叡山で修学中に、承安《じようあん》三年（一一七五）に、唐の善導大師の著『観経疏《くわんぎやうしよ》』を読んで回心《えしん》し、天台宗の修行を捨てて、いかなる人間も念仏によって救われるとの信心を獲得した。この年時が、浄土宗の立教・開宗の時点と考えられている。そして、比叡山を下って、西山広谷《にしやまひろだに》・東山吉水《ひがしやまよしみず》等の草庵において、盛んに、僧俗に向って布教し、大きな感化と影響の跡を残した。「他力本願念仏宗」の「他力本願」は、自力によらずして、仏の他力による往生の本願、即ち、阿弥陀仏の四十八の誓願中の第十八願の力によって、衆生を浄土に往生させる願であるので、「他力本願」という。「念仏宗」は、「南無阿弥陀仏」と唱えて、浄土への往生を願う宗門・宗派。当時、この名称で、法然上人の教えを呼称していたことは、『興福寺奏状《こうぶくじそうじやう》』（後出）に、「右、謹考案内、有一沙門。世号法然。立念仏之宗、勧専修之行」（右、謹ンデ案内《アナイ》ヲ考《カンガ》フルニ、一《ヒトリ》ノ沙門《シヤモンア》有リ。世ニ法然ト号《カウ》ス。念仏ノ宗ヲ立テテ、専修《センジユ》ノ行ヲ勧《スス》ム）、明恵房高弁《みようえぼうこうべん》の『摧邪輪《ざいじやりん》』巻下には、「是以、念仏宗盛、引観仏等文、証成念仏義」（是《コレ》ヲ以テ、念仏宗ハ、盛ンニ、観仏等《クワンブツトウ》ノ文《モン》ヲ引イテ、念仏ノ義ヲ証成《シヤウジヤウ》ス）、親鸞の『三帖和讃』の「高僧和讃」中には、「源空聖人」の部に、「粟散片州《ぞくさんへんしう》に誕生《たんじやう》して、念仏宗をひろめしむ。衆生化度《しゆじやうけど》のために、この土《ど》にたびくきたらしむ」とある。「興行」は、事業をおこしすすめること、盛んに広く行うこと。『法然上人絵伝』第六には、「上人、一向専修の身となり給ひにしかば、つひに、四明《しめい》の巌洞《がんどう》をいでて、西山の広谷《ひろたに》といふところに、居《きよ》をしめ給ひき。いくほどなくて、東山吉水《ひがしやまよしみづ》のほとりに、しづかなる地ありけるに、かの広谷のいほりをわたして、うつりすみ給ふ。たづねいたるものあれば、浄土の法をのべ、念仏の行《ぎやう》をすゝめらる。化導《けだう》日にしたがひて盛りに、念仏に帰するもの、雲霞《うんか》のごとし。そののち、賀茂《かも》の河原屋《かはらや》、小松殿《こまつどの》、勝尾寺《かつをでら》、大谷《おほたに》など、その居あらたまるといへども、勧化《くわんげ》おこたることなし。つひに、ほまれ、一朝《いつてう》にみち、益《やく》、四海《しかい》にあまねし」とある。

〇于時、興福寺僧侶、敵奏之上　「于時」の「于」は、……において、にあたって。「于時」は、その時において。「興福寺」は、奈良市登大路町にある、法相宗《ほつそうしゆう》の大本山。南都七大寺の一つで、南都教学の中心となり、平安朝の初期から鎌倉時代にかけて、北の比叡山延暦寺とともに、仏教界の二大勢力をなしていた。また、藤原氏の氏寺《うじでら》となって、藤原寺《ふじわらでら》とも称し、広大な荘園をも領有した。そして、多くの僧兵を擁して、度々、朝廷に強訴《ごうそ》もした。『天草本平家物語《あまくさぼんへいけものがたり》』に、「Cŏbucuji カゥブクジ」とある外、『平家物語』の古写本、『平家正節《まぶし》』等にも、ブクと濁っていることが注意されている。「敵奏」は、他に所見を知らない語であるが、念仏宗を仏法の敵として上申書を以て朝廷に奏上(「奏」は、申し上げるの意)することの意であろう。この「敵奏」は元久《げんきゅう》二年(一二〇五)十月に、興福寺が奏上した『興福寺奏状』のことであって、初めに、「興福寺《こうぶくじ》僧綱《そうがう》・大法師等《だいほふしら》、誠惶誠恐《せいくわうせいきやう》、謹《きん》言《げん》」と記し、次に、「請被殊蒙天裁、永糺改沙門源空所勧専修念仏宗義状」(殊《コト》ニ、天裁《テンサイ》ヲ蒙《カウム》リ、永ク、沙門《シヤモン》源空勧《スス》ムル所ノ専修念仏《センジュネンブツ》ノ宗義《シュウギ》ヲ糺改《キウカイ》セラレンコトヲ請《コ》フノ状)と、奏状の目ざす所を記し、進んで、法然の過《とが》として、「第一、新宗《シンシュウ》ヲ立ツル失《シツ》。第二、新像《シンザウ》ヲ図《ヅ》スル失。第三、釈尊《シャクソン》ヲ軽《カロ》ンズル失。第四、万善《マンゼン》ヲ妨《サマタ》グル失。第五、霊神《レイジン》ニ背ク失。第六、浄土ニ暗キ失。第七、念仏ヲ誤《アヤマ》ル失。第八、釈衆《シャクシュ》ヲ損ズル失。第九、国土《コクド》ヲ乱《ミダ》ル失」(原漢文)を列挙し、末尾には、奏上一通を添え、その終りを、「望請、恩慈早経奏聞、仰七道諸国、被停止一向専修条過失、兼又、行罪科於源空并弟子等者、永止破法之邪執、還知念仏之真道矣。仍言上如件　元久二年十月　日」(望ミ請《コ》ハクハ、恩慈《オンジ》、早ク奏聞《ソウモン》ヲ経テ、七道諸国ニ仰《オホ》セテ、一向専修条々《デフデフ》ノ過失ヲ停止《チヤウジ》セラレ、兼ネテ又《マタ》、罪科ヲ源空并《ナラ》ビニ弟子等に行ハレンコトヲ、者《テヘレバ》、永ク、破法《ハホフ》ノ邪執《ジヤシフ》ヲ止《トド》メ、還《カヘ》ツテ、念仏ノ真道《シンダウ》ヲ知ラン。仍《ヨ》ツテ、言上《ゴンジヤウ》、件《クダン》ノ如シ。元久二年十月　日)と結んでいて、源空(法然)及びその門下への断罪を烈しく訴えていることがわかる。この奏状は、解脱房貞慶《げだつぼうじようけい》の起草になるものであった。

〇御弟子中、狼藉子細アルヨシ、無実風聞ニヨリテ　『興福寺奏状』が朝廷に奏上された後、興福寺側から特に指名して処罰を求められたのは、法然門下の法本房行空《ほうほんぼうぎようくう》と安楽房遵西《あんらくぼうじゆんさい》の二人であったことが、『三長記《さんちやうき》』(藤原長兼の日記)によって知られる。行空は、美作《みまさか》の人で、法然に師事した後、師の存命中に、成覚房幸西《じようかくぼうこうさい》と一念義(一念の念仏によって、浄土に往生できるという説）を唱え、破戒無慚《はかいむざん》の行動を、人の見聞を憚《はばか》らず、やってのけたという。『三長記』の中には、「元久三年二月卅日　宣旨」として、「沙門行空、忽立一念往生之義、故勧十戒毀化之業、恣謗余仏願、還失念仏行」（沙門行空ハ、忽チニ、一念往生ノ義ヲ立テ、故《コトサラ》ニ、十戒毀化《キケ》ノ業《ゴフ》ヲ勧メ、恣《ホシイママ》ニ、余《ヨ》仏《ブツ》ノ願ヲ謗《ソシ》リ、還《カヘ》リテ念仏ノ行《ギヤウ》ヲ失フ）、「沙門遵西、称専修、毀破余教、任雅執遏妨衆善」（沙門遵西ハ、専修《センジユ》ト称シ、余《ヨ》ノ教ヲ毀破《キハ》し、雅（我カ）執《シフ》ニ任セテ、衆善《シユゼン》ヲ遏妨《アチバウ》ス）という罪が指摘されている。そこで、法然は、幸西・行空を破門するに至った。また、この二人には、「偏執《ヘンシフ》、傍輩《ハウバイ》ニ過グル由、其ノ聞《キコ》エ有リ」（原漢文。『三長記』）という如き事実が存したようである。法然の厳しい制止にもかかわらず、門下の諸僧がかなり放漫な所行をしたことは、『皇帝紀抄』の建永二年二月十八日の条に、「源空上人法然房号、配流土佐国。依専修念仏事也。近日、件門弟等、充満世間、寄事於念仏、密通貴賤并人妻可然之人人女、不拘制法、日新之間、搦取上人等、或被切羅、或被禁其身、女人等又有沙汰。且専修念仏子細、諸宗殊鬱申之故也」（源空上人法然房、ト号ス、土佐ノ国ニ配流《ハイル》セラル。専修念仏ノ事ニ依ルナリ。近日、件《クダン》ノ門弟等、世間ニ充満シ、事ヲ念仏ニ寄セテ、貴賤、并《ナラ》ビニ人妻、然ル可キノ人々ノ女ト密通シ、制法《セイホフ》ニ拘《カカハ》ラズ、日ニ新《アラタ》ナルノ間、上人等ヲ搦《カラ》メ取リ、或ハ、羅《ラ》（頸《クビ》カ）ヲ切ラレ、或ハ、其ノ身ヲ禁ゼラル。女人等《ニヨニンラ》、又、沙汰《サタ》有リ。且ツ、専修念仏ノ子細、諸宗ノ殊《コト》ニ鬱《ウツ》シ申スノ故ナリ）とあり、『法然上人絵伝』巻三十三には、「翌年《よくねん》、建永元年十二月十九日、後鳥羽院、熊野山《くまのさん》の臨幸《りんかう》ありき。そのころ、上人の門徒《もんと》、住蓮《ぢゆうれん》・安楽《あんらく》等のともがら、東山鹿谷《ひがしやまししのたに》にして、別時念仏《べつじねんぶつ》をはじめ、六時礼讃《ろくじらいさん》をつとむ。さだまれる節《ふし》・拍子《ひやうし》なく、おの〳〵、哀歎《あいたん》・悲喜《ひき》の音曲《おんぎよく》をなすさま、めづらしく、たふとかりければ、聴衆《ちやうしゆ》おほくあつまりて、発心《ほつしん》する人もあまたきこえしなかに、御所《ごしよ》の御留守《おんるす》の女房《にようばう》、出家の事ありける程に、還幸《くわんかう》ののち、あしざまに讒《ざん》し申す人やありけん、おほきに逆鱗《げきりん》ありて、翌年建永《けんえい》二年二月九日、住蓮・安楽を庭上《ていしやう》にめされて、罪科《ざいくわ》せらるるとき、安楽、『見有《けんう》修行起瞋毒《しゆぎやうきしんどく》、方便破壊《はうべんはゑ》競生怨《きやうしやうをん》、如此生盲闡提輩《によししやうまうせんだいはい》、毀滅《きめつ》頓教永沈淪《とんげうやうちんりん》、超過大地《てうくわだいち》微塵劫《みぢんごふ》、未《み》可《か》得《とく》離《り》三途《さんづ》身《しん》』(修行有《ア》ルモノヲ見テ、瞋毒《シンドク》ヲ起シ、方便破壊《ハヱ》シテ競《キソ》ヒテ怨《ウラ》ミヲ生ズ。此《カク》ノ如キ生盲《シヤウマウ》・闡提《センダイ》ノ輩《トモガラ》、頓教《トンゲウ》ヲ毀滅《キメツ》シテ、永ク沈淪《チンリン》ス。大地微塵劫《ミヂンゴフ》ヲ超過《テウクワ》ストモ、未ダ、三途《サンヅ》ノ身ヲ離ルルコトヲ得《ウ》可《ベ》カラズ)(注、善導の『法事讃《ほふじさん》』の文)の文を誦《じゆ》しけるに、逆鱗《げきりん》いよいよさかりにして、官人秀能《ひでよし》におほせて、六条川原《ろくでうがはら》にして、安楽を死罪におこなはるる(下略)」とあり、慈円の『愚管抄《ぐくわんせう》』巻六には、「又、建永の年、法然房と云ふ上人《しやうにん》ありき。まぢかく、京中《きやうちゆう》をすみかにて、念仏宗を立て、専修念仏《せんじゆねんぶつ》と号《かう》して、『ただ、阿弥陀仏とばかり申すべき也。それならぬ事、顕密《けんみつ》のつとめはなせそ』と云ふ事を云ひいだし、不可思議の愚癡《ぐち》・無智《むち》の尼入道《あまにふだう》によろこばれて、この事のただ繁昌《はんじやう》に世に繁昌して、つよくおこりつつ、その中に安楽房とて、泰経《やすつね》入道(注、高階氏《たかしなし》)がもとにありける侍《さむらひ》、入道して専修《せんじゆ》の行人《ぎやうにん》とて、又、住蓮《ちゆうれん》とつがひて、六時礼讃は善導和上《ぜんだうわじやう》の行也《おこなひなり》とて、これをたてて、尼どもに帰依《きえ》・渇仰《かつがう》せらるる者出《い》で来《き》にけり。それらがあまりさへ云ひはやりて、『この行者《ぎやうじや》に成りぬれば、女犯《によぼん》をこのむも、魚鳥《ぎよてう》を食《くら》ふも、阿弥陀仏はすこしもとがめ玉《たま》はず。一向専修《いつかうせんじゆ》にいりて、念仏ばかりを信じつれば、一《いち》定《ぢやう》、最後にむかへ玉《たま》ふぞ』と云ひて、京・田舎《いなか》、さながら、このやうになりける程に、院の小御所《こごしよ》の女房(注、伊《い》賀局《がのつぼね》)、仁和寺《にんなじ》の御室《おむろ》の御母(注、後鳥羽上皇妃、坊門局《ばうもんのつぼね》)、まじりにこれを信じて、みそかに、安楽など云ふものよびよせて、このやう説かせてきかんとしければ、又具《ぐ》して行き向ふ同れいたち出《い》で来《き》なんどして、夜《よる》さへとどめなどする事出《い》で来《き》たりけり。とかく云ふばかりなくて、終《つひ》に、安楽・住蓮、頸《くび》きられにけり。法然上人流して、京の中にあるまじにて、追はれにけり」とある。また、『法然聖人絵』(弘願本《ぐぐわんぼん》)には、「過《あやまち》、三女よりおこるといふは本文《ほんもん》なり。隠岐《おき》の法皇(注、後鳥羽上皇)、御熊野詣《みくまのまうで》のひまに、小御所《こごしよ》の女房達、つれぐをなぐさめんために、聖人の御弟子、蔵人入道安楽房《くらうどにふだうあんらくばう》は、日本第一の美僧《びそう》なりければ、これをめしよせて、礼讃《らいさん》をさせて、」そのまぎれに燈明をけして、是《これ》をとらへ、種々の不思議の事どもありけり。法皇御下向《ごげかう》の後《のち》、是をきこしめして、逆鱗《げきりん》の余《あまり》に、重《(住カ)》蓮・安楽弐《に》人《にん》はやがて死罪に行はれけり。その余失《よしつ》なほやまずして、上人(注、法然)の上に及びて、建永二年三月廿七日、御年七十九、（五）思食《おぼしめし》よらぬ遠流《をんる》の事ありけり」とある。「狼藉」は、狼は草を藉《し》いて臥《ふ》すが、立ち去った跡が散り乱れていることから、およそ、物事の縦横に散乱することをいい、さらに、理不尽に他を犯すことをもいう。『日ポ』に、「Rŏjeqi. ラゥゼキ（狼藉） すなわち、Quantai.（緩怠） 無礼、放埒、乱暴」とある。「子細」は、理由、道理、または事情。「子細アリ」は、法然の御弟子たちが、無法な行動をしたため、それが罪科と認められる理由・事情・道理がある、の意。「無実」は、事実、実質のないこと、特に、罪に値いする事実がないのに、罪ありとされること、いわゆるぬれぎぬ・冤罪《えんざい》。『日ポ』には、「Mujit. ムジッ（無実） Macotonaqu.（実無く） 虚言、虚偽」「Muxit. ムシッ（無実） 嘘言、または、偽りの証拠。Fitoni muxituo iycaquru.（人に無実を言ひ懸くる） 人に対して偽りの証拠をあげる」とあって、二通りの読み方があったことがわかる。本書では、ムジツを採った。「風聞」は、うわさ、とり沙汰、言いふらされたこと、風評。『日ポ』に、「Fŭbun. フゥブン（風聞） すなわち、Xejŏno sata.（世上の沙汰） 世間に伝わる評判、あるいは、噂」とある。

○罪科ニ処セラルヽ人数事 「罪科」は、犯した罪に対して、法により科せられる処罰。『日ポ』に、「Zaiqua. ザイクヮ（罪科） Tçumi toga.（罪科） 罪科。Zaiquani fusuru, l, Xosuru.（罪科に伏する、または、処する） 死刑の宣告を下す」とある。「処ス」は、刑罰をきめる、処罰する。『日ポ』には、「Xoxi, suru, xita. ショシ、スル、シタ（処し、する、した） 刑や罰を意味する名詞に連接して、刑罰を科する意を示す。例、Xizaini xosuru.（死罪に処する） 死刑を科する。Ruzaini xosuru.（流罪に処する） 配流の刑を科する。Guenquani xosuru.（厳科に処する） 重刑を科する。Vonruni xosuru.（遠流に処する） 非常な遠隔地への配流の刑を科する」とある。「人数」は、人の数、頭数《あたまかず》の意であるが、ここでは、とり立てて数えられる人の数、また、その仲間のこと。『日ポ』に、「Ninju. ニンジュ（人数） Fitocazu.（人かず） 人々の数、または、大勢の人々・軍勢」とある。

○一 法然聖人、幷御弟子七人、流罪 ここだけに「一」とあるのは、以下の要件を特に取り立てて、一《ひと》つ書《がき》として示すためであろう。この「二」は、下の「二位法印尊長之沙汰也」までを包摂する。「幷《ナラビニ》」は、及び。「流罪」は、死刑に次ぐ重刑で、罪人を辺境の地、または島に流し、家財・田畑を没収する刑。『延喜式《えんぎしき》』巻二十九「刑部省《ぎやうぶしやう》」によれば、京都を中心として、伊豆・安房・常陸・佐渡・隠岐・土佐等の国は遠流とし、信濃・伊予等の国は中流とし、越前・安芸《あき》等の国は近流とするというように、遠近の差があった。**○御弟子四人、死罪ニオコナハル、ナリ**「死罪」は、死刑であって、斬《ざん》と絞《こう》の二種があった。後に出てくる死罪四人のうち、住蓮房と安楽房は斬首されたが、他の二人の処刑はいかなるものか、伝えられていない。「オコナハル、ナリ」は、朝廷の断罪によって執行されたことを意味する。**○聖人ハ、土佐国番多トイフ所へ流罪**　流罪には、『清獬眼抄《せいかいがんせう》』によれば、罪の重さによって、遠流《おんる》（常陸国・安房国・佐渡国・土佐国・伊豆国・隠岐国）・中流《ちゆうる》（伊予国《いよのくに》・周防国《すおうのくに》）・近流《きんる》（越前国・安芸国）の別があり、『塵添壒嚢抄《ぢんてんあいなうせう》』によれば、この外に、上総《かづさ》・陸奥《むつ》・越後《えちご》・出雲《いづも》・阿波《あは》等が挙げられている。これらの文献によれば、法然が土佐の国に流されたのは、遠流《おんる》に当るわけである。「番多《はた》」は、土佐の国（いまの高知県）の西南部の郡の名で、『和名抄《わみやうせう》』には「波汰」に、『延喜式』には「幡多」に、『日本紀略』には「八多」に作る。本書の「番」は「幡」の字の省画によるものである。『増鏡』には、土御門上皇のことを、承久の乱後、「土佐国の幡多といふ所にわたらせ給ひぬ」と記し、『承久記《じようきうき》』（慈光寺本《じくわうじぼん》）には、「中院ヲバ土佐国畑《ハタ》ト云フ所へ流シマヰラス」と記している。法然がここに流罪と定まったのは、土佐の国が、庇護者である、元関白、九条兼実《かねざね》の所領であったがための配慮によるものと推定されている。この流罪の宣旨が下ったのは、建永二年（一二〇七）二月十八日のことで、この日、法然を土佐に流罪に定め、安楽房・住蓮房を処刑（斬首）にした。法然は、同年三月十六日、京を発して配所に赴き、経島《きようがしま》・室津《むろのつ》・塩飽島《しあくじま》を経て、善通寺《ぜんつうじ》に参詣したが、その年の暮の、最勝四天王院《さいしようしてんのういん》の御堂供養《みどうくよう》が行われたことにもとづく大赦《たいしや》により、勅免《ちよくめん》の宣旨《せんじ》が下り、法然は、途中から四国を離れて、摂津の国の勝尾寺《かつおでら》に逗留し、四ヶ年を過すことになった。**○罪名、藤井元彦男**云々。**生**

年、七十六歳ナリ　これは、僧尼が犯罪をなした場合には、還俗《げんぞく》（俗人から、一度、僧となった者が、再び、俗人に還《かえ》ること）せしめるという、律令にもとづく処置であって、「藤井」というのは、そうした際の、便宜的な姓であったことは、『平家物語』巻二の「座主流《ざすながし》」において、前天台座主《ぜんてんだいざす》の明雲《めいうん》大僧正が治承《じしよう》元年（一一七七）五月十八日に伊豆の国へ遠流に定まった時のことを記して、「僧を罪する習ひとて、度縁《どえん》（注、律令制において、僧尼となった者に官が交付した許可証）をめし返し、還俗《げんぞく》せさせ奉り、大納言大輔《たゆふ》、藤井松枝《ふじゐのまつがえ》と俗名《ぞくみやう》をぞつけられける」とあることでもわかる。『百錬抄』巻十三の嘉禄三年（一二二七）七月五日の条には、「専修念仏者配流官符請印。隆寛律師還俗。名ニ山遠里一。配ニ陸奥一。後日被レ改ニ他所一云々。空阿弥陀仏改ニ名原秋沢一。薩摩。成覚改ニ名枝直一。壱岐嶋」という例がある。この三名は、いずれも、法然の門下の人々である。「元彦」は、法然の法諱《ほうき》源空の「源」に因《ちな》んだ命名と思われる。『類聚名義抄《るいじゆみやうぎせう》（観智院《くわんちゐん》本《ぼん》）』には、「源」にモトの訓がある。その下に「男《をのこ》」とあるのは、独立語としては、侍・郎党・下部《しもべ》・下男等の、男性の従者の意味であるが、かく姓名の下にも付けられて呼ばれた。『徒然草』第百二段に、「又五郎男《またごらうをのこ》」、第百八十四段に、「なにがし男《をのこ》」の例がある。「生年」は、生れてから経過した年、即ち年齢のことである。「七十六歳」は、法然の生れた長承二年（一一三三）から数えて、建永二年＝承元《じようげん》元年（一二〇七）は七十五年目に当るので、ここは「七十五歳」の誤りである。

○親鸞ハ、越後国。罪名、藤井善信云々。生年、三十五歳ナリ　親鸞は、善信房綽空として法然門下にあったが、この承元元年の二年前、元久二年閏七月廿九日に、師の法然により、綽空から親鸞へと改名されていた。「越後国」とあるが、流されたのは、その国の「国府《こくふ》」（現在の新潟県上越市。旧直江津市）であることが、『親鸞聖人血脈《けちみやく》文集《もんじふ》』『拾遺古徳伝《しふゐことくでん》』等に記されている。親鸞の生れたのは、承安《じようあん》三年（一一七三）であるから、承元元年は三十五歳に当る。「善信」は、法然門下における房号「善信房」にもとづく。「信」をサネと読むことは、『類聚名義抄（観智院本）』により知られる。

○浄聞房備後国　この房号で記された僧の伝記は全く未詳。法諱も知られない。「備後国」は、今の広島県の東半分を含む地域。　**○澄西禅光房伯耆国**　元久元年（一二〇四）の冬に、比叡山の天台衆徒が朝廷に専修念仏の停止を訴え出た時に、法然がこれに対して、『七箇条起請文』（『七箇条制誡』ともいう）を十一月七日附で記して、比叡山に送ったことがある。その末尾に、源空（法然の法諱）以下、総計一九〇人が法諱を署名している中に、第四十七番目に「澄西」と記している。「禅光房」は、その房号。それ以外には、何も知られていない。「伯耆国」は、今の鳥取県の西半分を占める地域。　**○好覚房伊豆国**　この僧も伝記未詳。浄聞房と同じく、法諱がわからないので、『七箇条起請文』に署名していたのであろうが、その中の誰なのか、明らかでない。「伊豆国」は、源頼朝が流された例もあり、今の静岡県の伊豆半島の地域。　**○行空法本房佐渡国**　『七箇条起請文』では、第四十番目に署名している。法然門下において、成覚房幸西とともに、一念義という異義を立てたために、『興福寺奏状』が朝廷に奏上された後に、『三長記』によれば、元久三年二月卅日の宣旨により、配流の刑に処せられたことは、前に記した通りである。佐渡ヶ島における遺跡は、両津市河崎の曹洞宗光照寺にあるという（『浄土宗大辞典』による）。

○幸西成覚房　『七箇条起請文』では、第十五番目に署名している。『法然上人伝記』（九巻伝）巻第六下には、「一念義停止事」の条に、「山門《さんもん》の西塔南谷《さいたふみなみだに》の住侶《ちゆうりよ》に、金本坊《こんぼんばう》の少輔《せうい う》とて聡敏《そうびん》の学生《がくしやう》也《なり》けるが、最愛の児に送れ（マヽ）て、交衆《けうしゆ》倦《ものう》かりければ、三十六の歳、遁世《とんせい》して上人の弟子となり、念仏門に入《いり》て成覚坊《じやうかくばう》と申《まうし》けるが、天台宗にひきいれて、迹門《しやくもん》の弥陀、本門《ほんもん》の弥陀を立て、十劫正覚《じふごふしやうがく》といへるは、迹門の弥陀也。本門の弥陀は無始本覚の如来なるが故、弥陀と我等と全く差異なし。此謂《このいはれ》をきく一念に事足《ことたり》ぬ。多念《たねん》の数返《すうへん》甚《はなはだ》無益《むやく》なりといひて、一念義と云事《いふこと》を自立《じりふ》しけるを、上人、弥陀の本領は極重《ごくぢゆう》・最下《さいげ》の悪人を助け、愚癡《ぐち》・浅識《せんしき》の諸機《しよき》を救はんが為なれば、一《いち》行《ぎやう》にはげみ、念々に捨《すて》ざる、是正意《これしやうい》也。無行《むぎやう》の一念義《いちねんぎ》をたて、多念の数返《すへん》を妨げん事、不《ズ》レ可《ベカラ》レ然《ル》と仰《おほせ》られけるを、承引《しよういん》せず、猶《なほ》、此義《このぎ》を興《きよう》じければ、我《わが》弟子には非ずと棄置《きち》せられけり（下略）」とある。　**○善恵房**　善慧房とも書く。法諱を証空《しょうくう》といい、加賀権守《かがのごんのかみ》、源親季《みなもとのちかすえ》（入道して証玄《しょうげん》）の長男に生れ、内大臣、久我通親《こがのみちちか》の猶子《ゆうし》（養子）となったが、十四歳の建久元年（一一九〇）、法然の弟子となり、浄土宗の奥義を学び、随侍すること二十三年（十四歳から三十六歳）に及んだ。『七箇条起請文』では、第四番目に署名していることで、弟子中の地位がわかる。九条兼実《くじょうのかねざね》と慈円和尚《じえんかしょう》との関係も深く、慈円からは、西山善峰寺《よしみねでら》の往生院を譲られ、世間からは西山上人と呼ばれた。慈円が、嘉禄元年（一二二五）七十一歳で寂した時にも、その病床に侍《じ》していた一人であった。宝治元年（一二四七）十一月二十六日に七十一歳で寂した。浄土宗西山流《せいざんりゅう》の祖として知られ、伝記に、『西山上人縁起』（至徳三年（一三八六）、実道仁空著）がある。覚如（本願寺第三世）の『口伝抄』の第十四条には、法然上人のご在世中、善信（親鸞）が、「念仏往生の機は、体失せずして（肉体がほろびずして）往生をとぐ」と言ったのに対し、小坂の善恵房証空が、「体失してこそ往生はとぐれ」といって対立し、師の法然の、御証判（ご裁定）と仰せ言とがあったことを記している。**○二人、同遠流ニサダマル**　「遠流」は、前に記したが、この二人が流罪になったことは、『歎異抄』の外には、覚如の『拾遺古徳伝』と、親鸞の書簡集『親鸞聖人血脈文集』等の、真宗関係の史料にしか見えない。このうち『血脈文集』には、「善恵者、無動寺大僧正（右傍注、慈円和尚の御ことなり）御房、あづからしめおはしき。幸西者、俗姓物部、常覚房」とあり、『拾遺古徳伝』巻七には、「成覚房幸西阿波くに俗姓物部云々。善信房親鸞越後国。国府　罪名藤井善信。善恵房。国但、無動寺前僧正被申預之。」とあって、成覚房について、流刑地と俗姓とを記している。

○シカルニ、無動寺之前代大僧正、コレヲ申アヅカルト云々　「無動寺」は、比叡山東塔《とうとう》の南谷《みなみだに》にあって、無動尊《むどうそん》、即ち不動明王《ふどうみようおう》を本尊とする。貞観《じようがん》七年（八六五）に相応和尚《そうおうかしよう》の開創になる。「前代大僧正」は、底本には「善題大僧正」とあるが、これは、「前代大僧正」と書くべきを憚《はばか》り避けて、同音の文字に置き換えたものと考えられるので、「前代」と改めた。無動寺にいた前代大僧正といえば、有名な史論『愚管抄《ぐくわんせう》』、家集『拾玉集《しふぎよくしふ》』の著者、慈《じ》円《えん》のこととなる。後に、慈鎮和尚《じちんかしょう》という勅諡号《ちょくしごう》を賜わった。慈円は、関白藤原忠通《ただみち》の子で、同母の長兄には、法然の実質的な庇護者であった、関白の九条兼実がいた。兼実は、法然の流罪の後、悲歎の余り薨去《こうきょ》したと伝えられている。慈円と法然との関係は、『法然上人絵伝』に散見しているので、慈円が成覚房・善恵房を「申アヅカル」、即ち、朝廷に申し出て、その身柄を引き受けて世話したことも充分に想像される。しかし、それを実証する史料はない。なお、慈円は、安元元年（一一七五）に、無動寺で千日入堂の修行をしたことがあるし、寿永元年（一一八二）には、二十八歳で無動寺の検校《けんぎょう》（寺に在って、一山の事を監督する僧職）に補せられた。嘉禄元年（一二二五）九月に七十一歳で寂した時も、無動寺に葬られている。また、建久三年（一一九二）、建仁元年（一二〇一）、建暦二年（一二一二）、建保元年（一二一三）に、天台座主に補せられているし、建仁三年（一二〇三）三月に大僧正に任ぜられ、同年六月には大僧正を辞している。「前大僧正」と呼ばれたことが多くの史料に見える。「申アヅカル」は、官に上申して、身柄をひきうける。

○遠流ノ人々、已上八人ナリト云々　『拾遺古徳伝』巻七には、「已上流罪、師弟共八人」とある。『血脈文集』の「後記」には、この流罪が赦免になった時のことを、「そのとき、ほどなく聖人もゆりまし〱けり。御弟子八人、あひ具してゆるされたりしなり。京中には、みな、このやうはしられたるなり」と記している。

○被行死罪人々　前述したように、死罪には、斬と絞とあるが、このうち、三番と四番は斬であるが、一番と二番については、確かめる史料がない。「被行」は、朝廷に対する尊敬の意である。

○一番　西意善綽房　西意は法諱《ほうき》、善綽房は房号《ぼうごう》。『拾遺古徳伝』には、「善綽房西意摂津くににして誅す。佐々木判官（実名を知らず）が沙汰と、云々。」と記しているが、これ以上のことは明らかでない。親鸞の曽孫に当る、本願寺第三世の覚如の記した『口伝鈔《くでんせう》』一には、初めに、「本願寺鸞上人《らんしやうにん》、如信《によしん》上人（注、親鸞の長男善鸞《ぜんらん》の子。本願寺第二世）に対しまし〱て、をり〱の御物語の条々」とあって、その第一条に、法然上人により浄土宗が盛んになった当時、天皇をはじめとして、偏執《へんじゆう》の人々が世間に多かった。そこで、浄土宗の立宗の義を破るために、朝廷において七日間の御逆修《ごぎやくしゆ》を行われるついでに、安居院《あぐい》の聖覚法印《せいかくほういん》を唱導《しようどう》として、聖道門《しようどうもん》の諸宗のほかに、特別に浄土宗が存してはならぬことを申し破れよという勅請《ちよくしよう》があった。それで、法然は、浄土宗の宗義の立宗にかかわることだと言われて、聖覚の住む安居院の坊へ使を出されることになって、「善信御房《ぜんしんのごぼう》、その仁《じん》たるべき」よしをおっしゃって、善信房、即ち親鸞が選ばれ、同門の人たちもそれに賛成した。そのとき、「綷《こと》もつとも重事《ちようじ》なり。すべからく、人を相添《あひそ》へらるべき」と親鸞が申したので、介添役として法然上人から選ばれたのが、「西意善綽御房《さいいぜんしやくごぼう》」であった。二人は安居院の坊に至り、聖覚に対面して、聖人の仰せを伝えたところ、聖覚は、「たとひ、勅定《ちよくぢやう》たりといふとも、師範(注、法然)の命をやぶるべからず。よりて、仰せを蒙らざるさきに、聖道・浄土の二門を混乱せず、あまつさへ、浄土の宗義を申し立て侍《はんべ》りき。これ、しかしながら、王命よりも師教をおもくするが故なり。云々」と答えた。親鸞は法然のもとへ帰参して、聖覚の語を一言も落さず申し上げたところ、法然は、「もし紕繆《ひびう》《アヤマリ》ありや」と善綽房に仰せになったので、「西意、二座の説法、聴聞《ちやうもん》つかうまつり終りぬ。言語《ごんご》のおよぶところにあらずと云々」と答えた。「三百八十余人の御門侶《ごもんりよ》のなかに、その上足《じやうそく》といひ、その器用《きよう》といひ、すでに清撰《せいせん》にあたりて、使節《しせつ》をつとめましますところに、西意、また、証明《しようみやう》の発言に及ぶ。おそらくは、多宝証明《たほうしようみやう》の往事《わうじ》《ムカシノコト》にあひ同じきものをや。この事、大師聖人の御時、随分《ずいぶん》の面目《めんぼく》たりき」と覚如は記している。『七箇条制誡』においては、幸西・住蓮《じゆうれん》に続いて、第十七番目に署名している。

○二番　性願房　この僧については、何ら伝える所がない。法諱も未詳。**○三番　住蓮房**　陸奥寺の実遍の子で、法然の門に入り、『七箇条制誡』では、第十六番目に住蓮と署名している。法諱は未詳。「別時念仏」(特別の道場を設けて、一定の期間を限って、念仏を精修すること)と「六時礼讃」とを同門の安楽と行って、多くの男女の帰依を受けた。『徒然草』の第二百二十七段には、「六時礼讃は、法然上人の弟子、安楽といひける僧、経文《きやうもん》を集めて作りて、勤《つと》めにしけり。その後、太秦善観房《うづまさのぜんくわんばう》といふ僧、節博士《ふしはかせ》を定めて、声明《しやうみやう》になせり」とある。『法然上人絵伝』第十には、「法皇（注、後白河）崩御の後、かの御菩提の御《おん》ために、建久三年秋のころ、大和前司親盛入道《やまとのぜんじちかもりにふだう》法名、見仏八坂の引導寺《いんだうじ》にして、心阿弥陀仏《しんあみだぶつ》調声《てうしやう》し、住蓮・安楽・見仏等のたぐひ助音《じよいん》して、六時礼讃を修《しゆ》し、七日念仏す」とあり、同第十二には、「右京権太夫《うきやうごんだいふ》、隆信朝臣《たかのぶあつそん》は、ふかく上人（注、法然）に帰し、余仏・余行をさしおきて、ただ、弥陀の一尊《いつそん》をあがめ、ひとへに、念仏の一行をつとむ。つひに、上人にしたがひて、建仁元年に出家をとげ、法名を戒心と号《かう》す。一向専念の外、他事なかりけり。生年六十余の春、所労《しよらう》危急におよぶ。上人きき給ひて、住蓮・安楽二人の門弟をつかはして、知識とせられけり」とある。建永元年十二月に、後鳥羽院の熊野臨幸の間に、東山鹿谷において、住蓮・安楽等が別時《べつじ》念仏・六時礼讃をつとめ、その結果、院の御所の「御留守の女房」が出家する事件が起り、院の怒りを買って、二人共に死罪に処せられるに至ったことは、先に『法然上人絵伝』第三十三から引用した通りである。住蓮は、『拾遺古徳伝』巻七には、性願房・安楽房とともに、「已上、近江の国むまぶちにして誅す。二位の法印尊長が沙汰と云々」とあるが、馬淵村《むまぶちむら》で処刑されたのは、住蓮だけであって、いまも、その地に記念の址《あと》が存するという。

○四番　安楽房　法諱は遵西《じゆんさい》といい、父は、少外記入道師秀《げきにゆうどうもろひで》。『七箇条制誡』には、第三十番目に署名している。住蓮と一緒に、別時念仏・六時礼讃を修したこと、建永元年の鹿谷の六時礼讃念仏の結果、後鳥羽院の逆鱗《げきりん》にふれて、裁判の時、『法事讃』の文を誦したために、ますます怒りを増し、六条河原で死罪に処せられるに至ったこと等は、前に説明した通りである。その最後のありさまは、先の『法然上人絵伝』からの引用文に続いて、「六条河原にして安楽を死罪におこなはるる時、奉行《ぶぎやう》の官人《くわんにん》にいとまをこひ、ひとり、日没《にちもつ》の礼讃《らいさん》を行《ぎやう》ずるに、紫雲《しうん》そらにみちければ、諸人《しよにん》あやしみをなすところに、安楽申しけるは、『念仏数百遍《すひやくへん》ののち、十念を待ちて斬るべし。合掌《がつしやう》みだれずして右にふさば、本意《ほんい》をとげぬと知るべし』といひて、高声《かうしやう》念仏数百遍《すひやつぺん》ののち、十念みちける時きられけるに、いひつるにたがはず、合掌みだれずして、右にふしにけり。見聞《けんもん》の諸人《しよにん》、随喜《ずいき》の涙をながし、念仏に帰する人おほかりけり」と伝えられている。

○二位法印尊長之沙汰也　「尊長」は、権中納言、一条能保《よしやす》の子で、『尊卑分脈《そんぴぶんみやく》』には、「法勝寺執行《ほふしやうじしゆぎやう》、法印《ほふいん》」とあり、三人の子もそれぞれ僧となっている。また、「承久乱逆已後《ジヤウキウノランゲキイゴ》、晦《クラマシ》レ跡《テアトヲ》隠居《ス》。被《ルル》ニ尋出《タヅネイダサ》一之後《ノチ》、自害《ス》」とも記されている。「二位法印」とは、父が正二位となり一条二位入道と号したこと、学徳ともにすぐれた者に贈られる僧位（法印《ほういん》・法眼《ほうげん》・法橋《ほつきよう》に分れる）の最高位たる法印を授けられたことにより、かく呼ばれたのである。これを「君名《きみな》」という。『貞丈雑記《ていじやうざつき》』巻之二には、「一、天台宗の僧の君に、民部卿・兵部卿・式部卿などゝ云《いふ》は、是《これ》を君名《きみな》と云也。他人より云には、民部卿の君、兵部卿の君などゝ云也。畢竟は喚名《よびな》也。かの僧、民部卿・式部卿の官に任じたるにはあらず。（中略）其《その》根元を正せば、摂政関白の子の僧になりて、法印になりたるをば、殿ノ法印《とのほふいんと》云《いふ》摂政関白をば殿と称する故なり。左大臣の子の僧正になりたるをば、左大臣の僧正と云、式部卿の子の法印になりたるをば、式部卿の法印と云類《いふたぐひ》也。皆、父の官を以て称する也」とある通りであって、『徒然草』第九十段には、「大納言法印」という君名の人物が見える。しかし、伊勢貞丈がこの君名を天台宗内のことに限ったのは誤りであって、真言宗、その他の宗派でも行われていた。「沙汰」は、裁判の結果によっての指令・命令・下知。しかし、尊長がこの死罪、もしくは流罪を含めての「沙汰」にいかに関わっていたかは、未詳である。

○親鸞、改僧儀、賜俗名　「僧儀」は、僧としての威儀《いぎ》、即ち、鬚髪《しゆはつ》を剃除《ていじよ》し、袈裟《けさ》を身に著《つ》けること。それを「改メ」とは、俗人としての身なりに返させられること、袈裟を奪い、鬚髪をのばすこと。「俗名」は、俗人としての名。「賜フ」は、官より下さる。　**○仍、非僧非俗**　この言葉は、中世においては、寺院に居住する僧（比丘《びく》・比丘尼《びくに》）でもなく、世間に生活する俗人《ぞくにん》（一般の在家《ざいけ》の人）でもない、その中間にあって、中年からの出家者たる遁《とん》世者《せいしや》・世捨人《よすてびと》・在家《ざいけ》の沙弥《しやみ》などと呼ばれていた身分の人を指している。この遁世者は、一定の宗派に属さず、その規制下に寺院生活を送ることなく、家庭にあって、妻子・従者を持ち、俗人と同じような生活を送り、かつ、戒律からも自由であったことが知られる。親鸞は、流罪以後、往生するまで、この遁世者として過したのであって、その家庭生活における肉食《にくじき》・妻帯の如きも、自然にして一般的な、遁世者の生活態度として理解すべきである。

『教行信証』の「化身土巻《けしんどのまき》」の末尾に近く、「斯以、興福寺学徒、奏達太上天皇号後鳥羽院。諱尊成。今上号土御門院。諱為仁。聖暦、承元丁卯歳、仲春上旬之候。主上・臣下、背法違義、成忿結怨。因玆、真宗興隆大祖源空法師、幷門徒数輩、不考罪科、猥坐死罪。或改僧儀、賜姓名、処遠流。予其一也。爾者、已非僧非俗。是故、以禿字為姓。空師幷弟子等、坐諸方辺州、経五年居諸」（斯《コレ》ヲ以テ、興福寺《コウブクジ》ノ学徒《ガクト》、太上天皇《ダイジヤウテンノウ》後鳥羽院ト号ス。諱ハ尊成。今上《キンジヤウ》土御門院ト号ス。諱ハ為仁。ノ聖暦《セイレキ》、承元丁卯《ジヨウゲンヒノトウ》ノ歳《トシ》、仲春上旬ノ候《コウ》ニ奏達《ソウタツ》ス。主上《シユシヤウ》・臣下《シンカ》、法ニ背《ソム》キ、義ニ違《ヰ》シ、忿《イカリ》ヲ成《ナ》シ、怨《ウラミ》ヲ結ブ。茲《コレ》ニ因《ヨ》ッテ、真宗《シンシウ》興隆ノ大祖、源空法師《ホフシ》、幷《ナラ》ビニ門徒数輩《スハイ》、罪科ヲ考ヘズ、猥《ミダ》リガハシク死罪ニ坐《ツミ》ス。或ハ、僧儀《ソウギ》ヲ改メ、姓名《シヤウミヤウ》ヲ賜《タマ》ウテ、遠流《ヲンル》ニ処ス。予《ヨ》ハ其ノ一《イツ》ナリ。爾《シカ》レバ、已《スデ》ニ僧ニ非ズ、俗ニ非ズ。是《コ》ノ故ニ、禿《トク》ノ字ヲ以テ姓《セイ》ト為《ナ》ス。空師《クウシ》幷《ナラ》ビニ弟子等、諸方ノ辺州《ヘンシウ》ニ坐《ツミ》シテ、五年ノ居諸《キヨシヨ》ヲ経《ヘ》タリキ）とあり、覚如の『改邪鈔《がいじやせう》』には、曾祖父に当る親鸞を「祖師」「祖師聖人」「大師聖人」などと呼んで、その「御遺訓」を書き記しているが、その中の第三章に、「常《つね》の御持言《ごぢごん》には、『我は是れ、賀古《かこ》の教信沙弥《けやうしんしやみ》この沙弥の称、禅林の永観の十因に見えたり。の定《ちやう》なり』と云々。しかれば、縡《こと》を専修念仏停《ちやう》廃《はい》の時の、左遷《させん》の勅宣《ちよくせん》によせましくて、御位署《ごゐしよ》には、愚禿《ぐとく》の字を載《の》せらる。是れ即ち、僧にあらず、俗にあらざる儀を表して、教信沙弥の如くなるべし、と云々」という一節がある。永観《ようかん》の著、『禅林十因《ぜんりんじふいん》』に出ている、播磨《はりま》の国（今の兵庫県）の賀古郡の賀古駅に、妻子と共に住み、阿弥陀の号を昼夜休むことなく称して己れの業としたので、彼を雇用した人が阿弥陀丸《あみだまる》と呼ぶようになったという、在家《ざいけ》の沙弥《しやみ》教信を、親鸞は定（その通りの意）としていたこと、非僧非俗の儀（身なりの意）を外に示して、教信のような生活をめざしたことを、「常の御持言」（平常の仰せの意）としていたことがわかる。こうしてみると、浄土真宗の宗祖親鸞は、在家の沙弥、遁世者の立場において、自己の仏教を樹立した存在であることになる。

○然間、以禿字為姓、被経奏聞了。彼御申状、于今、外記廳ニ納ルト云々　「申状」は、申文《もうしぶみ》とも言い、広く、官庁に差し出す上申書をいう。親鸞のこの場合は、藤井善信《よしざね》を禿親鸞と改める「御申状」である。「外記廳」は、「外記局」とも称し、太政官少納言《だじょうかんのしょうなごん》の下にあって、内記《ないき》（中務省《なかつかさしょう》に属し、詔勅や宣命《せんみょう》の起草《きそう》、叙位《じょい》の辞令、記録をつかさどる）の作った詔勅の草案を訂正したり、奏文を作ったり、また、先例を考えたり、儀式・行事の奉行《ぶぎょう》をした外記の勤務する事務局。内裏《だいり》の建春門の外にあった。「納ル」は、受け取られる、納入される。ちゃんと納められている。ただし、この事実は、何ら実証すべき史料がない。「禿」は、カブロと訓じ、頭髪を結ばず、切り揃えて垂らした髪形のこと。しかし、ここでは外道等が剃髪の僧を罵り、また、仏教の中で、破戒して法を獲《え》ざる僧を貶《けな》すために用いられた語であったのを、非僧非俗の在家の沙弥たる自覚に立って、自主的に、親鸞が用いたものと考えられる。

○流罪以後、愚禿親鸞令書給也　「愚」は、愚鈍《ぐどん》・愚癡《ぐち》等の意の謙辞。この「愚禿」の語は、聖覚《せいかく》の作という『黒谷源空上人伝』（『十六門記《じふろくもんき》』ともいう）の中に、「愚禿、此篇《このへん》を記するに、身毛為竪《しんまうためにたち》て、雙眼《さうがん》に涙を浮ぶ」とあるように、浄土教信者の間には一種の謙称として用いられた。しかし、親鸞においては、消極的な謙辞ではなくして、積極的な遁世者、在家の沙弥の生活を標榜する、深い信念と自覚をこめて名乗った言葉と考えるべきであろう。そして、先の「禿」から、この「愚禿」を姓として、流罪以後、用いたことになるのである。『血脈文集』の末尾には、後にも引用するが、「愚禿者、坐《ツミセラルル》二流罪ニ一之時、望《ノゾム》二勅免ヲ一之時、改《メテ》二藤井姓ヲ一、以《テ》二愚禿之字ヲ一（下略）」という、別の記載がある。また、『教行信証』の「化身土巻」の終りには、「又、依二夢告一、改二綽空字一、同日、以二御筆一、令レ書二名之字一畢」（又、夢ノ告《ツゲ》ニ依リ、綽空《シャククウ》ノ字ヲ改メ、同日（注、元久二年閏《ウルフ》七月二十九日）、御筆ヲ以テ、名ノ字ヲ書カシメタマヒ畢《ヲハ》ンヌ）とあるので、綽空を親鸞と改めたのは、この三十三歳の時であり、流罪の二年前のこととなる。従って、この「流罪以後云々」の記事は、その親鸞の上に、姓として、「禿」の字を改めて、愚禿の二字を置くに至ったことを書いたことになる。「令書給也」（書カシメ給フナリ）は、お書きになった。尊敬を表す、日本式漢文の書き方である。

〔解説〕

この「流罪記録」が、初めから『歎異抄』に付属していたものか、どうかは、必ずしも明らかでない。この「流罪記録」のない写本・板本も存するのである。が、底本である蓮如本は、本文を記した後に、白紙一枚を置いて、その次の紙からこの「記録」が書かれているし、端ノ坊本（永正本《えいしょうぼん》とも言う）は、本文を書き終えた紙の裏を空白にして、その次の紙から、この「流罪記録」を記している。そして、この二写本とも、その後に、「右斯聖教者云々」の奥書と「釈蓮如花押」（蓮如本）、もしくは、「釈蓮如御判」（端ノ坊本）を加えているので、初めから、「流罪記録」を含めて、『歎異抄』の全体は構成されていたものと考えられる。即ち、『歎異抄』は、この付録を重要な参考資料と認めて伝来したのが本来の形体であると思われる。これを有しない写本類は、この「流罪記録」を本文の理解には直接関係しないものと考えて、削除・省略したのであろう。しかし、ここに書かれている、

一　承元の法難の由来。
二　法然、及び、その弟子への罪科・処断。
三　愚禿親鸞と名乗った縁由。

の三つが非常に貴重な、そして稀有な記録であることを知っていた人が、その散逸するのを恐れて、収

録、もしくは書き添えたものであろう。その人は、浄土真宗の法流に属する僧であったかと想像されてくる。あるいは、その人は、『歎異抄』の著者、唯円自身であるのかも知れない。

かかる、後人による添加の例は、『親鸞聖人血脈文集《けちみやくもんじふ》』の終りにも存するので、参照のため、ここに引用して置きたい。

一　法然聖人者　流罪土佐国幡多（専琳寺本による）
　　　　　　　　俗姓藤井元彦
　　善信者　　　流罪越後国国府（専琳寺本による）
　　　　　　　　俗姓藤井善信
坐二罪科一之時　勅宣《に》　稱《いはく》
藤井元彦　俗姓藤井
善信者、俗名善信《よしざね》
善恵者、無動寺大僧正御房あづからしめおはしき
幸西者、俗姓物部　常覚房
愚禿者、坐《する》二流罪《に》一之時、望《む》二勅免《を》一之時、改《めて》二藤井姓《のを》一、以《て》二愚禿之字《を》一、中納言範光卿《のりみつのきやう》をもて、勅免をかふむらんと経《ふる》二奏聞《を》一に、範光の卿をはじめとして、諸卿みな、愚禿の字にあらためかきて、奏聞をふること、めでたくまうしたりとてありき。そのとき、ほどなく、聖人もゆりましくけり。御弟子《おんでし》八人《はちにん》、あひ具《ぐ》してゆるされたりしなり。京中には、みな、このやうはしられたるなり。

（下略）

この後に、『教行信証』巻六末の一節、「愚禿釈親鸞、建仁辛酉暦、棄雑行兮帰本願云々」以下の文が付載されているが、「流罪記録」と関係がないので、省略した。また、右の引用中、「中納言範光卿」とあるのは、この公卿が建永二年(一二〇七年。十月廿五日改元して承元元年となる)三月十五日に、春宮権大夫《とうぐうごんのたゆう》・民部卿の職の身分から出家していることが『公卿補任《くぎやうぶにん》』により判明するので、ここに書かれているような事実があったことは考えられないと、これまでの研究者により考証されている。しかし、同年中の事実なのであるから、便宜上、かく記すことも、不自然な記し方とは言えないと思われる。

ただ、承元の法難をめぐる、この二つの記録によって、法然とその弟子親鸞(『血脈文集』では善信)とが特に大きく並べ掲げられていること、「流罪記録」では、流罪地と罪人名と生年とが、流罪者八人の中、この二人に限って記載されていること、『血脈文集』では、流罪地と俗姓(罪人名)とが、これも二人に限って並記されていることが注目される。これによって、法然と親鸞との師弟関係の緊密さが目立って強調されていることになる。これは、『教行信証』「化身土巻」の終りに記されている、「因玆、真宗興隆大祖源空法師、幷門徒数輩、不考罪科、猥坐死罪。或改僧儀、賜姓名、処遠流。予其一也。爾者、已非僧非俗。是故、以禿字為姓。空師幷弟子等、坐諸方辺州、経五年居諸」(前出、五一四ページ)と記されているのとは違った立場で書かれたものと認められる。流罪以後、「愚禿親鸞」とお書きになるようになったとあることも、親鸞の存在を「流罪」によって強調しようとする意図が認められる。そして、このことは、『歎異抄』の中に、法然と親鸞との師弟関係がかなり親密なものとして叙述されていることと無関係ではないであろう。これに、『歎異抄』の中の著者唯円と師の親鸞との密着した師弟関係を加えれば、ここに、

法然房源空——愚禿親鸞——唯円

という、一連の法系の成立することが認められてくる。『歎異抄』は、「実に、この法系の成立を信じ、その立場をどこまでも正統なものとして生かそうとする立場から述作されたものと言うべきであろうか。

（奥　書）

右、斯聖教者、為当流大事聖教也。
於無宿善機、無左右、不可許之者也。

釈蓮如（花押）

右《ミギ》、斯《コ》ノ聖教《シヤウゲウ》ハ、当流大事《タウリウダイジ》ノ聖教タルナリ。
無宿善《ムシユクゼン》ノ機《キ》ニ於《オ》イテハ、左右《サウ》無《ナ》ク、之《コレ》ヲ許《ユル》ス可《ベ》カラザルモノナリ。

釈蓮如《シヤクレンニヨ》（花押《クワアフ》）

〔口訳〕

右にある、この聖教は、本願寺という、この流派の、重要な聖教であるのである。
前世における善行のなくて、仏の教法を受ける資格のない人においては、容易に披閲《ひえつ》・書写することを許可してはならないものである。

仏弟子たる蓮如（花押）

〔注釈〕○斯ノ聖教ハ　「聖教」は、第十二章・第十七章、及び「後記」に既出。この語がかく使われていることによって、筆写した蓮如がこの『歎異抄』を「聖教」として尊重していたことがわかる。○当流大事ノ聖教タルナリ　「当流」は、親鸞を初代の宗祖として、如信《にょしん》・覚如《かくにょ》・善如《ぜんにょ》・綽如《しゃくにょ》・巧如《ぎょうにょ》・存如《ぞんにょ》と法燈を相継いで、筆写した、第八代の蓮如に至る、浄土真宗本願寺派の法統・法流をいう。蓮如は、明応八年（一四九九）三月、八十五歳で寂するまで、真宗の独立と社会的地位を確保し、宗勢を拡大して、「真宗の中興」と仰がれるまで、布教の努力を重ねたことは、世の知る所である。「当流大事の聖教タルナリ」の句には、『歎異抄』を書写した彼が、この書に大きな価値を見いだした感動が認められる。『日ポ』には、「Daiji. ダイジ（大事） Vôqina coto.（大きな事）大変な事、または、重要な事。また、危険な事。Daijimo nai.（大事もない）大したことではない」とある。○無宿善ノ機ニ於イテハ　「宿善」は第十三章に既出、過去世においてなした善根・功徳をいう。「機」は、仏の教法を被《こうむ》るべき対象となる衆生。蓮如の『御文章』四には、「二つには、人を勧化《くわんげ》せんに、宿善《しふぜん》・無宿善のふたつを分別《ふんべつ》して勧化をいたすべし」「当流のこころは、人を勧化せんとおもふとも、宿善・無宿善のふたつを分別せずは、いたづらごとなるべし」の例が見いだされる。○左右無ク、之ヲ許ス可カラザルモノナリ　「左右無シ」は、無造作である、容易である。『日ポ』には、「Sŏnŏ. l, Sŏnacu. サゥナゥ、または、サゥナク（左右無う、または、左右無く）〈理由も述べないで〉、または、〈それ以上なんということもなしに〉、あるいは、〈大した手間もいらずに〉、または、〈苦もなく〉。例、Sŏnŏ torareta.（左右無う取られた）理由も述べずに取り上げられた。Sŏnacu funega tçuita.（左右無く船が着いた）容易に難なく船が着いた」とある。「許ス」は、『歎異抄』を披閲《ひえつ》し、書写する類のことを許可する。○釈蓮如（花押）「蓮如」については、先に述べた。「釈」は、釈尊の弟子たることを示すために、法名「蓮如」の上に付した、姓に当る語。「花押」は、平安中期以降に現れた、自署の代りに書く記号。その形が花模様のようなので、花押と呼ばれ、印判《いんばん》と区別して、書判《かきはん》とも言われた。

自己の名乗《なのり》を楷書体で記したのを自署《じしょ》、草書体で書いたものを草名《そうみょう》といい、この草名をさらに、他人に判読できないまでに図案化したのを花押・華押・書判という。花押を名乗の下に重ねて書くことは故実に反することながら、底本の如く、自署と花押とを連記することも、鎌倉以降行われるに至った。

〔解説〕

この奥書の書かれた年時は明らかでない。『歎異抄新註』（多屋頼俊著）には、「禿氏《とくし》教授の御話によれば、上人六十五歳頃の御筆であらうとのことである」とある。蓮如の六十五歳は、文明十一年（一四七九）に当る。山城国宇治郡山科《やましな》郷内野村に、山科本願寺の造営を計画中のころであったことがわかる。

この奥書は、前半では、『歎異抄』が「当流大事ノ聖教」たることを認め、後半では、宿善の無い機（衆生）には、安易に許してはならぬとしているのであるが、これには、さまざまな理由が考えられる。浄土真宗の研究者の中にも、各人各様の説が唱えられているが、その中から、『歎異抄私記』の末尾の一文をここに引用して置きたい。

一、蓮如上人《レンニョシヤウニン》ノ御奥書《オクカキ》アリ。於《ヲヒテハ》二无《ム》宿善《シフセン》機《ノキニ》一無《ク》二左右《サウ》一不《ル》レ可《ラ》レ許《ユルス》レ之《ヲ》者也《ノナリ》云々。コノ御言、能々《ヨクヨク》吟味《キムミ》スヘシ。自力ノ念仏者ナトニ、此《ノ》書ヲ許容《ユルス》ヘカラズ。自力根性《シリキコンシヤウ》ヲモテ、佗力《タリキ》ノ至極《シコク》ヲシラス。カヘリテ邪見《シヤケン》ナリト誹謗《ヒハウ》シテ、謗法ノ罪《トガ》ヲ招《マネク》ヘキカユヘニ。マタ一宗門《ノ》人タリトイフトモ、真実信心ヲ獲得《キヤクトク》セサラン輩《トモカラ》ニ対シテハ、輙《タヤスク》コノ義ヲ談スヘカラス。アヤマリテ邪見ニ堕《タ》スルモノアルヘシ。説《トカン》者《ノ》最《モトモ》大切《ノ》之事也《コトナリ》

旹寛文第二壬寅暦臘月下澣釈円智誌焉

この一文は、『歎異抄』の多くの研究者・愛読者の同感を得るものと、わたくしは信じている次第である。

『歎異抄』の文芸的意義

一

『歎異抄』の本文は、「第一部」の十章にわたる、先師親鸞の語録と、「第二部」の八章に展開している、著者唯円の、異義の批判と、その終わりに付せられている、「第三部」の著者の「後記」との、三つの部分から成り立っている。従って、それが文芸作品であることを解明するためには、この三つの、多少は表現性を異にする、それぞれの部分について、それぞれの文芸的意義を説明しなくてはならないことになる。

一般に、文芸作品の表現的叙述には、次の三種類の区別が認められる。第一は、「記述」であって、作者が、対象（事実・事件）をあるがままに観照して書き記すことを本来の立場とする叙述性である。第二は「表白」であって、作者が、自己の内に起ってくる感動や感想や思索を自己に向って書き表すことを主体とする叙述性である。第三は「口述」であって、作者が作品中のある人物の立場になって、その人の談話を書き示す叙述性であって、談話たることを表す括弧「　」の中に入れて叙述されるのが普通である。

叙述には、この三つの種別が存するのみであるが、それらは、文芸作品を形成する要素とも言うべきものであって、具体的な作品についてみると、この三種の叙述の中の一種だけから出来上がっているものも認められるが、多くは、二種、もしくは三種の叙述を混《まじ》えて、複雑に表現されていることが知られるのである。例えば、『徒然草』の第百八十五段においては、

城陸奥守泰盛《じやうのむつのかみやすもり》は、双《さう》なき馬乗りなりけり。馬を引き出《いだ》させけるに、足を揃《そろ》へて閾《しきみ》をゆらりと越ゆるを見ては、「これは勇める馬なり」とて、鞍《くら》を置き換《か》へさせけり。また、足を伸《の》べて閾に蹴当《けあ》てぬれば、「これは鈍《にぶ》くして、過《あやま》ちあるべし」とて、乗らざりけり。

道を知らざらん人、かばかり恐れなんや。

という叙述の中で、括弧「　」内の、泰盛が下部《しもべ》に言った言葉、「これは勇める馬なり」「これは鈍くして、過ちあるべし」の二つは、わたくしのいう口述であるし、終りに述べられた「道を知らざらん人、かばかり恐れなんや」の感想語は、作者兼好の感想の表白に外ならない。その外の叙述は、すべて記述であって、前の段落中の三つのセンテンスの終りを、いずれも、「双なき馬乗りなりけり」「鞍を置き換へさせけり」「乗らざりけり」とあるように、助動詞「けり」で結んでいるのも、作者の、対象を離れて客観する立場を示している。この一段は、従って、記述を素地として、それに口述と表白とが加わって成ったという表現性を示している。

記述を主体とする文芸形態には、神話・伝説・説話・物語・小説・歴史・伝記等があり、表白中心の文芸形態には、抒情詩・格言・随筆・評論・哲学等があり、口述を主要素とする文芸形態には、語録・劇（戯曲）・演説・説法等があり、書簡の如きも、ある人が、特定の人物に向って語りかけるように書く

叙述である点において、この口述性に属する表現と言うことができる。従って、これらの文芸形態を決定しているものがいかなる種類の叙述であるかを一応理解した上で、その叙述性に即した作品の解釈を試みなくてはならないことになるのである。

二

かかる観点からみれば、『歎異抄』の第一部は、親鸞の遺《のこ》した談話の筆録であるから、口述的語録に外ならない。しかも、その談話において、彼は、自己の、阿弥陀仏から賜わった信心のいかなるものかを、特定の聴き手（単数、もしくは複数の）に向って説き示しているのであって、この性質を、単なる日常生活の談話から区別して、説示《せつじ》性《せい》と呼ぶことにする。

第一部における、この説示性の特質として認められることの第一は、それが話し手である親鸞の、深い人間的内観・内省にもとづいていることである。第二章の、「自余《じよ》の行《ぎやう》も励みて仏《ぶつ》に成るべかりける身《み》が、念仏を申して、地獄にも堕《お》ちて候はばこそ、賺《すか》され奉《たてまつ》りてといふ後悔も候はめ、いづれの行も及び難き身なれば、とても、地獄は一定《いちぢやう》住処《すみか》ぞかし」という、痛切な自己省察を始めとして、第三章の、「煩悩具足のわれらは、いづれの行にても、生死を離るることあるべからざるを」も、第四章の、「今生に、いかに、いとほし・不便と思ふとも、存知の如く助け難ければ」も、第六章の、「付くべき縁あれば伴ひ、離るべき縁あれば離るることのあるをも」も、第八章の、「我が計ひにて行ずるに非ざれば、非行と言ふ。我が計ひにて作る善にも非ざれば、非善と言ふ」も、彼の深刻なる内観によって見いだされた、自己の種々相に外ならない。特に、第九章においては、弟子唯円に向って、「よくよく案じみれば、天に踊り、地に躍る程に喜ぶべき事を喜ばぬにて、いよいよ、往生は一定と思ひ給ふなり。喜ぶべき心を抑へて、喜ばざるは、煩悩の所為なり。しかるに、仏、予《かね》て知ろしめして、煩悩具足の凡夫と仰せられたることなれば、他力の悲願はかくの如きのわれらがためなりけりと知られて、いよいよ頼もしく覚ゆるなり」と言い、「また、浄土へ急ぎ参りたき心のなくて、些か、所労のこともあれば、死なんずるやらんと、心細く覚ゆることも、煩悩の所為なり。久遠劫より今まで流転せる、苦悩の旧里は捨て難く、未だ生れざる安養浄土は恋しからず候ふこと、まことに、よくよく、煩悩の興盛に候ふにこそ」と述べて、自己の内なる「煩悩」をよくよく見つめて、そこに自己の人間的限界が自覚された様相と、そこに感得された「悲願」の頼もしさとが、心の真実相として内観されている叙述に接するのである。宗教者としての親鸞が、かくも鋭く自己を剔抉《てっけつ》している厳酷さには、何人も心打たれるものが存するであろう。

　第二には、そういう内観・内省が、時には、聴き手に対する告白として語られていることである。親鸞は、この告白によって、自己の真実を聴き手に訴え、聴き手に肉迫している趣が認められる。第二章の、「親鸞においては、ただ念仏して、弥陀に助けられ参らすべしと、よき人の仰せを被りて信ずる外に、別の子細なきなり」の如きも、この告白し、訴えんとする意志の率直な発現であり、続く、「念仏は、まことに、浄土に生《むま》るる種にてや侍《はんべ》らん、また、地獄に堕《お》つべき業にてや侍るらん、惣《そう》じて以て存知せざるなり。たとひ、法然聖人に賺《すか》され参らせて、念仏して地獄に堕ちたりとも、さらに後悔すべからず候ふ」の叙述には、その告白の痛烈さ・深刻さにおいて、聴き手の心を驚倒させる力があると言ってよいものがある。これは、同じ章の「法然の仰せ、実《まこと》ならば、親鸞が申す旨、またもつて空《むな》しかるべからず候ふ歟《か》」「詮ずる所、愚身の信心におきては、かくの如し」等にも及んでいる。この外、第五章の、「親鸞は、父母《ぶも》の孝養《けうやう》のためとて、一返にても念仏申したること、未だ候はず」も、第六章の、「親鸞は、弟子一人も持たず候ふ」も、第九章の、「親鸞もこの不審ありつるに、唯円房、同じ心にてありけり」や、「踊躍《ゆやく》・歓喜の心もあり、急ぎ浄土へも参りたく候はんには、煩悩のなきやらんと、悪しく候ひなまし」も、すべて、告白的声調を帯びた叙述と言うことができよう。この告白的叙述こそ、最も深い自己表現であることを考えさせずには置かないものがある。

かくして、第三に、他力の信心によって革新された、新たな「理《ことわり》」にもとづく、異常とも言える立言の数々にわれわれは接するのであって、「弥陀の本願には、老少・善悪の人を択《えら》ばれず。ただ、信心を要とすと知るべし」「しかれば、本願を信ぜんには、他の善も要にあらず。念仏にまさるべき善なき故に。悪をも恐るべからず。弥陀の本願を妨ぐる程の悪なき故に」（第一章）、「善人なほもつて、往生を遂ぐ。況んや、悪人をや」「他力を頼み奉る悪人、もつとも往生の正因なり」（第三章）、「念仏申すのみぞ、末通りたる大慈悲心にて候ふべき」（第四章）、「親鸞は、父母の孝養のためとて、一返にても念仏申したること、未だ候はず」（第五章）、「専修念仏の輩《ともがら》の、我が弟子、人の弟子といふ相論の候ふらん事、以ての外の子細なり」「弥陀の御催しに預かつて念仏申し候ふ人を、我が弟子と申すこと、極《きは》めたる荒涼《くわうりやう》のことなり」（第六章）、「念仏は、無碍《むげ》の一道なり」（第七章）、「念仏は、行者のために、非行《ひぎやう》・非善《ひぜん》なり」（第八章）、「念仏には、無義《むぎ》を以て義とす」（第十章）等々の叙述は、世間的常識・道徳や、自力修行的、聖道門的精進を根本から覆す「理《ことわり》」として主張されている。が、それだけではない。親鸞は、必ず、その理由を的確に述べることを忘れてはいない。「その故は」（第一章・第二章・第三章・第五章・第六章）、

「故に」（第一章・第七章・第八章・第十章）、「その謂はれ如何とならば」（第七章）、「しかれば」（第四章）、「よつて」（第三章）、「これにつけてこそ」（第九章）等の語句にもとづいて、新たな「理《ことわり》」「道理」がいかなるものかが説明されているのを見るのである。この点から見れば、第一章こそ、初めに、「弥陀の誓願不思議に助けられ参らせて、往生をば遂ぐるなりと信じて、念仏申さんと思ひ立つ心の起る時、即ち、摂取不捨の利益に預けしめ給ふなり」という、他力信心の根本の「理」「道理」を道破した上に、その「理」を続く二つの段落において、敷衍《ふえん》し、解明している、第一部を代表する、いみじき表現ということができる。

『歎異抄』第一部の説示性を上述したように考察してみると、内観・内省も、告白的叙述も、新しき「理《ことわり》」の道破とその説明も、文芸的意義を保持しているものと言い得るのであって、そこには、単なる感動や感興や情趣を越えた、「理」「道理」という、中世における文芸的理念の深化があり、拡張が認められなくてはならないことになる。そして、「語録」の説示性が、かくの如き文芸的意義を発揮しているものとしては、本書の外には、道元禅師の、宇治の興聖寺《こうしょうじ》における説示を法嗣《はっす》の懐奘《えじょう》が筆録した『正《しやう》法眼蔵随聞記《ぼふげんぞうずいもんき》』が存するくらいである。

なお、第四として付記して置きたいことは、上述したような説示における話し手である親鸞の態度についてである。それは、大体において、他力信心の「理《ことわり》」を説くことにおいて、厳しく、鋭く、確信的な態度で貫かれているのであるが、そうした中にも、第二章では「各々、十余ケ国の境を越えて、身命《しんみやう》を顧みずして、尋ね来《きた》らしめ給ふ御志《おんこころざし》、偏《ひと》へに、往生極楽の道を問ひ訊《き》かんがためなり」といい、「しかるに、念仏より外《ほか》に、往生の道をも存知《ぞんぢ》し、法文等をも知りたるらんと、心にくく思《おぼ》し召しておはしまして侍らんは、大きなる誤りなり」といい、「もししからば、南都《なんと》・北嶺《ほくれい》にも、ゆゆしき学生《がくしやう》たち多く座《ざ》せられて候ふなれば、かの人々にも逢ひ奉りて、往生の要《えう》、よくよく訊《き》かるべきなり」といい、結びの「この上は、念仏を取りて信じ奉らんとも、また捨てんとも、面々《めんめん》の御計《おんはから》ひなり」といい、いずれも、聞法《もんぼう》のため、関東から遙々《はるばる》上京して来た人々に対する思いやりに溢れている。敬語を充分に使用していることも、親鸞の寛《ひろ》やかな人間愛の現れと言えよう。この態度は、第九章においては、信愛する弟子唯円に対しても発現し、彼の二つの疑問に対して、「親鸞もこの不審ありつるに、唯円房、同じ心にてありけり」と、その「不審」に全くの同感・共鳴を示していることにも現れている。そして、第一の疑問については、「よくよく案じみれば、天に踊り、地に躍る程に喜ぶべき事を喜ばぬにて、いよいよ、往生は一定と思ひ給ふなり」と懇切・丁寧に答えた後、「……他力の悲願はかくの如きのわれらがためなりけりと知られて、いよいよ頼もしく覚ゆるなり」といっているが、自身とわが弟子とを一括して、「かくの如きのわれらがためなりけり」と答えていることも、「他力の悲願」の前には師も弟子も、すべて同等・無差別であることを、かくも親愛の情をこめて述べていることが知られる。また、第二の疑問についても、諄々《じゆんじゆん》と説き示した結びに、「これにつけてこそ、いよいよ、大悲大願は頼もしく、往生は決定と存じ候へ」と言って、信愛の思いをこめて、自己の信心を披瀝《ひれき》している点が著しい。「理」を説示するには峻厳なのであるが、その説示の底には、同じ信心を共有すべき同朋・同行に対する、懇切にして寛容な態度がいつも潜在していて、人間親鸞の奥ゆかしさ・慕わしさを、第一部の読者にしみじみと感じさせるものがあると言えよう。

三

第二部八章にわたる、唯円の批判は、いかなる点で、文芸としての意義を保持しているか。

第一に、唯円は、さまざまな異義に対決するのに、いつも、本質的、かつ原理的な立場に立つことを目ざしていることである。それには二つあって、一つは、弥陀の誓願・本願にどこまでも信順してやまない立場であり、もう一つは、先師親鸞の遺した言葉、即ち「故聖人の仰《おほ》せ」を絶対的規準として景仰する立場である。例えば、第十一章では、「誓願の不思議によりて、易く持《たも》ち、称《とな》へ易き名号《みやうがう》を案じ出し給ひて、この名字《みやうじ》を称へん者を迎へ取らんと御約束あることなれば」と述べた後に、それにもとづいて、「弥陀の大悲・大願の不思議に助けられ参らせて、生死《しやうじ》を出《い》づべしと信じて、念仏の申さるるも如来の御計ひなりと思へば、少しも、自《みづか》らの計《はから》ひ交はらざるが故に、本願に相応して、実報土《じつぽうど》に往生するなり」という、他力信心の本質、その「理」が、弥陀・如来の誓願・本願の展開として、厳粛にして荘重な文体となって叙述されている。第十二章の「経釈《きやうしやく》を読み、学せざる輩《ともがら》、往生不定《ふぢやう》の由《よし》の事」に対しての批判も、真先に、「他力真実の旨を明せる、もろもろの正教は、本願を信じ、念仏を申さば、仏に成る。その外、何の学問かは、往生の要なるべきや」と言ってから、「まことに、この理《ことわり》に迷へらん人は、いかにもいかにも、学問して、本願の旨を知るべきなり。経釈を読み、学すといへども、聖教の本《ほん》意《い》を心得ざる条、もつとも不便《ふびん》の事なり」と痛論しているのであるが、ここにも、「本願」が重大な意義と位置を示しているのである。「本願」の語は、八章の中、六章（第十一・第十二・第十三・第十五・第十六・第十七章）にわたって見えており、その外、「悲願」（第十二・第十四章）・「摂取不捨の願」（第十四章）

・「弥陀の願船」（第十五章）・「願の本意」（第十八章）・「摂取不捨の誓願」（第十六章）等の語にも、異義批判に当り、弥陀の悲願・誓願にまで遡って論破しなくてはやまない、唯円の意志が示されている。

もう一つの親鸞の遺語については、例えば、第十五章における、「煩悩具足の身を以て、既に、覚りを開くといふ事」という異義について、批判を重ねた末に、唯円は、『浄土真宗《じやうどしんしゆう》には、今生《こんじやう》に本願を信じて、彼《か》の土《ど》にして覚《さと》りをば開くと習ひ候ふぞ』とこそ、故聖人の仰せには候ひしか」という語を以て結び、現世における開覚を否定する、窮極の論拠となしている。その外にも、「故聖人の仰せ」（第十二・第十五章）・「仰せの候ひし間」以下の、唯円との対話（第十三章）・「聖人は仰せ候ひしに」（第十三章）・『御消息集』からの引用（第十三章）・『高僧和讃』からの引用（第十五章）等があって、いずれも、味わいの深い、含蓄ある叙述となって、唯円の批判に力強い論拠を与えている。わたくしは、そこに、かかる論難・批判の書において、弥陀への信心と、先師親鸞への随順と、自己の所信とを一致させ、斉一《せいいつ》させようとする、唯円の透徹した意志を思わしめるものがあると思う。そして、第二章における、「弥陀の本願」「釈尊の説教」「善導の御釈」「法然の仰せ」と受け継いで来た伝統により、「親鸞が申す旨、またもつて空《むな》しかるべからず候ふ歟《か》」と言った先師の精神が、第二部の唯円の筆端にも生動していると言ってよいと思うのである。また、そこには、先師の信心を忠実に後来の人々に伝えようとする、彼の熱い責任感をも見いださざるを得ない。その中でも、特に、第十三章の、業縁・宿業をめぐっての、親鸞・唯円の間の対話・問答は、第九章のそれとともに、この師弟間の交流の真実さを今に伝えて、感銘の尽きざるものがある。

第二に挙げるべきは、著者の、自身をも含めての、人間の心理状況への洞察の的確さであって、これも、第一部の語録における、師親鸞の内観・内省の深さに相応ずるものと言えよう。例えば、第十六章において、「信心の行者」に向って、「自然に、腹をも立て、悪し様なる事をも犯し、同朋・同侶にもあひて口論をもしては、必ず廻心すべし」という異義を主張する人たちの心理について、「口には、願力《ぐわんりき》を頼み奉ると言ひて、心には、さこそ、悪人を助けんといふ願、不思議にましますといふとも、さすが、善からん者をこそ助け給はんずれと思ふ程に、願力を疑ひ、他力を頼み参らする心欠けて、辺地《へんぢ》の生《しやう》を受けんこと、もつとも歎き思ひ給ふべきことなり」という鮮やかな剔抉《てつけつ》・分析が叙せられている。この異義者の陥っている自力の心に対して、他力に徹しようとする、自己の心理を述べて、「信心定まりなば、往生は、弥陀に計《はか》られ参らせてすることなれば、我が計《はか》ひなるべからず。悪《わろ》からんにつけても、いよいよ、願力を仰ぎ参らせば、自然《じねん》の理《ことわり》にて、柔和・忍辱《にんにく》の心も出で来べし。すべて、万《よろづ》の事につけて、往生には、賢き思ひを具せずして、ただほれほれと、弥陀の御恩の深重《じんぢゆう》なること、常は思ひ出だし参らすべし。しかれば、念仏も申され候ふ。これ、自然《じねん》なり。我《わ》が計はざるを、自然《じねん》と申すなり。これ即ち、他力にてまします」と言って、「自然《しぜん》」と「自然《じねん》」とがいかに異なる意味であるか、信心から「自然《じねん》に」念仏を申すようになるかを、自己の心理に随って、確かに観照し、洞察している。この叙述の的確さ・鮮明さの持つ客観性こそ、唯円の表現力の冴えを思わしめずには置かないものがある。

その外にも、第十二章には、「経釈を読み学せざる輩、往生不定の由」という異義に対する批判を展開してゆく過程において、「今の世には、学文《がくもん》して、人の謗《そし》りを止《や》め、偏《ひと》へに、論義・問答むねとせんと構へられ候ふにや。学問せば、いよいよ、如来の御本意を知り、悲願の広大の旨をも存知して、賤しからん身にて往生はいかがなんどと危《あやぶ》まん人にも、本願には善悪《ぜんまく》・浄穢《じやうゑ》なき趣をも説き聞かせられ候はばこそ、学生のかひにても候はめ、たまたま、何心もなく、本願に相応して念仏する人をも、学文してこそなんどと言ひ威さるること、法の魔障なり、仏の怨敵《をんでき》なり。自ら、他力の信心欠くるのみならず、誤つて、他を迷はさんとす」といって、往生の信心には経釈の学問を必要とするとなす「学生」たちの心理を衝《つ》いて、余す所なく、その自負《じふ》・自恃《じじ》を論破しているのも、彼等の心理を確かに分析している結果によるのであって、それ故に、表現の永遠性を獲得していると言えよう。また、第十四章には、「一念に八十億劫の重罪を滅すと信ずべしといふ事」という異義に対して、「念仏申さん毎に罪を滅さんと信ぜんは、既に、われと罪を消して、往生せんと励むにてこそ候ふなれ。もし然らば、一生の間、思ひと思ふこと、皆、生死の絆にあらざることなければ、命尽きんまで、念仏退転せずして、往生すべし。ただし、業報《ごふほう》限りあることなれば、いかなる不思議のことにも逢ひ、また、病悩、苦痛を責めて、正念に住せずして終らん、念仏申すこと難し。その間の罪をば、いかがして滅すべきや。罪消えざれば、往生は叶ふべからざるか」とあるのも、いかに、唯円の批判が、異義を唱える人たちの心理の根源にまで徹して、その主張の弱点・欠点を照らし出しているかを思わしめるものがある。この心理分析の手法こそ、『歎異抄』が「他力の宗旨」を守るためになした、有力な表現の手段であったと思われる。

第三に強調しておきたいことは、著者唯円は、専修念仏門内の異義を唱える者に対して、決して、憎しみや蔑《さげす》みの感情を持っていないことである。まして、どこまでも否定し、排斥する態度には出ていない。あくまで、同じ念仏者として、「同朋・同侶」として、親しみの情を以て対処しているのであって、既に、第二部の序にも、「上人の仰せにあらざる異義どもを、近来は、多く仰せられ合うて候ふ由、伝え承る」と、敬語を用いている。上に引いた第十二章からの引用にも、「本願には、善悪・浄穢なき趣をも説き聞かせられ候はばこそ」とか、「学文してこそなんど言ひ威さるること」とかあって、尊敬語が使われていたが、同じ章には、「経釈を読み学すといへども、聖教の本意を心得ざる条、もつとも不便の事なり」といって憫《あわれ》みの情さえも寄せている。同じ心持は、第十五章の、「かくの如く知るを、覚るとは言ひ紛らかすべきや。哀れに候ふをや」にも現れている。

その外、第十三章の末尾に近く、「本願ぼこりと誡《いまし》めらるる人々も、煩悩・不浄具足せられてこそ候うげなれ」といい、第十七章には、「経論・聖教《しやうげう》をば、如何やうに見做されて候ふらん」や、末尾に「終《つひ》に空しくなるべしと候ふなるこそ、如来に虚妄《こまう》を申し付け参らせられ候ふなれ」とあって、同じく尊敬の助動詞が添えられているとともに、「候ふ」という丁寧な言い方をも必ず加えているのである。それは、第一部の、親鸞の説示の態度と相通ずる、同朋・同侶への信愛感の現れとして、特に注目すべき、本書の特質と考えられる。

終りに、第四として指摘したいことは、第一部が談話による説示の筆記・記録であるのに対して、第二部は、筆を執《と》っての述作であることから、第一部・第二部共に和漢混淆文体で叙述されてはいるが、第二部には、それが著しい高揚を示して、表現的効果を高めていることである。それは、第十五章の、「戒行《かいぎやう》・恵解《ゑげ》共に無しといへども、弥陀の願船《ぐわんせん》に乗《じよう》じて、生死《しやうじ》の苦海《くかい》を渡り、報土《ほうど》の岸に着きぬるものならば、煩悩の黒雲《こくうん》速く晴れ、法性《ほつしやう》の覚月《かくげつ》速《すみや》かに現はれて、尽十方《じんじつぽう》の無碍《むげ》の光明に一味《いちみ》にして、一切の衆《しゆ》を利益《りやく》せん時にこそ、覚りにては候へ」の如き、譬喩を多用して、修辞の妙を極める域に達している、同じ章の初めには、即身成仏《そくしんじやうぶつ》は、真言秘教《しんごんひけう》の本意《ほんい》、三密行業《さんみつぎやうごふ》の証果《しようくわ》なり。

六根清浄《ろつこんしやうじやう》は、また、法花《ほつけ》一乗《いちじよう》の所説《しよせつ》、四安楽《しあんらく》の行《ぎやう》の感得《かんとく》なり。

これ皆、難行《なんぎやう》・上根《じやうこん》の勤《つと》め、観念成就《くわんねんじやうじゆ》の覚《さと》りなり。

来生《らいしやう》の開覚《かいかく》は、他力・浄土の宗旨《しゆうし》、信心決定《けつぢやう》の通故《つうこ》なり。

これまた、易行《いぎやう》・下根《げこん》の勤め、不簡善悪《ふけんぜんまく》の法《ほふ》なり。

という、対句《ついく》で仕立てられた、精妙な照応関係を示す叙述があって、唯円の仏教的教養・知識も決して浅い程度などとは言えないものがある。これは、あるいは、彼が、親鸞の主著『教行信証』を精読することによって、その表現力の感化・影響を多分に受けたことを示す事実かとも推測される。

もう一つ例を挙げると、第十四章における、「その故は、弥陀の光明に照され参らする故に、一念発《はつ》起《き》する時、金剛の信心を賜はりぬれば、既に、定聚《ぢやうじゆ》の位に摂《をさ》めしめ給ひて、命終《みやうじゆ》すれば、もろもろの煩悩・悪障《あくしやう》を転じて、無生忍《むしやうにん》を覚らしめ給ふなり。この悲願ましまさずは、かかる、あさましき罪人《ざいにん》、いかでか、生死《しやうじ》を解脱《げだつ》すべきと思ひて、一生の間、申す所の念仏は、皆、悉《ことごと》く、如来大悲《によらいだいひ》の恩を報じ、徳を謝すと思ふべきなり」の如きは、他力信心の本質を道破して、高調した著者の感動が読者に迫ってやまない力を示している。これこそ、ただ、和漢混淆文体によってのみ表現し得る、中世文芸の到達した高所・深所を示すものではあるまいか。そこには、情緒的、情趣的な中古和文体の柔軟さを完全に離脱した、中世的和漢混淆文体の強靭さ・深邃さが充分に発揮されている叙述というべきであろう。『歎異抄』の第二部が、読者の心をひきつけてやまない理由の一つは、著者の創造した、かかる文体の魅力にも存すると思われる。

四

最後に、「後記」の持っている文芸的意義にも、簡単に触れて置きたい。

第一に、この「後記」の目ざす所は、同じ念仏者の中で、第二部に挙げられている、数々の異義によって、「言ひ迷はされなんどせらるる」人々に、いかに対処すべきかを述べる所にある。従って、第一部とも、第二部とも異なる立場に著者は立っているのであって、そこには、親近感を以て、同朋・同侶に対している唯円の懇切さ・丁重さが充分に認められるとともに、第一部・第二部を書いて来た、公的とも言える立場から解放されて、自己の心情や老残の身や著述の態度にまで、表白の筆を及ぼしていることを見いだすのである。

四つの段落に分れているうち、第一段落の初めにおいて、「右条々は、皆もつて、信心の異なるより、事起り候ふか」と言って、「第二部」と「後記」との関連を明らかにし、法然門下における、「信心同異」の問題をめぐる論争が法然の語によって解決された「御物語」を叙した後に、現在の「一向専修の人々の中にも、親鸞の御信心に一つならぬ御事《おんこと》も候ふらんと覚え候ふ。いづれも、いづれも、繰《く》り言《こと》にて候へども、書き付け候ふなり」と、心からしみじみと述懐している真実が読者の心を打つのである。

また、第二段落に入っては、自己の老境の身を顧みては、「露命《ろめい》、わづかに、枯草《こさう》の身《み》にかかりて候ふ程にこそ、相伴《あひともな》はしめ給ふ人々の御不審をも承り、聖人の仰せの候ひし趣をも申し聞かせ参らせ候へども」と述べ、自分の死後の状況を想定しては、「閉眼《へいがん》の後《のち》は、さこそしどけなき事どもにて候はんずらめと歎き存じ候ひて」という憂慮の情を披瀝せずにはいられない。そこから生じて来たのが、異義を唱える人々に言い迷はされたりするような場合には、「故聖人の御心に相叶ひて、御用《おんもち》ゐ候ふ御聖教《おんしやうげう》どもを、よくよく御覧《ごらん》候ふべし」「構へて構へて、聖教を見乱《みみだ》らせ給ふまじく候ふ」という、聖教に対しての、念仏者への助言であり、勧奨であり、忠告である。

第三段落では、それを強化しようとして、「目安」となる師の遺した「大切の証文」二ケ条を挙げているが、第一条の後に、師の親鸞を仰慕して、「忝く、我が御身《おんみ》にひき懸《か》けて、我等が、身の罪悪の深き程をも知らず、如来の御恩《ごおん》の高き事をも知らずして、迷へるを、思ひ知らせんがためにて候ひけり」といって、親鸞の語の中にある、「身の罪悪の深き程」「如来の御恩の高き事」を「我等」が自覚していない事実の存することを強く省察している。第二条は、如来の御恩を論外に置いて、信心の善し・悪しばかり言い合っている念仏者たちの現状を衝いて、親鸞の懇切な語を引いているのも、彼の老婆心から溢れ出た人間的真実と言うべきであろう。そして、重ねて、第二段落に類似する、「……人の口を塞《ふさ》ぎ、相論《さうろん》を断たんがために、全く、仰せにてなきことをも仰せとのみ申すこと、あさましく歎き存じ候ふなり。この旨をよくよく思ひ解き、心得らるべきことに候ふ」と痛歎しているのが唯円である。その後に、「これ、さらに、私の言葉にあらずといへども」と前置きをし、「経・釈の行く路《ち》も知らず、法文《ほふもん》の浅深《せんじん》を心得分《こころえわ》けたることも候はねば、定めて、をかしきことにてこそ候はめども」と自己を反省した上で、「古《いにしへ》、親鸞の仰せ言候ひし趣、百分が一《ひと》つ、片端《かたはし》ばかりをも思ひ出で参らせて、書き付け候ふなり」という、実に謙虚な言葉を添えている。自己に対しては、あくまで謙虚・抑損《よくそん》、他に対しては、鄭重・敬恭《けいきょう》なのが、そして総体的には、何事にも慎重で精到《せいとう》なのが、『歎異抄』に現れている著者の人間像・著者像と言うべきであろうか。

末尾の、「悲しきかなや、幸ひに念仏しながら、直《ぢき》に報土《ほうど》に生《むま》れずして、辺地《へんち》に宿《やど》を取らんこと。一室の行者《ぎやうじや》の中に、信心異なることなからんために、泣く泣く、筆を染めて、これを記す」とある叙述は、唯円の述作の立場が、今もなお、「一室の行者」の「信心」を同一にすること、しかも、先師親鸞の信心と同一にすることにあることを自覚しながら、落涙しつつ執筆したことを示している。そして、結びの、「名付けて、歎異抄と言ふべし。外見《ぐわいけん》あるべからず」という、感慨をこめた書名の由来と、同門の念仏者たちだけに示すもので、公開されるべきものではないことを記して、この書の用い方・読み方にまで注意を払っている。この、自己表現的、告白的な述懐・表白の真実さこそ、この書が制作された基底に存する心情が何であったかをよく示すものであると信ずる。

「後記」には、かかる自己表現性・告白性というような述懐的表白性の外にも、第一部・第二部とに共通する性質が同じく現れていることは言うまでもない。『歎異抄』には、かかる、著者の表現的態度による統一性が見いだされる。

その上に、この書は、浄土真宗が次第に興隆してゆく時代において、しばしば起り易い異義・邪説の横行に対して、黙止することができず、敢然として、否定的批判を実行し、同朋・同侶を宗祖の真精神に復帰させようとする、純粋な動機から成った、言わば、宗教的危機に際して発現した、護法的意志の所産であると言えよう。また、それは、「露命、わづかに、枯草の身にかかりて候ふ程に」と言っているように、著者唯円の、六十有余歳の老齢に達しての、最後の著作であって、また、後の世に残そうとする遺言であり、遺書であるとも考えられる。彼は、老いの涙を拭いつつ、衰えた生命の火をかき立てかき立て、絶えず流転してやまない、大いなる歴史の流れの中に、この一書によって、自己の信心の真実を留取《りゅうしゅ》せんとしたのである。全篇に漲《みなぎ》る、厳粛にして崇高、真率にして純粋、そして、親愛感を具えて読者に迫ってくる表現力は、この二つの積極的条件に規定されて、ますます独自性を強くし、明らかにしていると、わたくしには思われてくる。

五

以上のように考察してみると、『歎異抄』一巻には、文芸作品としての性質が充分に認められると信ずる。それは、日本文芸史において、特に中世文芸史において、発生し、続出した、いわゆる「法語」の伝統を受けて、それを美事に純化し、昇化して、崇高なる芸術性にまで成熟・完成させた一古典である。しかも、この書は、いかなる時代においても、それを熟読し、精読する域に至るならば、読者の心魂を浄化してやまない程の深い力を包蔵している。かかる浄化的芸術性こそ、中世文芸の、従って、それを代表する中世的文芸の到達し得た至上境に外ならない。その上に、浄土真宗内においても、この『歎異抄』の表現力を越え得た作品は、現代に至るまで、ついに現れずに終ったことを思う時、わたくしは、著者唯円が全身心を傾けて、この一巻をこの世に残しておいてくれた事実に、無限の感謝を捧げずにはいられない。日本民族の宗教的精神は、この古典文芸の上に、その精粋を遺憾なく発露させているのであるから。

日本文芸史の展開と『歎異抄』

一

「文学」という言葉には、芸術の一種類としての言語作品と、それについての学問的研究という、二つの意味が含まれている。第一の意味は、「日本文学全集」とか、「古典文学大系」とか、「江戸文学」とか、「近代文学研究」などと使われているし、第二の意味は、「文学部」「日本文学講座」「日本文学科」「中世文学会」などという形で用いられている。この二つの意味の混用は、明治初年から現代に至るまで、慣習的、惰性的に使われて、人は、適当に、あるいは反省的に、二つの意味を区別して理解して来たと言えよう。ところが、第一の意味を表すには、「文学」よりも適切で厳密な「文芸」という語が存するのであるから、これを用いて芸術的言語作品の意味を表し、第二の意味を表すためには、「文芸研究」、あるいは「文芸学」の語を以てすることが、遙かに学術用語としては妥当であり、適切な行き方ではないかと考えられるのである。

そうなると、これまで、「日本文学概説」「日本文学史」などと称していた研究部門や講義は、おのずから、「日本文芸概説」「日本文芸史」というように呼ぶことの方が、学問的には厳密な名称となるはずである。わたくしは、本書を通じて、「文芸」を用いて、「文学」の語を一切使わぬようにしているのは、右に述べたような理由によるからであることを、ここに断って置きたい。

こういう日本文芸史の上で、鎌倉時代の中期に著作された『歎異抄』が、わずかに一巻の小著に過ぎないが、文芸作品として認められる以上、いかなる文芸史的意義を持っているか、また、日本文芸史の展開の中で、いかなる位置を占めるものであるかは、その文芸としての価値の高さ・深さからして、当然考察されるべき一問題であると思われる。そこで、わたくしは、日本文芸史の発展過程の概要を跡づけてゆく過程において、『歎異抄』の文芸史的意義と位置をつきつめて考えたいと思うのである。

二

日本文芸史の最初の時期は、「上古」と呼ばれていて、大体、奈良朝時代の終りまでを指している。この上古には、神話・伝説・説話・祝詞《のりと》・宣命《せんみよう》・漢詩・漢文・歌謡・和歌（長歌・短歌・施頭歌《せどうか》・仏足石歌《ぶつそくせきか》等）などの文芸形態が成立し、『古事記』『日本書紀』『風土記《ふどき》』『万葉集』『古語拾遺《こごしふゐ》』『懐風藻《くわいふうさう》』『歌経標式《かきやうへうしき》』『尾張国熱田太神宮縁起《をはりのくにあつただいじんぐうえんぎ》』『琴歌譜《きんかふ》』『上宮聖徳法王帝説《じやうぐうしやうとくほふわうていせつ》』『仏足石歌《ぶつそくせきか》』『日本霊異記《にほんりやういき》』等の文芸作品集や作品を含む記録集が作られ、また、平安朝時代に入って成った、『神楽歌《かぐらうた》』『催馬楽《さいばら》』『聖徳太子伝暦《しやうとくたいしでんりやく》』『続日本紀《しよくにほんぎ》』『延喜式《えんぎしき》』等にも、上古文芸の作品を保存し、採録した跡が窺われる。

このような、複雑にして多方面な発展を遂げた上古文芸の持つ日本文芸史上の意義は、いかなる点に存するであろうか。

それは、第一に、いくつかの文芸形態を確立し、発展させて、後世にまで受け継がれてゆく伝統を形成したことである。先に列挙した文芸形態の中でも、特に著しいのは、「歌ふ」という、言語生活の特殊な機能を発達させて形成した短歌形態であって、それが、「記紀歌謡」（『古事記』『日本書紀』に含まれている歌謡の総称）から『万葉集』の短歌に発展を遂げることによって、一首に五・七・五・七・七という音律を定着させ、この形態によって、

主題　現実的感動。

構想　その自然的展開。

叙述　言語の表出化。

という表現様式を形成するに至った。そして、一つの古典的範型としての意義を保持することになった。

春過ぎて夏来《きた》るらし白たへの衣乾《ころもほ》したり天《あめ》の香具山《かぐやま》（二八）　持統天皇（以下、歌の番号は『国歌大観』による）

葦辺《あしべ》行く鴨《かも》の羽《は》がひに霜ふりて寒き夕《ゆふ》べは大和《やまと》し思《おも》ほゆ（六四）　志貴皇子

磐代《いはしろ》の浜松《はままつ》が枝《え》を引き結び真幸《まさき》くあらばまたかへり見む（一四一）　有間皇子

苦しくも降《ふ》り来る雨か三輪《みわ》の崎《さき》狭野《さの》の渡りに家もあらなくに（二六五）　長奥麿

田児《たご》の浦《うら》ゆ打ち出《い》でて見ればま白《しろ》にぞ富士の高嶺《たかね》に雪はふりける（三一八）　山部赤人

百伝《ももづた》ふ磐余《いはれ》の池に鳴く鴨を今日《けふ》のみ見てや雲隠《くもがく》りなむ（四一六）　大津皇子

世の中はむなしきものと知る時しいよよますます悲しかりけり（七九三）　大伴旅人

すべもなく苦しくあれば出《い》で走《はし》り去《い》なな思《も》へど子らに障《さや》りぬ（八九九）　山上憶良

あしひきの山河《やまがは》の瀬《せ》の鳴るなへに弓月《ゆづき》が嶽《たけ》に雲立ち渡る（一〇八八）　柿本人麿歌集

神奈備《かむなび》の磐瀬《いはせ》の社《もり》の呼子鳥《よぶこどり》いたくな鳴きそわが恋《こひ》まさる（一四一九）　鏡王女

夕《ゆふ》されば小倉《をぐら》の山に鳴く鹿は今夜《こよひ》は鳴かずいねにけらしも（一五一一）　舒明天皇
沫雪《あわゆき》のほどろほどろに降《ふ》りしけば奈良の都し思ほゆるかも（一六三九）　大伴旅人
あをによし奈良の大路《おほぢ》は行《ゆ》きよけどこの山道《やまみち》は行き悪《あ》しかりけり（三七二八）　中臣宅守
珠洲《すす》の海に朝びらきして漕《こ》ぎ来《く》れば長浜《ながはま》の浦に月照りにけり（四〇二九）　大伴家持
うらうらに照れる春日《はるひ》に雲雀《ひばり》あがり心悲しも独《ひと》りし思へば（四二九二）　大伴家持
蘆垣《あしがき》の隈処《くまと》に立ちて吾妹《わぎも》子《こ》が袖《そで》もしほほに泣きしぞ思《も》はゆ（四三五七）　防人《さきもり》、刑部直千国《おさかべのあたひちくに》
畏《かしこ》きや天《あめ》の御門《みかど》を懸《か》けつれば音《ね》のみし泣かゆ朝夕《あさよひ》にして（四四八〇）　作者未詳

いまここに、右の十七首を以て、『万葉集』中の短歌を代表させたのであるが、いずれも、人間の持つ、折に触れての現実的、具体的感動を主題として、実に自然に構想が流露し、展開して、叙述されている言葉を主題的感動の表出化たらしめている跡が明らかに認められる。そして、この短歌の形態と様式だけが、上古における、他の諸形態（長歌・旋頭歌・仏足石歌・片歌等）を圧して、抒情詩としての精髄となったのは、短い形態の中に、さまざまな現実的情況に応ずる変化を含み得ること、一首の中の句切れによって、感動の断続しつつ展開する過程を確かに表現し得ること、数首を連ねて、次々に生起する感動を詠ずる、いわゆる「連作」への発展性を持っていること等によるものと思われる。

また、神話・伝説・説話等の、興味ある事実を聞き手に向って面白く言って聞かせる、「語る」という、言語生活の特殊な機能にもとづいて成立した叙事文芸の形態があって、その表現様式を類型化して考えてみると、

主題　興味ある事実。

構想　その事件的展開。
叙述　記述を素地とする。

というように整理することができよう。かかる様式は、『古事記』中の、特定の英雄を中心とする物語、例えば、大国主神《おおくにぬしのかみ》や火遠理命《ほおりのみこと》や神倭伊波礼毘古命《かむやまといわれびこのみこと》（神武天皇）や倭建命《やまとたけるのみこと》のそれの上に鮮かに認められるのであって、わたくしは、かかる表現様式こそ、叙事文芸の原型として定位することができると思う。日本文芸史上に次々に発生してくる、叙事文芸の諸形態の構造は（近代文芸における、いわゆる私小説を除けば）、すべて、この原型の変容・発展として理解されるのであって、いかなる叙事文芸も、この原型から脱離することはできない運命にあると言わなくてはならない。それを比較的純粋な大和言葉だけで語り、記録している所に、『古事記』を中心とする、上古の叙事文芸の特色が見られるのである。その上、かかる叙事作品の多くは、いくつかの歌謡を含み、また、それを全く含まぬ場合（例えば、『古事記』の「垂仁記《すいにんき》」における沙本毘売《さほびめ》の物語の如き）でも、その表現は著しい感動の昂揚によって、芸術性を獲得しているのを指摘し得ると思う。

もう一つ挙げるべき文芸形態の確立としては、漢詩・漢文のそれが存する。上古の朝廷を中心とする貴族社会が、一部は朝鮮を通じて、中国の制度・文物を積極的に模倣し、追随してゆく態度の中から、中国の典籍や仏教の経典が続々流入し、帰化人や中国への留学生の帰国後の活躍によって、近江朝から奈良朝にかけての漢詩文の制作の流行は著しいものがあった。特に、朝廷内に大学寮を設けて、多くの学生を養成したことは、文化・文芸の発展に大いに寄与する所があったのである。

この漢文の流行から生れた文章形態には、史《し》・詔《しょう》・勅《ちょく》・制《せい》・令旨《りょうじ》・議《ぎ》・啓《けい》・表《ひょう》・奏《そう》・疏《そ》・状《じょう》・奏状《そうじょう》・

封事《ふうじ》・対策《たいさく》・牒《ちょう》・書序《しょじょ》・詩序《しじょ》・歌序《かじょ》・書牘《しょとく》・記《き》・伝《でん》・碑《ひ》・墓誌《ぼし》・賦《ふ》・銘《めい》・祭文《さいもん》・哀文《あいもん》・願文《がんもん》・条式・作式・跋《ばつ》等の諸形態が見られ、漢詩形態においては、天平勝宝《てんぴょうしょうほう》三年（七五一）十一月の、撰者（未詳）の自序文のある漢詩集『懐風藻《かいふうそう》』には、五言四句《ごごんしく》（一八首）・七言四句（四首）・五言八句（七二首）・七言八句（一首）・五言十句（一首）・五言十二句（一〇首）・七言十二句（一首）・五言十六句（二首）・五言十八句（一首）・七言十八句（一首）等の詩形が見いだされ、特に、五言の詩の多いことが注意される。その作者も、天皇（文武《もんむ》・孝謙《こうけん》）・皇子（大友《おおとも》・川島《かわしま》・大津《おおつ》）・諸王（葛野《かどの》・犬上《いぬかみ》・大石《おおいし》・山前《やまくま》・大伴《おおとも》・境部《さかいべ》・長屋《ながや》）から廷臣（藤原史《ふじわらのふひと》・同総前《ふささき》・同宇合《うまかい》・阿部仲麻呂・大伴旅人《おおとものたびと》・中臣大島《なかとみのおおしま》・紀古麻呂《きのこまろ》・大神高市麿《おおみわのたけちまろ》・石上宅嗣《いそのかみのやかつぐ》・巨勢多益須《こせのたやす》等）、僧（智蔵《ちぞう》・弁正《べんしょう》・道慈《どうじ》・道融《どうゆう》）等に及んで、七十五名に達している。その作品の価値ということになると、概ね試作の域を出でず、自由に、大胆に自己の感懐を流露するには至っていないが、中国文芸を少しでも模倣し、消化し、それに近接したいという意志・意欲を示したものと考えれば、これも外来文化摂取の一段階に外ならず、次の時代における漢詩文の隆盛のための準備的段階を築いたものとして、文芸史的意義を認めるべきであろう。

そして、『万葉集』の歌の題詞・左注・目録等はすべて漢文で書かれているし、作者の中には、かつて遣唐使として唐に学んだ山上憶良《やまのうえのおくら》の如き、漢詩・漢文と和歌とを合わせて制作する能力を有する者も幾人かを数えることができる。その中でも、巻五に載る、憶良作「日本挽歌《にほんばんか》」は、漢文と漢詩と、長歌と反歌（短歌）五首とを含む、注目すべき作品であると思われる。

蓋聞。四生起滅。方㆓夢皆空㆒。三界漂流。喩㆓環不㆑息。所以。維摩大士。在㆓乎方丈㆒。有㆑懐㆓染疾之患㆒。釈迦能仁。坐㆓於雙林㆒。無㆑免㆓泥洹之苦㆒。故知。二聖至極。不㆑能㆑払㆓力負之尋至㆒。三千世界。

誰能逃㆓黒闇之捜来㆒。二鼠競走。而度㆑目之鳥旦飛。四蛇争侵。而過㆑隙之駒夕走。嗟乎痛哉。紅顔共㆓三従㆒長逝。素質与㆓四徳㆒永滅。何図。偕老違㆓於要期㆒。独飛生㆓於半路㆒。蘭室屛風徒張。断腸之哀弥痛。枕頭明鏡空懸。染筠之涙逾落。泉門一掩。無㆑由㆓再見㆒。嗚呼哀哉。

(訓読)蓋《ケダ》シ聞ク、四生《シシヤウ》ノ起滅《キメツ》ハ、夢ノ皆空《クウ》ナルニ方《タクラ》ベ、三界《サンガイ》ノ漂流《ヒヤウル》ハ、環《タマキ》ノ息《ヤ》マザルニ喩《タト》フ。所以《ユエ》ニ、維摩《ユキマ》大士《ダイシ》ハ、方丈《ハウヂヤウ》ニ在《ア》リテ、染疾《センシツ》ノ患《ウレヒ》ヲ懐《イダ》クコト有リ。釈迦《シヤカ》能仁《ノウニン》ハ、雙林《サウリン》ニ坐《ザ》シテ、泥洹《ナイオン》ノ苦《クルシミ》ヲ免《マヌガ》ルルコト無シ。故ニ知ル、二聖《ニシヤウ》ノ至極《シゴク》ナルモ、力負《リキフ》ノ尋ネ至ルヲ払フコト能《アタ》ハズ、三千世界、誰《タレ》カ能《ヨ》ク、黒闇《コクアン》ノ捜《サグ》リ来《キタ》ルヲ逃《ノガ》レム。二鼠《ニソ》競《キソ》ヒ走リテ、目《メ》ヲ度《ワタ》ル鳥、旦《アシタ》ニ飛ビ、四蛇《シダ》争ヒ侵《ヲカ》シテ、隙《ヒマ》ヲ過《ス》グル駒《コマ》、夕《ユフベ》ニ走ル。嗟乎《アア》痛《イタ》マシキ哉《カモ》。紅顔《コウガン》、三従《サンジユウ》ト共ニ長ク逝《ユ》キ、素質《ソシツ》、四徳ト与《トモ》ニ永ク滅《ホロ》ブ。何ゾ図《ハカ》ラム、偕老《カイラウ》、要期《エウキ》ニ違《タガ》ヒ、独飛《ドクヒ》、半路《ハンロ》ニ生キムトハ。蘭室《ランシツ》ニ、屛風《ビヤウブ》ハ徒《イタヅラ》ニ張リ、断腸《ダンチヤウ》ノ哀《カナ》シミ弥《イヨイヨ》痛ク、枕頭《チントウ》ニ、明鏡《メイキヤウ》ハ空《ムナ》シク懸《カカ》リ、染筠《センキン》ノ涙逾《イヨイヨ》落ツ。泉門《センモン》一《ヒト》タビ掩《オホ》ヘバ、再ビ見ルニ由《ヨシ》無シ。嗚呼《アア》哀《カナ》シキ哉《カモ》。

愛河波浪已先滅。苦海煩悩亦無㆑結。従来厭㆓離此穢土㆒。本願託㆓生彼浄刹㆒。

(訓読)愛河《アイガ》ノ波浪《ハラウ》ハ已先《スデ》ニ滅ビ、苦海ノ煩悩モ亦《マタ》結ブコト無シ。従来《ジユウライ》、此《コ》ノ穢土《エド》ヲ厭離《エンリ》ス。本願《ホングワン》ハ、生《シヤウ》ヲ彼《カ》ノ浄刹《ジヤウセツ》ニ託《ヨ》セム。

日本挽歌一首

大君の　遠のみ門《かど》と　しらぬひ　筑紫《つくし》の国に　泣く子なす　慕《した》ひ来《き》まして　息《いき》だにも　いまだ休《やす》めず
年月《としつき》も　いまだあらねば　心ゆも　思はぬ間《あひだ》に　うち靡《なび》き　臥《こや》しぬれ　言はむすべ　せむすべ
知らに　岩木《いはき》をも　問《と》ひさけ知らず　家ならば　形《かたち》はあらむを　恨《うら》めしき　妹《いも》の命《みこと》の　吾《あれ》をばも

いかにせよとか　にほ鳥《どり》の　二人並《ふたりなら》び居《ゐ》　語《かた》らひし　心そむきて　家《いへ》ざかりいます（七九四）

反　歌

家に行《ゆ》きていかにか我《あ》がせむ枕《まくら》づく妻屋《つまや》さぶしく思ほゆべしも（七九五）
はしきよしかくのみからに慕《した》ひ来《こ》し妹《いも》が心のすべもすべなさ（七九六）
悔《くや》しかもかく知らませばあをによし国内《くぬち》ことごと見せましものを（七九七）
妹《いも》が見し楝《あふち》の花は散りぬべし我が泣く涙いまだ干《ひ》なくに（七九八）
大野山《おほのやま》霧立ち渡る我が嘆《なげ》くおきその風に霧立ち渡る（七九九）

神亀五年七月廿一日。筑前国守山上憶良上。

この一連の作品は、神亀四、五年ごろ、妻を伴って太宰帥《だざいのそつ》に赴任した大伴旅人《おおとものたびと》が、神亀五年（七二八）に、太宰府において妻の死に逢った際に、配下の筑前の国守《こくしゅ》、山上憶良が、上官旅人の悲しみを思いやり、その立場に成りきって代りに作ったものである。そして、左注に「山上憶良上」（注、「上」はたてまつるの意）とあることによって、上官の旅人に奉《たてまつ》って、その悲歎を慰めようとしたものである。

憶良は、足かけ三年、遣唐使少録として、唐国に在ったのであって、巻五の中にも、幾篇かの漢文による「序」を成しているくらいであるから、当時の官僚の中では漢文作製に練達していた一人と言えるはずであるが、かく、漢文と漢詩と長歌と短歌とを並記してみると、後の長歌、特に短歌の五首には、妻の死を悲しみ嘆く夫の心情が自然に流露して、惻々《そくそく》として人に迫る力を蔵しているし、長歌も、夫を慕って遠い筑紫の国まで下って来、測らずも病に臥して逝《い》ってしまった妻への遣《や》り難い悲哀が高く歌い上げられている。これらに比べると、漢文一篇では、多くの古事・来歴ある語句を取り用い、対句《ついく》を頻用し、さまざまな修辞法を駆使し過ぎて、却って、「嗟呼痛マシキ哉」「嗚呼哀シキ哉」とある感動の表出を弱めている感がするし、漢詩一首も、真情を吐露する域には遠いと言うべきであろう。この一連の作の比較によっても、漢詩・漢文と長歌・短歌との、上古における表現力の差を思わしめるものがある。

しかし、以上に考察した短歌と叙事文芸と漢詩文の三つの文芸形態は、永く伝統を形成して後世まで生きながらえ、いわゆる「日本文化の重層性」（和辻哲郎氏）を形成していることが注意される。和辻氏は、「日本精神」（『続日本精神史研究』所収）において、「日本人ほど敏感に新しいものを取り入れる民族は他にないとともに、また日本人ほど忠実に古いものを保存する民族も他にないであらう」という、民族性を指摘された上に、「超克せられたものを超克せられたものとして生かして行くのが日本文化の一つの顕著な特性である」という精神史的原理を把握され、進んでは、短歌・大和絵・能楽等の様式を挙げて、「古い様式は否定せられることによつてかへつてその様式上の特性を自覚し、独自なものとして生き始めるのである」という文化史上の意義をも考察されている。これは、日本民族の、急速で徹底した革命よりも、漸進的、調和的な改革を好む国民性の現れとも言えよう。

上古文芸に見いだされる第二の特質は、その作品や作品群の成立が地域的に広いことであって、関東や九州にまで及んでいる。そして、この広がりが、万葉歌風にさまざまな色彩や変化を与えていることである。特に、各地域の民謡・歌謡が多量に採集され、しかも、その芸術的価値の高さは、後のいずれの時代の民謡・歌謡をも凌駕していることが注目される。また、作者の階級性も、皇室・公卿から始まって下級の庶民にまで及び、それぞれの作者・伝誦者は、作品の表現の持つ感動の純一さ、迫力の強さにおいて、階級を越えた自由で濶達《かったつ》な作風を発揮している。後の時代に見られるような、被圧迫的庶民階級の持つ卑俗さは認め難い。

第三に、わたくしは、かつて、論文「『万葉集』の抒情性を求めて」（拙著『中世的文芸の理念』所収）において、先に述べたような万葉歌風の特質を表す文芸理念を探して、それを「思ひ」という語に見いだしたことがある。この名詞は、言うまでもなく、動詞「思ふ」に由来しているのであるが、『万葉集』中には、「思ひぞわがする」（三七二・三〇二〇・四一九八）「思ひぞわがせし」（一〇三八・一六二〇）の如き叙述があって、わが「思ふ」心の動きを反省し、客観し、対象化している表現が認められるし、単独に「思ひ」だけを使った表記には、「於毛比」（二例）・「意毛比」（一例）・「念」（一六例）・「思」（二例）・「憶」（一例）があって、計二二例を数えることができる。そして、その意味も、思慕・追憶・心配・恋情・悩み・願望等にわたる心情の種々相を含んでいる。

万葉歌風を抒情詩として包括的に把握しようとする試みは、当然、「抒情詩」の「情」に当る言葉が『万葉集』の中に求められなくてはならないはずである。それを名詞「思ひ」と、それに関連する、幾つかの動詞について探索してゆくと、その数は、

思《おも》ふ（他動詞。四〇〇例）・思《も》ふ（他動詞。二二四例）・思《おも》ほゆ（自動詞。一二一例）・思《おも》はゆ（自動詞。三例）・思《おも》ほす（他動詞。一八例）・思《おも》はす（他動詞。一例）・思《おも》ほし（形容詞。「思ほしき」という連体形のみ四例）

計七七一例となる。また、この「思ひ」「思ふ」が他の各品詞と結合して、さまざまな複合語を形作っている数を概算すると、

思ひ＋動詞（思ひ出づ・思ひ頼む・思ひやる等。一一九例）・思ひ＋形容詞（思ひ悲し・思ひ苦し。二例）・

思ひ＋名詞（思ひ妻、二例。思ひ草、一例）・名詞＋思ひ（下思《したも》ひ・物思《も》ひ・片思《も》ひ等。二〇例）・動詞＋思ふ（恋ひ思《も》ふ。一例）・接頭語＋思ふ（相思ふ。一三例）・名詞＋思ふ（もの思《おも》ふ、七例・もの思《も》ふ、四例）計一六九例となり、これに「思ひ」の二二例と、それに関連する動詞の例七七一例とを加えると、実に、九六二例の多きに達する。それほど、「思ひ」「思ふ」とそれの複合語は『万葉集』中に瀰漫《びまん》しているし、題詞や左注にも「思」の文字を用いている例は挙げるに堪えないほど多数存するのである。そして、このことは、編者が「思」「思ひ」「思ふ」等を一首を創作する上の根源的な動機・意欲として意識し、自覚していることになるかと思われる。このように考えてくると、上古文芸を代表する『万葉集』の抒情詩的理念は「思ひ」の語で代表されるし、万葉歌は「思ひ」の文芸として見なすことも、決して不自然ではないことになってくる。そして、『記紀歌謡』の中にも、「思ひ」「思ふ」及びその複合語を含む幾首かが見いだされるのである。

第四に指摘しておきたいことは、上古における感動の持つ質的特徴である。われわれは、『古事記』の物語を読む時、そこに現れている人物が、二つの点において著しい性情の持ち主であることを見るのであって、その一つは、彼等が、神々に対し、天皇・皇后に対し、皇子・皇女に対して、大いなる畏敬感を抱いて言動していることである。「貴《たふと》し」「尊《たふと》し」「恐《かしこ》し」「畏《かしこ》し」等の語に代表される、霊力・権力・勢力・尊貴性等に対し、心から帰伏し、かしこまりつつしむ心持である。上古人にとって、この心情の発露は極めて自然であり、純粋であったに違いない。それが、文芸作品の上にも充分に認められる。もう一つは、物語中の人物、特に英雄的男性、例えば、須佐之男命《すさのおのみこと》・神倭伊波礼毗古命《かむやまといわれびこのみこと》（神武天皇）・倭《やまと》建命《たけるのみこと》・大長谷王子《おおはつせのみこと》（雄略天皇）等の言動の上に現れている激情性である。これらの人物は、恋愛にも、戦闘にも、憤慨にも、忿怒《ふんぬ》にも、身心の力を尽くして、叫び、歌い、挑《いど》み、殺し、憤り、憎み、呪《のろ》っている。この性質は女性の表現にまでも及んでいることは、例えば、石之比売命《いわのひめのみこと》（仁徳天皇の大后《おおきさき》）・女鳥《めどりの》王《おおきみ》（速総別王《はやぶさわけのおおきみ》の恋人）・軽大郎女《かるのおおいらつめ》（木梨軽太子《きなしのかるのひつぎのみこ》の恋人）等の女性の上にも指摘できるのである。

『古事記』における、この、畏敬と激情の著しい表現は、他の人間的情感のそれを抽《ぬきん》でているばかりでなく、日本文芸史上、他の時代のいかなる作品も及ばぬ高さ・強さに達している。そこに、この古典の持つ芸術性の著しい特質が認められる。しかも、『万葉集』の作風を時代順に考察してゆくと、皇室の人々を中心に、現実的、写実的、生活的に発達して来た初期の歌風を経て、柿本人麿という巨大な歌人の聳立《しょうりつ》しているのに接するのであるが、その人麿の歌風において、『古事記』に認められた畏敬と激情が長歌・短歌にわたって、さらに洗練され、完成された様式として表現されていることに注目させられるのである。例えば、畏敬的感動は、

大君《おほぎみ》は神にしませば天雲《あまくも》の雷《いかづち》の上《うへ》に廬《いほり》せるかも（二三五）
山川《やまかは》も寄《よ》りてまつれる神《かむ》ながらたぎつ河内《かふち》に船出《ふなで》せすかも（三九）
ひさかたの天行《あめゆ》く月を網《あみ》に刺《さ》しわが大君はきぬがさにせり（二四〇）
大君の遠《とほ》の朝廷《みかど》と在《あ》り通《かよ》ふ島門《しまと》を見れば神代《かみよ》し思ほゆ（三〇四）
ひさかたの天知《あめし》らしぬる君ゆゑに日月《ひつき》も知らに恋ひわたるかも（二〇〇）

等の短歌に発露しているし、激情の方は、

しきたへの袖交《そでか》へし君玉《たま》だれの越智野《をちの》に過ぎぬまたも逢《あ》はめやも（一九五）
明日香川《あすかがは》明日だに一に云ふ、さへ見むと思へやも一に云ふ、思へかも我が大君のみ名《な》忘れせぬ一に云ふ、み名忘らえぬ（一九八）

ふすま路《ぢ》を引手《ひきて》の山に妹《いも》を置きて山路《やまぢ》を行けば生《い》けりともなし（二一二）

ささの葉はみ山もさやにさやげども我は妹思《いもおも》ふ別《わか》れ来《き》ぬれば（一三三）

秋山に散《ち》らふもみぢ葉《ば》しましくはな散り乱《みだ》りそ妹があたり見む 一に云ふ、散りな乱りそ（一三七）

等の短歌に詠歎されているのを見る。長歌では、「過㆓近江荒都㆒時」（二九）・「幸㆓于吉野宮㆒之時」（三六・三八）・「日並皇子尊殯宮《ひなみしのみこのみことのあらきのみや》之時」（一六七）・「軽皇子《かるのみこ》宿㆓于安騎野《あきの》㆒時」（四五）・「高市皇子尊城上殯宮《たけちのみこのみことのきのへのあらきのみや》之時」（一九九）・「長皇子《ながのみこの》遊㆓猟路池《かりぢういけ》㆒之時」（二三九）等々の時に際して人麿の作った作に畏敬感の大規模な展開が認められるし、「葬㆓河島皇子越《かはしまのみこを》智《ち》野《の》㆒之時、献㆓泊瀬部皇女《はつせべのひめみこ》㆒歌」（一九四）・「柿本人麿、妻死之後、泣血哀慟《きふけつあいどう》作歌」（二〇七・二一〇）・「柿本朝臣人麿、従㆓石見《いはみ》国㆒別㆑妻上来時歌」（一三一・一三五）等には、激情の迸出《ほうしゆつ》の著しいものがある。人麿の作風は、この畏敬と激情との表現性において、他のいかなる万葉歌人、例えば、額田王《ぬかだのおおきみ》・大来皇女《おおくのひめみこ》・志貴皇子《しきのみこ》・高市黒人《たけちのくろひと》・笠金村《かさのかなむら》・車持千年《くるまもちのちとせ》・山部赤人《やまべのあかひと》・山上憶良《やまのうえのおくら》・大伴旅人《おおとものたびと》・同家持《やかもち》・同池主《いけぬし》・高橋蟲麿《たかはしのむしまろ》・田辺福麿《たなべのさきまろ》・大伴坂上郎女《おおとものさかのえのいらつめ》・沙弥《しやみ》満誓《まんぜい》・笠女郎《かさのいらつめ》・中臣宅守《なかとみのやかもり》等をも遙かに越えた高所・奥所に到達していると言うことができる。そして、そこに、『古事記』と「記紀歌謡」とともに、人麿の、日本文芸史における卓越した意義と位置とが見いだされると思うのである。

三

日本文芸史は、「中古」と呼ばれる第二の時期に入ると、著しい変貌を呈するようになる。その第一の特質は平仮名の発明と普及であって、和歌と散文にわたって、心情の表白も、事件の記述・描写も、人と人との間の談話・口述も、微妙・繊細・優雅な趣を具象的に叙述し得るに至った。いわゆる和文体の成立も、この平仮名の使用によって形成されたと言ってもよい。第二には、この時期の物語・日記・紀行・随筆等が多くは女流作家によって著述され、宮廷に仕える女官や、公卿・殿上人の妻室・女子にまで才媛《さいえん》が輩出して、その才能を競い、文運を興隆させたことである。女性作家によって愛用された平仮名は、女手《おんなで》・女仮名《おんながな》・女文字《おんなもじ》とも言われるくらい、彼女たちによって愛用され、和文体も濃厚に女性的性格を保持していると言える。第三には、中古文芸は、狭隘な平安京の、しかも宮廷や院中を中心として、上流階級の優雅と閑暇と淫逸《いんいつ》とに満ちた生活の中に成熟したことである。酒宴・遊戯・管絃・歌《うた》合《あわせ》・年中行事等が盛んになるにつれて、貴族たちの生活は遊蕩・淫楽・好色を生きがいとする方向に傾き、そこに、生活の感情化・享楽化・情趣化をもたらすに至った。和歌も物語も、かかる貴族生活の娯楽として、消閑の具として生産され、消費されたのであって、そこには、上古におけるような、地方的、庶民的契機の流入も少なく、貴族による、貴族のための、貴族の文芸の発展のみが目立っている。

上古の末期において、『懐風藻』の成立したのが、天平勝宝三年（七五一）、『万葉集』の中で制作年時を明記した最後の歌（大伴家持の作。四五一六）が詠《よ》まれたのが天平宝字三年（七五九）であるが、以後、宝亀三年（七七二）に『歌経標式』が奏上されたくらいで、和歌も叙事文芸（物語）も目ぼしい作品・作家が現れずに、時代は延暦十三年（七九四）の平安遷都を経て、嵯峨天皇の代に入ると、急速に、漢詩文の流行を来《きた》し、ここに、勅撰の『凌雲新集《れうんしんしふ》』（八一四年）・『文華秀麗集《ぶんくわしうれいしふ》』（八一八年）・『経国集《けいこくしふ》』（八二七年）や、空海の『三教指帰《さんがうしいき》』（七九七年）・『文鏡《ぶんきやう》秘《ひ》府《ふ》論《ろん》』（八二〇年）・『文筆眼心抄《ぶんぴつがんしんせう》』（八二〇年）・『性霊集《しやうりやうしふ》』（八三五年）等の漢詩文集や修辞論書が次々に成立してくる。この漢詩文の盛行は、この時代が唐風文化の模倣・追随に著しく傾いて行った事実を示すものであって、それに圧せられて、和歌の制作がほとんど認められなくなってしまった。この漢詩文の圧倒的な流行こそ、文芸史上の上古から中古への展開を明確にしている事実と思われてくる。

上述したような、日本文化史、及び日本文芸史における重層性の保持は、一時はほとんど目につく程の作品・作家を産出しなかった和歌をも、漢詩文隆盛の中に次第に発達させて、延喜五年（九〇五）には、最初の勅撰和歌集たる『古今集』が奏覧され、その歌風は、中古和歌の軌範として仰がれるに至った。そこには、第一類として『万葉集』に認められるような、現実的感動を主題とし、それを構想の自然的展開として叙述に定着させる作風がかなり存することが指摘される。

野辺《のべ》近く家居《いへゐ》しせれば鶯《うぐひす》の鳴くなる声は朝《あさ》な朝な聞く（一六）　よみ人知らず
春雨ににほへる色はあかなくに香《か》さへなつかし山吹の花（一二二）　同上
秋は来ぬもみぢは宿に散《し》り敷きぬ道踏み分けて訪《と》ふ人はなし（二八七）　同上
音羽《おとは》山《やま》今朝《けさ》越え来《く》れば時鳥《ほととぎす》梢《こずゑ》はるかに今ぞ鳴くなる（一四二）　紀友則《きのとものり》
み吉野《よしの》の山の白雪積《つ》もるらし故里《ふるさと》寒くなりまさるなり（三二五）　坂上是則《さかのうへのこれのり》
山桜《やまざくら》霞《かすみ》の間《ま》よりほのかにも見てし人こそ恋しかりけれ（四七九）　紀貫之《きのつらゆき》
み吉野の山の白雪踏み分けて入《い》りにし人のおとづれもせぬ（三二七）　壬生忠岑《みぶのただみね》

この七首を選抜してみると、万葉歌風に比べて、現実的感動の低さ・弱さは如何ともし難く、迫力の乏しさを指摘せざるを得ないものがある。

第二類として、次の如き歌風を示す作品が挙げられる。

春霞立つを見捨《みす》てて行く雁《かり》は花なき里に住みやならへる（三一）　伊勢《いせ》
久方《ひさかた》の光のどけき春の日にしづ心なく花の散るらむ（八四）　紀友則《きのとものり》
見る人もなくて散りぬる奥山のもみぢは夜《よる》の錦《にしき》なりけり（二九七）　紀貫之
血の涙落ちてぞたぎつ白川は君が代までの名にこそありけれ（八三〇）　素性法師《そせいほふし》
見る人もなき山里の桜花ほかの散りなむのちぞ咲かまし（六八）　伊勢
今年より春知りそむる桜花散るといふことは習はざらなむ（四九）　紀貫之

等になると、傍点を付した叙述によって、主題感動の自然的展開は著しく歪《ゆが》められてしまい、作者が低劣な才気を発揮して、作為的、思いつき的工夫の跡を誇示する如き、浅薄な技巧に陥っている。そして、中古和歌は、第一類の如き、感動の自然的展開にもとづく作風を次第に喪失して、第二類の如き、人生・自然に対する、純粋な感動や深切な観照を欠き、単純なる機智・才気や思いつきの工夫・興味の表現に堕してゆく方向に向ってゆく外はなかったのである。そこに、中古和歌の芸術性を喪失して行った跡が明らかに辿られるのである。

『古今集』以後、第七の勅撰集『千載集《せんざいしふ》』〔文治四年（一一八八）奏覧〕成立のころまでに至る中古和歌史の上には、次のような展開の跡が認められる。

第一に、和歌が公家《くげ》階級の文芸として定着してしまい、上古の『万葉集』のように、広く、社会の各階層にわたる人々の作歌や民謡の類まで採録していた関心がなくなり、『万葉集』に由来している作品も、『後拾遺集《ごしふゐしふ》』以後は全く撰に入っていない。こうして、中古の勅撰和歌集は、次第に、『万葉集』からの伝統を離脱する方向に進むことによって、それだけ、公家《くげ》階級の文芸たる性格を著しくしてくるのである。そして、平安京という環境の狭隘さ、摂関政治の中心にあった貴族たちの驕奢《きょうしゃ》、宮廷生活の優雅、風俗の淫靡《いんび》等が基因となって、万葉歌風の厳粛・壮大・深刻・切実・雄偉な作風は全く消滅してしまい、その代りに、優美・穏和・享楽・軽佻な生活・経験の表現に陥ってしまった。「あたなる歌、はかなき言《こと》」というような、今のわれわれにとっては、何の関心も興味もひかない和歌の羅列・集積をみるのみである。そして、ありきたりの平凡な思いを五七五七七の詩形にまとめたに過ぎない、この陳腐にして生命感を欠く勅撰集の歌風に接する時、「和歌は既に滅びた」という感慨を禁じ得ないものがある。

第二には、作歌が、「題詠」を中核として行われる風習を成したことである。藤原清輔《きよすけ》の『和歌初学抄』〔嘉応元年(一一六九)成立〕の初めに、

歌をよまむには、まづ、題をよく思ひとき、心得べし。花をよまむには、花の面白く覚えむずる事、月を詠ぜむには、月の飽かず見ゆる心を思ひつづけて、をかしく取りなして、古き詞のやさしからむを選びて、なびやかにつづくべき也。

と述べているのは、初心者のころから題詠にいかに処すべきかを教えて、「花の面白く覚えむずる事」とか、「月の飽かず見ゆる心」とかいうように、対象を一定の枠《わく》にはめこんで、よくよく思量し、その上に、「をかしく取りなして」とあるように、情趣あるように工夫・作為し、「古き詞のやさしからむを選びて」とあるように、優雅・優美な伝統的歌語を選択し、「なびやかに続くべき也」とあるように、しなやかな声調を作るべしと教えているのである。これでは、限りない変化と深さを持つ自然・人生の現実的具体性が無視され、あらかじめ定められた情趣や制限された歌語によって、一定の枠にはめこん

で作為的に詠むことを勧奨することに外ならない。かかる作為こそ、「思ひ」「情感」「感動」の自然な発露・流動としての和歌の抒情性を根本から破壊し、喪失させる結果となるのであって、これでは、右の清輔の語が示しているように、また、伝統的な歌語によって声調を整えなくてはならぬという制約・束縛を受けているのである。かくして、中古の歌人は、作為的にしか作歌できぬという、悲惨な結果に陥ってしまった。これでは、のびのびとして自由であるべき、人間性の「自然」が発揮されるはずがない。その「自然」に復帰するためには、『万葉集』の作風を再生するのが最も有効であるべきなのに、上古の歌人と中古の歌人とでは、その生活の基盤がかけ離れていたのであって、復帰も再生も到底不可能であったと、今からは思われるのみである。

かくして、中古文芸史においては、その主流は和歌であり、勅撰和歌集であり、歌壇であったけれども、中古文芸の日本文芸史上に持つ意義は、これを和歌以外の散文、特に物語文芸に求めなくてはならない関係になってくる。

中古における叙事文芸の代表である物語は、『竹取物語』と『伊勢物語』とに最初の開花を示し、それぞれ、作り物語と歌物語という二つの物語の系統の祖をなしていると言うことができる。

この二つの物語の構造を考察してみると、『竹取物語』は、かぐや姫を主人公として、その主題は、上述したように、叙事文芸一般に通ずる「興味ある事実」であるにしても、この作品においては、宿縁《しゅくえん》によって下《くだ》った人間界の、さまざまな人々の願望や悲嘆を悉く退《しりぞ》けて、月の都に昇って行った、美しいかぐや姫。

として把握される。構想は、この主題の展開過程として、事件的展開を示しながら、

(一) 竹の中から竹取の翁《おきな》に発見され、美しく成長して「かぐや姫」と名づけられた女と、発見以後、富裕になった竹取の翁。

(二) 求婚者の中で、最後まで望みをかけて残った五人の男に、ほしい物をそれぞれ所望したかぐや姫と、それがどうしても得られず、悉く失敗に終った男たち。

1 三年後、大和の国の山寺の鉢を仏の石と偽って持って来て見せ、かぐや姫に見破られて、返されてしまった石作《いしつくり》の皇子《みこ》。

2 三年かけて、工匠に作らせた蓬萊《ほうらい》の珠の枝を、報酬をもらえぬ工匠の、かぐや姫への訴えにより暴露されて、恥かしさに深山に隠れてしまった庫持《くらもち》の皇子《みこ》。

3 莫大な金を払って唐の国から入手した、美しい火鼠《ひねずみ》の皮衣《かわごろも》を、かぐや姫の考えによって火に焼かれ、空しく、家に帰る外はなかった右大臣阿部御主人《あべのみうし》。

4 自ら、竜《たつ》の頸《くび》の珠を求めて海に漕《こ》ぎ出《だ》し、海難に遭《あ》い、辛《から》うじて助かって家に帰り、かぐや姫を恨むに至った大納言大伴御行《おおとものみゆき》。

5 倉津《くらつ》麻呂《まろ》の策略を信じて、燕の巣から、子安貝《こやすがい》の代りに、その糞をつかんで来て、籠《かご》から落ち、かいなく死んで行って、かぐや姫にあわれと思わせた、中納言石上麻呂足《いそのかみのまろたり》。

(三) 評判を聞いた帝《みかど》の、度重《たびかさ》なるお召しにも応ぜず、御狩《みかり》にかこつけての直接の求婚にも従わず、ただ、帝と文《ふみ》を通《かよ》わし合ったのみのかぐや姫。

（四）　三年後の八月十五日の夜、帝の派遣した軍勢の守りも効なく、竹取の翁《おきな》・媼《おうな》の嘆きを捨て、帝への文を残し、飛車《とぶくるま》に乗って月の都に昇って行ったかぐや姫。

（五）　残された竹取の翁・媼の深い悲嘆と、かぐや姫の文を見て、駿河にある山の頂きで、姫の奉った不死の薬とその文とを燃やすべく命じた帝。

として跡づけられると思う。そして注目されるのは、その中の（一）において、かぐや姫に熱心に求婚した五人の貴公子たちの失敗譚《しっぱいだん》を大幅に取り上げ、（三）では、帝からの「国王の仰せ言」を、一貫して何度でも拒否し、（四）では、養い親の竹取の翁《おきな》と媼《おうな》の悲嘆と愛着を慰め得ぬうちに、八月十五日の夜に昇天してしまうという、著しい展開を示していることである。そこには、五人の貴公子から帝へ、さらに竹取の翁と媼へという、三種の人々に対して、自己の意志通りに生きぬいてゆくかぐや姫の強い個性的意志が示されている。特に、（三）において、帝の絶大なる権勢を以てしても如何ともし難い、姫の堅い節操の現れこそ、当時の読者の心にひびくものがあったに違いない。全体的に言えば、興味本位で、娯楽的鑑賞を誘い、時には滑稽・皮肉にも叙述が流れているこの物語の中で、わが身を人間界の欲望や権力から死を以てでも操守しなくてはやまなかったかぐや姫の心情こそ、この物語の最高の精神的価値として認むべきところと思われる。

『伊勢物語』の方は、「男《おとこ》」、即ち在原業平《ありわらのなりひら》の作を中心とする二百余首の和歌を含む、百二十五段、乃至百三十四段の短章の物語から成っているが、その中には、叙事文芸的構造に至らず、従って、事件的展開を構想に示すことなく、単純な散文の詞書《ことばがき》が直ちに和歌に接続してゆく形で終っている段も少しはあるけれども、特に、主人公の「男」を中心に事件的構想が進行して、一篇が統一と完結とを示してい

る段も少なくない。その一例として、第六十九段を取り上げると、この段の主題は、
一度逢って契《ちぎ》ることのなかった斎宮《さいぐう》の女《おんな》に、再び逢う機会なく終った、狩《かり》の使《つかい》の男の悲しみ。

として捉えられ、構想は、

（一）京なる親の指示に従い、狩の使いとして伊勢に下った男をねんごろに世話した斎宮の女。

（二）人の寝静まった夜ふけに訪ねて来た斎宮の女を寝所に引き入れながら、何事も契らぬうちに、女に帰られて悲しんだ男。

（三）翌朝、昨夜の相逢《そうほう》を「夢か現《うつつ》か」と思う歌を女から贈られ、「今宵《こよひ》定めよ」と返歌しながら、その夜、国守の徹夜の宴に妨げられて、逢わずに終ったことを悲嘆した男。

（四）夜明けに、「浅い縁《えにし》」と詠《よ》んだ女の上句《かみのく》の後に「再び逢おう」という意味の下句《しものく》を書きつけて、尾張の国へ越えて行った男。

として跡づけられる。この中には、二首の和歌と、男と斎宮の女とが詠み合った歌の上句《かみのく》・下句《しものく》を含んでいるが、全体としては、事件的構想と記述的叙述とが主調となって一篇を形成している。

また、有名な、「東下《あずまくだ》り」を叙した第九段は、

東国に向って次第に都を離れてゆく旅路の時々に、都の愛人を恋い思う歌を詠んで、同行者たちを感じ入らせた男。

を主題として、構想は、

（一）東国に居住すべき国を求めて、一、二人の友と、京を離れて迷いつつ行った男。

（二）三河《みかわ》の国の八橋《やつはし》で、都の愛人を離れて、はるばる来た旅の思いを歌に詠み、一行の乾飯《かれいい》を涙

でふやけさせた男。

(三) 旅を続けて、駿河の国の宇津《うつ》の山で出逢った修行者に、京の愛人に夢にさえ逢えぬ歌をことづけ、また、五月の末に雪の降った富士の嶺《みね》を歌に詠んだ男。

(四) 更に旅を続けて、角田河《すみだがわ》の辺《ほとり》で、京では見ぬ都鳥《みやこどり》に托して都の愛人を思う歌を詠み、同行の者を皆泣かせた男。

という展開を示しているが、都から次第に遠ざかる過程の記述と、それにつれて募る愛人の恋しさを詠んだ述懐の歌とが結びついて、この段の情趣を深くしているのが認められる。が、構想の(三)では、富士の嶺に降った雪を詠んだ一首は、何ら、都の愛人とは無関係であるし、(二)(四)では、男の作歌が同行者の涙を誘っているのに、(三)における「駿河なる宇津の山辺のうつつにも夢にも人に逢はぬなりけり」の一首には、そうした事実が全くない。そこに、叙事文芸として見る時、主題的統一の破綻《はたん》が認められるように思われる。

しかし、『伊勢物語』には、主人公の、恋に生き、恋に悩み、恋に殉じようとする、ひたむきな心情の流露があり、また、特に、惟喬《これたか》親王を「君」と仰ぎ、敬愛している所に、一貫して、純情さ・一途さが貫かれていて、そこに、この作品の個性的意義が成り立っていると判断される。

『竹取物語』『伊勢物語』から出発した、仮名文字と和文体にもとづく物語の伝統は、それ以後の発展をも含めて、二つの主要な傾向を示している。一つは、『竹取物語』に代表される、虚構的事件性であって、「作り物語」と呼ばれているように、作者の意図する所も、読者の享受する所も、虚構された事実・事件の展開してゆく面白さを主としていて、現実の世には有り得べくもない、創造的想像力を発揮している。もう一つは、『伊勢物語』が代表している、現実的抒情性であって、「歌物語」と呼ばれているように、和歌が作られた事情・状況を中心に、作者の創作も読者の鑑賞も行われたものと推測される。かかる「歌物語」の制作が要求されたのも、当時における和歌文芸の興隆に促されてであることは言うまでもない。

歌物語の系統は、『大和《やまと》物語』『平中《へいちゅう》物語』『多武峯少将《たふのみねせうしやう》物語』『篁《たかむら》物語』等の作品を産み、また、多くの日記・紀行・私家集等の編成に影響を与えている。作り物語の系統からは、『宇津保《うつほ》物語』の大作や『落窪《おちくぼ》物語』が生れている。そして、平安朝文化の最盛期と言われる一条天皇のころに至って、ついに、この二つの系統を止揚し、統一し、総合した『源氏物語』が天才紫式部によって創り出されるのである。

『源氏物語』以前の物語は、概括して言えば、その原型的様式について述べたように、主題は「興味ある事実」、即ち感興性に外ならなかった。それぞれの物語の主人公、もしくは主要人物が経験する運命の面白さ・奇妙さ・不思議さなどが作品の中核となって、読者を楽しませ、享受させ、鑑賞させるものであった。『竹取物語』のかぐや姫、『宇津保物語』の清原仲忠《きよはらのなかただ》、『伊勢物語』の在原業平、『落窪物語』の落窪の君、『篁物語』の小野篁《おののたかむら》、『平中物語』の平貞文《たいらのさだふん》(平中)等が活躍して、それぞれの作品の読者の興味をひきつけているのであって、これを感興的文芸と呼称することができよう。

ところが、『源氏物語』になると、正篇の主人公光源氏《ひかるげんじ》も、続篇の主人公薫《かおる》も、読者の感興をそそる運命を生きているが、それだけには終らない、それ以上の深さ・高さに達しているように思われる。いま、試みに、この巨大な長篇物語の主題をわたくしの言葉で捉えてみると、

栄えてゆく運命の中で、恋に生き、愛に悩みながら、次第に世の無常と道心《どうしん》とに目ざめゆく、

光源氏と薫。

となるのであって、朝廷における栄達・栄華と恋愛経験の種々相とにおいては、古くからの物語の伝統を継承し、拡大しているが、しかし、それらを越えて、人生のはかなさ、現世の無常を自覚し、仏道に心を傾けてゆく意志に到達している所に、この長篇の持つ精神的価値の深大さがあると思われる。しかも、正篇の主人公光源氏と続編の主人公薫とをめぐって、紫上と宇治の大君《おおいぎみ》という二人の女性をそれぞれ配し、この二人が出家・入道《にゅうどう》を志しながら、光源氏と薫のために、その志を遂げ得ずして世を去ってゆく経過を精細に描き出しているが、特に、続編『宇治十帖』の後半においては、薫と匂宮《におうみや》との二人から恋い慕われた浮舟《うきふね》が、進退きわまって宇治川に入水《じゅすい》したと推測されたのに、事実は、横川《よかわ》の僧都《そうず》に助けられて介抱され、僧都の妹の尼によって小野《おの》に連れ去られて快方に向かい、ついに、僧都に懇願して出家してしまうという展開を示している。そこには、男性たる光源氏も薫も実行できなかった出家の道に自己の意志を以て参入し、その後も、少しも後悔せずに世を送る、けなげな女性浮舟を描いて、この物語の最高の境地に到達しているのを見る。そして、ここに至って、それまでの物語文芸の伝統は大きく飛躍して、単なる感興的文芸から、読者の心を向上させ、内省させて、仏道に生きる、清らかな彼女の境涯を仰慕させる、浄化的文芸にまで発展したと言い得ると思う。

このような、著者紫式部の精神的要求の深化とともに注目されるのは、多くの事実・事件の記述においても、そこに著者の心情の投入が深くなるにつれて、記述以上の情趣性に満ちた描写に達していることであって、例えば、「明石《あかし》」の巻では、光源氏が、明石の入道に誘われて、その娘の明石の上《うえ》を岡辺《おかべ》の家に初めて尋ねて行った際の叙述に、次の如く現れている。

造れるさま、木深《こぶか》く、いたき所まさりて、見所《みどころ》ある住《すま》ひなり。海のつらはいかめしう面白く、これは心細く住みたるさま、ここに居《ゐ》て、思ひ残すことはあらじとすらむ、と思《おぼ》しやらるるに、ものあはれなり。三昧堂《ざんまいだう》近くて、鐘の声、松風に響き合ひて、もの悲《がな》しう、岩に生《お》ひたる松の根ざしも、心ばへあるさまなり。前栽《せんざい》どもに蟲の声をつくしたり。ここ・かしこの有様など御覧《ごらん》ず。女《むすめ》住ませたるかたは、心ことに磨きて、月入《い》れたる真木《まき》の戸口《とぐち》、気色《けしき》ばかりおしあけたり。

この中でも、特に、「三昧堂近くて、鐘の声、松風に響き合ひて、もの悲しう」から末尾までの、著者が、視覚・聴覚を充分に駆使して創造した情趣的描写の充実と澄徹、清艶なる趣致、文中の語で言えば、「心ばへあるさま」に、この作品の達し得た芸術性の一頂点を見いだしたいと思う。そして、かかる情趣の横溢した叙述を情趣的描写として認めることができるならば、この表現性を物語中の数多くの箇所に確立している点において、作り物語における虚構的事件性と、歌物語における現実的抒情性の二つを、換言すれば、中古の叙事文芸の二つの伝統を発展的に止揚し、統一し得ているところに、『源氏物語』の大きな意義と位置が存すると、わたくしには考察されるのである。

『源氏物語』以後、その強い影響下に、『夜半《よは》の寝覚《ねざめ》』『狭衣《さごろも》物語』『浜松中納言《はままつちゆうなごん》物語』『とりかへばや物語』等の物語が次々と制作され、また、『栄花《えいぐわ》物語』『大鏡《おほかがみ》』の如き、中古の歴史に密着した叙事文芸の新しい試みが生れたけれども、『源氏物語』の持つ浄化性や情趣的描写性を越える作品性を成立させるに至らなかった。特に、『源氏物語』における、主題の展開としての構想が叙述を緻密に統一するというよりは、叙述に力点が置かれ、叙述の進行に伴って、構想がその後から徐《おもむろ》に成り立ってゆくという、叙述先行・叙述優位の性格は、以後の物語においても、自覚的に克服されずに終った。わずかに、『源氏物語』の巻々が、長篇・中篇・短篇の形態を錯雑させている不統一を、『狭衣物語』がほぼ同じ分量の四巻にまとめていることが目につくのみである。

中古文芸は、外にも、清少納言の『枕草子』の如き随想集、『日本霊異記《にほんりやういき》』に始まって、尨大《ぼうだい》な『今《こん》昔物語集《じやくものがたりしふ》』三十一巻に至る説話集、紀貫之の『土左《とさ》日記』と増基《ぞうき》法師の『いほぬし』の如き紀行文芸、道綱の母の『蜻蛉日記《かげろふにつき》』、『和泉式部《いづみしきぶ》日記《につき》』『紫式部日記《むらさきしきぶにつき》』、菅原孝標《すがわらのたかすえ》の女《むすめ》の『更級日記《さらしなにつき》』、『讃岐典侍日記《さぬきのすけのにつき》』等の女流日記が続出して、中古文芸の豊富さ・多様さを示しているが、これらの諸形態にわたる作品群を以てしても、『源氏物語』の持つ、精神的、表現的価値を凌駕できるものがなかったことは、如何ともしがたいものがあった。例えば、『源氏物語』と同じころに製作された、清少納言の『枕草子』も、その世界は余りにも狭く、作者は、世俗的世界、特に、中宮定子をめぐる一条天皇の宮廷生活を讃美する表現に満足し、また、自己の才能の発揮を自讃している程度で、その人間的深さにおいて、到底、紫式部の比ではない。宗教的境地への要求もない。ただ、自己の感覚や感情を率直に、鋭敏に発揮して、心のままに表白している態度のみが目立っているに過ぎない。

中古初頭に勃興した漢詩文の流行は、その後、主として男性作家によって次々に継承され、発展して行った。そうした伝統の中からは、『将門記《しやうもんき》』『陸奥話記《むつわき》』の如き、当時の内乱の経過を描き出す合戦記の類も出現すれば、都良香《みやこのよしか》の『都氏文集《としもんじふ》』、島田忠臣《しまだのただおみ》の『田氏家集《でんしかしふ》』、菅原道真の『菅家文章《くわんけぶんしやう》』『菅家後《くわんけこう》集《しふ》』、大江匡衡《おおえのまさひら》の『江吏部集《かうりほうしふ》』等の家集も成立しており、また、『本朝文粋《ほんてうもんずい》』『本朝続文粋《ほんてうぞくもんずい》』『本朝麗藻《ほんてうれいさう》』の如き、私撰の詩文集も出現し、さらに、朗詠という、詩歌の詠吟法の行われるのに伴って、藤原公任《ふじわらのきんとう》の『和《わ》漢朗詠集《かんらうえいしふ》』、藤原基俊《ふじわらのもととし》の『新撰朗詠集』の如き、朗詠に適切な漢詩の秀句と和歌の秀歌とを類別した撰集も現れ、後代にわたって、漢詩文に限らず、一般の文芸にまで多くの影響の跡を残している。

中古の漢詩文の展開につき、概観的に言えることは、第一に、この時代の和文体文芸、特に女性作家によるそれに対しては、決して、その底流や傍流をなしているのではなくして、堂々として、男性作家としての自覚に立って、詩文の制作に精進していたことである。そこには、漢詩・漢文によってのみ表現し得る、和歌・和文とは類を異にする境地が存していた。例えば、中古の漢詩を代表する、菅原道真の作品、特に、五十七歳の延喜《えんぎ》元年（九〇一）から薨去《こうきょ》の同三年まで、太宰権帥《だざいのごんのそつ》として左遷中に世を終える期間中の詩作には、憤激と憂恨と内省とが渾融して、独自な風格を示している。次に引くのは、「秋夜九月十五日」と題する一首である。

黄萎顔色白霜頭
況復千余里外投
昔被栄花簮組縛
今為貶謫草萊囚
月光似鏡無明罪
風気如刀不破愁
随見随聞皆惨慄
此秋独作我身秋

黄《キ》ニ萎《シボ》メル顔色《ガンショク》。白キ霜ノ頭《カシラ》。
況復《イハ》ムヤ、千余里ノ外《ホカ》ニ投《イタ》レルヲヤ。
昔ハ栄花《エイグワ》、簮組《シンソ》ニ縛《ユヒツナ》ガレキ。
今ハ貶謫《ヘンタク》、草萊《サウライ》ノ囚《トラハレビト》タリ。
月光ハ、鏡ニ似タレドモ、罪ヲ明ラムルコト無《ナ》ク、
風気ハ、刀《タチ》ノ如クナレドモ、愁《ウレ》ヘヲ破ラズ。
見ルニ随《シタガ》ヒ、聞クニ随ヒ、皆惨慄《ミナサンリツ》。
此ノ秋ハ、独リ、我ガ身ノ秋ト作《ナ》ル。

道真は、歌人としても、『古今集』以後の勅撰集に三十四首も入集し、『新撰万葉集』の如き、和歌を万葉仮名で記し、その歌意を含む七言絶句を並べた撰集をも編成し、特に『大鏡』巻二には、左遷後の漢

詩三首とともに、和歌七首があって、悲痛な感慨を吐露しているが、和歌よりも、かかる漢詩の方に、むしろ、慷慨や悲愁の情が強烈に表白されていることは、この「秋夜」一首の上にも明らかであると言えよう。漢詩も、平安朝の知識人には、人間的真実を託するに足る文芸形態であったのである。

中古の漢文の一体に「記」がある。中国では、元来、ある事物の現状をありのままに描き出している文章の一形態を言うのであって、堂記・亭記・遊記・事記の類を成している。それが、後になって、それに議論を加えるに至ったことは、白楽天の「草堂記《さうだうのき》」、苑希文《はんきぶん》の「岳陽楼記《がくやうろうのき》」等に現れている。この伝統はわが国にも流入して、『本朝文粋』『続本朝文粋』には、「記」の一体を独立させて、それぞれ、五篇・七篇の作品を収録しているが、その中で、最も秀れていると思われるのは、『本朝文粋』巻十二の、慶保胤《けいほいん》（慶滋保胤《よししげのやすたね》）の『池亭記《ちていのき》』である。そこには、まず、京の内における、西京《さいきやう》（右京《うきやう》）の、住む人が少なく、人家が廃墟となってゆく有様と、東京《とうきやう》（左京《さきやう》）の、邸宅が群集して、人がそこに生活することの困難な事情を記し、続いて、京の郊外に人が争って住み、京の内は次第に衰退してゆく有様に及んでいる。そして、六条の北に作った、自分の邸宅の内外の種々相を描き、さらに、そこでの、我が邸宅を愛して暮す、内面的な生活と興趣とを表白した後に、結語として、晩年に及んで、かかる少宅を造り住む自身が、聖賢が家を造るのに対しての、慎むべき所を述べて、次の如く叙述している。

応和以来、世人好起二豊屋峻宇一、殆至二山レ節藻レ梲。其費且二巨千万一、其住纔二三年。古人云、「造者不レ居」。誠哉、斯言。予及二暮歯一、開二起少宅一。取二諸身一量二于分一、誠奢盛也。上畏二于天一。下愧二于人一。亦猶下行人之造二旅宿一、老蚕之成中独繭上矣。其住幾時乎。嗟呼、聖賢之造レ家也、不レ費レ民、不レ労レ鬼。以二仁義一為二棟梁一、以二礼法一為二柱礎一、以二道徳一為二門戸一、以二慈愛一為二垣墻一、以二好倹一為二

家事一、以二積善一為二家資一。居二其中一者、火不レ能レ焼、風不レ能レ倒、妖不レ得レ呈、災不レ得レ来、鬼神不レ可レ窺、盗賊不レ可レ犯。其家自富、其主是寿。官位永保、子孫相承。可レ不レ慎乎。天元五載、孟冬十月、家主保胤、自作自書。

応和《オウワ》以来《イライ》、世人《セジン》好《コノ》ミテ豊屋《ホウヲク》・峻宇《シユンウ》ヲ起《タ》テ、殆《ホトン》ド、節《セツ》ニ山ヱリ、梲《セツ》ニ藻《ヱガ》クニ至ル。其ノ費《ツヒエ》、巨千《キヨセン》万《マン》ニナラムトスルニ、其ノ住《ス》マフコト、纔《ワヅカ》ニ二三年ナリ。古人云《イ》ハク、「造《ツク》レル者ハ居《ヲ》ラズ」ト。誠《マコト》ナル哉《カナ》、斯《コ》ノ言《コト》。予《ワレ》、暮歯《ボシ》ニ及ビテ、少宅《セウタク》ヲ開《ヒラ》キ起《タ》ツ。諸《コレ》ヲ身《ミ》ニ取リ、分《ブン》ニ量《ハカ》ルニ、誠《マコト》ニ奢盛《シヤセイ》ナリ。上《カミ》ハ天ニ畏《オソ》レ、下《シモ》ハ人ニ愧《ハ》ヅ。亦猶《マタナホ》、行人《カウジン》ノ旅宿《リヨシユク》ヲ造《ツク》リ、老蚕《ラウサン》ノ独繭《ドクケン》ヲ成《ナ》スガゴトシ。其ノ住マフコト幾時《イクトキ》ゾ。

嗟呼《アア》、聖賢《セイケン》ノ家を造ルニ、民ヲ費《ツヒヤ》サズ、鬼《キ》ヲ労《ツカラ》サズ。仁義《ジンギ》ヲ以テ棟梁《トウリヤウ》ト為《ナ》シ、礼法《レイホフ》ヲ以テ柱礎《チユウソ》ト為シ、道徳ヲ以テ門戸《モンコ》ト為シ、慈愛《ジアイ》ヲ以テ垣墻《エンシヤウ》ト為シ、好倹《カウケン》ヲ以テ家事《カジ》ト為シ、積善《セキゼン》ヲ以テ家《カ》資《シ》ト為ス。其ノ中《ナカ》ニ居《ヲ》ル者ハ、火モ焼クコト能《アタ》ハズ、風モ倒スコト能ハズ。妖《ワザハヒ》モ呈《アラハ》ルルコトヲ得ズ、災《ワザハヒ》モ来《キタ》ルコトヲ得ズ。鬼神《キシン》モ窺《ウカガ》フ可《ベ》カラズ、盗賊《タウゾク》モ犯《ヲカ》ス可カラズ。其ノ家 自《オノヅカ》ラ富ミ、其ノ主《アルジ》是レ寿《イノチナガ》シ。官位《クワンヰ》永ク保《タモ》チ、子孫相承《アヒウ》ケム。慎《ツツシ》マザル可《ベ》ケンヤ。天元五載《テンゲンゴサイ》、孟冬《マウトウ》十月、家《ヤ》主《ヌシ》保《ヤス》胤《タネ》、自《ミヅカ》ラ作リ、自ラ書《シヨ》ス。

ここには、自己の「少宅」の造営を「奢盛」と感じ、「上ハ天ニ畏レ、下ハ人ニ愧ヅ」と内に省み、聖賢の家を造る時の態度・心情と比べて、自己との差の甚だしい点を列挙して、「慎マザル可ケンヤ」と自戒するに至っている。そして、一篇を通じて、自己の生き方を究めることによって自己を確立せんとする意志・意欲が貫通しているのを見る。ここに、中古の和歌にも、物語にも、随筆・日記・紀行にも認められない、人生を生きる原理の追究と獲得とが叙せられている。これは、保胤が、中国及び日本の漢文芸の伝統、わけても「記」のそれを学び取った所からくる長所と言うべきであろう。優美と情趣に秀でた中古文芸の中に存する、この、男性的、積極的な自己確立の意志の強さには、文芸史的に言っても、大きな意義が認められる。

菅原道真の漢詩と慶滋保胤の漢文とに代表される、中古の漢詩文の伝統は、典拠となり、技法となり、構成法となって、後代に継承され、発展させられた。この点において、古典的、王朝的要素として、和歌・和文とともに、軽視できない、大きな文芸史的意義を保有していると言うことができる。

四

日本文芸史上の中世においては、中古のように、全くの貴族社会のための文芸とばかりは言えない、新しい要素が参加し、興隆して来ている。その第一の要素は、武家階級の興隆に伴って急速に発展して来た、地方的、庶民的なるものであって、各種の芸能や説話や歌謡や新興仏教や武士団の精神等々に代表され、特に、鎌倉幕府・室町幕府の勢力が盛んになるにつれて、中世文化の全体に浸潤して行った。そして、さまざまな文芸形態に豊富な素材と表現とを提供している。

第二の要素は、宋・元・明にわたる交通・貿易によって、海を越えて、続々と流入して来た、中国的、外来的なものであって、その中には宋学の如き学問、宋元画や墨跡の如き美術工芸品、禅宗という新宗教、新しい作風を示す漢詩文、建築・出版の技術等々が数えられる。これらは、平安朝時代に移植された中国文化とは、その新奇・深遠な点において、大きな質的相違を示すものであった。特に、この時代に、中国に留学した禅僧たちが、大陸の禅院生活を身を以て経験し、それをわが国に将来し、伝播させた努力の跡には、目ざましいものがあった。禅宗は、特にこの要素中の代表的なものとして、文化の各方面に深く広い影響の跡を残している。

しかし、中古の文化から受け継いだ、王朝的、貴族的要素は、中世文化の重層性を形成して生きながらえ、和歌・和文も、有職故実的教養も、平安時代の旧仏教も、各種の芸能・美術も、漢詩文の作風も、すべてが、中世文芸の発展に参加していることが注意される。中世の文芸・文化の成立は、かくの如き、三つの要素の混合や対立や融合によって説明されるべき事情が極めて多いことを知らなくてはならないと思うのである。

日本文芸史上の中世の上限としては、これまで、保元の乱（一一五六年）・平家滅亡（一一八五年）・鎌倉開幕（一一九二年）・承久の乱（一二二一年）等の歴史的、社会的大事件の起った年が考えられて来たが、そうした年時では文芸史上の中世の出発点とすることができないのは、かかる年に、いかなる作品・作家が出現して、中世的特色の明瞭な表現を示しているかを考察すれば、その無理であり、根拠のないことを知らされるばかりである。日本文芸史の時期区分は、その独自性にもとづいて行われなくてはならないのであって、その上で、なぜ、一般の政治史的区分と一致するか、しないかが、改めて問題となるべきものと思われる。

中世文芸史の興隆期たる鎌倉期の中期までには、軍記（保元物語・平治物語・平家物語・承久記）・随筆（方丈記）・説話（古今著聞集《ここんちよもんじふ》・今物語《いまものがたり》・宇治拾遺物語《うぢしふゐものがたり》・十訓抄《じゆつきんせう》・発心集《ほつしんじふ》・撰集抄《せんじふせう》・沙石集《しやせきしふ》等）・法語（和語燈録《わごとうろく》・正法眼蔵《しやうぼふげんざう》・正法眼蔵随聞記《ずいもんき》・日蓮上人遺文《にちれんしやうにんゐぶん》・栂尾明恵上人遺訓《とがのをみやうゑしやうにんゐくん》等）・漢文（興禅護国論《こうぜんごこくろん》・永平清規《えいへいしんぎ》・永平広録《えいへいくわうろく》・聖《しやう》

一国師語録《いちこくしごろく》等）・紀行（東関紀行《とうくわんきかう》・海道記《かいだうき》）・歌謡（宴曲集《えんきよくしふ》等）などの新しい文芸形態が現れ、漢文体、もしくは和漢混淆文体で制作され、中古の漢文体や和文体とは異なる文体を確立している。が、そうした状況の中で、中世的文芸（中世文芸一般の中から、特に中世的価値を表現し、その頂点的意義を示し、中世を代表している諸作品）の形成に先駆し、その予言的位置を占めているものは、西行の和歌である。彼の『山家《さんか》集《しふ》』『西行法師家集』『聞書集《ききがきしふ》』『聞書残集《ききがきざんしふ》』等における作歌を読み進めてゆくと、次の如き作品に接することができる。

訪《と》ふ人も思《おも》ひ絶《た》えたる山里《やまざと》のさびしさなくは住《す》み憂《う》からまし
さびしさに堪《た》へたる人のまたもあれな庵《いほり》ならべむ冬の山里
山深くさこそ心は通《かよ》ふとも住までもあはれは知らむものかは
山里を訪《と》へかし人にあはれ見せむ露《つゆ》しく庭にすめる月かげ
ひとりすむ片山《かたやま》かげの友なれや嵐《あらし》にはるる冬の夜《よ》の月
牡鹿《をじか》鳴く小倉《をぐら》の山の裾近《すそちか》みただひとりすむ我が心かな

この六首には、彼が、山里の庵《いおり》の生活によって行証《ぎようしよう》したものが、「さびしさ」であり、「あはれ」であり、「ひとりすむ」であって、それは、出家・遁世して吉野山や小倉山に閑居し、独住して獲得した主体的信念であり、生活の原理であると考えられる。かかる信念や原理は、中世の言葉で言えば、「理《ことわり》」「道理《だうり》」となるのである。わたくしは、西行こそ、文芸制作の理念としての、かかる「理」「道理」を実践的、生活的に把握し、自覚し、確立して、後代における中世的文芸の発展と完成を先取し、予言した、偉大なる歌人であると信ずる。彼の外に、かかる深邃《しんすい》な生活境を開拓し、表現し得た同時代の文芸人は無いのであるから。従って、彼が出家した保延《ほうえん》六年（一一四〇）から入寂《にゆうじやく》した建久《けんきゆう》元年（一一九〇）までの五十年間こそ、中古文芸の惰性を振り切って、中世文芸、特に中世的な文芸の形成された最初の時期であると信ずるのである。そして、この生活境と作風は、彼の死後、二十二年を経て、建暦二年（一二一二）に成立した、遁世者蓮胤《れんいん》（鴨長明《かものながあきら》）の『方丈記』の作風の上に、前述した慶滋保胤《よししげのやすたね》の『池亭記《ちていのき》』とともに、大きな影響と感化の跡を残していることを知るのである。遁世者蓮胤の、日野山の方丈の庵の生活記録たる『方丈記』は、「閑居の気味《きみ》」「閑寂《かんせき》」と言い表している「理」を求め求めて、体得し、確立した所に、その意義・価値が見いだされる。

研究対象としての中世文芸一般は、これを理解し、解釈する立場、喩《たと》えて言えば、平面的、円環的に把捉する立場から考察される程度であるのに対して、中世的文芸は、中世文芸を評価し、批判する立場、譬喩的に言えば、立体的、円錐的に把握して、その円錐の頂点、もしくはそれに近い所に定位される作品群に外ならない。中世文芸の展開過程を、前期（興隆期。鎌倉中期まで）・中期（成熟期。鎌倉末期から室町初期まで）・後期（室町中期からその末期まで）と区分した上で、その前期・中期の中から、かかる中世的文芸と認められる作品を選び出してみると、次のようになると思う。

和歌——『山家集』その他の西行の作。
随筆——『方丈記』（蓮胤）・『徒然草』（兼好）。
軍記——『保元《ほうげん》物語』・『平治《へいぢ》物語』・『平家物語』（『源平盛衰記《げんぺいじやうすいき》』）・『太平記』。
法語——『正法眼蔵《しやうぼふげんざう》』（道元）・『正法眼蔵随聞記《ずいもんき》』（懐奘《えじよう》）・『歎異抄《たんにせう》』（唯円《ゆいえん》）。
和讃——三帖和讃《さんでうわさん》（親鸞《しんらん》）。

史論——神皇正統記《じんのうしやうとうき》（北畠親房、当時、出家して宗玄《そうげん》）。
能——観阿弥《くわんなみ》・世阿弥《ぜあみ》の諸作と世阿弥の能芸論。
漢詩文——五山文学における、虎関師錬《こかんしれん》の『済北集《さいほくしふ》』、中巌円月《ちゆうがんえんげつ》の『東海一漚集《とうかいいちおうしふ》』、寂室元光《じやくしつげんこう》の『永《えい》源寂室和尚語録《げんじやくしつをしやうごろく》』、義堂周信《ぎどうしゆうしん》の『空華集《くうげしふ》』、絶海中津《ぜつかいちゆうしん》の『蕉堅藁《せうけんかう》』。

これは、現在までの、わたくしの読書の範囲内から選出したものであるが、中世的文芸の深遠さ・崇高さ・厳粛さを示すに足る価値を蔵している、すぐれた作品・作品集と考えられる。そして、どの作品を取り上げても、それらには、人間的信条・生活の原理・実践の理法としての「理」「道理」を含蓄していて、それを制作の理念としていることに気づかされるのである。

例えば、懐弉が筆録した、道元の語録『正法眼蔵随聞記』の中には、

今代《きんだい》の禅僧、頌《じゆ》を作り、法語《ほふご》を書かん料《れう》に、文筆等《ぶんぴつとう》を好む、これ則ち非《ひ》なり。頌作らずとも、心に思はん事を書いたらん。文筆調《ととの》はずとも、法門を書くべきなり。これをわろしとて見たがらぬ程の無道心の人は、よき文筆を調へ、いみじき秀句《しうく》ありとも、ただ、言語《ごんご》ばかりを翫《もてあそ》んで、理《ことわり》を得《う》るべからず。（巻三ノ六）

法語等を書くも、文章に課《おほ》せて書かんとし、韻声違《ゐんしやうたが》へば礙《さ》へられなんどするは、知りたる咎《とが》なり。語言《ごごん》・文章はいかにもあれ、思ふままの理《ことわり》をつぶつぶと書きたらば、後来《こうらい》も、文章わろしと思ふとも、理だにも聞えたらば、道のためには大切なり。（巻三ノ九）

と言って、偈頌《げじゆ》・法語を、「文筆」「韻声」等の表現的技巧を脱して、どこまでも、「理《ことわり》」をめざして書くべきことを力説しているのであって、彼の生涯の大作たる『正法眼蔵』九十余巻も、この態度・意欲

のもとに著述されたものと考えられる。そして、彼の書くこの態度は、当然、法語を読む時の態度をも規定することになるのであって、同じ『随聞記』の中に、

ただ、聖教《しやうげう》を見るとも、文《もん》に見ゆる所の理《ことわり》を次第に心得て行かば、その道理を得《え》つべきを、まづ、文章に、対句《つゐく》・韻声《ゐんしやう》なんどを見て、よき・あしきぞと心に思うて、後に、理《ことわり》をば見るなり。しからば、なかなか、知らずして、初めより道理を心得て行かば、よかるべきなり。（巻三ノ九）

という一節があって、「聖教」を見る上の心得として、やはり、「理」「道理」が中心意義をなすべきことが力説されているのである。

また、『平家物語』の構造を解釈してみると、その構想は、

（一） 清盛を中心とする平家一門の栄華と悪行《あくぎやう》、及び、反平家謀叛《むほん》計画の挫折。（巻一—巻五）
（二） 清盛死去後、源氏勢力の勃興による、平家一門の都落ち。（巻六—巻七）
（三） 一ノ谷《いちのたに》合戦における平家の敗北と、戦後の処理、及び、敗残者の辿った運命。（巻八—巻十）
（四） 屋島《やしま》・壇浦《だんのうら》合戦における平家の敗北と、戦後の処置、及び、敗残者の辿った運命。（巻十一—巻十二前半）
（五） 後年における、平家の子孫の断絶。（巻十二後半）

という展開として跡づけられると思う。そして、この構想は、（一）における、平家一門の栄華が、「盛《じやう》者必衰《しやひつすい》の理《ことわり》」によって、（二）から（五）にかけて衰退する外はない運命に陥り、また、「修因感果《しゆいんかんくわ》の理《ことわり》」によって、平家一門の悪行が因となって、その果は、同じく（二）から（五）に至る滅亡の道を辿らなくてはならなかった運命を示していることになると理解される。従って、この作品の主題は、

盛者必衰・修因感果の理によって、栄華と悪行とを極めた平家一門の滅びて行った運命の哀れさ。として把捉されると思うのである。『平家物語』もまた、かかる「理」「道理」を内蔵し、それに基いて全篇が統一されていることによって、中世的文芸たる意義を獲得していることになると言ってよいであろう。このことは『保元物語』『平治物語』『太平記』等の上にも及ぼすことができる。

世阿弥の遺《のこ》した能芸論の頂点とも言うべき、伝書『花鏡《くわきやう》』の「奥段《おくのだん》」には、

およそ、この一巻、条々已上《でうでういじやう》。この外《ほか》の習事《ならひごと》あるべからず。ただ、能を知るより外《ほか》の事なし。能を知る理をわきまへずは、此の条々もいたづら事《ごと》なるべし。まことに〳〵、能を知らんと思はば、先づ、諸道・諸事をうち置きて、当芸《たうげい》ばかりに入《い》りふして、連続《れんぞく》に習ひ極《きは》めて、劫《こふ》を積《つ》む所にて、おのづから心に浮《うか》ぶ時、是《これ》を知るべし。

といって、「能を知る理《ことわり》」の重大さを強調するとともに、そのためには、いかになすべきかを説いて、その「理」が、稽古という実践を累積することによって次第に意識され、自覚されてくる、「実践の理法」に外ならないことを明らかにしている。世阿弥の能芸伝書の至る所に説かれている「理」「道理」は、かくの如き稽古の集中と持続から体得した、能芸の理法として、中世的意義を大きく発揮しているものである。そこには、中世初頭以来の長く久しい文芸・芸能の伝統を継承した上での、成熟した結実が認められる。

中世文芸史は、その後期（室町中期以後）になると、著しく、「理」「道理」への追求の意欲が低下し、それに代って、全体的に、享楽的、娯楽的、趣味的な作風が流行するようになってくる。これは、応仁

の乱（一四六七年—一四七七年）による、京都の荒廃と文化財の焼失とが主要な原因となっていると思われる事実であって、五山文学の如きも、既に、社交的、感傷的、中国趣味的な俗人の詩に堕しているし、諸文芸形態も、退廃に陥ったり、卑俗化の方向を目ざしたりしている傾きが多い。中世的文芸の理念・精神の衰退期として、この後期を位置づける外はないと思われる。特に、室町末期の永正十五年（一五一八）の「序」のある『閑吟集《かんぎんしふ》』や『宗安小歌集《そうあんこうたしふ》』（成立年時未詳）になると、動揺定まらぬ無常の世を一時の慰戯や享楽によって紛らそうとする刹那主義的欲求が歌い出されて、「何せうぞ。くすんで。一期《いちご》は夢よ。ただ狂へ」とか、「憂《う》きも一時《ひととき》、嬉しさも、思ひ覚《さ》ませば、夢候《ゆめぞろ》よ」とか（以上、『閑吟集』）、「ただ今日《けふ》よなう。明日をも知らぬ身なれば」とか、「とても立つ名に、寝ておりやれ。寝ずとも、明日は、寝たと讃談《さんだん》しよ」とか（以上、『宗安小歌集』）という歌詞が流行しているのを見るし、禅僧の一休宗純が、『狂雲集』『続狂雲詩集』等において、侍者の女性との赤裸々な愛欲生活を漢詩に詠じているのも、世を諷してての作品などではなくて、この時代の退廃と相通ずる、奇行と狂逸に陥った所業と言うべきであろう。これは、五山文学における、禅僧間の艶文・艶詩の流行と同じ傾向を示すものと思われる。

かかる中世文芸史の展開を辿る時に、中世の約四百年間の変遷を通じて、その期間の主流を成しているものが、いかなる文芸活動であるかが問題となってくる。中古においては、和歌と物語と漢詩文が主流的位置を占めていたことは、前述した通りである。わたくしは、中世文芸史の主流の一つは、歌人たちを中心とする宮廷歌壇の活動であったと思う。それは、『千載集』（一一八七年成る）から、『新続古今集』（一四三九年成る）に至る、十五の勅撰和歌集を残し、多くの私家集と私撰集と歌論・歌学書とを産み、中古からの文芸伝統を継承して、大きな権威を誇っていた。勅撰集の撰定は一四三九年に絶えても、また、南北朝期以後の連歌の興隆はあっても、中世を一貫する和歌の尊重と制作は切れ目なしに継続していると言ってよい。もう一つは、建久二年（一一九一）における栄西の、宋国からの帰国に始まる、日本禅宗の発展にともなって、臨済宗・曹洞宗の二つの宗派にわたって、全国的に多くの禅宗寺院が建立され、その中での禅林生活における、中国禅を学んでの漢詩文の制作は、中世を一貫して続けられ、至徳三年（一三八六）の足利幕府による、五山制度という禅宗官寺の制度を完成するに至り、この五山の宗派に属する禅僧の制作した尨大な漢詩文は、いわゆる「五山文学」として隆盛を極め、多量の家集・撰集・類集を残している。この禅文芸の一大伝統も、中世文芸史に出現した、著大な主流的現象として認めなくてはならないものがある。先に挙げた、虎関師錬以下の五人の作家の詩文集は、この五山文学を代表する、秀れた作品を含んでいるのである。

　中世文芸史の主流として、それぞれ独立して展開をとげた、この二つを挙げてくると、当然、中世歌壇から生まれた、独特な歌風、特に、一二〇五年成立の『新古今集』における、当時の代表的歌人、藤原定家《ていか》を中心とする、独自な作風の価値が問題になってくるのであるが、わたくしは、この歌風・様式は、主題は観念的情趣、構想は作為的構成、叙述は修辞的技巧化という類型をなし、題詠と本歌取りという、人間の真実・真情の自然な発露を禁圧する如き作歌方法に拘束されて、既に、抒情詩たる和歌の本分を逸脱してしまっていると思うのである。しかも、新古今歌人たちには、中世的文芸の制作理念たる「理」「道理」を追求する意欲がなく、中古和歌の技法や歌語を惰性的に継承することに専心して、文芸史上の新しき時代に適応する能力がなく、結局、中古から中世への過渡的意義を示すに過ぎなかっ

たと言うことができよう。その作例を挙げると、

梅の花匂ひを移す袖の上《うへ》に軒《のき》もる月の影ぞあらそふ（四四）　藤原定家《ていか》

さくら花夢かうつつか白雲の絶えてつれなき峯の松風（一三九）　藤原家隆《かりゅう》

風通《かぜかよ》ふ寝覚《ねざ》めの袖の花の香《か》にかをる枕の春の夜の夢（一一二）　俊成女《しゅんぜいのむすめ》

うちしめりあやめぞかをる時鳥《ほととぎす》鳴くや五月《さつき》の雨の夕暮（二二〇）　藤原良経《よしつね》

風わたる浅茅《あさぢ》が末《すゑ》の露にだに宿《やど》りも果《は》てぬ宵《よひ》の稲妻《いなづま》（三七七）　藤原有家《ありいえ》

の如き代表作に、その観念的情趣を作為的に構成する、技巧的作風がはっきりと現れているのが認められる。『新古今集』以後の歌人・歌集は、多少の変化や工夫が試みられたが、根本において、題詠や本歌取りの作法を捨て得ず、中古的情趣・気分に由来する、惰性的、追随的作風に陥り、中世的文芸たる高所に至り得ずに終ってしまったと言えよう。中世和歌は、その作風も、歌論も、現代の歌壇から全く見捨てられた存在に外ならない。その中から、現代的意義・価値を発見し、開拓することは、不可能に近い。上述した西行と、万葉歌風にもとづく真実・真情の鮮やかな表現を樹立した源実朝の二人の如きは、中世歌人中の特殊的、例外的存在であったのである。

『歎異抄』の文芸史的意義と位置とを考える上の必要から、その成立以前の日本文芸史を叙上の如く概観してみたのであるが、これによっても、日本文芸史における中世、特に中世的文芸の持っている意義は重大なものがある。

かつて、島崎藤村は、感想集『新片町《しんかたまち》より』（明治四十二年刊）の中の一章、「面白く思ふこと」において、

面白く思つて筆を執るといふことは、時として言ひ現はさうとすることを妨げる。真に言はんと欲して胸を突いて起き上つて来ることは唯面白いといふやうなものでは無いと思ふ。人を面白がらせること、自分で面白がること、どちらにしても、邪魔になり勝なものだ。

と述べている。この一文は、文芸作品が、「真に言はんと欲して胸を突いて起き上って来ること」、即ち、本当の意味での、表現しようとする全人的要求から制作される時には、「唯面白いといふやうなもの」とは異なる、それ以上の境地に達すべきことを示唆しているように思われる。つまり、感興や興味以上のものを表現すべき文芸が作者に要求されるというのであって、これを読むと、中古文芸の、特に物語の大部分が興味ある事実、感興的主題から成っていることに正しい批判を要することを考えさせずにはおかないものがある。そうした中で、『源氏物語』だけが、浮舟の出家とその後の生活を叙して、感興性を越えた浄化性にまで達していることは、いかに、作者紫式部において、「真に胸を突いて起き上って来ること」が、強い、精神的、宗教的要求に貫かれていたかを推測させるものがあると思われる。

中世的文芸として前に列挙した作品群は、感興以上、情趣以上の、「理」「道理」を制作の理念とする表現活動の成果であるが、それが、中世文芸史の主流たる和歌と禅林の文芸とに対して、どういう位置を占め、関係を持っているかは、大きな問題であると思われる。その中で、五山文学の五つの作品は、中世の禅林、特に五山の禅院の内から生れた詩文制作運動の結実であるから、特別な位置・関連を有するものとは言えないので、この考察から除外することにする。それに、五山文学のこの五人の作家たちは、当時の歌壇からは全く離れ去った位置・立場で、五山内部の詩・文壇の中にのみ交って制作していたことが考え合わされる。

第一に、主流をなしている和歌、及び宮廷歌壇に対して、中世的文芸の中の、西行の諸作歌、蓮胤の『方丈記』、兼好の『徒然草』、宗玄（北畠親房）の『神皇正統記』は、その作者・著者がいずれも、世俗を脱れた遁世者であり、歌人であることが注目される。それも、在俗の時も、遁世の後も、決して、当時の歌壇の中心人物でもなく、権威者でもなかった。むしろ、歌壇から離れ去った、いわば、その周辺的位置に在って、歌壇的因襲から自由になった立場において、それぞれの特色ある制作活動を発揮しているのである。西行は、吉野山や高野山や漂泊の旅路において、蓮胤は、京都南郊の日野山において、兼好も、京都の東郊の小野庄《おののしょう》において、特に宗玄（親房）は、京から遠い距離にある常陸国において、それぞれの作品を述作している。この事実が、これらの中世的文芸作品に、独自な孤高性を与えているのであって、彼等は、周辺的に孤高的であったが故に、却って、因襲的な歌壇から独立して、自由になり、それだけ一層、自己の生活・心境を深め、「理」「道理」を探究し、それにもとづく制作を展開させることができたのであると思われる。

『保元物語』『平治物語』『平家物語』『太平記』の四つの軍記の著者は今もなお未詳であるが、これは永久に未詳で終るかも知れない。ただ、推測できることは、その著者は、歌壇の人ではなかったのではないかということである。その中に表現されている「理」「道理」による批判・論証の強さ・深さは、当時の歌人たちに望むべくもない力感を持ち、文体も、中世和歌の低調で迫力のないのに比べて、和漢混淆文体の持つ強靱《きょうじん》さを発揮している。わたくしは、これらの軍記の著者は、宮廷の貴族や歌人ではなく、傍流の知識人・学者であって、後に遁世した人たちではなかったかと推測している。『徒然草』の第二百二十六段に記されている、信濃前司《しなののぜんじ》行長《ゆきなが》（実は下野《しもつけの》前司の中山行長）が、「学問を捨てて遁世し」、慈《じ》鎮《ちん》和尚《かしよう》の庇護を受けて、『平家物語』を創作したという事は、平家物語作者についての一伝来説ではあるが、歌壇・宮廷外にある遁世者が軍記の作者たり得る可能性の一端を示していること、知識人・学者であったが故に、作者たる名や経歴を隠す必要があったらしいこと、歌人として宮廷中心の歌壇内で活躍した存在とは思われないことなどが想像されてくる。従って、彼等が周辺的、孤高的たる地位にあったということも、決して考えられないことではないのである。

　鎌倉時代における新仏教の展開にともなって成立して行った、多くの法語の中から、文芸的価値ある表現を求めてゆくと、道元の『正法眼蔵』、懐弉の『正法眼蔵随聞記』、唯円の『歎異抄』と、晩年の親鸞の和讃集『三帖和讃』の四つが特に注目されてくるが、これらは、当時の歌壇とは全く無縁の存在であった。道元の家集として遺っている『傘松道詠《さんしやうだうえい》』は、他人の歌が大部分を占め、道元作と証し得るものはほとんど一首もないことから、彼に仮托された、後世の偽撰とする説にわたくしは傾くのである。

　これらの著作は、当時の歌壇とは全く無関係に、言わば超越的に、そして外辺的に、成立している。『正法眼蔵』の中の約四十五巻と『正法眼蔵随聞記』六巻は、宇治の興聖寺において著述・記録され、『正法眼蔵』の外の巻々は、大部分、越前の永平寺において著作されており、『三帖和讃』は、常陸の国から帰京した親鸞の、京都生活の晩年に制作され、『歎異抄』は、師の親鸞の寂後、常陸の国に住んだ弟子唯円によって述作されてはいるが、いずれも、宮廷歌壇との接触・交流は全くない。それ故にこそ、それぞれが、純粋に、真摯《しんし》に、そして誠実に、全力を尽くして、「理」「道理」にもとづく表現活動を展開させ得たと考えられるのである。（南北朝の対立によって、吉野地方に南朝の歌壇が形成され、その中から、『新葉和歌集《しんえふわかしふ》』や私家集の幾つかが出現したのであるが、当時の低調・陳腐な二条派の作風の範囲内に止まり、当時の内乱の厳《きび》しい現実を把捉する実力を欠き、文芸史的にも意義の乏しい作品群たる域を脱することはできなくて終ってしまっている。）

観阿弥《かんなみ》・世阿弥によって能が大成され、多くの謡曲（能の本）が作られ、能芸の「理《ことわり》」を説いた伝書《でんしょ》も世阿弥によって次々に書かれて行った。そして、世阿弥には数首の和歌が、『拾玉得花《しふぎよくとくくわ》』『夢跡《ゆめのあと》』『金《きん》島書《たうしよ》』等に見えているが、形式だけの素人の作たるに過ぎない。ただ、「先づ、此の道に至らんと思はん者は、非道《ひだう》を行《ぎやう》ずべからず。但《ただ》、歌道は、風月《ふげつ》・延年《えんねん》のかざりなれば、尤《もつと》もこれを用ふべし」（『風姿花伝』の序）とあるように、謡曲の制作に必須の教養として、和歌・歌論の類が学ばれたことが推測される。実際、世阿弥の伝書には、多くの古歌の引用や歌論からの影響の跡が認められるが、観阿弥にも世阿弥にも歌人としての自覚は認められない。そして、観阿弥には宗音《そうおん》（『観世世代略系』）、世阿弥には善芳《ぜんぽう》（『金島書』『夢跡』）という法諱《ほうき》があることによって、共に、老年のある時期に出家・遁世したことが知られる。彼等父子の、歌壇に対する位置・関係は、結局、超越的であり、外辺的であったと考える外はないであろう。

以上述べたように、中世的文芸として認むべき諸作品は、この時期の文芸史の主流である宮廷歌壇に対して、周辺的孤立性を示すか、外辺的超越性を有するかしているところに、その意義と位置の独自性が認められる。これは、宮廷歌壇が既に惰性的となり、弱体化し、文芸活動を発展させる場としての意義を喪失して、徒らに、古来の権威を守ることだけに汲々としていることに対応して、あるいは周辺的に、あるいは全く無関係に外辺的に、それぞれの文芸制作の道を独自に開拓する外はなかったがためと推測される。それほど、中央宮廷歌壇は、なお、力を保ちつつ、衰退の道を辿る外はなかったのである。『歎異抄』の述作は、外辺的超越性を保って、中央歌壇との関係が全くない位置において行われていることは言うまでもない。その制作・流布が中世和歌に与えた影響も全くない。従って、中世文芸史上の『歎異抄』は、一種の超越的意義と位置とを有して、主流をよそに、独自な作品性を発揮している存在ということになる。

その第一は、鎌倉時代に勃興した新仏教のうち、浄土教系では、民衆を対象として説法することを目ざしたために、その説法を文章化する時、おのずから、平易な用語を用い、親しみ深い文体を使って、直ちに読者に理解され、共感され、信心の道に進み得るように工夫されていたことが挙げられる。法然の『和語燈録』を初めとして、聖覚《せいかく》の『唯信鈔《ゆいしんせう》』、著者未詳の『後世物語聞書《ごせものがたりききがき》』、隆寛《りゆうかん》の『一念多念分別事《いちねんたねんふんべつじ》』・『自力他力事《じりきたりきのこと》』等は、親鸞もその熟読を信者たちに勧めていたし、唯円も、「……故聖人の御心に相叶ひて、御用《おんもち》ゐ候《さうら》ふ御聖教《おんしやうげう》どもを、よくよく御覧《ごらん》候ふべし」と奨励しているところである。そして、唯円自身も、『歎異抄』の第十三章に、「唯信鈔にも、『弥陀、いかばかりの力ましますと知りてか、罪業の身なれば救はれ難しと思ふべき』と候ふぞかし」という引用をなしているのであって、これらの聖教・法語が親鸞の著作や和讃や消息（手紙）の類とともに、彼の重要な心の糧となり、教養となり、『歎異抄』述作の原動力となったことは疑いない。従って、中古の和歌や物語や漢詩文の伝統から離脱した立場で、ひたすら、自己の信心の真実を頼りに書き進めてゆく過程において、かかる聖教・法語類の作風の影響が叙述の上に現れて来たものと考えられるのである。

第二に考えられることは、この『歎異抄』が、先師親鸞の亡き後、その教法を継ぐべき信者たちの間に、親鸞の真精神が次第に不純となり、妄《みだ》りに改変されようとする危機に際して、それを黙過することのできない唯円の、強い護法的意志に発した作品であるということである。上に挙げた法語類にもかかる性質は多少存するけれども、『歎異抄』では、それが中核的位置をなして第二部を形成しており、一方、第一部に集録されている親鸞の語録十ケ条は、その根拠とも、前提ともなり、さらに、第三部の「後記」は、著者の護法的立場を明らかにしているという、独創的な組織・構造を産み出している。そして、この危機感と護法的意志が著者の老齢と相まって、自分の遺志を何とかしてこの世に留めておきたいという切実さが全篇に溢れていることも見のがすことのできないものがある。本書の読者が、誰でも感じずにはいられない厳粛感は、かかる理由にもとづいているのである。

第三に、著者は、先師親鸞とその教えに心の底から信順するとともに、時には、それをも越えて、弥陀とその本願にまで遡って、自己の信心の根拠・本源を確かなものとしていることである。そして、弥陀の本願の絶大な力に頼り切ることによって、無常なこの世の煩悩具足の凡夫として生きてゆく道が、おのずから明るくされ、浄化されてゆくことを自覚させられているのである。「摂取不捨《せつしゆふしや》の利益《りやく》に預《あづ》けしめ給ふなり」（第一章）といい、「弥陀の光明に照らされ参らする故に、一念発起《ほつき》する時、金剛の信心を賜はりぬれば、既に、定聚《ぢやうじゆ》の位《くらゐ》に摂《をさ》めしめ給ひて」（第十四章）というのは、信心によって開けて来た、人生のかかる浄化と言えよう。『歎異抄』は、「本願を信じ、念仏を申さば、仏に成る」という如き「理」を根柢とし、著作の理念とする作品であるが、その上に、かかる浄化性を表現し、実現している所に、その到達点が見いだされると、わたくしは考えるのである。第十五章に引かれている、「金剛堅固《こんがうけんご》の信心の、定まる時を待ち得てぞ、弥陀《みだ》の心光摂護《しんくわうせうご》して、永く生死《しやうじ》を隔てける」の和讃一首によっても、唯円に先立って、師の親鸞もまた、「弥陀の心光」によって浄化される、この世の体験に感銘を抱いていたことが推測される。

この、「理」「道理」以上の浄化性に達している文芸作品は、わたくしの言うところの中世的文芸の中にも、それほど多いとは言えない。西行の和歌における、環境としての自然の程度では、なお、この世の現実相の一面・一端を表しているに過ぎない。従って、自然によっていかに心が澄み、山里の「さびしさ」「あはれ」「ひとりすむ」ことに生きがいが感じられても、それは、まだ真実不虚《ふこ》の浄化的境地とは言えない。『歎異抄』の外には、わずかに、『平家物語』（巻一の「祇王《ぎわう》」と灌頂巻《くわんぢやうのまき》の「六道之沙汰《ろくだうのさた》」）、『正法眼蔵』『正法眼蔵随聞記』『三帖和讃』『徒然草』『永源寂室和尚語録』、世阿弥の能芸論の中の『九位』『遊楽習道風見《いうがくしゆだうふうけん》』等が、浄化的文芸に達したと言い得るように思われる。そして、これらの作品はまた、文芸史上の中世の到達点であるとも考えられるのである。『源氏物語』にも、浮舟の出家・入道における表現のような浄化性はあった。しかし、それは、情趣的叙事文芸内における、部分的介在であった。中世的文芸の浄化性は、「理」「道理」を理念とする制作活動の内において確立している浄化性として、両者の差違が識別されなくてはならないのである。

例えば、『平家物語』巻一の「祇王《ぎわう》」の中には、嵯峨野《さがの》の奥の山里に念仏三昧《ざんまい》の生活を行っている、かつて、平清盛の寵《ちよう》を受けた祇王《ぎおう》・祇女《ぎによ》の姉妹と、その母刀自《ははとじ》の許《もと》へ、姉妹にとって代って清盛に愛されていた仏御前《ほとけごぜん》が、秋の夜ふけに尋ねて来て、尼になった姿を見せ、殊勝にも、「かやうに様《さま》を変へて参りたれば、日比《ひごろ》の科《とが》をば許し給へ。許さんと仰せられれば、諸共《もろとも》に念仏して、一《ひと》つ蓮《はちす》の身《み》とならん。それになほ心ゆかずは、是《これ》よりいづちへも迷ひ行き、いかならん苔《こけ》の筵《むしろ》、松が根にも倒《たふ》れ伏し、命の有らん限り念仏して、往生の素懐《そくわい》を遂げんと思ふなり」と切ない決心の程を告白して、「さめぐ〲とかきくどきければ」とある箇所があるが、これに対して、祇王は、「涙をおさへて」、次のように答えている。

誠に、我御前《わごぜ》の是《これ》ほどに思ひ給ひけるとは、夢にだに知らず。憂《う》き世の中のさがなれば、身の憂《う》きとこそ思ふべきに、ともすれば、我御前の事のみ恨《うらめ》しくて、往生の素懐を遂げん事、叶《かな》ふべしとも覚《おぼ》えず。今生《こんじやう》も後生《ごしやう》も、なまじひに仕損《しそん》じたる心地《ここち》にてありつるに、かやうに様《さま》を変へておはしたれば、日比《ひごろ》の科《とが》は、露塵《つゆちり》ほども残らず。今は、往生疑ひなし。此度《このたび》、素懐を遂げんこそ、何よりも又うれしけれ。我等が尼になりしをこそ、世に例《ためし》なき事のやうに人も言ひ、我が身にも又思ひしか。それは、世を恨み、身を恨みてなりしかば、様を変《か》ふるも理《ことわり》なり。いま、我御前《わごぜ》の出家に比ぶれば、事《こと》の数《かず》にもあらざりけり。我御前は恨みもなし。歎きもなし。今年《ことし》は纔《わづ》かに十七にこそなる人の、かやうに穢土《ゑど》を厭《いと》ひ、浄土を願はんと深く思ひ入《い》れ給ふこそ、誠《まこと》の大道心《だいだうしん》とは覚えたれ。うれしかりける善知識《ぜんぢしき》かな。いざ諸共《もろとも》に願はん。

ここには、「恨み」も「日比の科」も越えて、仏御前の出家を「誠の大道心」と認め、彼女を「うれしかりける善知識」と感嘆し、「いざ諸共に願はん」という、新たな意志を示すに至っている。かくして、「余念《よねん》なく願ひければ、遅速《ちそく》こそありけれ、四人の尼ども、皆、往生の素懐を遂げけるとぞ聞《きこ》えし」という、いみじき結果を示したことを『平家物語』は記述している。

また、「灌頂巻《くわんぢやうのまき》」には、平家滅亡後、洛北の大原《おおはら》にある寂光院《じやくこういん》の近くに御庵室《ごあんじつ》を結んで、「昼夜《ちうや》・朝夕《あさゆふ》の御つとめ、長時不断《ちやうじふだん》の御念仏《おんねんぶつ》、おこたる事なくて月日を送らせ給ひけ」る建礼門院《けんれいもんいん》（平清盛の娘、徳子。高倉天皇の中宮で安徳天皇の御母君。壇ノ浦合戦で助けられて、都に護送され、出家・遁世して法名を真如覚《しんによかく》という）

の許《もと》へ、後白河法皇（高倉天皇の御父君。建礼門院の御舅《おんしゆうと》）が尋ねて来られ、御対面のあった後、女院《にようゐん》が、祇王と同じく、「御涙をおさへて申させ給ひける」言葉は、

かかる身になる事は、一旦《いつたん》の歎き、申すに及び候はねども、後生菩提《ごしやうぼだい》のためには、悦《よろこ》びと覚《おぼ》えさぶらふなり。忽《たちまち》に釈迦の遺弟《ゆいてい》に連《つらな》り、忝《かたじけな》く弥陀の本願に乗《じよう》じて、五障《ごしやう》・三従《じゆう》の苦しみを遁《のが》れ、三《さん》時《じ》に六根《ろつこん》を清め、一筋《ひとすぢ》に九品《くほん》の浄刹《じやうせつ》を願ふ。専《もつぱ》ら一門の菩提《ぼだい》を祈り、常《つね》は三尊《さんぞん》の来迎《らいかう》を期《ご》す。いつの世にも忘れ難きは、先帝《せんてい》（注、御子の安徳天皇）の御面影《おんおもかげ》、忘れんとすれども忘られず、忍ばんとすれども忍ばれず。ただ、恩愛《おんない》の道ほどかなしかりける事はなし。されば、彼《か》の菩提のために、朝《あさ》夕《ゆふ》の勤怠《つとめおこた》る事さぶらはず。是も然《しか》るべき善知識《ぜんぢしき》とこそ覚えさぶらへ。

というのであって、我が身の悲運を、「後生菩提のためには悦び」と観じ、「先帝」の「菩提のため」、朝夕の勤めに精進し、わが子への恩愛も、自分を悟りに導く「善知識」として感銘しているのであった。

この二つの例の上に、主題における「盛者必衰《じやうしやひつすい》・修因感果《しゆいんかんくわ》の理《ことわり》」によって全体的に規定され、制約されている『平家物語』の世界において、この二つの「理」の支配をも越える、念仏を専修《せんじゆ》する道心の境地が開拓されていること、それは、「涙をおさへて」とあるように、感傷を超克した自覚の境地であることを認めざるを得ない。そして、女性の出家者がかかる道に精進して、「往生の素懐」をそれぞれ遂げる過程の叙述には、『源氏物語』の浮舟以上に、清澄にして浄化された境地の創造が認められると思うのである。『保元物語』『平治物語』には見られない、この浄化性こそ、『平家物語』の最深境に外ならない。われわれは、かかる深い精神的境地を表現している古典を持っていることに、自信と感謝を抱いてよいであろう。

五

近世文芸の上限は、いづれの時期に求むべきであるか。われわれは、日本史上の室町末期、安土・桃山期、江戸初期と降ってくると、慶長（一五九六―一六一五）・元和《げんな》（一六一五―一六二四）のころにわたって、新しい文芸形態として、仮名草子《かなぞうし》（『犬枕《いぬまくら》』『恨之介《うらみのすけ》』等の成立）・浄瑠璃（『浄瑠璃十二段草子』の刊行。『阿弥陀胸割《あみだのむねわり》』の上演）・俳諧（『犬筑波集《いぬつくばしふ》』の刊行）等が出現し、後に来る、それぞれの形態の隆盛期の先駆をなしているのを見るのであって、かかる新しい文芸活動の試みこそ、近世の出発点となり、その上限をなすものと言えよう。

そこには、面白さ・感興を主要な目的とする、しかも、町人階級中の文字を知り、教養を求める人々を読者とし、観客とする文芸が勃興して来ている。啓蒙的、教訓的、娯楽的、実用的等々に分類される仮名草子は、井原西鶴の浮世草子の出現によって、娯楽的方向に一挙に前進し、それも、好色物・武家物・町人物の三種に分れて、新しい短篇叙事文芸の創造に向った。浄瑠璃も、近松門左衛門の出現によって、『曽根崎心中《そねざきしんぢゆう》』を初めとする世話物、『国姓爺合戦《こくせんやかつせん》』以下の時代物、及び『出世景清』等の歌舞伎狂言などにわたる、広汎な創作活動によって、義理と人情とに生き、悩む世界が上演されるに至った。歌舞伎・人形浄瑠璃を演ずる劇場の建設も、都市中心に拡大して行った。こうした、天和《てんな》・貞享《じようきよう》・元禄から享保《きようほう》年間にかけて（一六八一―一七二四）の西鶴・近松の活躍に対して、松尾芭蕉の俳諧は、やや異質的であった。彼のうちには、西行・蓮胤（鴨長明）・俊成・兼好・雪舟・宗祇《そうぎ》・利休《りきゆう》等の遺した中世芸術の伝統が生きていた。芭蕉は、それらの伝統にもとづいて、『笈の小文《おひのこぶみ》』では、西行の和歌における、宗祇の連歌《れんが》における、雪舟の絵における、利休が茶における、其の貫道《くわんだう》する物は一《いつ》なり。しかも、風雅《ふうが》におけるもの、造化《ざうくわ》にしたがひて、四時《しいじ》を友とす。見る処《ところ》、花にあらずといふ事なし。思ふ所、月にあらずといふ事なし。像《かたち》、花にあらざる時は、夷狄《いてき》にひとし。心、花にあらざる時は、鳥獣《てうじう》に類《るゐ》す。夷狄を出《い》で、鳥獣を離れて、造化にしたがひ、造化にかへれとなり。

と述べて、四季の自然を越えて、「造化」(天地・自然を創造・育成した理)への帰順を説いた。『幻住庵記《げんぢゆうあんのき》』の結びには、

つらく、年月《としつき》の移《うつ》り来《こ》し、拙《つたな》き身《み》の科《とが》を思ふに、ある時は仕官《しくわん》・懸命《けんめい》の地《ち》をうらやみ、一《ひと》たびは仏籬《ぶつり》・祖室《そしつ》の扉《とぼそ》に入《い》らむとせしも、たどりなき風雲《ふううん》に身をせめ、花鳥《くわてう》に情《じやう》を労《らう》して、暫《しばら》く生涯のはかり事《ごと》とさへなれば、終《つひ》に、無能《むのう》・無才《むさい》にして、此の一筋《ひとすぢ》につながる。

と記して、自己の「無能・無才」を徹見して、「此の一筋」、即ち俳諧の一道に結ばれて来た生涯を回顧した。『閉関之説《へいくわんのせつ》』では、

南華老仙《なんくわらうせん》の、唯《ただ》、利害を破却《はきやく》し、老若《らうにやく》を忘れて、閑《かん》にならむこそ、老《おい》の楽しみとは言ふべけれ。人来《きた》れば、無用の辯《べん》有り。出《い》でては、他《た》の家業を妨《さまた》ぐるも憂《う》し。孫敬《そんけい》が戸《と》を閉《と》ぢて、杜五郎《とごらう》が門を鎖《とざ》さむには。友なきを友とし、貧しきを富めりとして、五十年の頑夫《ぐわんぷ》、自《みづか》ら書し、自ら、禁戒《きんかい》となす。

あさがほや昼《ひる》は鎖《ぢやう》おろす門《もん》の垣《かき》　　ばせを

と記して、「閑にならむこそ、老の楽しみとは言ふべけれ」という生活の「理《ことわり》」が自得され、「閉戸《へいこ》・鎖《さ》門《もん》」を以て自己を律し、「友なきを友とし、貧しきを富めりとする」とすることを箴言《しんげん》としているのを見る。

芭蕉は、このようにして、他人に煩わされない、自己の生き方を確立している点において、中世的「理」の伝統を体現し、その強い影響下にあったということができる。彼の俳諧、わけても俳句は、

野《の》ざらしを心に風のしむ身かな
閑《しづけ》さや岩にしみ入る蟬の声
此秋《このあき》は何《なん》で年よる雲に鳥
病《やむ》雁《かり》の夜寒《よさむ》に落ちて旅寝《たびね》かな
世の中は稲刈る頃か草《くさ》の庵《いほ》
埋《うづ》み火《び》も消《き》ゆやなみだの烹《に》ゆる音《おと》
年暮れぬ笠《かさ》着て草鞋《わらぢ》はきながら
何《なん》の木《き》の花とは知らず匂《にほ》ひかな
草臥《くたびれ》て宿かる頃や藤の花
二人《ふたり》見し雪は今年《ことし》も降りけるか
行春《ゆくはる》を近江《あふみ》の人と惜しみける
月はやし梢《こずゑ》は雨を持ちながら
荒海《あらうみ》や佐渡に横《よこ》たふ天《あま》の河《がは》

等にわたって、旅に向う悲壮感あり、老年の感慨あり、生活の述懐あり、他人の運命への同情あり、伊勢大廟への畏敬感あり、旅中の風流あり、自然への親しみやその確かな観照あり、という如き種々相を示している。いずれも、『三冊子《さんざうし》』において、「内《うち》をつねに勤《つと》めて、物に応ずれば、その心の色、句とな

る」と彼が述べている、創作の主体（内）が何らかの具体的対象（物）に適応してゆく時、そこに生起する、主体化された対象の現実感（その心の色）が自然的に展開して、句を形成する（なる）という原理・信条にもとづく創作活動の成果でないものはない。そして、西鶴や近松と違って、上に挙げた文章や俳句は、庶民的とも、知識階級的とも、公家的、武家的とも言い切れない、また、単なる感興性・娯楽性をも超越した、人生・自然の奥深さ・幅広さを提示している。そして、その中の秀逸なる句においては、読者の心を浄化するに足る、感動の真実さを示しているのである。

娯楽性・感興性を主軸として展開して行った近世文芸は、叙事文芸では、江島其磧《えじまきせき》らの八文字屋本《はちもんじやぼん》を経て、建部綾足《たけべあやたり》・都賀庭鐘《つがていしょう》・上田秋成《あきなり》（『雨月物語』）・滝沢馬琴（『南総里見八犬伝《なんそうさとみはっけんでん》』・『椿説弓張月《ちんぜいゆみはりづき》』等）・山東京伝《さんとうきょうでん》（『桜姫全伝曙草子《さくらひめぜんでんあけぼのぞうし》』・『昔語稲妻草紙《むかしがたりいなづまさうし》』）らの「読本《よみほん》」、四方赤良《よものあから》・朱楽菅江《あけらかんこう》・山東京伝らの「洒落本《しゃれぼん》」、恋川春町《こいかわはるまち》・朋誠堂喜三二《ほうせいどうきさんじ》・山東京伝らの「黄表紙《きびやうし》」、式亭三馬《しきていさんば》・柳亭種彦《りゅうていたねひこ》（『偐紫田舎源氏《にせむらさきゐなかげんじ》』）らの「合巻《がふくわん》」、十返舎一九《じっぺんしゃいっく》・式亭三馬・平賀源内（風来山人《ふうらいさんじん》）・滝亭鯉丈《りゅうていりじょう》らの「滑稽本《こつけいぼん》」、為永春水《ためながしゅんすい》（『春 色 梅暦《しゅんしょくうめごよみ》』）・松亭金水らの「人情本《にんじやうぼん》」等の名称で呼ばれている、各種の形態を次々に産出して、幕末に至っている。そこに認められるのは、馬琴や秋成ら少数の作家の作を除けば、通俗的、あるいは、卑俗的とも言ってよい、低級・浅薄な滑稽性や娯楽性を狙った作品群に過ぎない。これらに平行して行われた「川柳」や「狂歌」にしても、機知や皮肉やうがち（暴露）を主とした、低調な遊戯的文芸に外ならなかった。三馬の代表作たる滑稽本『浮世風呂』『浮世床』の如きも、その卑俗さ・低俗さには、現代のわれわれの心を打つ何ものもない。かかる作品が果して古典と言い得るであろうかとさえ思われる。そして、かかる各種の文芸活動が、単なる面白さや娯楽以上の境地に達することができなかったのは、彼等が、町人という被圧迫階級に属し、同じ階級の、教養の低い読者を想定して製作する外はなかったからであろうし、民衆や庶民の欲している健康な笑いや健全な娯楽性に応じるだけの創造力を有しなかったからでもあろう。現代に生きるわれわれにとって、近世文芸の中には、真に「古典」として認定される作品は意外に少ないことが知られるのである。（近世においては、儒学の隆盛と並行して、漢詩文の創作も、中世に劣らず盛んであったが、それがどれほどの意義・価値を持つ文芸であるかは、わたくしにとっては、なお模索中であることを記すに留めたい。）

近松において頂点に達した浄瑠璃には、その後、紀海音《きのかいおん》・竹田出雲《たけだいずも》・並木宗輔《なみきそうすけ》・近松半二《はんじ》・平賀源内らがそれぞれ代表作を遺しているが、文芸活動の中心が次第に京阪地方から江戸に移るにつれて、浄瑠璃劇・操芝居《あやつりしばい》の盛時は過ぎ去り、代って、歌舞伎が興隆して来て、操芝居の脚本や演技からも長所を学び取って、近世の後半にめざましい盛況を呈するようになった。江戸の桜田治助《さくらだじすけ》・初代並木五瓶《なみきごへい》・四世鶴谷南北《つるやなんぼく》（『東海道四谷怪談』）・三世瀬川如皐《せがわじょこう》（『与話情浮名横櫛《よわなさけうきなのよこぐし》』）・河竹黙阿弥（『三人吉三廓初買《さんにんきちざくるわのはつかひ》』『青砥稿花紅彩画《あをとざうしはなのにしきゑ》』（白浪五人男））らが輩出して、多くの有名な作品を遺した。が、そこには、凄惨な殺し場とか、醜怪な幽霊の出現とか、盗賊の活躍の賛美とかに見られる、近世末期の退廃《デカダンス》が著しい。これらは、洒落《しゃれ》本《ぼん》や人情本や滑稽本などとともに、近世文芸の行き詰りをも示していると言えよう。この点において、中古・中世の末期の状況と相通ずるものがあった。

一方、和歌では、国学の発展につれて『万葉集』の研究が盛んになり、その結果、万葉調が復活し、賀茂真淵《かものまぶち》とその門流から、田安宗武《たやすむねたけ》・楫取魚彦《かとりなひこ》らが出た。そして、都市文化の弊害を受けない地方的歌人として、良寛・平賀元義《ひらがもとよし》・橘曙覧《たちばなあけみ》における如き、万葉調を発展させた、清新・自由な作風が出現した。

この外に、『古今集』『新古今集』の作風を信奉する、加藤千蔭《ちかげ》・村田春海《はるみ》・本居宣長・小沢蘆庵《ろあん》・香川《かがわ》景樹《かげき》らが出ているが、作品の質的高さにおいても、近代の短歌に与えた影響の深さにおいても、前記の万葉調歌人には及ぶべくもなかった。そして、このことは、古典文芸的価値において、『万葉集』がいかに卓絶しているか、いかに、いつの世の抒情的表現に対しても高い軌範性を保有しているかの明証ともなるのである。

これらの歌人の中で、良寛は、書蹟・漢詩にもすぐれていたが、和歌においても、禅僧としての草庵生活を詠じて、次のような、清純にして重厚な作品を残している。

あづさ弓《ゆみ》春になりなば草の庵《いほ》をとく訪《と》ひてまし逢《あ》ひたきものを
行く秋のあはれを誰《た》れに語らましあかざ籠《こ》に満《み》て帰る夕ぐれ
風は清し月はさやけしいざともに踊りあかさん老《おい》のなごりに
月よみの光を待ちて帰りませ山路《やまぢ》は栗のいがの多きに
飯乞《いひこ》ふと我来《われき》にければこの宿の萩《はぎ》のさかりに逢ひにけるかも
夕霧《ゆふぎり》にをちの里《さと》べは埋《うづ》もれぬ杉立《すぎた》つ宿《やど》に帰るさの道
飯乞《いひこ》ふと里にも出でずなりにけり昨日も今日も雪の降れれば
山かげの岩間《いはま》をつたふ苔水《こけみづ》のかすかに我はすみ渡るかも
道のべの菫《すみれ》つみつつ鉢《はち》の子《こ》を忘れてぞ来《こ》し其の鉢の子を

ここには、彼の獲得した禅境と生活と作歌とがおのずからなる融合を成して、自由無礙《むげ》な独自性を発揮し、読む者をして、この世の人懐《なつ》かしさ・あわれさとともに、孤独に堪え、幽栖《ゆうせい》に安んじて生きる、清らかな人間の魂の声を聞く思いがする。この歌境は漢詩にも現れていて、次の如き作品に接することができる。

誰憐此生涯　　誰《タレ》カ憐《アハ》レム、此ノ生涯ヲ。
柴門寄山椒　　柴門《サイモン》、山椒《サンセウ》ニ寄ル。
蓬蒿失三径　　蓬蒿《ホウカウ》、三径《サンケイ》ヲ失《シッ》シ、
墻壁余一瓢　　墻壁《シヤウヘキ》、一瓢《イッペウ》ヲ余《アマ》ス。
隔渓聞伐木　　渓《タニ》ヲ隔《ヘダ》テテ、伐木《バッボク》ヲ聞キ、
伏枕過清朝　　枕ニ伏《フ》シテ、清朝《セイテウ》ヲ過《スゴ》ス。
幽鳥更鳴過　　幽鳥《イウテウ》、更ニ鳴イテ過ギ、
似慰余寂寥　　余《ヨ》ノ寂寥《セキレウ》ヲ慰《ナグサ》ムルニ似タリ。

偶作

草堂雨歇二三更　　草堂《サウダウ》、雨歇《アメヤ》ンデ、二、三更《カウ》。
孤燈寂照夢還辰　　孤《コ》燈《トウ》寂《サビ》シク照《テ》ラス、夢還《メグ》ルノ辰《トキ》。
内外点滴声丁冬　　内外《ナイグワイ》ノ点滴《テンテキ》、声《セイ》、丁冬《チントン》。
壁上烏藤黒粼皴　　壁上《ヘキジヤウ》ノ烏《ウ》藤《トウ》、黒《コク》、粼皴《リンシュン》。
寒爐無炭誰為添　　寒爐《カンロ》、炭《スミ》無シ。誰《タ》ガ為《タメ》ニカ添《ソ》ヘン。
空床有書手慵伸　　空床《クウシヤウ》、書《ショ》有リ。手、伸《ノ》バスニ慵《モノウ》シ。
今夜此情只自知　　今夜《コンヤ》、此ノ情《ジヤウ》、只自《タダミヅカ》ラ知ルノミ。

他時異日如何陳　他時《タジ》・異日《イジツ》、如何《イカ》ニカ陳《ノ》ベン。

この二首を以て、良寛の詩境の全貌を推し測ることは勿論できないけれども、彼の、孤独で貧困な境涯の中に、そういう自己をも客観するだけの表現的立場に達して、そこに悠々と自足している、澄徹した精神の深さ・清らかさだけは窺《うかが》うことができるであろう。そこには、和歌に現れたよりも、強く、烈しい、自己の感動・心境の披瀝があって、読む者の心に迫ってくるものがある。

娯楽本位・戯作中心の近世文芸の中で、芭蕉と良寛の二作家だけが、かかる浄化性に達しているのは、共に、中世的伝統を継承し、特に、良寛は、『万葉集』の真率・平明で、現実的、自然流露的な作風を吸収していたがために、二人とも、近世文芸の弊習に染まない、清純・高雅な境地に至り得たのであろう。このことは、また、二人が、近世社会の、都市生活の低俗さから離れた自然と人間とに、その多くの題材と感動とを獲得して来ていることにも由ると思われる。

文芸史上の近世を概観して思うことは、日本文芸史を一貫している、中国・朝鮮からの文化上の交渉が江戸幕府の鎖国政策によって微弱となり、欧米諸国からの刺激もほとんど杜絶してしまうという国際状勢の中で、被圧迫階級たる町人たちの手によって、文芸が発展して行ったことである。その結果、芭蕉の「さび」には、中世的精神的伝統が保持されてはいるけれども、その外の、近世文芸の特色を示す「いき」も、「通《つう》」も、「義理」も、「人情」も、「慰み」も、「粋《すい》」も、高い精神的要求を持たぬ町人社会の、低調にして卑俗な生活から生じた、慰戯的な階級的感情であり、生活態度に外ならなかった。結論的に言えば、中世から近世への、文芸史の変遷はあったけれども、文芸美そのものは、「さび」を除けば、著しい発展も飛躍もなく終ったとするほかはないと思われるのである。

六

明治維新という歴史的、社会的大事件によって、文芸史上の近世から近代への展開が行われたとは考えられない。日本文芸史の進展は、いつも緩《ゆる》やかに、そして徐々に進行するものである。こういう観点からすれば、明治の初年に、多くの翻訳小説・政治小説が、自由民権を要求する政治運動と平行して出現したこと、福沢諭吉らによって、封建的社会体制の否定的批判と人間の自立とが強調されたこと、教育の普及にもとづく、新聞・雑誌の発行が促進されたこと、キリスト教の信仰が欧米文化の積極的受容を媒介したこと等の事実が、近世から近代への移行を示していると考えられる。

近代文芸史の展開は、明治二十年代における、尾崎紅葉・幸田露伴・樋口一葉らの創作活動を通じて、次第に、明治初期の啓蒙性を脱して興隆し、日露戦争後、自然主義が文壇の主流となると、島崎藤村・田山花袋・正宗白鳥・徳田秋声・国木田独歩らの作家が輩出し、現実の諦視、人間的欲望の剔抉《てっけつ》、生活の精確な写実等によって、近代的精神を発揮した文芸を制作し、口語文体の確立をも成し遂げている。それが大正期に入ると、反自然主義的傾向を示した、新浪漫主義作家ともいうべき、永井荷風・久保田万太郎・水上滝太郎・谷崎潤一郎・佐藤春夫らが現れ、雑誌「白樺」に拠《よ》った、武者小路実篤・有島武郎・志賀直哉・里見弴《さとみとん》らの人道主義や、第三次「新思潮」から出発した、芥川竜之介・久米正雄・山本有三・菊池寛らの、個人意識の知性的解剖が、この時期の文芸に新しい色彩を加えて行った。また、プロレタリア文芸や新感覚派に属する作家たちの活躍も、かつてない新鮮さをもたらした。

そうした中に、明治期から創作活動を続けて来た夏目漱石・森鷗外の二大作家が、この時期に入って、その小説や史伝の表現的成熟を示し、それはまた、文芸史上の近代の頂点をも成していると言ってよい。漱石は大正五年（一九一六）に五十歳で、鷗外は大正十一年（一九二二）に六十一歳で世を去っているが、注目すべきは、晩年に至って、漱石は「則天去私《そくてんきよし》」を、鷗外は「諦念《ていねん》」を、それぞれ、自己の立場として、生活と創作を律する原理としていることである。漱石は、自己をどこまでもつきつめて、そこに醜いエゴイズムを見出だし、それを、「天」という、人間以上の、高く、幽遠にして純一なる境地に則《のっと》って否定して、自然で自由な生き方をめざした。鷗外は、学芸の世界に自己を生かし、文化的理想を実現するためには、世間から超越して、何事をも諦《あきら》め、ひたすら静観の態度に徹しようとした。漱石が、最後の大作『明暗』を執筆中、それと平行して作り続けた漢詩七十余首は、かかる「則天去私」の境地への自己の強い憧憬と思慕、もしくは、その境地の観照の表現とも言えるのである。鷗外の方は、死の前年に、史伝『北条霞亭《ほうでうかてい》』を完結させているが、その中で、霞亭の嵯峨における幽棲生活に、己れの実現し得なかった理想的境涯を発見し、敬愛の情を以て描き出しているし、三十七歳から四十一歳までの小倉における沈潜期には、居宅の床の間に、「草庵白屋古聖所住《さうあんはくをくはこしやうのしよぢゆう》」という、道元禅師の『正法眼蔵行持《ぎやうぢ》上』の中の一句を記した書軸を掲げていたと伝えられている。この「則天去私」にしろ、「諦念」にしろ、共に、西欧的というよりは、むしろ、東洋的、仏教的、禅的な共通性を持つ精神的意志の現れとすべきものであろう。そこには、道元の「万法《まんぼふ》」や、親鸞の「弥陀の誓願」や、兼好の「天地」や、世阿弥の「天下」の如き、人間を超越した、絶大なる力に帰依し、信服することを、自己の生活・実践の「理」「道理」としている点において、中世的文芸の理念と相通ずる、日本文芸史上の近代の理念的頂点が見出だされると思う。次に、漱石の没年における漢詩の遺作一首を記して、彼の澄徹した心境を窺い見たい。

無題　十一月十九日

大愚難到志難成
五十春秋瞬息程
観道無言只入静
拈詩有句独求清
迢迢天外去雲影
籟籟風中落葉声
忽見閑窓虚白上
東山月出半江明

大愚《ダイグ》到《イタ》リ難《ガタ》ク、志《ココロザシ》成《ナ》リ難《ガタ》シ。
五十ノ春秋《シュンジウ》、瞬息《シュンソク》ノ程《テイ》。
道《ミチ》ヲ観《ミ》ルニ、言《コトバ》無《ナ》クシテ、只《タダ》、静《セイ》ニ入《イ》リ、
詩ヲ拈《ヒネ》リテ、句有レバ、独《ヒト》リ、清《セイ》ヲ求ム。
迢迢《テウテウ》タリ。天外《テングワイ》、去雲《キョウン》ノ影《カゲ》。
籟籟《ライライ》タリ。風中《フウチユウ》、落葉《ラクエフ》ノ声《コヱ》。
忽《タチマ》チ見ル、閑窓虚白《カンサウキョハク》ノ上《ウヘ》、
東山月《トウザンツキ》出デテ、半江明《ハンカウアキラ》カナリ。

昭和期に入って、直哉も、潤一郎も、秋声も、荷風も、実篤も、有三も、ひき続き創作活動に精進して、自己の作風を進展させている中で、藤村は、長篇『夜明け前』（昭和十年）を完成しているが、彼の創作の理念は何であったか。その書いた所によれば、人生の各時期、即ち、少年期には少年期の、青年期には青年期の、壮年期には壮年期の、老年期には老年期の、それぞれの意義があることを知って、それを自覚的に探求し、それにもとづいて各時期を生き抜くべきことを目ざして、ついには、「死もまた思ひもよらないことを私に教へるかも知れない」という、驚くべき、そして厳粛な予感を抱くに至っている。彼の遺した『春』『家』『新生』『夜明け前』等の自伝的小説は、かかる制作理念の具象化であるとも言えよう。『家』と漱石の『道草』とを、また、『夜明け前』と鷗外の『澀江《しぶえ》抽斎《ちうさい》』とを比較する時に、彼もまた、この二大作家に比肩し得る、そして、自己の生活と創作との理念・原理の探求者・求道者であったことを思わざるを得ない。

漱石・鷗外・藤村の制作理念と中世的文芸のそれとを比較・対照して考えさせられることは、かかる、近代を代表する創作家・知性人においても、果して、中世的文芸の頂点に立つ道元・親鸞・兼好・寂室・世阿弥等の諸作家の持つ「理《ことわり》」、即ち、主体的信条・生活の原理・実践の理法を越え得たであろうかという問題である。これは、簡単に、また安易に判定すべきことではないが、概して言えることは、近代の作家は、自己の理念・原理を個人的意識の範囲内で追求し、自覚しているのに、中世の作家は、自己の意識を包みつつ、それをも超越しているあるものに、「理」を求めて、それに信順していることである。従って、中世は宗教的求道的と言い得るし、近代は人間的思索的と称してよいものがある。

しかも、中世的文芸の中には、『平家物語』や、『正法眼蔵』や、『三帖和讃』や、『歎異抄』や、『徒然草』の如き、「理」に支えられて、その上に築かれた、浄化性を具備した文芸作品が存することを思うと、近代文芸の中に、かかる中世的浄化的文芸に匹敵し得る作品が求められるであろうか。例えば、ある人は、倉田百三作の『出家とその弟子』を挙げるかも知れない。しかし、この劇は、親鸞と唯円とを主要登場人物として、『歎異抄』の思想に依拠し、それを親鸞をして説示させてはいるが、全体として、感傷的に流れ、人物を近代風に生かしている立場が強過ぎる。『歎異抄』における親鸞・唯円の示す「理」の純一さ・峻厳さ・清浄さからは程遠いものがある。その甘い感傷的、情緒的な所が多くの読者をひきつけるのであろうが、その読者を心底から浄化させるだけの深さには至り得ていないと、わたくしには思われるのである。

漱石の最晩年（大正五年）の漢詩の中の数首、鷗外の『山椒太夫《さんせうだいふ》』『高瀬舟』、宮沢賢治の、幾篇かの童話や、詩「雨ニモマケズ」「野の師父《しふ》」「永訣《えいけつ》の朝《あさ》」等には、浄化性に達した芸術性が認められると思うのであるが、それらが、中世的文芸の浄化的価値を凌駕しているか、否かは、今後、厳密な作品研究によって明らかにすべき、わたくしの課題となるであろう。

七

太平洋戦争終結後、現在に至るまでの四十余年間を、文芸史上の「現代」と呼ぶ立場が学界の内にも存していて、そこに、「近代」とはやや異なる展開の諸相が考察されているように思われる。しかし、その全体を組織的に述べる代りに、ここでは、その「現代」に認められる、いくつかの特徴を指摘することに留めたいと思う。

第一は、感興とか、面白さとか、娯楽とかいうものが文芸制作の第一目標となっていて、そのため、推理小説・犯罪小説・エロティック小説・暴力小説などが大量に出版されて、文壇の主流をなしている観を呈していることである。そして、映画やテレビジョンとの結びつきを強くしていることが注目される。かかる小説によっても、人生の探求はある程度できるにしても、それには狭い限界があるのであって、どうしても、人間生活の一部面・一断面が強調されるだけであって、全人的な力の表現にはなり得ない。

第二には、これらの小説は、官能的、感覚的快適を読者に提供したり、娯楽的享受を読者に要求したりする文芸であって、作者自身に、われ、いかに生きるべきかという、生の原理の追求が乏しい。鷗外

・漱石・藤村らが、近代社会の渦中にあって、真摯に追求した、自己確立のための求道的意志が欠乏している。したがって、精神的要求を欠いた官能に溺れ、欲望に囚《とら》われる、退廃的、慰戯的な様相の著しいものがある。（例外としては、井上靖の諸作品が思い浮ぶだけである。）

このことは、第三に、この「現代」は、明治期から大正期にかけて興隆し、昭和初期に成熟した近代文芸が、その盛時を過ぎて、衰退期・凋落期《ちょうらくき》に入ってしまっていることを意味しているようにさえ思われる。いまの作家たちに、漱石を超え、鷗外を越え、藤村を凌駕するような、独自な生の理念や原理の獲得・確立を期待し得るであろうか。また、実質的に、彼等の遺した文芸的業績を超出することが可能であろうか。わたくしには、現在の文壇は、近代文芸史の最盛期・成熟期を過ぎた、その末期的症状を呈しているように思われてならない。

この状況は、逆に、中世文芸、特に、「理《ことわり》」を中核とし、理念とする中世的文芸の現代における意義を明確にし、その「理」の上に発展し来った、浄化的文芸――『平家物語』『正法眼蔵』『正法眼蔵随聞記』『三帖和讃』『歎異抄』『徒然草』、世阿弥の「能芸論」等の価値を改めて顧みさせ、そこには、文芸史上の近世・近代・現代を以てしても越えることのできない、求道的にして芸術的な、「理」「道理」の崇高さを深く示唆するものがあると、わたくしは信ずるのである。

付録『仏説無量寿経《ぶっせつむりやうじゆきやう》』（『大無量寿経』）抄出《しようしゆつ》

康僧鎧《こうそうがい》〔インドの人。梵名《ぼんめい》を僧伽跋摩《そうぎやばつま》、または、僧伽婆羅《そうぎやばら》という。曹魏《そうぎ》の嘉平五年（二五三）、中国に来る〕が、洛陽《らくよう》の白馬寺《はくばじ》において訳した『仏説無量寿経』（上下二巻）は、『大無量寿経』、『大経《だいきやう》』『寿経』、『双巻経《さうぐわんきやう》』ともいわれる。その上巻に、世自在王仏《せじざいおうぶつ》の時に、法蔵比丘《ほうぞうびく》が出現し給い、衆生を救わんために、四十八の誓願を発せられたことが述べられている。その箇所を掲げると、次のようになる。各願の末尾には、昔から付けられた名称のいくつかを、参考のため、括弧の中に記した。

「爾《そ》の時に、次に仏《ほとけ》有《ましま》しき。世自在王・如来《によらい》・応供《おうぐ》・等正覚《とうしやうがく》・明行足《みやうぎやうそく》・善逝《ぜんぜい》・世間解《せけんげ》・無上士《むじやうじ》・調《でう》御丈夫《ごちやうぶ》・天人師《てんにんし》・仏《ぶつ》・世尊《せそん》と名づけたてまつる。時に国王有《ましま》しき。仏の説法を聞きて、心に悦豫《えつよ》を懐《いだ》き、尋《すなは》ち無上正真《むじやうしやうしん》の道意《だうい》を発《おこ》し、国を棄《す》て、王を捐《す》て、行《ぎやう》じて沙門《しやもん》となる。号して法蔵《ほふざう》と曰《い》ひき。高才《かうざい》・勇哲《ゆうてつ》にして、世と超異《てうい》せり。（中略）仏言《のたま》はく、「……時に法蔵比丘《びく》、二百一十億の諸仏妙土《みやうど》の清浄《しやうじやう》の行《ぎやう》を摂取《せつしゆ》しき。是《か》の如く修《しゆ》し已《をは》りて、彼《か》の仏の所《みもと》に詣《まう》でて、稽首《けいしゆ》して、足《みあし》を礼《らい》し、仏を繞《めぐ》ること三帀《さんざう》し、合掌して住《とどま》り、仏に白《まう》して言《まう》さく、『世尊よ、我《われ》、已《すで》に仏土を荘厳《しやうごん》すべき清浄の行《ぎやう》を摂取す』と。仏、比丘《びく》に告げたまはく、『汝、今説くべし。宜《よろ》しく知るべし。是《こ》れ時なり。一切の大衆《だいしゆ》を発起《ほつき》して悦可《えつか》せしめよ。菩薩聞き已《をは》らば、此《こ》の法を修行して、縁《よ》りて無量の大願《だいぐわん》を満足することを致《いた》さん』と。比丘、仏に白《まを》さく、『唯《ただ》、聴察《ちやうさつ》を垂《た》れたまへ。我《わ》が所願《しよぐわん》の如く、当《まさ》に具《つぶさ》に之《これ》を説くべし。

一 設《たと》ひ、我《われ》、仏《ぶつ》を得《え》たらんに、国に地獄・餓鬼《がき》・畜生《ちくしやう》有《あ》らば、正覚《しやうがく》を取らじ。（無三悪趣願。無三《むさん》悪趣《まくしゆ》の願《ぐわん》」と読む。以下も同じ。）

二 設ひ、我、仏を得《え》たらんに、国中《こくちゆう》の人天《にんでん》、寿《いのち》終りて後、復三悪道《またさんあくだう》に更《かへ》らば、正覚を取らじ。（不更悪趣願）

三 設ひ、我、仏を得たらんに、国中の人天、悉《ことごと》く真金色《しんこんじき》ならずんば、正覚を取らじ。（悉皆金色願）

四 設ひ、我、仏を得たらんに、国中の人天、形色《ぎやうしき》不同にして、好醜《かうしう》あらば、正覚を取らじ。（無有好醜願）

五 設ひ、我、仏を得たらんに、国中の人天、宿命《しゆくみやう》を識《し》らず、下《しも》、百千億那由他《ひやくせんおくなゆた》の諸劫《しよこふ》の事を知らざるに至らば、正覚を取らじ。（宿命智通願）

六 設ひ、我、仏を得たらんに、国中の人天《にんでん》、天眼《てんげん》を得ずして、下、百千億那由他の諸仏の国を見ざるに至らば、正覚を取らじ。（天眼智通願）

七 設ひ、我、仏を得たらんに、国中の人天、天耳《てんに》を得ずして、下、百千億那由他の諸仏の所説《しよせつ》を聞きて、悉く受持《じゆぢ》せざるに至らば、正覚を取らじ。（天耳智通願）

八 設ひ、我、仏を得たらんに、国中の人天、他心を見る智《ち》を得ずして、下《しも》、百千億那由他の、諸仏国中の衆生の心念《しんねん》を知らざるに至らば、正覚を取らじ。（他心智通願）

九　設《たと》ひ、我、仏を得たらんに、国中《こくちゆう》の人天《にんでん》、神足《じんそく》を得ずして、一念の頃《あひだ》に於いて、下《しも》、百千億那由他の、諸仏の国を超過《てうくわ》すること能《あた》はざるに至らば、正覚《しやうがく》を取らじ。（神足智通願）

一〇　設ひ、我、仏を得たらんに、国中の人天、若《も》し想念《さうねん》を起して、身《み》を貪計《とんげ》せば、正覚を取らじ。（速得漏尽願。または、漏尽智通願）

一一　設ひ、我、仏を得たらんに、国中の人天、定聚《ちやうじゆ》に住《ぢゆう》し、必ず滅度《めつど》に至らずんば、正覚を取らじ。（住正定聚願。または、必至滅度願）

一二　設ひ、我、仏を得たらんに、光明《くわうみやう》能く限量《げんりやう》ありて、下、百千億那由他の、諸仏の国を照らさざるに至らば、正覚を取らじ。（光明無量願）

一三　設ひ、我、仏を得たらんに、寿命《じゆみやう》能く限量ありて、下、百千億那由他の劫《こふ》に至らば、正覚を取らじ。（寿命無量願）

一四　設ひ、我、仏を得たらんに、国中の声聞《しやうもん》、能《よ》く計量《けりやう》ありて、下《しも》、三千大千世界の声聞《しやうもん》・縁覚《えんがく》、百千劫に於いて、悉《ことごと》く、共に計校《けかう》して、其《そ》の数を知るに至らば、正覚を取らじ。（声聞無数願）

一五　設ひ、我、仏を得たらんに、国中の人天、寿命能《よ》く限量無《げんりやうな》からん。其《そ》の本願ありて脩短《しゆたん》自在ならんをば除《のぞ》く。若《も》し爾《しか》らずんば、正覚を取らじ。（眷属長寿願。または、人天寿命願）

一六　設ひ、我、仏を得たらんに、国中の人天、乃至《ないし》不善の名《な》有りと聞かば、正覚を取らじ。（離諸不善願。または、無諸不善願）

一七　設ひ、我、仏を得たらんに、十方《じつぱう》世界の無量の諸仏、悉《ことごと》く咨嗟《ししや》して、我が名を称せずんば、正覚を取らじ。（諸仏称名願）

一八　設《たと》ひ、我、仏を得たらんに、十方《じっぱう》の衆生、至心《ししん》に信楽《しんげう》して、我が国に生れんと欲《ほっ》し、乃至《ないし》十念せんに、若し生れずんば、正覚《しやうがく》を取らじ。唯《ただ》、五逆《ごぎやく》と正法《しやうぼふ》を誹謗《ひはう》するとを除く。（至心信楽願。または、念仏往生願）

一九　設ひ、我、仏を得たらんに、十方の衆生、菩提心《ぼだいしん》を発《おこ》し、諸《もろもろ》の功徳《くどく》を修《しゅ》し、至心《ししん》に発願《ほつぐわん》して、我が国に生れんと欲し、寿終《いのちをは》る時に臨《のぞ》みて、若し大衆《だいしゅ》と与《とも》に囲繞《ゐねう》して、其の人の前に現ぜずんば、正覚を取らじ。（至心発願願。または、修諸功徳願。または、来迎引接願）

二〇　設ひ、我、仏を得たらんに、十方の衆生、我が名号《みやうがう》を聞きて、念《ねん》を我が国に係《か》けて、諸《もろもろ》の徳本《とくほん》を植《う》ゑ、至心に廻向《ゑかう》して、我が国に生れんと欲せんに、果遂《くわすゐ》せずんば、正覚を取らじ。（至心廻向願。または、係念定生願）

二一　設ひ、我、仏を得たらんに、国中の人天、悉く三十二の大人《だいにん》の相《さう》を成満《じやうまん》せずんば、正覚を取らじ。（具三十二相願。または、具足諸相願）

二二　設ひ、我、仏を得たらんに、他方仏土の諸《もろもろ》の菩薩衆《ぼさつしゅ》、我が国に来生《らいしやう》して、究竟《くきやう》して必ず一生補《ふ》処《しょ》に至らん。其《そ》の本願の自在の所化《しよけ》、衆生の為《ため》の故《ゆゑ》に、弘誓《ぐぜい》の鎧《よろひ》を被《き》て、徳本《とくほん》を積累《しやくるゐ》し、一切を度脱《どだつ》せしめ、諸仏の国に遊びて、菩薩《ぼさつ》の行を修《しゅ》し、十方の諸仏・如来を供養《くやう》し、恒沙《ごうじや》の無量の衆生を開化《かいけ》して、無上正真《しやうしん》の道《だう》を立てしめんをば除く。常倫《じやうりん》に超出《てうしゅつ》し、諸地の行《ぎやう》現前し、普賢《ふげん》の徳を修習《しゅじふ》せん。若《も》し爾《しか》らずんば、正覚を取らじ。（必至補処願。または、還相《げんさう》廻向願）

二三　設ひ、我、仏を得たらんに、国中の菩薩、仏の神力《じんりき》を承《う》けて、諸仏を供養せんに、一食《いちじき》の頃《あひだ》に、徧《あまね》く、無数無量那由他《むしゅむりやうなゆた》の、諸仏の国に至ること能《あた》はずんば、正覚を取らじ。（供養諸仏願）

二四　設《たと》ひ、我、仏を得たらんに、国中《こくちゆう》の菩薩《ぼさつ》、諸仏の前《みまへ》に在《あ》りて、其の徳本《とくほん》を現《げん》ぜんに、諸《もろもろ》の欲求《よくぐ》せんところの供養の具、若し意《こころ》の如くならずんば、正覚を取らじ。（供具如意願）

二五　設ひ、我、仏を得たらんに、国中の菩薩、一切智《いつさいち》を演説《えんぜつ》すること能《あた》はずんば、正覚を取らじ。（説一切智願。または、説法如仏願）

二六　設ひ、我、仏を得たらんに、国中の菩薩、金剛那羅延《こんがうならえん》の身《しん》を得ずんば、正覚を取らじ。（得那羅延身願。または、得金剛身願）

二七　設ひ、我、仏を得たらんに、国中の人天、一切の万物《まんもつ》、厳浄光麗《ごんじやうくわうれい》にして、形色殊特《ぎやうしきしゆとく》ならん、微《み》を窮《きは》め、妙《めう》を極《きは》めて、能《よ》く称量《しようりやう》すること無《な》けん。其の諸《もろもろ》の衆生、乃至《ないし》、天眼《てんげん》を逮得《たいとく》するも、能く明了《みやうれう》に、其の名数《みやうしゆ》を弁《べん》ずることあらば、正覚を取らじ。（所須厳浄願。または、万物厳浄願。または、国土難思願）

二八　設ひ、我、仏を得たらんに、国中の菩薩、乃至少功徳《ないしせうくどく》の者、其の道場樹《だうぢやうじゆ》の、無量の光色《くわうしき》ありて、高さ四百万里なるを、知見《ちけん》すること能はずんば、正覚を取らじ。（見道場樹願）

二九　設ひ、我、仏を得たらんに、国中の菩薩、若《も》し経法《きやうぼふ》を受読《じゆどく》し、諷誦《ふうじゆ》・持説《ぢせつ》して、而《しか》も弁才《べんざい》・智《ち》慧《ゑ》を得ずんば、正覚を取らじ。（得弁才智願。または、誦仏経法願）

三〇　設ひ、我、仏を得たらんに、国中の菩薩、智慧・弁才、若し限量《げんりやう》すべくんば、正覚を取らじ。（智弁無窮願。または、弁才無窮願）

三一　設ひ、我、仏を得たらんに、国土《こくど》清浄《しやうじやう》にして、皆悉《ことごと》く、十方一切《じつぱういつさい》の、無量・無数《むしゆ》・不可思議の諸仏世界を照見せんこと、猶《なほ》し、明鏡《みやうきやう》を以《もつ》て其の面像《めんざう》を観《み》るが如くせん。若し爾《しか》らずんば、

正覚を取らじ。（徹見十方願。または、国土清浄願）

三二 設《たと》ひ、我、仏を得たらんに、地《ち》より已上《いじやう》、虚空《こくう》に至るまで、宮殿《くでん》・楼観《ろうくわん》・池流《ちる》・華樹《けじゆ》、国中の所有《あらゆる》一切の万物《まんもつ》、皆、無量の雑宝《ざつぽう》、百千種《ひやくせんじゆ》の香《かう》を以て、而《しか》も共に合成《がうじやう》し、厳飾奇妙《ごんじききめう》にして、諸《もろもろ》の人天《にんでん》に超えん。その香《かう》、普《あまね》く十方世界に薫《くん》じ、菩薩聞かん者、皆、仏行《ぶつぎやう》を修《しゆ》せん。若し是《かく》の如くならずんば、正覚を取らじ。（宝香合成願。または、万物厳飾願。または、雑物薫香願）

三三 設ひ、我、仏を得たらんに、十方無量・不可思議の諸仏世界の衆生の類《たぐひ》、我が光明を蒙《かうむ》りて、その身に触《ふ》るる者、身心柔輭《しんじんにうなん》にして、人天を超過せん。若し爾《しか》らずんば、正覚を取らじ。（触光柔輭願。または、光触滅罪願）

三四 設ひ、我、仏を得たらんに、十方無量・不可思議の諸仏世界の衆生の類《たぐひ》、我が名字《みやうじ》を聞きて、菩薩の無生法忍《むしやうぼふにん》、諸の深総持《じんそうぢ》を得ずんば、正覚を取らじ。（聞名得忍願）

三五 設ひ、我、仏を得たらんに、十方無量・不可思議の諸仏世界に、其《そ》れ、女人《によにん》ありて、我が名字を聞きて、歓喜《くわんぎ》・信楽《しんげう》し、菩提心《ぼだいしん》を発《おこ》して、女身《によしん》を厭悪《えんを》せんに、寿《いのち》終りて後、復《また》、女像《によざう》とならば、正覚を取らじ。（女人往生願。または、女人成仏願。または、転女成男願）

三六 設ひ、我、仏を得たらんに、十方無量・不可思議の、諸仏世界の諸の菩薩衆《ぼさつしゆ》、我が名字《みやうじ》を聞きて、寿終《いのちをは》りて後、常に梵行《ぼんぎやう》を修《しゆ》して、仏道を成《じやう》ずるに至らん。若し爾《しか》らずんば、正覚を取らじ。（常修梵行願）

三七 設ひ、我、仏を得たらんに、十方無量・不可思議の諸仏世界の諸天・人民《にんみん》、我が名字を聞きて、五体を地に投げ、稽首《けいしゆ》・作礼《さらい》し、歓喜《くわんぎ》・信楽《しんげう》して菩薩の行を修《しゆ》せんに、諸天・世人《せにん》、敬《うやまひ》を致さざ

ること莫《な》からん。若し爾《しか》らずんば、正覚を取らじ。（人天致敬願）

三八 設《たと》ひ、我、仏を得たらんに、国中の人天《にんでん》、衣服《えぶく》を得んと欲《ほっ》せば、念《おもひ》に随《したが》ひて、即ち至《いた》らん。仏の所讃《しょさん》の、応法《おうほふ》の妙服《めうぶく》の如く、自然《じねん》に身に在《あ》らん。若し裁縫《さいふ》・擣染《たうぜん》・浣濯《くわんだく》することあらば、正覚を取らじ。（衣服随念願）

三九 設ひ、我、仏を得たらんに、国中の人天の受くる所の快楽《けらく》、漏尽比丘《ろじんびく》の如くならずんば、正覚を取らじ。（受楽無染願。または、自然漏尽願）

四〇 設ひ、我、仏を得たらんに、国中の菩薩、意《こころ》に随ひて十方無量の厳浄《ごんじゃう》の仏土《ぶつど》を見んと欲せば、時に応じて、願の如く、宝樹の中《うち》に於いて、皆悉《ことごと》く照見《せうけん》せんこと、猶《なほ》し、明鏡に、其の面像を覩《み》るが如くならん。若し爾《しか》らずんば、正覚を取らじ。（見諸仏土願。または、普見十方願）

四一 設ひ、我、仏を得たらんに、他方国土の諸の菩薩衆、我が名字を聞きて、仏を得んに至るまで、諸根闕陋《しょこんけつる》して具足《ぐそく》せずんば、正覚を取らじ。（具足諸根願。または、聞名具根願）

四二 設ひ、我、仏を得たらんに、他方の国土の諸の菩薩衆、我が名字を聞きて、皆悉く清浄の解脱《げだつ》の三昧《さんまい》を逮得《たいとく》せん。是《こ》の三昧《さんまい》に住《ぢゅう》して、一たび意《こころ》を発《おこ》さん頃《あひだ》に、無量・不可思議の諸仏・世尊《せそん》を供養したてまつりて、而《しか》も定意《ぢゃうい》を失はざらん。若し爾《しか》らずんば、正覚を取らじ。（住定供仏願。または、聞名得定願）

四三 設ひ、我、仏を得たらんに、他方の国土の諸の菩薩衆、我が名字を聞きて、寿《いのち》終りて後、尊貴《そんき》の家に生れん。若し爾らずんば、正覚を取らじ。（生尊貴家願）

四四 設ひ、我、仏を得たらんに、他方の国土の諸の菩薩衆、我が名字を聞きて、歓喜《くわんぎ》・踊躍《ゆやく》して、

菩薩の行《ぎやう》を修《しゆ》し、徳本《とくほん》を具足《ぐそく》せん。若し爾《しか》らずんば、正覚《しやうがく》を取らじ。（具足徳本願）

四五　設《たと》ひ、我、仏を得たらんに、他方の国土の諸の菩薩衆、我が名字《みやうじ》を聞きて、皆悉く普等三昧《ふとうさんまい》を逮得《たいとく》せん。是《こ》の三昧《さんまい》に住《ぢゆう》して、成仏《じやうぶつ》に至るまで、常に、無量・不可思議の、一切の諸仏を見たてまつらん。若し爾《しか》らずんば、正覚を取らじ。（得定見仏願。または、常見諸仏願）

四六　設ひ、我、仏を得たらんに、国中の菩薩、其の志願《しぐわん》に随ひて、聞かんと欲する所《ところ》の法、自然《じねん》に聞くことを得ん。若し爾らずんば、正覚を取らじ。（随意聞法願）

四七　設ひ、我、仏を得たらんに、他方の国土の諸の菩薩衆、我が名字《みやうじ》を聞きて、即ち不退転《ふたいてん》に至ることを得ずんば、正覚を取らじ。（得不退転願。または、聞名不退願）

四八　設ひ、我、仏を得たらんに、他方の国土の諸の菩薩衆、我が名字を聞きて、即ち、第一・第二・第三法忍《ぼふにん》に至ることを得ず、諸仏の法に於いて、即ち不退転を得ること能《あた》はずんば、正覚を取らじ。（得三法忍願）』と」

仏、阿難《あなん》に告げたまはく、「爾《そ》の時に、法蔵比丘、此の願《ぐわん》を説《と》き已《をは》りて、頌《じゆ》を説きて曰《まう》さく、（注、この偈頌《げじゆ》を「重誓偈《ぢゆうせいのげ》」という）

『我、超世《てうせ》の願を建《た》つ。　必ず無上道に至らん。
斯《こ》の願満足せずんば、　誓って正覚《しやうがく》を成《じやう》ぜじ。
我、無量劫《むりやうこふ》に於いて、　大施主《だいせしゆ》と為《な》りて、
普《あまね》く諸《もろもろ》の貧苦《びんぐ》を済《すく》はずんば、　誓って正覚を成ぜじ。
我、仏道を成ずるに至らば、　名声《みやうしやう》、十方に超《こ》えん。

究竟《くきやう》して聞《きこ》ゆる所靡《な》くんば、　誓つて正覚を成ぜじ。

離欲《りよく》と深正念《じんしやうねん》と、　浄慧《じやうゑ》とをもつて、梵行《ぼんぎやう》を修《しゆ》し、
無上道を志求《しぐ》して、　諸《もろもろ》の天《てん》・人《にん》の師とならん。

神力《じんりき》、大光《だいくわう》を演《の》べて、　普《あまね》く無際《むさい》の土《ど》を照らし、
三垢《さんく》の冥《みやう》を消除《せうぢよ》して、　広く衆《もろもろ》の厄難《やくなん》を済《すく》はん。

彼《か》の智慧の眼《まなこ》を開きて、　此《こ》の昏盲《こんまう》の闇《やみ》を滅《めつ》せん。

諸の悪道を閉塞《へいそく》して、　善趣《ぜんしゆ》の門《もん》に通達《つうだつ》せしめん。

功祚《こうそ》成《じやう》じ、満足《まんぞく》して、　威曜《ゐえう》は十方に朗《ほが》らかならん。

日月《にちぐわつ》重暉《ぢうき》を戢《をさ》めて、　天の光も隠れて現ぜざらん。

衆《しゆ》の為《ため》に法蔵《ほふざう》を開きて、　広く功徳《くどく》の宝を施さん。

常に大衆《だいしゆ》の中《うち》に於いて、　法を説きて師子吼《ししく》せん。

一切の仏を供養したてまつりて、　衆《もろもろ》の徳本《とくほん》を具足せん。

願慧《ぐわんね》悉《ことごと》く成満《じやうまん》して、　三界《さんがい》の雄《ゆう》為《た》ることを得《え》ん。

仏の無礙智《むげち》の如く、　通達《つうだつ》して照らしたまはずといふこと靡《な》からん。

願はくは、我が功慧《くゑ》の力、　此の最勝尊《さいしやうそん》に等しからん。

此の願、若し尅果《こくくわ》せば、　大千《だいせん》は応《まさ》に感動すべし。

虚空《こくう》の諸《もろもろ》の天・人、　当《まさ》に珍妙《ちんめう》の華《はな》を雨《あめ》ふらすべし』と」

仏、阿難に告げたまはく、「法蔵比丘、此の頌《じゆ》を説き已《をは》るに、時に応じて、普《あまね》く、地《ち》、六種《ろくしゆ》に震動

し、天より妙華《めうけ》を雨《あめ》ふらして、以て其の上《うへ》に散《さん》ず。自然《じねん》の音楽ありて、空中に讃《たた》へて言はく、『決定《けつぢやう》して、必ず、無上の正覚《しやうがく》を成《じやう》ぜん』と。是《ここ》に於いて、法蔵比丘《ほふざうびく》は、是の如《かく》きの大願《だいぐわん》を具足し、修満《しゆまん》すること、誠諦《じやうたい》にして、虚《むな》しからず、世間に超出して、深く寂滅《じやくめつ》を楽《ねが》へり。(下略)」

わ　行

ま 行

は 行

な　行

そ

た　行

た

ち

さ　行

さ

し

か　行

索引凡例

一　この索引は，本書の中の「解題」，及び本文の「注釈」「解説」に現われている，人名・書名（論文・叢書・雑誌などを含む）・地名・事件・仏教語（重要な意味を持つものに限る）などを探索するために，主として，用語にもとづいて作製したものである。

一　配列は，すべての用語を現代かなづかいによって読み，五十音順に並べた。数字はページ数を示す。同じ用語が同ページ内に二回以上現われる場合も，ページ数は一回分として記してある。

一　書名には，『　』を，論文・叢書・雑誌名などには，「　」を加えた。

一　特に頻度の高い，『歎異抄』・法然・親鸞・唯円等は，特に重要な意味を持って現われてくる箇所だけに限って示すことにした。

一　『源氏物語』『平家物語』『徒然草』などは，その全体についての事項の外に，それぞれの巻名・章段名・段数により，それぞれの作品名の箇所に配列した。

一　『日葡辞書』（略名『日ポ』）は，頻出度が余りにも高いので，単語による配列をやめて，単に，引用している箇所のページ数を示すことに止めた。

一　この事項索引は，『歎異抄』の注釈・研究につき，わたくしが，いかに多くの資料・注釈書・研究書等の恩恵を受けていたかを示していると思う。ここに，改めて，深い感謝を捧げたい。そして，今後，『歎異抄』の注釈・研究をなされる方々のために，些少の参考ともなれば，まことに幸いである。

（⇨は，参照記号）

あ　行

あ

◆著者紹介

安良岡康作（やすらおか　こうさく）

大正６年（1917）９月，埼玉県熊谷市に生まれる。

昭和15年（1940）３月，東京帝国大学文学部国文学科卒業。

昭和16年（1941）４月，長野師範学校に赴任。同年７月，応召し，太平洋戦争開始後，フィリッピン・ジャワ・セレベスを転戦し，昭和21年（1946）６月，復員。以後，東京第二師範学校を経て，

昭和24年（1949）６月、東京学芸大学助教授，昭和46年（1971）教授。昭和56年（1981）３月，定年退職，６月，名誉教授となる。

昭和56年（1981）３月，専修大学文学部教授，昭和63年（1988）３月，定年退職。

平成13年（2001）年10月，逝去。

〔主要著書〕『徒然草全注釈』上巻（昭42），下巻（昭43）・『中世的文学の探求』（昭45）・『中世的文芸の理念』（昭56）・『文芸作品研究法』（昭52）・『国語教育試論』（昭46）・『正法眼蔵随聞記・歎異抄』（日本古典文学全集27，昭46）・『方丈記全訳注』（講談社学術文庫，昭55）・『対訳古典シリーズ 歎異抄』（旺文社，昭63）・『対訳古典シリーズ 徒然草』（旺文社，昭63）・『新訂 徒然草』（岩波文庫，昭60）他。

歎異抄全講読〈新装版〉

1990年11月15日　初版第一刷発行©
2009年10月20日　新装初版第一刷発行

著　者　安良岡康作
発行者　青山賢治
印刷所　富士リプロ株式会社

〒113-0033　東京都文京区本郷3-24-6-404
発行所　大蔵出版株式会社
電話03（5805）1203・FAX03（5805）1204
http://www.daizoshuppan.jp/

装幀　樋口新

ISBN978-4-8043-1057-2 C0015